Die Zukunft der experimentellen Psychologie

Die Zukunft der experimentellen Psychologie

Herausgegeben von

Viktor Sarris
Johann Wolfgang Goethe-Universität
Frankfurt am Main

Allen Parducci
Universität von Kalifornien
Los Angeles

Für die Redaktion der Ausgabe
in deutscher Sprache verantwortlich:
Peter Petzold
Friedrich-Schiller-Universität
Jena

Beltz Verlag · Weinheim und Basel 1986

Englischer Originaltitel:
Perspectives in Psychological Experimentation: Toward the Year 2000

Die Übersetzung aus dem Englischen besorgten:
Dr. H. Bludszuweit, Dr. H. Hagendorf, I. Hiebsch, B. Das Gupta, W. Haenschke, W. Kleinert, Dr. J. Mehl, S. Schappo, R. Scherner, Dr. Dr. E.-H. Strauß

CIP-Kurztitelaufnahme der Deutschen Bibliothek

Die Zukunft der experimentellen Psychologie/
Hrsg. von Viktor Sarris, Allen Parducci.
[Die Übers. aus d. Engl. besorgten: H. Bludszuweit . . .]. – Weinheim, Basel: Beltz, 1986
Einheitssacht.: Perspectives in psychological experimentation: toward the year 2000 ‹dt.›

ISBN 3-407-54681-5

NE: Sarris, Viktor [Hrsg.], EST

Lizenzausgabe für den Beltz-Verlag Weinheim

Umschlaggestaltung: Atelier Warminski, 6470 Büdingen 8
Printed in the German Democratic Republic

Inhaltsverzeichnis

Geleitwort

Es war eine ebenso schöne wie wissenschaftlich interessante Idee der Herausgeber dieses Bandes, bedeutende Wissenschaftler der Experimentellen Psychologie zum Ende des 20. Jahrhunderts hin zusammenzurufen, um sie nach Positionen und Richtungen in den Grundlagen ihres Fachs zu befragen; nach diesen Grundlagen gleichsam dort, wo sie verankert sind, nämlich im zeitgenössischen psychologischen Experimentieren. Es ist dies – wie mir scheint – die fruchtbarste Quelle in der 100jährigen Tradition des Auf und Ab der psychologischen Problemgeschichte. Es ist auch der fruchtbarste Weg in dem Sinne, als er den höchsten Wert wissenschaftlicher Arbeit erbringt: die Zuverlässigkeit und Verbindlichkeit des Gefundenen. Das Experiment in der Psychologie ist im Rahmen dieser Tradition auch in unserer Wissenschaft zum Königsweg des Erkenntnisgewinns geworden. Ein Überblick lehrt es: Allzu Vieles hatte nicht Bestand unter den großen Spekulationen; die voreiligen umfassenden Persönlichkeitskonzepte ebenso wenig wie die zahlreichen Typologien oder Graphologien. Allzu frühe und allzu abstrakt-weiträumige mathematische Modelle nicht, und auch nicht die philosophischen Umklammerungen, durch die bestimmt sein sollte, was Psychologie sein dürfte und was nicht.

Das Paradigma des psychologischen Experimentierens hat sich in der gleichen Zeit nicht nur gehalten, sondern es ist systematisch erweitert worden. Denn mag man noch streiten, ob Psychophysik schon Experimentelle Psychologie oder noch immer ein Randgebiet der Sinnespsychologie war, mit Ebbinghaus' Buch „Über das Gedächtnis" war der entscheidende Schritt in die Experimentelle Psychologie vollzogen. Mit ihm wurde jene Beständigkeit im Fortschreiten des Erkenntnisgewinns eingeleitet, *an dem* die Psychologen heute wie in Zukunft aus guten Gründen festhalten. Denn sie bringt jene Form wissenschaftlichen Forschens und Problemdenkens hervor, durch die die großen Erfolge der Naturwissenschaften im 18. und 19. Jahrhundert ermöglicht und gleichzeitig zum Vorbild vieler großer Psychologen in diesem Jahrhundert geworden sind.

Der Weg der Experimentellen Psychologie hat sich mittlerweile verzweigt und Zugang gefunden in neuen Gegenstandsgebieten, die noch vor einer Generation dem Experiment unzugänglich schienen. Davon gibt auch der vorliegende Band in beeindruckender Weise Zeugnis. Es ist hier der Ort, darüber zu berichten, daß sich dieser Weg in der Psychologie zukünftig noch erweitern und vertiefen wird:

Seit fast 2 Jahren haben Psychologen darüber verhandelt, daß die Psychologie weltweit – bislang war sie im UNESCO-Kreise allein in den Sozialwissenschaften vertreten – auch im Verbande der exakten Wissenschaften vertreten sein sollte. Es war das Bestreben der Internationalen Union für Psychologische Wissenschaft, dem International Council of Scientific Unions (ICSU) als Vollmitglied anzugehören. In diesem Council sind neben den nationalen Akademien von über 70 Ländern die 18 wichtigsten Naturwissenschaften in Form ihrer internationalen Gesellschaften vertreten. Zahlreiche und namhafte Akademien der Wissenschaften, wie die Royal Society, die Königlich-Schwedische und die Niederländische Akademie der Wissenschaften, die Ungarische Akademie, die National Academy of Sciences der USA, die Deutsche Forschungsgemeinschaft, die Akademie der Wissenschaften der DDR, die der Philippinen, Japans und anderer Länder, hatten sich durch Erklärungen für die Aufnahme der Psychologie und damit für ihre Anerkennung als Naturwissenschaft ausgesprochen.

Nach der einführenden Betrachtung erscheint es angemessen, in diesem Rahmen erstmals öffentlich das Ergebnis mitzuteilen. Am 17. September 1982 fand während der Vollversammlung der ICSU an der Universität Cambridge die Abstimmung statt. 71 Akademien der Wissenschaften sowie 17 internationale Gesellschaften gaben ihre Stimme für die Internationale Union der Psychologischen Wissenschaft als 19. Vollmitglied der ICSU ab. Die Psychologie ist nunmehr in einem Verbande mit den mathematischen, physikalischen, chemischen u. a. Wissenschaften, vor allem aber im Verein mit den drei biologischen Gesellschaften sowie der Internationalen Gesellschaft für Physiologie. Die Konsequenzen dieser Entscheidung sind weitreichend. Psychologen aller Länder wird dadurch ermöglicht, je nach Interessenlage und Vermögen, an den großen internationalen Forschungsprojekten unserer Zeit mitzuwirken: Erde und Raum, Umwelt, Technologien und Gesellschaft – das sind nur einige Beispiele für Inhalte der ICSU-Projekte. Der Wert der Einbeziehung der Psychologie in diese Projekte wird vom Umfange gesicherten Wissens abhängen, das die Psychologen in die Themen einzubringen in der Lage sind. Und es kann nirgendwo zuverlässiger gewonnen werden als durch die Erweiterung der experimentellen Methodik und ihrer Anwendung in den einschlägigen Gebieten. So spricht alles dafür, daß die Experimentelle Psychologie zum Ausgange des 20. Jahrhunderts hin neue und mächtige Impulse für ihre Entwicklung erfährt. Wenn nicht alles trügt, so werden es Impulse sein, die den Charakter der Psychologie qualitativ verändern und ihre Bedeutung im 21. Jahrhundert weltweit erhöhen.

Friedhart Klix

Vorwort

Eine Möglichkeit, eine Antwort auf die Frage nach der *Zukunft* der Psychologie zu finden, besteht in dem Versuch, eine andere Frage zu beantworten, und zwar: Was konnten wir aus der Vergangenheit der Psychologie lernen?

Mit diesem Buch wird eine Sammlung von Arbeiten von international anerkannten, auf unterschiedlichen Teilgebieten der Psychologie tätigen Fachleuten vorgelegt. Die Autoren waren aufgefordert worden, die Vergangenheit ihrer speziellen Forschungsgebiete – sozusagen mit in die Zukunft gerichtetem Blick – einzuschätzen. Das Schwergewicht wurde auf die mehr naturwissenschaftlich orientierten Bereiche psychologischer Forschung gelegt.

Katalysator für das Entstehen dieses Buches war eine 1981 in Bad Homburg/Ts., BRD, abgehaltene internationale Konferenz zu Ehren von Gustav A. Lienert. Etwa zwei Dutzend Psychologen sowohl aus West- als auch aus Osteuropa, aus Nord- und Südamerika, die so unterschiedliche Bereiche vertraten wie Psychophysik und Klinische Psychologie, Gedächtnisprozesse bei Tieren und Entscheidungsfindung, erläuterten ihre Forschungsarbeiten und diskutierten die Perspektiven der Experimentalpsychologie. Trotz gravierender Unterschiede in den Standpunkten erfolgte der Gedankenaustausch bemerkenswert offen. Meinungsverschiedenheiten wurden in freundschaftlichen Wortgefechten ausgetragen. Die meisten Argumente fanden ihren Weg in dieses Buch, wo der Leser die verschiedenen Auffassungen in ausgefeilterer Form findet.

Im einleitenden Kapitel wird versucht, die gegenwärtigen Widersprüche im Hinblick auf die angestrebte Entwicklung der Psychologie zusammenzufassen, wobei die sich widersprechenden Auffassungen unter dem Aspekt fortbestehender Polaritäten geordnet werden. Fragen werden aufgeworfen, die von der Experimentalpsychologie in der Vergangenheit Erreichtes und von ihr künftig zu Erwartendes betreffen. In den drei Kapiteln von Teil I wird die Experimentalpsychologie aus historischer, philosophischer und methodologischer Sicht untersucht. Diese wie auch die anderen Kapitel wurden für Forscher und Nachwuchswissenschaftler geschrieben sowie für Psychologiestudenten höherer Semester, die sich für die Entwicklung der Experimentalpsychologie interessieren.

Die restlichen Kapitel beziehen sich auf die einzelnen Hauptforschungsgebiete der Psychologie. Teil II enthält Forschungsarbeiten auf dem Gebiet der Lern- und Gedächtnisprozesse bei Tieren – eine Mischung, bestehend aus echter Vergleichender Psychologie, aus Arbeiten, die sich mit klassischen Problemen wie Ortslernen beschäftigen, und aus Versuchen, die überkommene Trennung zwischen Tier- und Humanpsychologie zu überwinden. Diese Mischung von Altem und Neuem ist auch in Teil III zu finden. Die Themen reichen von der klassischen Wahrnehmungspsychologie bis zu heutigen Ansätzen auf dem Gebiet der Informationsverarbeitung im Rahmen der Kognitiven Psychologie. Die in Teil IV enthaltenen Beiträge verlassen das traditionelle Versuchslabor und befassen sich mit der Entwicklung der Motivations- und Persönlichkeitspsychologie, mit Untersuchungen über das soziale Umfeld sowie mit der Biopsychologie individueller Unterschiede. Eine sehr unkonventionelle Mischung von korrelativen und experimentellen Untersuchungsansätzen enthält Teil IV mit nüchternen Überlegungen hinsichtlich neuer Techniken für (hypothetisch) kausale Ableitungen aus Korrelationen. In Teil V werden forschungsorientierte Gebiete der angewandten Psychologie behandelt, einschließlich Psychopharmakologie, Psychopathologie der Wahrnehmung und verschiedene Verhaltenstherapien. Im letzten Kapitel wird der fehlende Praxisbezug der Experimentalpsychologie kritisch erörtert, und im Epilog werden die großen Zukunftsträume der 29 Autoren in bezug auf eine wissenschaftlich fundierte Psychologie zusammenfassend dargelegt.

Bei der vorliegenden Übersetzung vom englischen Original ins Deutsche wurde den Autorenwünschen weitgehend Rechnung getragen. Auf Grund der Bitte von J. C. Brengelmann entfiel die einschlägige „Fußnote“ auf Seite 290 im Originaltext.

Danksagung

Die Herausgeber möchten außer den Mitautoren ihren besonderen Dank M. E. Bittermann, Hans J. Eysenck, Walter Kintsch und Norman E. Spear aussprechen für die nützlichen Hinweise sowie für die stilistische Bearbeitung einiger Beiträge, die von Autoren in englischer – und daher nicht in ihrer Muttersprache – zur Verfügung gestellt wurden.

Die folgende Liste der Gutachter der einzelnen Kapitel enthält die Namen hochangesehener Experten auf unterschiedlichen, speziellen Forschungsgebieten, nämlich: N. H. Anderson, W. F. Angermeier, M. E. Bitterman, L. Blöschl, J. Bredenkamp, W. Butollo, R. Cohen, J. Delius, H. J. Eysenck, C. F. Graumann, J. P. Huston, K. J. Klauer, R. Kohnen, W. Krohne, J. Kuhl, J. R. Nesselroade, P. Netter, R. Pongartz, E. R. Rey, B. A. Rosenberg, E. Scheerer, L. Schmidt, W. Traxel, D. Vaitl, F. E. Weinert, D. Wendt, B. Zoeke und J. Zubin. Unser Dank gilt ihren sehr sorgfältigen Begutachtungen, die von kurzen Hinweisen bis zu ausführlichen Kritiken reichten. Ihre Gutachtertätigkeit stellte eine gute Voraussetzung für Rückfragen an die Autoren dar. Unser Dank gilt ebenfalls Yvonne Sturm und Gisa Stolze für deren Hilfe bei der Erarbeitung des Sachregisters.

Besondere Anerkennung und Dank verdient Franz E. Weinert als einer der Initiatoren der Konferenz, die zu diesem Buch führte, ebenso Paul E. Baltes, Hans J. Eysenck, John E. Nesselroade und Michael Wertheimer, deren Hinweise ebenfalls wesentlich zur Veröffentlichung dieses Buches beitrugen.

Rudolph Kerscher, Generalsekretär der Fritz-Thyssen-Stiftung, fungierte als Sponsor der Konferenz, und die Werner-Reimers-Stiftung stellte die erforderlichen Räumlichkeiten und Einrichtungen für die Konferenz in einer herrlichen Umgebung zur Verfügung. Auch ihnen gilt unser Dank.

Den beiden deutschen Verlagen, welche die Übersetzung dieses Herausgeberwerkes ermöglicht haben, gebührt unseres Erachtens eine ganz besondere Anerkennung – wir danken auch an dieser Stelle allen damit befaßten Damen und Herren.

Abschließend sei mit besonderem Stolz bemerkt, daß Friedhardt Klix, einer der hervorragendsten Vertreter der modernen Experimentalpsychologie aus den sozialistischen Ländern und von 1980 bis 1984 Präsident der Internationalen Gesellschaft für Psychologie, das Geleitwort zu diesem Buch schrieb.

V. S.
A. P.

1. Der experimentelle Ansatz – Sackgasse oder „via regia" für die Psychologie?

Allen Parducci
University of California (UCLA), Los Angeles, USA

Viktor Sarris
Johann-Wolfgang-Goethe-Universität, Frankfurt a. M., BRD

Der experimentelle Traum

Das psychologische Experiment ist die grundlegende, von den meisten Autoren dieses Buches verwendete Forschungsmethode. Von einigen Ausnahmen abgesehen, ist deren Glaube an die experimentelle Methode ungebrochen. Als konzeptioneller Ausgangspunkt scheint die unabhängige Variation unterschiedlicher kausaler Faktoren der ideale Weg für die Entflechtung der vorhandenen, natürlichen Konfundierung zu sein, der sonst zu einer willkürlichen unwissenschaftlichen Entscheidung für eine von mehreren alternativen Erklärungen führen würde. Es ist der Ansatz, der sich in den Naturwissenschaften als besonders nützlich erwies und sich auch in der Psychologie bewährt hat. Die vielleicht eindrucksvollsten Beispiele stammen aus dem Bereich der Psychophysik, wobei die unabhängige Veränderung einfacher physikalischer Reize in hohem Maße vorhersagbare Reaktionen hervorruft, wie sie die Gesetze von Weber und Fechner beschreiben. Verhalten ist voraussehbar, sofern die experimentellen Bedingungen ausreichend einfach und kontrollierbar sind.

Die entscheidende Rolle der experimentellen Methode wird deutlich durch ihren Einfluß auf das psychologische Denken im Alltag und auf die Fortschritte bei der Entwicklung der Psychologie als Wissenschaft. Im Alltag erweist sich der experimentelle Ansatz als überzeugendes Mittel gegen Scharlatanerie, Aberglauben und vorwissenschaftliches Denken, welche die öffentliche Szene in der Psychologie charakterisieren. Im Bereich der Wissenschaft selbst wurde mittels kontrollierter Versuche eine Unzahl plausibler Hypothesen als falsch erkannt, was zu besseren Theorien und zu einem breiten Fundament an empirischen Fakten führte.

Aber dennoch, trotz ihrer mehr als ein Jahrhundert währenden dynamischen Entwicklung (vgl. etwa Borings monumentale, wenngleich begrenzte Darstellung der Geschichte, 1950), stand dem experimentellen Traum eine rauhe Wirklichkeit gegenüber. Selbst bei ausreichend differenzierten Vorstellungen, denen zufolge eine einfache, lineare Entwicklung nicht zu erwarten war, erschien die Annahme einer spiralförmig verlaufenden Entwicklungslinie nicht jenseits aller Möglichkeiten. Bedauerlicherweise bietet jedoch das in Abb. 1.1 dargestellte spiralförmige Entwicklungsmodell keinen Raum für die unregelmäßig auftretenden Höhen und Tiefen, für die unerfüllten Erwartungen und die umwälzenden Wandlungen in bezug auf Ziel und Zweck, die für unsere Geschichte charakteristisch sind.

Oft wird behauptet, die Psychologie befände sich in einer Krise; Psychologen hätten den Glauben an ihre Disziplin – ob Grundlagen- oder angewandte Wissenschaft – verloren. Die meisten Beiträge in diesem Buch stellen Beweise *gegen* diese Auffassung von einer Krise dar; denn die Autoren bringen ihr Vertrauen in die eigenen experimentellen

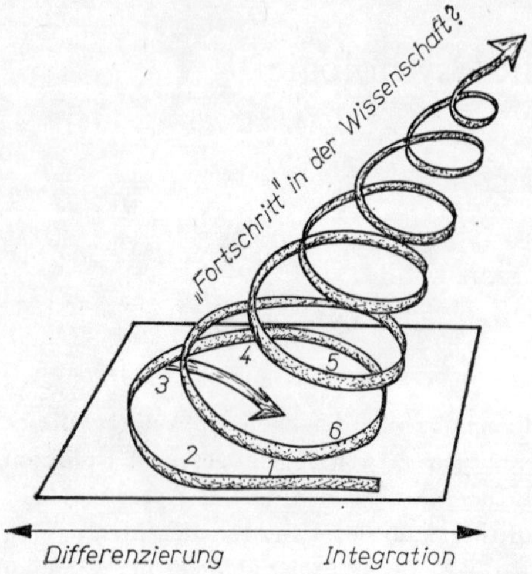

Abb. 1.1: Einfaches Spiralenmodell wissenschaftlicher Entwicklung in Richtung zunehmender Integration. Bedeutung der Ziffern: 1 = Schaffen von Forschungsanlässen; 2 = Erarbeitung zu überprüfender Hypothesen; 3 = Entwicklung empirischer Prüfungsmethoden; 4 = Datengewinnung; 5 = Datenanalyse; 6 = Schlußfolgerungen, die zu neuen Forschungshypothesen führen. Der nicht schraffierte, von Ziffer 3 zu Ziffer 1 zeigende Pfeil stellt den Einfluß vorhandener Methoden auf die Hypothesenbildung dar. Modifiziert nach Sarris 1982.

Ansätze zum Ausdruck und plädieren für die fortgesetzte Anwendung dieser Methoden bei der Untersuchung psychologischer Probleme. Dennoch erscheint es in diesem einführenden Kapitel angebracht, die speziellen Anliegen zu berücksichtigen, die die Wissenschaftler in bezug auf ihre Einschätzungen der Entwicklung und Zukunft der Psychologie voneinander unterscheiden. Zuerst werden wir uns diesen Anliegen zuwenden und anschließend die Hauptunterschiede in Ansatz und Zielstellung diskutieren, vor allem unter den in den folgenden Kapiteln dargelegten Aspekten.

Sackgasse eines Traums?

Entscheidendes Versagen?

Ein Hauptanliegen bestand darin, die experimentelle Methode erfolgreich auf die Untersuchung höherer geistiger Prozesse anzuwenden. Eine der negativsten Einschätzungen ist die berühmte Schlußbemerkung aus den *Philosophischen Untersuchungen* von Wittgenstein: „Verwirrung und Unfruchtbarkeit der Psychologie lassen sich nicht dadurch erklären, daß man sie eine junge Wissenschaft nennt – die Existenz von experimentellen Methoden macht uns glauben, daß wir im Besitz von Mitteln zum Lösen der uns beschäftigenden Probleme wären; dennoch, Probleme und Methoden gehen aneinander vorbei." (Wittgenstein 1953).

Eine aus jüngerer Zeit stammende Einschätzung eines amerikanischen Philosophen ist gleicherweise negativ. Searle (1982) stellt fest:

„Aber könnte es nicht ... eine Wissenschaft vom Menschen geben, die weder eine introspektive Psychologie des gesunden Menschenverstandes noch Neurophysiologie ist? Das war der große Traum der

Humanwissenschaften des 20. Jahrhunderts; aber bis jetzt führten alle Bemühungen zu – sich graduell unterscheidenden – Niederlagen. Der spektakulärste Mißerfolg war der Behaviorismus, aber in meiner als denkender Mensch verbrachten Zeit habe ich übertriebene Hoffnungen und Enttäuschungen erlebt in bezug auf Spieltheorie, Kybernetik, Informationstheorie, Generative Grammatik, Strukturalismus und die Freudsche Psychologie – um nur einige zu nennen. Es kann in der Tat als Skandal des geistigen Lebens des 20. Jahrhunderts gelten, daß uns eine Wissenschaft von der menschlichen Seele und vom menschlichen Verhalten fehlt, daß die naturwissenschaftlichen Methoden, wenn auf Menschen angewandt, zu so dürftigen Ergebnissen führten" (S. 3).

Als anderes Extrem finden wir den Enthusiasmus der kognitiven Psychologen der Gegenwart, die sich noch immer ihrer neuen Freiheit von behavioristischen Einschränkungen zu erfreuen scheinen. Ausgehend von Modellen der Informationsverarbeitung durch Computer, beschäftigen sie sich in ihren Forschungsarbeiten mit Themen jenseits der Grenzen des präskriptiven Behaviorismus.

Als Folge der gegenwärtigen Beliebtheit kognitiver Ansätze scheint dort die Experimentalpsychologie zu voller Blüte gelangt zu sein. Als formale Labordisziplin entstand die Psychologie mit Wundts Versuch, eine Chemie geistiger Elemente zu schaffen. Die Aussichten erschienen gut, aber wesentliche Ergebnisse blieben rar. Lediglich drei Jahrzehnte später begrüßte die Welt der Wissenschaft Watsons Gegenbehauptung (1913), daß eine auf Introspektion basierende psychologische Wissenschaft nicht möglich ist. Wesentlich aussichtsreicher erschien demgegenüber die Möglichkeit, das Verhalten von Tieren in Laboratorien bedingen und kontrollieren zu können, und so erwarben die Lerntheorien im Laufe der Zeit in weiten Bereichen der Experimentalpsychologie eine führende Rolle. Die Beliebtheit und methodologische Respektabilität dieses Ansatzes erreichten ihren Höhepunkt im Werk Clark Hulls (1952), der auf der Grundlage der Verbindung von „Reiz" und „Reaktion" durch Bekräftigung eine (reinforcement) umfassende Psychologie zu schaffen versuchte. Frühe kognitive Psychologen wie z. B. Edward C. Tolman (1948) wußten, daß man damit nicht die intentionalen Aspekte der Psychologie würde erfassen können. Versuche, dies zu bewältigen, führten zu einer Erweiterung der Grundauffassungen bis zu einem Punkt, da die Nicht-Beweisbarkeit der Theorien offensichtlich wurde (vgl. Koch 1954). Ernüchterung trat an die Stelle des Traums von einer großen, allumfassenden Theorie. Das Material neuer und realistischer Träume wurden „Miniatur-Systeme". Bedingt erfolgreich waren mathematische Modelle wie die *Statistische Lerntheorie* (Estes 1960) und die *Signalerkennungstheorie* (Swets, Tanner und Birdsall 1961) durch die Erklärung von Verhalten unter stark eingeengten, experimentellen Bedingungen. Abermals jedoch war bedauerlicherweise ein Mangel an entscheidenden Fortschritten feststellbar, und die mehr kognitiven Merkmale, selbst der Miniatursysteme, entzogen sich der Erklärung (vgl. Anderson 1964). Auch ließen sich die erwarteten Verallgemeinerungen auf natürlich vorfindbare Situationen im wesentlichen nicht bestätigen. Die modelltheoretischen Konzepte erwiesen sich bestenfalls im Hinblick auf die experimentellen Paradigmen anwendbar, für die sie entwickelt worden waren. Erschreckend groß waren diese Schwierigkeiten extra im Zusammenhang mit *intentionalen* Merkmalen des Verhaltens. Aus vielerlei Gründen entstand dadurch eine Aufnahmebereitschaft für den sogenannten Informationsverarbeitungs-Ansatz. Obgleich gebührend behavioristisch in bezug auf den größten Teil seiner Methoden, finden sich gegenwärtig im Bereich seiner psychologischen Theoriebildung mentalistische Begriffe wie „Vorstellungen" (images), „inneres Wiederholen" (rehearsal), „Speicherung" (storage), „Wiederauffinden" (retrieval), „Kontext", „Strategien", „Schemata" u. ä. m. Die

Erfolge dieses Ansatzes – einige werden in den folgenden Kapiteln beschrieben – sind an spezifische Situationen und Probleme geknüpft. Hiervon sind einige verbaler und sehr allgemeiner Natur. Andere sind präziser; mittels mathematischer Modelle und mit Hilfe von Flußdiagrammen werden spezielle kognitive Prozesse genauer beschrieben und zu beobachtbaren Bedingungen und Reaktionen in Beziehung gebracht. Jedoch alles in allem hat es den Anschein, als sei die Überbewertung geistiger Entitäten abermals in voller Blüte. Stehen wir nicht fast wieder am Ausgangspunkt?

„Harte" versus „weiche" Psychologie

Die Behauptung, die Psychologie befände sich in einer Krise, ist nicht sehr neu. In seiner historischen Monographie *„Die Krise der Psychologie"* argumentierte bereits Karl Bühler (1929), daß die aus den drei Hauptquellen der Psychologie, d. h. aus den Natur-, Sozial- und Humanwissenschaften stammenden Methoden zumindest partiell unvereinbar seien. Während der Einfluß der Naturwissenschaften die Psychologie in die Richtung von Untersuchungen des Verhaltens dränge, stimuliere die Sozialwissenschaft die vorrangige Beschäftigung mit der kulturellen Umgebung und mit sozialen Wertsystemen, wogegen die Humanwissenschaften die Aufmerksamkeit auf die subjektiven Erfahrungen lenkten (vgl. Abb. 1.2).

Abb. 1.2: Bühlers Dreiecksmodell der Psychologie als Wissenschaft (in Anlehnung an Hofstätter 1977).

Falls es in der Psychologie der Gegenwart eine Krise gibt, dann scheint sie sich am stärksten auf die von Meehl (1978) unumwunden als die „weicheren" bezeichneten Teilgebiete auszuwirken. „Ich halte es für überflüssig, Sie davon zu überzeugen, daß die meisten der sogenannten ‚Theorien' auf den weichen Teilgebieten der Psychologie (Klinische, Beratungs-, Sozial-, Persönlichkeits-, Gemeinde- und Pädagogische Psychologie) wissenschaftlich nicht beeindruckend und auch technologisch wertlos sind" (S. 806). Bei der Unterscheidung zwischen „harter" und „weicher" Wissenschaft schreibt Meehl letzterer eine lange Liste mit mehr Einzelfragen berührender Probleme zu, die einen weniger klaren Bezug zu den am engsten mit den physikalischen und biologischen Wissenschaften verbundenen Teilgebieten der Psychologie haben, z. B. in der Psychophysiologie, der sensorischen Wahrnehmung, der Psychophysik. Spezielle Probleme der „weicheren"

Bereiche sind etwa Fragen wie: Worin besteht ein Reiz, worin die Reaktion, welches ist der Anwendungsbereich? Sind Theorien der Klinischen und Sozialpsychologie prinzipiell streng überprüfbar?

Die „weicheren“ Bereiche wechseln laufend ihre Theorien – und dies wohl nicht so sehr auf Grund neuen Beweismaterials als vielmehr deshalb, weil jede neue Theorie ihrerseits allmählich den Neuigkeitswert verliert, auf Grund dessen sie anfangs Aufmerksamkeit erheischte.

Die Unterscheidung zwischen „harten“ und „weichen“ Bereichen der Psychologie führt naturgemäß zu Fragen nach der jeweiligen Abgrenzung. Welcher Seite ist die Untersuchung von Lern- und Gedächtnisprozessen zuzuschreiben – bzw. besser: welcher Seite überhaupt die Untersuchung von Fragen der Kognitiven Psychologie? Und wo sollte man Problemstellungen der Motivation einordnen oder faktoranalytische Untersuchungen zu Fragen der Intelligenz und Persönlichkeit? Bis zu einem gewissen Grade betreffen natürlich die Probleme der „weichen“ Bereiche auch diese genannten Gebiete, und man könnte beunruhigende Fragen hinsichtlich des Aussagewerts der in jedem der beiden Bereiche entwickelten Theorien aufwerfen.

Berücksichtigt man Meehls Beschreibung des technologischen Niveaus der „weichen“ Bereiche, so wirkt die Frage nach dem Aussagewert noch beunruhigender in bezug auf die Anwendungsbereiche der Psychologie. Nach einem halben Jahrhundert experimenteller Ergebnisse besteht noch immer keine Klarheit über den Nutzen traditioneller psychotherapeutischer Methoden. Bejahungen dieser Frage aus jüngerer Zeit, die auf „Meta-Analysen“ mit in Hunderten von Versuchen standardisierten Tests beruhen (Smith und Glass 1977), vermochten nicht, alle Zweifel zu beseitigen (z. B. Eysenck 1978). Die neueren Verhaltenstherapien werden in gleicher Weise Spießruten laufen müssen. Auffallend ist das Fehlen erfolgreicher Anwendung psychologischer Konzeptionen auf soziale Fragestellungen, sei es im Bereich der Bildung und Erziehung, der Kriminalität oder der Industrie. Auf die Unterscheidung zwischen Fragestellungen der Grundlagen- und der angewandten Bereiche wird später eingegangen.

Standards versus Anti-Intellektualismus

Führen obige Einschätzungen zu so entmutigenden Ergebnissen, dann liegt die Annahme nahe, daß die Standards zu hoch geschraubt sind. Vielleicht wurden zu große Erwartungen in die Psychologie gesetzt, oder aber sie hat zu viel von sich verlangt. Vielleicht sollte sie sich bereits mit jenseits des gesunden Menschenverstandes liegenden Erkenntnissen begnügen, mit jeglichem kleinen Anzeichen ihres praktischen Nutzens. Die Versuchung, die Psychologie auf die Komplexität des Alltags anzuwenden, mag zu einer ernsthaften Unterschätzung der Schwierigkeiten eines solchen Unterfangens geführt haben.

Unsere Art der Darstellung kann den Eindruck erwecken, die Krise innerhalb der Psychologie sei eine ausschließlich interne Angelegenheit, ein Seelenproblem der Psychologen. Jedoch ist als bekannt vorauszusetzen, daß dieses Wissenschaftsgebiet auch von außen angegriffen wurde, und zwar auf mehrfache Weise. Ganz allgemein ist festzustellen, daß der Anti-Intellektualismus zugenommen hat (vielleicht besonders vehement in Nordamerika und Westeuropa). Das ist erkennbar an der neuerlichen Popularität der Astrologie, der sogenannten Schöpfungstheorie usw., wissenschaftsfeindlicher Haltungen allgemein. Oftmals wird die Wissenschaft als Bedrohung anstatt als Segen angesehen.

Zuweilen wurden wissenschaftsfeindliche Gefühle aber auch durch Entwicklungen *innerhalb* der Psychologie gefördert. Beispielsweise ruft die Vorstellung, ein Mensch sei in der Lage, Kontrolle über einen anderen auszuüben – ausgehend von bestimmten, auf operativem Konditionieren basierenden Projekten –, Furcht vor Totalitarismus u. ä. hervor. Die Popularität der als Revolte sowohl gegen den Behaviorismus als auch gegen die Psychoanalyse entstandenen Humanistischen Psychologie (z. B. von Maslow 1965), öffnete einer „Alles-ist-möglich"-Philosophie Tür und Tor. Gefühlen wurde eine größere Bedeutung beigemessen als Gedanken, sogenannte „Pop"-Therapien schossen wie Pilze aus dem Boden; jede versprach Entlastung durch „eine schnelle Spritze". Keine dieser Bewegungen fußte auf disziplinierten, empirischen Untersuchungen.

Die Frage einer *Krise* in der Psychologie wird von den Autoren dieses Bandes kaum direkt erörtert. Dennoch reflektieren ihre unterschiedlichen Ansätze häufig unterschiedliche Positionen in bezug auf grundlegende Dimensionen ihrer die Zukunft der Psychologie betreffenden Anliegen. Mit einigen werden wir uns nun in allgemeiner Form beschäftigen und die detailliertere Erläuterung den einzelnen Autoren überlassen.

Fortbestehende Unvereinbarkeiten

Kognitive Psychologie versus S-R-Psychologie

Die Mehrzahl der Kapitel dieses Buches spiegeln den Einfluß der heutigen Kognitiven Psychologie wider. Wenngleich die Kapitel von Mandler und den Kintsches sehr deutlich der Hauptrichtung dieser Bewegung entsprechen, so fällt doch auf, daß Kardos, Kováč, Magnusson, Zimbardo und Spear in ihren Beiträgen auch den Ansatz der Theorie der Informationsverarbeitung verwenden. Abweichende Auffassungen werden (wie in Bittermans Kapitel) eher durch die Verwendung traditioneller Begriffe als durch direkte Opposition zum Ausdruck gebracht.

Vielleicht ist es noch zu früh, um zu entscheiden, ob es sich bei der Kognitiven Psychologie überwiegend um einen „alten Wein in neuen Schläuchen" handelt oder ob diese die psychologische Theoriebildung in echtem Sinne revolutioniert hat. In gewisser Weise stellt sie sicher eine Ablehnung der von der Reflexologie und dem Behaviorismus auferlegten Zwangsjacke dar – zwischen Input und Output muß in der Tat viel vor sich gehen. Worin die Kognitiven Psychologen von den Vorgaben des methodologischen Behaviorismus abweichen, das ist in ihrer Bereitschaft, über die zwischen Input und Output ablaufenden Prozesse zu spekulieren, insbesondere über die intentionalen Aspekte geistiger Phänomene. Dem behavioristischen Credo entsprechend, sind derartige Spekulationen überflüssig, indem man letztlich alle psychologischen Konzepte auf „Reize" und „Reaktionen" reduziert. Einige der großen behavioristischen Theoretiker (speziell Tolman) hätten Erklärungen der heutigen Kognitiven Psychologie unter dem Aspekt einer Informationsverarbeitung begrüßt. Andere (Watson, Hull und Spence) hätte die „auswuchernde" Konzeption hypothetischer Prozesse beunruhigt – befürchtend, die wissenschaftliche Grundlegung der Psychologie würde damit außer Kontrolle geraten; d. h., die mentalistische Terminologie lasse ein allzu sorgloses Spiel mit unseren subjektivistischen Ansichten zu, ohne letztlich zu allgemeinen (gesicherten) Gesetzen der Psychologie zu führen. Skinner ist mit seinem radikalen Behaviorismus vielleicht der am meisten extreme und auch ausdauerndste – immerhin schon ein halbes Jahrhundert lang – unter den heutigen Verfechtern dieses Grundsatzes.

„Hardware" versus „Software"

Die von zeitgenössischen Kognitiven Psychologen verwendete Computeranalogie bezieht sich auf Programme (Software), die die tatsächliche Informationsverarbeitung von Menschen simulieren. Bezeichnenderweise ist die andere Seite der Analogie, d. h. die im menschlichen Gehirn ablaufenden physikalischen Prozesse, von geringerem Interesse. In dieser Hinsicht führen die Kognitiven Psychologen die Black-box-Tradition der Lerntheorie weiter. Nicht, daß die entscheidende Bedeutung physiologischer Mechanismen oder der Neurowissenschaften geleugnet wird; hingegen wird jedoch angenommen, daß ein kognitive Prozesse beschreibendes Programm kompatibel sein kann mit einer Vielzahl unterschiedlicher physischer Mechanismen, ebenso wie ein Computerprogramm kompatibel sein kann mit einer Vielzahl unterschiedlicher Arten von Computern.

In keinem der folgenden Kapitel wird ein strenger Hardware-Ansatz vertreten. Auch ist nicht klar, wann ein solcher das Mittel der Wahl sein müßte. Jedoch spekulieren einige Autoren hinsichtlich der Beziehungen, die zwischen den von ihnen untersuchten psychischen Phänomenen und physiologischen Prozessen bestehen (z. B. nimmt Spear an, daß die Beschäftigung mit Neurotransmittern die Motivationsforschung beleben werde; Bitterman postuliert, daß sich Lernprinzipien bei unterschiedlichen Arten in Abhängigkeit von deren Stellung im evolutionären Prozeßniveau unterscheiden; Kietzman, Zubin und Steinhauer stellen Vermutungen über die Lokalisierung visueller Prozesse im Nervensystem und über die bessere Erkennbarkeit des Psychischen durch Verwendung von Grundbegriffen der „Hardware" an; usw.).

Allgemeine Gesetzmäßigkeiten versus individuelle Unterschiede

Viele Psychologen haben Einwände gegen das, was sie als einen naiven Versuch betrachten, nomothetische Gesetze ohne Berücksichtigung organismischer Faktoren oder interindividueller Unterschiede zu entdecken bzw. zu formulieren (Stern 1901, vgl. die Kapitel von Edwards, Eysenck, Magnusson und Strelau). Vermutlich würde auch der am stärksten nomothetisch orientierte Theoretiker einräumen, daß die Parameter seines Modells möglicherweise interindividuelle Unterschiede reflektieren, und daß ein erheblicher Teil der von ihm als „Versuchsfehler" (Zufallsfaktoren) betrachteten Erscheinungen letztendlich organismischen Faktoren zuzuschreiben sein könnte. Tests zur Überprüfung derartiger Faktoren und der zwischen diesen und experimentellen Faktoren bestehenden Wechselwirkung können in spezielle Versuchsanordnungen eingebaut werden. Funktionale Messungen (Anderson 1981) veranschaulichen deutlich, wie das zu erreichen ist. Bei funktionalen Messungen wird jede Versuchsperson (Vp) jeder der zahlreichen Versuchsbedingungen (oftmals verschiedene Reizkombinationen) ausgesetzt, und die Skalenwerte, zuweilen auch ihre Gewichte, werden für jede Vp einzeln bestimmt.

Wer kann, trotz dieser Flexibilität in bezug auf Versuchsanordnungen, leugnen, daß die traditionelle Experimentalpsychologie interindividuellen Unterschieden kaum genügend Aufmerksamkeit geschenkt hat? Das scheint wenigstens zum Teil auf das Fehlen einer stichhaltigen Theorie über interindividuelle Unterschiede zurückzuführen zu sein, zum Teil auf das Fehlen aussagekräftiger Maße für diese Unterschiede. Und dennoch muß bei der praktischen Anwendung der Psychologie dem Gebiet der Psychometrie gebührend Platz eingeräumt werden. Ihren ersten großen Wachstumsschub erhielt die Psychologie durch massenhaft durchgeführte Intelligenztests. Obgleich Tests zur Untersuchung geistiger Fähigkeiten nach wie vor die höchsten Validitätskoeffizienten aufweisen, besteht weiterhin ein nahezu hoffnungsloser Mangel in bezug auf ihr theoretisches Fundament (z. B.: Was ist ,*Intelligenz*'?). Eine interessante Verbindung zwischen experimentellen und psychometrischen Ansätzen beschreibt Magnusson (Kapitel 15) und zeigt, daß selbst bei der Anwendung von *Intelligenz*-Tests eine Wechselwirkung zwischen dem jeweiligen Versuchsleiter und den einzelnen Situationen (Arten der Items) entstehen kann – ein Ansatz, der dem von Mischel (1973) und Endler (1977) ähnelt. Wenngleich dieses sowie die anderen von Magnusson beschriebenen Beispiele nicht Experimente im traditionellen Sinne sind, zeigt diese Art der Analyse doch, daß die Beschäftigung mit organismischen Faktoren in der Experimentalpsychologie an Bedeutung gewinnen kann. Das trifft im allgemeinen häufiger zu bei der Analyse und der experimentellen Untersuchung von Teilfertigkeiten durch heutige kognitive Psychologen (z. B. Estes 1978, Hunt, Lunneborg und Lewis 1975). Jedoch ist bisher noch nicht zu erkennen, ob dadurch Fortschritte bei der praktischen Anwendung der Psychometrie erzielt wurden.

Eysenck argumentiert in Kapitel 13 überzeugend im Sinne der Verbindung psychometrischer und physiologischer Faktoren. Interessant ist dabei auch, daß die Diskussion über die Vererbbarkeit der Intelligenz zur erbittertsten Auseinandersetzung in der Literatur führte, die die Geschichte der Psychologie kennt. Das rührt daher, daß damit das äußerst heikle Problem politischer Wertnormen berührt wurde. Wenn Gergen darin recht hat, daß psychologische Forschungen soziale Wertnormen reflektieren (wie er in Kapitel 3 ausführt), dann sollten andere Theorien einen vergleichbaren Grad der Verbitterung vermeiden, um nicht lediglich Ausdruck dafür zu werden, daß die zwischen Forschung und eigenen Wertnormen bestehende Beziehung nicht erkannt wird.

Experimente versus Korrelationsanalysen

Im Sinne Quinn McNemars („Korrelationen sind das Instrument des Teufels") haben viele Experimentalpsychologen Versuche, bei denen zufällig ausgewählte Vpn systematisch variierten Bedingungen zugeordnet werden, als notwendige Voraussetzung, auf jeden Fall aber als den Königsweg (via regia), für Kausalanalysen betrachtet. Korrelationen seien – höchstens – als interessante Grundlagen für Hypothesen zu sehen, die dann experimentell überprüft werden könnten. Stellt die Skepsis in bezug auf Laborversuche deren ökologische Validität in Frage, dann zieht die Skepsis in bezug auf Korrelationen deren Interpratation in Zweifel.

Der potentielle Wert einer Verbindung von korrelativen und experimentellen Ansätzen wird nun mittlerweile weithin anerkannt und von Cronbach (1957, 1975), Campbell und Stanley (1963) sowie von Eysenck (1981) besonders hervorgehoben. Abbildung 1.3 veranschaulicht diesen Standpunkt. Ardila diskutiert den kombinierten Ansatz unter Verwendung seiner umfangreichen korrelativen Felduntersuchung als Beispiel.

In Kapitel 18 stellen Nesselroade und Baltes ihren relativ neuen und potentiell tragfähigen Ansatz für korrelative Untersuchungen dar, einen Ansatz, dessen Tenor darin besteht, daß aus nicht-experimentellen Datenreihen oder aus natürlichen Experimenten, bei denen die Bedingungen nicht systematisch variiert werden, hypothetisch-kausale Schlußfolgerungen gezogen werden. Diese Methoden fanden zuerst in der Ökonomie und Soziologie Anwendung; in zunehmendem Maße bedient man sich ihrer nunmehr jedoch auch in der Psychologie. Sollten sie sich bewähren, würde der Weg frei für Kausalanalysen

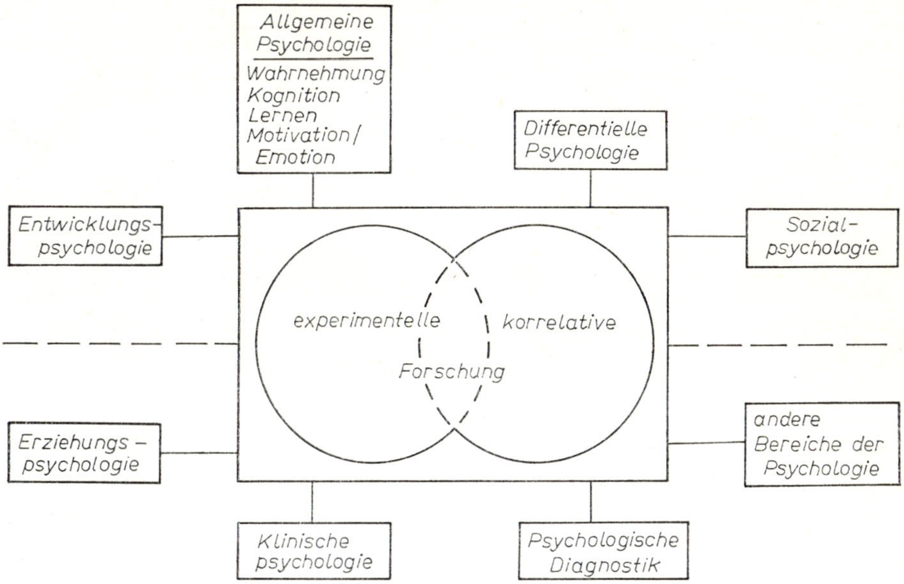

Abb. 1.3: Modell für „experimentell-korrelative" Forschung, von Cronbach (1957, 1975) für alle Teilgebiete vorgeschlagen. Die überlappenden Kreise stellen die unterschiedliche Bedeutung für „Grundlagen"-Bereiche (oberer Abschnitt) und „Angewandte" Bereiche (unterer Abschnitt) dar. Modifiziert nach Sarris 1983.

im Zusammenhang mit einer großen Palette von Problemen, und zwar auf eine Art und Weise, die orthodoxe Vertreter der experimentellen Methode vorher für völlig unmöglich gehalten hätten.

Andere Psychologen, wie zum Beispiel Eysenck (Kapitel 13), betrachten die Verbindung von experimentellen und korrelativen Methoden in der Forschung als zweckmäßig – ja sogar als prinzipiell notwendig. Dies ist ein natürlicher Weg, die Untersuchung individueller Differenzen im Laboratorium durchzuführen. Interessant ist es zu bedenken, daß Eysenck, ohne seine Vpn z. B. nach „Extravertiertheit" und „Introvertiertheit" zu unterteilen, nicht zu seinen experimentellen Hauptergebnissen gelangt wäre und aus den erhaltenen Befunden unkorrekte Schlußfolgerungen gezogen hätte (vgl. Cronbach 1975).

Repräsentative Versuchsplanung und ökologische Validität

Eng damit verbunden sind die Überlegungen, welche die für psychologische Forschungsarbeiten erforderliche *Auswahl* der Umgebungen (ebenso wie der Vpn) betreffen. Abermals ist es letztlich das Problem der Verallgemeinerung. Das Modell für einen erheblichen Teil experimenteller psychologischer Arbeiten war eine einfache Situation in Analogie zu der klassischen Mechanik: das Sonnensystem, die eine schiefe Ebene herabrollende Kugel, ein Pendel (usw.). Physiker versuchen nicht, die Trajektorien herabfallender Blätter vorauszubestimmen. Die Forderung nach ökologischer Validität durch repräsentative Versuchsplanung (Brunswik 1956, Holzkamp 1964, Petrinovich 1979) basiert demgegenüber auf dem Glauben, daß Vorhersagen eher zutreffen, wenn sie auf Erfahrungen mit Situationen beruhen, die mit der einzuschätzenden vergleichbar sind, wie Wertheimer (Kapitel 2) ausführt. Im Prinzip fehlen einfachen psychologischen Versuchen externe Validität oder Verallgemeinerungsfähigkeit. Der Einwand gegen repräsentative Versuchsplanung besteht darin, daß diese vermutlich keine grundlegenden Kausalbeziehungen erkennen lassen wird, da diese durch ein Zuviel verdeckt werden: Zu viele Bedingungen variieren, so daß die Stichproben von Umgebungen wahrscheinlich keine Schlußfolgerungen in bezug auf das Wirken der wichtigsten Faktoren zulassen wird (s. Parducci, Kapitel 10). Der Beweis liegt in der Praxis, und beide, sowohl Skeptiker als auch Verfechter der repräsentativen Versuchsgestaltung, können die Frage nach den durch den jeweils anderen Ansatz erfochtenen Siegen in der Psychologie stellen.

Das in einigen Kapiteln zum Ausdruck gebrachte Streben nach ökologischer Validität kann nicht von dem Bemühen um eine anwendbarere Psychologie getrennt werden. Angenommen, wir würden wirklich ein angemessenes Niveau des Verständnisses eines Miniatursystems erreichen (wie es in vielen Bereichen der Kognitiven Psychologie der Fall zu sein scheint): Welcher Grund besteht dann für die Annahme, daß dieses Verständnis irgendeinen praktischen Bereich oder ein praktisches Problem erhellen würde? Der Verweis auf eine mögliche Analogie zu nachfolgenden, praktischen Anwendungen im Bereich der klassischen Mechanik kann jene, denen die praktische Anwendung zum gegenwärtigen Zeitpunkt am Herzen liegt, nicht befriedigen.

Grundlagenforschung versus Angewandte Psychologie

Aber nicht allen – nicht einmal den meisten – Psychologen geht es darum, daß Psychologie eine angewandte Wissenschaft werden sollte. Man betrachte die Vergleichende Psychologie und nehme Bittermans Beitrag (Kapitel 9) als Beispiel. Dort ist noch etwas von dem alten Traum zu finden, von Hulls und von Tolmans Traum, d. h. davon, durch experimentelle Untersuchungen mit Ratten in Labyrinthen universelle Gesetze des Verhaltens zu entdecken, gültig für alle Arten, einschließlich des Menschen. Bitterman findet phylogenetische und ontogenetische Unterschiede bei den Grundgesetzen des Lernens. Aber diese sind von Interesse, unabhängig von ihrer eventuellen Nützlichkeit für die Lösung menschlicher Probleme. So verhält es sich auch mit vielen der von europäischen Autoren vorgelegten Beiträge: Wissenschaftler untersuchen weiterhin psychologische Probleme – *ohne* erkennbare Beschäftigung mit Fragen praktischer Anwendung. Und ist Anwendung ohne Relevanz, dann erscheinen auch Probleme der Verallgemeinerung der Ergebnisse, der ökologischen Validität viel weniger belastend. Laborwissenschaftler können sich mit einem speziellen Problem beschäftigen, z. B. wie bestimmte Arten einen bestimmten Typ von Problemen bewältigen, ohne sich sorgen zu müssen, ob sich ihre Ergebnisse als verallgemeinerungswürdig in bezug auf andere Probleme oder Arten erweisen werden. Vertreter dieser Richtung in der Wissenschaft können einwenden, daß zu frühe Besorgnis hinsichtlich ökologischer Validität entscheidende Fortschritte von vornherein ausschließt.

Andererseits sähen es einige Autoren wohl gern, wenn die wissenschaftliche Psychologie eine eindeutig praxisbezogene Richtung einschlüge. Edwards (Kapitel 22) äußert sich diesbezüglich vielleicht am direktesten. Sein dezidierter Standpunkt fällt angesichts seiner wesentlichen Beiträge zur Grundlagenforschung besonders auf. In seinem Falle stellen Analysen der Entscheidungsfindung eine Grundlage für die praktische Anwendung dar. Jedenfalls vertritt er hier eine allgemein weit mehr auf die intensivere Beschäftigung mit der Entwicklung praktischer Anwendungsmöglichkeiten gerichtete Position.

Starke Tendenzen in Richtung praktischer Anwendung scheinen selbst innerhalb der traditionellen Bereiche der Psychologie aufzutreten. In jüngster Zeit wurden, speziell in den USA, von finanzielle Mittel zur Verfügung stellenden Einrichtungen sogenannte „Auftrags"-Forschungsarbeiten, d. h. Projekte zur Lösung praktischer Probleme, begünstigt. Das trifft jedoch nicht nur auf die Psychologie zu: In der medizinischen Forschung wird seit einiger Zeit mit bestimmten Krankheiten wie Krebs befaßten Projekten größere Bedeutung beigemessen als biologischer Grundlagenforschung. Viele fähige Forschungspsychologen haben sich dieser angewandten Richtung zugewandt, teils der finanziellen Mittel wegen, zum anderen aber vielleicht auch, weil sie glauben, um zu fundamentalem Verständnis zu gelangen, bedürfe es möglicherweise noch einer langen Zeit, während praktische Probleme auf empirischer Basis schon jetzt gelöst werden können (s. Tab. 1. 1).

Tab. 1.1: *Unterschiede der Hauptforschungsansätze innerhalb der Psychologie (modifiziert nach Bickman 1981)*

	Grundlagenforschung	Angewandte Forschung
Zweck und Ziele	Wissen Beziehungen Ursachen Theorie Entwicklung	Lösen von Problemen Breitenwirkung Vorhersagen Programm Bewertung
Methodologie	interne Validität einzelne Methoden experimentell hohe Präzision Verhaltensdaten	externe Validität multiple Methoden quasi-experimentell geringe Präzision Selbstbeobachtung
Umgebung	Laboratorium nicht zeitgebunden Langzeit-Konzeption selbst initiiert schwaches Kostenbewußtsein flexibel autonom	Feld zeitgebunden Kurzzeit-Konzeption initiiert durch Auftraggeber starkes Kostenbewußtsein nicht flexibel hierarchisch
Forscher	Spezialist allein Bewertung mittels Publikationen mittlere soziale Gewandtheit	Verallgemeinerer gruppenorientiert Bewertung mittels Erfahrung spezielle soziale Gewandtheit

Jene, die in die praktische Richtung der Entwicklung drängen, glauben, daß die Psychologie entweder bereits über anwendbare Techniken verfüge oder aber solche Techniken mit einigem Bemühen entwickeln könnte. Offensichtlich schließt sich auch Zimbardo (Kapitel 17) dieser Auffassung an, desgleichen Brengelman (Kapitel 21) – und Eysenck (Kapitel 13), zumindest in bezug auf die Verhaltenstherapie. Demgegenüber sind Bitterman (Kapitel 5), Parducci (Kapitel 10) und Wertheimer (Kapitel 2) im Hinblick auf das bisher tatsächlich Erreichte wesentlich skeptischer; allerdings merkt Wertheimer an, daß durch eine stärker praxisbezogene Orientierung in Zukunft wohl viel mehr erreicht werden könnte.

Skeptiker könnten einwenden, daß zu frühe Versuche, Psychologie anzuwenden, mehr geschadet als genutzt haben. Halbwissen kann in der Tat eine gefährliche Sache sein.

Mit der Annahme, Fortschritte erzielen zu können mit tausend Jahre alten Methoden, die aus der Zeit stammen, bevor die Psychologie als separate Disziplin entstand, verschlimmern wir möglicherweise nur die Lage. Wahrscheinlich würden sich die meisten Psychologen, die in den traditionellen Bereichen der Grundlagenforschung arbeiten, zu den Skeptikern gesellen, während jene, die in angewandten Bereichen tätig sind, bestätigen würden, daß Psychologie bereits von erheblichem praktischem Wert sein kann (vgl. z. B. Edwards oder Brengelmann).

Psychologie – eine Disziplin oder viele?

Wenngleich die verschiedenen Autoren dieses Bandes auf der Konferenz, die sie zusammenführte, in der Lage schienen, ohne Schwierigkeiten miteinander ins Gespräch zu kommen (vgl. *Vorwort*), erscheint die Frage berechtigt, wie lange noch die Psychologie *eine* Disziplin darstellen wird.

Was hält ihre verschiedenen Teile überhaupt zusammen? – Im Bereich akademischer Einrichtungen könnten praktische, verwaltungsorganisatorische Erwägungen der Kitt sein: Welche Universität sähe sich gern jeweils einzelnen Abteilungen gegenüber, für Psychometrie, für Physiologische, Klinische, Persönlichkeits-, Sozial-, Ingenieur-, Vergleichende, Wahrnehmungs-, Lern-, Denk- und wer weiß für wie viele andere einzelne Psychologien noch?

Und dennoch ist denkbar, daß die Hauptprobleme der Klinischen Psychologen weniger Gemeinsamkeiten mit denen der Psychophysiker aufweisen als diejenigen der Soziologen und Ökonomen oder Linguisten und Geographen miteinander. Während z. B. Sigmund Koch (in Wertheimer a. a. 1978) die künftige Desintegration der Psychologie voraussagt, argumentiert er: „Daß die Psychologie eine integrale Disziplin sein kann, ist ein Mythos des 19. Jahrhunderts, der ihre Entwicklung als unabhängige Wissenschaft begünstigte – ein Mythos, wie sowohl durch a priori – als auch durch empirisch-historische Betrachtungen exakt nachgewiesen werden kann. Koch bestätigt, daß die Vorhersagen anderer hinsichtlich einer künftigen Integration im Widerspruch zu neueren Tendenzen stehen in Richtung größerer Zurückhaltung in bezug auf die Anwendungsbreite jeder einzelnen Theorie.

Experimentelle Methode: Sackgasse oder Königsweg?

Wohin führen uns alle diese feststellbaren Unterschiedlichkeiten im Hinblick auf die *Zukunft der Experimentalpsychologie*?

Keiner der Autoren stellt den potentiellen Nutzen experimenteller Methoden in Frage. Und dennoch macht sich ein gut Teil Ungeduld bemerkbar. Einige sähen gern mehr Freiheit von den traditionellen Einschränkungen experimenteller Wissenschaft. Andere befürworten die weitere Hinwendung zu traditionellen Verfahren, selbst wenn dies einen Rückgang von Zahl und Popularität der Psychologen bedeutet.

Die Beurteilung der Erfolge der experimentellen Psychologie hängt ganz offensichtlich von den verwendeten Maßstäben ab. Verglichen mit den ausgeschriebenen Wechseln, die die allgemeine Meinung über dieses Gebiet geformt haben, ist ein bedrückender Mißerfolg zu verzeichnen: Die menschliche Seele entziehe sich auf Grund ihrer Kompliziertheit erfolgreicher experimenteller Analyse; daher befinde sich die Psychologie in einer Krise, und ihre angesehensten Methoden sind in eine Sackgasse geraten. Legt man jedoch realistische Maßstäbe an – d. h. Maßstäbe, die eher denen grundlegender physikalischer Wissenschaften entsprechen –, dann können die verschiedenen, in den Kapiteln dieses Buches beschriebenen spezifischen Ansätze sogar als erstaunlich erfolgreich angesehen werden. Erscheint der Gegenstand der Psychologie auch erschreckend kompliziert, so sollten doch diejenigen, für die die experimentelle Methode auch weiterhin den Königsweg zum Verständnis darstellt, Mut schöpfen aus den auf einer so beachtlichen Vielfalt von Teilgebieten gezeitigten Erfolgen.

Literatur

Anderson, N. H.: An evaluation of stimulus sampling theory: Comment on Prof. Estes' paper. In: A. W. Melton (Ed.), Categories of human learning. New York: Academic Press, 1964
Anderson, N. H.: Foundations of information integration theory. New York: Academic Press, 1981
Bickman, L.: Some distinctions between basic and applied approaches. In: L. Bickman (Ed.), Applied social psychology annual. Vol. 2. Beverly Hills, Calif.: Sage, 1981
Boring, E. G.: A history of experimental psychology. New York: Appleton, 1950[2]
Brunswik, E.: Perception and the representative design of psychological experiments: Berkeley: University of California Press, 1956
Bühler, K.: Die Krise der Psychologie. Jena: G. Fischer, 1929[2]
Campbell, D. T., and J. C. Stanley: Experimental and quasi-experimental designs for research. Chicago: Rand McNally, 1963
Cronbach, L. J.: The two disciplines of scientific psychology. American Psychologist, 12, 671–684, 1957
Cronbach, L. J.: Beyond the two disciplines of scientific psychology. American Psychologist, 1975
Endler, N. S.: The role of person-by-situation interactions in personality theory. In: D. Magnusson and N. S. Endler (Eds.), Personality at the crossroads: Current issues in interactional psychology, New York: Halsted, 1977
Estes, W. K.: Learning theory and the new „mental chemistry". Psychological Review, 67, 207–223, 1960
Estes, W. K.: The information processing approach to cognition: A confluence of metaphors and methods. In: W. K. Estes (Ed.), Handbook of learning and cognitive processe. Vol. 5: Human information processing. Hillsdale, N. J.: Lawrence Erlbaum Associates, 1978
Eysenck, H. J.: An exercise in meta-silliness. American Psychologist, 33, 517, 1978
Eysenck, H. J.: A model for personality. New York: Springer, 1981
Hofstätter, P. R.: Psychologie. Frankfurt/Main: Fischer, 1977
Holzkamp, K.: Theorie und Experiment in der Psychologie. Berlin: de Gruyter, 1964
Hull, C. L.: A behavior system. New Haven: Yale University Press, 1952
Hunt, E. B., C. Lunneborg and J. Lewis: What does it mean to be High verbal? Cognitive Psychology, 7, 194–227, 1975
Koch, S.: Clark L. Hull. In: S. Koch (Ed.), Modern learning theory. New York: Appleton-Century-Crofts, 1954
Maslow, A. H.: Toward a psychology of being. Princeton: Van Nostrand, 1962
Meehl, P. E.: Theoretical risks and tabular asterisks: Sir Karl, Sir Ronald, and the slow progress of soft psychology. Journal of Consulting and Clinical Psychology, 46, 806–834, 1978
Mischel, W.: Toward a cognitive social learning reconceptualization of personality. Psychological Review, 80, 252–283, 1973
Petrinovich, L.: Probalisistic functionalism: A conception of research method. American Psychologist, 34, 373–390, 1979
Sarris, V.: Methodologische Grundlagen der Experimentellen Psychologie. Berlin: de Gruyter, 1982
Searle, J.: The myth of the computer. The New York Review of Books, 1982, April 29, 29, 7, 3–6, 1982

Smith, M. L., and G. V. Glass: Meta-analysis of psychotherapy outcome studies. American Psychologist, 32, 752–760, 1977
Stern, W.: Psychologie der individuellen Differenzen. Jena: G. Fischer, 1901
Swets, J. A., Tanner, W. P., and T. G. Birdsall: Decision processes in perception. Psychological Review, 68, 301–340, 1961
Tolman, E. C.: Cognitive maps in rats and men. Psychological Review, 55, 189–208, 1948
Watson, J. B.: Psychology as an behaviorist views it. Psychological Review, 20, 158–177, 1913
Wertheimer, M., et al.: Psychology and the future. American Psychologist, 33, 1978
Wittgenstein, L.: Philosophical Investigations. New York: MacMillan, 1953

Teil I: Historische Entwicklung und allgemeine Methodologie

„Optimismus“ und „Pessimismus“, so ließen sich wohl die beiden ersten Kapitel von Teil I überschreiben. Der „Optimismus“, wie er durch Michael Wertheimer vertreten wird, sagt die Entwicklung der Psychologie in Richtung einer stärkeren Vereinheitlichung und einen Fortschritt in der Anwendung experimenteller Methoden auf einem höheren Niveau innerhalb der verschiedenen Teilgebiete voraus. Nach einer fundierten Darstellung der Geschichte der Experimentalpsychologie, unter Betonung ihrer vielfältigen Verwurzelung, stellt Wertheimer – angeregt durch die besondere Bitte der Herausgeber dieses Bandes – seine Überlegungen zur weiteren Entwicklung an.

Wertheimers *Optimismus* bezieht sich auf eine künftige Integration der Psychologie, auf die Verbindung nomothetischer und ideographischer Ansätze, wobei die Forschungsstrategien der Experimentellen, der Korrelativen und der Klinischen Psychologie vereint werden sollen. Wertheimer ist ferner optimistisch im Hinblick auf die Möglichkeit, die ökologische Validität traditionell-experimenteller Forschungen zu erhöhen – dies sei durch intensive Beschäftigung mit der Taxonomie der Umgebung und mit der komplexen Verflechtung der Bedingungen, unter denen die jeweiligen psychischen Phänomene in Erscheinung treten, zu erreichen. Etwa sei es im taxonomischen Rahmen dann mittels korrelativer Techniken möglich, die Bedingungen zu erkennen, die ihrerseits kontrolliertes Experimentieren rechtfertigen. Wertheimer sieht mit anderen Worten die grundsätzliche Möglichkeit als gegeben, die Psychologie vor dem Schicksal einer Wissenschaft zu bewahren, die mehr und mehr Kenntnisse über immer weniger zutage zu bringen scheint.

Die in Kenneth Gergens Kapitel zum Ausdruck gebrachte *pessimistische* Betrachtungsweise der Psychologie stellt selbst deren Grundlagen in Frage. Ausgehend von gegenwärtigen Tendenzen in der Philosophie der Wissenschaft, wendet sich Gergen gegen die Auffassung von „Fortschritt“ (progress) als Aufdecken der Wahrheit über psychologische Phänomene. Er bezieht seine konkreten Beispiele hauptsächlich aus seinem eigenen Arbeitsgebiet, der Sozialpsychologie; jedoch fordert er den Leser heraus, zu entscheiden, ob in anderen Bereichen der Psychologie nicht dieselben grundsätzlichen Schwierigkeiten bezüglich echter „Fortschritte“ seien. Ist aber Gergens entmutigende Einschätzung richtig, dann erhebt sich die natürliche Frage nach der Funktion und Bedeutung psychologischer Experimente. Gergens Antwort ist: „Das Experimentieren „belebt (‚vivifies‘) die theoretische Sprache“, somit deren (angeblichen) kommunikativen Nutzen erhöhend. Ist demnach Psychologie als Wissenschaft höchstens ein (sozialer) „Werte“-Lieferant?

Im dritten Kapitel des ersten Teils legt Ruben Ardila eine weitaus weniger skeptische Einschätzung der wissenschaftlichen Psychologie dar. Wenngleich er herkömmliche Auffassungen über die experimentelle Methode teilt, so richten sich seine Anliegen, im Vergleich zu den in den beiden ersten Kapiteln dargestellten, stärker auf konkrete und praxisbezogene Fragestellungen. Seine eigene Forschung ist dabei ein Beispiel für die Nutzbarmachung natürlicher sozialer „Experimente“ – wie z. B. die empirisch systematische Analyse von interkulturellen Unterschieden in der Kindererziehung. In seinen insgesamt optimistischen Vorstellungen von Künftigem sieht er – vor allem – Kontinuität gegenwärtiger Tendenzen voraus. Ardilas Kapitel beschreibt auch die gegenwärtige Kompetenz-*Enge* in der internationalen Arena der Psychologie, verbunden mit interessanten Einblicken in die praktischen Schwierigkeiten der Psychologie in der Dritten Welt.

2. Die experimentelle Methode in der Psychologie des 19. und 20. Jahrhunderts

Michael Wertheimer
University of Colorado, Boulder, USA

Ein psychologischer Forscher beschrieb, daß er „ein kleines rundes Stück weißen Papiers in Augenhöhe auf einem schwarzen Hintergrund [als Fixationspunkt] befestigte; ein anderes befestigte ich zu meiner Rechten, in ungefähr zwei Fuß Entfernung, jedoch ein wenig niedriger als das erste, so daß [sein Abbild] auf den optischen Nerv meines rechten Auges treffen würde, während ich mein linkes geschlossen hielt. Ich stand mit dem Gesicht zum ersten Stück Papier, entfernte mich ganz allmählich, es weiterhin mit meinem rechten Auge fixierend, und bei einer Entfernung von etwa 10 Fuß verschwand das zweite, [im Durchmesser] etwa vier Inches große Papier völlig."

Mariotte berichtete von diesem eleganten und einfachen Versuch im Zusammenhang mit dem Blinden Fleck vor mehr als 300 Jahren – genauer gesagt, im Jahre 1668 (1981, S. 267–268) – obgleich dieser Versuch typisch für Ende des 19. und Anfang des 20. Jahrhunderts durchgeführte Arbeiten ist. Wilhelm Wundt mag zwar das erste Psychologische Institut vor etwas mehr als 100 Jahren gegründet haben, die experimentelle Methode jedoch wurde lange vorher für psychologische Untersuchungen verwendet. Wie Meischner (1978) feststellt, nannte Wundt Ernst Heinrich Weber, sich auf dessen Dissertation von 1834 beziehend, „den Vater der experimentellen Psychologie". Viele andere Wissenschaftler des 18. und 19. Jahrhunderts könnten ebenfalls dieser Vaterschaft „bezichtigt" werden, wie der tschechische Physiologe Jan Evangelista Purkyně (Kruta 1969); die Deutschen Gustav Theodor Fechner und Hermann von Helmholtz; der britische Physiker Charles Wheatstone; der amerikanische Philosoph Charles Sanders Peirce; der Franzose Pierre Bouguer, der 1760 die Unterschiedsschwellen für Helligkeiten bestimmte; der holländische Physiologe F. C. Donders oder sogar der amerikanische Astronom David Rittenhouse (Hindle und Hindle 1959), der 1786 originelle Versuche über umkehrbare Reliefs veröffentlichte. Wie Robinson (1981) hervorhebt, war die Psychologie diesbezüglich kein Spätling: „Die Psychologie nahm sich des experimentellen Ansatzes fast zur gleichen Zeit an, als dieser von der Gesamtheit der Wissenschaften allgemein angenommen wurde, und das war im 19. Jahrhundert" (S. 396). Wenngleich man Robert Grosseteste die Verantwortung für die Verwandlung des griechischen rationalen Ansatzes in die modernen Methoden experimenteller Wissenschaften an der Wende vom 12. zum 13. Jahrhundert zuschreiben kann (Crombie 1953, S. 10–11), so begannen Naturwissenschaftler jedoch erst im Laufe des 19. Jahrhunderts, diese Methode als die für das Gewinnen wissenschaftlicher Kenntnisse am besten geeignete zu betrachten. Dennoch waren Ende des 19. Jahrhunderts mitnichten alle Psychologen von der Nützlichkeit der experimentellen Methode auch für die psychologische Forschung überzeugt (Tweney 1981).

Wie Pongratz (1967) bemerkt, erkannte jedoch Wundt, daß „auch die Psychologie, wie die Naturwissenschaften, ihre Erkenntnisse mittels der experimentellen Methode gewinnen muß ... Nur das Experiment kann uns ... zu Naturgesetzen führen ..." (S. 101–102).

Bereits Ende des 19. Jahrhunderts sollte Franz Brentano in Frage stellen, ob das von Wundt und seinen Nachfolgern verwendete systematische Experiment tatsächlich die geeignete Strategie für eine neue Wissenschaft darstellt, die kaum begonnen hat, den riesigen Bereich ihres Gegenstandes zu erkunden. Nach Brentanos Auffassung ist es sinnvoller, zuerst festzustellen, ob eine bestimmte unabhängige Variable eine bestimmte abhängige wesentlich beeinflußt, anstatt unter zahlreich variierten Bedingungen minutiös die Wertigkeit einer abhängigen Variablen in bezug auf eine unabhängige zu ermitteln, um somit die Beziehung beider zueinander detailliert bestimmen zu können. Anstatt möglicherweise trivialen funktionalen Beziehungen übermäßige Aufmerksamkeit zu schenken, sollten wir im Sinne eines Problemkatalogs die bedeutendsten Ursachen der interessantesten Wirkungen erfassen. Brentanos Vorschlag, Psychologen sollten eher Entscheidungsexperimente als systematische Experimente vornehmen, wurde von einigen Phänomenologen, den Gestaltpsychologen und von mehreren späteren experimentellen Forschern (wie z. B. Kardos) ernst genommen, die Entscheidungsexperimente als Hilfsmittel für die Entscheidungsfindung zwischen mehreren, miteinander konkurrierenden Theorien des gleichen Phänomens zu entwickeln trachteten.

Die Hauptrichtung der experimentellen Psychologie entsprach jedoch der von Wundt vertretenen systematischen Strategie. Mehr als sieben Jahrzehnte nach der Veröffentlichung von Wundts *Vorlesungen* schrieb Woodworth in seiner monumentalen *Experimentalpsychologie* (1938), daß „ein Experimentator ... gegenüber einem Beobachter mehrere Vorteile hat, da letzterer den Verlauf der Ereignisse lediglich verfolgt, ohne irgendeine Kontrolle auszuüben". Unter anderem

> kann der Experimentator die Bedingungen systematisch variieren und daraus resultierende Veränderungen feststellen. Folgt (man) dem alten Standard – „Regel für eine Variable" – hält (man) alle außer einer (einzigen) Bedingung konstant ...
> Was die „Regel für eine Variable" betrifft, so bezieht sich diese nur auf die unabhängige Variable, denn der Beobachtung einer Vielfalt von Wirkungen des experimentellen Faktors steht nichts im Wege. Bei sorgfältiger Planung können zuweilen zwei oder drei unabhängige Variable in ökonomischer Weise in einem Versuch untersucht werden, wobei die Möglichkeit gegeben ist, die Interaktion der beiden oder mehrerer Faktoren aufzudecken (S. 2).

Woodworth bezog sich hier auf R. A. Fishers 1925 zum ersten Mal veröffentlichte *Statistical methods for research workers.* Vor Erscheinen dieser Arbeit spielten statistische Methoden in der experimentellen Psychologie nur eine untergeordnete Rolle. Es war üblich, die Ergebnisse der ersten Experimente nur beschreibend darzustellen bzw. in grober tabellarischer Form und mit beschreibenden statistischen Verfahren, die über Angaben zum Modalwert, gelegentlich auch zur mittleren quadratischen Abweichung, nicht hinausgingen. Die überwiegende Mehrheit der Untersucher folgte dem „Gesetz einer Variablen". Keine Verfahren zur Prüfung der statistischen Signifikanz von Unterschieden, keinerlei Inferenzstatistik beherrschte die Szene zu diesem Zeitpunkt. Jedoch, in den 30er Jahren (Glass 1981) kamen Lernwillige aus Nordamerika nach England, um Fishers Verkündungen zu lauschen. Seine Methoden beeinflußten die späteren experimentellen Versuchspläne sehr stark; einer der zentralen Gedanken seiner Strategie war die Kombination orthonaler Faktoren und die Untersuchung einfacher und komplexer Wechselwirkungen. Lindquist ging direkt aus dieser Schule hervor, und seine 1953 veröffentlichte Schrift war viele Jahre lang die methodologische Bibel experimenteller Psychologen.

Zu Beginn der zweiten Hälfte des 20. Jahrhunderts hatte sich dann die Kompliziertheit der statistischen Prüfungen der aus psychologischen Experimenten gewonnenen Daten erheblich erhöht. Die experimentelle Methode wurde auch weit über die traditionellen Bereiche – Empfindung, Wahrnehmung, Auswendiglernen, motorisches Lernen und Aufmerksamkeit – hinaus angewandt. Ursprünglich hatte Wundt diese Methode nur zur Untersuchung psychischer „Grund"-Prozesse vorgesehen und war überzeugt, daß die viel interessanteren „höheren geistigen Prozesse" – die faszinierenden menschlichen Produkte wie Sitten und Gebräuche, Mythen, Sprache – niemals mittels experimenteller Methoden erfaßt werden könnten; diese Überzeugung führte zu der herausragenden zehnbändigen *Völkerspychologie*. Jedoch zu Beginn der zweiten Hälfte des 20. Jahrhunderts war die experimentelle Methode bereits bei Untersuchungen zum Problemlösen, zu komplexen Lernprozessen, Einstellungen bei Denkprozessen und selbst bei der Untersuchung subtiler Phänomene der Sozialpsychologie, Motivations- und Persönlichkeitsforschung angewandt worden. Die Psycholinguistik, der Wundt einen erheblichen Teil seiner *Völkerpsychologie* gewidmet hatte, stand in ihren Anfängen und sollte zu einer bleibenden Hauptdomäne experimenteller Forschungen gedeihen.

Die viel beachtete, zweibändige Ausgabe von William James' (1890) *Prinzipien der Psychologie* stellten ein annähernd vollständiges Kompendium der seinerzeitigen Erkenntnisse der gerade flügge werdenden Experimentalpsychologie dar. Aber der Umfang der Erkenntnis wuchs in zunehmendem Tempo. Das Vorwort zu Woodworths 1938 veröffentlichter *Experimenteller Psychologie* enthält eine nach Jahrzehnten geordnete, graphisch gestaltete Übersicht aller in dieser Arbeit von ihm zitierten Veröffentlichungen; aus dieser Darstellung, die auf Jahrzehnte bezogen ist, die inzwischen Geschichte sind, ist ablesbar, daß in den siebziger und auch bereits in den sechziger Jahren Tausende oder Zehntausende Veröffentlichungen erschienen. Angesichts der Veröffentlichungsexplosion auf dem Gebiet der Experimentellen Psychologie ist Woodworths Buch vielleicht als Höhepunkt in der klassischen Tradition der allgemeinen Experimentalpsychologie zu betrachten. Er bedurfte 900 Seiten für die Darstellung, obgleich er ausdrücklich auf die Berücksichtigung individueller Unterschiede, der Sozial-, Entwicklungs- und Tierpsychologie, der Psychopathologie, der Pädagogischen und Angewandten Psychologie, der Physiologie oder der Arbeiten über Motivation verzichtete (S. IV). Osgood (1953) war vielleicht der letzte Psychologe, der im Ein-Mann-Unternehmen einen Überblick über die Experimentalpsychologie vorlegte. Woodworth und Schlosberg veröffentlichten 1954 auf annähernd 1000 zweispaltigen Seiten eine überarbeitete Fassung dieser Arbeit; und die einzelnen Kapitel in S. S. Stevens' umfangreichem und abschließendem, 1951 veröffentlichtem und 1400 kleingedruckte, zweispaltige Seiten umfassendem *Handbuch* wurden von 34 Spezialisten verfaßt, was auch ohne weitere Ausführungen beweist, daß es inzwischen für einen einzelnen nicht mehr möglich ist, gleichzeitig sowohl über Einzelkenntnisse zu verfügen als auch über einen Gesamtüberblick über die Experimentalpsychologie. In der Mitte des 20. Jahrhunderts war die Fachliteratur schlechthin zu umfangreich für die Realisierung dieser Art integrativer Bemühungen geworden. W. K. Estes (1981) bemerkt hierzu in seiner retrospektiven Betrachtung über Woodworths „Bibel" aus dem Jahre 1938: „... man wird nachdenklich und fragt sich, ob es je wieder einen Woodworth geben wird, jemanden, der fähig ist, das gesamte Spektrum der Experimentalpsychologie zu verstehen und zu interpretieren. Den meisten von uns ist die permanente Niederlage im Kampf um einen zeitgemäßen Überblick über die Forschungsergebnisse lediglich einer begrenzten Anzahl von Spezialrichtungen ausreichender Beweis dafür, daß die Antwort auf diese Frage ein klares ‚Nein' sein muß" (S. 330).

Inzwischen wirkten sich drei weitere Entwicklungen tiefgreifend auf die Experimentalpsychologie aus: Bereitstellung umfangreicher finanzieller Mittel für psychologische Forschungszwecke durch Regierungen und Stiftungen; beschleunigte Entwicklung der Computertechnologie und eine humanistische Rückbesinnung im Hinblick auf die Behandlung von Teilnehmern an Versuchen als „Versuchspersonen".

Daß die Psychologie von Nutzen für die Gesellschaft sein kann, hatte sich in Frankreich bereits zu Beginn des Jahrhunderts gezeigt und zwar bei der Diagnostizierung von Kindern, bei denen Lernschwierigkeiten in der Schule zu erwarten waren; in den USA bei der Auswahl von Rekruten für den Militärdienst während des ersten Weltkrieges und während des zweiten bei der Anwendung der Wahrnehmungspsychologie und der Prinzipien sensumotorischer Leistungen im Zusammenhang mit der Gestaltung komplexer Systeme. Folglich wurden öffentliche Mittel für weitere Arbeiten zur Verfügung gestellt, anfänglich für Untersuchungen in direkt anwendbaren Gebieten wie human engineering und die Entwicklung von Trainingsprogrammen für die Bedienung komplizierter Anlagen. Bald wurde erkannt, daß Ergebnisse der Grundlagenforschung mindestens in gleicher Weise geeignet sind, zur Lösung praktischer Probleme beizutragen, und so erhielt die psychologische Grundlagenforschung, vor allem die experimentelle, öffentliche Zuwendungen. Besonders während der 50er, 60er und zu Beginn der 70er Jahre wurden der psychologischen Forschung jährlich viele Millionen Dollar von Körperschaften wie dem Bildungsministerium, der Nationalen Stiftung für Wissenschaften und der für Marineforschung zuständigen Behörde zugeleitet, ferner von anderen nationalen und privaten Stiftungen. Diese massive Geldzufuhr förderte die kontinuierliche Ausdehnung der Forschungsarbeit auf tatsächlich alle Bereiche der Experimentalpsychologie. Das politische Klima Mitte der 70er Jahre bewirkte eine Umkehrung dieser Entwicklung, und die in den USA in jüngster Zeit aufkommenden politischen Trends geben Anlaß, eine bedrohliche Beschneidung solcher Vorhaben in nächster Zeit zu befürchten. Dennoch – ein Vierteljahrhundert lang erfreute sich die Experimentalpsychologie öffentlicher Unterstützung, sowohl bei der Ausbildung von Experimentalpsychologen als auch in bezug auf zielgerichtete Forschungen.

Zweitens gingen von der aufblühenden Computerindustrie auch starke Impulse für die Experimentalpsychologie aus. Moderne Computer trugen wesentlich zum Entstehen des neuen Bereichs der künstlichen Intelligenz bei und spielten bei der Erforschung kognitiver Prozesse sowie der Informationsverarbeitung eine zentrale Rolle. Diese Auswirkungen traten zusätzlich auf zu Veränderungen in der Reizdarbietung, die nun auf Computerbasis erfolgt, verbunden mit der automatischen Registratur der Reaktionen der Versuchspersonen unter einer Vielzahl von Aspekten, besonders bei der Erarbeitung und Analyse komplizierter multivariater Experimente – multivariat sowohl in bezug auf die unabhängige als auch auf die abhängige Seite.

Die dritte revolutionäre Entwicklung – sie vollzog sich hauptsächlich während des letzten Jahrzehnts – steht insofern zumindest indirekt zu den sogenannten „humanistischen" Auffassungen in der Psychologie in Beziehung, als durch sie Würde und Unverletzbarkeit des Menschen erneut bestätigt werden. In den Vereinigten Staaten führte die Sorge um die an wissenschaftlichen Experimenten beteiligten Versuchspersonen zu der offiziell neu eingeführten Bezeichnung *Teilnehmer* sowie zu der Absage an ethisch fragwürdig erscheinende experimentelle Methoden. Keine potentiell schädigenden Methoden dürfen angewendet werden, und niemand darf ohne seine bewußte Zustimmung an einem Versuch teilnehmen. Obgleich diese neuen Einschränkungen den Experimentierstil auf neueren Gebieten wie der Persönlichkeits- und Sozialpsychologie grundlegend veränderten, blieben ihre Auswirkungen auf die traditionellen Bereiche der Allgemeinen Psychologie weniger spürbar. Nicht zu leugnen ist, daß diese Einschränkungen die „Bürokratie“ im Zusammenhang mit so gut wie jedem Versuch mit Menschen erheblich vermehrte; dennoch kann man dieser seit langem fälligen Korrektur von zuweilen nicht mehr vertretbaren Praktiken nur Beifall zollen. Wissenschaftliche Forschung darf nicht auf Kosten von Menschen durchgeführt werden; sie muß diesen dienen.

Die Herausgeber dieses Bandes forderten uns auf, Vorhersagen für die Jahre 1985 und 2000 zu treffen. Es ist fraglich, ob sich in drei Jahren die experimentellen Methoden in der Psychologie stark von den heutigen unterscheiden werden; aber innerhalb von zwei Jahrzehnten können sich schon erhebliche Veränderungen vollziehen.

Um die Jahrtausendwende werden die in psychologischen Versuchen verwendeten Verfahren wahrscheinlich noch komplizierter sein, als sie es in der Regel heute sind. Die Forschung wird wahrscheinlich in höherem Maße problem- und in geringerem Maße computerorientiert sein, da der Computer weniger der „Schwanz sein wird, an dem das Pferd Verfahren – theoretisches Modell – statistische Analyse aufgezäumt sein wird“. Die Fusion humanistischer und wissenschaftlicher Anliegen kann zu Forschungen führen, die sich stärker alltäglichen, natürlichen, phänomenologisch auffälligen Prozessen widmen als künstlichen Situationen unter Laborbedingungen. Brunswiks Forderung (1956) nach „ökologischer Gültigkeit“ von Versuchen wird künftig – so hofft man – mehr Anerkennung finden als heute. Hiermit verbunden ist die Erwartung, daß die experimentelle Methode häufiger viel systematischer mit anderen Strategien, wie korrelative Verfahren, kombiniert wird, daß die unmittelbare Beobachtung, die Phänomenologie, unaufdringliche Messungen und sogenannte klinische Methoden stärker einbezogen werden.

Zweitens wird angesichts des weltweiten, sprunghaften Anstiegs von Veröffentlichungen über experimentelle Psychologie ein systematisches Verfahren für die Zuordnung der auf bestimmten Teilgebieten erzielten Ergebnisse zu anderen Teilgebieten, z. B. im Zusammenhang mit den Kapiteln der *Annual Review of Psychology*, erforderlich. Diese werden von Fachleuten auf den jeweiligen Teilgebieten geschrieben, deren Aufgabe es ist, mehrere hundert während der letzten zwei bis drei Jahre auf ihrem Spezialgebiet erschienene Veröffentlichungen in einem zusammenfassenden Überblick zu verarbeiten. Fände man Techniken für die Zusammenstellung annähernd vollständiger Bibliographien der Veröffentlichungen experimenteller Untersuchungen auf bestimmten Teilgebieten der Psychologie – und die Entwicklung solcher Techniken wird nicht leicht sein –, dann bestünden für Methoden wie die Meta-Analyse von Smith und Glass (Glass, McGaw und Smith 1981, Glass und Smith 1979, Smith und Glass 1977, s. a. Underwood 1957) breitere Anwendungsmöglichkeiten, mit der Zielstellung, zu umfassenden Verallgemeinerungen zu gelangen und somit den experimentellen Ergebnissen zahlreicher, einander teilweise überschneidender Untersuchungen gerecht zu werden. Meta-analytische Verfahren dieser Art sind kompliziert, zweckmäßig und quantitativ; sie bergen die Möglichkeit, all das sinnvoll zu ordnen, was andernfalls als Durcheinander von sich widersprechenden Ergebnissen experimenteller Untersuchungen vorliegt, die, in bezug auf ein Phänomen, zwar auf ähnlichen, jedoch unterschiedlich gestellten Fragen beruhen.

Die Vorhersage, daß künftige Experimente enger mit korrelativen und „klinischen" Untersuchungen verflochten werden, ergibt sich aus Argumenten der Schüler Brunswiks sowie aus den von humanistischen Psychologen zur Sprache gebrachten Anliegen. Beachtenswert ist das folgende Zitat aus einem Beitrag des Brunswik-Schülers Lewis Petrinovich (1979): „Die systematische experimentelle Methode trennt die das Verhalten bestimmenden Variablen von dem Gefüge, worin diese eingebettet sind und zerstört dadurch das (zwischen) den Variablen bestehende korrelative Muster, das in natürlichen Situationen vorhanden ist" (S. 375).

Ferner: Psychologen sollten

> Variable innerhalb einer Stichprobe von Situationen (untersuchen), auf die sie verallgemeinert werden sollen (S. 382) ... Für das Erlangen wissenschaftlicher Kenntnisse über das Verhalten von Organismen in ihrer Umgebung ist die Untersuchung repräsentativer Stichproben sowohl der Versuchsperson als auch der Umweltsituation ein notwendiger methodischer Schritt ... Die radikalste Veränderung bei der Verwendung repräsentativer Verfahren ist die vorrangige Beschäftigung mit zufälligen Stichproben aus der Ökologie des Organismus, damit das Verhalten im natürlichen Lebensraum der Organismen untersucht werden kann (S. 383).

Humanistische Autoren führten Klage über die Trivialität und Sterilität der Experimentalpsychologie, über deren geringe Möglichkeit, zum Verständnis des Menschen *als* Menschen beizutragen; darüber, daß sie zu einer viel zu mechanistischen, zu einer auf eine einfache Ursache-Wirkung-Beziehung reduzierten, automatischen – einer zu herabwürdigenden – Darstellung des Menschen führt. Darüber hinaus liegt in der Natur eines Laborexperiments dessen Künstlichkeit. Beide, das untersuchte Verhalten und das Umfeld, in dem es untersucht wird, sind so wenig repräsentativ für reales menschliches Verhalten in realen, für den Menschen typischen Situationen, daß sich die Ergebnisse nicht sinnvoll verallgemeinert auf das Alltagsverhalten beziehen lassen. Vielleicht könnte das methodologische Vorgehen repräsentativer Versuchspläne sowohl den experimentellen als auch den humanistischen Psychologen zufriedenstellen: Psychologische Forschung würde unmittelbarer relevant für menschliches Verhalten in der realen Umwelt, ohne die Genauigkeit der Ergebnisse und deren qualitative Differenziertheit zu beeinträchtigen.

In der Vergangenheit war die Experimentalpsychologie im allgemeinen auf Untersuchungen von „im Individuum" sich vollziehenden Prozessen beschränkt, wobei die Umwelt, in der das Individuum lebt und agiert, so gut wie gar nicht berücksichtigt wurde. So unterschiedliche Theoretiker wie Kurt Lewin mit seiner Gleichung „$V = f\ (P,U)$", J. R. Kantor mit seiner „interbehavioristischen Psychologie" und Egon Brunswik mit seiner Betonung repräsentativer Verfahren haben auf die Notwendigkeit für die Psychologie hingewiesen, sich mit den zwischen Organismus und Umwelt bestehenden *Wechselbeziehungen* zu beschäftigen, da *jedes* Verhalten im Rahmen eines größeren Zusammenhanges erfolgt. Sollen psychologische Forschungsergebnisse je auf andere als die Umfeldbedingungen der Versuchssituation verallgemeinernd bezogen werden, müssen Umweltgegebenheiten systematisch stichprobenartig untersucht werden (Scott und Wertheimer 1962, 1981, Kapitel 3).

Es ist jedoch unmöglich, aus einem nicht spezifizierten Bereich eine repräsentative Stichprobe auszuwählen. Während es relativ leicht ist, eine Gruppe von Organismen oder eine Population für die Auswahl einer repräsentativen Stichprobe zu umreißen, hat niemand (mit einigen wenigen Ausnahmen wie Barker und Wright 1951) den Versuch unternommen, natürliches, alltägliches Verhalten im entsprechenden Umfeld zu registrieren, d. h., eine Taxonomie realen Verhaltens unter realen Bedingungen zu schaffen. Das jedoch ist eine unbedingte Konsequenz, nimmt man die an die traditionelle Experimentalpsychologie gerichtete Herausforderung der Humanisten – und die Brunswiks – ernst; und es ist absolut notwendig, sofern psychologische Forschungsergebnisse je echte Relevanz in bezug auf reales Verhalten im realen Umfeld aufweisen sollen.

Also müssen wir mit der Taxonomie des Verhaltens im realen Umfeld beginnen. Bestimmte Verhaltensweisen treten vermutlich in einigen Situationen eher auf als in anderen. Erfassen der Häufigkeit, mit der bestimmte Verhaltensweisen in unterschiedlichen, realen Situationen auftreten, kann im Hinblick auf natürliche Zusammenhänge aufschlußreiche Kontingenztafeln ergeben: Unter welchen Bedingungen verhalten sich Organismen auf eine bestimmte Art und Weise? (Hier besteht eine Verwandtschaft mit einigen in der Ethologie und bei der biologischen Untersuchung tierischen Verhaltens mit guten Ergebnissen verwendeten Verfahren.) Erste Ergebnisse müßten Hypothesen darüber zulassen, was wozu führt, d. h., sie müßten zu kausalen Theorien führen, die die beobachteten Zusammenhänge zu erklären versuchen.

Erst auf der Grundlage solcher korrelativen Angaben wäre die Anwendung der strengen experimentellen Methodik sinnvoll. Ihre epistemologische Funktion ist, natürlich, über die bloße Feststellung ihres gleichzeitigen Vorhandenseins hinaus zur Bestimmung von Ursache und Wirkung vorzudringen (wenngleich Gergens mit seinem Artikel in diesem Band uns zu überzeugen versucht, daß sie das nicht vermag). Unter für die reale Umwelt tatsächlich repräsentativen Bedingungen, unter denen das Verhalten *V* an die Situation *S* gebunden zu sein scheint, kann der Versuchsleiter dann einzelne Aspekte der Situation *S* so variieren, daß zu erkennen ist, welche Veränderungen welche Auswirkungen auf das Verhalten *V* haben. Man nehme als klassisches Beispiel Tinbergens (1953) schönen Versuch, bei dem er eine Reihe visueller Merkmale einer Fischattrappe, die er vor einen Stichling hielt, variierte und feststellen konnte, daß dessen Angriffsverhalten weniger durch Größe oder Form der Attrappe, sondern vielmehr durch das Vorhandensein rötlicher Farbe im unteren Bereich ausgelöst wurde. Das gleiche Paradigma könnte – sofern man ethische Probleme ausklammert –, theoretisch, über die Untersuchung des Angriffsverhaltens von Fischen hinaus, auch für die Untersuchung aggressiven Verhaltens zwischen Jugendlichen, affektbetonten Verhaltens in sozialen Gruppen, der Entwicklung von Leistungsfähigkeit beim Erwerb einer Fremdsprache und von Konflikten zwischen Gruppen von Politikern Verwendung finden. Zuerst ist ein Verhalten von immanentem Interesse auszuwählen; dann ist sein natürliches Auftreten unter verschiedenen Bedingungen zu registrieren; danach sind potentiell relevante, situative Variable einer realen Situation (oder sogar einer in einem Labor sorgfältig konstruierten analogen Situation!) zu verändern, um die Ursachen des Verhaltens zu bestimmen. Die Vermutung liegt nahe, daß die für uns interessantesten Verhaltensdeterminanten nicht einzelne von linear oder unabhängig wirkenden Variablen sein werden, sondern ein Komplex miteinander in Wechselwirkung stehender nichtlinearer Variablen.

Diese methodologische Vorgabe mag radikal klingen; und das ist sie in der Tat. Aber einige frühere experimentelle Untersuchungen, wie die von Fechner und Ebbinghaus, kamen diesem Ideal sehr nahe. Die Psychophysik hat sich in bezug auf zahlreiche Lebenssituationen als verallgemeinerungsfähig erwiesen, und die Anwendbarkeit der von Ebbinghaus entdeckten Prinzipien bestätigte sich beim Behalten sinnlosen Materials jeglicher Art – wenngleich zu hoffen ist, daß menschliches Bemühen aus ökologischer Sicht nur selten auf die gedächtnismäßige Aufbewahrung von Nonsens gerichtet ist. Bedauerlicherweise kann nur von einem Bruchteil der restlichen Erkenntnisse der bisherigen Experimentalpsychologie eine vergleichbare Repräsentativität in bezug auf reales Verhalten realer Organismen unter realen Bedingungen erwartet wurden.

Lassen Sie mich mit einigen Bemerkungen schließen, womit ich einer Bitte der Herausgeber dieses Bandes entsprechen möchte. Herangetragen wurde diese Bitte an mich einige Wochen vor der Konferenz, in der letzten der vielen, gewissenhaften Mitteilungen der Herausgeber. Sie baten mich um eine Vorausschau, speziell im Hinblick auf die fünf Zentralthemen des Programms: Grundprozesse des Lernens und Behaltens; Wahrnehmungs- und Kognitive Psychologie; Persönlichkeits- und Differentielle Psychologie-, Motivations- und Sozialpsychologie; Klinische Psychologie. Wie werden diese Bereiche im Jahre 2000 beschaffen sein? In dem Bestreben, damit die Diskussion zu fördern, werde ich bewußt ein wenig provokativ und widersprüchlich antworten.

Als erstes erlaube ich mir jedoch, etwas Allgemeines zu wiederholen, das andere Autoren in ihren Beiträgen ebenfalls erwähnten (Nesselroade und Baltes, Kováč, Fraisse, Edwards, Hamilton, Brengelmann, Rickels und Downing). In zwanzig Jahren wird die Experimentalpsychologie weniger rein nomothetisch als vielmehr eine Kombination von Nomothetischem und Ideographischem sein – was gemäß meiner Auffassung bedeutet, daß es eine echtere Verknüpfung experimenteller, korrelativer und klinischer Strategien geben wird als es in der gegenwärtig zersplitterten Psychologie der Fall ist. Hoffen wir, daß die Veränderung nicht lediglich die Fortführung dessen sein wird, was sich seit Jahrzehnten vollzieht: Neue Termini ersetzen alte; neue Lieblingsideen setzen alte außer Kraft – ohne großen, echten Fortschritt. Vielleicht ist die Zeit reif für eine neue Version des alten französischen Sprichworts: Plus ça change, *moins* c'est la même chose!

Bei der *Grundlagenforschung auf den Gebieten des Lernens und Behaltens* wird eine Grundforderung darin bestehen, daß Untersuchungen der Grundprozesse des Lernens und Behaltens sich nicht auf äußerst unrepräsentative, unzulässig vereinfachte Laborversuche beschränken, was in der Vergangenheit allzu häufig der Fall war. Ulric Neisser und andere haben auf die komplexe Vielfalt menschlicher Lern- und Gedächtnisprozesse in realen Lebenssituationen hingewiesen. Kintsch, Spear und andere Autoren dieses Bandes haben ihre Stimmen zum gleichen Thema erhoben und erste beeindruckende Fortschritte in dieser Richtung erzielt.

Ähnliches trifft auf die *Wahrnehmungs- und die Kognitive Psychologie* zu, die bereits im Begriff ist, die detaillierte Untersuchung von Gegebenheiten zu überwinden, die nichts anderes sind als künstliche, unzulässig vereinfachte, in isolierte Teile zerlegte Analoga von echten, ökologisch allgegenwärtigen Wahrnehmungs- und kognitiven Phänomenen (s. z.B. Parduccis Kapitel in diesem Band). Die nomothetisch-ideographische Fusion kann sich auf diesen Bereich nicht weniger auswirken als auf den Bereich Lernen und Behalten – in der Tat ist zu erwarten, daß die bereits verwischte Grenze zwischen Lernen und Behalten während der kommenden Phase der Auseinandersetzung weiter schwinden wird, wie u. a. Klix und Mandler bereits angedeutet haben.

Unter der Führung von Pionieren wie Eysenck kämpft die *Persönlichkeits- und Differentielle Psychologie* seit Jahrzehnten um die Anerkennung als legitimer Teilbereich der wissenschaftlichen Psychologie. Im Zuge der Entwicklung einer nomothetisch-ideographischen Fusion wird dieser Anspruch zweifellos seiner Verwirklichung näherrücken.

Beide, die *Motivations- und die Sozialpsychologie*, stehen auf äußerst schwachen Füßen. Biopsychologen in ihren Laboratorien, wie Bitterman oder Angermeier, hatten in bezug auf komplexe menschliche Motivation wenig Austausch mit Theoretikern wie Atkinson; und die Sozialpsychologie teilt sich seit langem in einen experimentellen Zweig (Asch oder Milgram) und einen Zweig, in dem auf der Grundlage riesiger Korrelations-Matrizen Aufgaben systematisch erfaßt werden. Die künftige Fusion wird unweigerlich die Kluft zwischen diesen beiden verringern.

Klinische Psychologie? Mit Ausnahme einiger weniger Pioniere auf dem Gebiet der experimentellen Psychopathologie, wie Zubin, ist diese seit eh und je von echter experimenteller Forschung so weit entfernt wie nur möglich. Viele Experimentalpsychologen – vielleicht als Ausdruck eines Abwehrmechanismus' – haben die klinische Arbeit mit Geringschätzung betrachtet, als etwas, das nicht weit entfernt ist von Scharlatanerie, Voodoo und Mystizismus; andererseits haben die Kliniker Experimentalpsychologen als hoffnungslos verloren betrachtet in ihrem zwanghaften Drang, Trivialitäten zu untersuchen. Die künftige nomothetisch-ideographische Fusion kann zu einem heuristischen Neubeginn in den Beziehungen zwischen Experimentator und Kliniker führen. Eine sinnvolle Zusammenarbeit ergäbe riesige Vorteile für beide, und so wäre es in den Jahren 1981, 1985 und 2000 bei allen Menschen.

Literatur

Barker, R. G., and H. F. Wright: One boy's day. New York: Harper, 1951

Bouguer, P. P.: Traité d'optique sur la gradation de la lumière. Paris: Guerin and Delatour, 1760

Brunswik, E.: Perception and the representative design of psychological experiments. Berkeley: University of California Press, 1956

Crombie, A. C.: Grosseteste and experimental science. Oxford: Clarendon, 1953

Estes, W. K.: The bible is out. A retrospective review of R. S. Woodworth, Experimental psychology. New York: Holt, 1938. Contemporary Psychology, 26, 327–330, 1981

Fisher, R. A.: Statistical methods for research workers. Edinburgh: Oliver and Boyd, 1925

Glass, G. V.: Personal communication, April 15, 1981, Boulder, Colorado

Glass, G. V., B. McGaw, and M. L. Smith: Meta-Analysis in social research. Beverly Hills, CA: Sage, 1981

Glass, G. V., and M. L. Smith: Meta-Analysis of research on the relationship of class size and achievement. Educational Evaluation and Policy Analysis, 1, 2–16, 1979

Hindle, B. and H. M. Hindle: David Rittenhouse and the illusion of reversible relief. Isis, 50, 135–140, 1959

James, W.: The principles of psychology. 2 vols. New York: Holt, 1890

Kruta, V.: J. E. Purkyně (1787–1869), physiologist: A short account of his contributions to the progress of physiology, with a bibliography of his works. Prague, Czechoslovakia: Academia, 1969

Lindquist, E. F.: Design and analysis of experiments in psychology and education. Boston: Houghton Mifflin, 1953

Mariotte, E.: Nouvelle découverte touchant la veve, Paris 1668. Translated by Richard Lewis Sahakian as The blind spot. In: W. S. Sahakian, (Ed.), History of psychology: A sourcebook in systematic psychology. (Rev. ed.) Itasca, IL: Peacock, 1981

Meischner, W.: Ernst Heinrich Weber, „Vater der experimentellen Psychologie" (Wundt). Zeitschrift für Psychologie, 186, 160–169, 1978

Osgood, C. E.: Method and theory in experimental psychology. New York: Oxford, 1953

Petrinovich, L.: Probalistic functionalism: A conception of research method. American Psychologist, 34, 373–390, 1979

Pongratz, L. J.: Problemgeschichte der Psychologie. Berne: Francke, 1967

Robinson, D. N.: An intellectual history of psychology. (Rev. ed.) New York: macmillan, 1981

Scott, W. A., and M. Wertheimer: Introduction to psychological research. New York: Wiley, 1962

Scott, W. A., and M. Wertheimer: Introducción a la investigación en psicología. Mexico City: Editorial el Manual Moderno, 1981
Smith, M. L., and G. V. Glass: Meta-analysis of psychotherapy outcome studies. American Psychologist, 32, 752–760, 1977
Stevens, S. S. (Ed.): Handbook of experimental psychology. New York: Wiley, 1951
Tinbergen, N.: Social behavior in animals. New York: Wiley, 1953
Tweney, R. D.: The role of experiments in the history of psychology. Paper presented at the 1981 convention of the American Psychological Assocination, Los Angeles, Calif.
Underwood, B. J.: Interference and forgetting. Psychological Review, 64, 49–60, 1957
Woodworth, R. S.: Experimental psychology. New York: Holt, 1938
Woodworth, R. S., and H. Schlosberg: Experimental psychology. (Rev. ed.). New York: Holt, 1954

3. Experimentieren und der Mythos des Unverbesserlichen

Kenneth J. Gergen
Swarthmore College, Swarthmore, Pennsylvania, USA

In den vergangenen einhundert Jahren hatten die Psychologen teil an dem, was man als eines der größten intellektuellen Abenteuer der Menschheit ansehen kann. Um mit J. L. Austins Worten (1962) zu sprechen, haben sie sich dem „Verfolgen des Unverbesserlichen" oder „stets Richtigen" angeschlossen, einem Streben, das Denker von Heraklit bis zur Gegenwart herausforderte. Vielleicht kann die hauptsächliche Anregung für die jüngsten Studien auf Anhänger der Philosophy of Science zurückgeführt werden, die zu der Überzeugung kamen, daß es möglich ist, innerhalb der vielfältigen Tätigkeiten der Naturwissenschaften ein allgemeines Muster für den Wissenserwerb zu erkennen. Wenn man diese Grundregeln des Wissenserwerbs richtig herausdestillierte, würde das gewonnene Elixier, so wird behauptet, den Charakter des menschlichen Lebens verändern. Solche Grundprinzipien könnten die Naturwissenschaftler zu der Bestimmung, welche Untersuchungsformen produktiv waren, verwenden und auf diese Art und Weise das eindrucksvolle Tempo der Weiterentwicklung in den vergangenen Jahrhunderten um ein Vielfaches erhöhen. Und in anderen Untersuchungsbereichen, einschließlich der behavioristischen Sozialwissenschaften, würde die Anwendung solcher Grundregeln einen Fortschritt sichern, der der Nutzbarmachung elektrischer Energie, der Entdeckung der genetischen Vererbung oder der Spaltung des Atoms keineswegs an Bedeutung nachstünde. In Bertrand Russells Worten gesprochen, hoffte man, daß es eines Tages „eine Mathematik des menschlichen Verhaltens so präzise wie die Mathematik der Maschinen" gäbe (1956). Ich spreche hier natürlich von der positivistisch-empiristischen Bestrebung zu einer Einheitswissenschaft, einer Bewegung, die sich allgemein dem Glauben verschrieben hat, daß eine theoretische Sprache, wenn richtig verwendet, als Vorstellung von den Umrissen der Natur dienen und durch rigorose Festlegung solcher Umrisse eingeschränkt werden kann. Bei stetiger Zunahme der objektiven Bestimmtheit theoretischer Fachsprache könnten die Menschen Herr über ihr eigenes Schicksal werden.

In starkem Maße ist es dieser Kontext des Optimismus, der als Vorläufer der experimentellen Tradition in der Psychologie gedient hat. Während die positivistisch-empiristische Philosophie die Möglichkeit utopischer Konsequenzen aufzeigte, war es gerade die experimentelle Methode in der Psychologie, die als Haupthilfsmittel zu deren Erreichung dienen sollte. Das Experiment sollte die Forscher nämlich in die Lage versetzen, präzise kausale Zusammenhänge zwischen Ereignissen herauszufinden, Umfang und Gerichtetheit von Wirkungen zu bewerten, die Wirkung von Faktoren sowohl isoliert als auch in Verbindung zu untersuchen und zwischen konkurrierenden Erklärungen für ein gegebenes Phänomen zu entscheiden. Im Laufe der Zeit hat die Beschäftigung mit diesem Hilfsmittel zum Wissenserwerb, mit seiner Verbesserung und Erhöhung der Aussagekraft im wesentlichen das Interesse an Resultaten ersetzt. Wie Wertheimer im zweiten Kapitel dieses Bandes zeigt, sind enorme Fortschritte in bezug auf experimentelle Fertigkeit,

Kontrolle von externen Variablen, Präzision bei Manipulation und Messung, Schutz des Wohles der Versuchspersonen und damit zusammenhängenden statistischen Verfahren gemacht worden. Weiterhin haben sich mächtige institutionelle Einrichtungen entwickelt, um sowohl die Qualität als auch die Quantität der experimentellen Ergebnisse zu vergrößern. Die größeren Periodika auf dem Gebiet der Psychologie widmen sich in großem Umfang Berichten über experimentelle Erkenntnisse, und von der Fähigkeit, zum Corpus der experimentellen Literatur beizutragen, hängt in hohem Maße ein Vorankommen in dieser Disziplin ab. Folgerichtig dienen also strenge experimentelle Beiträge als berufliche Talismane, die das Glück anziehen und den bösen Geist beruflichen Versagens abwehren. Jedoch schenkt man der Wirksamkeit, mit der solche Mittel die Disziplin befähigen, ihre einschätzbaren Ziele zu erreichen, weit weniger Aufmerksamkeit. Bringen diese Methoden die Disziplin wirklich auf dem Weg zu objektiv gesicherten Erkenntnissen weiter?

Es ist zumindest ernüchternd, daß eine ganze Reihe prominenter Wissenschaftler in dieser letztgenannten Hinsicht beachtliche Bestürzung bei einem Rückblick auf die Fortschritte in ihrem Spezialgebiet gezeigt haben. Zum Beispiel hat Sigmund Koch (1971) als Herausgeber einer siebenbändigen Studie zum Stande psychologischen Wissens zusammengefaßt: „Man denke an die Hunderte von theoretischen Formulierungen, rationalen Gleichungen und mathematischen Modellen des Lernprozesses, die entstanden sind, an die Tausende Forschungsberichte. Und *nun* denke man daran, daß es noch immer keine breite Übereinstimmung über die empirischen Bedingungen, unter denen Lernen stattfindet, gibt, nicht einmal auf krassestem deskriptivem Niveau" (S. 693). Auf dem Gebiet der Persönlichkeitspsychologie verglich Lee Sechrest (1976) die Hauptfragen der Forschung über einen Zeitraum von 10 Jahren und stellte die Frage: „Warum nun haben sich die Themen geändert? Wäre es deswegen, weil entscheidende Fragen gelöst wurden, weil wichtige Phänomene jetzt so gut verstanden werden, so daß sie nunmehr keine Aufmerksamkeit mehr verdienen, so wäre dies ein Grund zur Ermutigung – zum Frohlocken vielleicht. Doch ach, man kann sich der Schlußfolgerung nicht verschließen, daß den Forschern die Luft ausgegangen ist, daß Kernfragen fallen gelassen und Probleme niemals gelöst wurden" (S. 1). Zu ähnlichen Schlußfolgerungen kommt Dorwin Cartwright (1973) bei einem Überblick über fast 300 Studien zur Risikobereitschaft des einzelnen gegenüber der einer Gruppe: „Nach 10 Jahren Forschung bleibt das ursprüngliche Problem ungelöst. Dennoch wissen wir jetzt, wie sich das Risikoverhalten von Gruppen im ‚wirklichen Leben' mit dem einzelner vergleichen läßt" (S. 225). Und schließlich machte Allen Newell (1973) bei der kognitiven Psychologie kritische Bemerkungen über „die sich ständig erhöhende Menge von entscheidenden Fragen in der kognitiven Psychologie, deren wir überdrüssig oder von denen wir abgelenkt werden, die wir aber niemals wirklich lösen" (S. 289).

Natürlich mag solche Unzufriedenheit auf die alles andere als perfekten Methoden, die uns zur Verfügung stehen, die mangelnde finanzielle Unterstützung, auf Unzulänglichkeiten bei der Untersuchungsgeschicklichkeit und ähnliches zurückzuführen sein. Wie bereits gesagt, handelt es sich um eine junge Wissenschaft, und in diesem Stadium sollte man keine großen Schritte erwarten. Doch könnte es schwierig sein, so unverzagten Optimismus weiter zu hegen, wenn die Entwicklungen innerhalb der Philosophy of Science seit jenen kühnen empiristischen dreißiger Jahren ernsthaft eingeschätzt werden. So eine Einschätzung zeigt eine Degenerierung der Metatheorie auf der ganzen Linie, einer Theorie, durch die die Experimentalpsychologie hervorgebracht wurde. An dieser Stelle erweist sich eine kurze Zusammenfassung der Entwicklungen als nützlich.

Die positivistisch-empiristische Metatheorie: Die Erosion des Vertrauens

Vor allen Dingen wurde keine befriedigende Ursache innerhalb des positivistisch-empiristischen Bereichs für das Entstehen von theoretischen Kenntnissen, Annahmen oder Hypothesen entdeckt. Wie in weiten Kreisen anerkannt, kann man keine allgemeinen Prinzipien aus Beobachtungen ableiten, denn das Anschauen der Welt an sich bringt keine prüfbaren Vorstellungen oder Theorien hervor. In Wirklichkeit wächst die fundamentale Grundlage für das, was wir als Wissen ansehen, nicht einfach logisch aus dem Boden der Natur selbst (d. h. aus empirischer Beobachtung), sondern aus anderer Quelle. Die Basis für Hypothesen über die Welt scheint daher nicht objektiv, sondern subjektiv zu sein. Wenn aber die Ausgangsbasis für wissenschaftliche Behauptungen im wesentlichen subjektiv ist, ja man könnte sie sogar mystisch nennen, mit welcher Berechtigung sollte man an die Wiederherstellung von Rationalität und Objektivität durch das Experiment glauben? Denn schließlich hängen die beim Experimentieren entdeckten Tatsachen vom Bezugssystem der Interpretation ab. Und genau dieses Bezugssystem ist es, wofür das Fundament schwer definierbar bleibt.

Mit der Veröffentlichung von Poppers *Logic of Scientific Discovery* wurde auch deutlich, daß die empirische Bestätigung einer Theorie nicht die Grundlage für eine progressive Wissenschaft bilden konnte. Denn das Finden von Bestätigungen fungiert nicht als bedeutsame Feuerprobe für einen theoretischen Begriff, sondern die wichtigste Frage besteht darin, ob eine gegebene Theorie Falsifikationsversuchen standhalten kann. So könnte man argumentieren, daß der allgemein übliche Versuch, experimentelle Verifikationen in der Psychologie zu erbringen, selbst keine Anreicherung von Wissen liefern kann. Doch Quine (1953), wie lange davor auch Duhem (1906), meldet gewichtige Zweifel am Verfahren der Falsifikation an. Argumentiert wird, daß jede Theorie eine Zahl nicht genannter (oder Hilfs-) Annahmen enthält. Immer, wenn Daten ans Licht gebracht werden, die die verkündete Theorie zu falsifizieren scheinen, kann der Theoretiker in die niederen Regionen der unbewiesenen Annahmen nach Erklärungen oder logischen Grundlagen tauchen, die dazu benutzt werden können, um der Falsifikation das Gift zu entziehen. Theorien in diesem Sinne werden durch Falsifikation nicht besiegt, sondern in zunehmendem Maße vervollkommnet. Gerade diese Tatsache befähigt die Mitglieder der Erdscheiben-Gesellschaft, die sich dem Ziel verschrieben haben, den Glauben an die Scheibengestalt der Erde zu nähren, unerschütterlich zu bleiben angesichts dessen, was „jeder" als überzeugenden Beweis für das Gegenteil anerkennt.

In seiner Überprüfung der Ungenauigkeit der theoretischen Fachsprache hat Quine (1960) auch noch ein anderes Merkmal der traditionellen empiristischen Metatheorie angegriffen. Was sind präzis die empirischen Bezugsobjekte für theoretische Begriffe, fragt Quine. Um eine Theorie zu testen, sollte man den Umfang der Einzelheiten, auf den sie sich bezieht, unzweideutig bestimmen können. Nun ist allerdings die Beziehung zwischen theoretischen Begriffen und Einzelheiten von Natur aus dunkel, behauptet Quine. Wenn ich auf ein Objekt zeige und es, falls es zum Beispiel von mir als *Schreibtisch* klassifiziert wird, als solchen bezeichne, auf genau welche Seiten des Objektes beziehe ich mich? Meine ich notwendigerweise seine Farbe, die Länge der Beine, die Zahl der Ecken an seinen Umrissen? Wenn ich ein Bein entfernte, wäre es dann noch immer ein Schreibtisch? Wenn ich es verbrennen würde, stellten die Überreste auch dann noch einen Schreibtisch dar? Also wird dem Zuhörer durch die Nennung des Begriffes Schreibtisch zu Einzelheiten nichts Genaues mitgeteilt.

Das Argument, daß Beobachtung von Natur aus theoretisch vorbelastet ist, wurde außerdem von Hanson (1958) und anderen vorgebracht. Das heißt, man kann ohne bestimmte grundsätzliche Regeln dafür, was ein Phänomen ausmacht, eine systematische Beobachtung nicht vornehmen. Solche Grundregeln bewirken, daß die Bewertung einer Theorie in Bahnen verläuft, die bereits theoretisch eingeengt oder vorbestimmt sind. In dieser Hinsicht können, wenn Theorien bestimmen, was als Daten zählt, konkurrierende theoretische Überlegungen empirisch unter Umständen nicht verglichen werden. Denn die Erscheinungen, die eine Theorie untermauern, zählen für ihre potentiellen Konkurrenten einfach nicht zu den relevanten Phänomenen. Folglich kann man unter Umständen zum Beispiel in der Psychologie außerstande sein, empirische Vergleiche zwischen der operanten und phänomenologischen Theorie anzustellen, weil die erstere das Bestehen eines „phänomenologischen Feldes" nicht anerkennt und letztere vertreten mag, daß „Verstärkungskontingenzen" für eine Aktion irrelevant sind, es sei denn, es handelt sich um Bestandteile des phänomenologischen Feldes. In diesem Sinne sind die Theorien empirisch nicht vergleichbar.

In diesem Kontext allgemeiner Unzufriedenheit mit der traditionellen empiristischen Metatheorie konnten sowohl die Schriften von Kuhn (1962) als auch Feyerabend (1976) gedeihen. Aus historischer Sicht argumentierte Kuhn, daß theoretische Veränderungen in der Wissenschaft nicht einer stetigen Wissenszunahme gleichkommen. Theorien entwickelten sich nicht, um mit immer besserer Genauigkeit die Umrisse der Natur darzustellen, vielmehr gleicht der Wechsel von einer Theorie zu einer anderen einer Gestaltveränderung, bei der die Welt durch unterschiedliche theoretische Brillen betrachtet wird. Deswegen erweitern sich die wissenschaftlichen Kenntnisse nicht durch fortgesetzte empirische Arbeit, denn die theoretischen Veränderungen über die Jahrhunderte sind keine Verbesserungen im Grad, sondern Änderungen in der Art. Dazu hat Feyerabend seine heftige Kritik gegen jedwede kodifizierte Methoden der Art, die von seinen positivistisch-empiristischen Vorgängern vorgeschlagen wurde, hinzugefügt. Nach Feyerabends Ansicht wird Wissen am besten durch eine Form theoretischer und methodologischer Anarchie erzielt. Selbst dem Mystizismus soll ernsthaft als einem Kandidaten für physikalische Erklärungen Beachtung geschenkt werden. Da die Werke von Kuhn und auch von Feyerabend ausführlich diskutiert wurden, ist an dieser Stelle keine weitere Ausführung dazu nötig. Beide haben sich weitgehend als anfechtbar erwiesen. Doch von besonderer Bedeutung ist die Tatsache, daß ihre Stimmen gegenwärtig zu den lautesten gehören. Brächte die positivistisch-empiristische Philosophie weiterhin weitreichendes Vertrauen hervor, würden solche unverschämten Stimmen auf ein Murmeln reduziert. Das breite Publikum, das sie gewonnen haben, ist daher ein ins Auge springender Indikator für den heruntergekommenen Zustand des metatheoretischen Fundaments, auf dem die experimentelle Forschungstradition in der Psychologie ruht.

Und doch könnte man noch immer erwidern, daß man trotz der universellen Kritik an den traditionellen Ansichten wissenschaftlicher Tätigkeit und trotz der nagenden Zweifel, die innerhalb der Disziplin aufgetaucht sind, standhaft an der Hoffnung auf Fortschritt durch empirische Untersuchungen festhalten könnte. Immerhin hatte die weitgehende Desillusionierung in philosophischen Kreisen auf die Naturwissenschaften kaum eine entmutigende Wirkung. Vielleicht war die frühe Abrechnung mit dem wissenschaftlichen Fortschritt unrichtig bzw. irregeführt, und vielleicht gelingt es den Philosophen das nächste Mal besser. In der Zwischenzeit führen die Naturwissenschaftler ihre Bemühungen unverzagt fort und weisen als Ergebnis eine stattliche Anzahl technologischer Fortschritte auf. Wir wollen unseren gemeinsamen Glauben nicht ins Schwanken geraten lassen, kann man folgern. Wenn wir nur auf dem Wege genauer kritischer Erforschung menschlicher Aktivität weitermachen, können wir unter Umständen schließlich auf Resultate von durchschlagenderer Bedeutung hoffen.

Experimentelle Wissenschaft und das Problem der phänomenologischen Instabilität

Außer dem Autor gibt es nur wenige, die den Wunsch verspüren, die mit dieser letztgenannten Meinung angedeutete heroische Rolle zu Ende zu spielen. Es liegt ein gewisser existentieller Zauber darin, sich in den offenen Raum eines unbegründeten Glaubens zu stürzen. Doch spricht mehreres, das in meiner Arbeit während der vergangenen zehn Jahre aufgetaucht ist, gegen solch blinde Hingabe. Dabei handelt es sich nicht um vorrangige Anliegen der Vertreter der Philosophy of Science im allgemeinen, sondern um solche, die aus einer Würdigung der spezifischen Probleme beim Studium menschlicher Aktivität erwachsen. Mir scheint, in unserem Handwerk gibt es bestimmte Besonderheiten, die, wenn schon nicht in der Art, so doch ganz bestimmt im Grad, den größten Teil der Untersuchung in den Verhaltenswissenschaften von denen, die in den Domänen der Naturwissenschaften unternommen werden, unterscheiden. Die meisten meiner Überlegungen zu diesen Fragen sind im Kontext sozialpsychologischer Forschung zu solchen Themen wie Aggression, moralisches Verhalten, Emotionen, Einstellungsänderung, Befolgen von Regeln, personale Dispositionen und eine Anzahl kognitiver Prozesse, die für menschliche Wechselwirkung relevant sind, entstanden. Daher bin ich unsicher, inwieweit Forscher in anderen Bereichen die Grundlage für meine besonderen Befürchtungen interessant oder passend finden werden. Jedoch im Interesse einer abgerundeteren Würdigung der Zukunft der experimentellen Untersuchung mag es sich als wertvoll erweisen, diese Dinge in diesem Kontext zu nennen. Auf drei Varianten zu einem einzigen Thema möchte ich mich beschränken.

Meiner Besorgnis liegt die vielgestaltige Kapazität des menschlichen Organismus zu ständigem Wechsel zugrunde. Auf der Ebene momentaner Handlung ist der Körper eines jeden in ständiger Bewegung. Aktionsmuster unterliegen ständiger Änderung, und nur selten wiederholt sich jemals die gleiche Konfiguration. Gewiß werden bestimmte, sich wiederholende Muster durch biologische Zwänge diktiert. So müssen zum Beispiel Muster des Einatmens, der Nahrungsaufnahme und der Ausscheidung periodisch und wiederholt auftreten. Doch über eine Handvoll lebenswichtiger Funktionen hinaus scheint die Biologie den einzelnen mit der Fähigkeit zu grenzenloser Variabilität bei Handlungen auszustatten. Oder um es etwas anders auszudrücken, die Biologie scheint die menschlichen Funktionen zu begrenzen, doch ist innerhalb dieser Grenzen Spielraum für unbegrenzte Variation. Wechsel scheint auch ein vorherrschendes Merkmal des Lebens in allen Geschichtsepochen zu sein. Wie Feyerabend es charakterisierte: „Zufälle und Mutmaßungen und merkwürdige Nebeneinanderstellungen von Ereignissen machen genau das Wesen der Geschichte aus, und die Komplexität der menschlichen Veränderung sowie der unvorhersehbare Charakter der Endkonsequenzen jeder gegebenen Tat oder Entscheidung der Menschen ist ihr bemerkenswertestes Merkmal" (1976, S. 17). Wenn so eine Charakterisierung zwingend scheint, dann wird der traditionelle Glaube, daß richtig durchgeführte wissenschaftliche Forschung uns befähigt, uns unvermeidlich der Wahrheit zu nähern, problematisch. Zwar mag man versuchen, die Vergangenheit mit immer größerer Klarheit zu verstehen und gegenwärtige Muster in ihrem Wechsel zu erfassen, jedoch sammelt man demzufolge, unabhängig von methodologischer Präzision, im traditionellen Sinne kein Wissen an bzw. erhöht auch nicht sein Vermögen, die entfernte Zukunft vorherzusehen und zu beherrschen.

Wenn auch diese Art der Beweisführung in bezug auf den Umfang menschlicher Aktivität entwickelt wurde, fühlt man sich doch veranlaßt, ihre Allgemeingültigkeit in Frage zu stellen. In welchem Umfang trifft sie auf die Prozesse zu, die beim Lernen und der Kognition, in Entwicklungs- und Klinischer Psychologie von Interesse sind? In dieser Angelegenheit scheinen generelle Urteile nicht möglich. Die Spanne der in diesen Gebieten behandelten Themen ist enorm und das Studium der historischen Veränderung nur auf ein paar spezialisierte Bereiche (z. B. Begriff der Kindheit, hysterische Symptome, Wahnsinn) begrenzt. Jedoch kann man eine einfache Faustregel anwenden, die in jedem Fall eine ungefähre Antwort liefern würde: Sofern irgendein Aktivitätsmuster nicht durch die Struktur des Nervensystems gefordert wird, kann man so eine Aktivität als historisch bestimmt betrachten. In diesem Sinne wären Reaktionen auf Belohnung und Strafe, die simultane Darbietung eines Reizpaars, retroaktive Maskierung von Buchstaben, weißes Rauschen von 90 dB, unlösbare Probleme usw. nicht die Art Daten, auf denen transhistorische Verhaltensprinzipien basieren würden. In jedem Fall würde die mögliche Reaktionsbreite nur durch die menschliche Vorstellung begrenzt scheinen. Aus dieser Sicht gesehen, nehmen empirische Methoden wie das Experiment den Charakter eines historischen Meilensteins an (Gergen 1973, 1978). Außer in begrenzten Fällen dienen diese Methoden vorrangig zur Informationsgewinnung über viele verschiedene Seiten heutigen Lebens. Ob das Experiment ein besonders wirksames Mittel zur Gewinnung solcher Informationen ist, mag strittig sein. Das wesentliche Problem liegt in dem Ausmaß, in dem es sinnvoll ist, eine Erkenntnistheorie, die auf der Stabilität oder Zuverlässigkeit der Ereignisse aufbaut, bei der Konfrontation von Wesen anzuwenden, deren Aktivitäten herzlich wenig von beidem zeigen.

Bedeutungssysteme und wissenschaftliche Metatheorie

Ausgehend von diesem bedeutenden Thema des menschlichen Wandels, möchte ich mich der ersten von zwei wichtigen Variationen zuwenden. Die erste beschäftigt sich mit dem, was man als zweites grundlegendes Merkmal des Organismus bezeichnen kann, nämlich dem der Symbolerzeugung und -manipulation und der damit verbundenen Fähigkeit, diese Symbole im Prozeß der Kommunikation zu verwenden. Wie gewöhnlich behauptet wird, scheint der übergroße Anteil der menschlichen Aktivität von der Art und Weise abzuhängen, in der die Menschen die Welt erkennen, in Symbolen ausdrücken und abstrahieren. Nicht auf den Stimulus der Körperbewegungen eines anderen reagieren die Menschen, wie allgemein argumentiert wird, sondern auf die Bedeutung oder Abstraktion dieser Bewegungen (Collingwood 1946, Schutz 1962, Winch 1958). Folglich kann die gleiche Bewegung einer schnell durch den Raum auf jemanden zubewegten Hand zum

Beispiel als Aggressionsakt (ein Schlag), als Zeichen der Kameradschaft (ein Klaps auf den Rücken), als Streich (Versuch einer plötzlichen Überraschung) oder auch als Zeichen unangebrachter Vertraulichkeit verstanden werden. Also wird die Reaktion auf den Stimulus nicht durch den Stimulus selbst hervorgerufen, sondern durch die besondere Bedeutung, die der einzelne ihm zufällig zuschreibt. Und die Menschen können, so scheint es, mannigfaltige Abstraktionen erzeugen und diese anderen mitteilen.[1]

Soweit man diese Charakterisierung der Vorgänge im Menschen akzeptiert, wird das oben aufgestellte Ausgangsargument gestützt, d. h. soweit menschliches Verhalten auf Prozessen der Abstraktion oder auf Bedeutungssystemen basiert. Gegenwärtig existierende Funktionsmuster müssen als historisch bestimmt betrachtet werden. Sie scheinen von dem aktuellen Zusammenfluß von Bedeutungen innerhalb einer Kultur abzuhängen. Zur Verdeutlichung denke man an das Werk von Seligman und seinen Kollegen über erworbene Hilflosigkeit (Abramson, Seligman und Teasdale 1978, Seligman 1975). Wie in diesem Falle behauptet, werden Menschen bei der Konfrontation mit Situationen, in denen sie sich selbst hilflos oder ohne bestimmenden Einfluß auf deren Ausgang glauben, deprimiert und inaktiv. Doch, soweit solche Muster wirklich existieren, scheinen sie von der besonderen Art und Weise des einzelnen abzuhängen, Hilflosigkeit oder Unfähigkeit zur Beherrschung der Situation gedanklich zu erfassen. Zum Beispiel kann man so eine Situation als aufrüttelnde Herausforderung, Wege zu finden, um wieder die Oberhand zu gewinnen, wie auch als Ursache für Vergeltung gegen denjenigen, der sie ihm genommen hat, ansehen oder auch als willkommene Gelegenheit zur Entspannung oder als Anlaß für dringend notwendiges Nachdenken über sich selbst in einer von allgegenwärtigem Streben nach Macht beherrschten Welt. Folglich scheinen Depression und Inaktivität als Reaktion auf Hilflosigkeit und Unfähigkeit zur Beherrschung einer Situation keine Bestandteile der „menschlichen Natur" zu sein. Vielmehr scheinen sie sich auf konventionelle Bedeutungssysteme zu stützen, die allen möglichen Veränderungen im Laufe der Zeit ausgesetzt sind.

Doch sind die Probleme, die sich dem Verhaltensforscher durch die menschliche Fähigkeit zur Begriffsbildung und Kommunikation stellen, noch viel problematischer als bis jetzt angedeutet. Die traditionelle Wissenschaft basiert auf der Annahme, daß wissenschaftliche Kenntnisse die interessierenden Phänomene selbst nicht verändern. So verändert die Beobachtung der Planeten weder ihren Lauf noch das Wissen über Antibiotika deren Wirkung auf Bakterien. Im vorliegenden Fall wird nun nicht behauptet, daß die Forschung über die menschliche Tätigkeit unvermeidlich auch deren Charakter ändert. Bezeichnenderweise versuchen Forscher solche Wirkungen auf unterschiedlichste Weise auszuschließen. Wichtig jedoch im vorliegenden Fall ist die Möglichkeit, daß das aus Untersuchungen der Verhaltenswissenschaft resultierende Wissen an irgendeinem bestimmten Punkt so auf die Kultur wirkt, daß weitere Untersuchungen zu einem späteren

[1] Im vorliegenden Band stimmen die Kapitel von Mandler, Parducci, Fraisse, Kintsch, Magnusson und Zubin und seinen Kollegen alle in der Ansicht überein, daß Begriffssysteme für die Steuerung menschlichen Verhaltens von zentraler Bedeutung sind. Jedoch schenkten diese Autoren den Folgen dieser Ansicht für die empiristische Philosophy of Science, der das Gebiet allgemein verschrieben ist, weniger Beachtung. Prekärerweise befindet man sich in einer Lage, in der man sich einerseits eine empiristische Theorie wissenschaftlichen Vorgehens und andererseits eine rationalistische Theorie menschlicher Aktivität zu eigen macht. Das Akzeptieren der rationalistischen (kognitiven) theoretischen Betrachtungsweise widerspricht aber zentralen Annahmen in der empiristischen Metatheorie (Gergen, im Druck).

Zeitpunkt nicht die gleichen Ergebnisse erzielen würden, d. h., die Resultate bei der Erforschung eines bestimmten Musters T_1 kann die Kultur unter Umständen so beeinflussen, daß das Muster bei T_2 nicht lokalisiert (oder betont) sein kann. Das diesem Argument zugrunde liegende logische Prinzip ergibt sich ohne weiteres aus der oben genannten Hypothese in bezug auf die symbolische Grundlage menschlicher Aktivität. Denn immerhin sind die Hauptprodukte der Verhaltenswissenschaften Symbole. Wir bieten der Gesellschaft Wege zum Begreifen menschlichen Verhaltens bzw. Formen des Verstehens an. Da diese Methoden der Kultur mitgeteilt werden, tragen sie die Möglichkeit zur Veränderung des menschlichen Verhaltens in sich. Nach intensiver Beschäftigung mit der Freudschen Theorie durch ein Elternteil kann das wohl kaum ohne Auswirkungen auf die Behandlung der Kinder bleiben, und wenn man mit Schachters bezeichnender Emotionentheorie in Berührung gekommen ist, wird man wahrscheinlich die Berichte anderer über ihre Empfindungen nicht mit der gleichen Leichtgläubigkeit ansehen usw.

Damit soll nicht zum Ausdruck gebracht werden, daß psychologische Theorien bis jetzt weitverbreitete Auswirkungen hatten. Doch es gibt gute Anzeichen dafür, daß die Theorie der Psychoanalyse von großen Teilen des westlichen Kulturkreises absorbiert worden ist, wie das in bedeutendem Maße auch mit der Verhaltenstheorie geschehen ist. Jedoch ist es nicht so wichtig, das Ausmaß der bis jetzt eingetretenen Auswirkungen auf Muster menschlichen Verhaltens abzuschätzen, als vielmehr anzuerkennen, daß Aufklärungseffekte im Prinzip möglich sind. Und obwohl man sich das Bestimmen der systematischen Auswirkungen der Verhaltenswissenschaft auf Verhaltensmuster ausmalen kann, kann diese Lösung nur von vorübergehendem Nutzen sein. Denn solche Formulierungen können selbst von der Kultur aufgenommen werden und sie in einer Art und Weise beeinflussen, daß ihre prognostischen Eigenschaften geschwächt werden. Praktisch so weit, daß Wissenschaftler für die Gesellschaft sehr entscheidende Angelegenheiten untersuchen und die Gesellschaft kommunikativ zugänglich ist, und der Wissenschaftler dann unter Umständen ständig von einem Versteckspiel mit Verhaltensmustern in Atem gehalten wird.

Die Pseudo-Objektivität von Verhaltensbeschreibungen

Nun wollen wir uns einer weiteren wichtigen Variation zu diesem bedeutenden Thema der menschlichen Veränderung zuwenden. Dabei geht es besonders um die Möglichkeit, mit der Sprache der Wissenschaft das menschliche Verhalten anschaulich und angemessen zu beschreiben. Wie in den frühen positivistischen Kreisen bis zum Überdruß geklärt wurde, müssen theoretische Behauptungen in Verbindung zu beobachtbaren Geschehnissen stehen, damit eine empirische Bewertung der wissenschaftlichen Theorie durchgeführt werden kann. Wenn sich theoretische Schlüsselbegriffe weder auf Bezugsobjekte aus der realen Welt beziehen noch durch sie definiert werden, ist es nicht möglich, eine theoretische Behauptung durch empirische Prüfungen zu verifizieren oder zu falsifizieren. Diese Ansicht vorausgesetzt, können wir nun untersuchen, ob Verhaltensbeschreibungen mit Beobachtbarem verbunden werden können, im besonderen, inwieweit theoretische Begriffe zur Bezeichnung einer sich ständig wandelnden Konfiguration verwendet werden können.

Um die Frage besser einschätzen zu können, stelle man sich erst ein stationäres Modell wie einen unbeweglichen, schwarzen Kasten vor. Obwohl subatomarer Wandlung unterworfen, bleibt der Kasten für die meisten praktischen Zwecke stabil und unterliegt folglich solcher Art verbaler Festlegung, die einem die Feststellung ermöglicht, ob der Kasten da war oder nicht. Wenn dieser Kasten zum Beispiel Igor genannt wird, könnten wir leicht Übereinstimmung darüber erzielen, ob Igor sich im Zimmer befand oder nicht. Aber nun wollen wir das Bild komplizieren. Nehmen wir Boris, Igors etwas differenzierteren Cousin, der zwei Hebel besitzt. In unterschiedlichen Intervallen bewegt sich einer davon vertikal und der andere horizontal. Für jeden, der von Boris' Aktivität einen verbalen Bericht geben will, schafft so eine Komplexität beträchtlicher Probleme. Die Beschreibung von Boris' momentanen Zuständen würde eine beachtliche Zunahme der Anzahl deskriptiver Begriffe und die ständige Änderung ihrer Anordnung erfordern (z. B.: „um 10:28:01 Hebel A links, Hebel B nach unten", „um 10:28:02 Hebel A rechts, Hebel B hoch"). Doch jetzt wollen wir uns Hans vorstellen, den differenziertesten Mechanismus dieser Art. Hans verfügt über sechs Hebel, die sich in unterschiedlichen Geschwindigkeiten und zu verschiedenen Zeiten dreidimensional bewegen, und nur selten wiederholt sich die genaue Stellung seiner Teile. Für jemanden, der sich mit Bezugsterminologie beschäftigt, ist dies mit Sicherheit „Hans der Schreckliche". Um die Aktionen von Hans zu beschreiben, könnte eine unbegrenzte Zahl von Begriffen nötig sein, von denen nur wenige jemals wiederholt würden.

Um sich übehaupt über Hans mitzuteilen, könnte man daher die Aufgabe, eine entsprechende Terminologie zu entwickeln, aufgeben und statt dessen betrachten, was Hans zu leisten imstande ist, d. h. die Ziele oder Endpunkte, die viele, unbegrenzt variierte Aktionen von Hans zu erreichen scheinen. Zum Beispiel scheint Hans durch Nutzung einer breiten Vielfalt von Bewegungen, Alkohol in seine Öffnungen zu befördern. Obwohl wir nicht auf die Bewegungen selbst verweisen können, können wir einen Terminus entwickeln, der auf diese Leistung, *Alkoholkonsum* (oder „Trinken" in der üblichen Ausdrucksweise), hinweist. Und wir erkennen, daß es Hans auf die unterschiedlichste Art und Weise fertigbringt, alle Maschinen, die seine Merkmale nicht teilen, zu zerstören. Tätigkeiten, die das erreichen, können wir als *Aggression* bezeichnen.

Da die Analogie nunmehr vollständig klar ist, können wir uns einer Schlußfolgerung zuwenden. Wie bereits ausgeführt, besitzt der größte Teil der beim Beschreiben solcher Aktionen benutzten Terminologie wegen der sich im Laufe der Zeit unbegrenzt variierenden Konfiguration menschlicher Aktionen keinen sichtbaren Bezug, d. h., Begriffe wie Trinken, Angreifen, Lernen, Erinnern, Verstehen und Helfen beziehen sich nicht auf eine bestimmte Verschiebung der Gliedmaßen, auf die besonderen Laute, die der Organismus von sich gibt, oder ähnliches. Vielmehr werden solche Termini vorwiegend dazu benutzt, um darüber zu sprechen, was der Organismus zu erreichen versucht oder plant.

An diesem Punkt wird für eine Wissenschaft der menschlichen Aktivität das Problem besonders beschwerlich. Objektive Kriterien dafür, was jemand zu erreichen versucht oder vorhat, gibt es weder für den Wissenschaftler noch für den Handelnden. Folglich ist man bei der Bezeichnung eines Ereignisses auf die kulturellen Konventionen für die Interpretation von Handlungen angewiesen. Aus diesen Gründen kann jede Handlung (oder Interaktion), wenn das System der Interpretation so aufgebaut ist, als typisches Beispiel für eine Leistung dienen. An- oder Abwesenheit eines sogenannten Phänomens hängt grundsätzlich davon ab, ob man sich mit anderen auf die Benutzung eines spezifischen Systems der Interpretation einigen kann. Außerhalb des sozial geformten Ereignisses gibt es kein Geschehnis. Um das zu verdeutlichen: Eine potentiell unendlich große

Menge von Handlungen kann erfolgreich zu dem Ziel führen, Nahrung in den Mund zu befördern. Wie wir auch gesehen haben, bezieht sich der Begriff *Essen* nicht auf eine sichtbare Handlungsfolge, sondern auf das Resultat. Doch was ist in diesem besonderen Fall das Ergebnis? Mit gleichem Recht kann es als „Lustgewinn", „Lebenserhaltung", „Nahrungsmittelverschwendung", „Gewohnheitserfüllung" oder „Zeitverschwendung" bezeichnet werden. Was für eine Person Essen bedeutet, ist für eine andere Luststreben oder Zeitverschwendung. Welcher Begriff zutrifft, hängt nicht von der Beobachtung ab (da die in allen Fällen gleich ist), sondern von dem Vermögen, in einer sozialen Gruppe Übereinstimmung zu erzielen. Ohne die Übereinstimmung mit anderen darüber, daß die Handlung des einzelnen „Zeitverschwendung" ist, verschwendet der keine Zeit. Oder um näher an den springenden Punkt unseres Anliegens heranzukommen: Es scheint, daß ohne die Sprachtraditionen, die uns in die Lage versetzen, so zu sprechen, als ob Versuchspersonen (Vpn) angreifen, erkennen, Informationen verarbeiten, ihre Haltungen ändern, denken, sich ernähren, lernen und ähnliches, sie keines von diesen Dingen tun.

In diesem Fall kann man das Argument nicht auf die banale Schlußfolgerung reduzieren, daß es ohne Sprachen, um über Phänomene zu sprechen, keine wissenschaftlichen Lehrsätze gäbe. Vielmehr muß man im Gegenteil feststellen, daß Behauptungen über Aggression, Altruismus, Denken, kognitives Schema, Depression und ähnliches nicht durch Beobachtung verifiziert oder falsifiziert werden können. Statt dessen hängt die offensichtliche Gültigkeit der solche Begriffe verwendenden Feststellungen von der Annehmbarkeit solcher Feststellungen innerhalb aktueller Konventionen ab. Betrachten wir zum Beispiel ein typisches Experiment über Aggression (Bandura 1973). Das Maß der Aggression besteht aus der Häufigkeit, mit der die Vpn einen Knopf innerhalb einer bestimmten Zeitspanne herunterdrücken, wodurch eine andere Person einen elektrischen Schlag bekommt. Dabei entschied sich der Experimentator, das Drücken des Knopfes als eine Leistung zu interpretieren, die er mit dem Terminus *Aggression* bezeichnet. Jedoch kann jede Vp in dem Experiment das gleiche Ereignis unterschiedlich interpretieren. Von ihrem Standpunkt aus beteiligen sie sich nicht an einem aggressiven Akt; Aggression ist nicht ihre Absicht. Was gibt der Interpretation des Forschers dann die Überlegenheit? Nicht etwa die Handlungen der Vpn selbst, da das Knopfdrücken objektiv für alle Anwesende ähnlich aussieht. Eher leitet sich der Vorteil des Forschers aus seiner Beherrschung der Sprache der Interpretation innerhalb der wissenschaftlichen Gemeinschaft ab. Daraus folgt, daß das, was über Aggression auch gesagt werden kann, nicht von Beobachtung hergeleitet ist, sondern von linguistischen Konventionen darüber, was Aggression ist und wie sie zu anderen Ganzheiten innerhalb der Sprache in Beziehung steht.[2]

[2] Zur Verdeutlichung im Kontext des vorliegenden Bandes: Messungen der geistigen Leistung, Schemata und Entscheidungsfreudigkeit, von Gedächtnis, Assoziation, Motiven u. a. (s. im vorliegenden Band die Kapitel von Parducci, Fraisse, Kintsch, Zubin und seinen Kollegen, Atkinson und Kuhl sowie Bitterman) liefern bezeichnenderweise nicht den Beweis, der das einschränken kann, was über die fraglichen hypothetischen Konzepte gesagt werden könnte. Vielmehr bestimmen die Art und Weise, in der traditionell über die fraglichen Konzepte gesprochen wird, was über die Messungen geäußert werden kann. Es gibt keine Daten, die darüber Auskunft geben, daß „Schemata dreiteilig" sind oder „Informationsspeicherung vier-dimensional" ist, weil solche Mutmaßungen in der allgemein anerkannten Fachsprache unsinnig sind. Gleichzeitig gibt es keine Daten, die bei der Falsifizierung der Annahme, daß „die Menschen Konzeptionen zur Informationsverarbeitung verwenden", benutzt werden können, da die Konventionen der Verständigung über Konzepte ausreichend flexibel sind, so daß im Grunde genommen alle Beobachtungen in diesen Begriffen verstanden werden können.

Experimentelle Annahmen neu überdacht

Der tiefere Sinn dieser wenigen Argumente für eine Wissenschaft auf experimenteller Grundlage sollte eigentlich deutlich genug sein. Jedoch wollen wir durch eine Zusammenfassung kurz drei traditionelle Auffassungen über den Wert empirischer Arbeit erwägen. Erstens ist oft behauptet worden, man solle empirische Methoden bei der Aufstellung einer Menge von Fakten anwenden, von der ausgehend objektiv fundierte Theorien entwickelt werden könnten. Wie gefolgert wird, hängen vernünftige Theorien von einer verläßlichen Menge von Fakten ab. Um eine Quelle (Shaw und Costanzo 1970) zu zitieren: „Die moderne Sozialpsychologie ist in ihrem Wesen hauptsächlich empirisch und stellt ihre Behauptungen und Schlußfolgerungen auf die Grundlage von Beobachtungen in kontrollierten Situationen ... Als ein Ergebnis des empirischen Vorgehens ist eine beträchtliche Menge Daten über Sozialverhalten gewonnen worden. Um von Nutzen zu sein, müssen solche Daten systematisch geordnet werden, damit ihre Bedeutung und Verflechtung verstanden werden können. Und in solch systematischer Anordnung besteht die Funktion einer Theorie" (S. 3). Doch wie man aus dem Vorgenannten entnimmt, kann keine befriedigende Darstellung von der Art und Weise, wie man von der Beobachtung zur Theorie kommen kann, gegeben werden. Was sich in diesem Augenblick vor uns befindet, schränkt in keiner Weise die Konzepte oder Theorien, die wir anwenden müssen, ein, noch diktiert sie diese. Überdies ist, was als Daten oder Fakten bei einem Experiment herauskommt, nicht das, was beobachtet wird, sondern bezeichnenderweise ein um die Auffassungen des Forschers über die Absichten oder Ziele der Vpn herumgebautes System von Konzepten. Die von einem Wissenschaftler gegebene Information, daß diskontinuierlichen Impulsen weißen Rauschens ausgesetzte Vpn bei komplexen Problemlösungen versagten, soll nicht einen Fakt, sondern eine einzige, absichtlich verständliche Darstellung unter unbegrenzt vielen Möglichkeiten bieten. Folglich kann jede theoretische Synthese der Fakten als eine Synthese von interpretatorischen Schöpfungen angesehen werden.

Zweitens wird traditionell behauptet, daß empirische Methoden und besonders das Experiment den Forscher in die Lage versetzen, kausale Beziehungen zwischen Klassen von Gegebenheiten herzustellen. Doch wie wir aus historischer Perspektive sehen, ist eigentlich eine unendlich große Menge möglicher Beziehungen unter den Gegebenheiten denkbar. Oder in der Sprache der Verhaltenswissenschaft ausgedrückt, kann im Grunde genommen jedes bestimmte Reizmuster jeder bestimmten Antwort vorausgehen. Solche Beziehungen scheinen nicht grundlegend fixiert, sondern vielmehr von historisch bestimmten Vorstellungen oder Symbolsystemen abzuhängen. Außerdem kann die Wissenschaft selbst zu dem Muster der Beziehungen zwischen Ereignissen beitragen. Und aus unserer jüngsten Beschäftigung mit dem nicht-objektiven Charakter der deskriptiven Sprache entnehmen wir, daß die durch die Wissenschaft festgelegten besonderen Funktionsformen durch experimentelle Daten weder hervorgebracht noch eingeengt werden. Denn empirische Resultate geben keine Auskunft darüber, was über Aggressions-, Lern-, Motivations- und Erkenntnismuster u. ä. gesagt werden kann. Statt dessen bestimmt unsere Sprachpraxis in dieser Angelegenheit, was wir mit empirischen Ergebnissen aussagen können.

Schließlich wird traditionell behauptet, daß die empirischen Methoden und hauptsächlich das Experiment uns die Möglichkeit geben, allgemeine Handlungstheorien zu verifizieren oder zu falsifizieren. Jedoch den ständigen Wandel menschlicher Aktivität vorausgesetzt, sollte es im Prinzip möglich sein, einige empirische Grundlagen für die Untermauerung faktisch jeder annehmbaren Hypothese – und ihrer Negation – zu liefern, solange keines von beiden das verletzt, was wir als vernünftig anerkennen. Solange es möglich ist, bestimmte Handlungsweisen zu verstehen, können Menschen auch durch solche Handlungen in Anspruch genommen sein. Da die begriffliche Bedeutung einer Handlung nicht durch ihre wahrnehmbaren Merkmale diktiert wird, sollte es überdies im Prinzip möglich sein, jede gegebene theoretische Position durch jede Menge von Beobachtungen zu erhärten, und umgekehrt im Grunde genommen jede Reihe von Beobachtungen zur Stützung seiner jeweiligen Theorie zu benutzen (Gergen 1980).

Sollten diese Behauptungen in Zweifel gezogen werden, könnte man zuerst die Geschichte der Psychologie nach Beispielen einer klaren Widerlegung einer Theorie durch das Experiment absuchen. Kann man irgendein zwingendes Beispiel finden? Selbst die Freudsche Theorie steht großenteils noch unversehrt nach einem mehr als einem halben Jahrhundert währenden empirischen Angriff. Und wenn uns empirische Ergebnisse von der Gültigkeit einer gegebenen Theorie zu überzeugen scheinen, gibt es ein gutes Gegenmittel, nämlich einen anderen intelligenten Menschen nur mit den Erkenntnissen, ohne jede theoretische Interpretation, vertraut zu machen. Durch dieses Verfahren bekommt man bezeichnenderweise eine schockierende Breite von einander ausschließenden, ungeahnten Realitäten heraus.[3]

Sind nun diese verdrießlichen Schlußfolgerungen als Absage an das Experimentieren zu verstehen? Keinesfalls. Aus gegenwärtiger Sicht ist nicht das Experimentieren problematisch, sondern das begrenzte Grundprinzip bzw. die seiner Durchführung zugrunde liegende Metatheorie. Nur in Hinsicht auf einen bestimmten Zweck ist das Experiment gut oder schlecht, und wie die vorliegenden Argumente nahelegen, waren wir eventuell übermäßig sorglos in Hinsicht auf die traditionellen Vorhaben, denen dieses Mittel dient. Daher hängt, ob wir weiterhin das Experiment (oder irgendeine andere empirische Methode) verherrlichen sollten, großenteils davon ab, ob wir eine alternative Konzeption von der Wissenschaft mit zwingenderem Charakter als früher entwickeln können. Mit dem Vorteil der Rückschau sei die Frage gestellt, ob man durch empirisches Arbeiten legitimere Ziele zu erreichen hoffen könnte. Zwar übersteigt es meine Talente als auch meine Zeit bei weitem, an dieser Stelle eine vollständig ausgearbeitete Alternative anzubieten. Wenn man mir jedoch den Luxus einer Vorahnung gestattet: Ich bin der festen Meinung, daß der intellektuelle Samen für so eine Alternative bereits gesät worden ist, und wenigstens eine flüchtige Darstellung der Blüte kann ausführlicher geboten werden.[4]

[3] Damit soll nicht zum Ausdruck gebracht werden, daß man niemals aus einem Experiment lernen kann. Jedoch wird der Lernprozeß irrigerweise als Konfrontation von Theorie und Fakt angesehen. Vielmehr handelt es sich um eine Konfrontation von Interpretationen. Wenn die experimentellen Erkenntnisse die Theorie, der man sich verpflichtet fühlt, zu verletzen scheinen, ist es nicht von entscheidender Bedeutung, die Gültigkeit der Theorie neu zu überdenken, sondern man ist statt dessen aufgefordert, sich der vollen Breite einander ausschließender Interpretationen zu öffnen, die unvermeidlich aus einer Reihe Erkenntnisse gemacht werden können.

[4] Auf die hier entwickelte Sicht der Verhaltenswissenschaft beziehen sich besonders die Beiträge von Winch (1958), Taylor (1964), Gauld und Shotter (1977), Bauman (1978), Giddens (1976) und Gadamer (1960).

Experimentieren in einer interpretierenden Wissenschaft

Zuerst wollen wir den Charakter der Theorie bedenken. Wie wir gesehen haben, ist es keineswegs vielversprechend, theoretische Arbeit als eine Form der Beschreibung, als eine Wiederspiegelung ablaufender Verhaltensgeschehnisse anzusehen. Vielmehr scheint es besser, die Theorie in erster Linie als ein System von Worten zu betrachten. Damit soll ausgedrückt werden, daß das Hauptprodukt der unzählig vielen Manipulations-, Kontroll-, Wertungs- und Quantifizierungsversuche im wesentlichen Wortmuster sind. In diesem Sinne sind die Verhaltenswissenschaften den Geisteswissenschaften verwandt, denn beide beherrschen bestimmte Formen linguistischer Sachkenntnis. Darüber hinaus kann festgestellt werden, daß sich diese Formen der Sachkenntnis nicht grundlegend von anderen Fachkenntnis erfordernden Tätigkeiten des Menschen unterscheiden. Genauso wie Menschen den Gebrauch ihrer Füße zum Tanzen, ihrer Hände zum bildhauerischen Gestalten oder ihrer Augen zur Prüfung der Sicherheit ihrer Umgebung lernen, erlernen Menschen auch, mit Worten umzugehen.

Doch im Gegensatz zu anderen menschlichen Fertigkeiten kann linguistische Leistungsfähigkeit nicht außerhalb der sozialen Sphäre, in die sie eingebettet ist, eingeschätzt werden. Zwar kann man ein Musikinstrument auf eine Art und Weise spielen lernen, daß man dadurch ausschließlich selbst Freude empfindet, doch linguistische Sachkenntnis kann nur innerhalb des Bezugssystems der Aktivitäten anderer bestimmt werden. Die autistische Lauterzeugung stellt nicht Sprache dar. Wittgenstein benutzte 1963 die Metapher, man könne Worte zweckmäßigerweise wie Steine in einem Brettspiel mit anderen ansehen, in dem jeder Zug Folgen für das Abschneiden in diesem Spiel habe. In diesem Sinne gleichen wissenschaftliche Theorien der menschlichen Aktivität eher Tanzschritten als Spiegeln, sind dem Damespiel näher verwandt als Kameras.

Wichtig ist auch zu erkennen, daß das Spiel mit der Sprache weit größere Konsequenzen als die meisten anderen nach sich zieht, vorwiegend wegen seiner vielfältigen Folgen für die nachfolgenden Aktivitätsformen können sprachliche Begriffe als Ersatz oder Symbol benutzt werden. Folglich kann man andere längere und ausdauerndere interpersonelle Abläufe durch die Sprache abkürzen. Durch die Sprache kann man auch solche Mitteilungen liefern, die die Menschen buchstäblich für alles motivieren oder anleiten können – vom Aufführen eines Theaterstückes bis zur Durchführung einer Revolution. Oder man kann ein Kind verbal über Formen wünschenswerter Aktivität belehren und dadurch unzählige Fälle gegenseitiger Unannehmlichkeiten verhindern. In diesem Sinne stellt die Sprache eines der mächtigsten Mittel dar, die in der sozialen Sphäre zur Verfügung stehen. Daher kann linguistischer Sachverstand in vielen Sprachgemeinschaften andere Aktivitäten in diesen Gemeinschaften entscheidend beeinflussen.

Vom heutigen Standpunkt erkennen wir, daß die die Theoretiker konfrontierende Hauptfrage nicht die der Genauigkeit bei der Beschreibung, sondern die der Funktion von ausgewählter theoretischer Sprache in der menschlichen Arena ist, d. h.; man muß fragen, welche Formen der Aktivität soll eine theoretische Darstellung unterstützen, schaffen oder zerstören. Wie wird die sprachliche Darstellung in der Gesellschaft gebraucht und zu welchem Zweck? In diesem Lichte betrachtet, soll man zwischen Theorie und Praxis keinen Unterschied machen: Theoretische Arbeit stellt eine Form der Praxis dar (Gergen 1982). Infolgedessen stellen wir fest, daß Wertfragen in eine Position von grundsätzlicher Bedeutung gekommen sind. Wenn objektive Genauigkeit überflüssig und die Theorie als eine Form der Aktivität angesehen wird, die beim Erzielen verschiedener Vorhaben angewendet werden kann, dann werden die zentralen Kriterien für das Einschätzen der Theorie von Fragen menschlicher Absichten erzeugt.

In diesem Lichte können wir zweckmäßigerweise zwei Hauptklassen von Vorhaben für die theoretische Arbeit unterscheiden, die *externen* im Unterschied zu den *internen* im Hinblick auf die Disziplin. Im ersteren Fall kann die theoretische Sprache jenseits der Grenzen der Disziplin selbst liegenden Zielen dienen. Denn der Theoretiker mag die Hoffnung hegen, daß seine theoretische Sprache letzten Endes doch die bestehende Ordnung beeinflussen werde. Das kraftvollste Beispiel für die potentiellen Effekte der wissenschaftlichen Theorie auf das menschliche Verhalten liefert die marxistische Theorie. Jedoch bieten die politische Wissenschaft und die Ökonomie viele weitere Fälle, in denen die Theorie weitgehende externe Konsequenzen hatte. Regelmäßig werden in beiden Bereichen Theorien so aufgestellt, daß verschiedene Interessengruppen sie sich zu eigen machen. Das theoretische Grundprinzip für alle Arten politischer und ökonomischer Taktik mit weitgehender sozialer Konsequenz haben Theoretiker geliefert.

Doch die Theorie kann auch innerhalb der Disziplin wertvollen Aufgaben dienen. Wie wir gesehen haben, gleichen theoretische Fachsprachen vielen anderen Aktivitäten im Hinblick auf den Umfang der Fertigkeiten, die man erwerben kann. So sind einige theoretische Fachsprachen Meisterstücke von gewagter Großzügigkeit, wohingegen andere primitiv gemacht und arm an Möglichkeiten sind. In dieser Hinsicht kann man die Sprache des Kindes und des Erwachsenen im Sinne des zu erzielenden Umfangs an Kenntnissen vergleichen. Sprachen, die zum Beispiel Konditionalformen oder Konjunktive besitzen, kann man denen ohne solche Möglichkeiten für überlegen halten. In diesem Lichte ist es von grundlegender Bedeutung für die Disziplin, theoretische Untersuchungen, deren Hauptziel in der Erhöhung der Fertigkeiten der Disziplin im allgemeinen besteht, zu unterstützen und aufrechtzuerhalten. In diesem linguistischen System spielt die empirische Forschung eine Rolle. Denn die theoretische Fachsprache ist bedeutungslos, bis man ihren Einsatz in bestimmten Kontexten verstehen kann. Zwar kann man neue Formen der Verständigung entwickeln oder die behavioristischen, kognitiven, phänomenologischen oder andere existierende Verständigungssprachen noch mehr erweitern und bereichern, doch gleiten sie alle in die Bedeutungslosigkeit ab, wenn diese Entwicklungen und Verfeinerungen nicht von konkreten unterstützenden Beweisen begleitet werden. Daher dient die empirische Arbeit dazu, die theoretische Fachsprache deutlicher erscheinen zu lassen, ihre Bedeutung und ihren Nutzen zu vergrößern und einen Leitfaden für ihre Koordination zu weiterführender Aktivität zu liefern. In dieser Hinsicht kann das Experiment eine besonders wertvolle Rolle spielen. Denn wie die Leinwand eines Künstlers bietet das Experiment dem Forscher unermeßlichen Freiraum, in dem die höchst aussagekräftige Illustration geschaffen wird. Daher tragen zum Beispiel Experimente zum operanten Konditionieren weder zum Wahrheitswert der operanten Theorie bei, noch tun sie ihm Abbruch, denn von Natur aus ist so ein Wahrheitswert unbestimmt. Jedoch haben relevante Experimente als höchst eindrucksvolle Deutung der Welt durch die Brille der operanten Theorie gedient. Sobald die Brille der Theorie in dieser Art und Weise angewendet wird, kann man wohl kaum die breite Anwendbarkeit der Theorie anzweifeln, Folglich trägt das Experiment nicht zum „Wahrheitswert" der Theorie bei, bringt allerdings das erforderliche Leben in das Skelett der Abstraktion. Je strenger und besser geplant ein Experiment ist, desto stärker ist seine Möglichkeit zur Verdeutlichung. Wie sich also zeigt, müssen Theorie und Forschung weiterhin Hand in Hand vorgehen. Nur ihre gemeinsamen Ziele müssen neu formuliert werden. Wie im vorliegenden Falle nachgewiesen wurde, sollten solche Bemühungen durchaus nicht einer unverbesserbaren Zukunft gewidmet werden, sondern dem pragmatischen Ringen mit einer formbaren Gegenwart.

Schlußfolgerungen

In unserem Jahrhundert hat die tiefe, immer gegenwärtige Sehnsucht nach letzten Wahrheiten zu einer faktischen Verherrlichung der Methodologie geführt. Und gerade auch dieser Glaube an die Wahrheit durch Methode war ein Merkmal der behavioristischen Bewegung in der Psychologie. Doch nach einem langen und tapferen Kampf zur Verteidigung dieses Glaubens wurde in zunehmendem Maße deutlich – in der Philosophie wie auch in der Psychologie –, daß Methoden keine geheiligten, sondern vielmehr profane Konstruktionen sind und daß das aus den Methoden Abgeleitete vollständig von der angewandten Interpretationsweise abhängt. Und wo immer der größte Teil der beruflichen Aufmerksamkeit auf die Methode abgelenkt war, erlahmten der Umfang und das Potential der Interpretation. Die theoretische Arbeit muß aufhören, die Rolle einer Dienstmagd für die Methodologie zu spielen. Vielmehr ist es höchste Zeit, den Lauf der Geschichte völlig zu ändern und die theoretische Arbeit in den Mittelpunkt disziplinärer Arbeit zu stellen. Die Methoden können dann den untergeordneten Zweck, für den sie so gut erdacht worden sind, erfüllen.

Danksagung

Durch ein Stipendium der National Science Foundation (Nr. 7809393) wurde die Niederschrift dieses Kapitels erleichtert. Besonderer Dank gilt auch Herrn Professor Carl F. Graumann vom Psychologischen Institut der Universität Heidelberg für die Unterstützung und das intellektuelle Milieu, in dem die vorliegenden Überlegungen gediehen.

Literatur

Abramson, L. Y., M. E. P. Seligman and J. D. Teasdale: Learned helplessness in humans: Critique and reformulation. Journal of Abnormal Psychology, 37, 49–74, 1978

Austin, J. L.: Sense and sensibilia. London: Oxford University Press, 1962

Bandura, A.: Aggression: A social learning analysis. Englewood Cliffs, N. J.: Prentice-Hall, 1973

Bauman, Z.: Hermeneutics and social science. New York: Columbia University Press, 1978

Cartwright, D.: Determinants of scientific progress: The case of research on the risky shift. American Psychologist, 28, 222–231, 1973

Collingwood, R. G.: The idea of history. Oxford: Clarendon Press, 1946

Duhem, P.: The aim and structure of physical theory. (Trans. by P. Wiener) Princeton: Princeton University Press, 1954. (Originally published 1906)

Feyerabend, P. K.: Against method. London: Humanities Press, 1976

Gadamer, H. C.: Truth and method. (Originally published as Wahrheit und Methode). Tübingen: J. C. B. Mohr (Paul Siebeck), 1960

Gauld, A., and J. Shotter: Human action and its psychological investigation. London: Routledge and Kegan Paul, 1977

Gergen, K. J.: Social psychology as history. Journal of Personality and Social Psychology, 26, 309 bis 320, 1973

Gergen, K. J.: Experimentation in social psychology: A reappraisal. European Journal of Social Psychology, 8, 507–527, 1978

Gergen, K. J.: Toward theoretical audacity in social psychology. In: R. Gilmour and S. Duck (Eds.) The development of social psychology. London: Academic Press, 1980
Gergen, K. J.: Toward transformation in social knowledge. New York: Springer-Verlag, 1982
Gergen, K. J.: Social psychology and the phoenix of unreality. In: S. Koch and D. Leary (Eds.), A century of psychology as a science. New York: McGraw-Hill, in press.
Giddens, A.: New rules of sociological method. New York: Basic Books, 1976
Hanson, N. R.: Patterns of discovery. Cambridge: University Press, 1958
Koch, S.: Reflections on the state of psychology. Social Research, 38, 669–709, 1971
Kuhn, T. S.: The structure of scientific revolution. Chicago: University of Chicago Press, 1962
Newell, A.: You can't play 20 questions with nature and win. In: W. G. Chase (Ed.) Visual information processing. New York: Academic press. 1973
Quine, W. V.: From a logical point of view. Cambridge, Mass.: Harvard University Press, 1953
Quine, W. V.: Word and object. Cambridge: Technology Press of M. I. T., 1960
Russell, B.: Our knowledge of the external world. New York: Menton Books, 1956
Schutz, A.: Collected papers. Vol. 1. The Hague: Nijhoff, 1962
Sechrest, L.: Personality. In: M. R. Rosenzweig and L. W. Porter (Eds.) Annual review of psychology, 27, 1976
Seligman, M. E. P.: Helplessness. San Francisco: W. H. Freeman, 1975
Shaw, M. E., and P. R. Costanzo: Theories of social psychology. New York: McGraw-Hill, 1970
Taylor, C.: The explanation of behavior. London: Routledge and Kegan Paul, 1964
Winch, P.: The idea of a social science. London: Rutledge and Kegan Paul, 1958 (Originally published in 1946)
Wittgenstein, L.: Philosophical investigations. (Trans. G. Anscombe). London: Macmillan, 1963

4. Einige aktuelle Aspekte psychologischen Experimentierens

Ruben Ardila
National University of Columbia, Bogotá, Columbia

Die wesentlichsten Grundlagen psychologischen Forschens werden unter systematischem und historischem Blickwinkel analysiert, und das konzeptionelle Bezugssystem der zeitgenössischen Psychologie wird – sowohl in seiner biologischen als auch sozialen Einbindung – eingehend betrachtet. Weiterhin wird aktuelle Kritik an der experimentellen Methodologie dargestellt und widerlegt, denn die Experimentalpsychologie hat zum besseren Verständnis von Fragen des Verhaltens beigetragen und weist eine ganze Reihe von Nutzanwendungen auf. Als Beispiel für eine interkulturelle Untersuchung wird das vom Autor durchgeführte Forschungsprogramm über frühes Lernen und psychologische Entwicklung angeführt. Ein internationaler Überblick zeigt, daß soziale und politische Faktoren die Haupttendenzen in der Forschung beeinflussen, und die wichtigsten Trends, die die Zukunft der Psychologie bestimmen, werden analysiert.

Die experimentelle Methode

Im vergangenen Jahrhundert war das Experimentieren für Psychologen die Methode der Wahl. Ursprünglich handelte es sich dabei um eine Methode, die von „reiferen" Disziplinen, insbesondere von der Physiologie und Physik, übernommen und erfolgreich auf verschiedene Gebiete der Psychologie, hauptsächlich auf die Wahrnehmung, das Lernen und die physiologischen Grundlagen des Verhaltens, angewandt wurde.

In den letzten Jahren hat das Experiment in der Psychologie beachtlich an Raum gewonnen und umfaßt nun auch viele vorher noch nicht mit einbezogene Bereiche, darunter die Kognitive, Persönlichkeits- und Sozialpsychologie. Die heutige Experimentalpsychologie unterscheidet sich sehr stark von dem, was Wundt sich vorgestellt und was er angestrebt hat. Mit experimentellen Techniken und Meßmethoden werden komplexe Prozesse untersucht (Sarris 1967, 1968, Sarris, Heineken und Peters 1976, Sarris und Parducci 1978). Sehr weit entfernt von der Hauptströmung der Experimentalpsychologie, anders als Wundt es sich gewünscht hat, sind die aktuellen Entwicklungen in der Mathematischen Psychologie, der Physiologischen Psychologie, der Lernpsychologie, der Verhaltensgenetik und der experimentellen Verhaltensanalyse angesiedelt. Sie stellen die Hauptströmung der heutigen Experimentalpsychologie dar. Der Fortschritt ist beachtlich. Es scheint sich dabei um die Vergrößerung eines sehr wichtigen Forschungs- und Anwendungsgebietes zu handeln, das sich mit einem der schwierigsten und mannigfaltigsten Gebilde der Natur beschäftigt: dem Verhalten, sowohl dem menschlichen als auch dem tierischen, und sogar mit Erfahrung und sozialen Prozessen.

Andererseits ist eine ganze Reihe kritischer Äußerungen gegen die Experimentalpsychologie laut geworden. Da wird behauptet, sie sei eine Disziplin, die keine Beziehung zum wirklichen Leben habe, die die am weitesten fortgeschrittenen Wissenschaftsdisziplinen nachzuahmen versuche, um Prestige zu gewinnen, eine Disziplin, die soziale und politische Faktoren ignoriere und sich in einer permanenten Krise befinde. Aus der Reihe der kritischen Analysen der Experimentalpsychologie könnte man Braginsky und Braginsky, „Mainstream Psychology, a Critique“ (1974), Westland, „Current Crises of Psychology“ (1978) und andere nennen. Eine ausgewogenere Sicht bietet Schultz in seinem Buch, „The Science of Psychology: Critical Reflections“ (1970), s. auch Germana 1971).

Das Ziel dieses Kapitels besteht darin, die experimentelle Methode in der Psychologie, die Gebiete, in denen sie angewendet wurde, und die Hindernisse, auf die man stieß, die gegen sie erhobenen Kritikpunkte und einen Weg, sie zu widerlegen, den gegenwärtigen Status der Experimentalpsychologie, den Einfluß sozialer und politischer Faktoren (sowohl in der Wahl der Probleme als auch in den Folgerungen) und den wahrscheinlichen, zukünftigen Entwicklungsverlauf der Psychologie zu analysieren. All das wird aus internationaler Sicht dargestellt, da der Autor über Erfahrungen in verschiedenen Ländern beiderseits des Atlantiks verfügt.

Experimentelle Untersuchungen in der Psychologie

Wenn man die Psychologie als Nachdenken über die menschliche Natur begreift, hat es sie praktisch seit den Anfängen der Geschichte gegeben. Geht man von der modernen Auffassung aus, wird die Gründung des Instituts für Psychologie und seines Laboratoriums in Leipzig im Jahre 1879 als offizielles Geburtsdatum der Psychologie betrachtet. Das bedeutet, daß die Psychologie als Disziplin und die Verwendung der experimentellen Methode praktisch parallel aufkamen. Durch die Verwendung der experimentellen Methode wurde die Psychologie zu einem „unabhängigen“, von der Philosophie abgegrenzten Gebiet. Denn an ihrem Anfang war Psychologie gleichbedeutend mit Experimentalpsychologie.

Mehrere Jahrzehnte hindurch stand die Manipulation unabhängiger Variabler und deren Einfluß auf abhängige Variable im Blickpunkt des Interesses der Psychologen. Zu den Problemen, die überall da, wo Experimentalpsychologie praktiziert wird, diskutiert werden, gehören Fragen der Kontrolle, Meßmethoden und Verallgemeinerung der Ergebnisse (Ardila 1971, 1977, Calfee 1975, Diaz-Guerrero 1980, Fraisse und Piaget 1963 bis 1967, Kling und Riggs 1971, Lauterbach und Sarris 1980, Matheson, Bruce und Beauchamp 1970, Sidowski 1966, Stevens 1951, Underwood 1966).

Unter einem Experiment versteht man eine Verfahrensweise, bei der der Forscher eine oder mehrere Variable (unabhängig) manipuliert und andere Variable (abhängig) mißt. Diese traditionelle Definition kommt von den Naturwissenschaften. Damit ein Experiment vorliegt, muß der Untersucher die Situation beherrschen: Bewußt die Faktoren variieren, um Unterschiede in der Ausprägung der Variablen zu erreichen. Denn *Messen* ist durchaus nicht gleichbedeutend mit *Experimentieren.* In vielen nichtexperimentellen Situationen ist ein hoher Grad an Kontrolle gegeben, und es wird eine gute Meßgenauigkeit erzielt. Doch erst die Manipulation der Variablen macht den Unterschied zwischen dem Experimentieren und den nichtexperimentellen Untersuchungen aus.

Beim traditionellen experimentellen Herangehen wird eine Untersuchungsgruppe dem Einfluß der angenommenen unabhängigen Variablen ausgesetzt, wohingegen das bei einer Kontrollgruppe nicht geschieht. Dann werden beide Gruppen in bezug auf den angenommenen Effekt oder die abhängige Variable miteinander verglichen. Heute jedoch haben wir die multivariable Experimentalpsychologie (Cattell 1966) und außerdem Einzelfall-Versuchspläne, wie sie beim operanten Konditionieren verwendet werden (Hersen und Barlow 1977).

Eine Kontrollgruppe benötigt man für den Vergleich mit den bei der Experimentalgruppe gewonnenen Ergebnissen. Dadurch ist der Forscher in die Lage versetzt, alternative Hypothesen zu eliminieren. Denn die Resultate können durch viele verschiedene Ursachen bedingt sein, und die Kontrollgruppe – die der Experimentalgruppe so ähnlich wie nur möglich sein soll – zeigt, ob die Ergebnisse auf die manipulierten Variablen zurückzuführen sind oder nicht.

Beim multivariablen Versuchsplan arbeitet man mit mehreren Variablen und ihren Wechselwirkungen, wohingegen beim Einzelfall-Versuchsplan die Versuchsperson selbst zur Kontrolle dient. Durch diese Neuerungen wurde das Betätigungsfeld der Experimentalpsychologie erheblich vergrößert.

Durch die neuerlichen Fortschritte in der Mathematik wurde das Experimentieren immer mehr verfeinert. Das beweisen die Artikel im *Journal of Experimental Psychology* (in seinen vier Teilen), im *Quarterly Journal of Experimental Psychology,* der *Acta Psychologica,* der *Psychologie Francaise,* der *Japanese Psychological Research* und in vielen anderen Zeitschriften der Experimentalpsychologie. Aus den Fortschritten in der Mathematik und in der Datenaufzeichnung ziehen unterschiedliche Versuchsanlagen Nutzen. Auch haben sich die Modellierung psychischer Prozesse und die Aufstellung mathematischer Modelle beachtlich weiterentwickelt, wie aus Zeitschriften, z. B. dem *Journal of Mathematical Psychology*, ersichtlich ist.

Bei der Experimentalpsychologie handelt es sich nicht um ein Gebiet der Psychologie, sondern vielmehr um eine Methode, die in allen Bereichen der Psychologie genutzt werden kann (Ardila 1968). Gegenwärtig wird sie nur bei einigen grundlegenden und angewandten Gebieten verwendet, doch im Prinzip könnte sie bei der Lösung von Problemen in jedem Zweig der Psychologie genutzt werden. Historisch gesehen, hat sich unsere Disziplin für den Gebrauch der experimentellen Methode entschieden, und wahrscheinlich ist es nur eine Frage der Zeit, bis die gesamte Psychologie experimentell wird.

Natürlich ist die Experimentalpsychologie nicht die einzige wissenschaftliche Psychologie. Wissenschaftlich ist auch die Korrelationspsychologie, und viele Probleme werden am besten erst deskriptiv angegangen, bevor Korrelations- und experimentelle Methoden angewandt werden können. Für die Psychologie ist das Experimentieren noch immer ein Ziel, und das ist es seit 100 Jahren gewesen. In dieser Richtung sind wir beachtlich vorangekommen (Hearst 1979).

Sozialforschung

Sozialwissenschaften im traditionellen Sinne benutzen die experimentelle Methode überhaupt nicht. Zum Beispiel sind Soziologie, Ökonomie und Anthropologie keine experimentellen Wissenschaften, wohingegen die Sprachwissenschaft durchaus eine ist, wenigstens im Hinblick auf einige Arten des Herangehens. Dagegen handelt es sich bei der politischen Wissenschaft nicht nur um eine Disziplin, die Experimente nicht nutzt, sondern sie steht dem Experimentieren auch klar ablehnend gegenüber. Im allgemeinen besteht bei den Sozialwissenschaften kein Interesse am Gebrauch der experimentellen Methode, und ihr Verständnis vom Wesen des Experimentierens ist recht eng begrenzt.

Die Psychologie ist als Sozialwissenschaft, als Naturwissenschaft und als Verhaltenswissenschaft eingestuft worden. Akzeptieren wir die erste Einordnung – als Sozialwissenschaft –, könnte man sie für die einzige experimentelle Sozialwissenschaft halten. Viele Jahrzehnte lang war die Sozialpsychologie eine nichtexperimentelle Disziplin. Wundt bestand darauf, daß die Völkerpsychologie – siehe sein berühmtes Buch gleichen Titels – nicht experimentell sein könne.

Bei der Herausbildung der experimentellen Sozialpsychologie handelt es sich um eine relativ neue Erscheinung. Obwohl Murphy, Murphy und Newcomb ihre erste „Experimental Social Psychology" schon im Jahre 1937 veröffentlichten, dauerte es noch mehrere Jahrzehnte, bis eine wirkliche experimentelle Sozialpsychologie entstand.

Die experimentelle Sozialpsychologie benutzt die experimentelle Methode, um solche Probleme wie z. B. soziale Wahrnehmung, Feindseligkeit, Aggression, zwischenmenschliche Anziehung, Einstellungsänderung, Konformität, Gruppenzwang, gegenseitige Abhängigkeit innerhalb einer Gruppe und verwandte Erscheinungen zu untersuchen. Sehr stark beschäftigt sie sich mit dem Wert des Experimentierens, dem Unterschied zwischen Experimental- und Feldstudien, der „Künstlichkeit" der Experimente, mit der Frage der Verallgemeinerung der Ergebnisse, den kausalen Beziehungen, die der Forscher in sozialen Erscheinungen nachzuweisen versucht, und so weiter.

Die Relevanzkrise in der Psychologie ist mit der Frage der Nützlichkeit der Methodologie und der Resultate verbunden und bringt philosophische und ideologische Probleme zur Sprache. Nicht die ganze sozialpsychologische Forschung geht experimentell vor, und nicht alles ist für die Lösung aktueller Probleme anwendbar.

Vigor und Rigor

In der Diskussion über Wissenschaft und soziale Relevanz besteht eine Art der Darstellung der Situation darin, von *Vigor* und *Rigor* zu sprechen. Während von der Experimentalpsychologie Rigor stärker betont wird, gilt das Interesse der traditionellen Sozialpsychologie mehr dem Vigor. In Hinsicht auf die Proportionen muß sich ein Forscher zwischen Vigor und Rigor entscheiden: Welchen Prozentsatz Rigor und welchen Vigor. Man wählt den bevorzugten Anteil Vigor und den entsprechenden Teil Vigor und umgekehrt.

Vigor und Rigor zur gleichen Zeit zu haben, ist sehr schwer. Einige Bereiche haben jedoch beides. Zum Beispiel handelt es sich bei der experimentellen Sozialpsychologie um ein sehr vigoroses Gebiet, das mit sehr rigorosen Methoden studiert wird. Das Gleiche könnte man von der Verhaltenstherapie sagen. Unser Forschungsprojekt zu Mustern der Kindererziehung im Karibik-Raum ist sowohl vigoros als auch rigoros.

Muster der Kindererziehung, experimentelle Sozialpsychologie und Verhaltenstherapie stellen Beispiele für Bereiche der Experimentalpsychologie dar, die sowohl Vigor als auch Rigor enthalten. Beides zu haben ist nicht leicht. Konzentrieren wir uns auf die Kontrolle, haben wir mehr Rigor und weniger Vigor, obwohl man auf einige vigorose Anwendungen für die Zukunft hoffen kann. Die experimentelle Verhaltensanalyse ist ein Beispiel für einen Bereich der Experimentalpsychologie, der viele Jahre lang „reine" Wissenschaft war und heute eine Technik, die angewandte Verhaltensanalyse, entwickelt hat, die in klinischen, sozialen, pädagogischen und industriellen Bereichen angewendet wird (Ardila 1974, 1979 b). Zu Beginn der vierziger und fünfziger Jahre konnte noch niemand bei den Experimenten mit Ratten in Skinner-Boxen eine mögliche Anwendbarkeit erkennen.

Selbst wenn ein Forschungsgebiet gegenwärtig oder in der Zukunft keinerlei Nutzanwendung findet, so könnte sein Wert doch in ihm selbst liegen. Denn für die Wissenschaft sind Anwendbarkeit und soziale Relevanz keine Kriterien. Unabhängig von jeder aktuellen oder potentiellen Nutzanwendung sind die Suche nach wissenschaftlichen Gesetzen und das Verständnis der physikalischen, biologischen und Verhaltenswelt wichtige Ziele.

Experimentieren und Quasi-Experimentieren

Wenn die Wissenschaft einem Weg folgt, der von der Beobachtung zu Korrelationsanalysen und von dort zum Experimentieren führt, dann sind einige Gebiete der Psychologie weiter entwickelt als andere. Auf allen Gebieten der Psychologie gibt es Theorien, mathematische Modelle und Konzepte höherer Ordnung. Doch ist das Experimentieren üblicher in den Bereichen, die eng mit den biologischen Bezügen der Psychologie im Zusammenhang stehen, als in den eher sozial orientierten.

Das traditionelle Experiment, wie es in den klassischen Büchern, z. B. von Woodworth und Schlosberg (Kling und Riggs 1971), Underwood (1966) und von Fraisse und Piaget (1963–1967), dargestellt wurde, ist durch viele neue Techniken und Herangehensweisen ergänzt worden. Durch Pfadanalyse, Quasi-Experimentieren, multivariable Experimentalanlagen und andere Methoden und Verfahren sind wichtige Ergebnisse erzielt und Hilfestellungen bei der Lösung einiger Fragen in bezug auf Versuchsplanung, Datenanalyse und Interpretation gegeben worden. In den letzten paar Jahren hat sich die Methodologie in der Psychologie beachtlich entwickelt. Einer der Haupttrends ist mit Campbells quasi-experimentellen Methoden verbunden (Cook und Campbell 1979).

In den Bereichen der experimentellen Sozialpsychologie wurde eine ganze Menge Rigor und Genauigkeit durch einige Untersucher sehr „vigoroser" Fragen erreicht. Als Beispiele können wir Schachters Arbeit über die Psychologie der Affiliation (1959), die von Berkowitz über Altruismus und Hilfeverhalten (Macaulay und Berkowitz 1970) und die von Milgram über Gehorsamsbereitschaft (1973) nennen. In all diesen Untersuchungen wurde bei den relevantesten Fragen die strengste experimentelle Methodologie angewendet.

In unserem Forschungsprojekt zu Mustern der Kindererziehung wurde versucht, Vigor und Rigor bei der Behandlung eines sehr relevanten Problems zu verbinden: die Ursprünge menschlichen Verhaltens, die biosozialen Grundlagen der „Individualität" und „Persönlichkeit". Dabei mußten einige methodische Schwierigkeiten in bezug auf die Kontrolle der Variablen gelöst werden. Ganz allgemein gesagt, die interkulturelle Psychologie muß die psychologischen Forschungsmethoden den zu untersuchenden Fragen anpassen. Manchmal wird die Präzision geopfert, obwohl das nicht in allen Situationen so sein muß.

Wir untersuchen die Art und Weise, in der Eltern ihre Kinder in Kolumbien, Kuba, Puerto Rico und Haiti erziehen. Dieses Projekt ist so angelegt, daß der Einfluß verschiedener Faktoren auf die Kindererziehung und Persönlichkeitsentwicklung herausgefunden wird, und dabei werden die modernsten Techniken der Stichprobenerhebung und Datenanalyse mit Hilfe eines Computers genutzt. Von uns wurden die folgenden Faktoren erfaßt: Ernährung, Anteilnahme des Vaters, Hygienegewohnheiten, Sexualität, Geschlechterrollen, Disziplin, Einsatz von Belohnung und Strafe, Sprachentwicklung, Unabhängigkeit und Selbständigkeit, Beziehungen zu Gleichgestellten, Aggression gegenüber den

Eltern, Aggression gegenüber anderen Kindern, Ausdruck von Zuneigung in der Familie, Übereinstimmung zwischen den Eltern, Achtung vor dem Eigentum, ethische Regeln, Orientierung auf die Zukunft und Ähnlichkeit zwischen den Kindererziehungspraktiken dieser Generation und denen früherer.

Die neunzehn Variablen nehmen Bezug auf die Art der Teilnahme an sozialen Aktivitäten in den vier Ländern. Für relevante Faktoren halten wir den Einfluß der USA in Puerto Rico und den der UdSSR in Kuba, die traditionelle spanische Kultur in Kolumbien und die „primitivere", naturverbundenere in Haiti. Auf lange Sicht sind wir daran interessiert, den Einfluß sozialer, politischer und kultureller Faktoren auf die Verhaltensentwicklung in Kuba, Puerto Rico, Haiti und Kolumbien zu erkennen und einen Weg zur Verallgemeinerung der Daten auf andere kulturelle Bezugssysteme zu finden (Ardila 1979 a, 1981).

Für Kolumbien liegen einige Endresultate vor. Wir verglichen die Erziehungsmuster von vier sozialen Schichten (Oberschicht, Mittelschicht, untere Schicht und bäuerliche Schicht) und von vier Subkulturen (Anden, Berg, Neo-Spanisch und Küste). Diese vier Subkulturen umfassen die große Mehrheit des Landes und sind aus anthropologischer Sicht im Detail erforscht worden.

In den Tab. 4.1, 4.2, 4.3 und 4.4 sind die Resultate bezüglich der Anden-Subkultur (Oberschicht, Mittelschicht, untere Schicht und bäuerliche Schicht) im Vergleich zu den anderen Gruppen dargestellt.

Auf dem Gebiet moralischer Beurteilungen wurden Daten gesammelt und werden z. Z. hinsichtlich Intelligenz und Persönlichkeit analysiert. In den anderen Ländern ist die Datenerhebung noch im Gange. Die Befragungen werden in allen Fällen von einheimi-

Tab. 4.1: *Korrelationen zwischen Mustern der Kindererziehung in der Anden-Subkultur, untere soziale Schicht, mit anderen Gruppen: ASM (Anden-Subkultur, Mittelschicht), ASO (Anden-Subkultur, Oberschicht), ASB (Anden-Subkultur, bäuerliche Schicht), BSU (Bergsubkultur, untere Schicht), SSU (Spanische Subkultur, untere Schicht) und KSU (Küstensubkultur, untere Schicht)*

	Variable	ASM	ASO	ASB	BSU	SSU	KSU
101	Ernährung	.33	.17	.89	.06	.19	.03
102	Beteiligung des Vaters	.00	.00	.46	.00	.72	.01
103	Hygienegewohnheiten	.05	.01	.00	.52	.44	.01
104	Sexualität	.03	.00	.28	.02	.03	.00
105	Geschlechterrollen	.18	.81	.39	.04	.19	.86
106	Disziplin	.00	.00	.00	.00	.60	.00
107	Verwendung von Lob	.00	.00	.03	.00	.32	.03
108	Gebrauch von Strafe	.03	.00	.36	.20	.23	.02
109	Sprachentwicklung	.00	.00	.00	.00	.56	.00
110	Unabhängigkeit und Selbständigkeit	.74	.81	.95	.01	.59	.00
111	Beziehungen zu Gleichgestellten	.03	.87	.88	.03	.28	.36
112	Aggression gegenüber Eltern	.75	.79	.51	.02	.27	.40
113	Aggression gegenüber Gleichgestellten	.17	.34	.28	.94	.20	.81
114	Ausdruck von Zuneigung	.00	.00	.15	.00	.64	.80
115	Übereinstimmung zwischen den Eltern	.00	.00	.07	.00	.97	.98
116	Achtung vor dem Eigentum	.10	.00	.15	.00	.40	.09
117	Ethische Regeln	.00	.00	.10	.00	.24	.08
118	Zukunftsorientierung	.51	.00	.10	.00	.71	.18
119	Ähnlichkeit mit früheren Generationen	.00	.00	.53	.09	.92	.95

Tab. 4.2: *Korrelationen zwischen Mustern der Kindererziehung in der Anden-Subkultur, Mittelschicht, mit anderen Gruppen: ASO, ASB, BSU, SSU, KSU*

Variable		ASO	ASB	BSU	SSU	KSU
101	Ernährung	.02	.29	.00	.03	.00
102	Beteiligung des Vaters	.07	.00	.02	.00	.02
103	Hygienegewohnheiten	.06	.00	.00	.34	.45
104	Sexualität	.08	.00	.90	.99	.67
105	Geschlechterrollen	.09	.02	.00	.90	.30
106	Disziplin	.92	.00	.39	.00	.03
107	Verwendung von Lob	.00	.00	.59	.00	.15
108	Gebrauch von Strafe	.14	.00	.00	.50	.00
109	Sprachentwicklung	.73	.00	.61	.00	.05
110	Unabhängigkeit und Selbständigkeit	.93	.86	.01	.75	.00
111	Beziehungen zu Gleichgestellten	.03	.04	.96	.00	.29
112	Aggression gegenüber Eltern	.57	.34	.05	.18	.28
113	Aggression gegenüber Gleichgestellten	.67	.01	.17	.92	.11
114	Ausdruck von Zuneigung	.90	.00	.20	.00	.00
115	Übereinstimmung zwischen den Eltern	.93	.14	.00	.01	.00
116	Achtung vor dem Eigentum	.27	.85	.40	.57	.81
117	Ethische Regeln	.61	.00	.45	.80	.00
118	Zukunftsorientierung	.00	.03	.00	.80	.51
119	Ähnlichkeit mit früheren Generationen	.12	.00	.08	.00	.00

Tab. 4.3: *Korrelationen zwischen Mustern der Kindererziehung in der Anden-Subkultur, soziale Oberschicht, mit den anderen Gruppen: ASB, BSU, SSU, KSU*

Variable		ASB	BSU	SSU	KSU
101	Ernährung	.24	.59	.89	.38
102	Beteiligung des Vaters	.00	.01	.00	.04
103	Hygienegewohnheiten	.00	.00	.17	.77
104	Sexualität	.00	.10	.10	.19
105	Geschlechterrollen	.49	.05	.09	.69
106	Disziplin	.00	.44	.00	.04
107	Verwendung von Lob	.00	.00	.00	.00
108	Gebrauch von Strafe	.00	.00	.05	.00
109	Sprachentwicklung	.00	.85	.00	.02
110	Unabhängigkeit und Selbständigkeit	.93	.01	.72	.00
111	Beziehungen zu Gleichgestellten	.93	.03	.20	.41
112	Aggression gegenüber Eltern	.69	.01	.39	.54
113	Aggression gegenüber Gleichgestellten	.03	.36	.64	.25
114	Ausdruck von Zuneigung	.00	.15	.00	.00
115	Übereinstimmung zwischen den Eltern	.10	.00	.00	.00
116	Achtung vor dem Eigentum	.19	.77	.10	.48
117	Ethische Regeln	.00	.80	.00	.00
118	Zukunftsorientierung	.00	.03	.00	.00
119	Ähnlichkeit mit früheren Generationen	.00	.00	.00	.00

Tab. 4.4: *Korrelationen zwischen Mustern der Kindererziehung in der Anden-Subkultur, bäuerliche Schicht, mit den anderen Gruppen: BSU, SSU, KSU*

Variable	BSU	SSU	KSU
101 Ernährung	.10	.26	.06
102 Beteiligung des Vaters	.00	.30	.00
103 Hygienegewohnheiten	.00	.00	.00
104 Sexualität	.00	.00	.00
105 Geschlechterrollen	.25	.03	.33
106 Disziplin	.00	.00	.00
107 Verwendung von Lob	.00	.34	.00
108 Gebrauch von Strafe	.72	.04	.20
109 Sprachentwicklung	.00	.02	.00
110 Unabhängigkeit und Selbständigkeit	.01	.68	.00
111 Beziehungen zu Gleichgestellten	.04	.27	.41
112 Aggression gegenüber Eltern	.00	.59	.78
113 Aggression gegenüber Gleichgestellten	.23	.02	.43
114 Ausdruck von Zuneigung	.00	.39	.24
115 Übereinstimmung zwischen den Eltern	.00	.14	.07
116 Achtung vor dem Eigentum	.29	.68	.68
117 Ethische Regeln	.00	.76	.97
118 Zukunftsorientierung	.00	.06	.00
119 Ähnlichkeit mit früheren Generationen	.29	.52	.67

schen Forschern durchgeführt, die auch die Fragebögen anwenden und die Materialien an die Sprache der Region, die soziale Schicht der befragten Personen, deren Bildungsniveau, Alter usw. anpassen. In bezug auf kulturelle Neigungen und Vorurteile bemühen wir uns um möglichst große Sorgfalt.

Bei der Analyse werden die neunzehn Variablen in den vier sozialen Schichten und den verschiedenen Subkulturen (vier im Falle Kolumbiens) verglichen. Dadurch wollen wir z. B. erfahren, wie Belohnung und Strafe für das Eingliedern der Kinder in die Gesellschaft in den verschiedenen sozialen Schichten, den unterschiedlichen Subkulturen und in den verschiedenen Staaten gehandhabt werden. Zusammenarbeit und Konkurrenz, ethische Regeln, Formung und kulturelle Standards müssen im richtigen Kontext verstanden werden und nicht auf der Basis unserer persönlichen Vorurteile.

Durch sorgfältige Planung, adäquate Erhebungstechniken, die Standardisierung der Tests und des anderen Untersuchungsinstrumentariums, durch die Heranziehung einheimischer Forscher und ebensolchen Personals zur Datenerhebung und nicht zuletzt durch wohlwollendes Verständnis für kulturelle Unterschiede und Ähnlichkeiten wurden viele Schwierigkeiten bei diesem Forschungsprojekt gelöst.

Dieses noch nicht abgeschlossene Forschungsprojekt wurde hauptsächlich als Beispiel für eine Untersuchung angeführt, die den Versuch unternimmt, relevante Fragen der heutigen Gesellschaft zu bearbeiten und dabei Techniken der neuen quasi-experimentellen Methodik in der Psychologie verwendet. Bevor wir allerdings den Einfluß sozialer und politischer Faktoren auf die menschliche Entwicklung völlig verstehen, liegt noch ein weiter Weg vor uns, doch wahrscheinlich arbeiten wir schon in der richtigen Richtung.

Ein internationaler Vergleich

Auf einem internationalen Symposium wie diesem über die Perspektiven psychologischen Experimentierens ist es von großer Bedeutung, ein paar Charakteristika der internationalen Experimentalpsychologie aufzuzeigen.

Es ist eine Tatsache, daß die Psychologie in starkem Maße, wie vorher bereits angedeutet, ein angelsächsisches Phänomen ist (Ardila 1982 b). Als eigenständige Disziplin nahm die Psychologie in Deutschland ihren Anfang, doch verlagerte sich ihr Zentrum später in die USA und blieb seither dort. Heute befinden sich die aktivsten Forschungszentren auf dem Gebiet der Experimentalpsychologie in den USA, Kanada, der BRD, England, Japan, den Niederlanden und ein paar weiteren Ländern. Zwar gibt es auch Forschungszentren in den Entwicklungsländern, insbesondere in Lateinamerika, doch steht deren Leistung in keinem günstigen Verhältnis zur Forschungsleistung der USA und Westeuropas.

Verschiedene Bereiche der Wissenschaft sind stärker international orientiert; das trifft nicht auf die Psychologie zu. Der allergrößte Teil der Forschung wird in den USA ausgeführt, in englischer Sprache aufgezeichnet und trägt den Stempel angelsächsischer Kultur.

Ganz offensichtlich ist *Wissenschaft* eine weltumspannende Angelegenheit, über alle Kulturgrenzen hinweg, einschließlich Geographie und Ideologie. Zwar kann man die *Ergebnisse* der Wissenschaft für unterschiedliche Ziele nutzen, aber allgemein gesagt, ist Wissenschaft als soziale Institution „universell" im besten Sinn des Wortes: Sie sucht nach allgemeingültigen Gesetzen und bedient sich einer Methodologie, die nicht direkt von einer Kultur abhängt. Indirekt gibt es wohl ideologische Einflüsse, doch in den Hauptaspekten ist die Wissenschaft relativ kulturunabhängig.

Trotzdem ist die wissenschaftliche Psychologie, geographisch betrachtet, ziemlich eng begrenzt. Und das liegt keineswegs an dem praktischen Problem, daß für die Forschung nicht ausreichend Geldmittel zur Verfügung stehen. Tatsache ist vielmehr, daß in vielen Ländern – einschließlich einigen aus der Dritten Welt – angemessene Mittel für die Forschung da sind, in einigen Fällen aber nicht genutzt werden. Genug Geld gibt es, nicht aber genügend gute, unterstützungswürdige Projekte. Die Erklärung dafür in dem Umstand, daß es an einem geeigneten Forschungsklima mangelt. In vielen Kulturen hat die Wissenschaft keinen sozialen Wert. Für die Forscher gibt es nur sehr wenig Anreize, wenig Kongresse und Zeitschriften und nur wenige Kollegen, mit denen man über seine Forschung sprechen kann.

In vielen Ländern hält man die Psychologie eher für einen Teil der Geisteswissenschaften als für eine Naturwissenschaft. So betrachtet man die experimentelle Forschung, besonders an Tieren, als nicht „relevant" bzw. „wichtig", denn man glaubt, aus Tieruntersuchungen abgeleitete Modelle von psychologischen Phänomenen seien unvollständig, weil doch die Psychologie die Wissenschaft vom „Denken" sei und dieses Attribut ausschließlich auf den Menschen zutreffe.

International zeichnen sich gegenwärtig in der Psychologie einige kulturelle Trends ab, z. B. ist die experimentelle Forschung nach dem Paradigma der operanten Konditionierung in den USA, Japan und Lateinamerika mehr verbreitet als in Europa. In der BRD werden dagegen Wahrnehmungspsychologie und Psychophysik betrieben, und in Frankreich und Belgien, wie auch in den USA, wird z. Z. auf dem Gebiet der experimentellen

Sozialpsychologie gearbeitet. Physiologische Psychologie und „Defektologie" stellen die bevorzugten Bereiche sowjetischer Forscher dar. Wahrscheinlich werden diese Trends in der nahen Zukunft allmählich verschwinden, weil sich die Psychologie zu einer einheitlicheren Disziplin, als sie es heutzutage ist, entwickeln wird.

In der Dritten Welt wird Forschung als etwas Wichtiges, aber sehr Kostspieliges im Hinblick auf wahrscheinliche, kurzfristige Ergebnisse angesehen. Forschen ist zwar relevant, aber risikoreich, und Forscher hält man für exotische Leute, die die Nützlichkeit ihrer Arbeit erst beweisen müssen. Weder in Lateinamerika (Ardila 1983 a, 1982 d) noch in den übrigen Entwicklungsgebieten stellt Wissenschaft einen Wert dar.

Wie wir vorher bereits angedeutet haben, ist der allergrößte Teil der psychologischen Forschung kulturunabhängig. So hat zum Beispiel die Arbeit auf den Gebieten Wahrnehmung, Lernen, physiologische Psychologie und verwandte Bereiche nicht sehr viel mit Ideologie und Politik zu tun. Doch die sozialen Bereiche, darunter Persönlichkeits- und Entwicklungspsychologie, hängen sehr stark von einer bestimmten Kultur ab. Wieviel von der Gesamtvarianz auf allgemeine Gesetze zurückzuführen und wieviel von der jeweiligen Kultur abhängig ist, muß noch geklärt werden (Triandis 1980). Wir suchen nach allgemeingültigen Gesetzen, wie das in allen Wissenschaftszweigen der Fall ist, denn das Ziel ist eine Disziplin, die frei ist von kulturellen und geographischen Beschränkungen und über den sozialen Vorurteilen unserer Zeit steht.

Die Zukunft der Psychologie

In ihrem ersten Jahrhundert haben die Experimentalpsychologie und die Psychologie als unabhängige Disziplinen auf vielen Gebieten stetig Fortschritte gemacht und auf anderen Hindernisse und Probleme vorgefunden. Die Bestimmung des Gegenstandes der Psychologie, die von der Seele über das Denken bis schließlich zum Verhalten führte, impliziert wichtige Veränderungen in der Methodologie. Sowohl in den biologischen als auch den sozialen Bereichen der Psychologie ist eine ganze Reihe Fragen aufgetaucht.

In welche Richtung geht nun die Entwicklung? Die Voraussage von Ereignissen ist eines der Ziele der Wissenschaft, und diese könnte doch versuchen, ihre eigene Entwicklung vorherzusehen. Das ist im Falle der Psychologie nicht einfach, wie Wertheimer, Barclay, Cook, Kiesler, Koch, Riegel, Rorer, Senders, Smith und Sperling (1978) betonten. Für uns alle, die wir an der Entwicklung der Psychologie als Wissenschaft mitgearbeitet haben und an internationalen Fragen und sozialer Relevanz interessiert sind, ist die Zukunft der Psychologie eine wichtige Angelegenheit.

Auf der Grundlage meiner eigenen, jahrelangen Überlegungen zu diesem Thema möchte ich ein paar Vorstellungen über die Zukunft der Psychologie äußern (Ardila 1983 b).

Zu Beginn ist es wichtig zu bedenken, daß sich die Menschheit drei Hauptgefahren gegenüber sieht: Überbevölkerung, Mangel an Naturreichtümern und der Möglichkeit eines erneuten Weltkrieges. Nun ist die Überbevölkerung eine relative Angelegenheit, und in Wirklichkeit gibt es nicht „zu viele Menschen" auf der Erde, sondern zu viele im Verhältnis zur Entwicklungsrate und der Möglichkeit, daß jeder ein Leben in guter Qualität führen kann.

Der Mangel an Naturreichtümern stellt ein gegenwärtig sehr wichtiges Problem dar, das Ökonomen und Sozialplaner im vergangenen Jahrzehnt beschäftigt hat, wohingegen die Möglichkeit eines Nuklearkrieges stets im Hintergrund lauert.

Falls wir in der Lage sind, die Probleme der Überbevölkerung und des Mangels an Naturreichtümern zu lösen und einen erneuten Weltkrieg zu vermeiden, hätte die Wissenschaft eine Zukunft. Von unserer Art und Weise, die genannten Probleme zu lösen, ist die Psychologie stark abhängig, obwohl alle Disziplinen auch von diesen sozialen Kernfragen abhängen.

Ausgehend von der gegenwärtigen Situation, kann man sagen, daß die Psychologie der nahen Zukunft die folgenden Charakteristika aufweisen wird:

1. Stärkere Betonung der Wissenschaftlichkeit. Die Psychologie der nahen Zukunft wird wissenschaftlicher werden – im weitesten Sinne des Begriffs. Daß wir uns von einer wissenschaftlichen Disziplin zu einer spekulativen entwickeln, ist nicht wahr. Der Trend zu mehr Wissenschaftlichkeit wird sich in Zukunft sogar noch verstärken.

2. Stärkere Betonung der sozialen Relevanz. Die Psychologie wird ihren „Elfenbeinturm" verlassen und an sozial wichtigen Problemen arbeiten, ohne dabei fundamentale Fragen, wissenschaftliche Kernfragen außer acht zu lassen.

3. Gebrauch besserer mathematischer Modelle. Zukünftig werden bessere mathematische Methoden benutzt werden. Wahrscheinlich könnten viele verhaltensbestimmte Probleme mit angemesseneren mathematischen Modellen verstanden werden.

4. Arbeit an Komplexfragen. Die Psychologie der Zukunft wird sich solchen Problemen wie Erkenntnis, Ökologie, Begriffsbildung, Verhaltensentwicklung und Bewußtsein widmen, Probleme, die als wichtig erkannt, aber bis vor ein paar Jahren noch nicht mit den Mitteln der experimentellen Methodologie untersucht worden sind.

5. Stärkere Professionalisierung. Die Psychologie hat sich verändert und immer mehr spezialisiert. Wahrscheinlich wird diese Tendenz andauern, sowohl in den wissenschaftlichen als auch den praktischen Bereichen. Jedoch wird die Psychologie ihre Identität behalten und nicht in mehrere Disziplinen zerfallen.

6. Integration der Psychologie und Verschwinden der psychologischen „Schulen". Viele Systeme der Vergangenheit sind als Schulen verschwunden, und diese Tendenz wird wahrscheinlich anhalten. Doch wird die Psychologie in der Zukunft keine eklektische Disziplin, sondern eine Wissenschaft mit einem vereinheitlichten Paradigma im Sinne von Kuhns Analyse der wissenschaftlichen Umwälzungen und der normalen Wissenschaft (1970) sein.

Eine der Hauptmöglichkeiten für die nahe Zukunft wäre eine *experimentelle Verhaltensthese*, die als neues Paradigma für die Psychologie, in Kuhns Sinne, fungieren und die heutigen Versuche und Standpunkte ersetzen könnte. Diese experimentelle Verhaltenssynthese wird zwar eine Nebenerscheinung der experimentellen Analyse sein, aber bei der Integration vieler Beiträge der kognitiven Psychologie und anderer Gebiete helfen.

Weil eine ganze Reihe Tendenzen in der heutigen Psychologie beobachtet werden können, werden diese Charakteristika der Psychologie der Zukunft genannt: Stärkere Betonung der Wissenschaftlichkeit und sozialer Relevanz, Verwendung besserer mathematischer Modelle, Arbeit an Komplexfragen, stärkere Professionalisierung, Integration der Psychologie und das Verschwinden der „Schulen" – all diese Trends sind heute bereits in der Psychologie zu bemerken. Meiner Meinung nach werden sie in starkem Maße das Wesen der Psychologie im Jahre 2000 bestimmen.

Literatur

Ardila, R.: En defensa del método experimental en psicología. Revista de Psicología General y Aplicada (Madrid), 23, 689–724, 1968

Ardila, R.: Psicología experimental. Mexico: Trillas, 1971

Ardila, R. (Ed.): El análisis experimental del comportamiento. Mexico: Trillas, 1974

Ardila, R.: Investigaciones psicológicas. Bogotá: Siglo XXI, 1977

Ardila, R.: Los orígenes del comportamiento humano. Barcelona: Fontanella, 1979 a

Ardila, R.: Walden tres. Barcelona: CEAC, 1979 b

Ardila, R.: Pautas de crianza del los niños en Colombia. Research project, sponsored by the Colombian Fund for the Support of Science (Colciencias), Bogotá, 1981

Ardila, R.: International psychology. American Psychologist, 37, 323–329 a, 1982

Ardila, R.: Psychology in Latin America today. Annual Review of Psychology, 33, 103–122, 1982

Ardila, R.: La psicología en América Latina: pasado, presente y futuro. Mexico: Trillas, 1982, in Press a

Ardila, R.: El futuro de la psicología. Barranquilla, Colombia: Ediciones Pedagógicas Latinoamericanas, 1982 c

Braginsky, B. M., and D. D. Braginsky: Mainstream psychology, a critique. New York: Holt-Rinehart-Winston, 1974

Calfee, R. C.: Human experimental psychology. New York: Holt-Rinehart-Winston, 1975

Cattel, R. B. (Ed.): Handbook of multivariate experimental psychology. Chicago: Rand McNally, 1966

Cook, T. D., and D. T. Campbell: Quasi-experimentation: Design and analysis issues for field settings. Chicago: Rand McNally, 1979

Díaz-Guerrero, R.: Lecturas para el curso de psicología experimental. Mexico: Trillas, 1980[2]

Fraisse, P., and J. Piaget (Eds.): Traité de psychologie expérimentale. (9 vols). Paris: Presses Universitaires de France, 1963–1967

Germana, J.: Contemporary experimental psychology: In flagrante delicto. Monterey, Calif. Brooks/Cole, 1971

Hearst, E. (Ed.): The first century of experimental psychology. Hillsdale, N. J.: Lawrence Erlbaum Associates, 1979

Hersen, M., and D. H. Barlow: Single-case experimental design. Oxford: Pergamon Press, 1977

Kling, J. W., and L. A. Riggs (Eds.): Woodworth and Schlosberg's experimental psychology. New York: Holt-Rinehart-Winston, 1971[3]

Kuhn, T. S.: The structure of scientific revolutions (rev. ed.), Chicago: University of Chicago Press, 1970

Lauterbach, W., and V. Sarris (Eds.): Beiträge zur psychologischen Bezugssystemforschung. Bern: Hans Huber, 1980

Macaulay, J., and L. Berkowitz: Altruism and helping behavior. New York: Academic Press, 1970

Matheson, D. W., R. L. Bruce and K. L. Beauchamp: Introduction to experimental psychology. New York: Holt-Rinehart-Winston, 1970

Milgram, S.: Obedience to authority, an experimental view. New York: Harper and Row, 1973

Murphy, G., L. B. Murphy and T. M. Newcomb: Experimental social psychology. New York: Harper and Row, 1937

Sarris, V.: Adaptation-level theory: Two critical experiments on Helson's weightes-average model. American Journal of Psychology, 80, 331–344, 1967

Sarris, V.: Adaptation-level theory: Absolute or relative anchor effectiveness? Psychonomic Science, 13, 307–308, 1968

Sarris, V., E. Heineken and H. Peters: Effect of stress on field dependence. Perception and Psychophysics. 43, 121–122, 1976

Sarris, V., and A. Parducci: Multiple anchoring of category rating scales. Perception and Psychophysics, 24, 35–39, 1978

Schachter, S.: Psychology of affiliation. Stanford: Stanford University Press, 1959

Schultz, D. P. (Ed.): The science of psychology: Critical reflections. Englewood Cliffs: Prentice-Hall, 1970

Sidowski, J. B. (Ed.): Experimental methods and instrumentation in psychology. New York: McGraw-Hill, 1966

Stevens, S. S. (Ed.): Handbook of experimental psychology. New York: Wiley, 1951
Triandis, H. C. (Ed.): Handbook of cross-cultural psychology. (6 vols.). Boston: Ally and Bacon, 1980
Underwood, B. J.: Experimental psychology. New York: Appleton-Century-Crofts, 1966
Wertheimer, M., et al: Psychology and the future. American Psychologist, 33, 631–647, 1978
Westland, G.: Current crises of psychology. London: Heinemann, 1978

Teil II: Grundprozesse beim tierischen Lernen und Gedächtnis

Die vor 30 Jahren generell akzeptierte Modellierung des menschlichen Verhaltens durch das von Tieren (mit der Ratte als dem bevorzugten Versuchstier im Labor) hat viel von ihrem Einfluß auf die theoretische Psychologie verloren. Während der letzten zwei Jahrzehnte sind Untersuchungen an Tieren und Menschen in zunehmendem Maße *getrennt* voneinander verlaufen. Die Entwicklung der kognitiven Psychologie hat die Aufmerksamkeit auf komplexere Charakteristika der menschlichen Informationsverarbeitung gelenkt. Diese Trennung mag zu einem höheren Niveau der methodischen Differenziertheit sowohl bei den Untersuchungen an Tieren als auch am Menschen geführt haben. Aber es gibt auch anhaltende Bemühungen, eine Verbindung zwischen diesen beiden Forschungsbereichen herzustellen.

Die drei Kapitel, aus denen Teil II besteht, spiegeln diesen gegenwärtigen Trend wider. M. E. Bitterman gibt einen Überblick über die grundlegenden Vorstellungen, durch die er sich bei seinen vergleichenden Forschungen leiten ließ. Seine Arbeit mit Honigbienen und Goldfischen illustriert zentrale Probleme von Gemeinsamkeit gegenüber evolutionärer Divergenz bei den Mechanismen von Lernen und Gedächtnis. Obwohl die vergleichende Psychologie nicht länger eines der „heißen Eisen" der Psychologie ist, wird Bittermans sorgfältiges, schrittweises Herangehen – entsprechend seiner Vorhersage – zu engeren Bindungen mit den Neurowissenschaften führen; und man könnte im Sinne Bittermans zu Recht erwarten, daß sich Neurophysiologen und Biochemiker in Zukunft besser mit der Literatur der Verhaltenswissenschaften vertraut machen, als dies bisher der Fall gewesen ist. Bitterman erwartet dabei in zunehmendem Maße wechselseitige Kontakte mit Forschern auf dem Gebiet des *menschlichen* Lernens; d. h. die weitere Forschungsentwicklung wird nicht auf die mit Tieren gemeinsamen Prozesse beschränkt sein, sondern sich auch auf das Verständnis der Prozesse beziehen, die allein dem Menschen eigen zu sein scheinen.

Im Kapitel von N. Spear werden kühne Überlegungen über Beziehungen zwischen den Mechanismen von tierischem und menschlichem Lernen und Gedächtnis angestellt. Es wird interessant sein, Spears Vorhersagen mit dem zu vergleichen, was in den nächsten 20 Jahren tatsächlich geschieht. Spear stellt die grundlegende Frage, ob es berechtigt ist, das Gedächtnis als einheitliche Funktion zu betrachten. Seine versuchsweise Antwort ist „*nein*". Darum bevorzugt er eine Analyse, die von getrennten, relativ unabhängigen Systemen ausgeht. Spear sagt ein weiteres Anwachsen von Untersuchungen voraus, die sich direkt mit Lernen und Gedächtnis beschäftigen. Parallel dazu nimmt er eine Abnahme von Untersuchungen über die Wechselbeziehung von Motivation mit Lernen und Gedächtnis an. Er sagt ferner voraus, daß sich die biopsychologische Forschung in zunehmendem Maße Untersuchungen an Menschen zuwenden wird – auf Kosten entsprechender Forschungen an Tieren, wie sie Bitterman bevorzugt. Spear verbindet diese Forschung sowohl mit der Klinischen als auch mit der Entwicklungspsychologie. Obwohl er speziell die Neuropeptide anführt, sagt er bedeutsame Fortschritte bezüglich der Beziehungen von anderen Arzneimitteln und von verschiedenen Hirnstrukturen mit speziellen Arten von Lernen und Gedächtnis voraus.

Das Kapitel von Lajos Kardos befaßt sich mit bekannten historischen Themen der allgemeinen Grundlagenforschung, d. h. mit der Erörterung von Forschungen zum „Ortslernen" und mit der Betonung der Rolle des visuellen Gedächtnisses beim tierischen Lernen. Kardos' eigene Forschungsarbeit geht zurück bis in die zwanziger Jahre, wobei der Gestaltbegriff in der menschlichen Wahrnehmung – wohl bis heute – das Leitthema geblieben ist. Seine Experimente unterscheiden zwischen tierischem und menschlichem Orientierungsverhalten, als Ergebnis wird jedoch die Hoffnung auf eine weitere Integration in der Zukunft genährt.

Im Ganzen gesehen, stellen diese Kapitel die – in der letzten Zeit häufiger angesprochene – Annahme in Frage, daß die Tierpsychologie im Absterben begriffen sei. Sie liefern in der Tat überzeugende Argumente zugunsten von deren grundliegenden Bedeutung für die Entwicklung einer allgemeinen Biopsychologie.

5. Lernen bei Menschen und anderen Tieren

M. E. Bitterman
University of Hawaii, Honolulu, USA

Vor nicht allzulanger Zeit war die Forschung zum Lernen bei nichtmenschlichen Tieren in der Tradition von Thorndike und Pawlow für die Psychologen ein Gegenstand von zentralem Interesse. Das trifft gegenwärtig jedoch kaum zu. Die Studenten von heute haben über dieses Gebiet wenig Kenntnisse, die über die oberflächlichen Informationen schön gebundener Lehrbücher hinausgehen, und sie bemühen sich auch gar nicht darum. Ein Grund dafür ist, daß das Interesse der Psychologie mehr denn je anthropozentrisch ist und Arbeit mit Tieren als von geringer Relevanz für den Menschen angesehen wird. Die kühne Hoffnung, für die sich seit der Jahrhundertwende Generationen von Psychologen immer von neuem begeisterten, daß die großen Probleme der menschlichen Sozialisation und Erziehung sowie der Psychopathologie und Psychotherapie auf einige einfache Prinzipien des Konditionierens zurückzuführen seien, welche problemlos an Ratten oder Tauben untersucht werden können, scheint zur Zeit endgültig enttäuscht zu sein. Es hat auch den Anschein, daß das Konditionierungskonzept an sich ein Mißerfolg war – daß Jahre auf fruchtlose Kontroversen über relativ sinnlose Fragen vergeudet wurden. Ich behaupte, daß diese Bewertung falsch ist – daß vernünftige Fragen gestellt wurden, daß durch ihre Beantwortung beträchtliche Fortschritte erzielt worden sind, und daß dies wesentliche Bedeutung für das Verstehen des Menschen hat, der an der Spitze des Tierreiches steht, nach den Worten von Thorndike (1911, S. 294) „nicht als Halbgott von einem anderen Planeten, sondern als König derselben Rasse".

Es hat drei Hauptfragen gegeben, die alle eng miteinander in Beziehung stehen und sich aus den allerersten Laborexperimenten ergeben haben. Thorndike begann das Lernen von Küken, Hunden, Katzen und Affen unter Bedingungen zu studieren, in denen von ihnen verlangt wurde, einfache Dinge zu tun, um Nahrung zu erhalten. Er fand keine Anzeichen für einsichtiges Verhalten, das diesen Tieren selbst von den gemäßigtesten der älteren Tierpsychologen zugeschrieben wird (Romanes 1882), nur die mehr oder weniger ausgeprägte Ausbildung dessen, was er als „praktische" Assoziationen zwischen sensorischen und motorischen Systemen bezeichnet. Nach Thorndike hingen diese zu einem gewissen Grad von der Häufigkeit des Auftretens (Gesetz der Übung), besonders aber von den Handlungsfolgen (Effektgesetz) ab. Beide Gesetze schienen sowohl für Affen als auch für einfachere Tiere zu gelten, obwohl die Affen sich in quantitativer Hinsicht als überlegen erwiesen: Sie lernten mehr, und sie lernten schneller. Thorndike (1911, S. 294) schlußfolgerte, daß die Gesetze wahrscheinlich auch für den Menschen gelten, bei dem möglicherweise ein noch größerer quantitativer Zuwachs „den kontinuierlichen Charakter des Prozesses verbirgt". Es wurden unmittelbare Einwände zu allen Aspekten von Thorndikes Hypothese erhoben, und aus der anschließenden Diskussion ergaben sich die Fragen, welche die nachfolgenden Forschungen bestimmten.

Die erste Frage befaßte sich damit, ob solche Lernmechanismen allen Tieren gemeinsam sind oder ob sie im Laufe der Evolution divergierten. Sie regte zahlreiche Versuche an, die demonstrieren sollten, daß – selbst wenn die Gesetze der Assoziation sich bei allen Tieren als gleich herausstellen sollten – die Intelligenz, zumindest von Affen, nicht rein assoziativ und reproduktiv ist, sondern in gewissem Sinne kreativ. Tatsächlich aber stammen die bisher deutlichsten Nachweise qualitativer Veränderungen im Verlauf der Evolution aus Untersuchungen mit einfacheren Wirbeltieren.

Die zweite Frage, die mit den Elementen der Assoziation zu tun hatte, zog eine Vielfalt von Experimenten nach sich, die die Existenz von Assoziationen zwischen sensorischen Elementen (S-S-Verknüpfungen) aufzeigen sollten anstelle der von Thorndike postulierten Assoziationen zwischen sensorischen und motorischen Elementen (S-R-Verknüpfungen). Eines dieser Experimente ist das scheinbar einfache Experiment zur sensorischen Präkonditionierung: Nachdem zwei neutrale Reize wiederholt gemeinsam dargeboten wurden, lernt das Tier, mit einer neuen Reaktion auf einen der Reize zu antworten. Dann wird gefragt, ob der andere Reiz die gleiche Reaktion hervorruft. Dieses von Thorndike selbst konzipierte Experiment wurde viele Jahre hindurch nicht korrekt durchgeführt. Die dritte Frage behandelt die Rolle der Belohnung beim Lernen: Verstärkt die Belohnung die Verknüpfung von Reiz und Reaktion, wie Thorndike und später Hull (1934) vorschlugen, oder geht sie in die Assoziation mit anderen Reizen ein, wird ein Wissen um die Belohnung erworben, wird sie erinnert oder antizipiert, und beeinflußt sie auf diese Weise das Verhalten? Die Kontroverse war langdauernd und entmutigend, weil bei allen drei Fragen vieles für jede der beiden Seiten sprach. Die Antworten – wenn auch unökonomisch – scheinen darauf hinzudeuten, daß es eine weitreichende Übereinstimmung von Lernmechanismen, aber auch deutliche Unterschiede gibt, daß sowohl S-S- als auch S-R-Assoziationen gebildet werden und daß durch die Belohnung sowohl ein Wissen um sie erworben als auch die Assoziation verstärkt wird.

Lernen bei Wirbeltieren und Wirbellosen

Es ist wichtig zu betonen, daß es Nachweise für eine weitgehende Übereinstimmung gibt, denn einige ziemlich abwegige Propheten, ausgerüstet mit ein paar halbverdauten Ergebnissen, haben in den letzten Jahren mit Erfolg den Glauben gefördert, daß das Lernen eine Ansammlung spezifischer Anpassungen ist, über die wir überhaupt keine allgemeinen Feststellungen machen können. Wir stoßen jedoch auf erstaunliche funktionelle Ähnlichkeiten, nicht nur bei Wirbeltieren verschiedener Klassen, sondern auch zwischen Wirbeltieren und Wirbellosen. Nicht alle Wirbellosen scheinen zum assoziativen Lernen fähig zu sein, obwohl viele fragwürdige „Demonstrationen" klassischen und instrumentalen Konditionierens bei Urtierchen, Hohltieren und Stachelhäutern existieren (Corning, Dyal und Willows 1973, 1975). Was die Existenz des assoziativen Lernens bei Tieren wie Würmern, Weichtieren und Gliedertieren betrifft, so kann es daran überhaupt keinen Zweifel geben, und die Beweise häufen sich, daß die Ähnlichkeiten zwischen den Leistungen dieser Tiere und denen der Wirbeltiere in ursprünglich für das Studium des Lernens bei Wirbeltieren angelegten Experimenten mehr als nur oberflächlicher Natur sind: Sie sind das Ergebnis gleicher Mechanismen, die sich bei gemeinsamen Vorfahren in längst vergangener Zeit herausgebildet haben. Lassen Sie mich zur Illustration etwas aus der Arbeit meines Labors über das Konditionieren von Honigbienen berichten, auch wenn es in Deutschland den Eindruck erweckt, man wolle Eulen nach Athen tragen. Für die Untersuchung der sensorischen Leistungen von Bienen wurde die grundlegende Methode verwendet, die von Frisch (1915) einführte. Sie ist in den letzten Jahren häufig für das Studium des Lernens von Bienen durch Forscher wie Randolf Menzel, Klaus Grossmann und Bernhard Schnetter angewandt worden.

Das Wirbeltiermodell für diese Experimente stammt aus der Arbeit von Pawlow (1927) über das Konditionieren des Speichelflusses bei Hunden. Die bedingten Reize sind Farben und Gerüche, die in einer Petrischale dargeboten werden, deren Oberteil grau gestrichen und mit kleinen Löchern versehen ist. Die Reize können sich durch aufgesetzte Farbscheibchen, durch den Geruch parfümierter Watte in der Schale, durch beides oder durch keins von beiden unterscheiden. Als Verstärker dient ein Tropfen 40%iger Zuckerlösung in der Mitte des Oberteils, wohin eine bereits trainierte Biene aus eigenem Antrieb wiederholt kommt, um zu trinken. Die Stärke der Konditionierung wird durch die Extinktionsresistenz gemessen. Nach mehreren bekräftigten Flügen der Biene zur Schale wird der Tropfen Zuckerlösung durch einen Tropfen Leitungswasser ersetzt und die Anzahl der Kontakte der Biene mit der Schale in einem bestimmten Zeitraum (für gewöhnlich 10 min) gemessen. Wenn die Biene das Wasser vorfindet, fliegt sie sofort wieder hoch, kehrt zur Schale zurück, fliegt wieder hoch usw., wobei die Anzahl der Kontakte mit der Schale im Laufe der Zeit systematisch abnimmt. Das einfachste der verschiedenen Kontrollverfahren, die für den Nachweis von Assoziationen verwendet werden können, ist das Diskriminationsverfahren (Menzel 1968). Nehmen wir beispielsweise an, daß das Tier im Verlauf des Konditionierens bei manchen Besuchen mit einer gelben Farbscheibe und einem Tropfen Zuckerlösung, bei anderen Besuchen mit einer orangefarbenen Scheibe und einem Wassertropfen konfrontiert wird. In einem darauffolgenden Extinktionsversuch mit zwei Reizen, von denen einer eine gelbe, der andere eine orangefarbene Scheibe ist, beide jedoch mit Wasser kombiniert sind, zeigen die Bienen eine starke Bevorzugung des gelben Reizes. Andere Tiere, bei denen im Training orange gegenüber gelb bekräftigt wurde, bevorzugen im Test orange. In all diesen Experimenten wurden die Reize ausbalanciert (wie die Farben im eben erwähnten Beispiel) und strenge Vorsichtsmaßregeln zur Kontrolle von Effekten irrelevanter Reize getroffen (wie auch solchen, die von den Bienen selbst erzeugt werden).

Auf Grund seiner frühen Experimente folgerte Pawlow, daß in einer Serie von Versuchen mit Bekräftigung ein bedingter Reiz allmählich aktivierende Eigenschaften annimmt, daß beim Training ohne Bekräftigung ein Reiz konkurrierende, hemmende Eigenschaften bekommt, daß Erregung und Hemmung sich bei der Kontrolle des Verhaltens algebraisch aufsummieren, und daß ein zusammengesetzter Reiz größtenteils als algebraische Summe seiner Komponenten wirkt. Diese Schlußfolgerungen werden durch die Ergebnisse analoger Experimente mit Bienen gestützt (Couvillon und Bitterman 1980). Beispielsweise wurde die Erregungssummation in einem Experiment nachgewiesen, in dem die Bienen bei einigen Besuchen bei der Darbietung einer gelben Scheibe (*G*), bei anderen bei Auftreten von Jasmingeruch (*J*) bekräftigt wurden. Danach erfolgte die Extinktion der Konditionierung in einem Wahlversuch, in dem zwischen der Kombination von *G* und *J* gegenüber *G* oder *J* allein zu entscheiden war. Die Kombination wurde gegenüber den einzelnen Komponenten signifikant bevorzugt. Ein aktiver Hemmungsprozeß wurde in Experimenten unterschiedlicher Art demonstriert. In einem davon wurden die Bienen konditioniert, zwischen *G* und *J* zu unterscheiden. In der Extinktion mußten die Bienen zwischen dem negativen Stimulus und der grauen Schale (*Gr*) allein wählen, auf der also weder *G* noch *J* präsentiert wurde. Es gab signifikant weniger Reaktionen auf den negativen Stimulus (was in Pawlows Sinne als Summe des negativen Stimulus und *Gr* angesehen werden kann) als auf *Gr* (was durch die verstärkten Besuche eine gewisse „Netto"-Erregung erworben haben muß). Algebraische Summierung von Erregung und Hemmung wurde direkter in einem Experiment gezeigt, das Pawlow „bedingte Hemmung" nannte. Bienen wurden konditioniert, *G* (bekräftigt) von *J* (nicht bekräftigt) zu unterscheiden. Die Extinktion erfolgte in einem Wahltest mit kombiniertem *G* und *J gegenüber G* kombiniert mit neu auftretendem Geruch von Zitrone (*Z*). Die Reaktion auf *G* wurde signifikant mehr durch *J* als durch *Z* unterdrückt. In einem Experiment zur Hemmungssummation erlernten die Bienen eine Diskrimination, wobei *Gr* bekräftigt wurde und bei einigen Besuchen *G*, bei anderen Besuchen *J* ohne Bekräftigung dargeboten wurde. Bei der nachfolgenden Extinktion in einem Wahlversuch reagierten die Tiere weniger auf das kombinierte *G* und *J* als auf *G* oder *J* allein.

Pawlow war vielleicht ein wenig enttäuscht, als er entdeckte, daß ein zusammengesetzter Reiz nicht einfach als Summe seiner Komponenten angesehen werden kann, sondern bestimmte kombinationsspezifische Eigenschaften zu haben scheint, die aus der Interaktion der Komponenten herrühren. Das Gleiche ist bei Bienen anzutreffen (Couvillon und Bitterman 1982). In einem Experiment mit den Farben *O* (Orange) und *G* und den Gerüchen *J* und *Z* wurde die Kombination von *O* und *J* in einigen Versuchen bekräftigt, in anderen die Verbindung von *G* und *Z*. Dann erfolgte ein Wahltest ohne Bekräftigung mit den beiden Trainingskombinationen und den zwei neuen Kombinationen (*OZ* und *GJ*), die durch die Neuzusammenstellung der Komponenten hergestellt werden können. In Abb. 5.1 ist die mittlere kumulative Häufigkeit der Reaktionen auf jedes Paar dargestellt. Wie zu ersehen, wurden die anfänglich verstärkten Kombinationen gegenüber den neuen bevorzugt. Pawlow fand eine weitere Ausnahme zum Summationsprinzip in dem Phänomen, das er „Überschattung" nannte – ein Reiz, der allein ohne weiteres konditioniert werden kann, nimmt möglicherweise einen geringen Erregungswert an, wenn er in Kombination mit einem anderen Reiz konditioniert wird. Ein klarer Beweis für das Auftreten von Überschattung ist auch bei Bienen gefunden worden. Zum Beispiel zeigen Bienen nach Training mit Bekräftigung von *O* eine deutliche Präferenz für *O* in

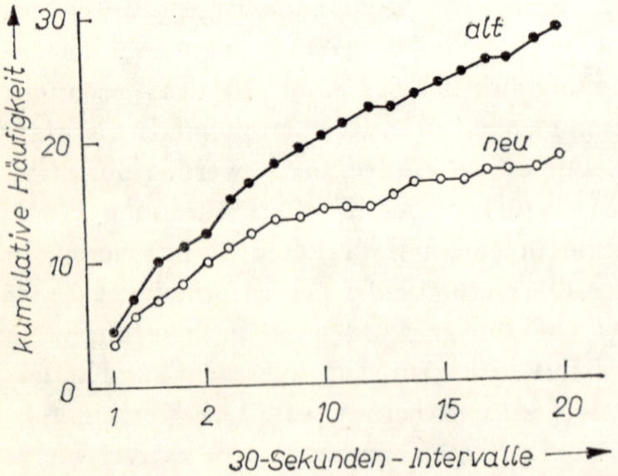

Abb. 5.1: Mittlere kumulative Häufigkeit von Reaktionen bei Bienen während eines nichtbekräftigten Wahlversuchs bei 2 vorangegangenen bekräftigten Farbe-Duft-Kombinationen (alt) und zwei neuen Kombinationen derselben Komponenten (Couvillon und Bitterman 1982).

einem Test ohne Bekräftigung, in dem *zwischen* *O* und *Gr* zu wählen ist, aber sehr geringe Präferenz für *O* nach Training mit Bekräftigung der Kombination von *O* und *J*. In der Sprache Pawlows wird *O* durch *J* überschattet. Obwohl eine Vielzahl von Arbeiten über das Überschatten bei Wirbeltieren durchgeführt worden ist, ist das Phänomen noch nicht ganz geklärt. Der Verlust von für die Kombination spezifischen Eigenschaften kann ein Faktor sein, ebenso wie die Konkurrenz der Komponenten hinsichtlich der assoziativen Stärke (Rescorla und Wagner 1972) oder der Aufmerksamkeit (Mackintosh 1975). Das Gegenteil von Überschattung ist „Potenzierung" – ein Reiz kann in Kombination mit einem anderen Reiz größere assoziative Stärke annehmen, als wenn er einzeln konditioniert wird (Durlach und Rescorla 1980). Dieses Phänomen, erst kürzlich bei den Wirbeltieren entdeckt, tritt auch bei Bienen auf. In einem Wahltest ohne Bekräftigung, in dem *zwischen* *J* und *Gr* zu entscheiden ist, gibt es eine signifikant größere Präferenz für *J* nach Training mit der Kombination aus *O* und *J* als nach Training mit *J* allein. Zur Erklärung der Potenzierung kann man annehmen, daß während des Trainings mit der Kombination die Komponenten miteinander assoziiert werden. Wenn im erwähnten Beispiel eine *J*-*O*-Assoziation beim Training mit der Kombination gebildet wird, so wird in der Extinktion das Auftreten von *J* *O* auslösen. Damit werden die kombinationsspezifischen Eigenschaften rekonstruiert, die im Training mit der Kombination konditioniert wurden. Für die Tatsache, daß *O* von *J* überschattet wird, aber *J* zu potenzieren vermag, müssen zusätzliche Annahmen gemacht werden, wie beispielsweise, daß es im Kombinationstraining eine größere Tendenz zur Bildung einer *J*-*O*- als einer *O*-*J*-Assoziation gibt. Die Phänomene sind bei Bienen anscheinend nicht weniger komplex als bei Säugetieren. Jedoch ist es nun vollkommen klar, daß Assoziationsbildung innerhalb einer Kombination, welche wie die Potenzierung erst kürzlich bei Wirbeltieren entdeckt wurde (Rescorla und Cunningham 1978) und vielleicht das klarste Beispiel einer S-S-Assoziation bei Wirbeltieren ist, auch bei Bienen vorzufinden ist. Im ersten Teil eines repräsentativen Experiments (Couvillon und Bitterman 1982) erhielten die Bienen bei einigen Besuchen Bekräftigung auf eine Farbe-Geruch-Kombination und bei den verbleibenden Besuchen auf eine andere Farbe-Geruch-Kombination. Im zweiten Teil wurden die Gerüche ohne Farben dargeboten, wobei ein Geruch verstärkt und der andere nicht verstärkt wurde. Im dritten Teil zeigte ein Wahltest ohne Bekräftigung mit den zwei Farben ohne Gerüche eine klare Präferenz für die Farbe, die im ersten Teil mit dem positiven Geruch des zweiten Teils kombiniert war. Es ist ersichtlich, daß diese Art von Experiment in mancher Beziehung dem sensorischen Präkonditionieren sehr ähnlich ist, in anderen Aspekten jedoch erheblich davon abweicht.

Folgerungen. Obwohl die evolutionäre Verwandtschaft zwischen Bienen und Wirbeltieren äußerst entfernt ist, deuten solche bis ins einzelne gehende Ähnlichkeiten der Leistungen auf die Wirksamkeit gemeinsamer Mechanismen des Konditionierens hin. In dem Ausmaß, in dem die beschriebenen verschiedenen Phänomene durch lokale synaptische Vorgänge verstanden werden können, wird die Hypothese der Gemeinsamkeiten durch weitgehende Übereinstimmung der Synapsenphysiologie im Nervensystem von Wirbeltieren und Wirbellosen gestützt, obwohl es selbstverständlich große Unterschiede in der nervalen Organisation gibt. Auf jeden Fall sind die Schlußfolgerungen der Hypothese für die menschliche Psychologie sofort zu erkennen. Es muß als recht unwahrscheinlich angesehen werden, daß alle Lebewesen, die Synapsen aufweisen, gemeinsame Konditionierungsmechanismen haben sollten mit Ausnahme des Menschen. Der Forschungsschwerpunkt im Bereich menschlicher Kognition liegt zur Zeit auf Fähigkeiten, die dem Informationserwerb übergeordnet sind, und auf rein funktionalen Modellen dieser Fähigkeiten. Ein Fortschritt wird jedoch sicherlich von der Entwicklung von Modellen abhängen, die die real ablaufenden Prozesse widerspiegeln und sich auf Informationen über Assoziationsvorgänge gründen, welche nur Experimente mit Tieren liefern können. Abgesehen von der besseren Kontrolle der experimentellen Bedingungen, die hier gegeben ist, und den bedeutend größeren Möglichkeiten direkter physiologischer Eingriffe, ist die Arbeit mit einfacheren Tieren deshalb sehr bedeutsam, weil beim Menschen starke Überlagerungen durch übergeordnete Fähigkeiten eine Isolierung der assoziativen Prozesse für die Forschung erschweren (Ebbinghaus 1885, Spence 1966). Für diejenigen, die von den Daten über die Bienen nicht ganz überzeugt werden können, kann der gleiche Standpunkt in bezug auf die Gemeinsamkeit in den assoziativen Mechanismen bei Wirbeltieren allein vertreten werden. Jedoch sind die Gemeinsamkeiten mit Wirbellosen wichtig für eine zukünftige Analyse der Prozesse im Nervensystem auf der Zellularebene, die selbst bei den einfachsten Wirbeltieren undurchführbar ist.

Die Rolle der Belohnung beim instrumentellen Lernen

Die Tatsache, daß es assoziative Mechanismen zu geben scheint, die einem großen Bereich des Tierreichs gemeinsam sind, bedeutet natürlich nicht, daß es keine evolutionären Divergenzen beim Lernen gegeben hat. Neue Ebenen nervaler Organisation können zu neuen Fähigkeiten für die Integration primärer Assoziationen und sogar zu neuen Arten der Assoziation führen, die in gewisser Beziehung den alten entsprechen. Es ist schwer, die Leistungen des Menschen mit selbst den beeindruckendsten anderer Primaten ohne den Eindruck zu vergleichen, daß es hier einen deutlichen, qualitativen Fortschritt gegeben hat. Diesen in funktionaler Hinsicht zu charakterisieren, ist allerdings etwas ganz anderes. In Vorbereitung auf diese schwierige Aufgabe kann es nützlich sein, eine Divergenz zu betrachten, die anscheinend viel früher im Verlauf der Evolution von Wirbeltieren aufgetreten ist, und die bei vergleichenden Untersuchungen über die Rolle der Belohnung beim Lernen entdeckt wurde (Bitterman 1975). Im einfachsten Experiment zum instrumentellen Lernen, das in Abb. 5.2 schematisch dargestellt ist, erzeugt eine

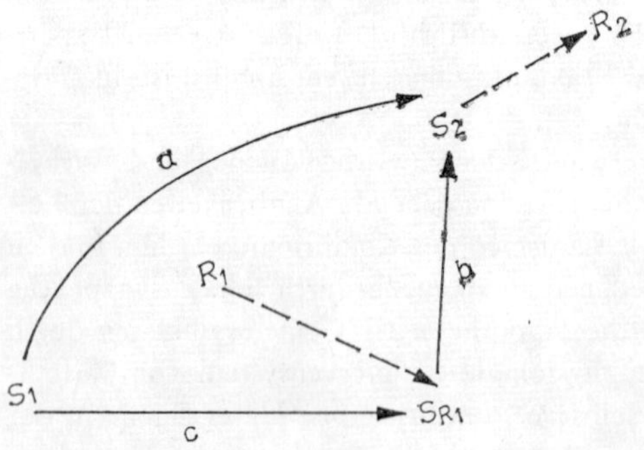

Abb. 5.2: Schematisches Diagramm hypothetischer Prozesse beim instrumentellen Lernen. S_1 bedingter Stimulus; R_1 bedingte Reaktion; S_2 Belohnung; R_2 Nahrungsaufnahme; S_{R1} propriozeptive Rückmeldung von R_1; a Assoziation zwischen S_1 und S_2; b Assoziation zwischen S_{R1} und S_2; c Assoziation zwischen S_1 und S_{R1}.

bestimmte Reaktion, wie das Drücken eines Hebels (R_1), bei Vorhandensein eines bestimmten Reizes (S_1) eine Belohnung, hier Nahrung (S_2), auf die das Tier mit Nahrungsaufnahme antwortet (R_2).
Dieser Vorgang verursacht ein Anwachsen der Wahrscheinlichkeit, daß der Reiz S_1 die Reaktion R_1 auslöst. Viele Überlegungen und umfangreiche Untersuchungen sind der Frage gewidmet, warum das so ist. Die intuitive, sogenannte „kognitive" Antwort (Tolman 1932) ist, daß sich das Tier auf der Grundlage einer Assoziation (a) zwischen S_1 und S_2 an die Nahrung erinnert, denn für S_1 und S_2 besteht Kontiguität, wann immer die Reaktion R_1 erfolgt. Ferner nimmt dieser Ansatz an, daß sich beim Tier die Erwartung bildet, daß die Reaktion die Nahrung hervorbringen wird auf Grund einer Assoziation (b) zwischen S_{R1} (der propriozeptiven Rückmeldung von R_1) und S_2, für die ebenfalls eine Kontiguität vorhanden ist, wenn die Reaktion erfolgt. In periodischen Abständen ist erkannt und dann wieder vergessen worden, daß weder jede Annahme für sich noch ihre Kombination die Veränderung im Verhalten erklärt. Da S_2 nicht R_1, sondern R_2 hervorruft, können Reize, die mit S_2 assoziiert sind, zwar R_2 auslösen, aber keine völlig anderen Reaktionen. Ferner geht S_{R1}, das in der kognitiven Interpretation die Reaktionsselektion ausführt, dem Reiz R_1 nicht voraus, sondern folgt ihm. Das Tier kann sich an R_1 auf der Grundlage einer Assoziation (c) zwischen S_1 und S_{R1} erinnern, für die immer dann Kontiguität besteht, wenn R_1 auftritt. Genau so müßte es sich dann aber auch an alle anderen, nicht belohnten Reaktionen zu Beginn des Trainings erinnern, die teilweise eine viel größere Auftrittshäufigkeit als R_1 haben.

Selbst wenn die Erinnerung an eine Reaktion ihre Auslösung fördert, bleibt der Grund für die Selektion von R_1 ungeklärt.

Eine letzte Zuflucht aus jüngster Zeit ist die wenig empfehlenswerte Annahme, daß die Assoziation S_{R1}–S_2 „bidirektional" ist – S_1 ruft eine Repräsentation von S_2 hervor, die dann rückwirkend eine Repräsentation von R_1 auslöst (Mackintosh und Dickinson 1979).

Es gibt in diesen Experimenten genügend Beweise dafür, daß S_2 erwartet werden kann, aber es scheint ganz klar zu sein, daß eher die Reaktion die Erwartung (S_{R1}–S_2) hervorbringt als die Erwartung die Reaktion. In einem Typ von Experimenten (Kintsch und Witte 1962, Williams 1965) werden Hunde nach einem sogenannten Fixed-ratio-Plan trainiert, d. h. jede n-te Reaktion wird belohnt. Im vorliegenden Experiment mußte ein Hebel (S_1) gedrückt werden (R_1), um darauf Nahrung (S_2) zu erhalten. Gleichzeitig mit dem Betätigen des Hebels wird der Speichelfluß (R_2) als Index der Nahrungserwartung gemessen. Bei einem erfahrenen Versuchstier beginnt der Speichelfluß erst nach einer beträchtlichen Anzahl von Reaktionen (R_1). In meinem Labor zeigte ein analoges Experiment mit Tauben dieselben Ergebnisse. Die Pickscheibe sowie die Öffnung des Futterbehälters sind ständig erleuchtet. Das Hineinstecken des Kopfes in die Öffnung (R_2) und das Picken (R_1) werden aufgezeichnet. Ein Vorteil dieses Verfahrens ist, daß die beiden Reaktionen nicht gleichzeitig auftreten können; das macht ihre zeitliche Beziehung klar ersichtlich. Das Trainingsprogramm ist so gestaltet, daß erst nach 50maligem Picken an der Scheibe das Hineinstecken des Kopfes in die Öffnung ein Anheben und Erreichbarwerden des Futterbehälters für 4 Sekunden verursacht. Es gibt kein anderes exterozeptives Signal, das das Erreichen der erforderlichen Reaktionszahl anzeigt. Erfahrene Tauben picken viele Male auf die Scheibe, bevor sie sich dem Futterbehälter zuwenden. Nach jeder Nahrungsgabe picken sie wiederum für lange Zeit, bevor sie es erneut mit dem Futterbehälter versuchen. Wenn man das Hineinstecken des Kopfes in den Futterbehälter als Index der Erwartung von Nahrung betrachtet, dann ist es eher das Picken, das die Erwartung hervorruft als umgekehrt. Wodurch wird dann das Picken hervorgerufen? Weitere Beweise gegen die Erklärung instrumenteller Reaktionen mit Hilfe des Erwartungskonzepts stammen aus Untersuchungen über positive konditionierte Unterdrückung. Wenn ein zuvor mit Nahrung gekoppeltes Signal dargeboten wird, dann hören Hunde auf, einen Hebel zu drücken, um Futter zu erlangen, und zeigen reichlichen Speichelfluß (Konorski 1967). Ratten beenden ebenfalls die Betätigung des Hebels und untersuchen die Öffnung des Futterbehälters (Karpicke, Christoph, Peterson und Hearst 1977). Was verursacht dann aber das Drücken des Hebels?

Eine Antwort wird in Thorndikes Effektgesetz gegeben, das später von Hull (1943) als S-R-Bekräftigungsprinzip neu formuliert wurde. Danach wird durch die Belohnung eine Assoziation zwischen S_1 und R_1 gebildet und gefestigt. Zunächst weitgehend akzeptiert und von Anhängern Hulls als ausreichende Erklärung für alle Arten des Konditionierens, des klassischen wie des instrumentellen propagiert, geriet das Prinzip schließlich in Ungnade, als klar wurde, daß die Erinnerung an die Belohnung unter bestimmten Umständen tatsächlich eine Rolle beim instrumentellen Konditionieren spielt. Der eindrucksvollste Beweis stammt von einer Reihe von Experimenten über Anreizkontrast, beginnend mit der Arbeit von Elliott (1928). Ratten, die nur mit geringer Belohnung in einem Labyrinth oder in einfachen Laufgängen trainiert werden, zeigen mäßig gute Leistungen, aber Ratten, die nach einem Training mit reichlicher Belohnung auf geringe Belohnung herabgesetzt werden, reagieren irritiert und zeigen für eine gewisse Zeit ein Leistungsniveau, das unter dem der nicht herabgesetzten Kontrolltiere liegt, die von Anfang an nur die niedrige Belohnung erhielten (negativer Kontrast). Es erscheint einleuchtend, diese Irritation der Diskrepanz zwischen der erinnerten reichlichen und der jetzt vorhandenen geringen Belohnung zuzuschreiben. Die Tatsache, daß mit reichlicher Belohnung trainierte Ratten nach deren Entzug schneller exfingieren als Ratten mit ursprünglich geringer Belohnung, kann als spezieller Fall von negativem Kontrast verstanden werden (Gonzalez und Bitterman 1969). Die Diskrepanz zwischen erinnerter und tatsächlich vorhandener Belohnung erklärt auch das Ergebnis vieler Experimente (Crespi 1942), daß nämlich mit geringer Belohnung trainierte Ratten, die auf reichliche Belohnung umgestellt werden, eine Zeitlang bessere Leistungen zeigen als nicht heraufgesetzte Kontrolltiere, die ausschließlich mit reichlicher Belohnung verstärkt wurden (positiver Kontrast). Obwohl es verschiedene Vorstellungen gibt, wie die instrumentelle Leistung in diesen Experimenten moduliert wird – eine Interpretation nimmt an, daß die Diskrepanz emotionale Reaktionen hervorruft, die auf S_1 konditioniert werden (Amsel 1958) –, existiert weder ein Grund, das S-R-Bekräftigungsprinzip zu verwerfen, weil es die Modulation nicht erklären kann, noch sollte das Prinzip des Erinnerns an die Belohnung abgelehnt werden, weil dieses die Selektion der modulierten Reaktion nicht erklären kann. Beide Prinzipien scheinen erforderlich zu sein.

Die Hypothese, daß in diesen Experimenten zwei Mechanismen wirksam sind, legt die Möglichkeit nahe, daß sie sich zu unterschiedlichen Zeiten im Laufe der Evolution entwickelt haben könnten und daß es deshalb heute Tiere geben könnte, bei denen jeweils nur der eine oder andere Mechanismus anzutreffen ist. Ergebnisse, wie sie in Abb. 5.3 dargestellt sind, lassen vermuten, daß der Goldfisch solch ein Tier ist (Lowes und Bitterman 1967). Vier Gruppen von Goldfischen wurden in weit auseinanderliegenden Abständen (der Abstand zwischen den Durchgängen betrug 24 Stunden) trainiert, gegen eine Zielscheibe zu stoßen, um Futter zu erhalten. Zwei der Gruppen erhielten reichliche und zwei geringe Belohnung. Danach wurde eine der Gruppen mit reichlicher Belohnung auf geringe Belohnung umgestellt und eine der Gruppen mit geringer Belohnung auf reichliche. Die Ergebnisse vor der Umstellung sind wie die bei Ratten: reichliche Belohnung bringt bessere Leistung (geringere Latenzzeit der Reaktion) als geringe Belohnung. Die Ergebnisse nach der Umstellung sind allerdings ganz anders: Der Wechsel von geringer zu reichlicher Belohnung verbessert die Leistung, jedoch gibt es keinen Hinweis auf Kontrast, weder auf positiven noch auf negativen. Ferner nimmt beim Goldfisch die Extinktionsresistenz mit zuwachsendem Umfang der Belohnung nicht ab, wie dies bei Ratten der Fall ist, sondern sie nimmt zu (Gonzalez, Potts, Pitcoff und Bitterman 1972). Daß solche Ergebnisse sich nicht auf die Goldfische in diesen Experimenten beschränken, wird durch analoge Experimente mit Schildkröten demonstriert, die sich eher wie Goldfische als wie Ratten verhalten (Pert und Bitterman 1970). Wie ich an anderer Stelle erwähnt habe, würde das *S-R*-Bekräftigungsprinzip heute einen besseren Stand haben, wenn Goldfische oder Schildkröten statt Ratten bevorzugt als Versuchstiere für Untersuchungen zum instrumentellen Lernen verwendet worden wären. Die klare Erkenntnis seiner Unzulänglichkeit, die von der Entdeckung des Anreizkontrastes bei Ratten herrührt, hat die Einsicht getrübt, daß noch kein gangbarer Weg gefunden ist, ohne das Prinzip auszukommen.

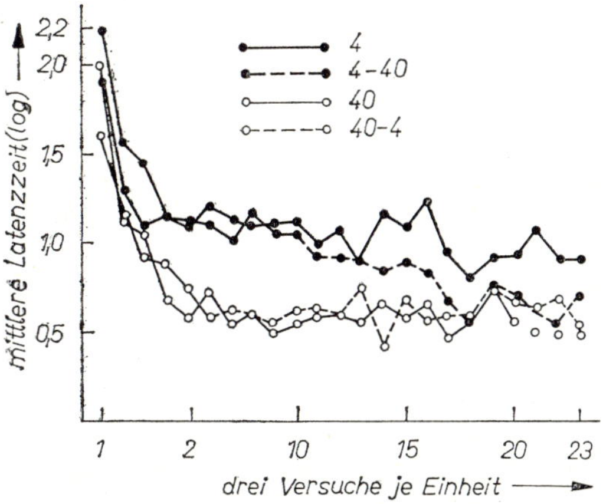

Abb. 5.3: Mittlere Latenzzeit der Zielberührung bei vier Gruppen von Goldfischen, die entweder mit geringer (4 Einheiten) oder mit hoher (40 Einheiten) Belohnung von Beginn an trainiert wurden und dann (in einem 2x2-Versuchsplan) entweder auf die alternative Größe umgesetzt wurden oder nicht (Lowes und Bitterman 1967).

Schlußfolgerungen. Die einfachste Interpretation dieser Resultate für Goldfische und Schildkröten besteht darin, daß die *S-R*-Bekräftigung der ältere der beiden Mechanismen ist, die vermutlich bei Ratten wirken, und daß die Modulation der instrumentellen Reaktionen durch erinnerte Belohnung (die auch bei Tauben anzutreffen ist) das erste Mal bei krokodilähnlichen Vorfahren von Vögeln und Säugetieren auftrat. Daß der ältere Mechanismus nicht einfach durch den neueren ersetzt wurde, kann dadurch belegt werden, daß das *S-R*-Bekräftigungsprinzip noch immer benötigt wird, um die Selektion der belohnten Reaktionen bei Vögeln und Säugetieren zu erklären. Beweise dafür, daß der *S-R*-Bekräftigungsmechanismus bei Säugetieren nicht verloren gegangen ist, stammen auch aus Experimenten mit neugeborenen Ratten, die – wie Goldfische und Schildkröten – keinen Anreizkontrast zeigen (Stanton und Amsel 1980). Die postulierte phylogenetische Entwicklung scheint sich demnach in der Ontogenese zu wiederholen. Eine Schlußfolgerung für die Psychologie des Menschen ist, daß der *S-R*-Bekräftigungsmechanismus allgemein bei Wirbeltieren vorzufinden und auch beim Menschen wirksam ist, und daß die Bekräftigungstheoretiker der Vergangenheit bei ihren pädagogischen und psychotherapeutischen Ratschlägen lediglich in bezug auf die ausschließliche Bedeutung, die sie dem *S-R*-Mechanismus beimaßen, fehlgeleitet waren. Die ontogenetischen Resultate lassen natürlich vermuten, daß dieser Mechanismus beim Lernen von Kleinstkindern eine entscheidende Rolle spielen kann, und daß für sie der Leitfaden von Thorndike durchaus angemessen sein könnte. Es wäre nützlich, die Ontogenese des Anreizkontrastes am Menschen zu untersuchen, so wie Amsel und seine Mitarbeiter dies bei Ratten durchführten.

Ausblick in die Zukunft

Und wie steht es mit dem Jahr 2000, auf das wir einen Blick vorauswerfen sollten? (Die experimentelle Untersuchung der tierischen Intelligenz wird dann erst 100 Jahre alt sein, da sie relativ spät ihren Anfang nahm.) Leider erlauben weder die Extrapolation von neueren Trends noch die Betrachtung des gegenwärtigen gesellschaftlichen Umfeldes großen Optimismus, was das Ausmaß zukünftiger Forschungen angeht. Ich glaube jedoch, daß eine kleine Gruppe von Spezialisten das Werk fortsetzen und daß ihr Fortschritt weiterhin beträchtlich sein und völlig außer Verhältnis zu ihrer begrenzten Anzahl und ihren begrenzten Mitteln stehen wird. Der Schwerpunkt der Forschung – wie Assoziationen gebildet werden, und wie sie Verhalten beeinflussen – wird weitgehend der gleiche bleiben, obwohl effiziente Computertechniken der Parameterschätzung es erlauben werden, die Theorie in quantitativer Hinsicht auszuarbeiten und ihre Folgerungen mehr im Detail zu formulieren und zu prüfen. Das Interesse an den Assoziationsmechanismen wird schnell anwachsen und es wird zunehmend Kontakte mit Kollegen der Neurophysiologie und der Biochemie geben, deren Bemühungen, diese Mechanismen zu isolieren, bisher durch mangelhafte Kenntnisse über die Arbeiten der Verhaltenswissenschaften haben (Horn 1979). Ebenso wird eine echte Wechselbeziehung mit Forschern auf dem Gebiet des menschlichen Lernens entstehen, eine Wechselbeziehung, die nicht nur für das Verständnis allgemein vorzufindender Prozesse notwendig ist, sondern auch all derjenigen Prozesse, die möglicherweise nur beim Menschen auftreten.

Literatur

Amsel, A.: The role of frustrative nonreward in noncontinuous reward situations. Psychological Bulletin, 55, 102–119, 1958

Bitterman, M. E.: The comparative analysis of learning. Science, 188, 699–709, 1975

Corning, W. C., J. A. Dyal and A. O. D. Willows: Invertebrate Learning, (vol. 1–3). New York: Plenum, 1973, 1975

Couvillon, P. A., and M. E. Bitterman: Some phenomena of associative learning in honeybees. Journal of Comparative and Physiological Psychology, 94, 875–885, 1980

Couvillon, P. A., and M. E. Bitterman: Compound conditioning in honeybees. Journal of Comparative and Physiological Psychology, 96, 192–199, 1982

Crespi, L. P.: Quantitative variation of incentive and performance in the white rat. American Journal of Psychology, 55, 467–517, 1942

Durlach, P. J., and R. A. Rescorla: Potentiation rather than overshadowing in flavor-aversion learning: An analysis in terms of within-compound associations. Journal of Experimental Psychology: Animal Behavior Processes, 6, 175–187, 1980

Ebbinghaus, H.: Über das Gedächtnis. Leipzig: Duncker und Humblot, 1885

Elliott, M. H.: The effect of change of reward on the maze performance of rats. University of California Publications in Psychology, 4, 19–30, 1928

Frisch, K. von: Der Farbensinn und Formensinn der Bienen. Zoologische Jahrbücher: Abteilung für allgemeine Zoologie und Physiologie der Tiere, 35, 1–182, 1915

Gonzalez, R. C., and M. E. Bitterman: Spaced-trials partial reinforcement effect as a function of contrast. Journal of Comparative and Physiological Psychology, 67, 94–103, 1969

Gonzalez, R. C., et al.: Runway performance of goldfish as a function of cmplete and incomplete reduction of reward. Psychonomic Science, 27, 305–307, 1972

Horn, G.: Preface to M. E. Bitterman, V. M. Lolordo, J. B. Overmier and M. E. Rashotte, Animal learning: Survey and analysis. New York: Plenum, 1979

Hull, C. L.: Principles of behavior. New York: Appleton-Century-Crofts, 1943

Karpicke, J., G. Christoph, G. Peterson and E. Hearst: Signal location and positive versus negative conditioned suppression in the rat. Journal of Experimental Psychology: Animal Behavior Processes, 3, 105–118, 1977

Kintsch, W., and R. S. Witte: Concurrent conditioning of bar press and salivation responses. Journal of Comparative and Physiological Psychology, 55, 963–968, 1962

Konorski, J.: Integrative activity of the brain. Chicago: University of Chicago Press, 1967

Lowes, G., and M. E. Bitterman: Reward and learning in the goldfish. Science, 157, 455–457, 1967

Mackintosh, N. J.: A theory of attention: Variations in the associability of stimuli with reinforcement. Psychological Review, 82, 276–298, 1975

Mackintosh, N. J., and A. Dickinson: Instrumental (type II) conditioning. In: A. Dickinson and P. A. Boakes (Eds.), Mechanism of learning and motivation. Hillsdale, N. J.: Lawrene Erlbaum Associates, 1979

Menzel, R.: Das Gedächtnis der Honigbiene für Spektralfarben: I. Kurzzeitiges und langzeitiges Behalten. Zeitschrift für vergleichende Physiologie, 60, 82–102, 1968

Pawlow, I. P.: Conditioned reflexes. Oxford: Oxford University Press, 1927

Pert, A., and M. E. Bitterman: Beward and learning in the turtle. Learning and Motivation, 1, 121 bis 128, 1970

Rescorla, R. A., and C. L. Cunningham: Within-compound flavor associations. Journal of Experimental Psychology: Animal Behavior Processes, 4, 267–275, 1978

Rescorla, R. A., and A. R. Wagner: A theory of classical conditioning: Variations in the effectiveness of reinforcement and nonreinforcement. In: A. H. Black and W. F. Prokasy (Eds.), Classical conditioning (II): Current research and theory. New York: Appleton-Century-Crofts, 1972

Romanes, G. J.: Animal intelligence. London: Kegan Paul, 1882

Spence, K. W.: Cognitive and drive factors in the extinction of the conditioned eye blink in human subjects. Psychological Review, 73, 445–458, 1966

Stanton, M., and A. Amsel: Adjustment to reward reduction (but no negative contrast) in rats 11, 14 and 16 days of age. Journal of Comparative and Physiological Psychology, 94, 446–458, 1980

Thorndike, E. L.: Animal intelligence. Experimental studies. New York: Macmillan, 1911

Tolman, E. C.: Purposive behavior in animals and men. New York: D. Appleton-Century, 1932

Williams, D. R.: Classical conditioning and incentive motivation. In: W. F. Prokasy (Ed.), Classical conditioning: A symposium. New York: Appleton-Century-Crofts, 1965

6. Das tierische im Vergleich zum menschlichen Gedächtnis

Lajos Kardos
Universität Budapest, Ungarische VR

Zeno, der Sophist, versuchte Antisthenes, dem zynischen Philosophen, eifrig zu beweisen, daß es keine Bewegung geben könne. Während Antisthenes ihm zuhörte, durchschritt er mehrmals das Zimmer. Schließlich fragte ihn Zeno, warum er auf- und abgehe – er antwortete: Ich widerlege Dich!

Das Gedächtnis – ein vernachlässigtes Problem in der Tierpsychologie

Wir können heute mit Sicherheit behaupten, daß einer der Faktoren, der eine erfolgbringende Forschung über das Lernen und eine angemessene theoretische Bewertung experimenteller Daten verhindert hat, die Vernachlässigung der Gedächtnisphänomene bei Tieren war. Bis ungefähr in die frühen sechziger Jahre wurde das Gedächtnis in der Tierpsychologie kaum erwähnt. Lernen und Gedächtnis sind in der Humanpsychologie so eng miteinander verflochten, daß man sich veranlaßt fühlt zu fragen: Ist es möglich, daß Forscher, während sie das tierische Lernen eifrig studierten, so selten auf Phänomene gestoßen sind, die irgendeine Art von Gedächtnis vermuten ließen? 1966 sagte Russel: „Wenn das herausragende Merkmal des Lernens die Modifikation des Verhaltens durch Erfahrung ist, dann kann das nur mit Hilfe eines Gedächtnisspeichers erreicht werden. Die Phänomene von Gedächtnis und Lernen sind in der Tat untrennbar ..." (S. 122).

Jetzt rückt das Problem des tierischen Gedächtnisses allmählich in den Vordergrund der psychologischen Forschung – als ob die lange Vernachlässigung wieder gutgemacht werden sollte. Doch kann das einer der Gründe sein, warum sich einige Theoretiker, die zu der Annahme neigen, daß mit den experimentellen Methoden der Psychologie prinzipiell etwas nicht in Ordnung sei, sich oft auf die Forschung über das tierische Lernen als ein vielsagendes Beispiel berufen. Nach nahezu einem Jahrhundert intensiver experimenteller Forschung gibt es immer noch keine genügend breite Übereinstimmung der Meinungen über die dem tierischen Lernen zugrunde liegenden Mechanismen. Es gibt immer noch keine klare Entscheidung darüber, ob Theorien vom Typ S-R oder vom Typ S-S richtig sind oder eine Kombination beider. Das schließt auch eine gewisse Unentschiedenheit bezüglich der Rolle des Gedächtnisses beim tierischen Lernen ein. Den S-R-Theorien zufolge ist keine solche Annahme notwendig – außer man spricht vom „Reiz-Reaktions-Gedächtnis"; das ist aber nur ein Deckname für das, was in der Konditionierungstheorie einfach „Behalten" genannt wurde und nichts zu tun hat mit dem eigentlichen Gedächtnis; von ihm nehmen wir an, daß es immer die Erscheinung des Gedächtnisbildes einschließt; letzteres wird manchmal „repräsentationales Gedächtnis" genannt (Ruggiero und Flagg 1976).

1974 wurde die Situation durch Mackintosh folgendermaßen charakterisiert: „Die Ergebnisse der meisten Experimente über instrumentelles Lernen können ohne weiteres im Begriffssystem der S-R-Beziehungen analysiert werden, d. h. mit der Voraussetzung, daß die Assoziationen zwischen der geforderten Reaktion und der Reizsituation durch Bekräftigung verstärkt werden." In diesem Fall ist natürlich kein „repräsentationales Gedächtnis" eingeschlossen. Aber Mackintosh fährt fort: „Sie stehen jedoch ebenso in Einklang mit der Annahme, daß Tiere lernen können, alle gleichzeitig auftretenden Ereignisse zu assoziieren, eingeschlossen Reize mit anderen Reizen, Reize mit Bekräftigern, Reaktionen mit Reizen und Reaktionen mit Bekräftigern." Manifestationen solcher Assoziationen können bereits als eine Art von Erinnern aufgefaßt werden. Es ist aber interessant, wie das Zitat weitergeht: „Wenn zusätzliche Beweise erbracht werden, die auf diese Frage abzielen, dann wird der Versuch, die Reinheit der S-R-Theorie aufrechtzuerhalten, d. h., darauf zu bestehen, daß das gesamte instrumentelle Lernen auf der Bildung von Reiz-Reaktions-Verbindungen beruht, zunehmend schwieriger" (S. 221).

Wir werden jetzt unsere Aufmerksamkeit solchen „zusätzlichen Beweisen" zuwenden. Wir werden zu zeigen versuchen, daß sich Erklärungen durch S-R-Verbindungen oder durch andere Formen der Assoziation nur auf eine spezielle Form des tierischen Gedächtnisses anwenden lassen, die beim Menschen selten vorgefunden wird.

Einige spezifische Charakteristika des Gedächtnisses bei Tieren

Bevor wir die „zusätzlichen Beweise" anführen und analysieren, können wir folgende Frage aufwerfen: Angenommen, daß es bei Tieren eine Reproduktion aus dem Gedächtnis gibt, welchen Grad an „Genauigkeit" der Reproduktion können wir erwarten? Wenn wir die Tiere als Lebewesen auf einer niederen Stufe der Entwicklung ansehen, als Organismen mit einem geringeren Grad der „Vollkommenheit" als die Menschen, dann könnten wir annehmen, daß ihre Reproduktion aus dem Gedächtnis weniger „vollkommen" ist als die unsere. Das wäre ein großer Irrtum, so sonderbar dies scheinen mag. Alles, was wir über Gedächtnisbilder wissen, läßt vermuten, daß eine Reproduktion von dieser hohen Genauigkeit – als „Kopie" oder „photographisches Bild" – eine primitivere Form des Gedächtnisses ist. Eidetische Bilder gibt es, wie wir wissen, in der Ontogenese bereits früh; Halluzinationen und Traumbilder sind regressiver Natur. Und ähnlich dürfte jede Reproduktion aus dem Gedächtnis bei Tieren der ursprünglichen Wahrnehmung näher kommen als beim Menschen.

Visuelle Gedächtnisbilder von spezieller Lokalisation

Wir beschreiben und analysieren jetzt die zuvor erwähnten „zusätzlichen Beweise". Zuerst wollen wir kurz ein Jahre zurückliegendes Experiment beschreiben. Da der Bericht darüber nur ungarisch veröffentlicht wurde, werden die Psychologen in anderen Ländern kaum etwas davon erfahren haben. Jedoch scheinen die Resultate Aufmerksamkeit zu verdienen.

Die Versuchstiere (Albinoratten) erreichten kurz nach dem Start einen Scheidepunkt, wo sie sich entweder nach rechts oder nach links wenden konnten. Aber beide Seitenwege führten zum gleichen Endpunkt, dem Zugang zum Hauptweg (s. Abb. 6.1, Teil A). Hier gab es zwei Türen, eine an der rechten Wand, die andere am Ende des Hauptweges, und jede führte zu einer Futterbox (Tür I und II).

Wenn das Versuchstier den Weg nach rechts gewählt hatte, konnte es hinter Tür I Futter finden (die andere Tür war verschlossen); wenn es über die linke Route kam, mußte es Tür II wählen (Tür I war dann verschlossen).

Die Bekräftigungskontingenzen konnten durch die Reize am gemeinsamen Endpunkt

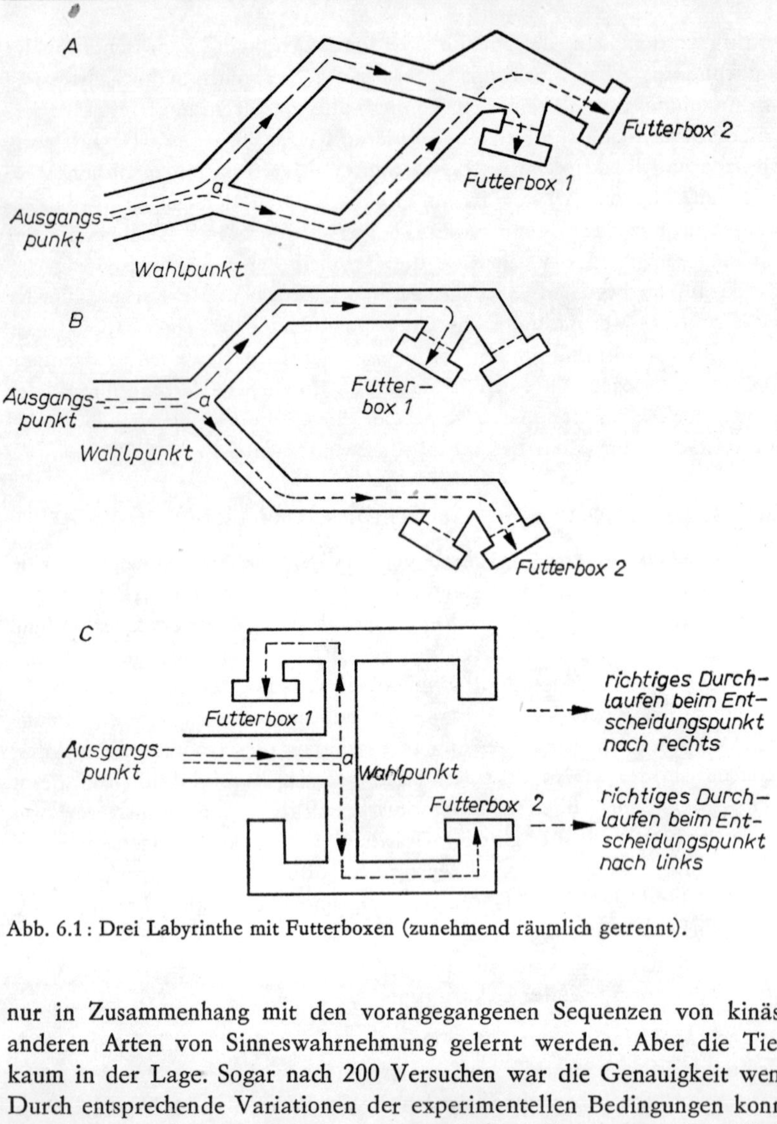

Abb. 6.1: Drei Labyrinthe mit Futterboxen (zunehmend räumlich getrennt).

nur in Zusammenhang mit den vorangegangenen Sequenzen von kinästhetischen und anderen Arten von Sinneswahrnehmung gelernt werden. Aber die Tiere waren dazu kaum in der Lage. Sogar nach 200 Versuchen war die Genauigkeit weniger als 80 %. Durch entsprechende Variationen der experimentellen Bedingungen konnte die Ursache für das eingeschränkte Lernen eindeutig festgestellt werden: *Die Wege führten zum gleichen Ort.* Als sie zu verschiedenen Endpunkten führten (s. Abb. 6.1, Teil B), verlief der Lernprozeß viel schneller; im Fall der weit auseinanderliegenden Endpunkte (s. Abb. 6.1, Teil C) genügten 3 bis 5 Versuche. Ohne auf Einzelheiten einzugehen, können die Resultate wie folgt zusammengefaßt werden: Wege, die vom gleichen Anfangspunkt zum gleichen Endpunkt führen – oder die entsprechenden Sequenzen kinästhetischer und anderer Sinneswahrnehmungen –, sind funktional äquivalent; unterschiedliche Reaktionen können kaum den Varianten solcher Wege zugeordnet werden, und es gibt eine Tendenz, daß jede Reaktion, die mit einer der Varianten in Verbindung gesetzt wurde, automatisch mit allen anderen Varianten assoziiert wird. Wir haben das als „Äquivalenz von Wegen mit gleichem Endpunkt" bezeichnet (Kardos und Barkóci 1953).

Auf ein ähnliches Phänomen ist durch Hull (1934) hingewiesen worden. Er nannte die Menge der Habits beim Durchlaufen alternativer Wege zum selben Endpunkt eine Habit-Hierarchie („habit-family hierarchy"). Er nahm an, daß verschiedene Routen zum gleichen Ziel äquivalent sind in dem Sinne, daß, wenn eine sich als unpassierbar erweist, das Tier ohne zusätzliches Lernen die andere wählt. Gleichzeitig bevorzugt das Tier immer die kürzere Route. Offensichtlich hat das wenig damit zu tun, was wir „Äquivalenz von Wegen mit gleichem Endpunkt" nannten. Hulls Idee von der Habit-Hierarchie war eine Hilfshypothese zur Erklärung von „Kurzschluß"-Verhalten.

Können wir etwas mehr über den Mechanismus in Erfahrung bringen, welcher der Äquivalenz von Wegen mit gleichem Endpunkt zugrunde liegt – oder über seine Bedeutung im Leben des Tieres? Wir wollen gerade die Phänomene betrachten, die Hull beschäftigten, und die er mit Hilfe seiner Idee von der Habit-Hierarchie zu erklären versuchte. Ungefähr von 1930 an wurden diese Phänomene wiederholt in Experimenten über das Labyrinthlernen untersucht, und man bezog sich darauf als „Orientierung auf das Ziel" – nach Dashiell (1930), der das als erster systematisch untersuchte. Der Illustration wegen beschreiben wir einen Fall einer solchen Orientierung. Bei Experimenten über das Labyrinthlernen wurde durchgängig beobachtet, daß die Tiere extreme Schwierigkeiten bei der Eliminierung bestimmter Sackgassen hatten. Hartnäckig wie sie waren, liefen sie immer wieder hinein. Diese Sackgassen waren alle in Richtung auf das Ziel orientiert. Also verhielten sich die Tiere, als ob sie sich auf das Ziel orientieren würden – ungeachtet der Tatsache, daß sie das Ziel nicht sahen und das Hineinlaufen in die Sackgasse nie speziell bekräftigt worden war. Nach Hulls Versuch einer Erklärung – die sich bald als unbefriedigend herausstellte – wurden andere Überlegungen angeführt. Wir beschränken uns wieder darauf, nur eine davon zu nennen. Einige Psychologen behaupteten, daß räumliche Orientierung von „Signalen außerhalb des Labyrinths" abhängt wie einer Lampe, einem hellen Fenster, einer dunklen Ecke und ähnlichem, die vom Inneren des Labyrinths gesehen werden können. Diese Behauptung konnte leicht experimentell geprüft werden. Die Eliminierung solcher Signale verursachte tatsächlich gewisse Störungen bei der Orientierung, machte sie aber nicht unmöglich. Später ließ das Interesse an Orientierungsphänomenen nach. Die Aufmerksamkeit der Psychologen wandte sich einem umfassenderen Problem zu, in dem auch das der Orientierung eingeschlossen zu sein schien. Damals wurden viele theoretische Überlegungen und experimentelle Arbeiten dem Problem des „Ortslernens" gewidmet. Die Ergebnisse vieler Experimente wurden durch die Behauptung erklärt, daß das Tier nicht eine Sequenz von Bewegungen sondern vielmehr den Ort lernt, wo das Zielobjekt lokalisiert ist; es lernt den Ort statt der Bewegung. Nachdem das Tier das gelernt hat, geht es einfach zu diesem Ort – auf jeder beliebigen Route, die ihm zur Verfügung steht.

Aber das Problem der räumlichen Orientierung wird durch diese Annahme nicht wirklich geklärt. Wir wollen das Phänomen aus einem anderen Blickwinkel betrachten. Um sich auf ein Objekt orientieren zu können, muß das Tier das Objekt lokalisieren. Lokalisation ist einfach und klar in der Wahrnehmungssituation: Das Tier sieht das Objekt *in einer bestimmten Richtung und in einem bestimmten Abstand*. Aber welche Art der Lokalisierung mag der Orientierung des Tieres zugrunde liegen, wenn es zum Beispiel am Eingang zu einer Sackgasse steht und das Zielobjekt überhaupt nicht sehen kann?

Es gibt eine ganz bestimmte Bedingung für diese mysteriöse Orientierung: *Das Tier muß* mehrere Male (zumindest aber einmal) *vom Beginn der Sackgasse* auf irgendeinem

Weg *zum Zielobjekt gelaufen sein,* der ihm durch die räumliche Anordnung des Labyrinths die Möglichkeit bietet. Irgendwie mit Hilfe dieses Durchlaufens, d. h., mit Hilfe der Sequenz von dabei gemachten Erfahrungen, weiß das Tier, wo, in welcher Richtung und in welcher Entfernung das Zielobjekt lokalisiert ist. Der Unterschied zur Wahrnehmungssituation ist nur, daß in der Beschreibung das Wort „sieht" durch „weiß" ersetzt ist. Der letztere Ausdruck ist eine Art von „Leerstelle" in einer Definition, weil man kaum annehmen kann, daß bei Tieren die Erfahrung des „Wissens" existiert wie beim Menschen. Tolman (1932) könnte das auch so gemeint haben – aber er generalisierte diese „Leerstelle"; er sagte, daß das Tier in der Wahrnehmungssituation durch Sehen „weiß", wo das Zielobjekt ist; in der Labyrinthsituation „weiß" das Tier dasselbe durch Erinnern (perzeptive Kognition im ersteren Fall und „mnemische" Kognition im letzteren). Dadurch ist das Konzept der „Kognition" so wesentlich für seine theoretischen Überlegungen geworden – und leitete damit die Entwicklung des theoretischen Denkens ein, das jetzt als Kognitive Psychologie bekannt ist. Trotzdem ist der Ausdruck „wissen", wie wir schon sagten, eine Art von „Leerstelle" in der Definition, und wir werden uns bemühen, sie klarer zu spezifizieren.

Der Mensch und viele Tiere sehen alles lokalisiert, d. h. an einem bestimmten Ort (in einer bestimmten Richtung und in einem bestimmten Abstand). Der „Ort" des Gegenstandes wird mit der gleichen Unmittelbarkeit wahrgenommen wie seine Farbe oder Größe. Die Wahrnehmung des Ortes hat ihre bestimmten Reizbedingungen genauso wie die Wahrnehmung von Farbe oder Größe. Der Ort eines Objektes (in Punkt A) ist für das Tier in Punkt B durch die Lichtstrahlen gegeben, die vom Objekt und seiner Umgebung kommen. Aber manchmal können keine Lichtstrahlen im Sehapparat des Tieres ankommen, weil entweder das Objekt abgeschirmt ist durch andere Objekte oder gar kein Licht vorhanden ist. Aber das Tier *kann* zum Objekt *hingehen* oder sich so nähern, bis es in Sichtweite ist; und durch das Hingehen zum Objekt scheint das Tier objektiv errechnen oder konstruieren zu können, in welcher Richtung und in welchem Abstand sich das Objekt in A von Punkt B aus befindet. Wenn das Tier zurück bei Punkt B ist, kann es „wissen", wo, in welcher Richtung und in welchem Abstand der Gegenstand liegt. Aber auch so bleibt das Wesen dieses Wissens mysteriös.

Bevor wir versuchen, dieses Geheimnis zu lüften, möchten wir betonen, daß die „Berechnung" oder „Konstruktion" durch das zentrale Nervensystem nichts als eine Form der Informationsverarbeitung ist. Die Leistungen des Menschen sind bei dieser Art von Informationsverarbeitung eher kärglich, aber die Anforderung ist uns nicht unbekannt. Ich weiß von keiner experimentellen Untersuchung darüber; aber sicherlich gibt es Leute, denen man nachsagt, sie hätten „einen guten Orientierungssinn" und die mit einer gewissen Genauigkeit sagen können, wo und in welcher Richtung sich ein Objekt befindet, nachdem sie es auf einem Umweg erreicht haben. Auch wenn Menschen in dieser Beziehung nicht sehr gut sind, zeigen sie doch in einer ganz analogen Situation beachtliche Leistungen. Ein kurzer Blick auf einen Gegenstand genügt für gewöhnlich, um ihn zu erkennen, sagen wir als Stuhl. Aber jede normale Person kann ihn ebenso im Finstern durch Ertasten mit der Hand erkennen. Sowohl Form als auch Größe können haptisch ziemlich gut wahrgenommen werden. Beim Menschen scheint die Manipulation, beim Tier hingegen (von den Primaten abwärts) die Lokomotion vorzuherrschen; durch ihre im wesentlichen kinästhetischen Erfahrungen während der Lokomotion scheinen die Tiere ebensolcher Leistungen fähig zu sein wie die Menschen mit Hilfe ihrer haptischen

Erfahrungen durch Manipulationsoperationen. Die Menschen können sehen, wo der Gegenstand ist; die Tiere nutzen andere Informationen zum selben Zweck. Mit Hilfe technischer Vorrichtungen haben wir dieses Verarbeiten von Information auf ein kaum glaubliches Niveau der Vollkommenheit gebracht; aber man kann es schon bei primitiven Tieren finden. Tatsächlich hat das Sehen durch Bewegen der Augen oder selbst einfaches Hinwenden zu einem Objekt eine ähnliche Funktion. Unsere Behauptung ist einfach, daß Lokomotion ein anderes Mittel der Aufnahme von Information ist.

Wir kehren jetzt zu der Frage zurück, worin das durch eine solche Folge von Operationen angeeignete „Wissen" tatsächlich besteht? Für eine Antwort nehmen wir Zuflucht zu der Annahme: Nachdem das Tier mehrere Male auf irgendeiner Route von Punkt B nach Punkt A gelaufen ist, kann es sich vielleicht an das Objekt am Punkt A „erinnern"; d. h., ein Gedächtnisbild des Objektes kann entstehen. Daß Tiere sich „erinnern", vor allem an die Belohnung, wird von einer ständig wachsenden Anzahl von Autoren, stillschweigend oder offen, akzeptiert; entweder wird es als „innerer Reizzustand" (Capaldi 1971) oder einfach als „Erinnerung" bezeichnet (Hulse, Fowler und Honig 1978, Spear 1978, Spear und Miller 1981). Die Manifestation jeder S-S-Assoziation muß tatsächlich als Gedächtnisbild in Erscheinung treten, in Form einer Reproduktion oder einer Rekonstruktion des sensorischen Bildes. Aber wir müssen die folgende Annahme hinzufügen: Es gibt bei Tieren keine „frei schwebenden Gedächtnisbilder" (wie zum Beispiel, wenn ich mich an einen Freund erinnere, während ich in meinem Zimmer sitze); *das Gedächtnisbild des Tieres ist definitiv lokalisiert.* Die Ähnlichkeit zwischen ursprünglicher Wahrnehmung und Gedächtnisbild geht so weit, daß letzteres den lokalisatorischen Charakter der ursprünglichen Wahrnehmung streng bewahrt. Das Tier „erinnert" sich an das gegebene Objekt, wie es war, an einem bestimmten Ort; es erinnert sich an den Gegenstand auf ähnliche Art, wie es ihn sieht. *Wie es jedes Objekt an einem bestimmten Ort, in einer bestimmten Richtung und in einem bestimmten Abstand von sich sieht, erinnert es sich ebenso an jedes Objekt mit einem bestimmten Ortscharakter, in einer bestimmten Richtung und in einem bestimmten Abstand.* Diese Art von egozentrisch lokalisiertem Gedächtnis kommt beim Menschen nur ausnahmsweise vor, wie beim eidetischen Sehen von Jugendlichen. Das Hauptmerkmal des eidetischen Vorstellens ist seine definitive Lokalisation. Wegen seiner Ähnlichkeit zu visuellen Bildern spricht man im allgemeinen von „eidetischem Sehen" anstatt von eidetischem Erinnern, obwohl es echte Gedächtnisbilder sind (und nicht z. B. eine Art von Nachbildern).

Die Verwendung des Wortes „Wissen" bei der Beschreibung des tierischen Orientierungsverhaltens entspringt einem Gleichnis: Das Tier verhält sich so, als ob es „weiß", wo das Objekt lokalisiert ist. Ein anderer Vergleich würde es ebenso tun: Das Tier verhält sich so, als ob es das Zielobjekt an einem bestimmten Ort „sieht". Wir glauben, das ist die bessere Analogie, ja sogar mehr als das. Wie wir zuvor erwähnten, erinnert sich das Tier in gewissem Sinne auf die gleiche Art, wie es „sieht". Es scheint angemessener zu sein, von „mnemischem Sehen" der Tiere zu sprechen anstatt von „Erinnern" – wie im Fall von „eidetischem Sehen".

Wir sind jetzt in der Lage, unsere Hauptfrage zu beantworten. Wenn wir sagen, das Tier am Punkt B „weiß", wo das Futter ist, meinen wir, daß das Tier die Nahrung am Punkt A mnemisch „sieht", in einer bestimmten Richtung und in einem bestimmten Abstand. Oder für die, die einer mentalistischen Ausdrucksweise abgeneigt sind: Die Phrase „das Tier weiß" bedeutet, daß in seinem zentralen Nervensystem ähnliche Prozesse ablaufen, wie sie tatsächlich am Punkt B beim Sehen des Zielobjektes an Punkt A ausgelöst werden.

Eine plausible Ergänzung zu dieser Theorie ist folgendes: Die Determination des „Ortes" eines Objekts auf der Grundlage von Information, die während vorangegangener Lokomotion (zum Objekt zu) gewonnen wurde, wäre biologisch sinnlos, wenn die Information, die während der Lokomotion auf verschiedene Routen zum Objekt hin, d. h. auf äquiterminalen Wegen mit gleichem Endpunkt – wie wir sie nannten –, dem Objekt oder der Formation des Bodens, die am Ende des Weges erreicht wird, einen anderen Ortscharakter verleihen würde. Dieser Zusatz ist nicht nur plausibel, sondern auch nachweisbar, wenn man die Ergebnisse der allerersten Experimente über Zielorientierung betrachtet, die von Dashiell (1930) durchgeführt wurden; er verwendete dafür ein „Schachbrettlabyrinth". In diesem Experiment konnte die Ratte das Ziel über viele verschiedene Routen erreichen (und erreichte es auch) – wobei sie die gleiche Orientierungsrichtung beibehielt. Dieses Phänomen ist eine Art *Ortskonstanz*. Die Sicherung der Wahrnehmung invarianter Eigenschaften von Objekten (in unserem Fall des Ortes) ist angesichts stark variabler Reizvermittlung, wenn auch verblüffend, eine der Routinefunktionen des Nervensystems.

Diese Form der Ortskonstanz liegt dem zugrunde, was wir zuvor als Äquivalenz von Wegen mit gleichem Endpunkt beschrieben haben. Warum konnten Ratten nicht lernen, zu verschiedenen Türen zu gehen, abhängig davon, ob sie am gleichen Punkt von rechts oder von links ankamen? Unsere Antwort ist die, daß der Teil des Feldes, an dem sie ankamen, als der gleiche Ort wahrgenommen wurde, ganz gleich, welcher Weg hingeführt hatte. Die nächste Reaktion (Hineingehen in eine der Türen) scheint vollkommen durch den Ort bestimmt worden zu sein und nicht durch die vorangegangene lokomotorische Aktivität. Nach Erfüllen ihrer Aufgabe, den Ort anzuzeigen, gingen ihnen die unterwegs gewonnenen Erfahrungen einfach verloren.

Reproduktionsleistungen des Gedächtnisses mit spezifischen Hinweisreizen

Wir wenden uns wieder dem tierischen Gedächtnis zu. Es gibt einen unklaren Punkt in unserer Formulierung des Problems. Wir sagten, daß beim Tier an Punkt B das Gedächtnisbild dessen, was es an Punkt A sah, aktiviert wird. Aber wir müssen fragen: aktiviert wodurch? Die plausible Antwort ist, daß das Gedächtnisbild durch das aktiviert wird, was das Tier bei B wahrnimmt, *durch die hier auf das Tier einwirkenden Reize*. Diese *situationsbezogenen Reize* hatten diese Wirkung vor der lokomotorischen Erfahrung nicht. Bei der traditionellen Formulierung, die das der zeitlichen Kontiguität zuschrieb – in diesem Fall der raschen Aufeinanderfolge –, wurde die assoziative Verbindung zwischen den situationsbezogenen Reizen und dem an Punkt A Gesehenen auf den dahinführenden Weg zurückgeführt. Das ist ein Fall von S-S-Assoziation, über deren Realität heute kaum noch Zweifel besteht (s. z. B. Rescorla und Durlach 1981).

Situationsbezogene Reize spielen eine ungewöhnliche Rolle beim Hervorrufen von Gedächtnisbildern im Tier. Ein Experiment mit Ratten (Kardos und Radics 1972) zeigt das. Der Grundplan der verwendeten Vorrichtung ist in Abb. 6.2 zu sehen.

Das Tier startet von Punkt I, erreicht den Wahlpunkt V_0 und könnte sich hier sowohl nach rechts als auch nach links wenden. Nur der linke Weg ist passierbar; der rechte ist durch eine Barriere A_2 geschlossen (Barriere A_1 war nicht eingesetzt). Nur die Box F_2

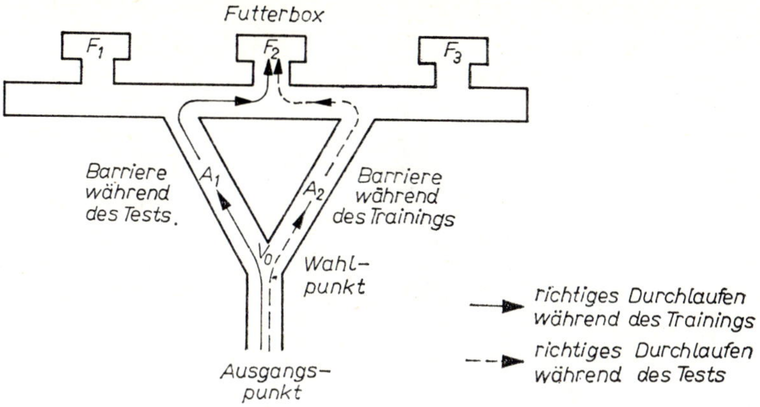

Abb. 6.2: Labyrinth zur Illustration des auf spezifisch signalisierter Aktivierung beruhenden tierischen Gedächtnisses.

enthielt Futter, die anderen (F_1 und F_3) waren leer. So mußten die Tiere lernen, sich bei V_0 nach links, bei V_1 nach rechts zu wenden und dann F_2 aufzusuchen. Die Wände waren hoch genug, um den Blick über die Anlage des Labyrinths zu verhindern. Mögliche Signale von außerhalb des Labyrinths waren ebenfalls ausgeschlossen. Nachdem die Tiere die Aufgabe erlernt hatten (d. h., das Kriterium erreichten), nahmen wir an, daß sie sich bei Erreichen des Entscheidungspunktes V_0 bereits an das Zielobjekt in F_2 erinnern konnten, d. h. es mnemisch „sehen" konnten. Dann folgte der Testversuch: Wir schlossen den linken Zugang durch Einsetzen der Barriere A_1 und öffneten den rechten Zugang durch Entfernen von Barriere A_2.

Unsere Erwartung war, daß sich die Tiere, nachdem sie gelernt hatten, wo das Futter war, bei V_2 gut orientieren könnten und sich folglich nach links zu Box F_2 wenden würden. Aber wir wurden enttäuscht. Die Mehrzahl der Ratten wendete sich nach rechts wie bei V_1 in den vorangegangenen Versuchen. Bei V_2 angelangt, zeigten sie keinerlei Anzeichen von „Wissen", wo das Futter sich befand. Wir variierten das Experiment auf vielerlei Art, aber die Ergebnisse blieben im wesentlichen die gleichen, scheinbar entgegengesetzt unseren Vorstellungen betreffs der Zielorientierung. Es gab jedoch eine einfache Erklärung, vorausgesetzt wir folgten nicht unserer eingewurzelten Vorstellung vom menschlichen Gedächtnis. Wir vermuteten, daß das Tier am Wahlpunkt V_0 das Futter in F_2 mnemisch „sieht". Eine Voraussetzung für diese Erinnerung ist aber, daß das Tier zuvor oft genug von Punkt V_0 zur Box F_2 geraten sein muß. Wir können annehmen, daß das Tier in der Lage ist, das Futter in F_2 von allen Punkten des Weges V_0–V_1–F_2 mnemisch zu „sehen" – weil es von allen diesen Punkten mit gleicher Häufigkeit zu F_2 gelangt ist. Nun müssen wir uns klar vor Augen halten, daß *das genau lokalisierte Gedächtnisbild des Tieres nur und ausschließlich durch situationale Reize an einem Ort ausgelöst wird, von dem aus es tatsächlich zum Zielobjekt gelangt ist, ganz gleich auf welcher Route; das Durchlaufen muß mit genügender Häufigkeit erfolgt sein,* so daß die sukzessiven Assoziationen ausgebildet werden konnten. Das Störende in unserem Experiment war, daß *das Tier niemals von Wahlpunkt V_2 zur Futterbox F_2 gelaufen war*; folglich löste die Reizsituation in V_2 keinerlei Erinnerung aus, die es veranlaßt hätte, in Richtung F_2 zu laufen. Bei V_2 befindet sich das Tier in einer Art „mnemischer Finsternis", so daß es bei der Ankunft an einem anderen Punkt, und sei er noch so nah, ein lokalisiertes Gedächtnisbild „halten" kann. Der Philosoph Seneca könnte recht gehabt haben, als er feststellte, daß das Pferd sich wohl an die Straße erinnern kann, auf der es zuvor gelaufen ist, „sich aber an nichts davon erinnert, wenn es nachher im Stall steht" (zit. aus Warden 1927, S. 77).

In diesem Punkt scheint es einen sehr krassen Unterschied zwischen dem tierischen und dem menschlichen Gedächtnis zu geben. Wenn wir einmal irgendwo einen Gegenstand gesehen haben, können wir uns unabhängig vom gegenwärtigen Ort des Aufenthalts an ihn erinnern. Das ist ein Merkmal dessen, was wir „freie Reproduktion" nennen. Demnach scheint das Tier nicht nur keine „frei schwebenden Gedächtnisbilder" in diesem Sinne zu haben, sondern auch nicht „frei reproduzieren" zu können. Das erinnert uns an etwas, was bei Untersuchungen von sogenannten Hinweisreizen nachgewiesen wurde, die bei der freien Reproduktion des Menschen äußerst effizient sind. Tulving erarbeitete das „Prinzip der Enkodierungsspezifität" (Thomson und Tulving 1970), das am besten durch Postman (1972) wie folgt beschrieben wurde: „Information, die für die Reproduktion genutzt werden soll, muß unmittelbar beim Input gespeichert werden" (S. 16). Beim Menschen ist das natürlich nur eine effiziente Hilfe für eine Reproduktion aus dem Gedächtnis, während *beim Tier nur eine „spezifisch angeregte Reproduktion" vorhanden zu sein scheint.* Also ist das, was beim Menschen lediglich eine Hilfestellung für das Gedächtnis darstellt, für das Tier eine unerläßliche Bedingung für das Erinnern. Es ist von gewissem Interesse, daß auch der Mensch bei angestrengter Reproduktion auf ursprüngliche Auslösemechanismen zurückgreift, wie auf Assoziationen, die beim Input entstanden sind.

Einige Schlußbemerkungen

Abschließend können wir kurz die Hauptunterschiede zwischen dem tierischen und dem menschlichen Gedächtnis zusammenfassen:

1. *Das Gedächtnisbild beim Tier ist immer lokalisiert;* das Tier sieht alles an einem bestimmten Ort und erinnert sich an alles als an einem bestimmten Ort befindlich.

2. *Das visuelle Gedächtnisbild des Tieres dient einfach als Ergänzung zum Sehfeld in einem gegebenen Augenblick;* es erscheint in einer bestimmten räumlichen Relation zur augenblicklichen Stimulation.

3. *Visuelle Gedächtnisbilder beim Tier werden nur durch die Situation ausgelöst, in der es sich im Augenblick befindet;* das Gedächtnisbild der Zielbox kann nicht unabhängig vom Ort aktiviert werden, an dem das Tier sich zufällig befindet.

4. *Das Gedächtnisbild des Tieres ist so konkret, wie es von ihm wahrgenommen wird;* das Tier kann sich nicht einfach an Futter oder an eine Barriere erinnern, sondern nur an Futter oder eine Barriere von ganz bestimmter Form, Farbe und Größe.

5. *Das Gedächtnisbild des Tieres* ist keine exakte Reproduktion des ursprünglich Wahrgenommenen; bestimmte Details können fehlen und die Intensität kann geringer sein; aber es ist *niemals vereinfacht, schematisiert oder auf ausgewählte Details reduziert* (d. h., es kann nicht mit einer Landkarte verglichen werden).

6. *Die Rolle von Gedächtnisbildern bei der Determination und Steuerung des tierischen Verhaltens ist die gleiche wie die der Wahrnehmung;* das Tier läuft zum mnemisch wahrgenommenen Zielobjekt genauso wir zum tatsächlich gesehenen.

Probleme beim Labyrinthlernen: weitere Beweise für das spezifische visuelle Gedächtnis bei Tieren

Wir sind uns im klaren, daß diese theoretischen Behauptungen einer Anzahl von Schwierigkeiten gegenüberstehen, mit denen es sich auseinanderzusetzen gilt. An Stelle einer Diskussion darüber werden wir hier eine Gruppe von Experimenten beschreiben, die wir als eine Art von *experimentum crucis* für unsere Theorie des tierischen Gedächtnisses ansehen.

Labyrinthlernen mit unterschiedlichen Zielobjekten am selben Ort

Vor einem halben Jahrhundert untersuchte Hull (1933) das Problem, das er als „differenzielle Habituation auf innere Reize“ bezeichnete. Die Aufgabe forderte von den Tieren (Albinoratten), daß sie sich bei Durst nach rechts, bei Hunger nach links zu wenden hatten. Beide Wege führten zu derselben Zielbox, aber der entsprechende Anreiz, Wasser oder Futter, wurde abhängig vom gewählten Weg vorgefunden (s. Abb. 6.3, Teil A).

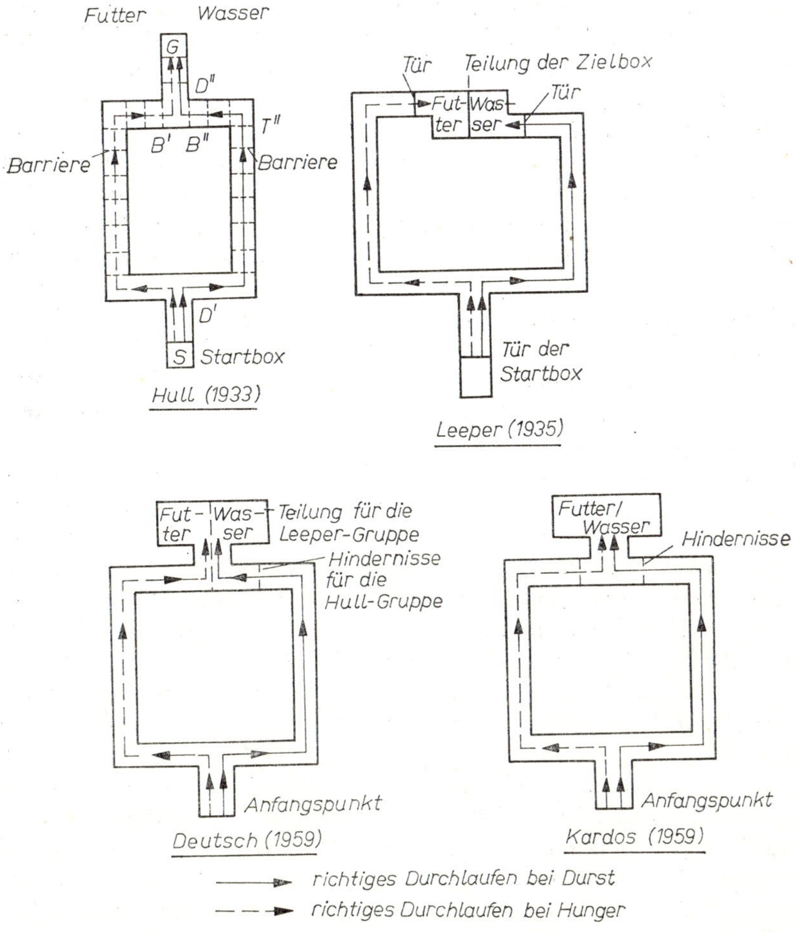

Abb. 6.3: Vier Labyrinthe von Experimenten, die die Rolle der räumlichen Trennung illustrieren.

Die Ergebnisse des Experiments waren erstaunlich: Selbst nach tausend Versuchen konnten die Tiere die Anforderungen der Aufgabe nicht ganz bewältigen, obwohl ein gewisser Fortschritt festzustellen war (Hull 1933). Es gibt in Hulls Bericht keinerlei Hinweis, warum er diese räumliche Anordnung wählte; möglicherweise war sie zufällig von einem anderen Experiment vorhanden. Man bemerkte jedenfalls bald, daß das „seltsame" Resultat etwas zu tun haben könnte mit dem ungewöhnlichen Aufbau der Vorrichtung.

Labyrinthlernen mit unterschiedlichen Zielobjekten an unterschiedlichen Orten

Zwei Jahre später führte Leeper (1935) eine Serie von Experimenten durch, die sich von denen Hulls nur in bezug auf den fraglichen Aufbau unterschieden: Die Seitenwege führten, ausgehend vom Wahlpunkt, zu *verschiedenen* Orten, so daß die Zielobjekte, Wasser und Futter, auch in verschiedenen Boxen untergebracht waren (s. Abb. 6. 3, Teil B). Obwohl die beiden Boxen nahe beieinanderlagen, lernten die Tiere in dieser Situation die Aufgabe viel schneller und nahezu komplett (Leeper 1935).

Aber sogar nach diesem sehr überzeugenden Experiment erkannten die Psychologen (Leeper eingeschlossen) die entscheidende Bedingung nicht, nämlich, daß die Zielobjekte am selben Ort lokalisiert waren. Störende Unterschiede in den experimentellen Arrangements verdeckten diese Bedingung. In Hulls (1933) Experiment gelangte das Tier bei falsch getroffener Wahl an eine Barriere und mußte zum Entscheidungspunkt zurücklaufen: In Leepers (1933) Experiment gab es keine Barrieren; wenn das Tier falsch entschied, gelangte es zur Zielbox mit dem irrelevanten Zielobjekt, z. B. fand es bei Durst Futter vor. In einer der Zielboxen war immer Wasser und in der anderen immer Futter. Leeper (1935) folgerte (ganz im Sinne Tolmans, daß die Tiere in seinem Experiment auch dann lernen, wenn sie sich falsch entscheiden: Sie lernten, wo das Futter ist, auch als sie es fanden, wenn sie durstig waren. Er sagte: „... dieser eine Unterschied in der Situation scheint einen enormen Unterschied bei der Beherrschung des Problems auszumachen. Demnach scheint es, daß die Ratten von den falschen Reaktionen nahezu ebensoviel lernen wie von den ‚richtigen" (S. 37). Diese Erklärung fand weite Anerkennung, und das Problem schien gelöst.

Nach ungefähr zwanzig Jahren – die neue theoretische Entwicklungen brachten– wurde das Problem erneut zur Sprache gebracht. Leepers Erklärung konnte leicht experimentell überprüft werden. Hulls Experiment wurde von Deutsch (1959) repliziert, aber mit einer leichten Veränderung: Eliminierung der Barrieren (s. Abb. 6.3, Teil C). Anders als bei Hull gelangten die Tiere zur gemeinsamen Zielbox unabhängig davon, ob sie sich richtig oder falsch entschieden hatten; im Fall einer falschen Wahl fanden sie jedoch das irrelevante Zielobjekt (z. B. Wasser bei Hunger) vor. Diese Modifikation erwies sich als bedeutungslos. Das Lernen vollzog sich jetzt genauso langsam wie in Hulls ursprünglicher Anordnung – obwohl die Tiere in dieser Anordnung auch aus den falschen Wahlen hätten lernen können (Deutsch 1959, – s. auch Abb. 6.4, Teil A). Die Ergebnisse zeigten, daß das stark eingeschränkte Lernen auf die Zielobjekte *am gleichen Ort* zurückzuführen war. Für den Wissenschaftshistoriker ist es vielleicht von Interesse, daß Deutschs Kontrollexperiment im gleichen Jahr in fast derselben Anordnung auch von uns durchgeführt und auf Ungarisch veröffentlicht wurde (natürlich ohne von seiner Arbeit zu wissen). Unsere Ergebnisse stimmten mit denen von Deutsch voll und ganz überein (Kardos 1959, s. Abb. 6.4, Teil B).

Aber unsere Erklärung war eine ganz andere. Es würde zu weit führen, Deutschs scharfsinnige Theorie über die strukturelle Basis des Verhaltens darzulegen. Wir beschränken uns darauf zu zeigen, daß ein entscheidender Punkt in seiner Erklärung unvereinbar mit den Daten ist. Nach Deutsch führen die Reizsequenzen entlang beider Seitenwege zu einer gemeinsamen Phase, da die Tiere zur gleichen Zielbox gelangen. Infolge dieser gemeinsamen Endphase („das gemeinsame Bindeglied" – in der Terminologie von Deutsch), ist das Tier letztendlich veranlaßt, mit gleicher Stärke einen der beiden Seitenwege zu wählen, und eine Differenzierung kann so nicht stattfinden. Aber

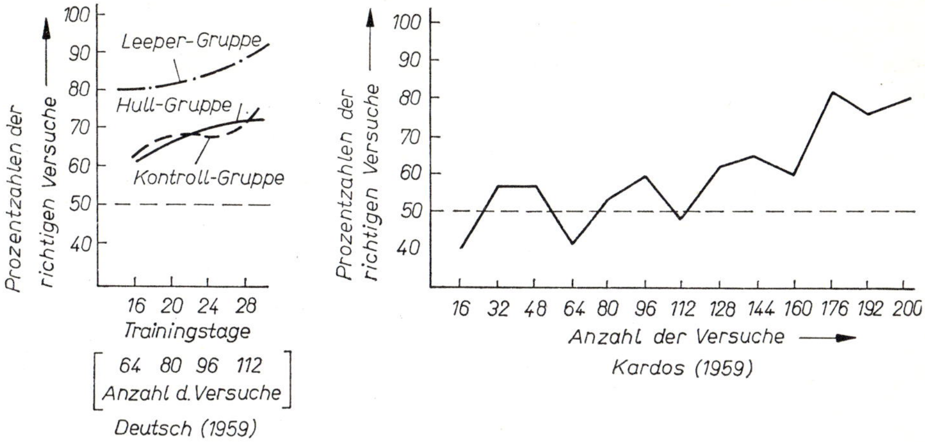

Abb. 6.4: Lernkurven von Deutsch und Kardos mit Kontrollkurven von Hull (1933) und Leeper (1935).

die Reizsequenzen, die auf das Tier einwirken, während es die beiden Wege durchläuft, enden nicht in einer gemeinsamen Phase; bei der Zielankunft über die eine Seite sieht und riecht das Tier etwas ganz anderes (Futter), als wenn es über die andere Seite die Zielbox erreicht (Wasser). Bestimmte Unterschiede werden von Deutsch (1964) auch anerkannt, wenn er sagt: „Auf Grund der Konstruktion des Labyrinths konnte das Tier die Zielbox aus verschiedenen Winkeln sehen, abhängig davon, ob es sie von links oder von rechts betrat" (S. 122).

Das ist aber nur ein geringer Teil der Unterschiede, wie wir sie beschrieben haben; denn *nur der Ort, den das Tier erreicht, ist derselbe* und nicht die Reizsituation, die es dort erwartet. Deutsch jedoch verweist nicht einmal auf die Identität des Ortes als wesentlichen Faktor.

Im Gegensatz dazu ist es gerade die Identität des Ortes, die den wesentlichen Punkt in unserer Interpretation darstellt. Die Erklärung bietet sich nahezu von selbst an. Wir wollen zunächst die Situation bei Leeper (1935) betrachten: Wir nehmen an, daß das Tier nach einer Anzahl von Versuchen beginnt, sich zu „erinnern", das heißt, die Zielobjekte an ihrem betreffenden Ort nebeneinander mnemisch zu „sehen"; genauso wie das, was das Tier an einem bestimmten Ort sieht, nicht davon abhängt, ob es hungrig oder durstig ist, hängt das, was es an einem bestimmten Ort mnemisch „sieht", nicht von seinem augenblicklichen Bedürfniszustand ab. Natürlich läuft das hungrige Tier zu dem

Ort (auf dem gelernten Weg), wo es das Futter mnemisch „sieht". So kann das Gedächtnis das Verhalten des Tieres genauso korrekt und effizient lenken wie das tatsächliche Sehen. Man betrachte aber, was in Hulls (1934) Situation geschieht: Nach einer Anzahl von Versuchen beginnt das Tier sich zu „erinnern", das heißt, die Zielobjekte mnemisch zu „sehen". Aber wie kann es das? Wenn das Gedächtnis eines Tieres streng lokalisiert ist, wie kann es sich an zwei verschiedene Objekte (Futter und Wasser) am gleichen Ort erinnern? So wie *das Tier nicht zwei verschiedene Objekte am gleichen Ort sehen kann, kann es sie auch nicht mnemisch am gleichen Platz „sehen"*. Es kann sich nicht daran erinnern, daß sie am gleichen Ort sind. Es ist befremdend, wenn wir an unsere Art der Erinnerung denken; aber es ergibt sich mit logischer Folgerichtigkeit aus dem, was wir über das Wesen des tierischen Gedächtnisses festgestellt haben.

Gewisse ähnliche Überlegungen ergeben sich bei bestimmten Störungen des binokularen Sehens; Infolge von Strabismus werden verschiedene Bilder auf korrespondierende Stellen der beiden Retinae projiziert, und die Person sieht mit den einzelnen Augen verschiedene Dinge. Wir wissen, daß dieses „doppelte Sehen" sehr störend ist für eine angemessene Steuerung von visuell geleitetem Verhalten. Die Person bewältigt dieses Problem möglicherweise dadurch, daß sie die Funktion eines Auges überhaupt ausschaltet, d. h. durch Zuflucht zu monokularem Sehen. Das *„mnemische doppelte Sehen"*, das wir in der Situation bei Hull annehmen, kann ebenso störend sein. Auch hier kann der Organismus sich selber helfen durch Unterdrücken des störenden Faktors, diesmal der mnemischen Funktion. Eine Art von „mnemischer Blindheit" kann sich entwickeln. Das Tier wählt „blindlings", und das Lernen reduziert sich allmählich auf die S-R-Verbindungen, ohne Orientierung, nur auf der Basis der Bekräftigung. Die eine Wahl ist auf Hunger konditioniert, die andere auf Durst. Das Lernen wird eingeschränkt, weil diese Unterdrückung des Gedächtnisses vermutlich ein langsamer und allmählicher Prozeß ist.

Da wir die Experimente von Hull und Leeper als so wesentlich für unsere Interpretation ansehen, haben wir sie kürzlich sorgfältig repliziert – wobei die Ergebnisse der ursprünglichen Experimente bestätigt wurden.

Schlußbemerkungen

Ich bin in diesem Kapitel ähnlich der Art des Antisthenes vorgegangen (s. die einleitende Anekdote). Ich habe Experimente beschrieben, die eine einzige Eigenschaft des tierischen Gedächtnisses demonstrieren, seine strenge Lokalisierung, eine Eigenschaft, die allein durch die experimentelle Methode entdeckt werden könnte. Ich denke, wir können den experimentellen Resultaten vertrauen, auch wenn sie vielfach mehr als eine Art der Interpretation zulassen; weitere Experimente können den Bereich der theoretischen Möglichkeiten einengen, so daß er schließlich auf eine einzige Interpretation reduziert würde.

Ich möchte nicht wagen, vorherzusagen, welche Art konkreter Entwicklung sich an der Wende des nächsten Jahrhunderts einstellen wird; aber ich hoffe, daß es den Psychologen bis dahin gelingen wird, die Erfordernisse für sorgfältiges Experimentieren weiter zu entwickeln. Ich hoffe ferner, daß sie sich, mehr als bisher, der Notwendigkeit korrekten Denkens bewußt werden (frühere deutsche Wissenschaftler nannten es *„das strenge Denken"*).

Wir benötigen mehr Genauigkeit, wenn wir die Fallen der figurativen Rede vermeiden wollen, die manipulierende Art der Dateninterpretation und den inkorrekten Gebrauch von Begriffen – um nur die wichtigsten Fehlerquellen bei der Handhabung experimenteller Ergebnisse zu nennen. Die Gefahr undisziplinierten Denkens ist in der Psychologie viel größer als in anderen Wissenschaften.

Zusammenfassung

Kritiker des psychologischen Experiments berufen sich oft auf die scheinbare Fruchtlosigkeit experimenteller Forschung beim tierischen Lernen. Leider ist die Rolle des Gedächtnisses beim tierischen Lernen viel zu lange entweder völlig unbeachtet geblieben oder zumindest falsch beurteilt worden. Dieses Kapitel versucht, sich durch sorgfältige Analyse der Ergebnisse einiger Experimente über tierisches Lernen mit dem Gedächtnis zu befassen. In einem unserer früheren Experimente konnten Ratten vom gleichen Anfangspunkt aus über verschiedene Routen (Wege mit „gleichem Endpunkt") den gleichen Endpunkt erreichen, über Wege, die funktionell äquivalend sind. Die Ergebnisse ähneln denen von Experimenten über tierisches lokomotorisches Lernen. Auf der Grundlage theoretischer Überlegungen stellen wir die Behauptung auf, daß das Gedächtnis bei Tieren eigenartig ortsgebunden ist. Tiere haben nicht „frei schwebende Gedächtnisbilder", die dem Menschen so selbstverständlich sind. Woran sich das Tier erinnert, ist im Raum so lokalisiert wie das, was es sieht oder wahrnimmt. Eine andere Besonderheit des tierischen Gedächtnisses betrifft die Grundbedingungen von Speicherung und Reproduktion. Wir nahmen Bezug auf ein weiteres unserer Experimente, welches vermuten läßt, daß es beim Tier eine Form von „spezifisch angeregter Reproduktion" gibt, wie sie von Untersuchungen des menschlichen Gedächtnisses her bekannt ist. Wir schlossen mit der Beschreibung einer Gruppe von klassischen Experimenten, die, kürzlich repliziert, als *experimentum crucis* für unsere theoretischen Interpretationen dienen.

Literatur

Capaldi, E. J.: Memory and learning: A sequential viewpoint. In: W. K. Honig and P. H. R. James (Eds.), Animal memory. New York: Academic Press, 1971

Dashiell, J. F.: Direction orientation in maze running by the white rat. Comparative Psychological Monograph, 32, 1930

Deutsch, J. A.: The Hull-Leeper drive discrimination situation: A control experiment. Quarterly Journal of Experimental Psychology, 11, 155–163, 1959

Deutsch, J. A.: The structural basis of behavior. Cambridge: Cambridge University Press, 1964

Hull, C. L.: Differential habituation to internal stimuli in the albino rats. Journal of Comparative Psychology, 16, 255–273, 1933

Hull, C. L.: The concept of habit-family hierarchy and maze learning. Psychological Review, 41, 33 to 52, 1934

Hulse, S. H., H. Fowler and W. K. Honig: Cognitive processes in animal behavior. Hillsdale, New Jersey: Lawrence Erlbaum Associates, 1978

Kardos, L.: The role of the mnemonic field in the formation of connections between interoceptive stimuli and response. (In Hungarian). Pszichólogiai Tanulmányok (Psychological Studies), II, 43–62, 1959

Kardos, L.: Visual memory in animals. In: F. G. B. D'Arcais (Ed.), Studies in perception. Milano: Aldo Martelli-Giunti, 1975

Kardos, L., and I. Barkóci: The role of „equiterminal" parts of locomotor behavior in animal learning. (In Hungarian). Az M. T. A. Biológiai Osztályának Közleményei. 97–114, 1953

Kardos, L., and L. Radics: Locomotor learning and spatial orientation IV: The use of detour and the so-called mnemonic field. (In Hungarian). Magyar Pszichológiai Szemle, XXIX, 350–372, 1972

Leeper, R.: The role of motivation in learning: A study of the phenomena of differential motivation control of the utilization of habits. Journal of Genetic Psychology, 46, 3–40, 1935

Mackintosh, N. J.: The psychology of animal learning. New York: Academic Press, 1974

Postman, L.: A pragmatic view of organization theory. In: E. Tulving and W. Donaldson (Eds.), Organization of memory. New York: Academic Press, 1972

Rescorla, R. A., and P. J. Durlach: Within-events learning and Pavlovian conditioning. In: N. E. Spear and R. R. Miller (Eds.), Information processing in animals: Memory mechanism. Hillsdale, New Jersey: Lawrence Erlbaum Associates, 1981

Ruggiero, F. T., and S. F. Flagg: Do animals have memory? In: D. L. Medin, W. A. Roberts and R. Davis (Eds.), Processes of animal memory, Hillsdale, New Jersey: Lawrence Erlbaum Associates, 1976

Russel, I. S.: Animal learning and memory. In: D. Richter (Ed.), Aspects of learning and memory. New York: Basic Books, 1966

Spear, N. E.: The processing of memories: Forgetting and retention. Hillsdale, New Jersey: Lawrence Erlbaum Associates, 1978

Spear, N. E., and R. R. Miller (Eds.): Information processing in animals: Memory mechanism. Hillsdale, New Jersey: Lawrence Erlbaum Associates, 1981

Thomson, D. A., and E. Tulving: Associative encoding and retrieval: Week and strong cues. Journal of Experimental Psychology, 86, 255–262, 1970

Tolman, E. C.: Purposive behavior in animals and men. New York: Appleton, 1932

Warden, C. J.: The historical development of comparative psychology. Psychological Review, 34, 57 to 85, 1927

7. Zukünftige Forschung über Lernen und Gedächtnis aus psychologischer Sicht

Norman E. Spear
State University of New York, Binghamton, USA

Mein Beitrag gilt dem Bereich, den man als *Psychobiologie von Lernen und Gedächtnis* bezeichnen kann. Dieses Gebiet bleibt ein wichtiger Bestandteil der experimentellen Psychologie, obwohl möglicherweise bestimmte Aspekte in der Zukunft mehr und mehr innerhalb der *Neurowissenschaft* bearbeitet werden. Vor dreißig oder vierzig Jahren wurde ein Großteil dieses Gebiets zur *Lerntheorie* gezählt, später zum *tierischen Lernen* und in jüngster Zeit zum *tierischen Gedächtnis*; aber stets wurden Teile des Gebiets durch *„physiologische Basis von"* gekennzeichnet.

Allgemein gesagt, gab es in den letzten 20 Jahren in dieser Forschungsrichtung eine Verschiebung von der Konzentration auf motivationale Determinanten der Lernleistungen zu einer direkteren Erforschung von Lernen und Gedächtnis selbst. Gleichzeitig und vielleicht im Zusammenhang damit wurde in psychobiologischen Arbeiten in zunehmendem Maße der Mensch zu Experimenten herangezogen. Es wird immer wichtiger, Wissen und Kenntnisse über menschliches Lernen und Gedächtnis mit den Ergebnissen zu integrieren, die aus psychobiologischen Experimenten mit Tieren stammen. Das trifft selbst für spezielle neurophysiologische Probleme zu, wie die Auswirkungen von Hirnschädigungen, Drogen und neurophysiologischen Reifungsprozessen auf Lernen und Gedächtnis. Ich vermute, daß sich beide Trends in den nächsten 20 Jahren verstärken.

Wo finden wir empirische Belege für solche Behauptungen und Vorhersagen? Zur ersten Behauptung möchte ich einen – zugegebenermaßen willkürlichen und kursorischen – Überblick darüber geben, was über die Rolle der Motivation bei Lernen und Gedächtnis veröffentlicht wurde. Zur zweiten Vorhersage möchte ich illustrieren, wie mit Hilfe von Informationen aus psychobiologischen Untersuchungen am Menschen, die mit Ergebnissen aus Tierversuchen kombiniert wurden, ein klassisches Problem angegangen werden kann, das in der psychologischen Literatur über Lernen und Gedächtnis wiederholt aufgeworfen wurde.

Kurze Anmerkungen zu Trends in Untersuchungen motivationaler Einflüsse auf Lernen und Gedächtnis

In den letzten 20 Jahren war auf diesem Gebiet eine Verschiebung von Experimenten und allgemeinen Theorien über das Lernen, die den Einfluß motivationaler Faktoren beim Lernen betonen, zu direkten Untersuchungen von Lernen und Gedächtnis und deren physiologischen Grundlagen und Umwelteinflüssen zu beobachten. Man kann das an den Trends in den Publikationen dieser Periode sehen. Zur Veranschaulichung beziehe ich mich auf relevante Zeitschriften der American Psychological Association. Die vor mehr als zwanzig Jahren 1961 – verfaßten Arbeiten können in den Ausgaben der Zeitschriften von 1962 vermutet werden.

In der wichtigsten theoretischen Zeitschrift, *The Psychological Review*, befaßten sich 19 % (8) der 43 Artikel, die 1962 veröffentlicht wurden, mit den Beziehungen zwischen Lernen und Motivation; der größte Teil davon bezog sich auf Tierexperimente. Im Gegensatz dazu enthielt der Band von *The Psychological Review* im letzten Jahr (1980) unter den 28 Arbeiten keinen Artikel über diesen Gegenstand, obwohl 21 % (6) auf irgendeine Art mit der Psychobiologie von Lernen und Gedächtnis befaßt waren (diese und die unten aufgeführten Zahlen sind in Tabelle 7.1 wiedergegeben).

In *Journal of Experimental Psychology* von 1962 (nur Bd. 63) beschäftigt sich ein ähnlich hoher Prozentsatz seiner 103 Artikel, 18 % (19), mit tierischem Lernen und Motivation. Das vor 20 Jahren bestehende *Journal of Experimental Psychology* ist heute auf drei verschiedene Zeitschriften aufgeteilt; eine mit dem Titel *Learning, Memory and Cognition*, die zweite heißt *Human Perception and Performance* und eine dritte *Animal Behavior Processes*. In allen diesen Zeitschriften erschienen 1980 insgesamt 147 Artikel. Der Prozentsatz spezieller Publikationen über Lernen und Motivation bei Tieren ist ungefähr der gleiche wie vor 20 Jahren, 17 % (25). Aber die relative Betonung der Motivation in diesen Artikeln ist deutlich zurückgegangen. Während sich vor 20 Jahren ungefähr 90 % der betreffenden Artikel (Bd. 63) in erster Linie mit Motivationseffekten oder den Bedingungen der Bekräftigung beim Lernen beschäftigten, berichteten nur ungefähr 10 % von Untersuchungen über tierisches Lernen und Gedächtnis selbst. Im Gegensatz dazu befaßten sich 1980 80 % der einschlägigen Artikel eher mit Lernen und Gedächtnis als mit der Wechselbeziehung zwischen Lernen und Motivation. Später werde ich die Vermutung äußern, daß das Problem der Motivation im Verlauf der nächsten 20 Jahre erneut aufgegriffen wird, und zwar im Zusammenhang mit bestimmten neurochemischen Faktoren, die für Lernen und Gedächtnis wichtig zu sein scheinen.

Tab. 7.1: *Prozentsatz veröffentlichter Berichte über Lernexperimente bezogen auf Motivation gegenüber Psychobiologie des Gedächtnisses*

Zeitschrift	Interaktion zwischen Lernen und Motivation	Psychobiologie von Lernen und Gedächtnis
Psychological Review		
1962	19 %	5 %
1980	0	21 %
Journal of Experimental Psychology		
1962 (Bd. 63)	16 %	2 %
1980	3 %	14 %
Journal of Comparative and Physiological Psychology		
1962	22 %	23 %
1980	5 %	27 %

In gewissem Sinn wurde das gegenwärtige Gebiet der Psychobiologie von Lernen und Gedächtnis vor 20 Jahren besser im *Journal of Comparative and Physiological Psychology* vorweggenommen als im *Journal of Experimental Psychology*. Im Jahrgang 1962 des erstgenannten Journals wurde in 101 Artikeln die Psychobiologie von Lernen und Motivation an Tieren untersucht. Mehr als 50 % davon beschäftigten sich relativ direkt mit Lernen und Gedächtnis, mit ihren neurophysiologischen Grundlagen und Umweltdeterminanten – viel mehr als die 10 %, die in diesem Jahr im *Journal of Experimental Psychology* über diesen Gegenstand veröffentlicht wurden. In Anbetracht zunehmenden Einsatzes von Menschen in Experimenten auf diesem Gebiet ist es bemerkenswert, daß sich sieben Artikel im *Journal of Comparative and Physiological Psychology* von 1962 mit Lernen und Gedächtnis bei Kindern oder Erwachsenen mit anormaler Hirnfunktion befaßten.

Die Themen, welche das *Journal of Comparative and Physiological Psychology* vor 20 Jahren enthielt, werden jetzt in vielen Zeitschriften angeboten. Diese Artikel erscheinen nun nicht nur in relativ speziellen neurowissenschaftlichen Zeitschriften, wie *Neuropsychologica* oder *Brain Research*, sondern auch in Zeitschriften, die traditionellerweise ausschließlich der menschlichen Kognition auf der Ebene von Verhaltensanalysen gewidmet waren. Zum Beispiel haben das *Journal of Verbal Learning and Verbal Behavior* und das *Journal of Experimental Psychology: Learning, Memory and Cognition* begonnen, Artikel über Lernen und Gedächtnis bei Menschen, die an Hirnschädigungen oder Drogenauswirkungen leiden, zu veröffentlichen. Das sind Trends, die meiner Meinung nach über das Jahr 2000 andauern werden. Deshalb ist es angemessen, daß das von mir im folgenden diskutierte Problem in psychobiologischen Studien von Lernen und Gedächtnis sowohl an Tieren als auch an Menschen untersucht werden sollte.

Kategorien von Lernen und Gedächtnis

Vorrangig möchte ich mich dem Problem zuwenden, ob die Annahme eines einheitlichen, für die Aneignung und Wiedergabe von Kenntnissen fundamentalen Mechanismus von Lernen und Gedächtnis gerechtfertigt ist. Dies ist eine alte und in gewisser Weise viel zu vereinfachte Frage. Tatsache ist jedoch, daß eine solche Vorstellung von Lernen und Erinnern vielen Arbeiten über die psychobiologische Basis des Gedächtnisses zugrunde zu liegen scheint. Die Annahme, daß es ein einheitliches Gedächtnis gibt, das verbessert oder beeinträchtigt werden kann, ist erstaunlicherweise auf diesem Gebiet vorherrschend. Obwohl Psychologen und Neurowissenschaftler in dieser Hinsicht vorsichtiger geworden sind, findet man noch immer Mitteilungen über Arzneimittel, Verletzungen oder Umweltbedingungen, die eine simple Verbesserung des „Gedächtnisses" annehmen. Gibt es tatsächlich bestimmte Situationen, in denen das Gedächtnis insgesamt schlecht oder ein anderes Mal insgesamt gut ist? Gibt es Menschen mit durchgängig „gutem Gedächtnis" und andere mit „schlechtem"? Besitzen bestimmte Tiere ein leistungsfähigeres System für Lernen und Gedächtnis als andere? Haben Säuglinge und Kinder neurophysiologisch gesehen wirklich einen weniger leistungsfähigen Mechanismus für Lernen und Erinnern im Vergleich zu Erwachsenen?

Ich habe meine eigene Antwort auf diese Fragen als sehr unbefriedigend empfunden, sie war so etwas wie „Nein, es gibt keine einheitliche Gedächtnisleistung, die man verbessern oder beeinträchtigen kann ... aber möglicherweise doch." Beim Abwägen der Hinweise, die dieses Problem lösen könnten, stieß ich auch darauf, daß das Wesen des Problems bei weitem interessanter ist als meine unbefriedigende Antwort. Ich vermute, daß dieses Problem bis zum Jahr 2000 wachsendes Interesse erregen wird, wie auch die Befunde, die ich als nächstes diskutieren werde.

Ontogenetische Veränderungen beim Lernen und Vergessen

Eine der oben genannten Fragen ist, ob sich eine einheitliche Lern- und Behaltensfähigkeit im Lauf der Ontogenese vervollkommnet. Viele Untersuchungen in meinem Laboratorium beschäftigen sich mit *infantiler Amnesie*. Seit langem bin ich an der Frage interessiert, warum Erwachsene sich wenig oder gar nicht an ihre Handlungen bis zum Alter von 3 Jahren erinnern können. Die experimentelle Analyse der infantilen Amnesie macht Tierversuche erforderlich. Unser Modell ist die Ratte, und ich werde mich zunächst mehr dem Lernen als dem Vergessen bei jungen Ratten zuwenden.

Um es kurz zu wiederholen, die Ratte ist ein Nesthocker. Ihr zentrales Nervensystem und dementsprechend die Verhaltensweisen sind bei der Geburt auffallend „unreif", ähnlich wie beim Menschen (Campbell und Coulter 1976, Campbell und Spear 1972). Noch vor wenigen Jahren dachte man, daß neugeborene Tiere von Nesthockern wahrscheinlich nur zu geringen Lern- und Gedächtnisleistungen fähig sind. Bei Ratten konnte man für die erste Lebenswoche kaum Lernen irgendwelcher Art nachweisen, und instrumentelles Lernen schien bis zum Alter von 11 Tagen unwahrscheinlich. Man mußte annehmen, daß das Lernen für neugeborene Ratten unwesentlich wäre.

Zwei Entwicklungen führten zu einer Veränderung dieser Sichtweisen. Eine war theoretischer Art und wurde durch P. Anochin (1964) beeinflußt. Für Anochin und seine Schüler ist das „funktionelle System" die wesentliche Einheit für psychobiologische Analysen. Damit ist eine „funktionelle Kombination verschiedener Strukturen und Prozesse zur Erreichung des angezielten Effekts" (S. 56) gemeint. Beispiele für solche funktionellen Systeme sind verschiedene Arten der Fütterung oder des sexuellen Verhaltens; es sind Systeme, die offensichtlich in gereifter Form in unterschiedlichem Alter zutage treten. Wichtig ist, daß der Zeitpunkt, an dem ein funktionelles System wirksam wird, von der Bedeutung für Anpassungsleistungen in diesem Alter abhängt. Anochins Meinung ist, daß ein funktionelles System „unlösbar mit dem Endeffekt der Anpassung" (S. 56) verbunden ist. Von dieser Orientierung haben die Entwicklungspsychobiologen die Ansicht übernommen, daß scheinbar ineffektive Verhaltensweisen bei Neugeborenen nicht darauf hinweisen, daß das Neugeborene ein unvollkommenes, inkompetentes erwachsenes Tier ist. Was aus der Sicht der Anpassungsbedürfnisse Erwachsener unzureichendes Lernen zu sein scheint, wird nur als eine andersartige Lösung des unreifen Tieres angesehen, die den physiologischen Regulationsmechanismen auf dieser Altersstufe entspricht. Wir beginnen zu begreifen, wie unterschiedlich die ökologischen Anforderungen in den verschiedenen Entwicklungsstadien wirklich sind, und daß der Organismus in der Lage sein muß, die Anforderungen im Stadium des Neugeborenen wie auch in dem des Erwachsenen zu meistern, wenn die Gene überleben sollen.

Die zweite Entwicklung korrigierte das irreführende Vorgehen bei der Einschätzung von Entwicklungsunterschieden des Lernens und Gedächtnisses, bei dem die assoziativen Fähigkeiten des Neugeborenen auf die gleiche Weise geprüft werden, wie dies für Erwachsene üblich ist. Als Folge von Anochins Einfluß, ergänzt durch einige sorgfältige Beobachtungen und experimentelle Untersuchungen des sich entwickelnden Tieres, begannen die Psychologen dieses Problem der Gestaltung von Untersuchungen auf andere Art zu lösen – durch sorgfältiges Anpassen an das Alter eines Organismus und an spezifische ökologische Bedingungen sowie durch altersbezogene Wahl von Reizen und Reaktionen beim Untersuchen von assoziativen Fähigkeiten und Merkmalen der Neugeborenen. Neuere Methoden zur Analyse assoziativer Prozesse der physiologisch unreifen Ratte haben deshalb in Betracht gezogen, daß die Ratte während der ersten beiden Lebenswochen durch Geschmack, Geruch, Temperaturunterschiede und Ultraschall beherrscht wird, während Saugen und Kriechen ihre einzigen bemerkbaren instrumentellen Verhaltensweisen sind. Danach scheinen visuelle Reize und Geräusche anderer Frequenzen mehr als zuvor an Bedeutung zu gewinnen. Zunehmende Mobilität erfordert neue Mechanismen für die Rückkehr der Jungen zum Nest, und die Ratte beginnt Dinge mit bekanntem Geschmack, aber irgendwie anderer Beschaffenheit als Nahrung aufzunehmen.

Unter Anwendung dieser Überlegungen wurde in den Laboratorien von Alberts (Martin und Alberts 1979), Amsel (1979), Blass (Blass, Kenny, Stoloff, Bruno, Teicher und Hall 1979), Campbell (Campbell und Stehouwer 1979, Haroutunian und Campbell 1979), Hall (Johanson und Hall 1979), Leon (1979), Nagy (1979), Rosenblatt (1979), Rudy (Rudy und Cheatle 1979) und vielen anderen (Spear 1979, 1983) vermutet, daß vielleicht besonders in der ersten Lebensphase von Ratten verschiedene Arten von Ereigniskontingenzen nicht mit gleicher Effektivität erlernt und erinnert werden können. Bestimmte Aufgaben, die von erwachsenen Ratten ohne weiteres erlernt werden, führen bei Neugeborenen zu wenig oder gar keinem Erfolg, während bei anderen Aufgaben neugeborene und erwachsene Ratten mit gleichem Effekt lernen. In welchem Ausmaß das eine Frage der Aufgabenkomplexität ist oder von Unterschieden in der Anzahl oder im Typ von Elementen, die für eine erfolgreiche Aufgabenbewältigung verarbeitet werden müssen, ist ein Problem, das noch nicht vollständig gelöst wurde. Aber gleichzeitig mit der Erkenntnis dieser Einschränkungen sind wir uns bewußt geworden, daß wir die assoziativen Fähigkeiten des sich entwickelnden Tieres gewaltig unterschätzt haben; dasselbe gilt für den Menschen von der Geburt bis zur Adoleszenz.

In den letzten Jahren wurde in den obenerwähnten Laboratorien nachgewiesen, daß 3 oder 4 Tage alte Ratten eine Abneigung gegen einen Geruch erwerben können, der entweder mit einer Krankheit oder kalten Temperaturen gekoppelt ist; sie zeigen mehrere Tage danach signifikantes Behalten; das kann durch die Präferenz von Gerüchen oder durch die Herzschlagfrequenz nachgewiesen werden, wenn sie dem aversiven Geruch ausgesetzt werden. Man fand, daß Ratten im Alter von nur einer Woche fast ebensoschnell lernen können, räumliche Gegebenheiten zu unterscheiden, wie ältere Ratten, wenn sie mit der Rückkehr zur Mutter belohnt werden. Ratten im Alter von nur einer Woche sind bereits zum Konditionieren höherer Ordnung in der Lage, und nur wenig ältere Ratten können aktive Vermeidungsreaktionen erlernen. Als letztes Beispiel sei erwähnt, daß Ratten im Alter von nur 36 Stunden lernen können, zwischen zwei winzig kleinen Schaltern zu unterscheiden und den richtigen zu bewegen, um Milch zu erhalten. Weitere Beweise lassen vermuten, daß neugeborene Ratten Fähigkeiten für klassisches und instrumentelles Konditionieren dazu nutzen, um solchen Anforderungen wie dem Auffinden einer Saugwarze für ihre erste Mahlzeit ein paar Minuten nach der Geburt zu genügen.

Neben der Feststellung, daß vorangegangene Experimente falsche Verfahren verwendeten, möchten wir die Frage stellen, warum es so interessant ist, daß Ratten bereits in den ersten Lebenstagen gute Fähigkeiten für Lernen und Behalten aufweisen. Es ist deshalb so interessant, weil diese Fähigkeit in einem bestimmten Alter nicht für alle Arten von Ereignissen nachweisbar zu sein scheint. Die Fähigkeit, zu lernen und sich zu erinnern, hängt davon ab, was gelernt und behalten werden muß, wobei diese Unterschiede offensichtlich nicht durch einfache sensorische und perzeptive Unzulänglichkeiten bedingt sind. Beispielsweise können neugeborene Ratten zweifellos in der ersten Lebenswoche einen Elektroschock am Fuß erkennen. In bezug darauf sind sie tatsächlich etwas sensibler als ältere Tiere. Neugeborene Ratten dieses Alters sind aber nicht in der Lage, eine Verknüpfung zwischen der Abneigung gegen einen Geruch und einem Schock am Fuß herzustellen, selbst wenn unter den gleichen Umständen die Abneigung gegen diesen Geruch, mit einer Krankheit oder einem Elektroschock am Magen gekoppelt, leicht konditioniert werden kann. Es kann auch eine Präferenz für diesen Geruch erworben werden, wenn er mit einer Milchinjektion verknüpft wird. Als weiteres Beispiel wäre zu erwähnen, daß 7 Tage alte Ratten, die eine Positionsdiskrimination nicht erlernen können, um einem Schock am Fuß zu entgehen, dies lernen, wenn sie als Belohnung Zugang zur anästhesierten Mutterratte erhalten.

Wir haben noch andere Beweise dafür gefunden, wir irrig die Meinung war, daß Neugeborene bezüglich einer einheitlichen Gedächtniskapazität unvollkommen ausgestattet sind. (1) Wenn neugeborene Ratten im Zusammenhang mit Gerüchen des elterlichen Nestes trainiert und geprüft werden, scheinen sie für bestimmte Lernaufgaben besonders geeignet und reif zu sein. Beispielsweise verhalten sich die Neugeborenen in dieser „elterlichen" Umgebung beim Lernen, eine bestrafte Reaktion zu vermeiden, so, als ob sie einige Tage älter wären. Es ist anzumerken, daß analoge Effekte bereits bei Säuglingen beobachtet wurden, jedoch eher bei Beobachtungen zu Hause als bei Untersuchungen im Labor. Es gibt allerdings einige Dinge, die die neugeborenen Ratten in der elterlichen Umgebung langsamer lernen, wie eine Verknüpfung der Aversion gegenüber einem Geschmack oder einem Geruch mit einer Krankheit. (2) Als weiteren Widerspruch zu den Erwartungen eines generell mangelhaften Gedächtnisses fanden wir, daß neugeborene Ratten manchmal mehr über redundante Aspekte einer bestimmten Aufgabe lernen als erwachsene Ratten. (3) Wir waren überrascht, daß Neugeborene sogar beim Verarbeiten von Elementen zusammengesetzter Reize genauso gut lernen wie Erwachsene und ähnliche Potenzierungs- und Überschattungseffekte von einer Komponente zu einer anderen zeigen. Wenn jedoch zwischen dem bedingten und dem unbedingten Reiz eine Zeitspanne verstreicht, werden die Grenzen des Neugeborenen in dieser Situation sichtbar. Wenn zum Beispiel eine Stunde zwischen der Wahrnehmung zweier Gerüche verschiedener Art und Intensität und einer Krankheit vergeht, so entwickelt die neugeborene Ratte für gewöhnlich eine Aversion nur gegen den einen oder den anderen Geruch, wohingegen eine erwachsene Ratte meistens beide Gerüche lernt (Steinert 1980).

Wie sieht es mit dem langzeitigen Behalten aus? Läßt das Phänomen der infantilen Amnesie nicht eine gewisse grundlegende Unzulänglichkeit der Fähigkeiten beim Neugeborenen vermuten, wenn man im Vergleich dazu den Erwachsenen betrachtet, der erworbene Assoziationen über lange Zeit im Gedächtnis behalten kann? Entsprechende Fakten stehen noch nicht zur Verfügung. Die vorliegenden Daten zeigen z. B., daß bei den jüngeren Tieren das Vergessen insgesamt immer noch größer ist, selbst wenn bei Neugeborenen und Erwachsenen das Vergessen durch Hilfestellungen vor der Prüfung des Behaltens vermindert wird. Wir wissen aber, daß in bestimmten Situationen die infantile Amnesie zwar bezüglich eines bestimmten Maßes des instrumentellen Konditionierens voll in Erscheinung tritt, daß sie jedoch in bezug auf einige Elemente des klassischen Konditionierens nur unvollständig vorhanden ist. Wir wissen auch, daß bei Neugeborenen retroaktive und proaktive Hemmung stärker vorhanden sein können als bei

Erwachsenen. Es scheint, daß diese Fälle von infantiler Amnesie weniger auf einen grundlegenden Mangel in der auf physiologischen Grundlagen beruhenden Verarbeitungskapazität des Gedächtnisses als zumindest ebenso auf Unterschiede in der Reizselektion oder andere psychische Faktoren zurückzuführen sein können (einen Überblick über solche Arbeiten geben Spear 1978, 1979, Spear und Parsons 1976).

Um das Bisherige zusammenzufassen, können wir sagen, daß jüngste Erkenntnisse in der ontogenetischen Forschung über Lernen und Gedächtnis zu einer Ablehnung der Ansicht geführt haben, die neugeborene Ratte würde weniger gut lernen und sich erinnern als die erwachsene Ratte, weil sie grundlegend mangelhafte Gedächtnisfähigkeiten besitzt. Das kann durch ein Beispiel aus den Untersuchungen mit Kindern kurz belegt werden, die unsere Erfahrungen mit neugeborenen Ratten analog ergänzen. Zu Beginn des zwanzigsten Jahrhunderts äußerten einige Psychologen, daß Kinder bis zu ungefähr 6 Monaten geringe oder keine Fähigkeiten für Lernen und Gedächtnis besitzen. Sogar in den vergangenen 5 Jahren wurden auf diesem Gebiet Theorien auf der Grundlage der Annahme entwickelt, daß die Fähigkeit des Kindes, sich zu erinnern, bis zum Alter von 6 bis 8 Monaten auf einige Minuten oder Stunden begrenzt ist. Jetzt steht jedoch fest, daß man beim neugeborenen Säugling tatsächlich sowohl klassisches als auch instrumentelles Konditionieren feststellen kann, und man außerdem zuverlässiges Behalten bis zu 2 bis 3 Monaten vorfindet. Das neuartige Forschungsprojekt von Professor Carolyn Rovee-Collier liefert ein besonders bemerkenswertes Beispiel. Für dieses Projekt wurde eine genial einfache Aufgabe zum instrumentellen Lernen entwickelt. Ein Band einer beweglichen Vorrichtung über dem Kopf des Säuglings wird am Knöchel befestigt, und das Kind lernt, diese Vorrichtung durch Stoßen zu bewegen. In systematischen Untersuchungen zeigte Rovee-Collier, daß in dieser Aufgabe viele fundamentale Merkmale des instrumentellen Lernens auftreten. Im hier betrachteten Zusammenhang ist von größerer Bedeutung, was sie bei Untersuchungen fand, die sie analog zu Arbeiten über die Verringerung des Vergessens bei neugeborenen Ratten durchführte: Obwohl instrumentelles Lernen von den Säuglingen innerhalb von ungefähr einer Woche ziemlich schnell vergessen wird, so kann doch deutliches Erinnern noch einen Monat nach dem Lernen nachgewiesen werden, wenn eine Reaktivierung zur Verbesserung der Reproduktionsleistung der Prüfung des Behaltens vorausgeht (Rovee-Collier, Sullivan, Enright, Lucas und Fagan 1980).

Zusammenfassend können wir sagen: Der jüngste Fortschritt in der ontogenetischen Forschung wurde durch ein Zurückweisen der Ansicht ermöglicht, daß eine fundamental mangelhafte Gedächtniskapazität des Neugeborenen zu seiner relativ schlechten Lern- und Gedächtnisleistung führt.

Dissoziation bei der Äußerung menschlichen Wissens

So wie neugeborene Ratten unter bestimmten Umständen kein Lernen zeigen, während es unter anderen Bedingungen sich deutlich manifestiert, gibt es eine ähnliche Selektivität des Gedächtnisses beim Menschen, nämlich offensichtlich eine Dissoziation zwischen dem, was geäußert, und dem, was erinnert werden kann. Eine umfangreiche Betrachtung dieser Dissoziation kann in anderen Veröffentlichungen nachgelesen werden (Isaacson und Spear 1982; speziell für den Menschen s. in diesem Band die Kapitel von Fagan und Rovee-Collier, Isaacson und Spear, Schacter und Tulving und Spear und Isaacson). Im folgenden bringen wir einige Beispiele:

1. Personen, die als *vollständige Amnestiker* bezeichnet werden, sind klinisch gesehen ohne jegliches permanentes Gedächtnis für neue Informationen. Eine Vielzahl sorgfältiger Experimente hat jedoch nachgewiesen, daß diese Amnestiker in Wirklichkeit signifikantes Behalten für einige Aspekte einer Episode zeigen, auch wenn sie leugnen, sich an irgend etwas davon erinnern zu können. Ich beziehe mich hier auf Personen mit relativ eingegrenzten Läsionen in den temporalen Gebieten des Gehirns oder mit dem Korsakoff-Syndrom; in diesen Fällen wird die Funktionsstörung des Gedächtnisses von keinerlei wesentlichen perzeptiven Beeinträchtigungen oder einer Verringerung des allgemeinen IQ begleitet. Das Dissoziationsphänomen kann an den folgenden Beispielen illustriert werden: a) Weiskrantz und Warrington (1979) fanden, daß man bei diesen Amnestikern einen Lidschlagreflex klassisch konditionieren kann und sie nach einer Minute oder sogar nach 24 Stunden Behalten zeigten. Bei der anschließenden Befragung jedoch leugneten sie nicht nur, daß irgendein Lernvorgang stattgefunden hätte, sondern es waren auch keinerlei Anzeichen zu bemerken, daß sie sich irgendwie an die merkwürdige Apparatur erinnern könnten, von der der Luftstrom zu ihrem Auge ausging, und mit der ihre Reaktion gemessen wurde. b) Unter den Amnestikern, die über Jahre untersucht wurden, waren zwei Musiker, die durchaus in der Lage waren, ihrer Aufgabe Angemessenes zu leisten und neue Stücke durch Übung zu erlernen. Aber anschließend war den verbalen Äußerungen dieser Patienten nicht zu entnehmen, daß sie sich bewußt waren, eine neue Melodie erlernt noch sie überhaupt gespielt zu haben (Luria 1966, Starr und Phillipps 1970). c) Schließlich ist noch der intensiv untersuchte H. M. zu erwähnen, der bilaterale temporale Läsionen hatte, die Jahre zuvor zwecks Beseitigung epileptischer Anfälle chirurgisch erzeugt worden waren. Er zeigte häufig diese Art von dissoziativem Gedächtnis für Episoden. Obwohl er visuelle Formdiskriminationen lernen und sich über mehrere Minuten daran erinnern konnte, ferner eine spiegelbildliche Zeichnung über Perioden von 24 Stunden, ein taktiles Labyrinth über einen Zeitraum von 2 Jahren und eine besondere perzeptive Lernaufgabe über 13 Jahre behalten konnte, äußerte er in jedem Fall, daß er sich nicht an eine Teilnahme an so einer Aufgabe erinnern könne (Corkin 1982, pers. Mitteilung; Milner 1962, Milner u. a. 1968, Sidman u. a. 1968).

2. Squire und seine Kollegen haben diese Art von Dissoziation beim Gedächtnis an Patienten untersucht, die an anterograder Amnesie durch eine von drei Ursachen litten, an einer diskreten Läsion im Dienzephalon, an der Korsakoff-Krankheit oder einer neueren Serie von bilateralen elektrokonvulsiven Schocks (Cohen und Squire 1980). Sie verwendeten eine Aufgabe, die bei normalen Personen eine Art von dissoziiertem Gedächtnis widerzuspiegeln scheint. Für diese Aufgabe müssen die Vpn Wörter lesen lernen, die seitenverkehrt als Spiegelbilder dargeboten werden. Kolers (1976) hatte gefunden, daß normale Personen sich lange nach der Teilnahme an die generelle Fertigkeit erinnerten, auf diese Weise dargebotene Wörter zu lesen, obwohl sie das spezielle Material, das sie gelesen hatten, vergaßen. Cohen und Squire fanden einen ähnlichen, wenn auch etwas verzerrten Effekt bei den Amnestikern: sehr schnelles Vergessen spezifischer Items, viel schneller als bei normalen Kontrollpersonen, aber doch gutes Behalten der generellen Fertigkeit über einen Zeitraum von 3 Monaten. Bei der Diskussion dieser Dissoziation im Gedächtnis unterscheiden die Autoren zwischen „prozeduraler" oder auf Regeln basierender und „deklarativer" oder auf Daten basierender Information. In der Kognitiven Psychologie sind oft analoge Unterscheidungen gemacht und auf das Studium künstlicher Intelligenz bei Computern angewendet worden.

3. Personen, die für Hypnose empfänglich sind, haben bekanntermaßen einen Typ von Gedächtnisdissoziation, der *Quellenamnesie* genannt wird. Um diesen Effekt zu erzielen, werden solchen Personen unter Hypnose neue Informationen gegeben und nach der Hypnose werden sie danach befragt. Mehrere sorgfältig durchgeführte Experimente haben ergeben, daß diese Personen die neuen Informationen prompt äußern und doch völlig unwissend sind, woher sie stammen, selbst wenn der Lernprozeß nur wenige Minuten zuvor stattgefunden hat (übersichtlich bei Hilgard 1977, Schacter und Tulving 1982).

4. Für experimentelle Psychologen dürfte es kaum neu sein, daß das, was der Versuchsleiter für die Messung auswählt, nicht gerade der empfindlichste Indikator für Lernen zu sein braucht. Und in ähnlicher Weise ist es auch keine Überraschung, daß normale Personen verbale und nonverbale Verhaltensweisen dissoziieren, „das eine sagen und das andere tun". Wir wissen, daß Personen eine allgemeine Regel für die Lösung von Anagrammen erlernen können, ohne die Regel formulieren zu können; ihr verbales Verhalten kann durch eine subtile Rückmeldung wie „gut" konditioniert werden, und sie sind doch nicht in der Lage festzustellen, warum sich ihr verbales Verhalten verändert hat; sie können verbale Vermittler zwar als mnemische Hilfe beim Assoziationslernen verwenden und doch nicht in der Lage sein, den speziellen Vermittler zu benennen (Ericsson und Simon 1980, Nisbett und Wilson 1977). Aber die extremen Fälle von Dissoziation scheinen mehr als nur eine Angelegenheit der Feinheit der Messung oder einer Unterscheidung zwischen verbalem und nonverbalem Lernen zu sein. Das Phänomen ist allgemeiner. So zum Beispiel kann eine unilaterale abgegrenzte Schädigung im Okzipitalbereich des Gehirns verknüpft sein mit einem ähnlichen Defekt ohne reale Anhaltspunkte im Gedächtnis. Ich spreche von dem Phänomen, das Weiskrantz und seine Kollegen „Blindsehen" genannt haben (Weiskrantz 1980). Patienten mit solchen Läsionen stellen ganz explizit fest, daß sie ein bestimmtes Objekt im Raum nicht sehen können; aber sie können seine Lage genau feststellen, wenn sie aufgefordert werden, so zu tun, „als ob da wirklich etwas wäre".

5. Eine Zeitlang haben wir angenommen, daß normale Personen auffällige Dissoziation bezüglich dessen zeigen, woran sie sich erinnern. Ein Beispiel ist der „Selektormechanismus". Er wurde durch Underwood, Postman und Kollegen erkannt und analysiert. Der Selektormechanismus bezieht sich auf die Präzision des Erinnerns an Items, die *nicht* auf der Liste der gelernten verbalen Einheiten waren, auch wenn die Vpn sich nur schlecht an das erinnern, was tatsächlich auf der Liste war. Zum Beispiel beschreibt Underwood (1964) ein Experiment zum Paarassoziationslernen, bei dem unter 1424 Fehlern nur ein Wort war, das nirgends auf der Liste erschien (jemand sagte „gelb", und die richtige Antwort war „Kanarienvogel").

6. Die Dissoziation im Gedächtnis wird bei normalen Personen in den verschiedenen Variablen evident, die determinieren, wie gut eine Reihe von Wörtern reproduziert wird; und doch haben sie keinen Einfluß darauf, wie genau jedes Wort in bezug auf seine Häufigkeit in der Liste identifiziert wird. Hier gibt es einen Bezug zu einer Unterscheidung, die manchmal zwischen „kontrollierter" und „automatischer" Verarbeitung gemacht wird (Hasher und Zacks 1979, Schneider und Shiffrin 1977). Experimente im Laboratorium von Professor Lynn Hasher und Kollegen liefern gute Beispiele (Hasher 1981). In diesen Experimenten wurde den Vpn eine Wortliste vorgelegt, in der die Wörter unterschiedlich oft aufgeführt waren; einige Wörter waren nur einmal vorhanden,

andere zweimal, einige dreimal usw. Die Vpn wurden dann entweder aufgefordert, die Wörter zu reproduzieren, oder es wurden ihnen alle Wörter der Liste gezeigt, und sie sollten beurteilen, wie oft jedes auf der Liste war. Die Effekte der Vielfalt von Variablen über die freie Reproduktion in diesem Experiment sind von gewissem Interesse, doch nicht besonders überraschend: a) über einen Altersbereich von 5 bis 80, von Vorschulkindern bis zu älteren Personen, stieg die freie Reproduktion zunächst von der Kindheit bis zum Erwachsenenalter an und begann nach ungefähr dem 60. Lebensjahr abzusinken; b) lernbehinderte Kinder waren bei der Reproduktion im Verhältnis zu normalen beeinträchtigt; c) Collegestudenten oder Arbeiter, die als extrem depressiv gestimmt eingeschätzt wurden, zeigten eine schlechtere Reproduktion als normale; d) Vpn, die über den nachfolgenden Reproduktionstest nicht oder falsch informiert worden waren, hatten eine schlechtere Reproduktion als die mit expliziten Instruktionen über den zu erwartenden Test; e) College-Studenten mit relativ niedrigen Punktwerten im Scholastic Aptitude Test waren weniger gut als die mit hohen Punktwerten; und f) mit wiederholten Übungsmöglichkeiten an einer bestimmten Liste verbesserte sich die freie Reproduktion von Versuch zu Versuch. Das wirkliche Interesse gilt dem kontrastierenden Effekt dieser Variablen auf die Häufigkeitsschätzung, oder besser, auf das Nichtvorhandensein irgendeines Effekts dieser Variablen auf die Häufigkeitsschätzung. Die Genauigkeit der Häufigkeitsschätzung wurde durch keine dieser Variablen beeinflußt – nicht durch das Alter der Vp noch durch eine spezifische „Lernbehinderung“, nicht durch einen extremen Gemütszustand noch durch die Absicht zu lernen, nicht durch Unterschiede in den *SAT*-Werten der Vpn noch durch Übung. Nochmals, diese Invarianz im Gedächtnis für die Häufigkeit des Auftretens war trotz wesentlicher Unterschiede bei allen Variablen im Reproduktionsgedächtnis deutlich vorhanden.

7. Abschließend noch ein kurzer Hinweis auf einen weiteren Fall von Dissoziation im Gedächtnis, bei dem normale Erwachsene einen Aspekt einer Episode von dem einer anderen dissoziieren. Es scheint keinen Zweifel zu geben, daß das, was man von einer relativ neutralen Geschichte in Erinnerung behält, in auffälliger Weise einseitig beeinflußt (biased) werden kann durch den besonderen Titel oder das besondere Thema, die der Geschichte vor der Darbietung zugeordnet werden. Zum Beispiel wäre die Erinnerung an eine Geschichte über einen Mann, der durch den Wald geht, ganz anders, wenn der Titel „Der Jäger“ wäre, als wenn sie „Der entflohene Sträfling“ hieße. Eine ähnliche einseitige Beeinflussung kann induziert werden durch die Vorgabe eines neuen Themas oder einer impliziten Modifikation der Fakten einer zuvor erlernten Passage, wenn sie reproduziert wird; von diesem Punkt an wird die Vp die ursprüngliche Passage als einseitig beeinflußt in Erinnerung behalten. Aber werden denn, angesichts von 100 Jahren Evidenz für ein präzises und zuverlässiges – nicht einseitig beeinflußtes – Gedächtnis für spezifische Stimuli, lexikalische Aspekte der ursprünglichen Passage dissoziiert und unabhängig von einseitiger Beeinflussung durch Titel oder Thema bewahrt? Die Antwort ist, ja. Das präzise Gedächtnis für den lexikalischen Inhalt kann etabliert werden, dissoziiert vom einseitig beeinflußten Gedächtnis, wenn die Vp zur Zeit des Testens überzeugt werden kann, daß das anfänglich zugeordnete Thema ein Fehler war, und daß sich die Geschichte statt dessen mit dem anderen Thema befaßte. Der Vp wird beim Test zum Beispiel so etwas gesagt wie „Es tut mir unendlich leid, daß dieser Geschichte nicht das Thema ‚Der Jäger‘ zugeordnet wurde, sondern der Titel ‚Der entflohene Sträfling‘“. Wenn das geschieht, verbessert sich bei der Vp die Reproduktion der genauen

Wörter der Passage tatsächlich, unabhängig von jeder einseitigen Beeinflussung, als ob die Vp zu einer „reproduktiven" Art des Erinnerns zurückgekehrt wäre und die „konstruktive" aufgegeben hätte (Hasher, Attig und Alba 1981, Hasher und Griffin 1978).

Zusammenfassung zu diesem Punkt

Was ich versucht habe, war Beispiele zu demonstrieren, in denen die Wiedergabe eines Aspekts der gespeicherten Erinnerung von der eines anderen Aspekts dissoziiert zu sein scheint. Die Reproduktion von Wissen über eine bestimmte Episode vollzieht sich nicht nach dem Alles-oder-Nichts-Gesetz. Extreme Fälle einer Gedächtnisstörung sind in der Tat durch das Erhalten bestimmter Arten von Wissen charakterisiert, trotz offensichtlich vollständigen Auslöschens anderer. Dieses Modell läßt vermuten, daß eine wirklich umfassende Beeinträchtigung der generellen Gedächtniskapazität unwahrscheinlich ist.

Daß ein solches Konzept auch irreführend ist, wird durch Tests über die Ontogenese von Gedächtnis und Lernen bei neugeborenen Tieren und Menschen nachgewiesen. Während der späten siebziger Jahre wurden de facto allmonatlich nicht bekannte assoziative Fähigkeiten bei sehr jungen Tieren entdeckt; dadurch erwies sich die Annahme als falsch, daß Neugeborene relativ geringe Fähigkeiten für Lernen und Gedächtnis besitzen. Was bei solchen altersspezifischen assoziativen Fähigkeiten falsch eingeschätzt worden zu sein scheint, ist wahrscheinlich ein altersspezifischer Stimulus-Selektionsprozeß, der von der Reife getrennter funktionaler Systeme abhängen kann.

Eine breite Mannigfaltigkeit individueller Unterschiede und Situationen, die die Reproduktion einer Reihe von Wörtern beeinflussen, übt keinen Einfluß auf die Genauigkeit bei der Beurteilung, wie häufig jedes Wort dargeboten wurde, aus. Diese verschiedenen Arten der Verarbeitung oder verschiedenen Folgen der Verarbeitung unterschiedlichen Materials zu kategorisieren, ist wiederholt und mit einem gewissen Erfolg gemacht worden, sowohl heuristisch als auch analytisch. Wir verwenden z. B. *deklaratives Wissen* als Terminus für „Was-Wissen" und *prozedurales Wissen* für „Wie-Wissen"; und wir sprechen von *automatischer Verarbeitung* bei Informationen, wie Häufigkeit des Auftretens, im Gegensatz zu *kontrollierter Verarbeitung* bei der Reproduktion verbaler Items. Wie der Nachweis betreffs ontogenetischer und dissoziativer Charakteristika des Gedächtnisses schließt diese funktionale Kategorisierung ein, daß die Annahme von generellen Fähigkeiten für Lernen und Gedächtnis unangemessen ist.

Einige ganz andere Versuche, menschliches Lernen zu kategorisieren, wurden auf einem Symposium vorgenommen, das Arthur Melton vor fast 20 Jahren organisiert hatte (Melton 1964). Ein Vergleich wäre sicher instruktiv, doch uns fehlt der Platz dafür.

Vor ungefähr 10 Jahren gab es ein anderes weit verbreitetes Kategorisierungsverfahren in bezug auf die Stadien, das Varianten des Kurzzeit- und des Langzeitgedächtnisses einschloß. Auch das ist weitgehend ersetzt worden durch andere. Immer noch von Wert, obwohl nicht wirklich vergleichbar mit diesen anderen Kategorisierungen, ist die Unterscheidung zwischen „Gedächtnisspeicher" und „Wiederauffinden im Gedächtnis". Ich denke, daß wir weiterführende Versuche einer solchen Kategorisierung bis zum Jahr 2000 erwarten können. Zu diesem Zeitpunkt werden wir wahrscheinlich herausgefunden haben, daß die Unterscheidung zwischen Speicher und Wiederauffinden nicht mehr besonders sinnvoll ist. In zunehmendem Maße ist klar geworden, daß diese beiden Schritte beim Erinnern in bezug auf die Funktion als auch auf den Prozeß vielleicht mehr gemeinsam haben, als für den Zweck der Kategorisierung nützlich ist (Spear 1981, Spear und Mueller 1983).

Was wird die Grundlage unserer Unterscheidung im Jahr 2000 sein? Ich wage zu behaupten, daß wir in dem Maße, in dem Gebiete der Neurowissenschaften besser in die experimentelle Psychologie integriert werden, mehr und mehr die Anwendung dessen erleben werden, das Anochins Vorstellung von funktionellen Systemen nahekommt. Eine solche Vorstellung hat den Vorteil, daß sie sowohl biologische als auch psychologische Überlegungen einbezieht.

Einige (scheinbar) konträre Beweisführungen: Alkohol und Gedächtnis

Ich habe versucht nachzuweisen, daß eine implizite Betrachtung von Lernen und Gedächtnis als globale Fähigkeiten eines Individuums irreführend ist, die Psychologen und andere Neurowissenschaftler vermeiden sollten. Und ich widerspreche mir jetzt, wenn ich einige unserer neueren Ergebnisse zitiere; sie lassen auf eine Beeinträchtigung bei Lernen und Gedächtnis schließen, die uns, zumindest heute, durchaus global erscheint. Ich beziehe mich auf die Auswirkungen von Alkohol auf Lernen und Gedächtnis beim Menschen. Zumindest bei unseren Untersuchungen – Steve Lisman, Christian Mueller und mir – hat der Alkohol alle Aspekte des Lernens beeinträchtigt und das mit einer erstaunlichen, nahezu langweiligen Gleichförmigkeit. In unseren Experimenten schien das Lernen bei einem Blutalkoholspiegel von ungefähr 0,08–0,10 % immer beeinträchtigt zu sein, ganz gleich, welche Reaktionsmessungen verwendet wurden und welche Art von Verarbeitung von den Vpn gefordert wurde. Ich führe kurz einige Beispiele aus unseren Experimenten an:

1. Es ist bekannt, daß beim Einprägen von Wortlisten die Items besser behalten werden, die eine mehr semantische Verarbeitung erfordern. Wenn Vpn aufgefordert werden, ein Wort in einem Satz anzuwenden, behalten sie es besser, als wenn man sie auffordert, es mit einem anderen Wort zu reimen, oder wenn es in Groß- oder Kleinbuchstaben dargeboten wird. Es gibt die Vermutung, daß speziell die semantische Verarbeitung unwahrscheinlich oder beeinträchtigt ist, wenn Vpn unter Alkoholeinfluß stehen. Man könnte deshalb denken, daß Personen, wenn sie in einem solchen Zustand dazu gebracht werden könnten, sich Wörter auf der semantischen Ebene einzuprägen, sie genauso lernen und behalten könnten wie nüchterne Vpn oder zumindest nur ein geringes Defizit aufweisen würden. Um das zu testen, haben wir zwei extensive Studien durchgeführt und fanden bei den unterschiedlichsten Bedingungen übereinstimmend ein gleichbleibendes Defizit durch Alkohol vor, unabhängig von der Art des Einprägens, die von der Vp verlangt wurde. Zumindest zwei Untersuchungen in anderen Laboratorien zeigen die gleichen Ergebnisse.

2. Auf Grund derselben Überlegung könnte man annehmen, daß Personen unter Alkoholeinfluß bei der Wiedergabe in semantischen Beziehungen einfach gestört sind. Wir haben vier grundlegende Experimente durchgeführt, um festzustellen, ob ein Defizit durch Alkohol reduziert werden könnte, wenn man Vpn unter Alkohol auf explizit semantische Art etwas wiedergeben läßt. Obwohl diese Experimente in anderer Beziehung interessante Ergebnisse brachten, blieb das Gedächtnisdefizit der Vpn unter Alkohol bemerkenswert konstant, und zwar ungeachtet der Art der Wiedergabe.

3. Drei Fälle von Invarianz beim Defizit durch Alkohol können wir anführen, ohne

die Hypothesen für diese Studien zu erläutern: a) Wenn man Vpn einen Teil einer Liste von Wörtern gibt, um die Reproduktion des restlichen Teils anzuregen, wird die Nettoreproduktion durch Alkoholintoxikation in demselben Maß beeinträchtigt, als ob keine Hilfestellung stattgefunden hätte; b) Vpn, die bereits einen Reproduktionstest hinter sich haben, zeigen bei nachfolgender Reproduktion einen Leistungszuwachs; diese „Testversuche" sind bei Vpn unter Alkohol genauso beeinträchtigt wie „Lernversuche"; c) trotz der Indikation von Invarianz im Gedächtnis für Häufigkeitsurteile fanden wir, daß das Defizit durch Alkohol in bezug auf das Wiedererkennen im Gedächtnis in einem Umfang vorhanden ist, der ungefähr dem vergleichbar ist, wie er bei der Reproduktion gemessen wird.

4. Trotz der vergleichsweise nicht so gründlichen Untersuchungen wie bei den vorangegangenen Faktoren lassen unsere Daten schließlich vermuten, daß weder der Betrag der retroaktiven und der proaktiven Interferenz noch das während des Behaltensintervalls auftretende Vergessen irgendeinen besonderen Bezug zur Alkoholintoxikation haben; das durch Alkohol induzierte Defizit im Gedächtnis ist in ungefähr dem gleichen Ausmaß vorhanden, ungeachtet der retroaktiven Interferenz, der proaktiven Interferenz oder des Behaltensintervalls.

Im ganzen scheint diese Reihe von Experimenten zu zeigen, daß die Droge Alkohol eine Art von alles beherrschendem Einfluß auf das Gedächtnis ausübt, der als grundlegendes Defizit für globale Fähigkeiten des Gedächtnisses anzusehen ist. Es kann kein Zufall sein, daß der Alkohol auch recht umfassende Auswirkungen auf das gesamte Gehirn hat; aber funktionell gesehen, steht das in genauem Gegensatz zu den von mir zuvor diskutierten Daten.

Vor kurzem wurde mit einer anderen Art von Drogen ebenfalls die allgemeine Kapazität des Gedächtnisses (möglicherweise die Aufmerksamkeit) beeinflußt, obwohl die Drogen in diesem Fall eine leistungssteigernde Wirkung statt einer beeinträchtigenden zu haben schienen. Ich meine die Forschung über Neuropeptide, die vorrangig von den Professoren De Weid, Bohus, Gipsen und Kollegen in den Niederlanden durchgeführt wurden. Sie fanden bei Versuchen an Menschen und Tieren, daß die Leistung bei mehreren Gedächtnisaufgaben durch bestimmte Hypophysenhormone, wie ACTH und Vasopressin, positiv beeinflußt werden kann. Dieser positive Einfluß war besonders bei solchen Vpn bemerkenswert, die aus anderen Gründen bei Lern- und Gedächtnisleistungen beeinträchtigt waren, wie z. B. relativ alte Leute oder geistig retardierte. Diese Untersuchungen sind in einer Anzahl von Artikeln veröffentlicht worden (z. B. Bohus 1982). Es ist zu früh, um zu beurteilen, ob der Ursprung dieser Auswirkungen in einer Veränderung der globalen Gedächtniskapazität liegt. Einige Varianten dieser Neuropeptide scheinen Aufmerksamkeits- oder Motivationsfaktoren zu verändern, während andere möglicherweise direkt auf bestimmte Lern- und Gedächtnismechanismen einwirken. In jedem Fall sind diese Auswirkungen jedoch von speziellem Interesse in bezug auf bereits vorliegende und in der Zukunft geplante Untersuchungen über die Psychobiologie von Lernen und Gedächtnis. Ich erwähnte bereits, daß es während der letzten 20 Jahre die Tendenz gab, immer weniger Untersuchungen über die Wirkung der Motivation auf Lernen und Gedächtnis durchzuführen. Der primäre endogene Ursprung der Neuropeptide, der eine wichtige Kontrolle über Lernen und Gedächtnis ausüben kann, ist die Hypophyse, die wiederum vom Hypothalamus gesteuert wird. Diese Strukturen sind auch seit vielen Jahren als Modulatoren für eine Vielfalt von Motivationseffekten bekannt. Deshalb werden wir vielleicht in der Zukunft eine gemeinsame Manipulation von Motivations- und Lernvariablen erleben, analog der in der Vergangenheit, nur mit einem bedeutsamen Unterschied: Mittelpunkt des Interesses wird sein, wie das Lernen biochemisch verändert werden kann durch Neurotransmitter und Neuromodulatoren, die von Motivationsvariablen angeregt werden, und nicht zufolge einer intervenierenden Variablen, die *Motivation* genannt wird.

Zusammenfassung

Ich habe versucht, mich auf zwei alternative Arten der Konzeptbildung zu konzentrieren, was die Variationen der Effektivität von Lernen und Gedächtnis betrifft. Eine bezieht sich auf eine globale Gedächtniskapazität, die auf ziemlich einheitliche Art alle Formen von Lernen und Gedächtnis determiniert; die andere bezieht sich auf etwas ähnliches wie „funktionelle Systeme" und umfaßt verschiedene Klassen oder Arten von Verarbeitung im Gedächtnis für verschiedene Wirkungen von spezieller Relevanz für die aktuelle Adaptation. Obwohl die Klassifikationen verschiedener Arten von Lernen und Gedächtnis beim Menschen anderer Art zu sein scheinen als sie gegenwärtig bei der Diskussion über Tierexperimente verwendet werden, gibt es bereits eine gewisse Konvergenz dieser Konzepte (Hulse, Fowler und Honig 1978, Spear und Miller 1981), und sie könnte bis zum Jahr 2000 ergänzt und vervollständigt werden. Ferner nehme ich an, daß in Untersuchungen über die Psychobiologie von Lernen und Gedächtnis in zunehmendem Maß der Mensch Vp sein wird. Und schließlich habe ich als zweiten Punkt angemerkt, daß sich das schwindende Interesse an Motivationsfaktoren während der letzten 20 Jahre bis zum Jahr 2000 durchaus umkehren kann, auch wenn die mit diesem Gegenstand befaßten Untersuchungen und Theorien Bezeichnungen wie Neurotransmitteraktivität gegenüber der intervenierenden Variablen „Motivation" bevorzugen werden.

Literatur

Amsel, A.: The ontogeny of appetitive learning and persistence in the rat. In: N. E. Spear and B. A. Campbell (Eds.), Ontogeny of learning and memory. Hillsdale, N. J.: Lawrence Erlbaum Associates, 1979

Anochin, P. K.: Systemogenesis as a general regulator ob brain development. In: W. A. Himwich and H. E. Himwich (Eds.), The developing brain, progress in brain research. Amsterdam: Elsevier, 1964

Blass, E. M., J. T. Kenny, M. Stoloff, J. P. Bruno, M. H. Teicher, and W. G. Hall: Motivation, learning, and memory in the ontogeny of suckling in albino rats. In: N. E. Spear and B. A. Campbell (Eds.), Ontogeny of learning and memory. Hillsdale, N. J.: Lawrence Erlbaum Associates, 1979

Bohus, B.: Neuropeptides and memory. In: R. L. Isaacson and N. E. Spear (Eds.), The expression of knowledge. New York: Plenum Press, 1982

Campbell, B. A., and X. Coulter: Ontogeny of learning and memory. In: M. R. Rosenzweig and E. I. Bennett (Eds.), Neural mechanism of learning and memory. Cambridge: MIT Press, 1976

Campbell, B. A., and D. J. Stehouwer: Ontogeny of habituation and sensitization in the rat. In: N. E. Spear and B. A. Campbell (Eds.), Ontogeny of learning and memory, Hillsdale, N. J.: Lawrence Erlbaum Associates, 1979

Campbell, B. A., and N. E. Spear: Ontogeny of memory. Psychological Review, 79, 215–236, 1972

Cohen, N. J., and L. R. Squire: Preserved learning and retention of pattern-analyzing skill in amnesia: Dissociation of knowing how and knowing that. Science, 210, 207–210, 1980

Ericsson, K. A., and A. J. Simon: Verbal reports as data. Psychological Review, 87, 215–251, 1980

Fagan, J. W., and C. K. Rovee-Collier: A conditioning analysis of infant memory: How do we know that they know what we know they knew? In: R. L. Isaacson and N. E. Spear (Eds.), The expression of knowledge. New York: Plenum Press, 1982

Haroutunian, V., and B. A. Campbell: Emergence of interoceptive and exteroceptive control ob behavior in rats. Science, 205, 927–929, 1979

Hasher, L.: The automatic encoding of information into memory. Invited address at meetings of the Eastern Psychological Association, New York, 1981

Hasher, L., and M. Griffin: Reconstructive and reproductive processe in memory. Journal of Experimental Psychology: Human Learning and Memory, 4, 318–330, 1978

Hasher, L., Attig, M. S., and J. W. Alba: I knew it all along: Or, did I? Journal of Verbal Learning and Verbal Behavior, 20, 86–96, 1981

Hasher, L., and R. T. Zacks: Automatic and effortful processes in memory. Journal of Experimental Psychology: General, 108, 356–388, 1979

Hilgard, E. R.: Divided consciousness: Multiple controls in human thought and action. New York: Wiley, 1977

Hulse, S. H., H. Fowler and W. K. Honig: Cognitive Processes in Animal Behavior. Hillsdale, N. J.: Lawrence Erlbaum Associates, 1978

Isaacson, R. L., and N. E. Spear (Eds.): The expression of knowledge. New York: Plenum Press. 1982

Johanson, I. B., and W. G. Hall: Appetitive learning in 1-day old rat pups. Science, 205, 419–421, 1979

Kolers, P. A.: Reading a year later. Journal of Experimental Psychology: Human Learning and Memory, 2, 554–565, 1976

Leon, M.: Mother-young reunions. In: J. M. Sprague and A. N. Epstein (Eds.), Progress in psychobiology and physiological psychology. (Vol. 8). New York: Academie Press, 1979

Luria, A. R.: Human brain and psychological processes. New York: Harper and Row, 1966

Martin, L. T., and J. R. Alberts: Taste aversion to mother's milk. The age-related role of nursing in acquisition and expression of learned association. Journal of Comparative and Physiological Psychology, 93, 430–445, 1979

Milner, B.: Les troubles de la memoire accompagnant des lesion hippocampiques bilaterales. In: Physiologie de Phippocampe. Paris: C. N. R. S., 257–272, 1962. (Englisch translation in P. M. Milner and S. Glickman (Eds.), Cognitive processes and the brain. Princeton, N. J.: Van Nostrand, 97–111, 1965)

Milner, B., S. Corkin and H. L. Teuber: Further analysis of the hippocampal-amnesic syndrome: Fourteen-year follow-up study of H. M. Neuropsychologia, 6, 215–234, 1968

Melton, A. W. (Ed.): Categories of human learning. New York: Academic Press, 1964

Nagy, Z. M.: Development of learning and memory processes in infant mice. In: N. E. Spear and B. A. Campbell (Eds.), Ontogeny of learning and memory. Hillsdale, N. J.: Lawrence Erlbaum Associates, 1979

Nisbett, R. E., and T. D. Wilson: Telling more than we can know: Verbal reports on mental processes. Psychological Review, 84, 231–259, 1977

Rosenblatt, J. S.: The sensorimotor and motivational bases of early behavioral development of selected altricial mammals. In: N. E. Spear and B. A. Campbell (Eds.), Ontogeny of learning and memory. Hillsdale, N. J.: Lawrence Erlbaum Associates, 1979

Rovee-Collier, C. K., M. W. Sullivan, M. Enright, D. Lucas and J. W. Fagan: Reactivation of infant memory. Science, 208, 1159–1161, 1980

Rudy, J. W., and M. D. Cheatle: Ontogeny of associative learning: Acquisition of odor aversions by neonatal rats. In: N. E. Spear and B. A. Campbell (Eds.), Ontogeny of learning and memory. Hillsdale, N. J.: Lawrence Erlbaum Associates, 1979

Schacter, D. L., and E. Tulving: Memory, amnesia and the episodic/semantic distinction. In: R. L. Isaacson and N. E. Spear (Eds.), The Expression of Knowledge. New York: Plenum Press, 1982

Sidman, M., L. T. Stoddard and J. P. Mohr: Some additional quantitative observations of immediate memory in a patient with bilateral hippocampal lesion. Neuropsychologia, 6, 245–254, 1968

Spear, N. E.: Processing of memories: Forgetting and retention. Hillsdale, N. J.: Lawrence Erlbaum Associates, 1978

Spear, N. E.: Memory storage factors leading to infantile amnesia. In: G. Bower (Ed.), The psychology of learning and motivation (Vol. 13). New York: Academic Press, 1979

Spear, N. E.: Extending the domain of memory retrieval. In: N. E. Spear and R. R. Miller (Eds.), Information processing in animals: Memory mechanisms. Hillsdale, N. J.: Lawrence Erlbaum Associates, 1981

Spear, N. E.: Ecologically determined dispositions control the ontogeny of learning and memory. In: R. V. Kail and N. E. Spear (Eds.), Comparative perspectives on the development of memory. Hillsdale, N. J.: Lawrence Erlbaum Associates, 1983

Spear, N. E., and R. R. Miller (Eds.): Information processing in animals: Memory mechanisms. Hillsdale, N. J.: Lawrence Erlbaum Associates, 1981

Spear, N. E., and C. W. Mueller: Consolidation as a function of retrieval. In: H. Weingartner and E. S. Parker (Eds.), Memory consolidation: Towards a psychobiology of cognition. Hillsdale, N. J.: Lawrence Erlbaum Associates, 1983

Spear, N. E., and P. Parsons: Alleviation of forgetting by reactivation treatment: A preliminary analysis of the ontogeny of memory processing. In: D. Medin, W. Roberts and R. Davis (Eds.), Processes in animal memory. Hillsdale, N. J.: Lawrence Erlbaum Associates, 1976

Steinert, P. A.: Stimulus selection among preweanling and adult rats as a function of CS amount and quality using a taste aversion paradigm. Unpublishes doctoral dissertation, State University of New York at Binghamton, 1980

Underwood, B. J.: The representativeness of rote verbal learning. In: A. W. Melton (Ed.), Categories of human learning. New York: Academic Press, 1964

Weiskrantz, L.: Varieties of residual experience. Quaterly Journal of Experimental Psychology, 32, 365–386, 1980

Weiskrantz, L., and E. K. Warrington: Conditioning in amnesic patients. Neuropsychologia, 17, 187 to 194, 1979

Teil III: Wahrnehmungs- und Kognitive Psychologie

Mehrere Kapitel dieses Teils sind unmittelbar im Hauptstrom der heutigen Kognitiven Psychologie angesiedelt. Georg Mandlers Analyse des Bewußtseins unter dem Gesichtspunkt des Schemas und der Verarbeitungsgrenzen exemplifiziert die neue Freiheit von den einengenden Zwängen des Behaviorismus. Mandler spekuliert – in gewisser Weise – so ungezwungen über die Funktionen des Bewußtseins, dessen Organisation und phänomenalen Charakteristika, wie es bereits William James 30 Jahre vor J. B. Watsons Verkündigung der Emanzipation der Psychologie von solchen Konzepten tat.

James hätte sich jedenfalls bei den Grundgedanken von Mandler sehr heimisch gefühlt. Was natürlich neu erscheint, ist – außer, daß die Fesseln des Behaviorismus abgestreift werden –, die Berufung auf die empirische und oftmals experimentelle Analyse. Für Mandler und seine Mitarbeiter ist die Messung der Reaktionszeiten (eine andere Gepflogenheit aus dem 19. Jahrhundert!) besonders typisch, d. h., der Zeit für das Wiedererinnern an zuvor dargebotene Listen, die nach Kategorien und Clustern unterschiedlicher Größe organisiert waren. Ähnliche Methoden wurden zur Analyse der Organisation des Langzeitgedächtnisses angewandt. Die Resultate belegen die Bedeutung des „chunking“ und die Begrenzung der in jedem „chunk“ erinnerbaren Items.

Das Konzept des „Schemas“ ist Mandlers theoretisches Hauptinstrument für die Analyse der Struktur des Bewußtseins. Es ist interessant zu sehen, wie sich sein Gebrauch dieses konstruktivistischen Konzepts zu dem von z. B. Piaget und anderen verhält. Weiterhin ist es interessant, die durch dieses Konzept gebotenen Erklärungsmöglichkeiten zu betrachten und dabei mitzuverfolgen, ob – bzw. inwieweit – es der Überprüfung mittels experimenteller Techniken der Kognitiven Psychologie zugänglich ist.

Im Hauptstrom der heutigen Kognitiven Psychologie befindet sich auch das von Walter und Eileen Kintsch behandelte Thema. Hier stellen sie ihre Theorie vom verstehenden Lesen vor. Ähnlich Mandler müssen sie sich dabei von den Einengungen des Behaviorismus freimachen. In äußerster Bescheidenheit im Vergleich zu den Lerntheorien, die noch bis vor rund 25 Jahren in der Psychologie vorherrschten, begnügen sich diese Autoren in ihrer Theorie mit spezifischen mentalen Repräsentationen und dem Prozeß des Lesens. Mit Blick auf das Jahr 2000 haben sie die Vorstellung, daß sich die Psychologie mehr mit spezifischen Modellen zur Verständlichmachung mentaler Operationen, wie sie für die unterschiedlichen Aufgaben nötig sind, begnügen wird. Sie möchten dabei mit ihrer theoretischen Arbeit die Konstruktion von Tests stimulieren, mit deren Hilfe Personen hinsichtlich der verschiedenen Niveaustufen ihres Modells gemessen werden können. Dort gibt es einen offensichtlichen Bezug zu praktischen Anwendungen. Wie bei so vielem psychologischem Theoretisieren kann gefragt werden, ob die unterstützende Forschung nicht mit anderen Vorstellungen zum gleichen Problem vereinbar ist – in diesem Fall wohl mit solchen des gesunden Menschenverstandes über verstehendes Lesen.

Auf einer konzeptionell einfacheren Ebene, aber auch dem zentralen Informationsverarbeitungsansatz der Kognitiven Psychologie verpflichtet, bewegt sich der Beitrag von Paul Fraisse. Auf Experimente zur perzeptiv-kognitiven Verarbeitung von Wörtern und Zeichnungen, die er im letzten Vierteljahrhundert angeleitet hat, zurückgreifend, zeigt uns Fraisse, wie mittels Reaktionszeiten Teile des Informationsverarbeitungsprozesses in Komponenten zerlegt werden können. In seinem Flußdiagramm ist der „Kodierungsspeicher" in separate Blöcke für die phonetische und semantische Speicherung aufgespalten, mit der Ergänzung von der Reizunsicherheit und -diskriminierbarkeit als zwei miteinander in Wechselbeziehung stehenden Faktoren. Mit sinnreichen Experimenten wurden ganz präzise die Unterschiede zwischen den Prozessen, die für das Benennen und Lesen eine Rolle spielen, herausgearbeitet, wobei das Benennen notwendigerweise eine semantische Komponente aufweist. Fraisse verteidigt seine Zuwendung zu sog. einfachem Material und zu einfachen, aber grundlegenden Prozessen als ein propädeutisches Studium komplexerer Prozesse.

Allen Parduccis Beitrag über Urteilsrelativität stellt ein anderes Beispiel für die neue Freiheit der Experimentalpsychologen dar, über das Geistige zu schreiben. In diesem Fall geht es um *Bewertungen* (value experiences), ein Sachverhalt, der von der zeitgenössischen Kognitiven Psychologie stark vernachlässigt wurde. Parducci glaubt, daß das Verständnis des relationalen Charakters von perzeptiv-kognitiven Erfahrungen letztlich über einfache psychophysikalische Experimente gewinnbar ist. Aber er sieht in solchen Forschungen mehr eine Hypothesenquelle als eine direkte Prüfgrundlage – dies gilt zumindest für seine Theorie des Glücks. Insgesamt ist er skeptisch hinsichtlich der Möglichkeit strenger Tests für irgendeine psychologische Theorie sowie auch gegenüber Versuchen, psychologische Theorien auf praktische Probleme anzuwenden.

Den Systemzugang der „Slowakischen Experimentellen Schule der Psychologie" stellt das Kapitel von Damián Kováč vor. In Absetzung von einfacheren Paradigmen, da diese unvollständig sind, lautet Kováčs grundlegender konzeptioneller Ausdruck: $V = f[\psi(o,s)]$. Das heißt, das Verhalten ist eine Funktion *mentaler* Zustände und Prozesse unter verschiedenen organismischen Bedingungen und verschiedenen Umweltsituationen. Die im Vollzug wissenschaftlicher Prozeduren erhaltenen Daten können nur dann zu wissenschaftlichen psychologischen Fakten werden, wenn sie den vollständigen, durch mentale Funktionen vermittelten reflexiv-regulativischen Prozeß zwischen „S" und „V" bezeugen. Kováč gibt einen kurzen Einblick in einige interfunktionelle Forschungsobjekte, die in der Slovakischen Schule bearbeitet worden sind. Die Betonung liegt dabei auf der Wahrnehmung und dem Gedächtnis. Der Leser kann eine Bewegung weg von der Vergangenheit der Psychologie spüren. Kováčs Vision von der Zukunft der experimentellen Forschung scheint im übrigen viel mit den Visionen kognitiver Psychologen westlicher Länder gemeinsam zu haben.

8. Aufbau und Grenzen des Bewußtseins

George Mandler
University of California, San Diego, La Jolla, USA

Ich habe mich dafür entschieden, einige Aspekte des Problems des Bewußtseins zu erörtern. Die Untersuchung der Rolle des Bewußtseins nimmt bei der theoretischen und empirischen Analyse des menschlichen Denkens und Handelns wieder eine zentrale Stellung ein. Da die Zukunft der Experimentalpsychologie eines der Themen dieses Buches ist, scheint mir die Betrachtung eines gegenwärtig intensiv bearbeiteten Gegenstandes eine Art zu sein, einen Blick in die Zukunft zu werfen. Eine andere Möglichkeit, sich dem Thema zu nähern, besteht darin, seine Vorstellungskraft zu bemühen, um vorherzusagen, was Experimentalpsychologen in 20 oder 50 Jahren tun werden. Solche Phantasien sind üblicherweise nicht durch die Realität eingeengt; sie offenbaren mehr die Wünsche und Hoffnungen (oder Ängste und Vorahnungen) des Propheten. Ich ziehe es vor, einen kurzen Blick auf die Vergangenheit zu werfen sowie auf wichtige Probleme, die uns heutzutage beschäftigen.

Eine Sorge bei diesem Unternehmen habe ich: Als ich die Liste der Autoren dieses Buches zur Kenntnis nahm, wurde mir offenbar, daß die Experimentalpsychologie im Jahre 2000 nicht durch die Tätigkeit meiner Kollegen hier geprägt werden wird. Die Experimentalpsychologie im Jahre 2000 wird die Psychologie von Frauen und Männern sein, die heute in ihren eigenen Laboratorien tätig sind, die in der Hauptsache jünger als 40 Jahre und die nicht hier dabei sind.

Die Experimentalpsychologie der vergangenen 60 Jahre war, insbesondere in den Vereinigten Staaten, durch das behavioristische Zwischenspiel gekennzeichnet. Der Behaviorismus war ein besonderes Merkmal der amerikanischen Gesellschaft – ihres Pragmatismus und ihrer Meidung alles Spekulativen. Ein Ergebnis war, daß wir viel über die experimentelle Methode lernten und wenig über fruchtbare, inhaltsreiche Theorie. Eine Konsequenz der behavioristischen Periode war die Unterwerfung unter die Daten und deren sorgfältige Gewinnung. Die Datengewinnung in sorgfältig gestalteten Experimenten wurde zum Selbstzweck, und diese Einstellung kann heute noch – speziell in einigen abgelegenen Ecken der amerikanischen Psychologie – beobachtet werden.

Die letzten 20 Jahre haben wichtige Veränderungen in der Experimentellen Psychologie gebracht. Eines der Zeichen, das für eine zunehmende Reife symptomatisch ist, ist die engere Verbindung zwischen Experiment und Theorie. Die empirische Funktion der Experimentalpsychologie – Ermittlung der Beziehung zwischen empirischen Variablen – ist noch nützlich (und muß ihre Rolle spielen), aber sie ist durch die traditionelle wissenschaftliche Rolle des Experiments in der Wissenschaft ersetzt worden, Beweise für theoretische Modelle und Vorstellungen zu liefern. Solch eine Wende verlangt natürlich, den behavioristischen Schleier zu beseitigen und den Blick für die theoretischen Möglichkeiten des menschlichen Geistes freizumachen. Zur gleichen Zeit ist die experimentelle Methodik ausgefeilter geworden, da das klassische Modell des Versuchs-Kontrollgruppen-Plans und die ihm eigene Statistik der großen Zahlen gut kontrollierten Untersuchungen von wenigen Individuen und neuen statistischen Techniken Platz gemacht haben. Und schließlich sind an die Stelle labor-begrenzter traditioneller (und oftmals imaginärer) Probleme Untersuchungen zu theoretisch und erfahrungsmäßig relevanten Fragen getreten.

Das Bewußtsein war in den Vereinigten Staaten während der behavioristischen Periode als Analysegegenstand negiert worden, aber jetzt beginnt es, die Früchte neuer theoretischer Bemühungen zu genießen. Die Untersuchung des Bewußtseins ist ein gutes Beispiel für eine Forschung, die nicht ohne beständiges Ineinandergreifen von Theorie und empirischen Ergebnissen möglich ist. Ich werde deshalb einige neue theoretische Entwicklungen in der Untersuchung des Bewußtseins erörtern und dann einige Resultate aus meinem Labor unter diesem Blickwinkel vorstellen.

Die Funktionen des Bewußtseins

Das Bewußtsein wurde – was die extremen Auffassungen angeht – entweder als das zentrale und einzige Problem der Psychologie oder als kurioses Epiphänomen ohne jegliche theoretische Bedeutung angesehen. Eines der ermutigendsten Zeichen der vergangenen Jahre ist der Zugang zum Bewußtsein unter dem Gesichtspunkt seiner Funktionen, der Prozesse, die sein In-Erscheinung-Treten oder seinen Aufbau und sein Wirken im Rahmen der Informationsverarbeitung determinieren (Marcel 1983 b, Natsoulas 1977, Norman und Shallice 1980, Shallice 1972). Ich werde kurz einige meiner früheren Erörterungen zu diesen Funktionen darlegen (Mandler 1975 a, 1979 b, 1982 a).

Wann sind Bewußtseinsprozesse am meisten offensichtlich? In erster Linie im Prozeß des Aufbaus und der Integration von mentalen und Handlungsstrukturen. Wesentlich gilt dies für das Wirken des Bewußtseins bei Lernprozessen. Absichten und Handlungen sind typischerweise bewußt, bevor sie voll integriert und zunehmend automatisiert werden. So erfolgt das Erlernen des Autofahrens in einem bewußten Prozeß, während der routinierte Autofahrer automatisch und unbewußt handelt.

Zweitens: Bewußtseinsprozesse spielen bei Wahl und Urteil, insbesondere in bezug auf Handlungsanforderungen, eine Rolle. Solche oftmals erstmalige Wahl erfordert die Kalkulation der möglichen Ausgänge und Konsequenzen und enthält häufig, was in der behavioristischen Literatur als „unbemerkbarer Versuch und Irrtum" bezeichnet wird.

Drittens: Bewußtseinsvorgänge spielen bei „Reparatur" eine wichtige Rolle. So werden viele automatisierte Strukturen bewußt, wenn sie ihre Funktion verfehlen, wenn eine bestimmte habituelle Handlungsweise versagt, oder wenn ein Denkprozeß nicht zu einem angemessenen Abschluß gebracht werden kann. Dem erfahrenen Autofahrer wird „bewußt", wo er oder sie ist, und was er oder sie tut, wenn etwas Neues oder Andersartiges passiert, wenn ein mechanisches Versagen oder ein Polizeiauto oder eine unerwartete Verkehrsampel plötzlich registriert werden. Die Reparaturfunktion des Bewußtseins erlaubt es, gestörte oder unüberlegte Abläufe zu korrigieren und andere Verhaltensalternativen zu wählen. Diese Betrachtungsweise sieht das Bewußtsein in einer aktiven Rolle, im Gegensatz zu einer kontemplativen, reflexiven Auffassung des Bewußtseins. Eine ähnliche Analyse der Rolle des Bewußtseins bei der Ausführung und willentlichen Ingangsetzung von Handlungen ist von Norman und Shallice (1980) ausgearbeitet worden.

Nach dieser Auflistung einiger Bedingungen, die den Bewußtseinsstatus fordern, gehe ich zu einer detaillierteren Betrachtung der Strukturen und Prozesse über, die für den Inhalt des Bewußtseins eine Rolle spielen. Eine zentrale Stellung nimmt die Wissensrepräsentation ein, die mit dem Konzept des Schemas erfaßt wird.

Das Schema als ein Baustein des Bewußtseins

Ich gebrauche den Terminus *Schema* in Übereinstimmung mit der gegenwärtigen Verwendung, aber auch, um auf Ähnlichkeiten mit dem Gebrauch durch Barlett und Piaget hinzuweisen. Meine Vorliebe in den letzten Jahren richtete sich auf „kognitive Strukturen", die ich jetzt mit dem Terminus *Schema* umfasse. Das Konzept des Schemas überdeckt in bestimmten Aspekten Millers, Galanters und Pribrams (1960) Gebrauch von „Plan" und „Vorstellung".

Schemata werden im Verlauf der Interaktion mit der Umgebung aufgebaut. Sie sind auf zunehmendem Allgemeinheits- und Abstraktionsniveau verfügbar. So vermögen sie, organisierte Erfahrungen vom diskreten Merkmal bis zur allgemeinen Kategorie zu repräsentieren. Zum Beispiel kann ein Schema den Kopf eines Pferdes darstellen, ein anderes unterstützt die Wahrnehmung eines bestimmten Tieres als ein Pferd wegen der Verknüpfung bestimmter Merkmale (Variable des Schemas), wie einen Kopf, einen Schwanz, eine Mähne, eine bestimmte Größe oder einen bestimmten Farbton. Dasselbe Pferd wird als ein Tier klassifiziert, da typische Merkmale für diese Klasse von Objekten vorliegen.

Ich verwende das Schema hier als eine Kategorie mentaler Strukturen, die zurückliegende Erfahrungen organisieren, und das schließt Piagets Auffassung von einem Schema als etwas, das unsere Erfahrung strukturiert und durch sie strukturiert wird, ein. Eine jüngere Untersuchung von Rumelhart und Ortony (1978) liefert einige Spezifizierungen von Schemata, die unten ausgeführt werden.

Das Schema, das als Resultat früherer Erfahrung mit einem bestimmten Ereignis entsteht, ist keine Durchschlagskopie dieses Ereignisses; Schemata sind abstrakte Repräsentationen von Regularitäten der Umgebung (Franks und Bransford 1971). Schemata können von ganz konkret bis ganz abstrakt variieren; sie sind sowohl für Wahrnehmungselemente eines Ereignisses als auch für die abstrakte Repräsentation seiner „Bedeutung" oder seines Wesens möglich.[1] Wir verstehen Ereignisse durch Schemata, die sie aktivieren, wobei man von verschiedenen Arten von Verstehen sprechen kann. Wahrnehmen ist „das Verstehen eines sensorischen Inputs" (Rumelhart und Ortony 1978), eine Auffassung von Verstehen schließt das Erfassen semantischer Beziehungen ein, und einige Werturteile basieren auf dem Erfassen struktureller Relationen. Schließlich soll noch erwähnt werden, daß Gattungsschemata modale (oder sogar kanonische) Variablenwerte haben. Diese Eigenschaft steht mit der Darstellung von schematischen Prototypen (Rosch 1978, Rosch und Mervis 1975) in Zusammenhang, die die entsprechende Kongruenz von spezifischen Beispielobjekten und Ereignissen anspricht.

Schemata operieren interaktiv, d. h., ein Input aus der Umgebung wird selektiv kodiert, damit er dem Schema gemäß ist, mit dem gerade operiert wird, während der Input

[1] Ich verwende „konkret" und „abstrakt" hier als im wesentlich äquivalent mit „spezifisch" und „allgemein". Obgleich die Unterscheidung zwischen diesen beiden Gruppen von Begriffen potentiell wichtig ist, hat sie für das hier behandelte Thema keine große Bedeutung.

ebenfalls die relevanten Schemata auswählt (Marcel 1982 b, McClelland 1981, McClelland und Rumelhardt 1980). Wann immer ein Ereignis in der Umgebung „Daten" für die Schemaanalyse erzeugt, erstreckt sich der Aktivierungsprozeß automatisch (und interaktiv) auf das höchste (abstrakteste) relevante Schema. Gleichzeitig produziert die Aktivierung eines Schemas die Hemmung anderer, konkurrierender Schemata. Ein Ereignis in der Umgebung aktiviert potentielle Schemata, und aktive Schemata erhöhen die Bereitschaft für andere Ereignisse bestimmter Art und vermindern die Bereitschaft (Inhibition) für andere Arten. Die besondere Interaktion zwischen kontextbezogenen Umgebungshinweisen und den für den Organismus verfügbaren Schemata führt bei der Wahrnehmung und der Begriffsbildung zur Einengung auf spezifische Hypothesen, Konstruktionen und Schemata.

Der größte Teil des Aktivierungsprozesses, wenn nicht der ganze Prozeß, verläuft automatisch, ohne daß es dem Wahrnehmenden/Verstehenden bewußt wird. Wann und unter welchen Bedingungen werden mir irgendwelche Anteile dieses Ablaufs bewußt? Wir müssen zumindestens eine vorläufige Antwort auf diese Frage finden, weil ganz deutlich die meisten Aspekte des Verarbeitungsprozesses niemals bewußt werden.

Die Konstruktion von bewußter Erfahrung

Marcel (1983 b) hat das Problem der Bewußtheit für den allgemeinen Wahrnehmungsprozeß aufgeworfen. Seine Auffassung von mentalen Strukturen ist mit dem hier vorgetragenem Standpunkt vereinbar – er behandelt Strukturen und die Bedingungen, unter denen sie den Status der Bewußtheit erreichen (Mandler 1975 a, Kapitel 3). Im Gegensatz zu der Auffassung, daß Strukturen direkt bewußt *werden*, so daß Bewußtheit einfach ein unterschiedlicher Status einer Struktur ist, sieht Marcel in der Bewußtheit einen konstruktiven Prozeß, bei dem die phänomenale Erfahrung eine neue Konstruktion ist, zu der zwei oder mehr aktivierte Schemata beigetragen haben. Treisman und Gelade (1980) haben kürzlich eine konstruktive Analyse der Selektiven Aufmerksamkeit vorgeschlagen, das dem Ansatz von Marcel sehr ähnlich ist.

Ein Vorläufer dieser Ansätze ist die theoretische Analyse der automatischen Aktivierung und der bewußten Verarbeitung, die von Posner und Mitarbeitern (Posner und Boies 1971, Posner und Snyder 1975) beigesteuert wurde. Ihre Position unterscheidet ebenfalls zwischen automatischer Aktivierung von Bahnen und bewußter Verarbeitung. Die bewußte Verarbeitung, wie sie von Posner und Snyder (1975) erörtert wird, ist „ein Mechanismus von begrenzter Kapazität, der auf verschiedene Typen von Aktivität gerichtet werden kann" (S. 64). In diesem Sinne nehmen sie die mehr traditionelle Position ein, wonach das Bewußtsein auf eine unbewußte Struktur oder einen unbewußten Prozeß „gerichtet ist", die bzw. der dann „bewußt" wird.

Der konstruktive Zugang zur Bewußtheit ist auch für Überlegungen zur Natur introspektiver (verbaler) Mitteilungen relevant. Ericsson und Simon (1980) haben eine exzellente theoretische Beschreibung der Erzeugung solcher Mitteilungen vorgelegt. Jedoch betrifft ihre Analyse primär die Beziehung zwischen der im Kurzzeitgedächtnis (KZG) verfügbaren Information auf der einen Seite und der verbalisierten Information auf der anderen. Das KZG scheint als ein Ersatz für das Bewußtsein zu fungieren. Ericsson und Simon merken an, daß sie „befaßt mit", „beachten" und „im KZG gespeichert" als Synonyme verwenden; sie machen geltend, daß jüngst zugegangene Information im KZG festgehalten wird und „unmittelbar abrufbar" für verbale Mitteilungen ist und daß Resultate der automatischen Verarbeitung dem KZG nicht zugänglich sind. Die Frage, was das ist, was im KZG (Bewußtsein) verfügbar ist, wird niemals klar ausgesprochen, aber es ist impliziert, daß diese Information auf irgendeine Weise direkt kognitive Prozesse repräsentiert. Im Gegensatz dazu würde ich argumentieren, daß diese zugänglichen Inhalte des KZG selbst das Produkt des konstruktiven Prozesses sind. Eine Theorie der Introspektion muß spezifizieren, wie „sich befassen" und „beobachten" wirksam werden und ebenfalls, wie solche Prozesse spezifische Bewußtseinsinhalte determinieren (konstruieren).[2]

Marcel (1983 b) vermerkt, daß „das, was uns bewußt ist, strukturelle Beschreibungen sind". Wir können uns nur Erfahrungen bewußt machen, die aus aktivierten Schemata konstruiert werden. Wir sind uns nicht des Prozesses der Aktivierung oder der Konstituenten der aktivierten Schemata bewußt.[3] Eine konstruktive bewußte Erfahrung ist von den aktivierten Schemata eines oder mehrerer konstituierender Prozesse und Merkmale abhängig. Die für das konstruktive Bewußtsein zugänglichen Schemata müssen adäquat aktiviert (es muß eine Fixierung im Sinne von Marcel geben) und dürfen nicht gehemmt sein. Der Vorteil des Postulats, daß verschiedene solcher aktivierten Schemata das Bewußtsein ergeben, besteht darin, daß wir dadurch die phänomenale Einheit von bewußter Erfahrung erreichen. Das Bewußtsein, das sich aus mehr als einem Schema konstituiert, nutzt den Vorteil, die Welt auf alternative Weise zu sehen und es integriert einen optimalen Umfang an verfügbarer Information. Marcel (1983 b) entwickelte seine Hypothesen zu der Aussage, daß phänomenale Erfahrung „ein Versuch (ist), so vielen Daten wie möglich auf möglichst höchstem oder funktionell zweckmäßigstem Niveau Bedeutung zu verleihen". Wenn aus eigener Absicht oder durch die Instruktion eines Experimentators ein kategoriales oder ein Werturteil angestrebt wird, ist die „funktionell zweckmäßigste" Abstraktionsstufe ein allgemeines Schema oder der strukturelle Aspekt eines Schemas. Und was dann als eine bewußte, phänomenale Begleiterscheinung hergestellt wird, ist nicht das Wissen um die Kongruenz, sondern es erfolgt die direkte Erfassung der kategorialen Zugehörigkeit oder des Wertes.

Eine ähnliche Interpretation von Bewußtsein wurde von John (Thatcher und John 1977) vorgenommen. Er stellt fest, daß im Bewußtsein die Information über multiple individuelle Modalitäten des Empfindens und der Wahrnehmung zu einer einheitlichen multidimensionalen Repräsentation kombiniert ist.

[2] Es ist erforderlich, die sich laufend ändernden Unterscheidungen zwischen solchen Konzepten wie Kurzzeitgedächtnis, primäres Gedächtnis, operatives Gedächtnis und Bewußtsein aufzuklären. Kurzzeitgedächtnis und primäres Gedächtnis werden oft als austauschbar behandelt, obgleich William James das Konzept des primären Gedächtnisses als im wesentlichen äquivalent mit dem momentanen Bewußtsein einführte. Ähnlich wird das operative Gedächtnis häufig mit Bezug auf das Wandtafelkonzept benutzt, sehr ähnlich zu der Vorstellung von der begrenzten Kapazität des Bewußtseins. Auf der anderen Seite scheinen einige Autoren (wie Ericsson und Simon) das Kurzzeitgedächtnis als äquivalent dem momentanen, kapazitätsbegrenzten Bewußtsein zu benutzen. Ich würde vorziehen, Bewußtsein in bezug auf Material zu verwenden, das phänomenal unmittelbar zugänglich ist und das keines Erinnerns bedarf, wobei das Kurzzeitgedächtnis für die begrenzte Informationsmenge, die schnell, oftmals ohne Verarbeitungsaufwand, abgerufen wird, reserviert werden sollte.

[3] Die Gegenüberstellung ist von Marcel als eine Unterscheidung zwischen den Resultaten des Aktivierungsprozesses und ihrer Fixierung eingeführt worden. Während es sich bei den ersteren um generell unbewußte Prozesse handelt, kann das letztere – die Fixierung dieser Prozesse – dem Bewußtsein zugänglich sein.

Schließlich behauptet Marcel (1983 b), daß, wenn wir die Bedeutung einer Anzahl oder Gruppe von Merkmalen zu interpretieren lernen, *„wir uns dieser Bedeutung bewußt werden, anstatt und bevor wir uns der Merkmale bewußt werden“*. Obwohl Marcels Argument sich speziell auf das Phänomen des Zugangs zu Kategorien bezog, kann es pari passu auf Urteile wie Bewertungen, Tonempfindungen und allgemeine Vertrautheit angewandt werden. Marcel und andere haben gezeigt (Fowler, Wolford, Slade und Tassinary 1981, Intraub 1981, Marcel 1983 a), daß es, für den Fall minimaler Aufmerksamkeit oder bei Darbietung von Beispielen für verbale oder visuelle Kategorien, Belege dafür gibt, daß man (bewußt) „wissen“ kann, zu welcher Kategorie ein spezielles Ereignis gehört (z. B. Möbel, Landschaft), ohne daß man zu identifizieren vermag, welches besondere Objekt (Möbelstück oder spezifische Schauplätze) man gesehen hat. Parker (1977) hat gezeigt, daß die semantische Inkongruenz in einer visuellen Darstellung (peripher) erkannt wird, sogar bevor das inkongruente Objekt direkt fixiert wird. Es ist natürlich offensichtlich, daß uns üblicherweise Ereignisse und Objekte unserer Umgebung in einer konstruierten Form bewußt werden; wir werden der wichtigen Aspekte des Ereignisses gewahr, aber kaum jemals aller Details des Ereignisses, von denen wir potentiell Kenntnis haben (Köhler 1947). Entsprechend würde ich behaupten, daß es möglich ist, daß man die Bedeutung eines Ereignisses kennen kann, bevor einem die Details des Ereignisses, das zu beurteilen ist, bekannt werden. Eine ähnliche Unterscheidung zwischen dem Bewußtwerden struktureller und ereignisspezifischer Information ist im Zusammenhang mit einigen klinischen Beobachtungen mitgeteilt worden.[4] Dieser allgemeine Zugang zum Problem der Bewußtheit von abstrakten und konkreten Aspekten ist mit den Argumenten für den unmittelbaren Zugriff zu den komplexen Bedeutungen von Ereignissen vereinbar (Lazarus 1981).

Wir werden uns offensichtlich niemals all der uns zugänglichen Gegebenheiten bewußt, sondern nur eines kleinen Ausschnitts. Was ist die Natur dieser Begrenztheit?

Die Grenze der bewußten Erfahrung

In der neueren Geschichte stammt einer der frühesten Hinweise auf die Grenze der menschlichen Aufmerksamkeit von Charles Bonnet (1720–1793). Antoine Louis Claude Destutt de Tracy (1754–1836) entwickelte die Idee, daß nur sechs „Objekte“ zu ein und demselben Zeitpunkt aufgefaßt werden können. Hamilton (1859) überführte diesen Gedanken in die neue Ära und vermerkte, daß er sowohl für einzelne Objekte als auch für Gruppen von Objekten zutraf. Um 1890 hat William James das Konzept der begrenzten Kapazität als einen Eckpfeiler unserer Kenntnisse über Bewußtsein und Aufmerksamkeit solide begründet, und G. A. Miller (1956) machte es zu einer zentralen These der modernen Theorien über die menschliche Informationsverarbeitung.

Die begrenzte Aufmerksamkeitskapazität sollte eigentlich ein exzellenter Anwärter für eine durchgängige Charakteristik des Menschen sein. Unsere Kollegen, die des öfteren einer Vielzahl menschlicher Charakteristika und Unterschiede evolutionäre und gene-

[4] Warrington (1975) berichtet von Patienten, die den Kategorienamen eines Objektes, nicht aber die Objektbezeichnung angeben konnten. Sheinkopf (1970, zitiert in Osgood, May und Miron 1975) hat gezeigt, daß anomische Aphasiker, die Schwierigkeiten bei der Benennung und Wortfindung haben, gleiche Leistungen wie Gesunde bei einer visuell-verbalen synästhetischen Aufgabe (Osgood 1960) erreichen.

tische Ursprünge zuschreiben, könnten gut die begrenzte Kapazität in den Brennpunkt rücken, die über Gruppen, Gesellschaften, Rassen und sogar Altersstufen hinweg festgestellt wurde. So vermerkte Dempster (1981) in einem ausführlichen Überblick über die vorliegenden Befunde: „Es gibt nur wenige oder keine Beweise für individuelle oder entwicklungsbedingte Unterschiede in der Kapazität" (S. 87). Er definierte Kapazität als „Aufmerksamkeitskapazität" oder als begrenzten Aufmerksamkeitsumfang, der „für die Aktivierung interner, im Langzeitgedächtnis gespeicherter Einheiten verfügbar ist".

Solch eine allgemeine Charakteristik menschlicher Funktionen wie die begrenzte Aufmerksamkeitskapazität müßte eine ziemlich bedeutende Rolle für das Denken und Handeln spielen. Meine erste Vermutung ist, daß die Tatsache der begrenzten Bewußtseinskapazität dazu dient, die Konfusion, die die physikalische Welt dem Organismus potentiell präsentiert, weiter zu reduzieren. So wie die sensorischen Endorgane und die zentralen Transformationen die Welt der physikalischen Reize radikal reduzieren und nach funktionalen Reizen kategorisieren, die tatsächlich registriert werden, so reduziert der Bewußtseinsprozeß die zugängliche Information weiter zu einem kleinen und handhabbaren Ausschnitt. Ähnlich vermutet Marcel (1983 b), daß Bewußtseinszustände solcher Art gestaltet sind, daß sie funktionell zweckmäßig sind und eine optimale Sinnfälligkeit aller verfügbaren Daten ergeben. Ich vermute, etwas zirkulär, daß die Begrenzung der Bewußtseinskapazität festlegt, was tatsächlich kognitiv handhabbar ist. Wenn wir auch nicht wissen, warum die Reduktion gerade das beobachtbare Ausmaß annimmt, so ist doch die Annahme gerechtfertigt, daß eine bestimmte Reduktion notwendig ist. Wenn wir den Aufwand für den paarweisen Vergleich (in einer Wahlsituation) von *n* chunks im Bewußtsein betrachten, ist klar, daß die Zahl *n* begrenzt sein muß, wenn der Organismus eine Entscheidung innerhalb einer vernünftigen Zeitspanne treffen soll.

Posner und Snyder (1975) meinen, daß der „Mechanismus der beschränkten Kapazität eine wichtige Hemmfunktion innehaben kann ... (indem) er einer bestimmten Verknüpfung den Vorrang gibt" (S. 65). Shallice (1972) und Norman und Shallice (1980) haben die Funktion der Aufmerksamkeit für die Ausführung von Handlungen untersucht. Die Aufmerksamkeit ist auf die zentralen Aspekte der Auswahl und der Ausführung von Handlungen beschränkt. Die Begrenzung der Kapazität verhindert ein offenkundiges Konkurrieren zwischen der ausgewählten Struktur und anderen Strukturen und Schemata.

Es gibt Situationen und Reize, die fast automatisch Bewußtseinskapazität und Konstruktion erfordern. Zu diesen gehören intensive Reize und interne physiologische Ereignisse wie solche, die mit der Aktivität des vegetativen Nervensystems zusammenhängen. Wann immer solche Ereignisse auf einen Teil des kapazitätsbegrenzten Systems Anspruch erheben oder es in Beschlag nehmen, werden andere kognitive Funktionen eingeschränkt; d. h., sie werden vom Bewußtseinsprozeß ausgeschlossen, und Problemlöseaktivitäten werden beeinträchtigt (für einen Überblick s. Mandler 1979 b). Insbesondere im Fall der Unterbrechung oder des Mißlingens der aufgenommenen bewußten (und einzelner unbewußten) Verbindungen mit der Welt werden Signale sowohl der externen als auch der internen Welt die bewußte Repräsentation fordern.

Es stellt sich die Frage, ob uns tatsächlich fünf oder sechs diskrete Ereignisse „bewußt" sind. Die Argumente für eine konstruktive Auffassung des Bewußtseins scheinen gegen einen solchen Standpunkt zu sprechen. Wenn wir das Bewußtsein als eine integrierte Konstruktion zugänglicher Tatbestände ansehen – eine Konstruktion, die phänomenal als ein „Ganzes" erscheint – dann ist es wahrscheinlich eher so, daß sich die Begrenzung auf eine bestimmte Anzahl von Items, Objekten, Ereignissen oder chunks auf die Begrenzung dieser Elemente *innerhalb* der konstruierten ganzheitlichen bewußten Erfahrung bezieht. Ich würde deshalb behaupten, daß – welches Schema auch immer die bewußte Erfahrung leitet –, es notwendigerweise auf eine bestimmte Anzahl von Merkmalen oder Relationen begrenzt ist. Kognitive chunks – organisierte Wissenscluster – können als Einheiten solcher konstruierter Erfahrung fungieren, wie die Erfahrung selbst als ein konstruierter ganzheitlicher chunk. Wenn ich zum Beispiel aus meinem Fenster blicke, wird mir die Anwesenheit von Bäumen und Straßen und Menschen bewußt – individuell organisierte Schemata. Ich kann meine Aufmerksamkeit verlagern – meine bewußte Erfahrung umkonstruieren – und sie auf eine dieser Gegebenheiten richten. Ich stelle fest, daß einige der Leute mit dem Fahrrad fahren, andere zu Fuß gehen, daß dort Männer und Frauen sind. Wenn ich meine Aufmerksamkeit nochmals verlagere, erblicke ich einen Freund und bemerke, daß er hinkt, eine Aktentasche trägt und mit jemandem spricht, der neben ihm geht. In jedem Fall wird ein neues erfahrungsmäßiges Ganzes bewußt, das in sich aus neuen und unterschiedlich organisierten chunks besteht.

Mit der Behauptung, daß die begrenzte Bewußtseinskapazität durch die Anzahl von Ereignissen repräsentiert wird, die innerhalb einer einzelnen konstruierten bewußten Erfahrung organisiert sein können, gehe ich auf die intuitiv sehr ansprechende Vorstellung ein, daß uns eine bestimmte einheitliche Szene bewußt wird, innerhalb derer uns eine begrenzte Anzahl konstituierender chunks zugänglich ist. Ich habe an anderer Stelle (Mandler 1975 a) erörtert, wie diese momentanen Bewußtseinszustände die phänomenale Kontinuität und den Bewußtseinsstrom bewirken.

Die Konstruktion der individuellen chunks steht im Einklang mit den kognitiven Mechanismen, wie sie in der Unterscheidung zwischen integrativer und elaborativer Verarbeitung verkörpert sind (Mandler 1979 a, 1982 b). Integration meint den Prozeß, bei dem die Elemente einer Struktur strenger zueinander in Beziehung gesetzt werden, die Struktur selbst ihre eigenen spezifischen Konstituenten herausbildet und die Beziehungen zwischen den Elementen einer kognitiven Struktur (einem Schema) stabil werden. Dieser Prozeß erzeugt organisierte Wissenschunks, die als einzelne Einheiten fungieren, als Einheiten gespeichert und abgerufen werden, und viele von ihnen können selbst Element oder Merkmal einer größeren kognitiven Struktur werden. Elaboration auf der anderen Seite bezeichnet die Etablierung der Relationen zwischen den Strukturen, die Art des Netzwerkes, das grundlegend für die Vorstellung von der strukturellen Information ist. Die Relationen zwischen einer Wisseneinheit und anderen solchen Einheiten bestimmen ihre Bedeutung und ihre Funktion für Speicherung und Abruf im Gedächtnis (Craik und Tulving 1975, Mandler 1967). Integration und Elaboration stehen in dialektischer Beziehung zueinander (Mandler 1982 b). Die Integration einer Anzahl von Elementen kann als Elaboration eines ihrer konstituierenden Mitglieder angesehen werden, und umgekehrt, die Elaboration eines bestimmten Ereignisses schließt die Integration von Ereignissen ein, die zu dem entsprechenden Ereignis in Beziehung stehen.

Experimentelle Belege

In diesem abschließenden Teil beschränke ich mich auf die experimentelle Arbeit unseres Laboratoriums zur Frage des Aufbaus und der Grenzen des Bewußtseins. Aus Platz- und Zeitgründen kann ich keinen Überblick über die experimentelle Literatur geben, und die nachfolgende Diskussion sollte primär als illustrierend angesehen werden und ist sicher nicht erschöpfend. Insbesondere werde ich nicht auf die umfangreiche Literatur zur geteilten Aufmerksamkeit eingehen, die einen anderen Zugang zum Problem der begrenzten Kapazität beschreitet.

Mein Interesse an der These von der beschränkten Kapazität entstand im Zusammenhang mit einem umfangreichen Projekt zur Organisation des Gedächtnisses (Mandler 1967, 1968). Ist eine große Anzahl beziehungsloser Wörter gegeben, tendieren die Versuchspersonen (Vpn) dazu, sie in nicht mehr als sieben Kategorien zu sortieren und dann das Material in Clustern abzurufen, die durch die Kategorie sowie durch die Beziehungen innerhalb derselben organisiert sind. Ich folgerte, wobei ich Miller (1956) folgte und adaptierte, daß die „grundlegende Grenze für das organisierende System" eine Menge von 5 ± 2 Items beträgt.

Im Jahre 1975 faßte ich eine Reihe von Studien aus unserem Laboratorium zusammen, in denen die Wirkung der Organisierbarkeitsgrenzen auf verschiedene Aspekte des Speicherns und Abrufens demonstriert wird (Mandler 1975 b). In einer Studie haben wir gezeigt, daß das Organisationsmodell durch ein Verarbeitungsmodell angenähert werden kann, bei dem vorausgesetzt wird, daß die Abrufzeit durch die Organisation des Gedächtnismaterials in chunks bestimmt wird. Patterson, Meltzer und Mandler (1971) zeigten, daß der Abruf von kategorisiertem Material relativ kurze Zeiten zwischen den Antworten

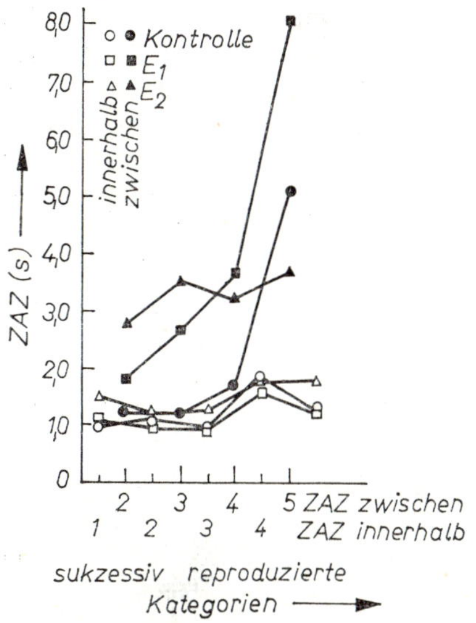

Abb. 8.1: Mittlere ZAZ (Zeiten zwischen Reaktionen) für den sukzessiven Zugang zu Items innerhalb kategorialer Cluster und zwischen den Clustern beim Abruf von Listen, die aus fünf Items aus jeder der Kategorien bestehen. Die obere Zahlenreihe an der Abszisse gibt die vier Übergänge zwischen den Kategorien an, die untere die Positionen für die ZAZ innerhalb der Kategorien (aus Patterson, Meltzer und Mandler 1971). Der Gruppe E 1 wurden für das Wiedererinnern die Kategoriebezeichnungen nicht angegeben, und die „Zwischen"-Funktion zeigt einen wachsenden Zeitbedarf für den sukzessiven Kategorienzugang. Der Gruppe E 2 wurden die Kategoriebezeichnungen angegeben, und deshalb zeigt sie keine solchen zunehmenden ZAZ. Der Kontrollgruppe wurde keine Mitteilung über den kategorialen Charakter der Liste, weder bei der Darbietung noch beim Wiedererinnern, gemacht. Ihre Gesamterinnerung lag folglich niedriger als die der beiden Untersuchungsgruppen.

(ZAZ) innerhalb der organisierten Cluster und längere ZAZ zwischen den Clustern erbringt. Abbildung 8.1 zeigt dieses Ergebnis. Die ZAZ innerhalb der kategorienbezogenen Cluster bleiben relativ gleich, aber die Vpn benötigen zunehmend mehr Zeit für den Abruf der aufeinanderfolgenden Kategorien. Diese Untersuchung bestätigt die Sensitivität der Reaktionszeit für den Abruf organisierten Materials.
Was den Abrufprozeß angeht, zeigte Patterson (1972), daß nicht nur die Art der Anhaltspunkte für das Erinnern, sondern auch die Größe der Kategorie, die zu erinnern ist, eine wichtige Determinante für die Effizienz des Erinnerns ist. Wenn die Kategoriengröße groß wird (d. h., wenn sie jenseits von vier Items liegt), wird nur eine Teilmenge ihrer Mitglieder erinnert, und der Inhalt dieser Teilmenge wechselt von einem Erinnerungsversuch zum nächsten. Ähnlich zeigte Meltzer (1971), daß die Schätzungen der Kategoriengröße das Wiedererinnern stark determinieren. Es besteht bei den Vpn die Tendenz, die Größe der Kategorien mit weniger als fünf Items zu über- und die mit mehr als fünf zu unterschätzen. Diese Schätzungen wiederum determinieren, wieviel Zeit eine Vp für Versuche aufwenden wird, von einer Kategorie abzurufen.

Eine Studie von Mandler und Graesser (1976) befaßte sich mit der These, daß die Cluster der Items, die beim Abruf von Listen beziehungsloser Wörter in Erscheinung treten, Organisationsprinzipien folgen – sie sind nicht lediglich zufällige Zusammenstellungen von ungefähr fünf Items. An Hand der Analyse mehrfach wiederholten Wiedererinnerns demonstrierten wir, daß die Vpn fokale Dimensionen konstruieren, die als Organisationspunkte für die Liste dienen. Diese fokalen Dimensionen bestimmen den Inhalt der chunks, und jede Dimension organisiert annähernd fünf Items. Die fokalen Dimensionen werden eingeführt, um die Wörter der Liste in Einklang zu bringen – die Items, die organisiert werden müssen. Eines der Resultate dieses Prozesses ist, daß er die einheitlich organisierte Natur des chunk bewirkt. Eine andere Folge ist die Art und Weise, in der solch ein Prozeß das Problem der Listenlänge handhabt. Sind mehr Items zu organisieren, werden sie auf die relevanten Dimensionen aufgeteilt, die – wenn notwendig – unterteilt werden. Die Wahl der stabilen fokalen Items ändert sich nur wenig mit der Länge der Liste, aber die Zahl der Items, die an Hand dieser fokalen Dimensionen organisiert werden, wächst mit zunehmender Länge der Liste. Das macht ein umfangreiches Abrufen von längeren Listen möglich.

Bei all den mitgeteilten Untersuchungen wurde die ziemlich artifizielle Methode benutzt, den Vpn Listen mit (kategorisierten oder beziehungslosen) Wörtern zu präsentieren und sie diese später aus dem Gedächtnis wiedergeben zu lassen. Wenn die Art Prozeß, wie wir ihn im Auge haben, tatsächlich das menschliche Verarbeitungssystem charakterisiert, dann müßten dieselben Arten von Effekten bei der direkten Wiedergabe aus dem semantischen Gedächtnis beobachtbar sein. Im Anschluß an frühere Arbeiten begannen wir 1971, Charakteristika des direkten Ausgangs des Langzeitgedächtnisses zu untersuchen. Normale Vpn wurden gebeten, alle Mitglieder einer natürlichen semantischen Kategorie, die ihnen einfallen, anzugeben. Diese Kategorien konnten Tiere, Berufe, Küchengeräte usw. sein. Dean (1971) sah solche Protokolle auf zeitliche und semantische Cluster hin durch. Er fand heraus, daß stabile Sequenzen von Anfängen (mit kurzen ZAZ) Cluster mit fünf oder weniger Mitgliedern charakterisierten. Wurden die Vpn später aufgefordert, die von ihnen angegebenen Worte danach, wie sie „zusammengehören", zu Gruppen zusammenzustellen, betrug der Modalwert der Kategoriengrößen sechs. Der Vergleich der Protokolle mit den sortierten Clustern ergab, daß die Protokolle Cluster aufeinander bezogener Items aufwiesen (Items, die zusammensortiert wurden), die meistens weniger als fünf Elemente enthielten. Der Mittelwert war 3,7.

In einer umfangreicheren Untersuchung von Graesser und Mandler (1978) wurde vor allem die Bedeutung der fokalen Items, die die Struktur der mitgeteilten Items organisieren, bekräftigt. Wie beim Einlernen der Listen hängt die semantische Organisation der natürlichen Kategorien ebenfalls von bestimmten fokalen Dimensionen ab. Die Inspektion der Zeitwerte jeder Vp bestätigte wiederum das Vorhandensein von niedrigen Intracluster- und höheren Interclusterantwortzeiten. Ist einmal der Zugriff zu einem organisierten Cluster erfolgt, werden bis zu ungefähr fünf Items von dem Cluster schnell angegeben. Die Suche nach neuen chunks führt jedoch zu zunehmend größeren ZAZ zwischen den festen Clustern. Wir stellten weiterhin fest, daß die ZAZ innerhalb der Cluster anzeigen, daß der chunk zuerst als Ganzes abgerufen und dann übermittelt wird. Abb. 8.2 zeigt, daß, unabhängig von der Anzahl der Items in einem zeitweilig zusammengestellten Cluster, das *letzte* Item mit derselben allgemeinen Geschwindigkeit genannt wird. Mit anderen Worten: Nach dem Ansprechen eines organisierten Clusters gibt es keinen Suchprozeß; was dann eher die ZAZ bestimmt, ist die Anzahl der Items, die noch anzugeben sind. Die Cluster werden als Einheiten abgerufen; wenn es viele Items in dem Cluster gibt, liegt die initiale Antwortzeit fest, aber das letzte Item ist nicht schwieriger abzurufen, wenn es das zweite oder das sechste ist.

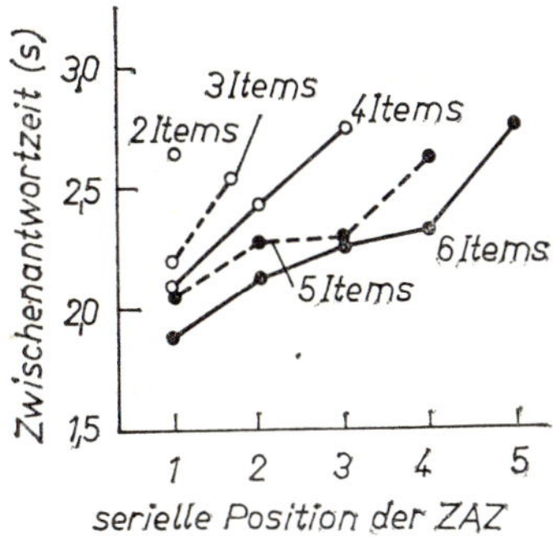

Abb. 8.2: Zeiten zwischen den Reaktionen als Funktion der Clustergröße und Outputposition innerhalb der Cluster (aus Graesser und Mandler 1978).

Wenn die organisierten Einheiten, die um fünf Items enthalten, die Grundbausteine dieser Art des semantischen Speichers sind, dann müßte die Zahl der Items, die zu jeder der natürlichen Kategorien angegeben werden können, von der Anzahl der Cluster oder chunks abhängen, die produziert werden können. Das Resultat zeigt Abb. 8.3. In ihr sind die Gesamtzahl der mitgeteilten Items zum Umfang der schnell gegebenen Cluster (chunks) und zur Anzahl dieser Cluster, die gebildet wurden, in Beziehung gesetzt worden. Es wird deutlich, daß die Zahl der Items, die zu diesen natürlichen Kategorien gespeichert wurden, nicht von der Anzahl derjenigen, die in den chunks gespeichert worden sind, abhängt, sondern von der Anzahl der verschiedenen zugänglichen chunks.

Diese Daten bestätigen ebenfalls die These, daß unabhängig von der Art der abgerufenen Kategorie die Zahl der innerhalb einer organisierten Einheit speicherbaren Items streng begrenzt ist.

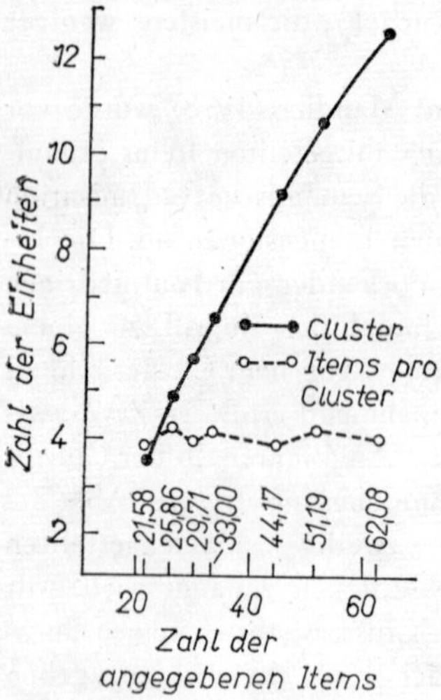

Abb. 8.3: Mittlere Zahl der Cluster und mittlere Zahl der Items je Cluster als Funktion der Gesamtzahl der genannten Items (aus Graesser und Mandler 1978).

Ich habe an früherer Stelle ausgeführt, daß Bewußtsein für die adäquate Kodierung in den und für den Abruf aus dem Langzeitspeicher offensichtlich erforderlich ist. Der hier aufgeführte Tatbestand spricht nicht direkt für diese Auffassung, aber er weist darauf hin, daß eine bestimmte Begrenzung der Kapazität für die Kodierung und den Abruf von Gedächtnismaterial – sowohl von experimentell erzeugtem als auch natürlich entstandenem – eine Rolle spielt. Was diese Daten zeigen, ist, daß organisierte Gruppen mit nicht mehr als ungefähr fünf Elementen von größeren begrifflichen Kategorien abgerufen werden. Beim Abruf unserer Kenntnisse zu natürlichen Kategorien scheinen wir einen kleinen organisierten chunk abzurufen, der durch ein bestimmtes Thema oder einen bestimmten Begriff identifiziert wird (z. B. „Haustiere" von „Tiere", „Küchenmöbel" von „Möbel" und „Metalle" von „physikalische Stoffe"). Der abgerufene Cluster enthält nur einige der Items, die unter dem speziellen Thema oder Begriff zu klassifizieren wären, aber die Kapazitätsbegrenzung verhindert den Zugriff zu mehr als ungefähr fünf Items auf einmal. Die phänomenalen Erfahrungen, die diese Erinnerungen begleiten, scheinen ebenfalls eine bestimmte begriffliche Gruppierung zu spezifizieren sowie ihre momentan begrenzte Zahl von Beispielen. Unsere Forschungen haben ergeben, daß ein beliebiger Erinnerungsakt immer nur einen begrenzten Ausschnitt des Materials zutage fördert – wie umfangreich das potentiell zugängliche Material auch sein mag. Insbesondere der Abruf natürlicher Kategorien zeigte, daß – obwohl die Vpn ungefähr die gleiche Anzahl von Items bei aufeinanderfolgenden Versuchen, die ganze Kategorie anzugeben, liefern – es eine beträchtliche Variation bezüglich der Items gibt, die bei einem bestimmten Versuch tatsächlich angegeben werden.

Wir haben einen direkten Beleg dafür, daß die Begrenzung der Kapazität innerhalb der organisierten Einheit in Erscheinung tritt. Wir forderten Vpn auf (Graesser und Mandler 1978), eine gemeinsame Bedeutung für Mengen zufällig ausgewählter, beziehungsloser Wörter zu finden. Der Umfang dieser Mengen variierte von 1 bis 12. Die mittlere Zeit, um eine Dimension der gemeinsamen Bedeutung zu finden, wuchs bis zur Menge mit dem Umfang 6 und flachte dann ab. Die mittlere Anzahl von Wörtern, die eine spezifische Bedeutungsdimension bildeten, betrug 6,5. Mit anderen Worten: Die Vpn konnten eine einzelne Bedeutungsdimension für ungefähr 5 oder 6 Wörter finden, aber sie schienen nicht in der Lage, mehr Items auf dieser Dimension unterzubringen. In diesem speziellen Fall handelt es sich um eine sementische Dimension, in anderen Fällen kann das Organisationsprinzip räumlicher oder serieller Natur sein, oder es kann sich um einen anderen Organisationsprozeß handeln. Allgemein ist die Grenze des Bewußtseins eine Funktion der Anzahl der Objekte/Ereignisse, die sich einem einheitlichen Organisationsprinzip unterordnen lassen, ob diese Objekte Wörter, Serien von Ziffern oder komplexe chunks sind. Ich wende mich nun einem Beispiel einer sehr einfachen räumlichen Organisation zu.

Das Phänomen des „subitizing", entdeckt und erkundet von Kaufman, Lord, Reese und Volkmann (1947), war lange Zeit eine Hauptstütze für die Definition des Phänomens der begrenzten Kapazität. Kaufman und Mitarbeiter benutzten den Term *subitizing* zur Bezeichnung der schnellen, sicheren und genauen Angabe der Elementezahl von Anordnungen von Elementen, die für eine sehr kurze Zeit dargeboten wurden. Das Phänomen ist auf 6 oder weniger Elemente (gewöhnlich einfache Punkte) beschränkt. Es ist eine Erweiterung der Begrenzung, die mindestens seit dem 18. Jahrhundert bekannt ist (d. h., daß die unmittelbare Erfassung der Anzahl einer zufälligen Anordnung von Objekten oder Ereignissen auf Anordnungen von 6 oder weniger Elementen begrenzt ist). Unsere Experimente (im Detail erörtert in Mandler und Shebo 1982) ergaben, daß die Vpn bei kanonischen Mustern mit 1 bis 3 Elementen sehr schnelle Reaktionen aufweisen, bei Anordnungen aus 4 bis 6 Elementen zählten und bei Anordnungen mit mehr als 6 oder 7 Elementen die Anzahl schätzten. Von besonderem Interesse ist im vorliegenden Zusammenhang das Phänomen des mentalen Zählens. Es scheint, daß nach der Darbietung der Anordnungen für 200 ms die Vpn in der Lage sind, die Anordnungen im Bewußtsein festzuhalten und die Elemente zu zählen. Von speziellem Interesse ist die Steigerung der Funktion des Zusammenhangs von Reaktionszeit und Größe der Anordnung. Die Steigung für das mentale Zählen – bei Abwesenheit des physikalischen Sachverhaltes – ist identisch mit der Steigung für physikalisch vorhandene Anordnungen, die unbegrenzt dargeboten werden. Jedoch ist es offenbar nicht möglich, mehr als 6 Elemente vor ihrem geistigen Auge zu bewahren; Anordnungen mit mehr als 7 Elementen, die für kurze Perioden dargeboten werden, können nicht nacheinander durchgezählt werden. Dieser Befund legt nahe, daß das Wahrnehmungsfeld, wie eine Anordnung von Elementen, für eine bewußte Konstruktion organisiert werden kann, aber daß die Zahl der Elemente, die bewußt konstruiert werden können, begrenzt ist. Dies ist meinem Ausgangsargument sehr ähnlich, daß die begrenzte Bewußtseinskapazität sehr gut die Anzahl von chunks oder Konstituenten sein kann, die in eine einzelne organisierte Konstruktion eingepaßt werden kann.

Eine der Schwierigkeiten der experimentellen Analyse des menschlichen Bewußtseins resultiert aus der Tatsache, daß der Akt der Inspektion selbst mit den Inhalten der Bewußtseinskonstruktion interagiert. Ich habe dieses spezifische psychologische Unbestimmtheitsprinzip andernorts diskutiert (Mandler 1975 a). Es ist offensichtlich, daß eine Mitteilung über einen Bewußtseinstatbestand Bewußtseinskapazität in Anspruch nimmt, was die für das betrachtete Phänomen zur Verfügung stehende Kapazität reduziert und sie folglich verändert. Bei unserer „subitizing"-Studie war es uns möglich, einen Schritt bei der Überwindung dieses Problems voranzukommen. In einem unserer Experimente forderten wir die Vpn auf, nicht die Anzahl der von ihnen gesehenen Elemente anzugeben, sondern anzugeben, ob sie solch eine Zahlenangabe machen *könnten*, wenn das gewünscht werden würde. Mit anderen Worten: Die Vp zählt oder schätzt nicht die intern gegebene Anordnung, sondern sie berichtet über ihre kognitive Klarheit. Im Gegensatz zu den Anzahlurteilen, für die sich ein signifikanter Zeitzuwachs mit zunehmender Größe der Anordnung ergibt, weisen die Urteile für die Überschaubarkeit der Anordnungen im wesentlichen keinen Zeitzuwachs bei Anordnungsgrößen auf, für die richtige Antworten erhalten werden. Die Reproduktion dieser Anordnungen im Bewußtsein macht sie „zählbar aussehend", und das Urteil liefert einen direkteren Zugang zu der phänomenalen Erscheinungsweise der Anordnung, wenn es nicht durch die Forderung nach einem mentalen Zählen gestört wird. Die Antwortgeschwindigkeit ist im wesentlichen unbeeinflußt von der Zahl der Elemente. Auf der anderen Seite, ob ein klares Bild von der abzählbaren Anordnung hergestellt werden *kann* oder nicht, wird durch die Grenze für die Anzahl der Elemente (oder chunks) entschieden, die organisiert werden kann.

Zukünftige Richtungen

Zwar sieht es so aus, als ob wir Natur und Funktion des menschlichen Bewußtseins etwas geklärt haben, doch die experimentelle Arbeit macht erst den Reichtum zukünftiger theoretischer Möglichkeiten deutlich. Wir benötigen mehr Erkenntnisse über den konstruktiven Prozeß und die Mechanismen der Aufmerksamkeit, die das System zu einer der möglichen Konstruktionen führen. Wir müssen neue Methoden zur Erfassung des zeitlichen Ablaufs des konstruktiven Prozesses erkunden und die Beziehungen zwischen automatischer Aktivierung potentieller Schemata und ihre Möglichkeiten für eine bewußte Konstruktion genauer bestimmen.

Ich habe auf einen Zugang zur Frage der Interaktion von integrativen und elaborativen Prozessen bei der Konstruktion von Einheiten des Denkens und Handelns hingedeutet (Mandler 1979 a). Wenn eine bestimmte Tätigkeit nicht gut integriert ist, wird sie für ihre Bewältigung eine maximale Bewußtseinskapazität erfordern. Ist sie einmal in chunks zusammengefügt, die wenig Bewußtseinskapazität erfordern, können neue Erkenntnisse erworben werden. Knapp (1979) zeigte, daß der Erwerb neuer syntaktischer Strukturen von der Automatisierung ihrer Vorgänger und anderer syntaktischer Strukturen, die gerade integriert werden, abhängt. Die Beziehung zwischen Integration, Elaboration und Bewußtseinskapazität bei der Aufnahme neuer Information ist eine zweckmäßige Orientierung bei Unterrichtungsvorhaben (vgl. die Kurven gleicher Kapazität in Mandler 1979 a).

Wir müssen die Erkundung der Mechanismen fortführen, die kohärente Schemata liefern, die als einheitliche chunks fungieren. Das zuletzt genannte Vorhaben ist besonders reizvoll, da es einen vielversprechenden Zugang zu einem Problem darstellt, das die Psychologie für Jahrzehnte, wenn nicht Jahrhunderte bewegt hat – die Spezifizierung der grundlegenden psychologischen Einheit. Dieser Zugang wird die Einsichten der Gestaltpsychologie, die einige der phänomenalen Einheiten spezifizierte, mit den Methoden der modernen kognitiven Theorie verbinden.

Danksagung
Die Abfassung dieses Kapitels wurde teilweise von der National Science Foundation, Grant BNS 79–15336, unterstützt. Teile des Kapitels sind überarbeitete Abschnitte aus „Thought processes, consciousness, and stress", in V. Hamilton und D. M. Warburton (Hrsg.), Human stress and cognition: An information processing approach. London: Wiley, 1979; und aus „The structure of value: Accounting for taste", gehalten auf The 1981 Carnegie Symposium on Cognition and Affect (Technical Report No. 101), Center for Human Information Processing, Universität von Kalifornien, San Diego.

Literatur

Craik, F. I. M., and E. Tulving: Depth of processing and the retention of words in episodic memory. Journal of Experimental Psychology: General 104, 268–294, 1975

Dean, P.: Organizational structure and retrieval processes in long-term memory. Unpublished Ph. D. thesis. University of California, San Diego, 1971

Dempster, F. N.: Memory span: Sources of individual and developmental differences. Psychological Bulletin, 89, 63–100, 1981

Ericsson, K. A., and H. Simon: Verbal reports as data. Psychological Review, 87, 215–251, 1980

Fowler, C. A., et al: Lexical access with and without awareness. Journal of Experimental Psychology: General, 110, 1981

Franks, J. J., and J. D. Bransford: Abstraction of visual patterns. Journal of Experimental Psychology. 90, 65–74, 1971

Graesser, A. C. II, and G. Mandler: Limited processing capacity constrains the storage of unrelated sets of words and retrieval from natural categories. Journal of Experimental Psychology: Human Learning and Memory, 4, 86–100, 1978

Hamilton, W.: Lectures on metaphysics and logic. Vol. 1. Edinburgh: Blackwood, 1859

Intraub, H.: Identification and processing of briefly glimpsed visual scenes. In: D. F. Fisher, R. A. Monty and J. W. Senders (Eds.), Eye Movements: Cognition and visual perception. Hillsdale, N. J.: Lawrence Erlbaum Associates, 1981

Kaufman, E. L., et al: The discrimination of visual number. American Journal of Psychology, 62, 498 to 525, 1949

Knapp, D.: Automatization in child language acquisition. Unpublished Doctoral dissertation. University of California, San Diego, 1979

Köhler, W.: Gestalt psychology. New York: Liveright, 1947

Lazarus, R. S.: A cognitivist's reply to ajonc on emotion and cognition. American Psychologist, 36, 222–223, 1981

Mandler, G.: Organization and memory. In: K. W. Spence and J. T. Spence (Eds.), The psychology of learning and motivation: Advances in research and theory. Vol. I. New York: Academic Press, 1967

Mandler, G.: Organized recall: Individual functions. Psychonomic Science, 13, 235–236, 1968

Mandler, G.: Mind and emotion. New York: Wiley, 1975 a

Mandler, G.: Memory storage and retrieval: Some limits on the reach of attention and consciousness. In: P. M. A. Rabbitt and S. Dornic (Eds.) Attention and Performance V. London: Academic Press, 1975 b

Mandler, G.: Organization and repetition: Organizational principles with special reference to rote learning. In: L.-G. Nilsson (Ed.), Perspectives on memory research. Hillsdale, N. J.: Lawrence Erlbaum Associates, 1979 a

Mandler, G.: Thought processes consciousness, and stress. In: V. Hamilton and D. M. Warburton (Eds.), Human stress and cognition: An information processing approach. London: Wiley, 1979 b

Mandler, G.: The structure of value: Accounting for taste. In: M. S. Clark and S. T. Fiske (Eds.), Affect and cognition: The 17th Annual Carnegie Symposium on Cognition. Hillsdale, N. J.: Lawrence Erlbaum Associates, 1982 a

Mandler, G.: The integration and elaboration of memory structures. In: F. Klix, J. Hoffmann and E. van der Meer (Eds.), Cognitive research in psychology. Amsterdam: North Holland, 1982 b

Mandler, G., and A. C. Graesser: II. Analyse dimensionelle et le „locus" de l'organisation. In: S. Ehrlich and E. Tulving (Eds.), La memoire sémantique. Paris: Bulletin de Psychologie, 1976. English version: Dimensional analyses and the locus of organization. Technical Report No. 48, Center for Human Information Processing, UCSD, January 1975

Mandler, G., and B. J. Shebo: Subitizing: An analysis of its component processe. Journal of Experimental Psychology: General, 1982, III, 1–22

Marcel, A. J.: Conscious and unconscious perception: I. Experiments on visual masking and word perception. Cognitive Psychology, 1981 a

Marcel, A. J.: Conscious and unconscious perception: II. An approach to consciousness. Cognitive Psychology, 1983 b

McClelland, J. L.: Networks of interacting processors as models of perception and memory. Unpublished manuscript, 1981

McClelland, J. L., and D. E. Rumelhart: An interactive activation model of context effects in perception, Part I. (CHIP Report 91), Center for Human Information Processing, University of California, San Diego. La Jolla, Calif., 1980

Meltzer, R. H.: Retrieval limitations: Output effects. Unpublished Doctoral thesis, University of california, San Diego, 1971

Miller, G. A.: The magical number seven, plus or minus two: Some limits on our capacity for processing information. Psychological Review, 63, 81–97, 1956

Miller, G. A., E. H. Galanter and K. Pribram: Plans and the structure of behavior. New York: Holt, 1960

Natsoulas, T.: Consciousness: Consideration of an inferential hypothesis. Journal for the Theory of Social Behavior, 7, 29–39, 1977

Norman, D. A., and T. Shallice: Attention to action: Willed and automatic control of behavior. (CHIP Technical Report No. 99), Center for Human Information Processing, University of California, San Diego. December, 1980

Osgood, C. E.: The cross-cultural generality of visual-verbal synesthetic tendencies. Behavioral Science, 5, 146–169, 1960

Osgood, C. E., W. H. May and M. S. Miron: Cross-cultural universals of affective meaning. Urbana: University of Illinois Press, 1975

Parker, R. E.: The encoding of information in complex pictures. Unpublished doctoral dissertation. University of California, San Diego, 1977

Patterson, K. E.: Some characteristics of retrieval limitation in long-term memory. Journal of Verbal Learning and Verbal Behavior, 11, 685–691, 1972

Patterson, K. E., R. H. Meltzer and G. Mandler: Inter-response times in categorized free recall. Journal of Verbal Learning and Verbal Behavior, 10, 417–326, 1971

Posner, M. I., and S. W. Boies: Components of attention. Psychological Review, 78, 391–408, 1971

Posner, M. I., and C. R. R. Snyder: Attention and cognitive control. In: R. L. Solso (Ed.), Information processing and cognition: The Loyola symposium. Hillsdale, N. J.: Lawrence Erlbaum Associates, 55–85, 1975

Rosch, E.: Principles of categorization. In: E. Rosch and B. B. Lloyd (Eds.), Cognition and categorization. Hillsdale, N. J.: Lawrence Erlbaum Associates, 1978

Rosch, E., and C. Mervis: Family resemblances: Studies in the internal structure of categories. Cognitive Psychology. 7, 573–605, 1975

Rumelhart, D. E., and A. Ortony: The representation of knowledge in memory. In: R. C. Anderson, R. J. Spiro and W. E. Montague (Eds.), Schooling and the acquisition of knowledge. Hillsdale, N. J.: Lawrence Erlbaum Associates, 1978

Shallice, T.: Dual functions of consciousness. Psychological Review, 79, 383–393, 1972

Steinkopf, S.: A comparative study of the affective Judgments made by anomic aphasics and normals on a nonverbal task. Unpublished doctoral dissertation, Boston University, 1970

Thatcher, R. W., and E. R. John: Foundations of cognitive processes. Hillsdale, N. J.: Erlbaum, 1977

Treisman, A. M., and G. Gelade: A feature-integration theory of attention. Cognitive Psychology, 2, 97–136, 1980

Warrington, E. K.: The selective impairment of semantic memory. Quarterly Journal of Experimental Psychology, 27, 635–657, 1975

9. Perzeptive und Gedächtnisfunktionen: ein psychologisches Paradigma

Damián Kováč
Institut für Experimentelle Psychologie, Slowakische Akademie der Wissenschaften, Bratislava, ČSSR

Die Slowakische Schule der Experimentellen Psychologie ist charakterisiert durch ihre psycho-regulatorische Konzeption, ihr integratives methodologisches Herangehen und ihr Prinzip der Interfunktionalität. Das psycho-regulatorische Paradigma ist in einem kritischen Überblick über die führenden Paradigmen der Experimentellen Psychologie dargelegt worden. Die Psychologen gehen der Frage nach, wie in unterschiedlichen Situationen bei kontrollierten Zuständen des Organismus die psychischen Funktionen das Verhalten regulieren. Unsere Forschungsmethoden werden durch die experimentellen Untersuchungen zur visuell-räumlichen Unterscheidbarkeit und zur Wortdiskrimination illustriert. Unsere Erkenntnisse über perzeptive Prozesse und Gedächtnisprozesse basieren auf den Resultaten von über 200 experimentellen Untersuchungen, die in unserem Institut durchgeführt worden sind. Wir gedenken, unsere zukünftigen Forschungen sowohl auf mikro- als auch auf makroanalytischer Ebene fortzuführen.

Es mag etwas überkommen erscheinen, sich heutzutage auf traditionelle sensorische und perzeptive Probleme zu konzentrieren, wo es solche reizvollen neuen Gebiete wie die künstliche Intelligenz gibt. Nun, wir sahen keine befriedigendere Alternative, als wir – die erste slowakische Nachkriegsgeneration – ein neues experimentelles Programm für die Psychologie in der Tschechoslowakei auszuarbeiten begannen. Natürlich konnten in jenen Jahren, in denen sich die Psychologie an Pawlow orientierte, die Wahrnehmungsexperimente nicht nach dem klassischen Muster der Gestaltpsychologie durchgeführt werden. Später, als wir den Schwerpunkt unserer Forschungen auf das Gedächtnis verlagerten, bemerkten wir, daß wir uns bereits im Hauptstrom der Ereignisse der Kognitiven Psychologie befanden. Jedoch hätten wir widersprochen, wenn uns irgend jemand dem Hauptstrom zugerechnet hätte, da sich unsere Methoden von den für die Kognitive Psychologie typischen unterschieden.

Was sind nun die spezifischen Charakteristika unserer Herangehensweise? Ich bitte mir nachzusehen, daß ich meine Antwort mit einer Aufzählung unserer allgemeinsten Thesen beginne:

1. Psychische Phänomene sind nicht mehr länger als bloße Prämissen oder Ableitungen zu betrachten: Sie sind ein plausibler Teil der Realität und der Analyse mittels Methoden, wie sie gemeinhin in der wissenschaftlichen Forschung angewandt werden, zugänglich.

2. Erleben und Verhalten sollten nicht isoliert voneinander untersucht werden, als separate Phänomene. Trotzdem sind die Psychologen aufgefordert, die Gesetze der mentalen Repräsentation und ihren Bezug zum Verhalten aufzudecken – primär beim Menschen.

3. Die Psychologie ist jetzt im Zentrum der wissenschaftlichen Forschung, die sich noch schwach ausgeprägt als Wissenschaft vom Menschen etabliert.

Diese drei Thesen führen zu den Methoden, die wir bei unseren Forschungen anwenden. Sie charakterisieren, was als die „Slowakische Experimentelle Schule der Psychologie" bezeichnet wird (s. z. B. Lienert 1974).

Psychische Regulation und methodologische Integration

Wenn auch nicht behauptet werden kann, daß das allgemeine System der Psychologie außerhalb des dialektischen Prozesses der Geschichte gewachsen ist, so gibt es doch eine bestimmte Kontinuität in der Entwicklung der Forschungsmethoden in der Psychologie. Das läßt sich aus der Betrachtung der führenden historischen Paradigmen ableiten: 1. Das Erleben ist eine Funktion des Reizes – das ist das ursprüngliche Paradigma des Mentalismus. 2. Die Reaktion ist eine Funktion der Stimulation – das Paradigma für die behavioristische Revolution. 3. Das Verhalten ist eine Funktion sowohl des Reizes als auch organismischer Faktoren – das Paradigma für verschiedene Strömungen des Neobehaviorismus. Das alles widerspiegelt den Glauben an den laplaceschen Determinismus mit der klassischen Mechanik als Modell für eine wissenschaftliche Theorie. Die originalen Ein-Faktor-Paradigmen erlaubten die Formulierung psychologischer Gesetze, wie das Weber-Fechnersche Gesetz, das Reiz und Empfindung zueinander in Beziehung setzt, und die Ebbinghausschen Gesetze, in denen das Gedächtnis für Reize sich in äußeren Reaktionen offenbart. Heutzutage ist klar, daß solche übermäßig vereinfachten Aussagen wichtige Aspekte der psychischen Prozesse ignorieren. Ein und derselbe Reiz führt, je nach dem Zustand des Organismus, zu unterschiedlichen Reaktionen. Lebende Systeme haben ihre eigenen Gesetze, einen Spielraum, den strengen Determinismus partiell zu überwinden.

Ein klassisches Beispiel für die Anwendung des Zwei-Faktoren-Paradigmas auf die Wahrnehmung findet sich in dem Überblickskapitel über die Reaktionszeit bei Woodworth und Schlosberg (1954), dessen drei Unterkapitel die Titel „Reizabhängigkeit", „Organismusabhängigkeit" und „Korrelationen und Anwendungen" tragen. Jedoch: Die ökologische Validität sogar dieser tiefgründigen Forschung muß unter dem Gesichtspunkt unserer Kenntnis darüber, wie sich „perzeptive Geschwindigkeit" mit verschiedenen Persönlichkeitszügen (wie Aggressivität) bei der Bewältigung von Anforderungen (z. B. Führen eines Fahrzeuges) kombiniert, in Frage gestellt werden.

Weiterhin, solange organismische Faktoren rigoros in neurophysiologischen Termini gefaßt werden, sind die Aussichten für eigentlich psychologische Gesetze trübe. Jüngere Untersuchungen haben es als zweckmäßig ausgewiesen, in die organismischen Faktoren psychische Vorstellungen vom zukünftigen Verhalten einzubeziehen (s. Shvyrkow 1978). Wir müssen nicht ein inadäquates physikalistisches Paradigma durch ein simples biologisches Paradigma ersetzen, das das Psychische ausschließt.

Wir müssen damit aufhören, die Psychologie als eine Wissenschaft vom Verhalten zu handhaben, und damit beginnen, sie als Wissenschaft vom Menschen zu betreiben (Ananjew 1969). Neben anderem ist der Mensch eine wahrnehmende und sich erinnernde Persönlichkeit, eine vielschichtige Realität, eine bio-soziale Entität. Einiges hierzu kann aus den gut bekannten Ansätzen von Lewin (1978) und Fraisse (1978) ersehen werden.

In unserem Institut haben wir uns mit solchen Fragen befaßt und damit, welche unterschiedlichen Antworten unsere experimentelle Forschung und auch unsere theoretischen Interpretationen dazu hervorbringen können. Unsere Antworten werden durch eine allgemeine Darstellung einiger unserer jüngsten Forschungen am ehesten deutlich.

Neuere Forschungen

Betrachten wir zuerst ein Laborexperiment zu Beziehungen zwischen subjektiver Unsicherheit und Gedächtnis. Unsere Hypothesen beziehen sich auf Einflüsse unterschiedlicher Grade mentaler Unsicherheit, die unserer Annahme nach aus verschiedenen experimentellen Manipulationen herrühren, auf Erinnern und Wiedererkennen. Die Unsicherheit haben wir dadurch zu variieren versucht, daß der Experimentator die Leistungen der Versuchsperson entweder positiv, negativ oder gar nicht kommentiert (s. Abb. 9.1). Der Effekt dieser Kommentierung wurde in Termini des Zustandes der subjektiven Unsicherheit charakterisiert. Unser Interesse gilt hier nicht den Resultaten (unsere experimentellen Manipulationen hatten Einfluß auf das Gedächtnis), sondern der Art und Weise, wie wir sie interpretiert haben.

Im Gegensatz zu den einfacheren Paradigmen, die in der Geschichte der Experimentalpsychologie dominierten, geht unsere Interpretation davon aus, daß das Verhalten eine Funktion des Reizes, des biologischen Organismus und bestimmter mentaler Zustände ist. Was sind diese mentalen Zustände? Wir sehen sie an (vgl. Lomov 1981) als aktive Reflexionen des Subjekts, wie sie sein Verhalten regulieren, den Organismus an die Umwelt anpassen und die Umwelt aktiv verändern, und es selbst als eine Persönlichkeit in einer bestimmten Umwelt ausformen (Kováč 1980 a). Welche Kritik dieses Paradigma auch auf den Plan rufen mag, es ist ein Unikat, insofern es in seinen Bezügen rein psychologisch ist.

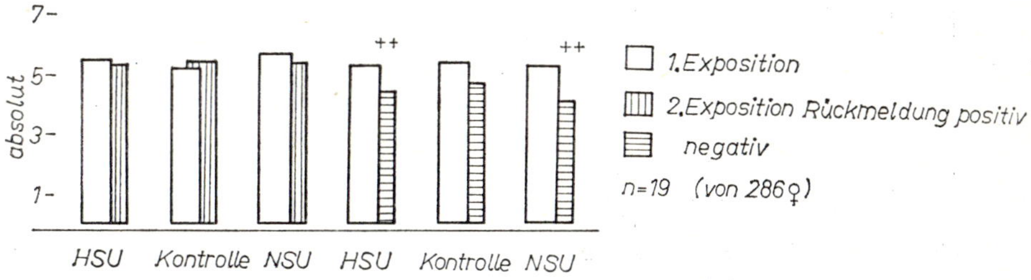

Abb. 9.1: Worterkennung in einem psychoregulatorisch gestalteten Experiment durch Personen mit hoher subjektiver Unsicherheit (HSU), niedriger subjektiver Unsicherheit (NSU), Kontrollgruppe (KG) (Einzelheiten s. in Kováč 1980 b).

Mit diesem Paradigma ist die Wahlmöglichkeit für experimentelle Methoden eingeschränkt: 1. auf den direkten Zugang zu geistigen Repräsentationen, wie sie aktuell erfahren oder gespeichert werden, und 2. auf die Erfassung des Verhaltens, das durch diese Repräsentationen reguliert wird. So haben wir eine Gruppe von Methoden der Selbstbeobachtung und eine Gruppe von Aufzeichnungsmethoden. Unser Paradigma fordert von uns, diese zu integrieren, um psychologische Gesetzmäßigkeiten in dem von uns verstandenen Sinne aufdecken zu können. Ich kann demonstrieren, wie wir dabei vorgehen, und in welcher Beziehung das zu unserer psycho-regulatorischen Konzeption steht, indem ich ein konkretes Forschungsprojekt darstelle.

In dem Experiment wurde untersucht, in welcher Weise Aussagen über die visuell-räumliche Diskrimination davon beeinflußt werden, ob bei der Analyse die *Erfahrung* des Subjekts in Rechnung gestellt wird oder nicht. In einem Experiment sortierten die

Versuchspersonen (Vpn) Karten danach, ob ein bestimmter Punkt näher an einem linken oder an einem rechten Punkt oder genau in der Mitte plaziert war. Bei einem zweiten Experiment war die Sortieranforderung genau die gleiche, aber zusätzlich hatten die Vpn an Hand einer 5stufigen Skala ihren Grad an Unsicherheit einzuschätzen (s. Abb. 9.2). Wären wir einem traditionellen Paradigma gefolgt, hätten wir das eine oder das andere Experiment durchgeführt. Indem wir beide Experimente durchführten, haben wir unserer Meinung nach den subjektiven Status der Versuchsperson in unsere Analyse des Einflusses von Reizverhältnissen auf das Verhalten einbezogen. Wir glauben, daß die subjektiven Zustände den Vpn mittels Rating direkt zugänglich sind. Weiterhin glauben wir jedoch, daß wir auf diesem Wege nur dann zu wirklich psychologischen Gesetzmäßigkeiten vorstoßen können, indem wir die subjektiven Zustände mit den Wirkungen der Reize auf das Diskriminationsverhalten in Zusammenhang bringen. Nur bei einer solchen Integration kann der gesamte reflexiv-regulatorische Prozeß zwischen Reiz und Verhalten verstanden werden.

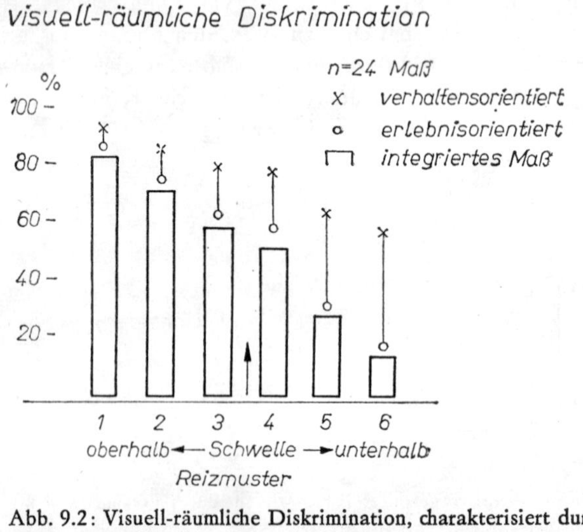

Abb. 9.2: Visuell-räumliche Diskrimination, charakterisiert durch ein Leistungsmaß (Karten sortieren), Selbstbeobachtung (subjektive Unsicherheit) und ein integriertes Maß, das sich aus der Gewichtung der beiden Maße entsprechend dem Psychoregulationsprinzip ergibt (Einzelheiten s. Kováč 1980 b).

Wahrnehmung und Gedächtnis in einem interfunktionalen Kontext

Ausgehend von der Integration von Untersuchungsmethoden als Basis unseres psychoregulatorischen Herangehens haben wir ca. 200 Forschungsprojekte am Institut für Experimentelle Psychologie der Slowakischen Akademie der Wissenschaften abgeschlossen. Natürlich entsprach unsere frühere Forschungstätigkeit nicht vollständig diesem Paradigma. Überdies wurde ein neues Prinzip, das wir *Interfunktionalität* nennen, zur Leitlinie für den Hauptteil unserer Forschung zur Wahrnehmung und zum Gedächtnis. Wir deduzierten die Interfunktionalität von der dialektischen Kategorie der Einheitlichkeit der Welt (Lomow 1982). Die Grundidee besagt, daß geistige Phänomene des Menschen unterschiedlichen Realitätsniveaus entspringen. Im Gegensatz zur multifaktoriellen Analyse schließt die interfunktionale Analyse drei Stadien ein: 1. die experimentelle Ermittlung von intrapsychischen Relationen, die den untersuchten Phänomenen sowohl vorausgehen als auch ihnen folgen, 2. die experimentelle Suche nach dem Ursprung dieser Phänomene und 3. die experimentelle Suche nach den verschiedenen Ebenen des Regulationssystems, wie es das Verhalten beeinflußt. Das ist die psychische Struktur, wie sie untersucht wird. In Abb. 9.3 ist diese Interfunktionalität dargestellt. In interfunktionalen Forschungen zur Wahrnehmung und zum Gedächtnis untersuchten wir, wie sie in das Bezugssystem anderer kognitiver Prozesse einzuordnen sind, welches ihre intrapsychischen Beziehungen zueinander sind. Unser Ziel besteht darin, Abhängigkeiten zwischen verschiedenen Aspekten der Reizsituation und verschiedenen organismischen Variablen, wie sie bei der „Geburt psychischer Abbilder" zusammenwirken, aufzudecken. Endziel ist die Aufdeckung von Gesetzmäßigkeiten, die deutlich machen, wie regulatorische Aktionen mentaler Repräsentationen das Verhalten determinieren.

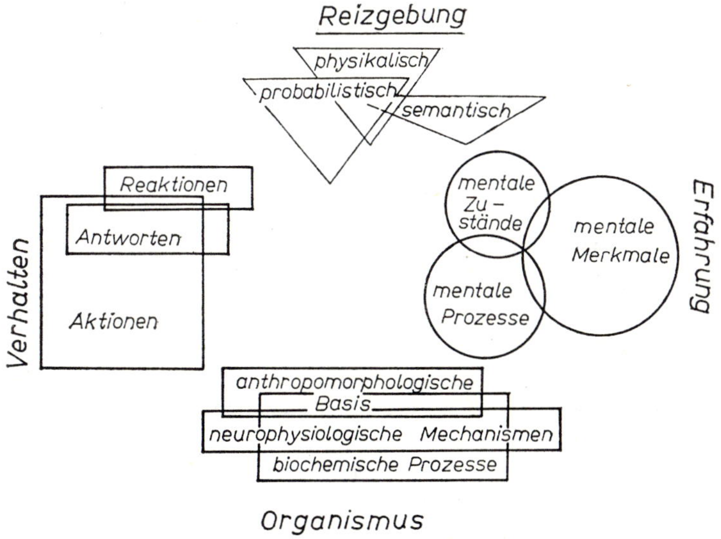

Abb. 9.3: Schema von vier Metakategorien, nach vier üblicherweise von Experimentalpsychologen benutzten Variablen differenziert.

Bei der Analyse der Wahrnehmung erbrachten unsere Experimente zunehmend verbesserte interfunktionale Interpretationen (Kováč 1970, 1980 b). Änderungen des physikalischen Reizes liefern nur potentiell Information für die Wahrnehmung; bei höher entwickelten Tieren und besonders beim Menschen müssen sowohl der probabilistische Charakter des Reizes als auch seine Bedeutung, der soziale Kontext eingeschlossen, in Rechnung gestellt werden. Organismische Faktoren durchdringen alle Wahrnehmungsprinzipien. Die sensorische Information des Reizes ist lediglich das Rohmaterial, aus dem das Subjekt seine Wahrnehmung entsprechend seiner individuellen Erfahrung und sozialer Konventionen formiert. Das Gedächtnis nimmt ebenfalls Einfluß auf die Wahrnehmung. Lernen führt zu perzeptiven Schemata und Einstellungen. Zusammengefaßt: Die Wahrnehmung ist nicht einfach eine Grundlage für kognitive Tätigkeit, sie selbst ist einer der höheren kognitiven Prozesse.

Wie in bezug auf die Wahrnehmung haben wir auch unsere Forschungsergebnisse zum Gedächtnis im Rahmen des interfunktionalen Konzepts zu interpretieren versucht (Halmiova 1981, Ruisel 1980, Sipos 1978). Wir bezweifeln, daß das Gedächtnis des Menschen allein in Termini, die sich auf die ihm zugrunde liegenden biochemischen und neurophysiologischen Vorgänge beziehen, erklärt werden kann. Die Ausgangsfunktion des Gedächtnisses von der Art eines Spiegels eröffnet den Weg zum semantischen Gedächtnis, das ein begrifflich-systemhaftes Gedächtnis ermöglicht. Das Gedächtnis konstituiert solcherart Subsysteme in den kognitiven Funktionen des Menschen, die seine phylogenetischen Eigenschaften mit den neuen und mannigfaltigen ontogenetischen Eigenschaften der menschlichen Persönlichkeit verknüpfen.

Das Gedächtnis hängt offenkundig stärker von organismischen Faktoren als von der Wahrnehmung ab. Bestimmte Gedächtniskomponenten sind bereits im Vorschulalter voll ausgebildet, während andere sich noch unter dem Einfluß sozio-kultureller Bedingungen im mittleren Erwachsenenalter verändern. Es gibt eine Art neurodynamischen Kompensationseffektes: Personen mit einem höheren Grad der Erregbarkeit zeigen in der Tendenz bessere Leistungen bei Gedächtnisaufgaben, Personen mit einer schwachen Erregung tendieren zu einer höheren Zuverlässigkeit.

Das Gedächtnis kann durch partielles Erinnern, beabsichtigtes Vergessen und andere Labortechniken verbessert werden, des weiteren durch selektive Stimulusverarbeitung, Informationsorganisation beim Speichern und Erinnern sowie durch sozialen Kontakt. Ein kritisches Problem für die Gedächtnisforschung ist die Übertragung vom Kurzzeitgedächtnis in das Langzeitgedächtnis. Zwar gibt es zahlreiche Modelle, die diesen Prozeß beschreiben, aber leider gibt es wenig gültige Fakten.

Wir sehen Gedächtnisprozesse als Subsysteme intellektueller Funktionen des Typs an, wie sie mittels Intelligenztests erfaßt werden. Dabei müssen wir jedoch feststellen, daß die Beziehungen zwischen Gedächtnis und Intelligenz nicht einfach sind, – die Rolle der Intelligenz in bezug auf das Gedächtnis wächst mit der Aufgabenschwierigkeit, und der Zusammenhang zur Reproduktion ist enger als der zur Wiedererkennung.

Wir finden weiterhin, daß es eine komplexe intrapsychische Beziehung zwischen Gedächtnis und Persönlichkeit gibt. Die Reproduktion ist wesentlich selektiv, sensitiv gegenüber der Hierarchie menschlicher Bedürfnisse, den Interessen des Subjekts und der besonderen Natur der Erinnerungsaufgabe. Die gut bekannten Verallgemeinerungen über den Einfluß der Angst auf Gedächtnisleistungen müssen aus der Sicht unserer Experimente modifiziert werden. Sie zeigen nämlich, daß die Angst zwar die Punktwerte herabsetzt, daß das Subjekt bei Angst aber in der freien Erinnerung über der Norm liegt, und es in Wiedererkennungsaufgaben mehr Details wiedererkennt.

Weiterhin stellen wir fest, daß trotz größerer Beeinträchtigung der Reproduktion als der Wiedererkennung bei Erkrankung die Größe dieser Differenz vom Niveau und dem allgemeinen Zustand der intellektuellen Fähigkeiten abhängt.

Fassen wir zusammen: Unsere Forschung unterstützt die Auffassung, daß die Wahrnehmung als mentaler Regulator der Antwortkomponenten des Verhaltens funktioniert, mit denen der Mensch den unerläßlichen Kontakt zwischen der äußeren Umgebung und den inneren Bedingungen aufrecht erhält. Die Funktion des Gedächtnisses besteht darin, daß es dem Menschen als ständiger mentaler Regulator dient, der alle seine Verhaltenskomponenten beeinflußt, der sein Fortbestehen als gesellschaftliches Wesen und dabei seine Vervollkommnung ermöglicht.

Wie sieht der weitere Weg aus?

Das Institut für Experimentelle Psychologie der Slowakischen Akademie der Wissenschaften wird mit anderen psychologischen Arbeitsgruppen aus der Tschechoslowakei, deren Arbeit die Akademie koordiniert, die Untersuchungen der kognitiven Funktionen der Persönlichkeit – die als Regulatoren verschiedener Aktivitäten angesehen werden – fortsetzen. Unsere Arbeit wird nicht willkürlich auf Laborprobleme beschränkt werden, sondern sie wird sich mit dem Alltagsverhalten befassen.

Ich vermute, daß die kognitiven Grundprozesse – sogar im Jahr 2000 – den zentralen Gegenstand der psychologischen Forschung bilden werden.

Ich vermute auch, daß die Forschung, indem sie den bekannten Trends in anderen Bereichen der Wissenschaft folgt, die Untersuchungen zur Wahrnehmung und zum Gedächtnis über zwei extreme Zugänge vornehmen wird: Die Mikroanalyse ist das eine Extrem, die Makroanalyse das andere. Die Mikroanalyse ist dadurch attraktiv, daß sie fortwährend ausgefeiltere Untersuchungstechniken hervorbringt und die Kooperation der Psychologen mit Designern, Linguisten, Neuropsychologen, Biochemikern und anderen zunimmt. Die Makroanalyse repräsentiert die natürliche Konsequenz, daß die Psychologie einhundert Jahre der Entwicklung hinter sich hat. Die Makroanalyse widerspiegelt auch die Forderungen der Praxis.

Die Psychologie scheint eine größere Vereinheitlichung der Theorie anzuzielen. Weiterhin strebt sie nach praktischer Anwendung. Der nomothetische Charakter der Experimentalpsychologie ist – manchmal in augenscheinlicher Konkurrenz – über einen ideographischen Bezug mit der Anwendung verknüpft worden – mit einem partikulären Erfolg im klinischen Bereich.

Und es ist diese Ausweitung der experimentellen Methode, die letztlich die entscheidende Rolle spielen kann – nicht als eine Sackgasse, sondern als ein *Königsweg* im historischen Prozeß auf dem Wege zur Vereinheitlichung der Psychologie.

Literatur

Ananjew, B. G.: Der Mensch als Gegenstand der Erkenntnis. Leningrad: Verlag LGU 1969 (russ.); Berlin: VEB Deutscher Verlag der Wissenschaften 1974 (deutsch)

Fraisse, P.: Psychologie: science de l'homme ou science du comportement? XXIe Congrés International de Psychologie, Actes, Paris: Presses Univ. 1978

Halmiová, O.: Pamätová hladacia cinnost. Veda, Vydavatelstvo SAV, 1981

Kováč, D.: Problema psikhicheskoy regulyatsiyi: metodologiya, teoriya, eksperiment. Psikhol. zhurnal, 1, 47–57, 1980 (a)

Kováč, D.: Psychická regulacia a poznavacie procesy. In: Psychologické vyskumy v ČSSR: 1976–1980. Praha: CSPS, 1980 (b)

Lienert, G. A.: Closing speech at the third Meeting of psychologists from Danubian countries. Smolenice, 1974

Lomow, B. F.: Laws in Psychology. Studia psychol., 23, 303–315, 1981

Ruisel, I.: Interfunkčné vztahy osobnosti a percepčno-mnemických procesov. Záverečná správa VIII-5-2/2, ÚEPs SAV, Bratislava, 1980

Shvyrkow, V. B.: Nejrofiziologicheskye izucheniye sistemnych mekhanizmov povedeniya. Moskva: Izdatelstvo Nauka, 1978

Sipos, I.: Pamät' a znovupoznanie. Veda, Vydatel'stvo SAV, Bratislava, 1978

Woodworth, R., and H. Schlosberg: Experimental psychology. Methuen London 1954^{2}

10. Relativität von Wahrnehmung und Urteil

Allan Parducci
University of California, Los Angeles, USA

Wie so viele Studenten der Psychologie kam ich zu einem Gebiet, in dem Antworten auf Fragen gesucht wurden, die wahrscheinlich nicht beantwortet werden können. In meinem Fall betraf die primäre Frage den relationalen Charakter von Bewertungen. Wenn die Angenehmheit oder Unangenehmheit eines beliebigen Ereignisses von dem Vergleich mit anderen Ereignissen, die wir erlebt haben, bestimmt sind, folgt dann nicht daraus, daß es ein genaues Gleichgewicht zwischen Angenehmheit und Unangenehmheit gibt? Die Logik dieser aussichtslosen Fragestellung sieht ungefähr folgendermaßen aus: Das Leben ist eine Abfolge von Ereignissen, von denen einige bezüglich ihrer Bewertung charakterisiert werden können (Angenehmheit, Güte etc.). Eine Folge hochbewerteter Erlebnisse hebt unsere Maßstäbe, so daß etwas, das zunächst zufriedenstellte, unbefriedigend wird. Der psychologische Prozeß des Vergleichs garantiert eine genaue Balance zwischen positiven und negativen Erfahrungen.

Bevor ich Psychologie studierte, dachte ich, daß diese ziemlich schwächliche Philosophie einen A-priori-Status besitzt. Von der Definition her mußte das zutreffen. Ein angemessenes Verständnis dessen, was eine Bewertung konstituiert, schien einzuschließen, daß der Ausprägungsgrad – positiv oder negativ – von dem Vergleich mit dem Durchschnittsniveau früherer Ereignisse abhängt.

Die Theorie des Adaptationsniveaus

In der Psychologie fand ich einen formalen Ausdruck für diese Vorstellung von einem Gleichgewicht in der Theorie des Adaptationsniveaus des älteren Harry Helson (1947, 1964). Die Quintessenz der Adaptationsniveau-Theorie besteht in der Aussage, daß es für einen beliebigen Erfahrungsbereich einen Neutralpunkt gibt, einen Reiz ohne Bewertung, der im Mittelpunkt aller Reize, die den Kontextbereich bilden, liegt.

$$AL = \Sigma \frac{s}{N}, \qquad (1)$$

wobei AL das Adaptationsniveau ist (nämlich der spezielle Wert des Reizes, der als „neutral" eingeschätzt wird) und $\Sigma\ s/N$ der Mittelwert der Reizgrößen (psychologisch skaliert, d. h. die log-Transformierten der physikalischen Werte der Reize). Der beurteilte Wert eines Einzelreizes ist entweder positiv oder negativ, was davon abhängt, ob er ober- oder unterhalb des Adaptationsniveaus liegt. Der Grad seiner Positivität oder Negativität ist seiner Differenz zum Adaptationsniveau direkt proportional:

$$J_i = s_i - AL \qquad (2)$$

Die unbehaglichste Implikation dieser Theorie (eine, deren Helson offensichtlich niemals gewahr wurde) ist die, daß sich die Abweichungen der Werte von ihrem Mittel algebraisch zu Null addieren, so daß sich die Urteile entsprechend der Adaptationsniveau-Theorie ebenfalls zu Null addieren müssen.

$$\Sigma J = \Sigma s - N\,(\Sigma \frac{s}{N}) = 0. \qquad (3)$$

Obgleich es Folgen von positiven oder negativen Bewertungen (Urteilen) geben kann, müssen diese sich schließlich ausbalancieren, wenn ihr ununterbrochenes Steigen oder Abfallen unterbrochen wird. Bei einer langen Folge würde das Gleichgewicht zu einem gleichen Umfang von Angenehmheit und Unangenehmheit führen.[1]

Für mich war das neueste Merkmal der Adaptationsniveau-Theorie deren empirische Überprüfbarkeit (Falsifizierbarkeit). Helson zeigt, wie mit einfachen psychophysikalischen Reizen kritische Experimente durchgeführt werden konnten: Man brauchte nur eine kategoriale Skalierung für eine Serie solcher Reize, und dann war lediglich zu prüfen, ob diese Skalierung den quantitativen Voraussagen der Adaptationsniveau-Theorie entsprach. Strenge Prüfungen waren möglich, da der Kontext der psychophysikalischen Reize, der das Urteil für jeden Einzelreiz beeinflußt, wesentlich auf jene Reizmenge beschränkt erschien, die in der Experimentalsituation geboten wurde.

Ich beabsichtige nicht, die gesamte Geschichte dieser Forschung zu referieren. In bezug auf meine gegenwärtig verfolgten Zwecke ist am wichtigsten, daß die Vorstellungen, die ich über eine notwendige Balance von positiven und negativen Bewertungen geäußert habe, vielleicht durch experimentelle Analysen widerlegt werden könnten. Die rationalistische Philosophie scheint den Weg zur empirischen Wissenschaft freigegeben zu haben!

Es sei darauf hingewiesen, daß ich mich nicht durch die Tatsache stören ließ, daß Helson es primär mit perzeptiven Größen anstatt mit dem Erleben von Bewertungen zu tun hatte: Wie schwer wird ein Gewicht beurteilt anstatt wie angenehm erscheint ein Tag? Das A-priori-Argument der Relativität des Urteils wurde in gleicher Weise für Wahrnehmungen, Werteinschätzungen wie für beliebige andere Typen dimensionaler Kategorisierung genutzt. Helsons Tests mit dem Anheben von Gewichten waren für mich deshalb genauso interessant wie Beebe-Centers frühe Untersuchungen zur Angenehmheit von Gerüchen oder Farben. In der Tat, die Adaptationsniveau-Theorie kann als eine spätere, stärker quantitative und allgemeinere Version des Beebe-Centers-Gesetzes (1929) des affektiven Gleichgewichts angesehen werden: „Der affektive Wert des erfahrungsmäßigen Korrelates eines Reizes variiert umgekehrt zur Summe der affektiven Werte jener früheren Erfahrungen, die mit diesem Korrelat eine einheitliche zeitliche Gruppe bilden."

Für mich wurde am wichtigsten, daß die experimentelle Prüfung unter Bedingungen durchgeführt werden konnte, die die Vergleiche auf vom Experimentator kontrollierte Reize beschränkten. Psychophysikalische Experimente mit der Methode des Einzelreizes schienen dieser Forderung entgegenzukommen. So sind z. B. Versuchspersonen (Vpn), die in solchen Experimenten den allerersten Reiz der für die Darbietung ausgewählten Serie zu beurteilen haben, verwirrt: Womit sollen sie ihn vergleichen? Als Konsequenz ist die erste Beurteilung weitgehend unabhängig von dem speziellen physikalischen Wert, der dargeboten wurde. Die Vpn vergleichen den zweiten Wert mit dem ersten, und

[1] Dieses Argument ist in Brickman und Campbell 1971 und in Parducci (1968, 1973) weiter ausgearbeitet worden.

bereits nach wenigen Darbietungen haben sie eine komplette Beurteilungsskala gebildet – eine, die offensichtlich von der speziellen Reizmenge abhängt, die schon dargeboten wurde.

Sogar besser als in der Psychophysik fällt bei diesem Kriterium der experimentellen Kontrolle des Kontextes die Beurteilung einer numerischen Größe aus. Ich fand heraus, daß, wenn ich unterschiedliche Mengen von Zahlen (wobei die zu einer Menge gehörigen Zahlen auf einer einzelnen Seite aufgeführt waren) präsentierte, die Größenschätzung jeder beliebigen Zahl vollständig durch ihre Beziehung zu den anderen Zahlen auf derselben Seite determiniert zu sein schien. Mit solch einer vollständigen und bequemen experimentellen Kontrolle war die Adaptationsniveau-Theorie leicht zu falsifizieren.

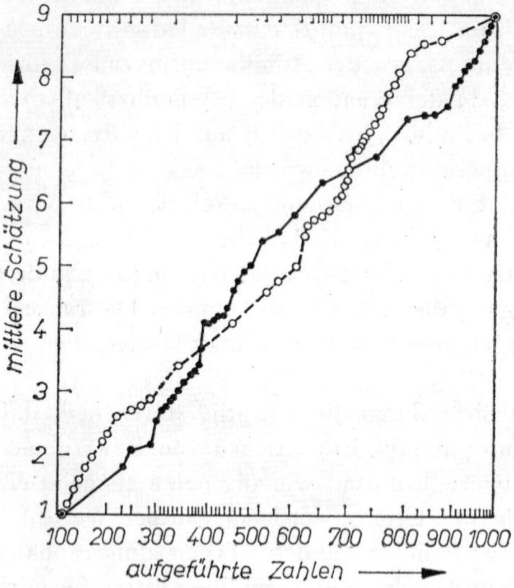

Abb. 10.1: Mittlere Ratings für zwei Zahlenmengen (die Zwischenräume für die ausgefüllten Kreise sind auf der oberen, die für die leeren Kreise auf der unteren Abszisse angegeben). Die Ratingfunktionen sind steiler, wo die Zahlen dichter plaziert sind. Die sich überschneidenden Funktionen sind mit der Adaptationsniveautheorie unverträglich (modifiziert nach Birnbaum 1974).

Der vielleicht klarste Typ eines negativen Beispiels ist mit den Ratingskalen in Abb. 10.1 gegeben. Auf der Abszisse sind die auf einer Seite aufgeführten Zahlen angegeben, wobei 100 und 1000 die Endpunkte und 550 genau die Mitte der Folge darstellen. Es war allgemeine Praxis der Adaptationsniveau-Forschung, die Reize mittels log-Transformation ihrer physikalischen Werte zu charakterisieren. Eine logarithmische oder jede beliebige andere monotone Transformation kann so auf die Werte der Abszisse der Abb. 10.1 angewandt werden, ohne der Adaptationsniveau-Theorie Gewalt anzutun. Aber es gibt keine Transformation, mit der die beiden Funktionen linearisiert werden könnten (wie es durch Gleichung (2) gefordert wird), nicht einmal, wenn auch die Ordinate transformiert wird (d. h. unterschiedliche Zahlen für die Bezeichnung der Kategorien zugelassen werden). Diese zweifache Überschneidung ist auf jeden Fall unverträglich mit den Grundprinzipien der Adaptationsniveau-Theorie.[2]

[2] Eine algebraische Behandlung dieses Aspektes findet sich in Birnbaum (1974).

Parameterveränderungen der Häufigkeitsverteilung der Zahlen (Parducci, Calfee, Marshall und Davidson 1960) ergaben, daß Schätzskalen für numerische Größen nicht durch den einfachen Mitteilungsprozeß zustande kommen, wie ihn die Adaptationsniveau-Theorie behauptet. Die Veränderung des Reizmittels hat nur einen geringen Effekt, wenn Median und Mittelpunkt konstant gehalten werden. Die unabhängige Variation dieser Reizparameter zeigt jedoch große systematische Effekte für die Schätzskala.

Die Range-Frequency-Theorie (Bereichs-Häufigkeits-Theorie)

Der Schlüssel für eine adäquatere Berücksichtigung der Urteilsrelativität ist in Abb. 10.2 illustriert, in der die Rangordnungen der Reize der beiden Mengen angegeben sind, deren empirische Schätzungen in Abb. 10.1 dargestellt sind. Diese Rangordnungen sind a priori in dem Sinne, daß sie nicht von empirischen Daten abhängen. Nichtsdestotrotz zeigen sie in betonter Form die Überschneidung, wie sie für die empirischen Schätzungen gefunden wurde. Diese Ähnlichkeit der Gestalt kann nicht zufällig sein.

Nahegelegt ist damit, daß die Vpn zu dem Prinzip tendieren, jeder Kategorie die gleiche Zahl von Reizen des gegebenen Kontextes zuzuordnen. Es ist, als ob es soviel kleine wie große Zahlen gäbe (und, wenn wir freizügig verallgemeinern, gerade soviel angenehme Erfahrungen wie unangenehme). Habe ich Helsons Theorie nur zurückgewiesen, um ein anderes Prinzip des Ausgleichs an seine Stelle zu setzen?

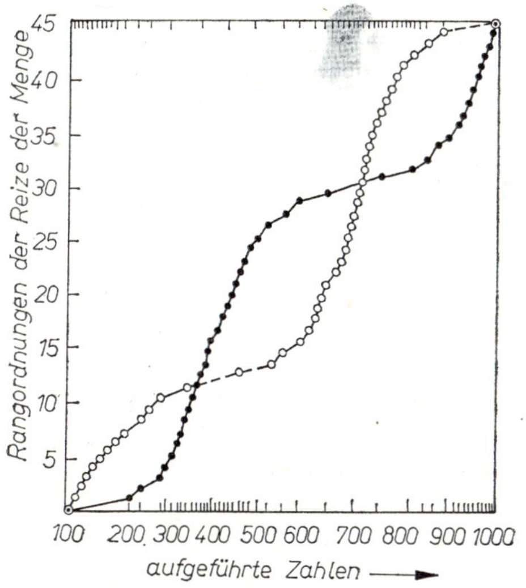

Abb. 10.2: Rangordnungen der Zahlen in den entsprechenden Mengen, für die die in Abb. 10.1 dargestellten Ratings erhoben wurden. Die Rangdarstellung überbetont die Überschneidung der Ratingsfunktionen, die die Tendenz in Richtung Skalen gleicher Häufigkeit anzeigen.

Ungefähr 30 verschiedene Mengen wurden in einem Experiment zur Anzahlschätzung verwendet (Parducci u. a. 1960). Obgleich die Daten generell mit dem Prinzip vereinbar waren, daß in der Tendenz die gleiche Zahl von Anzahlen jeder Schätzkategorie zugeordnet werden, die Nichtlinearität der Ratingskalen war niemals so ausgeprägt wie bei der Rangordnung der Reize in der entsprechenden Menge. Wie auch beim Vergleich der

Abb. 10.1 und 10.2, sind die wirklichen Ratingfunktionen der Linearität immer näher. Das legt die Vermutung nahe, daß ein anderes Urteilsprinzip die empirische Schätzskala linearisiert hat.

Das andere Prinzip besagt, daß die Vpn die Schätzkategorien zur Unterteilung des Reizbereichs in gleiche Teilbereiche benutzen, wobei jede Kategorie einem Teilbereich entspricht. Wenn z. B. die Zahlen in einer Menge von 100 bis 1000 reichen, dann werden die zwischen 100 und 200 auf einer 9-Kategorien-Skala als „1 – sehr sehr klein", die zwischen 200 und 300 als „2 – sehr klein" usw. eingeschätzt, bis zu den Zahlen in der Teilmenge von 900–1000, die mit „9 – sehr sehr groß" beurteilt werden. Bei der Verwendung von nur 6 Kategorien würde jede auf eine Teilmenge von 150, d. h. (1000–100)/6 angewandt werden.

Dieses zweite Prinzip gibt Raum sowohl für Optimismus als auch Pessimismus hinsichtlich des Gleichgewichts von Angenehmheit und Unangenehmheit, je nach Blickweise auf das Leben. Der Optimist kann sich ein Leben vorstellen, bei dem die Ereignisse nahe dem oberen Ende des Bereichs konzentriert sind. Insoweit wie die subjektiven Bewertungen den Bereich in gleichgroße Teilbereiche unterteilen, würden die meisten Ereignisse als angenehm erfahren werden. Auf der anderen Seite, jedes Anhäufen von Ereignissen in der Nähe des unteren Endes des Bereichs würde die Skala zur Seite der Unangenehmheit neigen. Das Leben würde eine genaue Balance nur dann darstellen, wenn die Ereignisse symmetrisch um den Mittelpunkt des Bereichs verteilt sind.

Obgleich kein Mensch sich strikt nach dem Prinzip gleicher Häufigkeit noch nach dem Prinzip gleichgroßer Teilbereiche verhält, können die wirklichen Schätzskalen als Kompromiß zwischen diesen beiden Prinzipien angesehen werden. Die Untersuchungen mit psychophysikalischen Dimensionen wie Gewichten, Lautheit, Punktanzahlen, Neigung, wahrgenommene Größe führten zu einem einfachen algebraischen Modell zur Beschreibung eines Kompromisses zwischen diesen beiden Prinzipien:

$$J_i = wR_i + (1 - w)\,F_i, \qquad (4)$$

wobei J_i das Urteil über den Reiz i ist, R_i angibt, wie das Urteil zum Reiz ausfiele, wenn die Vp den Bereich in gleiche Teilbereiche unterteilen würde, F_i angibt, was wäre, wenn die gleiche Anzahl von Reizen jeder sukzessiven Kategorie zugeordnet werden würde, und w ist ein Gewichtsfaktor zwischen 0 und 1, der den relativen Einfluß des Bereichs- und Häufigkeitsprinzips repräsentiert.

Das Bereichsprinzip kann auf folgende Weise dargestellt werden:

$$R_i = \frac{s_i - s_{min}}{s_{max} - s_{min}}\,. \qquad (5)$$

Der Ausdruck identifiziert den Rangewert für den Stimulus i als Verhältnis der Differenz seines Reizwertes s_i und des Wertes des unteren Endpunktes der Kontextmenge s_{min}, geteilt durch Rangewert der Reizmenge (das ist die Differenz zwischen dem oberen Endpunkt s_{max} und dem unteren Endpunkt).

Das Häufigkeitsprinzip kann durch eine entsprechende Gleichung operationalisiert werden:

$$F_i = \frac{r_j - 1}{N - 1}, \tag{6}$$

in der der Häufigkeitswert des i-ten Stimulus F_i gleich der Differenz zwischen seinem Rang in der Kontextmenge r_i und dem Rang des niedrigsten Reizes 1 ist, geteilt durch die Differenz zwischen dem Rang des höchsten Reizes (N, wenn N Kontextreize vorliegen) und 1.

Die Kombination der Gleichungen 4, 5 und 6 erlaubt eine interessante algebraische Ableitung bezüglich des Überwiegens von Urteilen.

$$\bar{J} = \frac{w\,[\bar{s} - (s_{max} - s_{min})/2]}{s_{max} - s_{min}}\,. \tag{7}$$

Die Gleichung besagt, daß das Mittel aller Urteile der Differenz zwischen dem Mittel aller Kontextreize und ihrem Mittelpunkt, dividiert durch ihren Range-Wert, proportional ist.[3] Statistiker mögen hierin kein übliches Maß der Schiefe erkennen, aber es korreliert fast durchgängig (obgleich negativ) mit den mehr herkömmlichen Maßen. Da der Proportionalitätsfaktor w die Gewichtung des Bereichsprinzips ist, sagt die Gleichung (7) aus, daß das Gesamtmittel der Urteile in bezug darauf, wie weit es positiv (oder negativ) werden kann, durch den Grad, in dem die Urteile das Prinzip gleicher Häufigkeit wiedergeben, bestimmt ist.

Wenn man von der Betrachtung einfacher Zahlen auf einer Seite abgeht und sich üblicheren psychophysikalischen Dimensionen zuwendet, so ist nicht so klar, wie die Reizwerte gemessen werden sollen, um die Rangewerte zu bestimmen. Man kann jedoch die Rangewerte von den empirischen Urteilen ableiten, indem man letztere in die Gleichung (4) ebenso wie die A-priori-Häufigkeitswerte einsetzt. Das kann für eine Reizmenge geschehen, und die erhaltenen Rangewerte können zur Prädiktion der Urteile anderer Reizmengen mit denselben Endpunkten benutzt werden. Diese Verfahrensweise wurde auf vier Mengen von Quadraten angewandt. Ihre Urteile sind in Abb. 10.3 angegeben (in diesem Fall wurden die Rangewerte von Schätzungen für eine Rechteckverteilung, für die $w = 0.5$ angenommen wurde, erhalten). Obgleich die Urteile einzelner Größen für die Mengen mit negativer Schiefe vorhersagbar niedriger sind, ist das Mittel aller Schätzungen höher (da die höheren Schätzungen so viel häufiger auftreten). Tatsächlich ist das Mittel aller Schätzungen mehr als einen halben Kategorienschritt höher für die Menge mit negativer Schiefe in der linken Darstellung und fast einen ganzen Kategorienschritt höher für die Neg-Neg-Menge in der rechten Abbildung (wo die Effekte der Häufigkeit zu denen der Größenabstände hinzukommen).
Alle Schätzungen wurden genutzt, um die beste Gewichtung ($w = 0.4$) und die Rangewerte für die Süße verschiedener Zuckerkonzentrationen zu erhalten (s. Abb. 10.4). Wiederum wird die Stärke des Range-Frequency-Modells durch die Genauigkeit, mit der die Differenzen den Skalen durch die Benutzung der empirischen Konstanten w abgedeckt

[3] Indem ich diese Gleichungen in Urteilsgrößen dargestellt habe, habe ich auf die Transformation vom subjektiven (internen) Urteil in eine externe Kategorienschätzung verzichtet. Diese wird als linear angenommen und weist eine additive Konstante auf, die gleich der Zahl ist, die der kleinsten Kategorie (oder im Fall der Gleichung (4) der mittleren Kategorie) zugeordnet ist, sowie eine multiplikative Konstante, die gleich dem Bereich dieser zugeordneten Zahlen ist (gewöhnlich der Rang der Kategorie).

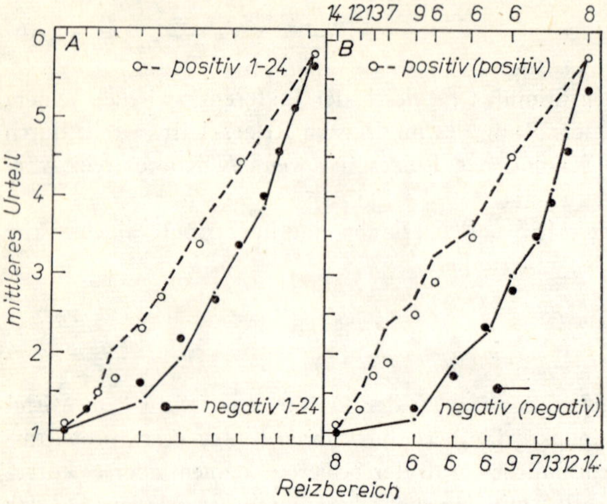

Abb. 10.3: Prädiktierte Funktionen und empirische Ratings (Punkte) für Mengen aus 9 Quadraten, die in den Größenabständen (Bild A) oder sowohl hinsichtlich der Größenabstände als auch hinsichtlich der relativen Darbietungshäufigkeit (Bild B) variieren. Die Funktionen wurden mittels Bereichs-Häufigkeits-Modell (Gleichung 4) prädiktiert, mit Rangwerten von einer Rechteck-(Gleich-)Verteilung und bei gleicher Wichtung der Bereichs- und Häufigkeitswerte ($w = 0.5$). Die Ratings reflektieren Richtung und Grad der Schiefe in Übereinstimmung mit der Bereichs-Häufigkeits-Theorie (aus Parducci und Perrett 1971).

werden, illustriert. Und ebenfalls ist das Gesamtmittel für die Menge mit negativer Schiefe höher und für die Menge mit positiver Schiefe niedriger. Das vollständige Gleichgewicht, das ich als notwendige Bedingung für die Urteilsrelativität vorausgesetzt hatte, fand sich nur bei symmetrischen Verteilungen. Um ein hohes Gesamtmittel der Urteile zu erreichen, müssen die Reize nahe dem oberen Ende des Bereichs liegen, welche absoluten Werte die Endpunkte des Bereichs auch haben mögen.

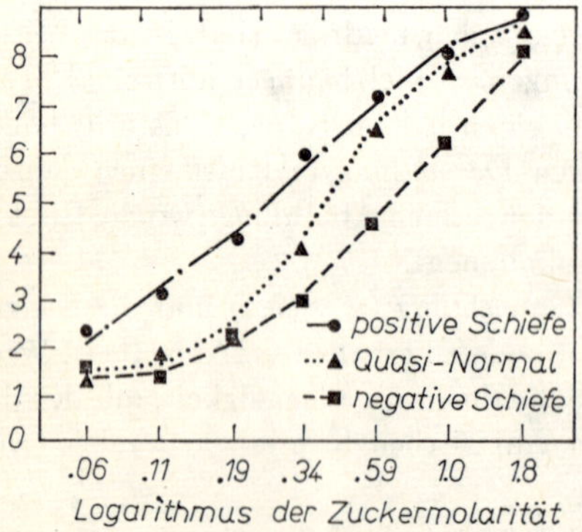

Abb. 10.4: Ratings der Süße von Zuckerkonzentrationen, die entsprechend dreier verschiedener Verteilungen mit folgenden relativen Häufigkeiten angeboten wurden: Positive Schiefe (7–4–3–3–2–1–1), Quasi-Normal (1–2–4–7–4–2–1), Negative Schiefe (1–1–2–3–3–4–7). Die Daten wurden mit dem Bereichs-Häufigkeits-Modell angepaßt, Gleichung 4, mit $w = 0.4$ (aus Riskey, Parducci und Beauchamp 1979).

Implikationen der Range-Frequency-Theorie

Angesichts dieser Befunde habe ich widerstrebend meine frühere Bindung an die Vorstellung vom totalen Gleichgewicht von Angenehmheit und Unangenehmheit aufgegeben. Die A-priori-Voraussetzungen, wie ich sie gemacht habe, sind durch die empirischen Resultate der Experimente, bei denen der Reizkontext vollständig unter experimenteller Kontrolle zu sein scheint, völlig widerlegt worden. Die Philosophie mußte unter dem Eindruck der Wissenschaft revidiert werden.

Aber immer noch meinen ursprünglichen Anliegen getreu, wollte ich nicht mit der Zurückweisung der Philosophie abschließen. In Begriffen der utilitaristischen Definition von Glück als dem Übergewicht von Wohlbefinden über Schmerz (Bentham 1789) liefert die Gleichung (7) eine neue Regel: Glück ist eine Verteilung mit negativer Schiefe! Das setzt voraus, daß die Bewertungen im Alltag die gleichen relativistischen Prinzipien wie die Kategorienschätzungen im Laborexperiment widerspiegeln.

Kann solch eine Regel klare Folgerungen für das Alltagsleben haben? In Vorschau auf den Rest dieses Abschnittes ist meine Antwort: Nein – zumindestens kann sie es nicht im strengen Sinne. Allgemeiner: Ich will nachweisen, daß sich aus keinem unserer experimentell gewonnenen Prinzipien klare Folgerungen für die Psychologie des Alltagslebens ergeben. Und trotzdem, die sorgfältige Forschung im Laboratorium ist eine ergiebige Quelle für Hypothesen.

Betrachten wir nun, wie die Regel der Schiefe auf Erfahrungen jenseits des Laboratoriums angewandt werden kann. Wenn wir in irgendeinem Lebensbereich (z. B. mit unseren materiellen Lebensbedingungen) unzufrieden sind, wenn unsere Erfahrungen in diesem oder jenem Bereich nach der negativen Seite hin überwiegen, besagt die Regel der Schiefe, daß die Menge von Ereignissen, die den Kontext für die Beurteilung bildet, positiv geneigt ist. Aber sie sagt uns nichts darüber, was das für Ereignisse sind oder wie wie wir ihre Schiefe verändern können. Es kann schwer sein, den Kontext zu identifizieren, wenn es nicht ein besonderer, durch den Experimentator ausgewählter Reiz ist. Welches ist die Einkommenshöhe, mit der wir unser eigenes Einkommen vergleichen? Die meisten von uns nicht sehr begüterten Gelehrten vergleichen unsereinen nicht mit den sehr Reichen; wir fühlen uns nicht verarmt, wenn wir erfahren, daß mancher Präsident einer Aktiengesellschaft ein Gehalt von einer Million Dollar im Jahr bezieht. Unser Empfinden für Wohlhabenheit wird durch neidvolle Vergleiche mit anderen, die uns viel näher stehen, mit anderen, die das erhalten, was uns ebenso gut zustände, beeinflußt.

Die grundlegende Schwierigkeit für die Anwendung von Laboratoriumsprinzipien besteht darin, Korrespondenz- oder Übertragungsregeln zu finden (Hemple 1966). Im vorliegenden Beispiel betrifft das die Frage, wie man vom „Kontext", einem theoretischen Konzept, zu dem einzelnen Ereignis, das unser Alltagsempfinden prägt, gelangt. Vielleicht können die Endpunkte eines realen Kontextes identifiziert werden, indem festgehalten wird, welche Ereignisse unsere extremsten Urteile hervorbringen, wie die, die uns am meisten befriedigen, und die, die uns am meisten mißfallen.

Die Regel der Schiefe legt nahe, daß die, die unglücklich sind, entweder die Häufigkeit von Ereignissen, die nahe dem oberen Ende ihres Bereiches liegen, erhöhen (aber das ist wahrscheinlich genau das, was sie erfolglos zu tun versucht haben) oder sonst den oberen Bereich ihres Urteilskontextes entfernen sollten (d. h. ihren Standard zu erniedrigen). Diese beiden Möglichkeiten stehen in offensichtlichem Gegensatz zueinander. Wir vermuten, daß wir mehr erreichen können, wenn wir höhere Standards setzen und einen oberen Endpunkt oder ein höheres Ziel im Auge behalten, so daß wir unzufrieden mit dem sind, was wir bereits erreicht haben. Jedoch: Mehr zu erreichen ist dann wie ein Auslöser für noch höhere Ansprüche, welche ihrerseits Unzufriedenheit mit unseren wirklichen Leistungen hervorrufen.

Ich nehme an, daß unglückliche Leute für den zweiten Weg, die Herabsetzung ihrer Standards, zu gewinnen wären. In Laborexperimenten kann der physikalische Bereich der Kontextreize durch Weglassen der höheren Werte verengt werden; aber sogar bei psychophysikalischen Reizen kann die Person fortfahren, die gleiche Urteilsskala aufrechtzuerhalten – als würden die fehlenden Werte als Teile des Kontextes weiter fungieren (Parducci 1956). Selbst wenn wir die speziellen Bedingungen, die die Beschränkung des Kontextbereichs im Labor bewirken, genau angeben könnten, sieht es nicht so aus, daß wir in der Lage sein würden, das Auftreten einer solchen Restriktion im täglichen Leben vorauszusagen. Das Problem besteht darin, daß wir zwar auf eine allgemeine Weise einige Grundprinzipien des Urteilens verstehen können, wir aber nicht wissen, wie sie in komplizierten Situationen anzuwenden sind. Die Kontextbedingungen für alltägliche Werturteile sind außerordentlich kompliziert. Sie können allgemein beobachtbare Ereignisse, die andere Personen als Einflußfaktoren auf unsere Urteile auffassen können, sowie auch vorgestellte Erlebnisse, wie angenehme (oder angsterfüllte) Antizipationen von Ereignissen, die uns nie real zugestoßen sind, einschließen. Besonders schwierig erscheint es bei unseren Versuchen, Alltagsbewertungen zu verstehen, imaginäre Ereignisse zu berücksichtigen.

Das ist kein Argument, experimentelle Forschungen nicht als Ausgangspunkt für Überlegungen über Urteile außerhalb der Laborsituation zu nehmen. Mein Argument ist nicht, daß wir auf solche Überlegungen verzichten sollten, sondern, daß wir nicht davon ausgehen sollten, daß praktische Anwendungen aus unseren experimentell abgeleiteten Befunden logisch folgen würden. Es gibt eine Menge von Beispielen, wie solche Spekulation in die Irre gehen kann.

Betrachten wir ein vertrautes Beispiel aus dem Laboratorium, das sich mit der Konditionierung beschäftigt: das Prinzip der Bekräftigung. Obgleich die Lerntheoretiker nicht darin übereinstimmen, was die Bekräftiger Gemeinsames haben (über die Tatsache hinaus, daß sie bekräftigen), der Erfolg der Experimentalpsychologen mit der Bekräftigung des Verhaltens von Laborratten und Tauben hat Erzieher und Sozialphilosophen ermutigt, das gleiche Prinzip in der Schulklasse anzuwenden. In Amerika wurden Lehrer aufgefordert, positive Bekräftiger zu finden, die sie unmittelbar nach einer angemessenen Antwort ihrer Studenten einsetzen konnten. Das Lob wurde – analog der Nahrung – als positiver Bekräftiger identifiziert, die „kreativen" Produktionen des Kindes als Reaktion analog dem Niederdrücken einer Taste und dem Betätigen eines Riegels. Die Bestrafung, die im Labor keine erwünschten Folgen zu haben schien, war zu vermeiden.

Die Resultate waren eindrucksvoll. Die Kinder in Amerika wurden nicht mehr von den Lehrern geschlagen. Statt dessen sind es die Lehrer, die von den Studenten geschlagen werden. In meiner eigenen Stadt, Los Angeles, erhalten die Lehrer eine besondere Vergütung, die sogenannte „Kampfentlohnung", für die Tätigkeit in Schulen mit geringer Disziplin (ähnlich dem Dienst in einem Kriegsgebiet). Mittlerweile geht das Niveau der akademischen Leistung in Amerika progressiv herunter. Diese Verminderung wird nicht nur durch die Testate nostalgischer Professoren belegt, sondern seit 18 Jahren durch die sukzessive Verringerung der Testwerte bei unseren besten standardisierten Verfahren. sogar die mit den höheren Testwerten liegen niedriger als diejenigen mit höheren Werten vor zwei Dekaden.

Es wäre unfair, den gesamten Leistungsabfall einer untauglichen Anwendung des Verstärkungsprinzips anzulasten. Die Feststellung, daß Kinder zufriedener sind, wenn ihnen niedrigere Maßstäbe gesetzt werden (wie es durch den relativistischen Ansatz der Urteilsbildung nahegelegt wird), ist ebenfalls berechtigt, so wie die Freudsche Auffassung, daß Kinder weniger Angst haben, wenn sie ihre unterdrückten Gefühle äußern können. Unglücklicherweise kann ich keinen stichhaltigen Beweis dafür finden, daß Zufriedenheit Leistung ersetzt. Eine meiner Studentinnen gab mir eine psychologische Interpretation dafür, warum die neue Freiheit nicht einmal das Gefühl der Freiheit beleben kann. Als ich ihre Klagen über die von den Eltern ausgehenden Beschränkungen hörte, machte ich sie darauf aufmerksam, wieviel mehr Freiheiten ihre Generation im Vergleich zu früheren Generationen hat. „Wenden Sie ihre eigenen Prinzipien an", gab sie zurück, „es verhält sich genau deshalb so, weil wir jetzt so frei sind, daß uns die geringste Einschränkung unerträglich wird!"

Zukünftige Forschungen zur Urteilsrelativität

Da dieser Relativismus so grundlegend für den Urteilsprozeß zu sein scheint, aber auch so fremd gegenüber der Absolutheit, die die Leute ihren Wertungen gewöhnlich zumessen, hoffe ich, daß er in der Zukunft einen größeren Platz in der Experimentalpsychologie einnehmen wird. Jedermann gibt Lippenbekenntnisse zur Urteilsrelativität ab, aber niemand tut etwas für sie. Die Psychologen könnten einen interessanten Beitrag dazu leisten, den Umfang vor Augen zu führen, in dem das Leben von dieser Art Relativismus beherrscht wird. Unser Beitrag könnte interessanter sein, wenn wir zu einem tieferen Verständnis seines Wirkens unter Laborbedingungen kämen, die wir experimentell im beträchtlichen Umfang kontrollieren könnten.

Theoretische Entwicklungen in nicht allzuferner Zukunft könnten gegenwärtige Vorstellungen über die Urteilsrelativität als seltsam oberflächlich erscheinen lassen. Zum Beispiel war ich völlig überrascht, als ich herausfand, daß das relative Gewicht des Bereichseinflusses (w in Gleichung (4)) sich direkt mit der Zahl der Kategorien verändert (Parducci 1981). Obgleich das Ausbleiben des Kategorien-Anzahl-Effektes bei simultaner Darbietung nahelegt, daß dieser Effekt irgendwie vom Gedächtnis abhängt, bleibt seine schlüssige Interpretation ein Rätsel. Als eine Konsequenz habe ich Untersuchungen mit „offenen" Skalen durchgeführt, bei denen die Vpn ihre Kategorien und deren Anzahl frei wählen konnten. Ich befürchtete, daß solch eine Freizügigkeit lediglich zu einem Durcheinander führen würde, aber es stellte sich heraus, daß offene Skalen nicht schwerer herzustellen waren als herkömmliche Skalen (d. h., wenn die Vpn auf einen speziellen Satz von Kategorien festgelegt sind). Voruntersuchungen deuten darauf hin, daß offene Skalen gegenüber der Schiefe eine mindestens ebenso große Sensitivität zeigen wie herkömmliche Fünf-Kategorien-Skalen – das ist die Zahl von Kategorien, die die typische Versuchsperson bei der Verwendung offener Skalen nutzt.

Wenn man an praktische Anwendungen denkt, ist der Umfang dessen, was in den Kontext oder Bereich des Vergleichs einbezogen wird, sehr weit. Dies ist das Problem des *Ankers*, das am gründlichsten von meinem Mitherausgeber, Viktor Sarris, analysiert wurde. Bei seinen parametischen Untersuchungen hat Sarris die Wirkung von unbeurteilten, in reguläre Serien eingebrachte Reize auf die Beurteilung untersucht. In diesen Untersuchungen wurde demonstriert, daß – obgleich die Ankereffekte dieser eingefügten Reize mit wachsender Entfernung von den regulären Serien zunehmen – sie außerhalb einer bestimmten optimalen Distanz einen zunehmend geringeren Einfluß auf die Urteilsskala ausüben (Sarris 1967, 1976). Es scheint zweckmäßig anzunehmen, daß sich diese Ankerreize mit den Extremwerten der regulären Serien kombinieren (evetuell als gewichtete Mittel, bei denen die Wichtung der Anker mit zunehmender Distanz geringer wird), um die Endpunkte für den subjektiven Bereich festzulegen. Die gleiche Überlegung kann für die abgeschwächten Ankereffekte der Gesamtmengen nichtbeurteilter Reize angewandt werden, wenn diese zu entfernt von den regulären Serien sind. Eine neuere Untersuchung (Sarris und Parducci 1978) ist mit dieser Interpretation vereinbar, und ich hoffe, daß die Klärung des Problems weiter vorangetrieben werden kann.[4] Wir brauchen eine genauere Kenntnis dessen, wodurch der Kontextbereich der Beurteilung konstituiert wird, so daß die Teilereignisse unabhängig von den Ereignissen in anderen Bereichen bewertet werden.

Die Möglichkeit eines natürlichen Ankers im Zentrum einer Skala, z. B. der break-even point in einem Spiel (Marsh und Parducci 1978) wirft interessante Probleme für jede Kontexttheorie des Urteilens auf. Ist das einfach eine Frage des Transfers eines wohldefinierten Kontextes aus der Vergangenheit oder ist das eine Ausnahme für den allgemeinen Geltungsanspruch der Urteilsrelativität? Es gibt zu wenig Arbeiten über Transfereffekte früher gegebener Kontexte. Auch hier hoffe ich, daß das Problem experimentell weiter verfolgt wird.

Andere neuere Forschungen legen nahe, daß es eine Interaktion zwischen Bereichs- und Häufigkeitseffekten geben könnte (Parducci, Knobel und Thomas 1976). Bei stark schiefen Verteilungen kann der effektive Bereichspunkt über jene extremen Stimuli hinausgehen, die am häufigsten präsentiert werden. Es ist, als ob ihre große Häufigkeit nahelegt, daß eventuell noch extremere Reize präsentiert werden könnten. Allgemeiner gesagt, ich würde weitere Forschungen zu den Beziehungen zwischen der Folge physikalischer Werte und den psychologischen Rangewerten, die wir aus der Kategorienschätzung der Vp ableiten, begrüßen.

Es gibt eine Eigenheit hedonischer Skalen, die der Range-Frequency-Theorie des Urteilens bestimmte Schwierigkeiten bereitet. Dies tritt auf, wenn eine *nichtmonotone* Beziehung zwischen hedonischen Urteilen und den physikalischen Dimensionen, auf denen der Reiz variiert, besteht. Zum Beispiel werden bei den Untersuchungen von Riskey u. a. (1979) zur Süße die Urteile der höchsten Angenehmheit in den Bereichen mittlerer Sacharinkonzentration gefunden (Darstellung B in Abb. 10.5). Obgleich der Punkt größter Angenehmheit sich wie erwartet mit der Schiefe der Kontextmenge verändert, ist nicht klar, wie die Einzelurteile der Angenehmheit aus einer Range-Frequency-Analyse abgeleitet werden können. Bei meinem philosophischen Interesse an Wertungsurteilen war klar, daß ich mich gedrängt fühlte, die Untersuchung dieses Problems fortzusetzen. Meine Bemühungen habe ich zunehmend darauf gerichtet, die Range-Frequency-Prin-

[4] Dies Problem und weitere, den Anker betreffende Probleme werden in einem später erscheinenden Beitrag diskutiert (Parducci, im Druck).

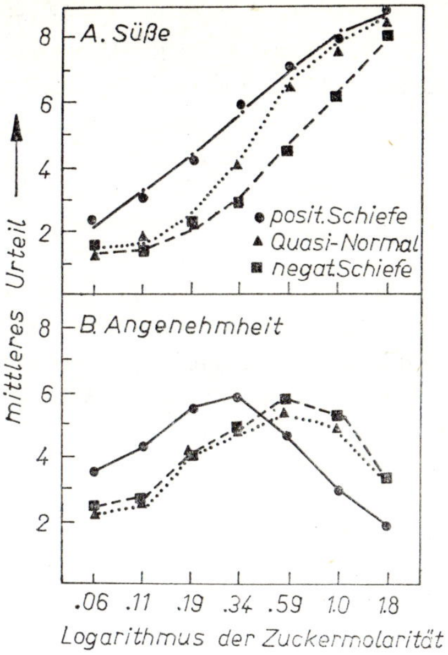

Abb. 10.5: Nichtmonotone Relation zwischen Ratings für Süße (Bild A, reproduziert aus Abb. 10.4) und Ratings der Angenehmheit (Bild B) (aus Riskey u. a. 1979).

zipien in eine Theorie des Glücksempfindens zu übertragen. Sicherlich, es ist wahrhaft ein Sprung von psychophysikalischen Experimenten zu Spekulationen über Bedingungen für ein positives Überwiegen von Wohlbefinden über Schmerz. Die kritische Voraussetzung ist, daß die alltäglichen Bewertungen als interne Urteile aufgefaßt werden können – sogar ohne offen abgegebene Einschätzungen.

Wenn die erlebten Werte den relativistischen Prinzipien der Kategorienschätzung folgen, ist das glückliche Leben dadurch gekennzeichnet, daß die Verteilungen der Kontextwerte negative Schliefe aufweisen. Das praktische Problem besteht darin, die Bedingungen für eine solche Schiefe herzustellen. Es war die experimentelle Forschung, die mich von der kritischen Rolle der Schiefe überzeugte. Aber ich stimme mit Gergen (Kapitel 3) darin überein, daß bei dem Versuch, diesen Vorgang in der realen Welt zu verstehen, der primäre Wert solcher Forschung in der *Belebung* spezifischer theoretischer Konzeptionen gesehen werden kann. Obgleich Gergen zur Bescheidenheit hinsichtlich experimenteller Forschung gemahnt hat, läßt er in seinen Eröffnungen zu, daß *all* diese Forschung zur Förderung von Werten führt. Die Werte, die ich fördern will, sind die, die unter dem Begriff „Glück" subsummiert werden.

Die Zukunft der Experimentalpsychologie

Bei dem Versuch, mir den allgemeineren Charakter der Experimentalpsychologie im 21. Jahrhundert klar zu machen, ist meine erste Vorstellung, daß sie fest im Skeptizismus verwurzelt bleiben sollte. Das experimentelle Herangehen darf nicht den Wellen des antiintellektuellen Glaubens nachgeben – sei es nun die Schöpfungslehre (Antidarwinismus), die Astrologie, der Glaube an Diät oder Exerzitien, der gegenwärtig sogar unsere Universitäten bedroht. Wir müssen darin fortfahren, nach Beweisen zu fragen. Professor Eysenck zeigte uns schon vor Jahren die Wichtigkeit des experimentellen Herangehens für die Bewertung von Wirkungen der Psychotherapie. Diese Art des aufgeklärten Skeptizismus könnte das wichtigste Resultat der Beschäftigung mit Experimenteller Psychologie sein. Ich hoffe, daß diese Art Training in Experimenteller Psychologie verstärkt wird – sogar für die Studenten, die niemals selbst Laborexperimente durchführen werden. Und wir sollten das experimentelle Herangehen zur Einschätzung dieser Art des Trainings heranziehen – insbesondere sollten wir uns mehr mit der Frage beschäftigen, wie gut der Transfereffekt für Anwendungssituationen außerhalb der speziellen Untersuchung ist, bei der dieses Training erfolgt.

Ich bin nicht couragiert genug, um die Richtungen anzugeben, die die Experimentelle Psychologie in den nächsten 20 Jahren einschlagen wird, und keinen der anderen Autoren dieses Buches scheint es zu einem solchen Versuch zu drängen. Unser Interesse scheint sich eher auf die Frage zu erstrecken, was *sollten* die Psychologen tun, als auf den Versuch, vorherzusagen, was sie tatsächlich tun werden. Aber ich würde gern einige der Erwartungen für die Experimentelle Psychologie in der Zukunft erörtern, die von anderen Autoren dieses Bandes zum Ausdruck gebracht werden.

Obgleich meine eigenen Interessen oft praktischer oder angewandter Art sind (was könnte pragmatischer als die Beschäftigung mit dem Glück sein?), bin ich unfroh wegen der Aufforderung zur „repräsentativen Versuchsplanung". Wie können aus höchst repräsentativen Experimenten abgeleitete Prinzipien dem Wagnis, das allen Versuchen, im Laboratorium gewonnenen Prinzipien auf das Alltagsleben anzuwenden, innewohnt, entgehen? Weiterhin gibt es noch zusätzlich ein Problem der Vermengung. Zweck des Versuchsplans ist, Bedingungen zu trennen, die gewöhnlich vermengt sind. Insoweit wir experimentelle Bedingungen auswählen, die „repräsentativ" sind, werden wir wahrscheinlich durch diese Vermengung enttäuscht werden. So legten z. B. frühere Untersuchungen, die das Mittel als Prädiktor für das Adaptationsniveau stützten, repräsentative Häufigkeitsverteilungen der Reize zugrunde, bei denen der Mittelwert, der Median und der Mittelpunkt der Reize hoffnungslos verquickt waren. Es bedurfte der unabhängigen Handhabung dieser Parameter (d. h. der Untersuchung einiger höchst *unrepräsentativer* Verteilungen), um die Range-Frequency-Beziehung für Kontexteffekte zu begründen. Ein historisches Modell für eine nichtrepräsentative Experimentgestaltung lieferten die Gebrüder Weber, die zu ihrem Gesetze der Wellenbewegung nicht durch die Beobachtung chaotischer und unerhört komplizierter Wellenbewegungen der offenen See, sondern eher durch nichtrepräsentative Wellenmanipulationen in ihrem eigenen kleinen Brandyfaß gelangten. Einer der Brüder, Ernst, wandte dieses Herangehen auf das Problem der Diskrimination an und kam zu dem vielleicht ersten experimentell abgeleiteten quantitativen Gesetz der Psychologie – ein Gesetz, das so viele spätere „Gesetze" überdauert hat.

Ich habe Gefallen gefunden an der überraschenden philosophischen Tonart einiger Beiträge. Die Experimentalpsychologie hat ihren Flirt mit dem „Dustbowl-Empirismus" bereits gehabt. Ihre Aussichten für ein anregendes Verhältnis scheinen vielversprechender mit heutigen Versuchen der älteren Disziplin, der sie entsprang. Die Philosophie hat zwei Tugenden, die entsprechende Nachteile in der Psychologie zur Folge haben: 1. die Aufmerksamkeit auf solche psychologischen Probleme zu richten, die denkende Menschen seit der Antike beschäftigen; und 2. eine realistische Bescheidenheit in bezug auf das, was bewältigt werden kann. In seinem Kapitel betonte Professor Gergen die Grenzen des Wissens. Die Psychologie, sogar die Experimentalpsychologie, hat die Tendenz, diese

Grenzen so weit zu überschreiten, daß sie ihre Glaubwürdigkeit einbüßt. Die bescheidene Erwägung der Möglichkeit, daß unsere wichtigste Rolle darin besteht, interessierende Hypothesen aufzustellen, würde es uns leichter machen, uns auf Gegenstände bleibender Wichtigkeit zu konzentrieren.

Die Experimentalpsychologen sollten sich – wie jedermann sonst – so frei fühlen, Spekulationen über die komplizierte Welt außerhalb ihrer Laboratorien anzustellen. Insoweit, als unsere Hypothesen in den Laboratorien Prüfungen unterworfen worden sind, haben unsere Erwartungen hinsichtlich der Anwendbarkeit dieser Theorien auf alltägliche Vorgänge eine gewisse Berechtigung. Jedoch es scheint nur wichtig, daß wir versuchen müssen, Klarheit über das Wagnis dieses Unternehmens zu behalten.

Literatur

Beebe-Center, J. G.: The law of affective equilibrium. American Journal of Psychology, 41, 54–69, 1929

Bentham, J.: The Principles of morals and legislation, 1789

Birnbaum, M. H.: Using contextual effects to derive psychophysical scales. Perception and Psychophysics, 15, 89–96, 1974

Brickman, P., and D. T. Campbell: Hedoniv relativism and planning the good society. In: M. H. Appley (Ed.), Adaptation-level theory: A symposium. New York: Academic Press. 1971

Helson, H.: Adaptation-level as frame of reference for prediction of psychophysical data. American Journal of Psychology, 60, 1–29, 1947

Helson, H.: Adaptation-level theory. New York: Harper and Row, 1964

Hemple, C. G.: Philosophy of natural science. Englewood Cliffs, N. Y.: Prentice-Hall, 1966

Marsh, H. W., and A. Parducci: Natural anchoring at the neutral point of category rating scales. Journal of Experimental Social Psychology, 14, 193–204, 1978

Parducci, A.: Direction of shift in the judgment of single stimuli. Journal of Experimental Psychology, 51, 169–178, 1956

Parducci, A.: The relativism of absolute judgment. Scientific American, 219, 84–90, 1968

Parducci, A.: A range-frequency approach to sequential effects in category ratings. In: S. Kornblum (Ed.), Attention and performance IV. New York: Academic Press, 1973

Parducci, A.: Category ratings: Still more contextual effects! In: B. Wegener (Ed.), Social attitudes and psychophysical measurement. Hillsdale, J. N.: Lawrence Erlbaum Associates, 1981

Parducci, A.: Category ratings and the relational character of judgment. In: H.-G. Geissler u. a. (Eds.), Modern issues in perception. Berlin: VEB Deutscher Verlag der Wissenschaften, 1983

Parducci, A., R. C. Calfee, L. M. Marshall and L. P. Davidson: Context effects in judgment: Adaptation level as a function of the mean, midpoint, and median of the stimuli. Journal of Experimental Psychology, 60, 65–77, 1960

Parducci, A., S. Knobel and C. Thomas: Independent contexts for category ratings: A range-frequency analysis. Perception and Psychophysics, 20, 360–366, 1976

Parducci, A., and L. P. Perrett: Rating scales: Effects of relative spacing and frequency of stimulus values. Journal of Experimental Psychology Monograph, 89, 427–452, 1971

Riskey, D. R., A. Parducci and G. K. Beauchamp: Effects of context in judgments of sweetness and pleasantness. Perception and Psychophysics, 26, 171–176, 1979

Sarris, V.: Adaptation-level theory: Two critical experiments on Helson's weighted-average model. American Journal of Psychology, 80, 331–334, 1967

Sarris, V.: Effects of stimulus range and anchor value on psychophysical judgment. In: H.-G. Geissler and Y. M. Zabrodin (Eds.), Advances in psychophysics. Berlin: VEB Deutscher Verlag der Wissenschaften, 1976

Sarris, V., and A. Parducci: Multiple anchoring of category rating scales. Perception and Psychophysics, 24, 35–39, 1978

11. Prozesse bei der Wahrnehmung von Wörtern und Zeichnungen

Paul Fraisse
René-Descartes-Universität, Paris, Frankreich

Viele Jahre lang habe ich mittels zahlreicher Versuche einen einfachen Vorgang untersucht: das Benennen dessen, was wir sehen. Mich interessieren Prozesse der Informationsverarbeitung in dieser einfachen Situation, da meines Erachtens die Kenntnis der Grundprozesse Voraussetzung für eine bessere Erklärung komplexer Prozesse ist. Und Wahrnehmung ist die Quelle jeglicher Information. Ich spreche von Wahrnehmung, obgleich man auch von unmittelbarem Gedächtnis sprechen könnte, da die Versuchspersonen (Vpn) bei einigen Versuchen nicht nur einen, sondern mehrere Reize benennen mußten.

Gestatten Sie mir, einige Bemerkungen vorauszuschicken. Obgleich meine Untersuchungen denen anderer Wissenschaftler, die auf dem gleichen Gebiet arbeiten, sehr ähneln, glaube ich doch, daß sie originären Charakters sind. Bei meinen Versuchen sollten die Vpn benennen, was sie sahen, wobei mehrere Antworten möglich waren. In der Regel verwenden die meisten auf diesem Gebiet Tätigen ein binäres Antwortsystem: Ja oder Nein; A oder B; Vorhandensein oder Nichtvorhandensein eines Reizes; somit wird von den Vpn gefordert, zwischen zwei möglichen Antworten zu wählen.

Ich werde versuchen, eine Zusammenfassung meiner Ergebnisse dazulegen. Bedauerlicherweise jedoch reicht die Zeit nicht für einen Vergleich mit anderen auf diesem Gebiet erzielten Resultaten. Meine Absicht ist es, die unterschiedlichen, am Benennen beteiligten Prozesse zu analysieren, oder anders ausgedrückt, die vermittelnden Variablen herauszufinden, die für die Erklärung der Ergebnisse angenommen werden können (Fraisse 1969).

Erstens, Benennen erfolgt als Reaktion auf zwei unterschiedliche Reizarten. In dem einen Falle wird von der Vp verlangt, ein Objekt bzw. dessen bildliche Repräsentation zu benennen. In diesem Falle spreche ich von Bezeichnen oder Benennen. Im anderen Fall soll die Vp ein geschriebenes Wort aussprechen; hierbei handelt es sich um einen Lesevorgang. Das vorliegende Material wird von mir für die Untersuchung der Unterschiede verwendet, die zwischen den Vorgängen bestehen, die am Benennen und Lesen beteiligt sind.

Ich werde mit einem von allen Untersuchern auf diesem Gebiet verwendeten, groben Modell beginnen (s. Abb. 11.1).

Von einem visuellen Reiz wird zuerst dessen Abbild gespeichert. Diese Abbildspeicherung stellt ein separates Stadium dar. Man kann ein Abbild speichern, ohne danach in der Lage zu sein, es zu benennen. Betrachtet man beispielsweise ein chinesisches Zeichen, ohne Chinesisch zu können, so wird man nur dessen Abbild speichern. Zuerst möchte ich die an diesem Vorgang beteiligten Variablen bestimmen und ihren Einfluß auf die Dauer des Benennungsvorgangs aufzeigen.

Das zweite Stadium umfaßt das kodierende Speichern. Dieses besteht im Erkennen des Abbildes, das im ersten Stadium wahrgenommen wurde. An diesem Punkt ist eine Unter-

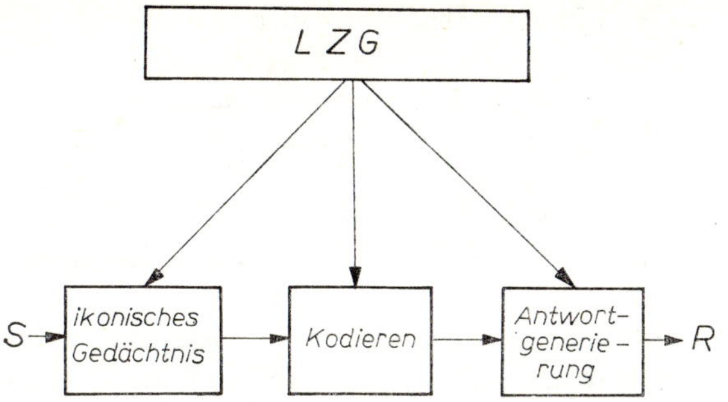

Abb. 11.1: Vereinfachtes Modell der Informationsverarbeitung, die zu einer verbalen Antwort führt (LZG – Langzeitgedächtnis).

scheidung erforderlich. Besteht der Reiz in einem in lateinischer Schrift geschriebenen Wort, so ist eine Vp aus einem europäischen Land in der Lage, den Reiz zu benennen, d. h., das Wort zu lesen, auch ohne dessen Bedeutung zu verstehen. Denn zum Lesen eines Wortes bedarf es lediglich der phonetischen Kodierung – die Vp muß die phonetischen Regeln ihrer Muttersprache anwenden. Ist der Reiz jedoch ein Objekt, dann setzt die Kodierung des Abbildes das Erkennen des Objektes voraus, bevor dieses benannt werden kann. Benennen ist nicht möglich, wenn der Vp ein ihr nicht bekanntes Objekt dargeboten wird.

Was mich interessiert, ist, daß einer verbalen Reizbeantwortung, d. h. der Benennung, eine semantische Kodierung vorausgehen muß. Kodieren kann auf zweierlei Art erfolgen: phonetisch und semantisch. Eines meiner Ziele ist die Analyse der zwischen diesen beiden Kodierungsarten bestehenden Beziehungen.

Ich gehe davon aus, daß einer verbalen Reaktion eine Phase der Reaktionserzeugung vorausgeht, die auch artikulierendes Kodieren einschließt. Die Bedeutung dieses Stadiums wird deutlich, wenn Vpn aufgefordert werden, nacheinander mehrere verbale Reaktionen zu produzieren.

Gestatten Sie mir nun, die verschiedenen Stadien zu erläutern und die Ergebnisse darzulegen, welche gestatten, sowohl die in jedem Stadium beteiligten Variablen als auch die zwischen diesen Stadien bestehenden Beziehungen bzw. Korrelationen zu bestimmen.

Ikonisches Speichern

Zur Untersuchung dieser Art des Speicherns benutzte ich zwei Methoden. Die klassische besteht im Messen der Erkennungsschwelle für tachistoskopisch dargebotene Reize. Die zweite von mir – wenngleich nicht systematisch – verwendete Methode bestand in der Anwendung einer verschiedenen Darbietungsdauer und im Ermitteln der Auswirkungen auf die Dauer der nachfolgenden Phasen. Gemessen wurde in diesem Falle die Reaktionszeit zwischen Reizdarbietung und Reizbeantwortung, die gewissermaßen aus der Summe der zeitlichen Dauer aller Prozesse besteht; ich versuchte jedoch, den jeweiligen Anteil jedes einzelnen Vorgangs an der Gesamtdauer zu bestimmen.

Bei der Anwendung der Schwellenmethode fand ich, wie viele andere, daß die Erkennungsschwelle sehr niedrig ist, daß Vpn bei normalen Lichtverhältnissen einfache Reize wie ein Wort oder eine Zeichnung nach weniger als 20 msec zu erkennen in der Lage sind.

Gemessen an der mindestens 300 msec und oftmals mehr betragenden Gesamtdauer des Benennungsvorgangs, ist das sehr wenig.

Sehr gründlich habe ich die Bedeutung zweier Variabler für die Erkennungsschwelle untersucht, und zwar die der Unbestimmtheit und die der Unterscheidbarkeit (oder grafische Komplexität). Diese Variablen haben besondere Bedeutung für alle meine anderen Untersuchungen.

Die Bedeutung der Unbestimmtheit wird offensichtlich, wenn eine Vp einen Reiz erkennen soll, der zu einer Menge von Reizen gehört, die sie vorher „gelernt" hat. Die Erkennungsschwelle nimmt in Übereinstimmung mit den allgemeinen Gesetzen der Informationstheorie entsprechend dem Logarithmus der Anzahl möglicher Reize zu. Das betrifft sowohl sinnlose Silben (Fraisse und Blancheteau 1962) als auch Wörter (Fraisse 1967 a). Beispielsweise beträgt die Erkennungsschwelle bei zwei möglichen Reizen 12 msec und bei 16 möglichen Reizen 18 msec. Gleiches gilt für geometrische Figuren (Fraisse 1967 a). Aus einem Überblick über die Literatur ist erkennbar, daß die Erkennungsschwelle für Wörter der französischen und englischen Sprache von der Häufigkeit des Auftretens dieser Wörter abhängig ist (Fraisse 1964 a); und Häufigkeit ist ein Aspekt der Unbestimmtheit. Das wird durch die Tatsache bestätigt, daß die Wirkung der Häufigkeit des Auftretens nicht mehr nachweisbar ist, wenn einer Vp vorher verschiedene mögliche Wörter dargeboten werden (Fraisse, Kassou und Krawsky 1963).

Die Bedeutung grafischer Komplexität ist ebenfalls gut bekannt und in gewissem Sinne trivial. Bereits 1952 zeigten McGinnies, Comer und Lacey, daß zunehmender Wortlänge eine Erhöhung der Erkennungsschwelle für Wörter entspricht. Ich habe mich speziell mit dem Vergleich von Erkennungsschwellen für Wörter und Zeichnungen mit gleicher Benennung beschäftigt. Beispielsweise verglich ich die Erkennungsschwelle für das geschriebene Wort „Quadrat", mit der Erkennungsschwelle bei der bildlichen Darbietung eines Quadrates. Im Falle der Zeichnung betrug die Schwelle 8,9 ms; im Falle des geschriebenen Wortes 14,2. Gleiches gilt für komplexere Zeichnungen und Wörter. Die Erkennungsschwelle betrug z. B. bei einem gezeichneten Achteck 11,2 ms und bei dem entsprechenden geschriebenen Wort 17. Bei diesen Versuchen wurde die Unbestimmtheit sowohl für Zeichnungen als auch für Wörter konstant gehalten (Fraisse 1960). Gleiche Resultate ergaben sich bei Versuchen mit Kindern im Alter von 7–11 Jahren (Fraisse und McMurray 1960).

Bei geometrischen Figuren waren – im Gegensatz zu Wörtern – Wechselwirkungen zwischen Unbestimmtheit und Unterscheidbarkeit nachweisbar (Fraisse 1967 a). Hinsichtlich dieses Ergebnisses habe ich jedoch Zweifel, da die Qualität des verwendeten Materials nicht völlig den Ansprüchen genügte. Es sei daher lediglich festgestellt, daß bei Wörtern eine geringere quantitative Wirkung der Unbestimmtheit und der grafischen Komplexität nachweisbar war als bei geometrischen Figuren.

Grafische Komplexität kann sowohl im Hinblick auf die Einfachheit der Merkmale als auch im Hinblick auf die Natur des Reizes betrachtet werden. Ich verglich die Erkennungsschwellen für acht Objekte (z. B. Schlüssel, Lehnstuhl, Flugzeug) unter vier Bedingungen, wobei die Größe der Reize gleich blieb: Ich benutzte das Objekt (ein Spielzeug), eine Zeichnung des Objekts mit Schatten, eine Fotografie und eine Strichzeichnung. Bei allen Vpn – von 7jährigen bis zu Erwachsenen – erhielt ich gleiche Resultate. Die niedrigsten Schwellenwerte ergaben sich bei Zeichnungen mit Schatten, d. h. bei der Art zeichnerischer Darstellung, durch die die Form des Objekts betont wird; die höchsten Schwellenwerte bei Strichzeichnungen, d. h. bei einer zwar einfacheren, jedoch nicht genügend Information über Form und Art des Reizes vermittelnden Variante zeichnerischer Darstellung (Fraisse und Elkin 1963).

Diesen Punkt abschließend, möchte ich bemerken, daß der Schwellenwert für das Erkennen von Objekten und Zeichnungen im allgemeinen niedriger liegt als der Schwellenwert für das Erkennen von Wörtern. Jedoch können auch Zeichnungen ebenso schwierig zu erkennen sein wie Wörter – das ist eine Frage der grafischen Darstellungsweise.

Kodierendes Speichern

Um die in diesem Stadium beteiligten Prozesse untersuchen zu können, habe ich die verbalen Reaktionszeiten (VRZ) gemessen. Das Problem, das sich bei diesem Parameter ergibt, ist, daß er aus einer Summe unterschiedlicher Prozesse besteht. Um die genannten Zeiten analysieren zu können, mußte ich die Differenzen zwischen den in verschiedenen Situationen gewonnenen Mittelwerten berechnen bzw. die Schwellenwerte für visuelles Erkennen mit den für die VRZ ermittelten korrelieren.

Später wird darzulegen sein, daß sich Unbestimmtheit und Unterscheidbarkeit auf die verbale Reaktionszeit auswirken. Zuerst jedoch möchte ich die wesentlichen Ergebnisse in bezug auf das Kodieren darstellen. Es besteht eine Differenz von mindestens 100 ms zwischen dem Kodieren (Lesen) von Wörtern und dem Kodieren (Benennen) von Objekten, Farben, geometrischen Figuren oder Zeichnungen. Hierzu habe ich eine Reihe von Versuchen durchgeführt. Ein einfaches Beispiel: Das Material bestand aus 15 sehr bekannte, konkrete Objekte bezeichnenden Wörtern (Tiere, Pflanzen, Gegenstände) und aus 15 entsprechenden bildlichen Darstellungen. Ich versuchte, durch ausreichend lange Darbietungszeiten und durch direkte Kontrolle den Effekt des Kodierens so niedrig wie möglich zu halten. Gestatten Sie mir einige Bemerkungen im Zusammenhang mit dieser Kontrolle da sie bei meiner Arbeit eine wichtige Rolle spielt. Die 30 Reize (15 Wörter und 15 Zeichnungen) wurden tachistoskopisch dargeboten, und die Vpn mußten in dem Augenblick, da sie den Reiz erkannten, eine Taste drücken. Die durchschnittliche Reaktionszeit betrug bei Zeichnungen 249 ms, bei Wörtern 259 ms. Hier sei daran erinnert, daß der Schwellenwert für Erkennen bei 10 bis 20 ms liegt. Das zeigt, daß der Reaktionsvorgang auch dann ziemlich lang ist, wenn es sich um eine sehr einfache Reiz-Reaktion-Beziehung handelt: Ausschalten durch Drücken einer Taste. Die Mittelwerte für Wörter und Zeichnungen unterschieden sich geringfügig (10 ms, $p < 0.10$). Dieses Resultat bestätigte meine ersten Ergebnisse hinsichtlich der Tatsache, daß Wörter im allgemeinen einen höheren Grad an grafische Komplexität aufweisen als Zeichnungen. Unter Verwendung des gleichen Materials wurden die Vpn bei einer anderen Sitzung aufgefordert, jeden Reiz zu benennen. Hierbei wurde eine durchschnittliche Reaktionszeit von 473 ms für Wörter und von 563 ms für Zeichnungen ermittelt. Die Differenz beträgt nunmehr 90 ms ($p < 0.005$) (Fraisse 1968). Dieses Ergebnis ist nicht neu. Es wurde bereits von J. Mckeen Catell im Jahre 1885 gefunden. Aber es bedarf der Erklärung auf dem Hintergrund des von mir dargestellten Modells der Informationsverarbeitung.

Sowie eine Vp einen grafischen Kode in einen phonetischen übertragen kann, oder – anders ausgedrückt – sowie sie lesen kann, besteht eine eindeutige Entsprechung bzw. Kompatibilität zwischen Reiz und Reaktion (S und R). Wir können verbal reagieren, selbst wenn wir die Bedeutung eines Wortes nicht kennen. Ich möchte hinzufügen, daß auch bei Kindern, sobald diese zu lesen imstande waren, dieser Unterschied zwischen den VRZ beim Benennen und beim Lesen festgestellt wurde (Ligon 1932).

Komplexer ist dieser Prozeß im Zusammenhang mit Zeichnungen. Zuerst muß die Vp das Objekt erkennen und danach benennen. Wir können ein Objekt (z. B. eine bestimmte Art von Stein) erkennen, ohne in der Lage zu sein, es zu benennen. Beim Kodieren eines konkreten Gegenstandes erfolgt zuerst eine semantische und dann eine phonetische Kodierung. Für diese Übersetzung ist ein Minimum von 90 ms erforderlich. Das veranlaßte mich zu der Annahme, daß sich das Kodieren von Wörtern vom Kodieren von Objekten unterscheidet und daß sich im Zusammenhang mit Objekten ein zweifacher Kodierungsvorgang vollzieht: zuerst ein semantischer und danach ein phonetischer.

Gestatten Sie mir, Ihnen ein anderes Beispiel zu erläutern (Fraisse 1967 b). Bietet man das gleiche Zeichen (O) einmal zusammen mit drei Buchstaben (OBKF) und ein weiteres Mal zusammen mit drei geometrischen Figuren (Quadrat, Dreieck, Kreuz), so enthalten beide Versuchsanordnungen das gleiche grafische Zeichen und die gleiche Unbestimmtheit. Die verbale Reaktion ist jedoch unterschiedlich. In dem einen Falle wird „O" gelesen; im anderen wird „Kreis" genannt. In Kontrollversuchen, bei denen die einfachen VRZ auf den Buchstaben O und auf den Kreis festgestellt wurden, sollte der Einfluß unterschiedlicher Reaktionen ermittelt werden:

Lesen „O"	Kreis benennen
453 ms	619 ms
Reaktionszeit bei „O"	Reaktionszeit bei Kreis
304 ms	333 ms

Selbstverständlich sind die erheblichen Unterschiede zwischen Lesen und Benennen weder durch die gestellten Anforderungen (gleicher Reiz) noch durch die Art der Reizbeantwortung zu erklären.

Der Beweis für das Vorhandensein dieses zweifachen Vorgangs kann durch die Verwendung von Posners Paradigma erbracht werden. Ich forderte Vpn auf, miteinander zu vergleichen: zwei Wörter (identisch oder nichtidentisch), zwei Zeichnungen (identisch oder nichtidentisch), zwei Reize: ein Wort und eine Zeichnung. In 50 % der Fälle entsprach die Zeichnung dem Wort; bei 50 % bestand keine Beziehung zwischen beiden. Die zwei Reize wurden simultan dargeboten und die Vpn sollten durch „Ja" oder „Nein" entscheiden, ob es sich um identische oder nichtidentische handelt. Die Dauer der Darbietung war nicht begrenzt (Fraisse 1979).

Die Ergebnisse stimmten völlig mit den vorher erzielten überein.

	Identisch
Wort-Wort	561 ms
Zeichnung-Zeichnung	521 ms
Wort-Zeichnung	687 ms

Diese Ergebnisse gestatteten mir die Untersuchung der zwischen dem ikonischen Gedächtnis und dem Kodieren bestehenden Beziehungen. Wenngleich die Werte sehr weit streuten, so konnte ich bei meinen Versuchen (Fraisse 1964 a) dennoch eine Korrelation von 0.50 bis 0.80 zwischen der Erkennungsschwelle und der VRZ feststellen. Diese Korrelation war jedoch nur bei zu der gleichen Kategorie (Wörter oder Zeichnungen) gehörendem Material nachweisbar. Bestand das Material sowohl aus Zeichnungen als auch aus Wörtern, so ergaben sich mehr oder minder negative Korrelationen. Die positiven

Korrelationen zwischen Erkennungsschwelle und VRT deuten auf das Vorhandensein eines gemeinsamen Faktors. Die einfachste Hypothese bestände in der Annahme, daß beim ikonischen Gedächtnis und im Kodierungsstadium eine spezifische Schwierigkeit beim Aufspüren von Inhalten aus dem Langzeitspeicher besteht.

Um diese Sachverhalte besser verstehen zu können, muß zuerst die Wirkung der Unbestimmtheit und der Unterscheidbarkeit im Kodierungsstadium untersucht werden.

Die Unterscheidbarkeit übt auf die Wortkodierung nur eine geringe Wirkung aus. Beispielsweise beträgt die VRZ auf das Wort „Quadrat" 601 ms und auf „Achteck" 637 ms (Fraisse 1964 b). Das ist ein Beispiel für den Einfluß von Wortlängen. Ich möchte daran erinnern, daß der Vpn die Reize vor dem Versuch gezeigt wurden. Die geringe Differenz muß mit dem Einfluß der Unterscheidbarkeit der entsprechenden geometrischen Figuren verglichen werden (VRZ = 701 ms bei Quadrat und 963 ms bei Achteck; Fraisse 1964 b).

Veränderung der Darbietungszeit ist eine andere Art der Variation der Unterscheidbarkeit (Fraisse 1968, 1980). Beträgt die Darbietungszeit den doppelten Schwellenwert (11,5 ms bei Wörtern und 8,6 ms bei geometrischen Figuren), dann sind die VRZ gleich. Die Schwierigkeit beim Wahrnehmen von grafisch komplexeren Wörtern wird durch die Schwierigkeit des Kodierens geometrischer Figuren ausgeglichen. Bei einer den dreifachen Schwellenwert betragenden Darbietungszeit ist die Wirkung des doppelten Kodierens bei geometrischen Figuren nachweisbar; eine weitere Verlängerung der Darbietungszeit zeitigt keine weitere Wirkung.

Bei anderen Versuchen bemühte ich mich, die Wirkung der Schwierigkeiten auf die VRZ beim ikonischen Kodieren durch lange Darbietungszeiten so weit wie möglich zu reduzieren. Dabei trat der Einfluß der Unbestimmtheit auf. Aber dieser Einfluß ist im Zusammenhang mit Wörtern völlig anders als im Zusammenhang mit Zeichnungen oder geometrischen Figuren. Es ist bekannt, daß Unbestimmtheit im Zusammenhang mit Wörtern keine Wirkung zeitigt (Pierce und Karlin 1957). Das trifft jedoch nur bei langer Übungszeit mit wenigen Wörtern zu. Ich stellte bei meinen Untersuchungen mit vier möglichen Wörtern eine VRZ von 475 ms und bei Versuchen mit 16 möglichen Wörtern eine VRZ von 526 ms fest; die Wörter waren den Vpn vor den Versuchen gezeigt worden (Fraisse 1968).

Angenommen, es besteht eine Beziehung zwischen der Häufigkeit des Auftretens von Wörtern und einer gewissen Unbestimmtheit, wenn wir sie lesen sollen, dann ist keine Beziehung zwischen VRZ und Worthäufigkeit nachweisbar. Auch konnte ich keine Beziehung zu einem mehr subjektiven Kriterium, von mir als *Wort-Bekanntheit* bezeichnet, nachweisen. Dieses Kriterium wurde mit denselben Vpn mittels einer Schätzskala bestimmt.

Im Zusammenhang mit Zeichnungen ergeben sich ganz unterschiedliche Resultate hinsichtlich der Wirkung der Unbestimmtheit. Beispielsweise beträgt der Unterschied zwischen Benennen eines Quadrates und Lesen des Wortes „Quadrat" 100 ms bei vier möglichen und 205 ms bei 12 möglichen Reizen. Wird ein Achteck geboten, so erhöht sich die Differenz von 326 ms auf 584 ms bei gleichartiger Variation der Unbestimmtheit. Im Zusammenhang mit Objekten oder Zeichnungen besteht eine Wechselwirkung zwischen Unbestimmtheit und Unterscheidbarkeit. Je schwieriger das Kodieren des Reizes im ikonischen Stadium ist, desto länger ist die für das semantische Kodieren benötigte Zeit (Fraisse 1967 a). Betrachtet man die Wirkung der Häufigkeit des Auftretens eines

Wortes in einer Sprache als einen Aspekt der Unbestimmtheit beim Benennen, dann ergibt sich eine Korrelation zwischen VRZ in bezug auf Zeichnungen und Häufigkeit; kein bzw. ein sehr geringer Effekt ist hingegen nachweisbar im Zusammenhang mit Lesen.

Diese wenigen Beispiele zeigen, daß sich der Vorgang des Benennens vom Vorgang des Lesens unterscheidet. Beim Benennen sind wir gezwungen, die Beziehung zwischen Bezeichnung und Bezeichnetem (Abbild und Urbild) herzustellen; wir müssen die Bedeutung berücksichtigen.

Gestatten Sie mir, ein weiteres Beispiel für die Besonderheit semantischen Kodierens zu erwähnen. In einer Versuchsserie wurden französische Studenten mit guten englischen Sprachkenntnissen aufgefordert, französische und die entsprechenden englischen Wörter zu lesen und englische Wörter ins Französische und französische Wörter ins Englische zu übersetzen. Die Übersetzung erforderte stets mehr Zeit als das Lesen. Übersetzen von einer fremden Sprache in die Muttersprache erfolgt stets schneller als umgekehrt. Was ich jedoch besonders hervorheben möchte, ist, daß beim Lesen englischer und französischer Wörter die Anzahl der Reize (von zwei bis 16) keinen Einfluß auf die Reaktionszeit ausübte. Das Lesen fremdsprachiger Wörter dauerte nur geringfügig länger (535 ms gegenüber 491 ms, d. h. eine Differenz von 44 ms). Bei der Übersetzung war die VRZ länger und nahm mit der Anzahl möglicher Reize, d. h. mit der Unbestimmtheit, zu; (beim Übergang von zwei auf 16 mögliche Reize betrug der Anstieg in der VRZ 131 ms beim Übersetzen vom Englischen ins Französische und 122 ms beim Übersetzen vom Französischen ins Englische). Nimmt man den Logarithmus der Anzahl der möglichen Reize, dann ist ein

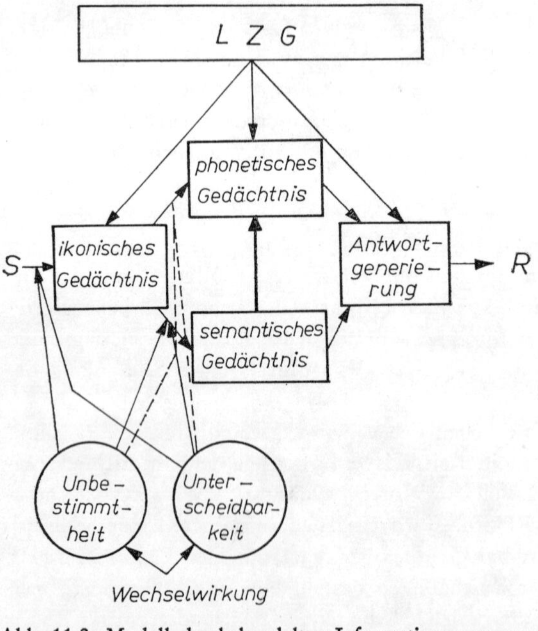

Abb. 11.2: Modell der behandelten Informationsprozesse unter besonderer Berücksichtigung der Unterschiede zwischen Prozessen auf der Ebene des Einkodierens und des Ablaufs bei der Benennung konkreter Reize.

linearer Anstieg nachweisbar. Übersetzen setzt semantisches Kodieren voraus, das jedoch beim Lesen von Wörtern in einer fremden Sprache nicht erforderlich ist, sofern die in unseren Ländern übliche lateinische Schrift verwendet wurde (Fraisse 1966).

Antwortorganisation

Die für das ikonische Erkennen benötigte Zeit ist ein Teil der VRZ sie ist sehr kurz. Wir wissen um die Komplexität des Kodierungsstadiums, und es ist bekannt, daß Unterscheidbarkeit und Unbestimmtheit für eine Zunahme der VRZ verantwortlich sein können.

In verschiedenen Versuchen habe ich die VRZ in bezug auf einen einzelnen, leicht zu erkennenden Reiz, unter Verwendung langer Darbietungszeiten gemessen.

Ich habe bereits ausgeführt, daß die VRZ in bezug auf das Zeichen „O" 304 ms betrug, wenn es sich um das Lesen des Buchstabens O, und 333 ms, wenn es sich um das Nennen des Wortes „Kreis" handelte (Fraisse 1967 b). In einem anderen Versuch wurden die Vpn aufgefordert, ein Farbe zu benennen oder den Namen einer Farbe zu lesen. Im Zusammenhang mit dem Lesen betrug die VRZ 236 ms, im Zusammenhang mit dem Benennen 261 ms (Fraisse 1964 b).

Abermals wurde bei diesen beiden Versuchen die beim Vorgang des Benennens auftretende spezifische Schwierigkeit festgestellt; darüber hinaus wurde nachgewiesen, daß beim Vorhandensein von Unbestimmtheit die VRZ in bezug auf einen einzelnen Reiz mehr als die Hälfte der gesamten verbalen Reaktionszeit beträgt. Unter normalen Bedingungen ist beim Lesen bzw. beim Benennen eines Sachverhalts stets eine gewisse Unbestimmtheit vorhanden.

Für das Verständnis des Gesamtprozesses ist die Berücksichtigung der spezifischen Zeit erforderlich, die für das Entstehen und Ausführen der Antwort benötigt wird.

Da die Analyse dieses Prozesses an Hand lediglich einer Reaktion schwierig war, entwickelte ich eine neue Versuchsanordnung. Der Vp wurden simultan oder sukzessiv viele Reize dargeboten, und sie wurde aufgefordert, so schnell wie möglich verbal zu reagieren. Im Zusammenhang mit der Lese-Reaktion bestanden die Reize aus Buchstaben oder Wörtern; im Zusammenhang mit dem Benennen aus geometrischen Figuren.

Entspricht die Anzahl der Reaktionen der Anzahl der simultan dargebotenen Reize, d. h., liegt die Anzahl der Reize innerhalb des voraussehbaren Bereichs, dann erhöht sich die für die erste Reaktion benötigte Latenzzeit linear mit der Anzahl der Reaktionen. Bei einem Maximum von sechs Reiz-Reaktion-Paaren ergab sich folgende Regressionsgleichung:

$740 + 54\,n$ bei Wörtern

$1032 + 62\,n$ bei geometrischen Figuren.

Hervorzuheben ist, daß sich bei Zunahme der Anzahl von Reizen die Anzahl richtiger Reaktionen verringert. Bei 3 bis 4 Wörtern und 4 bis 5 geometrischen Figuren erfolgten 50 % richtige Reaktionen (Fraisse 1977).

Wie ist die mit der Zunahme der Reize einhergehende Zunahme der Latenzzeit zu erklären? Beruht sie auf der Dauer des Kodierungsprozesses bei Vorhandensein vieler Reize? Meine Antwort ist „nein" und gründet sich auf die Ergebnisse eines anderen Experiments, bei dem das Material lediglich aus zwei Buchstaben bestand, die unter zwei unterschiedlichen Bedingungen dargeboten wurden (Fraisse und Smirnov 1976). In der einen Versuchsreihe wurden die Buchstaben für eine relativ kurze Zeit (80 ms) dargeboten; in der anderen wurden sie nacheinander auf eine Leinwand projiziert. Jeder Buchstabe erschien für 600 ms; die Intervalle betrugen 300 ms. In beiden Versuchsreihen waren die Latenzzeiten annähernd gleich: 672 ms + 72 *n* bei simultaner und 704 ms + 50 *n* bei sukzessiver Darbietung. Bei letzterer stand jeder Vp für das Kodieren der aufeinander folgenden Buchstaben so viel Zeit zur Verfügung, wie sie benötigte. Die Ergebnisse waren jedoch annähernd die gleichen wie bei kurzzeitiger, simultaner Darbietung. Auf der Grundlage dieser Ergebnisse ist anzunehmen, daß die mit der Zunahme richtiger Antworten einhergehende Verlängerung der Latenzzeit nicht auf einem Kodierungsproblem beruht, sondern auf einem späteren Prozeß der Antwortgenerierung.

Meine 1977 durchgeführten Versuche lieferten mir ein weiteres Argument. Bei diesen Untersuchungen waren nicht nur die ersten Latenzzeiten bei der Beantwortung registriert worden, sondern auch die zeitlichen Intervalle zwischen den Antworten. Zweierlei ergab sich: 1. Es wurde festgestellt, daß die zeitlichen Intervalle zwischen den Antworten annähernd gleich sind, sofern die Anzahl der Reaktionen und die Plazierung der Intervalle innerhalb der Serie mit berücksichtigt wurden. Zu bemerken ist, daß das letzte Intervall stets etwas länger war. 2. Der für die zeitlichen Intervalle zwischen dem Beginn zweier verbaler Reaktionen festgestellte Mittelwert beträgt bei Leseversuchen 513 ms und bei Benennungsversuchen 655 ms. In beiden Versuchsreihen trat das gleiche Phänomen mit gleichem Ausmaß zutage wie bei Versuchsreihen mit nur einem Reiz. Das läßt die Hypothese zu, daß Wörter im phonetischen Stadium und geometrische Figuren im semantischen Stadium gespeichert werden. Die Vp muß jeden Reiz aus dem jeweiligen Speicher abrufen und einen einheitlichen Kode für die Antwort erzeugen.

Aber weshalb ergibt sich bei jeder zusätzlichen Antwort eine Verlängerung der ersten Antwort von 50 bis 70 ms?

Aus meinen Ergebnissen lassen sich keine Vermutungen ableiten. Aber, schlußfolgert man mittels Analogien, so scheint es, daß diese spezielle Verlängerung der Latenzzeit der Überprüfung jeder Antwort vor Beginn der verbalen Reaktion entspricht. Es ist bekannt, daß Sternberg (1966, 1975) bei Untersuchungen zur Suche im Gedächtnis eine Verlängerung der Latenzzeit von etwa 40 ms bei „Ja-Nein"-Antworten im Falle der Vergrößerung des Speichers um einen Buchstaben feststellen konnte. Beim visuellen Suchen, d. h., wenn eine Vp angeben soll, ob ein ihr vorher gezeigter Reiz in einer auf einer Leinwand gezeigten Reizmenge enthalten ist, wurde etwa die gleiche Verlängerung der Latenzzeit festgestellt (Gilford und Juola 1976).

Es hat den Anschein, daß die Vp, bevor sie antwortet, jede mögliche Antwort überprüft, wofür die gleiche Zeit wie für die Suche im Gedächtnis und für visuelles Suchen nur eines Elements benötigt wird.

Wir sollten uns nun näher mit der Antwortgenerierung befassen. Entspricht die Anzahl der Antworten der Anzahl der Reize, dann geht die Verlängerung der ersten Antwort-Latenzzeit mit der Zunahme der Anzahl der Antworten einher. Wie bereits gesagt, führe ich diese Verlängerung auf eine vorangehende Überprüfung des Zeichenvorrats auf der Ebene der semantischen oder phonetischen Speicher zurück.

Jedoch ist auch eine Verlängerung der Latenzzeit nachweisbar bei einer bestimmten Anzahl von Antworten, wenn die Anzahl der Reize größer ist als die Anzahl der möglichen Antworten – anders ausgedrückt –, wenn die Anzahl der Reize größer ist als die Gedächtnisspanne. Dieser Sachverhalt wurde durch zahlreiche Versuche mit Buchstaben, Ziffern, Wörtern und geometrischen Figuren bestätigt (Fraisse 1977, 1978, 1979).

Ich möchte hier lediglich ein Beispiel aus meinen letzten Untersuchungen zu diesem Thema (1979) aufführen. Sechs Buchstaben wurden 150 ms lang dargeboten. Eine Bedingungsvariation bestand darin, daß die Vp alle von ihr erkannten Reize nennen sollte. Sechs Buchstaben überschreiten die Gedächtnisspanne; diese umfaßt bei dieser Art Versuchsbedingung drei bis vier Buchstaben. Manchmal gibt eine Vp mehr, manchmal weniger Antworten.

Ich trug die Antwort-Latenzzeiten über der Anzahl der Antworten auf. Ich möchte daran erinnern, daß es sich stets um sechs Reize handelte. In diesem Falle erhöhten sich die Latenzzeiten ständig mit der Abnahme der Antwortanzahl. Ich nehme an, daß sich eine Vp, die höchstens sechs Buchstaben wahrzunehmen in der Lage ist, im Stadium der Überprüfung, d. h. auf der Suche nach den fehlenden Antworten, befindet. Dieses Suchen dauert etwa 47 ms.

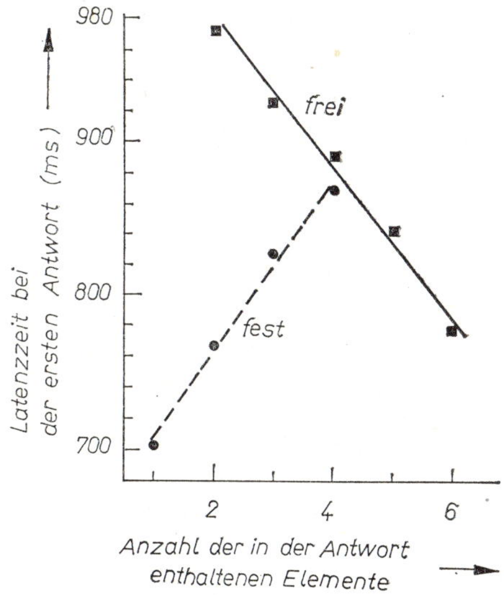

Abb. 11.3: Variation der Latenzzeit der ersten Antwort als Funktion der Zahl von Antworten auf die gleiche Anzahl von Reizen (6).

Es gelang, diese Annahme zu verifizieren. Unter Verwendung des gleichen Materials wurden die Vpn aufgefordert, eine bestimmte Anzahl von Antworten zu geben (von einer bis zu vier). Hier trat abermals das erste Ergebnis zutage: Mit der Erhöhung der Anzahl der Antworten verlängerte sich die Latenzzeit. Die Zunahme betrug 56 ms.

In diesem Stadium der Antwortgenerierung nehme ich das Vorhandensein zweier spezifischer Prozesse an: Überprüfung oder Kontrolle der Antworten vor Beginn der verbalen Reaktion. Wird sich die Vp jedoch bewußt, daß die Anzahl ihrer Antworten kleiner ist als die Anzahl der Reize, dann setzt die Suche nach den fehlenden Antworten ein. Die Überprüfung der Anzahl der einzelnen Elemente und die Suche nach diesen benötigen etwa die gleiche Zeit.

Ich möchte erwähnen, daß diese Zeit bei meinen Versuchen 50 ms beträgt, während amerikanische Autoren 40 ms angeben. Diese Differenz ergibt sich aus der Tatsache, daß ich nicht ebenso viele Versuche durchführte wie sie. Diese Zeit muß bei der Erklärung der gesamten VRZ berücksichtigt werden. Der geringste erforderliche Zeitaufwand für das Kodieren und für die Antwortgenerierung beträgt ungefähr 200 ms bei Lese- und 300 ms bei Benennungsversuchen. Unbestimmtheit, Komplexität und Anzahl der Antworten erhöhen die Latenzzeit entsprechend den von mir aufgedeckten Gesetzmäßigkeiten.

Ich glaube, daß meine Ergebnisse in zweierlei Hinsicht originär sind. Erstens offenbaren sie die Notwendigkeit der sukzessiven Umkodierung aus dem semantischen in den phonetischen Speicher. Im Falle von Wörtern ist phonetisches Kodieren ausreichend; jedoch laufen im allgemeinen zwei parallele Prozesse in dem phonetischen und semantischen Speicher ab. Der Begriff des Speichers erscheint angebracht, da, wie bereits gezeigt wurde, in diesem Stadium bei Vorhandensein mehrerer Antwortmöglichkeiten gespeichert wird.

Zweitens werfen die Ergebnisse ein neues Licht auf die Antwortgenerierung: Sichten der zur Verfügung stehenden Antworten und Suchen nach fehlenden. In diesem Stadium ist die für die Antwort benötigte Zeit wesentlich und wird mittels einer einzelnen Reaktionszeit auf eine dargebotene Bezeichnung oder Zeichnung bestimmt (ca. 250 ms).

Diese Untersuchungen liefern zur Informationsverarbeitung erste Ergebnisse. Sie beschäftigen sich speziell mit Grundprozessen, die bei allen Erwachsenen sowie bei Kindern nachweisbar sind, sowie diese lesen können. Im Hinblick auf künftige Forschungen wäre es wichtig zu erfahren, in welchem Maße die relativen Schwierigkeiten bei phonetischem Kodieren und semantischem Speichern durch genetische, kulturelle und pädagogische Faktoren beeinflußt werden. Ein weiteres Problem ist das des Langzeitgedächtnisses für unterschiedliche Kodes, womit eine Erweiterung des Problems auf die Verarbeitung von über den auditiven Kanal vermittelter Information verbunden ist.

Künftige Forschungen sollten die Bedeutung dieser Prozesse bei komplexeren Aufgaben erhellen, z. B. durch Vergleiche von in einem geschriebenen Text oder in einer Zeichnung enthaltener Information.

Unter neuropsychologischem Aspekt wäre es interessant zu wissen, ob sich phonetisches und semantisches Kodieren in denselben cerebralen Bereichen vollzieht. Das ließe sich im Hinblick auf die beiden Hemisphären bei gesunden Vpn durch periphere Reizdarbietung untersuchen und bei Vpn mit neurologischen Besonderheiten durch systematisches Erfassen der Unterschiede zwischen Lesen und Benennen.

Abschließend möchte ich bemerken, daß die bei verbalem Kodieren konkreter Reize nachweisbaren Schwierigkeiten besonders in der pädagogischen Forschung Berücksichtigung finden müßten. Das Lernen an Hand konkreten Materials ist vielleicht intensiver, aber man muß sich dessen bewußt sein, daß es erhebliche Schwierigkeiten beim Benennen mit sich bringt.

Literatur

Fraisse, P.: Recognition time measured by verbal reaction to figures and words. Perceptual and Motor Skills, 11, 204, 1960

Fraisse, P., and G. McMurray: Etude génétique du seuil visuel pour quatre catégories de stimuli. L'Anneé Psychologique, 60, 1–9, 1960

Fraisse, P., and M. Blancheteau: The influence of the number of alternatives on the perceptual recognition threshold. Quarterly Journal of Experimental Psychology, 14, 52–55, 1962

Fraisse, P., and E. H. Elkin: Etude génétique de l'influence des modes de présentation sur le seuil de reconnaissance d'objets familiers. L'Année Psychologique, 63, 1–12, 1963

Fraisse, P., A. Kassou, and G. Krawsky: Rôle de la fréquence des mots et de la connaissance préalable de l'échantillon sur la durée des seuils de reconnaissance. Bulletin de Psychologie, XVII, 409–411, 1963

Fraisse, P.: Relations entre le seuil de reconnaissance perceptive et le temps de réaction verbale, Psychologie Française, 9, 77–85, 1964 a

Fraisse, P.: Le temps de réaction verbale: Dénomination et lecture. L'Année Psychologique, 64, 21–46, 1964 b

Fraisse, P.: La durée de la traduction – thème et version – de mots idolés. Bulletin de Psychologie, XIX, 593–602, 1966

Fraisse, P.: Le rôle de l'incertitude et de la discriminabilité dans la reconnaissance perceptive. L'Année Psychologique, 67, 61–72, 1967 a

Fraisse, P.: Latency of different verbal responses to the same stimulus. Quarterly Journal of Experimental Psychology, 19, 353–355, 1967 b

Fraisse, P.: Motor and verbal reactions to words and drawings. Psychonomic Science, 12, 235–236, 1968

Fraisse, P.: Durée de présentation de mots isolés et rapidité de lecture. Psychologie Française, 13, 31–57, 1968 b

Fraisse, P.: Why is naming longer than reading. Acta Psychologica, 30, 96–103, 1969

Fraisse, P.: Reconnaissance de l'identité physique et sémantique de dessins et de noms. Revue Suisse de Psychologie pure et appliquée, 29, 76–84, 1970

Fraisse, P., and S. Smirnov: Response latency and the content of immediate memory. Bulletin of the Psychonomic Society, 8, 345–348, 1976

Fraisse, P.: Latence des réponses en mémoire immédiate. Noms et figures géométriques. L'Année Psychologique, 77, 325–342, 1977

Fraisse, P.: La latence des réponses complètes et incomplètes en mémoire immédiate. L'Année Psychologique, 78, 39–60, 1978

Fraisse, P.: Responce latency in immediate memory: free number of responses vs fixed number of responses. Bulletin of the Psychonomic Society, 13, 127–129, 1979

Fraisse, P.: Des modes de relation entre la durée de l'identification perceptive et le temps de réaction verbale. L'Année Psychologique, 80, 433–447, 1980

Gilford, R. M., and J. F. Juola: Familiarity effects on memory search and visual search. Bulletin of the Psychonomic Society, 7, 142–147, 1976

Ligon, E. M.: A genetic etudy of color naming and word naming. American Journal of Psychology, 44, 103–110, 1932

McGinnies, E., P. A. Comer and O. L. Lacey: Visual recognition thresholds as a function of words length and word frequency. Journal of Experimental Psychology, 44, 65–69, 1952

Pierce, J. R., and J. E. Karlin: Reading rates and the information rate of a human channel. Bell Systems and Technics Journal, 36, 497–516, 1957

Sternberg, S.: High speed scanning in human memory. Science, 153, 652–657, 1966

Sternberg, S.: Memory scanning: New findings and current controversies. Quarterly Journal of Experimental Psychology, 27, 1–32, 1975

12. Studien zum Textverständnis: Versuch eines Modells für das Lernen durch Lesen

Walter Kintsch und Eileen Kintsch
University of Colorado, Boulder, USA

Das Interesse am „Lernen" unterlag in den letzten Jahrzehnten weit größeren Schwankungen als die weibliche Mode. Wenn mich mein Gedächtnis nicht täuscht, habe ich in den fünfziger Jahren als Student in Wien nicht eine einzige Vorlesung oder Diskussion über das Lernen gehört. Als ich jedoch nach Amerika kam, war das Lernen in meiner dortigen Ausbildung nahezu der einzige Gegenstand, und ich erlag schnell der Faszination von Habit-Stärke und Trieb-Belohnungs-Interaktion. Ich war jedoch kaum graduiert, so war all das passé und das Lernen verschwand zusammen mit meinen geliebten Markov-Modellen in der Versenkung der Geschichte. Die Studenten von Colorado haben während der letzten zehn Jahre über das „Lernen" so viel gehört wie ich Jahre zuvor in Wien. Was ist geschehen? Hat Amerika mit Europa gleichgezogen? Oder sind wir in finstere Zeiten zurückgefallen?

Wir glauben, keines von beiden ist der Fall. Die amerikanische Lernpsychologie hatte sich übernommen und war gezwungen, sich zu beschränken und ihre Grundlagen zu erneuern. Trotz vieler guter Ideen und anfänglicher Erfolge konnten Thorndike, Hull, Skinner und Tolman nicht erbringen, was sie versprochen hatten. Schwächen ihrer Herangehensweise wurden offenkundig, und sowohl in Europa als auch in Amerika wurde ein kognitiver Standpunkt dominierend. Das „Lernen" war nicht länger zum Problem geworden, nicht so sehr, weil es durch den Zusammenbruch der großen Theorien der dreißiger und vierziger Jahre belastet war, sondern weil sich die Psychologen bewußt wurden, daß sie nicht die konzeptuellen und experimentellen Mittel hätten, um sich damit auseinanderzusetzen. Die unglaublich ehrgeizigen und umfassenden Theorien von Hull und Skinner wurden zunächst durch kleine Modelle des Lernens und schließlich durch eine Verschiebung von Fragen des Lernens an sich zu den psychischen Prozessen ersetzt, die dem Lernen zugrunde liegen – Wahrnehmung, Aufmerksamkeit, Gedächtnis und Anwendung von Kenntnissen. Typischerweise beschränkt sich eine kognitive Theorie heute auf einen kleinen Bereich und beschäftigt sich mit mentalen Repräsentationen und Prozessen, die auf diese Repräsentationen einwirken. Bekannte Beispiele sind das Puffermodell des Kurzzeitgedächtnisses (Atkinson und Shiffrin 1968), das Abtastmodell von Abrufprozessen im Gedächtnis (Sternberg 1969), das Modell des semantischen Gedächtnisses bei Verifikationsaufgaben (Smith, Rips und Shoben 1974) oder Problemlösungsmodelle für Denksportaufgaben vom Typ der Flußüberquerung (Newell und Simon 1972). Es gibt keine allgemeine kognitive Theorie der menschlichen Informationsverarbeitung, aber eine ständig wachsende Anzahl von Daten und Theorien für begrenzte Bereiche führt zu einer reichen Struktur und einer sich langsam entwickelnden einheitlichen Betrachtungsweise. Diese Entwicklung wird einigermaßen ausführlich in Kintsch (1977) beschrieben.

Eine wesentliche Veränderung, die durch die Neuorientierung auf die Sichtweise der

Informationsverarbeitung in der experimentellen Psychologie herbeigeführt wurde, besteht in der Entthronung einiger sehr wichtiger alltäglicher Termini, die die Psychologie aus der Alltagssprache übernommen hat. Nicht nur Lernen, sondern auch Intelligenz, Verstehen und Problemlösen gehören dazu. Diese umfassenden Begriffe erweisen sich als nicht sehr nützlich, weil sie zu viele unterschiedliche und unvereinbare Komponenten unter eine Bezeichnung subsumieren, wobei der Eindruck entstehen kann, daß es sich bei dieser Bezeichnung um einen bestimmten einheitlichen psychischen Prozeß oder ein solches Merkmal handelt. Lernen in der einen Situation kann ein vollkommen anderer Prozeß sein als Lernen in einer anderen Situation; gemeinsam ist nicht mehr als die oberflächliche Tatsache, daß in beiden Situationen eine gewisse Steigerung der Leistung erreicht wird. Es kann gar nicht so etwas wie eine allgemeine Lerntheorie geben, weil Lernprozesse bei verschiedenen Aufgaben ganz unterschiedlich verlaufen und ihren eigenen Gesetzen gehorchen. Was wir statt dessen anstreben, sind Prozeßmodelle für bestimmte Verhaltensweisen (z. B. Maschineschreiben, verstehendes Lesen, Lösen physikalischer Probleme), die schließlich so erweitert werden, daß sie Lernprozesse einschließen: die Veränderung von einem bestimmten Anfangsstadium der Leistung bis zu einem gewünschten Endzustand.

Wir glauben, Lernen in dieser neuen Form wird einmal mehr ein wichtiger Gegenstand in der Psychologie werden, und obwohl wir im Augenblick absolut nicht in der Lage sind, die Umrisse der zukünftigen Lernpsychologie aufzuzeigen, können wir etwas – wenn auch Bescheideneres – tun. In Übereinstimmung mit unserer Voraussage, daß uns die Zukunft detaillierte Prozeßmodelle spezifischer Verhaltensweisen bringen wird, wollen wir ein Modell des Textverstehens skizzieren (Kintsch und van Dijk 1978, van Dijk und Kintsch 1983), das als Ausgangspunkt für das Verstehen bestimmter Arten von Lernprozessen dienen kann.

Rahmenbedingungen für ein Modell des Textverstehens

Wenn wir vom *Lernen von geschriebenem Text* sprechen, meinen wir die Fähigkeit, die Informationen, die der Text enthält, zu erinnern und zu nutzen. Das Verstehen, so nehmen wir an, bildet die Grundlage dieses Prozesses: Die Menschen erinnern sich einfach nicht an das, was sie nicht verstehen. Wenn unser Ziel die Spezifizierung des Mechanismus ist, der für das Textgedächtnis verantwortlich ist, müssen wir erst die Verstehensprozesse begreifen, die ihm zugrunde liegen.

Das erweist sich ebenso als schwieriges Unternehmen, denn wir haben es erneut mit einem komplexen, recht umfassenden Begriff zu tun. Wie stehen wir zu der Tatsache, daß man manchmal in einem Text jede Phrase und jeden Satz verstehen kann, ohne den Gesamtzusammenhang zu erfassen, während man bei anderer Gelegenheit eine ziemlich gute Vorstellung vom Wesentlichen eines Textes erlangen kann, ohne jemals in die Einzelheiten eingedrungen zu sein? Abhängig vom Zweck, dem das Lesen dienen soll, könnte jede Methode zu Schwierigkeiten führen. Wenn man ein Fahrrad zusammenbauen oder ein elektronisches Instrument reparieren will, wird man mit der Kenntnis des Wesentlichen der Instruktionen nicht allzuweit kommen. Andererseits wird das Verstehen der einzelnen Phrasen nicht allzuviel Vergnügen an einem Kriminalroman ermöglichen oder Einsichten vermitteln bei dem Versuch, wissenschaftliche Argumente zu verstehen. Ein Modell des Verstehens muß die Tatsache berücksichtigen, daß es verschiedene Ebenen des Verstehens gibt: Prozesse auf lokaler Ebene zergliedern die einzelnen Wörter oder kurzen Redewendungen in Propositionen, die zugrunde liegende Bedeutung des Textes. Die Propositionen selbst müssen miteinander in Beziehung gesetzt und geordnet werden, um eine kohärente Struktur zu bilden, genannt die *Textbasis*, welche die Bedeutung repräsentiert, die ein bestimmter Leser von einem gegebenen Text abgeleitet hat. Aber das sind noch Prozesse auf lokaler Ebene. Der Prozeß, durch den ein Leser das Wesentliche des Textes ableitet, muß auch modelliert werden. In dem Modell, das im folgenden beschrieben wird, ist dieser Prozeß durch die Konstruktion von Makropropositionen dargestellt, welche die detaillierten Informationen und ihre Organisation als Makrostruktur subsumieren. In einem langen Text müssen die Makrostrukturen hierarchisch angeordnet sein, wobei sie unter immer allgemeinere Kategorien subsumiert werden. So haben wir es in einem Modell des Verstehens mit Bedeutungseinheiten zu tun, die einerseits Phrasen und kurzen Sätzen entsprechen und andererseits Absätzen und ganzen Kapiteln.

Eher als der Versuch, solch ein komplexes System in seiner Gesamtheit zu modellieren, ist es möglich, es in einfachere Subsysteme zu zerlegen, wie Simon (1969) es vorgeschlagen hat. Obwohl unabhängige Subsysteme zu einfach sind, um instruktiv zu sein, und vollkommen interaktive Systeme zu schwerfällig, um damit umzugehen, kann ein teilweise interaktives System, das Interaktionen nur zwischen den Ausgängen der verschiedenen Subsysteme gestattet, einem Modell die notwendige Flexibilität geben, um handhabbar zu sein.

Zerlegung hat den weiteren Vorteil, daß sie ermöglicht, einige Komponenten des Systems komplett zu modellieren, während andere vernachlässigt werden. So konzentriert sich das Modell, entwickelt von Kintsch und van Dijk (1978), hauptsächlich auf drei Komponenten des Verstehensprozesses.

Erstens versucht es, die Prozesse zu spezifizieren, durch die eine kohärente Textbasis aus den einzelnen Bedeutungseinheiten konstruiert wird. Es befaßt sich jedoch nicht mit der zugrundeliegenden Ebene des Zergliederns, auf der die linguistische Repräsentation in semantische Einheiten umgewandelt wird. Statt dessen werden die grundlegenden Bedeutungseinheiten einfach als Ausgangspunkt für das Modell angesehen.

Zweitens konzentriert sich das Modell auf die Anwendung von Wissen in diesem Prozeß, darauf, wie die Menschen ihr Wissen verwenden, um eine Textbasis aufzubauen, und wie das Wissen, das sie für einen Text mitbringen, durch das neue Material wiederum modifiziert wird (d. h., wie das neue Wissen in das Gedächtnissystem integriert wird). Hier haben wir erneut das wichtige Problem, wie Wissen im Langzeitspeicher aufgefunden und weitergeleitet wird, während relevantes Wissen dem System einfach zugeführt wird.

Schließlich befaßt sich das Modell auch mit Prozessen höherer Ebene – der Ebene der Ausbildung von Makrostrukturen, wie Menschen eine Vorstellung über das Wesentliche eines Textes entwickeln. Kurz, wir nehmen an, daß die Menschen bestimmte gelernte Strategien verwenden, häufig ausgelöst durch den Text, die es ermöglichen, die Makrostruktur unbewußt während des Lesens abzuleiten.

Bevor wir beschreiben, wie das Modell funktioniert, müssen zwei andere grundlegende Annahmen diskutiert werden, nämlich daß wir uns mit der Entwicklung eines psychologischen Modells beschäftigen; eines Modells, das zeigen soll, wie reale Menschen in realer Zeit etwas verstehen, und das überprüfbar sein muß.

Als Psychologen müssen wir interessiert sein an der psychologischen Realität und Plausibilität unseres Modells. Es genügt nicht zu zeigen, wie eine kohärente Textbasis konstruiert werden kann; wir müssen auch zeigen, wie sie in realer Zeit konstruiert werden kann, als Gegenstand für das Gedächtnis und mit den Zwängen des Verarbeitungssystems des Menschen. Eine Folge unserer psychologischen Orientierung ist, daß die Verarbeitung in unserem Modell eher auf Strategien als auf Regeln beruht. Einem System Regeln vorzugeben, angenommen sie seien richtig, wird das richtige Ergebnis garantieren: Solange man sie anwendet, wird der Text schließlich zergliedert werden, wird eine Makrostruktur gebildet und in die Wissensstruktur des Lesers assimiliert werden. Diese Berechnungen können jedoch lang und ermüdend sein und große Anforderungen an den Leser stellen. Strategien hingegen sind Heuristiken – schnell und leicht anzuwenden und für gewöhnlich richtig, obwohl man sich nicht auf sie verlassen kann. Es gibt Beweise dafür, daß die Leser eher mit Strategien operieren als sich mit einem Satz von Regeln abquälen (Bever 1970, Clark und Clark 1977). Beim Durchlesen eines Textes können sie bestimmte Hinweise wahrnehmen, die eine Anzahl programmierter Operationen auslösen und ihnen ermöglichen, in kurzer Zeit die beabsichtigte Bedeutung des Textes zu erschließen. Das kann beim Verstehensprozeß auf vielen verschiedenen Ebenen vor sich gehen, von der Wortidentifikation an aufwärts. Ein wichtiges Ziel unserer Arbeit am Modell in jüngster Zeit war, diese Strategien zu spezifizieren und zu zeigen, wie die Menschen sie anwenden, und wie ein Computerprogramm, das mit entsprechenden Strategien ausgestattet ist, den Text ebenso verstehen kann.

Die zweite Folge unserer psychologischen Orientierung ist eine ständige Betonung der *Überprüfbarkeit*, die unser Herangehen von verschiedenen AI-Projekten unterscheidet. Während wir keinesfalls bezweifeln wollen, welche Rolle die Selbstbeobachtung (Introspektion) bei der Konstruktion eines Verstehensmodells spielt, sehen wir auch die traditionellen Methoden des experimentellen Psychologen als nützlich an. Sie dienen einerseits als Mittel und Wege der Exploration, wenn die Selbstbeobachtung nicht mehr instruktiv ist; andererseits dienen sie einer nützlichen, objektiven Kontrolle introspektiver Ergebnisse ebenso wie Modellvorhersagen.

Funktionsweise des Modells

Bisher haben wir die Rahmenbedingungen für ein Modell des Textverstehens in sehr allgemeinen Begriffen diskutiert. Im folgenden Abschnitt werden wir kurz zusammenfassen, wie so ein Modell funktioniert; für detailliertere Darstellungen verweisen wir den Leser jedoch auf andere Publikationen. Das grundlegende Modell ist bei Kintsch und van Dijk (1978) beschrieben und in neuerer Fassung bei Miller und Kintsch (1980). Eine weitere Überarbeitung und sein Ausdruck als Computerprogramm wird in van Dijk und Kintsch bzw. Miller (im Druck) zur Verfügung stehen.

Wir nehmen an, daß Verstehen als paralleler Prozeß auf mehreren Ebenen abläuft. Jede Verarbeitungsebene produziert als Ergebnis eine spezielle Repräsentation. Obwohl die Verarbeitung auf jeder Ebene unabhängig von anderen Ebenen verläuft, stehen die Ergebnisse in Wechselwirkung miteinander und können die Verarbeitung auf anderen Ebenen beeinflussen. Jede Ebene ist somit Gegenstand der Korrektur und Kontrolle von anderen Ebenen im System.

Die grundlegenden Komponenten des Modells sind in Abb. 12.1 wiedergegeben. Die verbale Repräsentation des Textes – Reihen von Wörtern, die in Phrasen, Sätzen und Absätzen organisiert sind – dienen als Eingabe für das System. Eine Folge semantischer Einheiten, genannt Propositionen, werden durch einen Zergliederungsprozeß abgeleitet. Dieser Vorgang wird in diesem Modell jedoch nicht spezifiziert; er konzentriert sich statt dessen auf höhere Verarbeitungsebenen: die Organisation semantischer Einheiten zu Textpropositionen und die Bildung einer Makrostruktur.

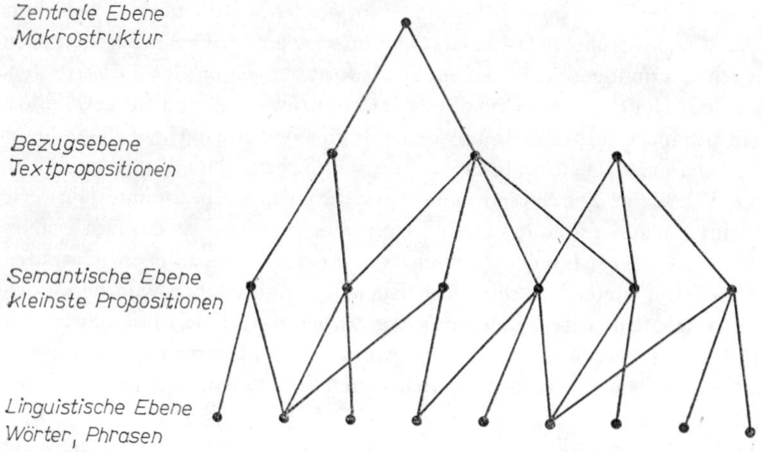

Abb. 12.1: Verarbeitungsebenen im Modell des Text-Verstehens.

Der Prozeß, durch den kleinste Propositionen in Textpropositionen umgewandelt werden, schließt mehrere Operationen ein. Erstens wird eine Entscheidung getroffen, sich auf eine bestimmte semantische Einheit zu konzentrieren, zum Beispiel ein Prädikat, um das herum das ankommende Textmaterial angeordnet werden kann. Eine entsprechende Wissensstruktur oder ein Bezugsrahmen wird vom Langzeitgedächtnis abgerufen, dessen Leerstellen mit diesbezüglichen semantischen Einheiten aufgefüllt werden können oder als Modifikatoren hinzugefügt werden. Ein Bezugsrahmen ist dann also wie eine Erwartung dessen, wovon eine kleine Textmenge handelt. Wenn ankommende semantische Einheiten nicht länger auf Leerstellen eines aktivierten Bezugsrahmens passen, wird er vom Gehirn durch einen anderen ersetzt. Der erste, aufgefüllte Bezugsrahmen wird im episodischen Textgedächtnis gespeichert. Somit führt das Lesen eines Textes zur Speicherung einer Folge von miteinander in Beziehung stehenden Blöcken von Textinformationen, genannt *Textpropositionen.* Ihre Form wird sowohl durch das Wissen und die Interessen eines Lesers bestimmt als auch durch die Bedeutungseinheiten selbst und dadurch wie sie im Text ausgedrückt werden.

Zur gleichen Zeit, da der Text über die Textpropositionen geordnet wird, bildet sich der Leser eine Vorstellung vom Wesen des Textes; wir nennen das *Makrostrukturbildung.* Die Textpropositionen werden unter noch höhere übergeordnete Propositionen durch Prozesse der Selektion und Generalisation subsumiert, um dann eine hierarchische Repräsentation des Textes auf einer globalen Ebene zu bilden. Denn der Endzustand, zu dem der Leser nach dem Lesen eines langen Textes gelangt, ist nicht eine Anhäufung von miteinander in Beziehung stehenden Details, sondern es sind (im Idealfall) genau die wesentlichen Punkte. Der Leser verwendet eine Vielfalt von Strategien, die ihm vom Text signalisiert werden und die ihn befähigen, schnell und unbewußt makro-relevante Textpropositionen zu identifizieren. Diese können wiederum die Verarbeitung auf unteren Ebenen beeinflussen. Zum Beispiel wird für gewöhnlich die übergeordnetste Proposition ausgewählt, diejenige, die viele andere Propositionen enthält. Ferner verwendet ein Autor vielfältige Bedeutungsmarkierungen, um die Makrorelevanz von Teilen des Textes zu signalisieren (z. B. können das ziemlich offensichtliche semantische Hinweise sein wie „schließlich", „die grundlegende Annahme hier", „folglich" oder syntaktische Hinweise wie Passivbildung, welche das Objekt als Gegenstand des Satzes kennzeichnet). Die Leser werden sich auch auf besonders überraschende oder interessante Teile der Information konzentrieren. Schließlich rufen rhetorische Schemata bestimmte Erwartungen hervor und dienen so als ordnende Prinzipien für die Makropropositionen (z. B. ist eine Definition für gewöhnlich von der Form „Klasse + spezifische Charakteristika"; der Methodenabschnitt eines psychologischen Reports enthält Lücken für Materialien, Versuchspersonen usw.).

An dieser Stelle scheint es zweckmäßig, ein konkretes Beispiel durchzugehen wie den Satz in Abb. 12.2, der als Teil eines längeren Textes anzusehen ist. Der Zergliederungsprozeß leitet die zugrunde liegenden semantischen Einheiten (kleinste Propositionen) von der Wortfolge ab. Eine syntaktische Strategie wird verwendet, um das Prädikat *las* als Basis für die Organisation der Propositionen auszuwählen. Der entsprechende Bezugsrahmen wird vom Langzeitgedächtnis abgerufen, und seine Leerstellen werden mit entsprechendem Textmaterial aufgefüllt. Weil *las* einen menschlichen Akteur erfordert, wird „John" als Handelnder spezifiziert; Objekt muß eine Art von geschriebenem Text sein – Artikel in diesem Fall, dem „ausgezeichnet" als Modifikator hinzugefügt wird; eine Lücke für ein Hilfsmittel, obwohl hier möglich, hat keine Anwärter (z. B. „Brille", „Vergrößerungsglas") und wird demzufolge nicht aktiviert; die Lagebestimmung wird jedoch spezifiziert. Eine Makroproposition, „Johns Reise nach Frankfurt", wurde auf der Grundlage

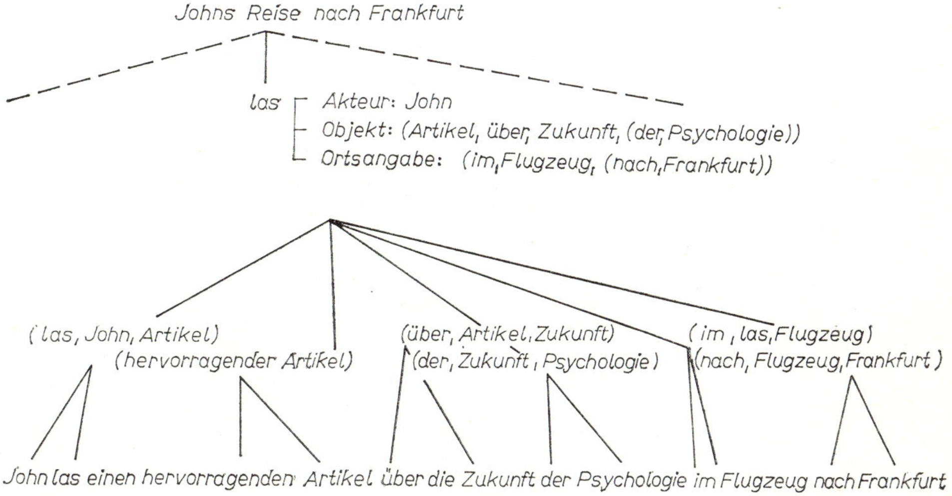

Abb. 12.2: Eine Textanalyse nach dem Modell des Verstehens.

dieser und ähnlicher Propositionen im Text, die hier nicht aufgeführt werden, erzeugt. Diese Makroproposition wiederum kann anderen Propositionen, die weiter oben in der Hierarchie rangieren, untergeordnet sein (z. B. „der Kongreß über experimentelle Psychologie im Jahr 2000"). Man beachte, daß Makropropositionen erschlossen werden können, ohne daß sie jemals ausdrücklich im Text genannt werden.

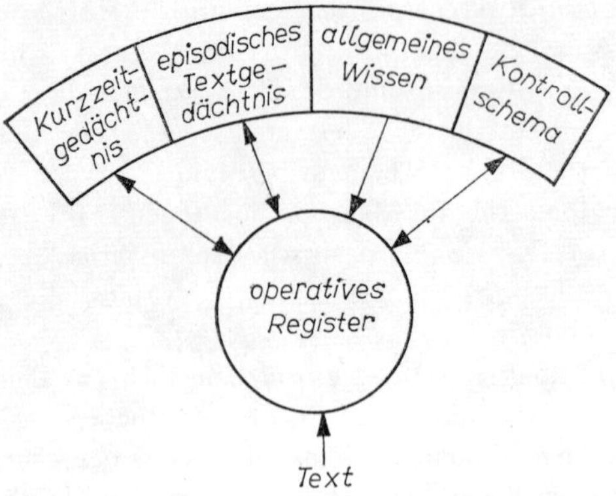

Abb. 12.3: Die Komponenten des Gedächtnissystems nach dem Modell des Verstehens.

Um zu erklären, wie diese Operationen in realer Zeit durchgeführt werden, wird im Modell angenommen, daß die Verarbeitung eines Textes in Zyklen vor sich geht. Entsprechend der begrenzten Kapazität des menschlichen Kurzzeitgedächtnisses wird jedes Mal nur eine Wortfolge von ungefähr der Länge eines einzelnen Satzes verarbeitet (Miller und Kintsch 1980). Die Komponenten des Gedächtnissystems sind in Abb. 12.3 schematisch dargestellt. Sowie jedes Segment des Textes in das aktive Gedächtnis eintritt, wird es den zuvor beschriebenen vielschichtigen Analysen unterzogen. Diese Prozesse werden durch ein Kontrollschema beherrscht, die des Lesers Ziel, Interessen, sein Wissen über den Typ des Textes darstellen, den er gerade liest (z. B., ob es ein wissenschaftlicher Bericht, ein Zeitungsartikel oder eine Kriminalgeschichte ist), und andere Informationen von hohem Stellenwert. Der Kurzzeitpuffer ist für das Arbeitsregister ohne weiteres zugänglich und enthält die gegenwärtig dominante Makroproposition, aber nur eine einzige Textproposition, der verschiedene semantische Einheiten zugefügt werden, solange die Verarbeitung anhält. Wenn eine neue Textproposition geschaffen wird, wird die alte im episodischen Textgedächtnis gespeichert, und zwar zusammen mit den Makropropositionen, die auch von Zeit zu Zeit gebildet werden. Also ist im episodischen Gedächtnis sowohl die Menge der miteinander in Beziehung stehenden Textpropositionen als auch ebenso ihre sich entwickelnde Superstruktur enthalten; und das ist es, was die Textrepräsentation des Langzeitgedächtnisses ausmacht. Das Wiederauffinden hängt davon ab, in welchem Ausmaß diese Repräsentation gut strukturiert ist und miteinander in Verbindung steht.

Die Wahrscheinlichkeit, daß eine Proposition gespeichert wird, hängt sowohl vom Grad als auch von der Art ihrer Verarbeitung ab. Propositionen, die strukturell zentral sind (d. h. die viele Verbindungen zu anderen untergeordneten Propositionen haben), sind mehr Verarbeitungszyklen unterworfen und werden demzufolge mit höherer Wahrscheinlichkeit behalten und für die Reproduktion verfügbar sein. Allerdings gibt es auch qualitative Unterschiede bei der Verarbeitung auf allen Ebenen, die die Reproduktionswahrscheinlichkeit beeinflussen. So stehen Propositionen, die zur Ableitung einer Makroproposition verwendet wurden, in engerer Beziehung dazu als irrelevante; Makropropositionen, die Leerstellen in einer schematischen Struktur ausfüllen (wie ein Definitionsschema), und semantische Einheiten, die Lücken in einem Bezugsrahmen auffüllen, werden mit höherer Wahrscheinlichkeit reproduziert werden können als für die Verarbeitung weniger zentrale Propositionen.

Die Kompetenz des Modells

Welche Beweise haben wir, daß die formale Approximation des Textverstehens, die durch dieses Modell ermöglicht wird, gültig ist? Wir können unser Modell auf zwei Arten überprüfen: Erstens können wir Modellvorhersagen vergleichen mit experimentellen Daten von Lesern, die sich mit verschiedenen Verstehensaufgaben befaßt haben. Bei Miller und Kintsch (1980) sind, zum Beispiel, Ergebnisse über Reproduktions- und Zusammenfassungsaufgaben wiedergegeben, die das grundlegende Modell stützen. Zweitens können wir mit Hilfe des Versuchs, das Modell als Computerprogramm auszudrükken, die allgemeinen Prinzipien prüfen, die von linguistischer Analyse und psychologischen Experimenten hergeleitet wurden. Können wir, zum Beispiel, die Strategien simulieren, die verwendet wurden, um kohärente Textbasen zu bilden, und die Rolle der Anwendung des Wissens in diesem Prozeß, oder, auf einer anderen Ebene, die Strategien, die für die Schaffung von Makrostrukturen verwendet wurden? Gegenwärtig beschäftigen wir uns auf diesem Gebiet mit einer weiteren Verfeinerung des Modells, um die notwendigen rechnerischen Schwierigkeiten zu bewältigen und es an eine größere Vielfalt von Material und Aufgaben anzupassen. Letztendlich müßte unser Programm, die notwendigen Annotationen und die entsprechende Wissensgrundlage vorausgesetzt, es ermöglichen, jeden beliebigen Text „zu verstehen" (d. h., eine Repräsentation der Bedeutung dieses Textes zu geben). So eine Repräsentation kann dann als Grundlage für die Erkundung anderer kognitiver Aufgaben verwendet werden.

Bevor wir über mögliche Anwendungen des Modells in der Zukunft sprechen, würden wir gern an dieser Stelle die Rolle experimenteller Daten in der kognitiven Forschung etwas näher betrachten. Wir behaupten, daß Entwicklung von Theorien und ihre Prüfung im Experiment Hand in Hand gehen. Eine Theorie, wenn auch elegant und wenig aufwendig, die keiner experimentellen Prüfung unterzogen werden kann, wird uns wenig darüber sagen können, wie Menschen eine Textpassage verstehen. Andererseits ist das Vorwärtsstürmen auf einem Gebiet mit Hilfe einer Unzahl mehr oder weniger zufälliger Experimente, denen jeglicher Bezug auf eine Theorie abgeht, wie wenn man Weizen in den Wind sät. Einige mögen aufgehen und Früchte tragen, aber wir werden wahrscheinlich nicht herausfinden, wo oder warum. Welche Schlußfolgerungen haben wir zum Beispiel ziehen können aus jahrelanger Forschung über Hilfsfragen? Warum können Lesbarkeitsformeln nichts darüber aussagen, was das Leben eines bestimmten Lehrbuches so schwierig macht, so daß eine Überarbeitung nicht so ein anstrengender Prozeß von Versuch und Irrtum zu sein brauchte?

Das im folgenden beschriebene Experiment (Kintsch und Yarbrough 1982) kann etwas Klarheit in dieses Problem bringen. Dieses Experiment sollte zwei grundlegende Annahmen des Modells über das Textverstehen erkunden, nämlich die Vorstellung, daß es unterschiedliche Ebenen des Verstehens gibt, die von Mikroprozessen auf lokaler Ebene bis zu Makroprozessen auf globaler Ebene reichen, und daß die Menschen beim Lesen Strategien anwenden, um die Bedeutung zu ordnen. Eine Gruppe von Strategien, die erfahrenen Schreibenden und Lesenden vertraut ist, umfaßt rhetorische Formen wir Argument, Definition, Ablaufbeschreibung, Vergleich und Kontrast. Ein Autor kann dem Leser direkt oder weniger offensichtlich signalisieren, daß ein bestimmter Absatz eine Definition ist („X ist definiert als ..."). In dem Ausmaß, in dem das Erfolg hat, wird das entsprechende Schema (Klasse + primäre, sekundäre Charakteristika) im Bewußtsein des Lesers aufgerufen und verwendet, um das Material in diesem Abschnitt zu ordnen. Entsprechend dem Modell von Kintsch und van Dijk müßten Texte, die nach vertrauten rhetorischen Schemata klar geordnet sind, leichter zu verstehen sein als andere vergleichbare Texte, denen eine solche Organisation fehlt. Meyers (Meyer, Brand und Bluth 1980) Ergebnis, daß klare rhetorische Strukturen leichter zu reproduzieren sind als unzusammenhängende, listenartige Strukturen, stimmt mit dieser Voraussage überein. Der Grund dafür, entsprechend dem Modell, ist, daß schematisch wohlgeordnete Texte es dem Leser erleichtern, Makrostrukturen zu bilden. Das würde jedoch nur in einem Test aufzuzeigen sein, der sensitiv ist gegenüber Makroprozessen, und nicht dort, wo die Verarbeitung auf der Mikroebene untersucht wird.

Um diese Hypothese zu überprüfen, wurden den Vpn 10 Abhandlungen zu lesen gegeben, die entweder in einer guten oder in einer schlechten rhetorischen Form waren. Die rhetorisch guten Essays lehnten sich eng an vertraute rhetorische Schemata an (wie Definition, Ablaufbeschreibung, Vergleich und Kontrast, Klassifikation, Illustration) und waren ausgestattet mit expliziten Hinweisen, um die Aufmerksamkeit des Lesers auf ihre Struktur zu lenken. Diese Hinweise waren in der schlechten Form eliminiert, und die gegebene Anordnung der Abschnitte wich von der idealen rhetorischen Form ab; es wurde jedoch darauf geachtet, die normale Kohärenz auf der lokalen Ebene nicht zu zerstören (z. B. Bezug von Pronomina). Inhalt und Länge (von 205 bis zu 240 Wörtern) blieb für beide Textarten gleich.

Zwei Arten von Überprüfungen wurden vorbereitet, um das Verstehen sowohl auf der Mikro- als auch auf der Makro-Verarbeitungsebene zu bewerten. Ein einfacher Lückentest, bei dem jedes fünfte Wort im Text ausgelassen und von der Vp auszufüllen war, wurde für das erstere verwendet, weil er in den meisten Fällen zeigt, wie gut jeder Satz oder jede Phrase im lokalen Kontext verstanden wird, und wie wenig er zu tun hat mit der Gesamtorganisation des Textes. Um das Verstehen des Wesentlichen zu bewerten, wurden direkte Fragen zur Makrostruktur verwendet, zum Beispiel „Wovon handelt dieser Text?" und „Welches sind die zwei wesentlichen Punkte in dem Artikel?" Es wurden die gleichen Fragen zu den guten und schlechten Versionen des Textes gestellt.

Tabelle 12.1 zeigt die wesentlichen Resultate des Experiments. Die Fähigkeit der Vpn, relevante Fragen zur Makrostuktur zu beantworten, wurde weitgehend durch Texte mit guter rhetorischer Form unterstützt. Ihre Antworten waren bei guten Texten zu 58 % richtig, verglichen mit nur 29 % richtigen für Texte, deren Struktur zerstört worden war. Das steht im Gegensatz zu den Ergebnissen beim Lückentest, wo die Leistung für beide Texttypen die gleiche war: Richtige Wörter wurden zu 41 % bei den guten und zu 42 % bei den schlechten Versionen eingesetzt. Also wird die theoretische Vorhersage von unterschiedlichen Ebenen des Verstehens durch diese Resultate gestützt. Die Leistung beim

Tab. 12.1: *Prozentzahlen über positive Leistungen bei der Beantwortung der Fragen und beim Lükkentest als Funktion der rhetorischen Struktur*

		Fragen zum Gegenstand	Fragen zu Hauptgedanken	Lückentest
rhetorische	gut	58	47	41
Form:	schlecht	29	29	42

Lückentest wird durch lokale Prozesse determiniert, die ziemlich unabhängig von globalen ordnenden Prozessen ablaufen. Diese höheren Prozesse scheinen jedoch auf Strategien zu beruhen und sensitiv gegenüber struktureller Organisation zu sein. Texte, die eine vertraute rhetorische Struktur haben, sind leichter zu verstehen, und Fragen dazu sind leichter zu beantworten, weil sie explizite Hinweise auf die entsprechenden rhetorischen Schemata enthalten. Unsere Vpn waren in der Lage, diese Schemata zu nutzen, um die Bedeutung der Texte beim Lesen zu ordnen. Bei den schlechten Versionen der Texte konnten die Vpn die richtigen Schemata nur in geringerem Maße aktivieren, weil solche expliziten Hinweise fehlten. Ferner: Selbst wenn die richtigen gefunden würden, was durchaus möglich wäre, obwohl es mehr Mühe erfordert, wären sie schwieriger zu nutzen, weil die Anordnung der Texteinheiten nicht den auf dem Schema basierenden Erwartungen der Vpn entsprach.

Anwendungen in der Zukunft

Die Vorstellung unterschiedlicher Ebenen des Verstehens, die gegenüber den verschiedenen Arten von Untersuchungen unterschiedlich sensitiv sind, erlaubt äußerst interessante Schlußfolgerungen für pädagogische Tests. Es ist vollkommen falsch, anzunehmen, daß Verstehen eine Fähigkeit ist, die durch einen einzelnen, allgemeingültigen *Verstehenstest* gemessen werden kann. Statt dessen müssen wir die Menge von psychischen Prozessen, die man mit diesem globalen, aus der Alltagssprache übernommenen Begriff bezeichnet, getrennt bewerten. Nur eine Gesamtheit verschiedener Tests, jeder abgestimmt auf einen bestimmten spezifischen Aspekt des Gesamtprozesses, wird adäquate Resultate erbringen. Die Testfrage ist eindeutig nur Voraussetzung für die Forschung über das Lernen, denn nur, wenn wir wissen, wie das Verstehen zu bewerten ist, können wir fragen, was durch Lesen gelernt wird.

Das kann ein praktikables Verfahren im Rahmen einer expliziten Verstehenstheorie sein, das uns aufzeigt, welches die einzelnen Verarbeitungsebenen sind, wie sie interagieren (z. B. wie Nichtverstehen auf einer Ebene auf einer anderen Ebene kompensiert werden kann) und was die Gedächtnisrepräsentation für einen bestimmten Leser bedeutet. Unsere Arbeit ist lediglich ein erster Schritt in diese Richtung. Das vorliegende Modell wird keinesfalls das beste noch das letzte auf diesem Gebiet sein, sondern liefert uns trotz seiner unfertigen Approximation die Hilfsmittel, um an die Probleme heranzukommen, die uns interessieren.

Erstens und vor allem können wir das Modell dazu verwenden, die Produkte des Verstehensprozesses zu analysieren, wie Reproduktionsprotokolle und Zusammenfassungen (Miller und Kintsch 1980). Solche Analysen könnten ohne weiteres auf andere Aufgaben ausgedehnt werden wie das Beantworten von Fragen. Dies ist in der Tat eine besonders nützliche Art einer Verstehensaufgabe, weil die Fragen auf verschiedenen Ebenen des Verstehensprozesses gestellt werden können; d. h., wir können Fragen ausarbeiten, die einerseits speziell das Wissen eines Lesers über lokale Details abtasten oder andererseits sein Behalten des Wesentlichen; oder wir können sie dazu verwenden, sein bisheriges Wissen über den Gegenstand abzuschätzen. Die Anwendung dieses Prinzips theoretisch begründeter Tests auf Lehrmaterial würde es dem Lehrenden sehr erleichtern, die Probleme des einzelnen Studenten mit einem bestimmten Text genau zu erkunden.

Zweitens kann das Modell auch zur Untersuchung des ablaufenden Verstehensprozesses verwendet werden, und ein Großteil unserer Arbeit hat sich tatsächlich mit Problemen der Lesbarkeit beschäftigt. Wir waren in der Lage zu zeigen, daß bestimmte Faktoren, die durch das Modell isoliert werden, das Verstehen während des Lesens wirklich beeinflussen (Kintsch und Vipond 1979). Diese schließen ein: 1. den Bindungsgrad der Textgrundlage (d. h. die Anzahl und Art der Inferenzen, die erforderlich ist, um die Verbindungen zwischen semantischen Einheiten und Textpropositionen zu bilden); 2. die Anforderungen des Kurzzeitgedächtnisses an den Leser – es ist schwieriger, miteinander in Beziehung stehende Elemente in Verbindung zu bringen, wenn sie im Text weit auseinander liegen, weil die entsprechende Proposition im Kurzzeitgedächtnis-Puffer vielleicht nicht mehr verfügbar ist, und es erfordert mehr Zeit und Mühe, sie zu reaktivieren; und 3. das Hintergrundwissen für einen bestimmten Text, das ein Leser haben muß, um schnell und mühelos den entsprechenden Bezugsrahmen oder das entsprechende Schema abzurufen. Diese durch das Modell hervorgehobenen Faktoren sind unter Verwendung verschiedener Texte und Lesermerkmale experimentell manipuliert worden, aber es bleibt ein entscheidendes Problem, die Schwierigkeit irgendeines Textes für einen bestimmten Leser vorauszusagen. Vor allem ist es notwendig, das Modell an einer viel größeren Quantität und Vielfalt von Textmaterial zu testen; aber ebenso nötig ist es, die vielen verschiedenen Arten von Lesern zu untersuchen. Denn, wenn wir von Lesbarkeit sprechen, meinen wir nicht einfach eine Liste von im Text eingebetteten Faktoren; wir meinen vielmehr das Produkt der Auseinandersetzung eines bestimmten Lesers mit einem bestimmten Text. So kann ein Text für einen Leser leicht, für einen anderen sehr schwierig sein, abhängig davon, wieviel jeder bereits über den Gegenstand weiß, welche Verarbeitungsstrategien er verwendet, wie die Kapazität seines Kurzzeitgedächtnisses ist. Das stellt natürlich die Suche nach einem schnellen und leichten Lesbarkeitstest in Frage. Sehr zum Ärger unserer Lehrbuchherausgeber wird es wahrscheinlich nie eine magische Formel für die Reklame ihrer Produkte geben. Aber es liegt im Bereich des Möglichen, hier eine Batterie von Verstehenstests zu entwickeln, die uns Auskunft geben kann, wo in einem bestimmten Text und für eine bestimmte Stichprobe von Zielpersonen die Schwierigkeiten beim Verstehen wahrscheinlich liegen werden. Dann werden wir zumindest in der Lage sein, den Text entsprechend umzuschreiben.

Der Schritt von der Theorie zur Anwendung ist keineswegs einfach. Die Ausarbeitung einer Batterie von Verstehenstests für einen bestimmten Text ist an sich ein großes Unterfangen. Außerdem ist noch viel mehr experimentelle Arbeit nötig, sowohl über die Lesbarkeit als auch über das Behalten und die Verwendung des gelesenen Materials. Denn, obwohl es sicherlich zutrifft, daß das Lernen vom Verstehen abhängt, gibt es zweifellos andere Faktoren, die unsere Fähigkeit beeinflussen, aus einem Text zu lernen.

Das Anvisieren einer neuen, allgemeinen Lerntheorie ist jedoch heute höchstwahrscheinlich eine ebensolche Illusion wie vor 50 Jahren. So wie es keine allgemeine, umfassende Verstehenstheorie, keine magische Lesbarkeitsformel gibt, so werden wir nicht in der Lage sein, einen allgemeinen Lernprozeß zu spezifizieren. Was wir aber, möglicherweise sogar schon vor dem Jahr 2000, werden erreichen können, ist ein Verständnis für die spezifischen Anforderungen und Operationen, die einer bestimmten kognitiven Aufgabe innewohnen.

Literatur

Atkinson, R. C., and R. M. Shiffrin: Human memory: A proposed system and its control processes. In: K. W. Spence and J. T. Spence (Eds.), The psychology of learning and motivation: Advances in research and theory (Vol. 2). New York: Academic Press, 1968

Bever, T. G.: The cognitive basis for linguistic structures. In: J. K. Hayes (Ed.), Cognition and the development of language. New York: Wiley, 1970

Clark, H. H., and E. V. Clark: Psychology and language. New York: Harcourt, Brace, Jovanovich, 1977

Kintsch, W.: Memory and cognition. New York: Wiley, 1977

Kintsch, W., and T. A. van Dijk: Toward a model of text comprehension and production. Psychological Review, 85, 363–394, 1978

Kintsch, W., and D. Vipond: Reading comprehension and readability in educational practice and psychological theory. In: L. G. Nilsson (Ed.), Perspectives on memory research. Hillsdale, J. Y.: Lawrence Erlbaum Associates, 1979

Kintsch, W., and J. C. Yarbrough: The role of rhetorical structure in text comprehension. Journal of Educational Psychology, 74, 828–834, 1982

Meyer, B. J. F., D. M. Brand and G. L. Bluth: Use of top level structure in text: Key for reading comprehension of ninthgrade students. Reading Research Quarterly, 16, 72–103, 1980

Miller, J. R., and W. Kintsch: Readability and recall of short prose passages: A theoretical analysis. Journal of Experimental Psychology: Human Learning and Memory, 6, 335–354, 1980

Newell, A., and H. A. Simon: Human problem solving. Englewood Cliffs, N. J.: Prentice-Hall, 1972

Simon, H. A.: The artificial sciences. Cambridge, Mass.: MIT Press, 1969

Smith, E. E., L. J. Rips and E. J. Shoben: Structure and process in semantic decisions. Psychological Review, 81, 214–241, 1974

Sternberg, S.: The discovery of processing stages: Extension of Donder's method. Acta Psychologica, 30, 276–315, 1969

van Dijk, R. A., and W. Kintsch: Strategies of comprehension. New York: Academic Press, 1983

Teil IV: Differentielle, Sozial- und Entwicklungspsychologie

Die Unterbringung dreier wichtiger Gebiete der Psychologie, der *Differentiellen Psychologie* (Kapitel 13–15), der *Sozial-* (16 und 17) und der *Entwicklungspsychologie* (18) im Teil IV reflektiert das Vertrauen auf die zukünftige Vereinheitlichung solcher verschiedenartigen Forschungsbereiche. Die Basis für ein solches Vertrauen wird anhand konkreter Beispiele erkundet und illustriert.

So beschäftigt sich der Beitrag von Hans Eysenck explizit mit dem „biosozialen Menschen" und der „Vereinheitlichung der Psychologie", gestützt auf seine Experimente, die eine Brücke zwischen Differentieller, Physiologischer und Klinischer Psychologie schlagen. Jan Strelaus davon z. T. sehr verschiedene Orientierung scheint nichtsdestotrotz eben diese Integration zu unterstützen. David Magnussons Daten aus Schweden betreffen die Differentielle Psychologie, Sozial- und Entwicklungspsychologie. Und Philip Zimbardo mit seiner umfassenden sozialen Orientierung scheint einen Großteil der traditionellen Psychologie mit einzuschließen. Über den integrativen Vorstoß dieser einzelnen Kapitel hinaus ist der Teil IV durch methodologische Zugänge charakterisiert, die sowohl Merkmale der experimentellen als auch der Korrelationsanalyse einschließen.

Eysencks Daten verblüffen in ihrer starken Stützung genetischer Faktoren durch Hereditätskoeffizienten von 70 oder 80 %. Besonders eindrucksvoll sind die Korrelationen über 0.80, die er zwischen einer biophysikalischen EEG-Komponente (looked potentials) und einem standardisierten Intelligenzmaß, dem Wechsler-IQ, fand. Insoweit diese Befunde auch in anderen Teilen der Welt systematisch repliziert und bestätigt werden, kann man mit revolutionären Änderungen im Theoretisieren über die Biologie (-Psychologie) der Intelligenz rechnen. Strelaus neo-pawlowsches Herangehen betont viel stärker die soziale Umgebung, obgleich diese im Kontext einer regulativen Theorie des Temperaments interpretiert wird, das in ein nichtspezifisches psychophysiologisches Funktionieren eingeschlossen ist. Magnussons Daten führten ihn zu seiner interaktiven Position: Die individuelle Personengleichung (d. i. der Umfang der intellektuellen Fähigkeit, das Angstniveau usw.) manifestiert sich in unterschiedlich spezifischen Situationen. Es wird interessant sein zu verfolgen, wie es diesen drei Positionen ergeht, wenn wir uns dem Jahr 2000 nähern. Wird es theoretische Umorientierungen geben, die ihre unterschiedlichen Arten von Daten integrieren?

Von einem experimentellen Paradigma für die „Dynamik der Aktion" deduzieren Julius Kuhl und John W. Atkinson systematische Variabilität unter dem Einfluß verschiedener innerer und äußerer Bedingungen, – sogar für Perioden, während derer die kognitive Struktur eines Individuums normalerweise als konstant vermutet wird. Ihr Forschungsprogramm kombiniert Bezüge zu individuellen Unterschieden und allgemeineren kognitiven Prozessen. Zimbardos Beitrag bringt nicht nur einen herausfordernden Überblick über dominante theoretische Einflüsse auf dem Gebiet der Sozialpsychologie, sondern reflektiert auch die weitreichende gegenwärtige Bedeutung der kognitiven Psychologie. Seine eigene Forschung schließt kühne Demonstrationen sozialer Phänomene von großer praktischer Bedeutung ein. Bei seiner Prognose für die Zukunft betont Zimbardo die methodologischen Möglichkeiten des technologischen Fortschritts, insbesondere da wir in das Zeitalter der Personalcomputer eintreten.

Das Kapitel von John Nesselroade und Paul Baltes beschließt Teil IV mit einem nüchternen methodologischen Blick auf die Möglichkeit der Extraktion kausaler Information aus Korrelationsdaten. Sie illustrieren ihr Argument für die Pfadanalyse und kausale Modellierung mit Beispielen aus der jüngeren Forschung, eingeschlossen eine Analyse *inter*individueller Unterschiede bei verschiedenen *intra*individuellen Entwicklungsstadien.

Teil IV deckt einen großen Teil der Psychologie ab – gegenständlich, methodologisch und theoretisch. Vielleicht besteht die größte Gemeinsamkeit dieser Kapitel darin, daß keines von ihnen sich damit begnügt, die Aufmerksamkeit auf traditionelle Methoden der experimentellen Psychologie zu begrenzen. Auf ihre unterschiedliche Weise erweitert jedes von ihnen die Möglichkeiten des experimentellen Herangehens. Ob diese Erweiterung zu einer Vielzahl verschiedenartiger Disziplinen oder zurück zu einer vollständiger integrierten Psychologie führen wird, bleibt eine Frage, die durch die zukünftigen Entwicklungen beantwortet werden muß.

13. Die Biologie individueller Unterschiede

Hans Jürgen Eysenck
University of London, England

Das Studium individueller Unterschiede bildete schon immer, seit dem Beginn durch Sir Francis Galton, einen wichtigen Teil der experimentellen Psychologie. Selbst Wundt, dem man oft eine Abneigung gegenüber der Untersuchung individueller Unterschiede nachsagt, leistete für die Beschreibung der Persönlichkeit einen wichtigen Beitrag, indem er eine Übertragung der traditionellen griechischen Typenlehre von den vier Temperamenten in ein zweidimensionales System vornahm, das dem später von uns selbst ausgearbeiteten sehr ähnlich ist. Trotz dieser frühen Berücksichtigung von Variablen der Persönlichkeit in dem von Wundt entwickelten System der physiologischen Psychologie sind später die experimentelle Psychologie (im engeren Sinne) und das Studium der individuellen Unterschiede getrennte Wege gegangen. Cronbach (1957) wies in seinem Grundsatzreferat als Präsident der American Psychological Society darauf hin, daß es zwei Disziplinen der wissenschaftlichen Psychologie gäbe und die Psychologie nur voranschreiten könne, wenn es gelänge, sie miteinander zu integrieren. Diese Hoffnung, die ich in meinen Arbeiten (Eysenck 1967) sehr unterstützt habe, hat sich bislang nur teilweise erfüllt. Trotz vieler Lippenbekenntnisse neigten Experimentalpsychologen und Vertreter der Psychometrie dazu, ihren eigenen Weg zu gehen, und die Integration liegt noch in der Zukunft.

Allerdings gibt es natürlich auch einige Hinweise, daß die Integration, wenn auch nicht in einem sehr raschen Tempo, voranschreitet. Die Arbeiten von Teplow, Nebylizin und Strelau über die Entwicklung der Typenbegriffe Pawlows und die Untersuchungen von Gray, Claridge und von uns selbst in den englischsprachigen Ländern haben den Versuch gemacht, diese beiden Disziplinen zusammenzuführen, und das Interesse an diesem Ansatz wächst (Eysenck 1981 a, 1981 e, Mangan 1981).

Die Forderung nach Vereinigung dieser beiden Disziplinen wissenschaftlicher Psychologie gründet sich im wesentlichen auf zwei Tatsachen.

Die erste besteht in den offensichtlichen Schwierigkeiten, denen die experimentelle Psychologie (und auch verschiedene angewandte Gebiete wie Arbeitspsychologie, Pädagogische Psychologie, Klinische Psychologie und Sozialpsychologie) begegnet, nämlich, daß die anerkannte Methode der funktionalen Analyse, $a = f(b)$, auf unerwartete Hindernisse gestoßen ist. Das größte Hindernis besteht darin, daß in der Mehrzahl der Experimente die Hauptwirkungen relativ schwach und die Meßfehler in der Varianzanalyse sehr hoch sind. Mit anderen Worten: Das System weist ein starkes Rauschen auf, und der Signal-Rausch-Abstand ist nicht akzeptabel, wenn das Rauschen nicht reduziert werden kann. Es häufen sich die Hinweise darauf, daß der überwiegende Anteil dieses Rauschens durch individuelle Unterschiede hervorgerufen wird. Beispielsweise reagieren Extravertierte und Introvertierte auf identische Reize sehr unterschiedlich; und wenn man diese Unterschiede nicht berücksichtigt, würde man den größeren Teil der Gesamtvarianz dem Meßfehler zuschreiben. Diese Situation ist unhaltbar, und sie läßt sich nur lösen, wenn man die Bedeutung der individuellen Unterschiede anerkennt. Physiker und Chemiker sind sich der grundlegenden Bedeutung einer sorgfältigen Analyse und Beschreibung der in ihren Experimenten verwendeten Elemente bewußt, und sie benutzen keinesfalls irgendwelche zufälligen Materialstichproben. Die Psychologen müssen diesem Beispiel folgen und genau die relevanten Persönlichkeitseigenschaften der Menschen beschreiben, die an ihren Experimenten teilnehmen. Die Erkenntnis dieser Tatsache wächst langsam, aber sicher. Man kann hoffen, daß um das Jahr 2000 sowohl die Experimentalpsychologie als auch die angewandte Psychologie ihre Lektion gelernt haben werden.

Die zweite wichtige Erkenntnis ist folgende: Genauso wie die experimentelle Psychologie die Forschungsarbeiten über individuelle Unterschiede benötigt, so bedarf auch die Persönlichkeits- und Intelligenzforschung der Begriffe der Experimentalpsychologie, um kausale Theorien aufzustellen und die rein deskriptive Arbeitsweise der Faktorenanalyse u. a. zu überwinden. Korrelationsberechnungen und Faktorenanalyse sind notwendige, aber nicht hinreichende Werkzeuge für die Entwicklung einer angemessenen Theorie der Persönlichkeit; und kein Persönlichkeitsmodell ist denkbar, das nicht die Begriffe der Experimentalpsychologie enthält (Eysenck 1981 a). Bei manchen Vertretern der Persönlichkeits- und Intelligenzforschung beginnt diese Erkenntnis erst allmählich zu dämmern, und viele sind der notwendigen Integration noch abgeneigt. Wenn die Psychologie jedoch Fortschritte machen soll, muß das Studium der individuellen Unterschiede diesem Weg der Integration folgen und die Notwendigkeit für kausale Theorien auf der Grundlage von Ergebnissen der Experimentalpsychologie anerkennen.

Jegliche Integration dieser Art kann nur dann fruchtbar sein, wenn sie die Tatsache berücksichtigt, daß kein Modell des Menschen annehmbar ist, das nicht die Bedeutung von sowohl biologischen als auch sozialen Faktoren in der Entwicklung des Individuums erkennt. Die biosoziale Natur des Menschen ist nicht immer anerkannt worden (Eysenck 1980 a, 1980 b, 1980 c); es gab Psychologen, die entweder soziale Faktoren zu ungunsten der biologischen überbewerteten (wie etwa die Vertreter des traditionellen Behaviorismus, der Kognitiven Psychologie, der Psychoanalyse usw.), oder die den biologischen Faktoren den Vorrang gaben, ohne dabei die sozialen zu berücksichtigen (z. B. die Vertreter der frühen „Instinkt-Psychologie" oder einige moderne Genetiker und Soziobiologen). Die Psychologen müssen die drei-einige Natur des Gehirns (McLean 1969) anerkennen, d. h. die Tatsache, daß sowohl morphologisch als auch funktional das Gehirn drei evolutionäre Abschnitte aufweist – den Hirnstamm und das Kleinhirn (das sogenannte Reptilgehirn), den Paleokortex (Limbisches System) und den Neokortex. Wir können die Bedeutung der sozialen Faktoren und des zweiten Signalsystems, wie Pawlow es nannte, nicht bezweifeln, die beide an den Neokortex gebunden sind. Aber in gleicher Weise oder sogar noch wichtiger ist in vielfacher Hinsicht das Limbische System und damit die genetischen und biologischen Faktoren, die bei Neurosen, Kriminalität und anderen menschlichen Verhaltensweisen eine Rolle spielen (Eysenck 1976, 1977 a, b). Meine eigenen Theorien hinsichtlich der Neurosen und der Kriminalität im Sinne der Pawlowschen Konditionierung und die vorgeschlagenen Behandlungsmethoden auf der Grundlage des gleichen Paradigmas können natürlich fehlerhaft sein. Aber das allgemeine Prinzip, daß biologische Faktoren eine bedeutende Rolle bei sozialen Phänomenen spielen (natürlich auch zusätzliche soziale und Umweltfaktoren), kann im Lichte der vorhandenen Beweise wohl kaum abgelehnt werden.

Die Betonung der genetischen Faktoren sowohl hinsichtlich der Entstehung von Intelligenzunterschieden (Eysenck 1979) als auch solcher der Persönlichkeit (Fulker 1981) scheint den überwiegenden Auffassungen der Psychologen während der letzten 50 Jahre zu widersprechen. Die Beweise werden jedoch immer zwingender, daß genetische Faktoren bei der Verursachung individueller Unterschiede der Persönlichkeit und der Intelligenz eine große Rolle spielen. Diese zu leugnen würde bedeuten, daß man gegen sehr viele experimentelle Arbeiten anrennen müßte, die in jüngster Zeit durch statistische Techniken der biometrischen Analyse genetischer Faktoren unterstützt worden sind. Diese Untersuchungen konzentrieren sich nicht so sehr auf die einfache Quantifizierung der Vererbung als vielmehr auf die Herausarbeitung der genetischen Architektur. Somit ist es zwar wichtig zu wissen, daß gegenwärtig und in unserer Gesellschaftsordnung genetische Faktoren etwa 80 % der Gesamtvarianz individueller Unterschiede des IQ ausmachen. Es ist aber zumindest genauso wichtig zu erkennen, daß ein beträchtlicher Anteil dieser Varianz nichtadditiv ist, daß in ihr starke gerichtete Dominanzeffekte und starke Paarungssiebungs-Effekte enthalten sind. Es ist gleichfalls wichtig zu wissen, daß Unterschiede durch Umwelteinflüsse zwischen den Familien zweimal so stark sind wie die innerhalb der Familie, und daß Wechselwirkungen jeglicher Art ziemlich schwach sind. Es ist wichtig zu wissen, daß hinsichtlich der Persönlichkeitsdimensionen Neurotizismus, Extraversion und Psychotizismus additive genetische Faktoren genauso bedeutsam sind wie bei der Verursachung von Intelligenzunterschieden, aber daß in diesem Falle nichtadditive Faktoren wie Dominanz und Paarungssiebung keine Rolle spielen, und daß Unterschiede durch Umwelteinflüsse innerhalb der Familie wesentlicher sind als Umweltunterschiede zwischen den Familien. Der Wissenszuwachs über die genetische Architektur der Persönlichkeit und der Intelligenz war in jüngster Zeit beträchtlich, und das Tempo der Entdeckung neuer Ergebnisse beschleunigt sich. Wir können sicher sein, daß in den nächsten 20 Jahren große Fortschritte im Verständnis für dieses schwierige Gebiet zu erwarten sind.

Wir vertreten somit die Auffassung, daß der Mensch mit bestimmten Prädispositionen geboren wird, die in Wechselwirkung mit Umweltfaktoren dazu führen, daß er bestimmte Verhaltensmuster entwickelt, die für Extraversion-Introversion, Neurotizismus-Stabilität oder Psychotizismus-Überich-Kontrolle charakteristisch sind. Durch diese Persönlichkeitsunterschiede wird er mehr oder weniger wahrscheinlich kriminelle Neigungen oder neurotische bzw. psychotische Störungen entwickeln, eine erfolgreiche oder mißlungene Anpassung an schulische oder berufliche Anforderungen zeigen, bestimmte sexuelle Verhaltenszüge aufweisen und ganz allgemein einen für ihn charakteristischen Lebensstil offenbaren, der ihn von allen anderen Menschen unterscheidet. Die durch Vererbung determinierten besonderen Funktionen sind natürlich biologischer Art. Genetisch determiniert ist das allgemeine Niveau der kortikalen Aktivierung, das durch die Formatio reticularis vermittelt wird und wiederum den jeweiligen Grad an Extraversion oder Introversion des betreffenden Menschen bestimmt; ferner die Funktionsweise des autonomen Nervensystems, die durch das Limbische System oder das Zwischenhirn koordiniert wird, wodurch wiederum überschießende oder schwache emotionale Reaktionen auf verschiedene Reize entstehen. Wir verfügen nunmehr über einiges Wissen der physiologischen Grundlagen der Persönlichkeit (Stelmack 1981), und es gibt eine reichhaltige Literatur, in der diese Persönlichkeitsfaktoren und physiologischen Faktoren mit experimentellen Laboruntersuchungen und mit Arbeiten auf dem Gebiet des sozialen Verhaltens verknüpft worden sind (Eysenck 1976). Sogar im Bereich der sozialen Einstellungen und Ideologien lassen sich Teilerklärungen des menschlichen Verhaltens in diesem Sinne finden (Eysenck und Wilson 1978). Auch hier sind in den nächsten 20 Jahren Fortschritte zur Entwicklung eines vollständigen Systems von Erklärungen und Prädiktionen zu erwarten.

Diese Arbeiten mögen illustrieren, daß man bei der Verwendung von aus der experimentellen Psychologie abgeleiteten Begriffen, wie dem der kortikalen Aktivierung, eine kausale Erklärung für die deskriptiven Theorien von Extraversion, Neurotizismus und Psychotizismus gewinnen kann. Solche kausalen Theorien ermöglichen es, die Zirkelschlüsse von Korrelationsberechnungen und Faktorenanalysen zu durchbrechen und Voraussagen zu machen, die sich durch die Experimentalpsychologie überprüfen lassen. Wir erweitern deshalb das obenerwähnte funktionelle Paradigma, indem wir die Persönlichkeit als relevante Variable mit einbeziehen, so daß das neue Paradigma in seiner einfachsten Form lautet: $a = f\ (b, P)$, d. h., *a (die abhängige Variable) ist eine Funktion von b* (der unabhängigen Variable), die mit der Persönlichkeit in einer durch die betreffende Theorie bestimmten voraussagbaren Weise interagiert. Einige Beispiele mögen illustrieren, wie dieses Prinzip allgemein in der experimentellen Psychologie und in verschiedenen Gebieten der angewandten Psychologie wirkt.

Zu Beginn wollen wir ein von Howarth und Eysenck (1968) durchgeführtes Experiment aus der Gedächtnisforschung vorstellen. Das ganze Gebiet ist von M. W. Eysenck (1977) unter besonderer Berücksichtigung der individuellen Unterschiede dargestellt worden. Im Experiment lernten Gruppen von Introvertierten und Extravertierten Paarassoziationen bis zu einem bestimmten Niveau, und die Reproduktion wurde sofort nach dem Lernen, nach 1 Minute, 5 Minuten, 30 Minuten und 24 Stunden geprüft. Für jedes dieser Reproduktionsinvervalle wurden natürlich verschiedene Versuchspersonengruppen verwendet, und wir formulierten dabei die folgende Erwartung: Introvertierte müßten mit ihrem höheren Aktivierungsniveau die Gedächtnisspur besser konsolidieren als die Extravertierten mit ihrem niedrigen Aktivierungsniveau. Es wurde jedoch auch nach dem Theorem von Walker dabei berücksichtigt, daß die neuralen Spuren für die Reproduktion nicht verfügbar sein dürften, solange die Konsolidierung andauert. Somit müßten Extravertierte, die eine schlechte Konsolidierung aufweisen, die Gedächtnisspuren bald

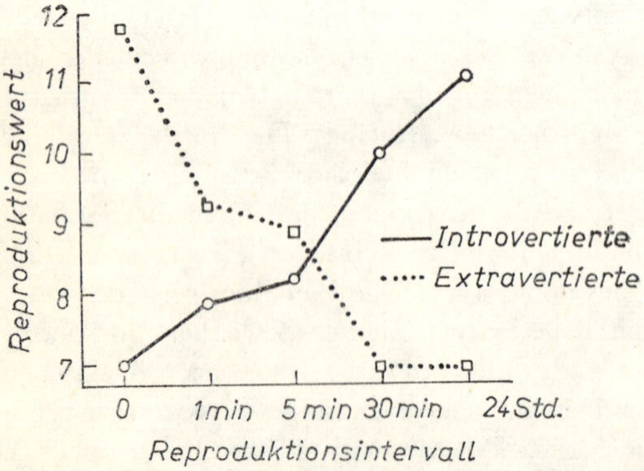

Abb. 13.1: Reproduktion als Funktion des Reproduktionsintervalls bei Extravertierten und Introvertierten (aus Howarth und Eysenck 1968).

nach dem Lernen zwar leichter zur Verfügung haben, aber wegen der schlechteren Konsolidierung müßten sie im Verlauf der Zeit auch schneller vergessen. Der Verlauf der Reproduktion wäre damit ein Hinweis für das Vergessen (d. h., die Verlaufskurve müßte abfallen). Andererseits kann man erwarten, daß Introvertierte schlechte Reproduktionsleistungen unmittelbar nach dem Lernen zeigen, da bei ihnen die Konsolidierung mit der Reproduktion interferiert, danach aber müßte sich mit der Zeit das Gedächtnis verbessern (d. h. Reminiszenz zeigen, s. Eysenck und Frith 1977). Abbildung 13.1 zeigt die tatsächlich gefundenen Ergebnisse, die der formulierten Erwartung genau entsprechen. Man beachte, daß eine einfache Mittelbildung über alle Gruppen (d. h. ohne Berücksichtigung der Persönlichkeit) zu einer flachen Verlaufskurve geführt hätte, die fälschlich zeigt, daß das Reproduktionsintervall keinen Einfluß auf die Reproduktion hat. Somit hätte das altmodische Paradigma: $a = f\ (b)$ uns gesagt, daß die abhängige Variable (Reproduktion) nicht von der unabhängigen Variablen (Reproduktionsintervall) beeinflußt wird, und die gesamte Varianz wäre als Meßfehler interpretiert worden. Das erweiterte Paradigma: $a = f\ (b, P)$ hingegen zeigt uns, daß durch Einbezug der Persönlichkeit in die Gleichung ein großer Varianzanteil vom Meßfehler abgehoben werden kann und zu einem Teil der Wechselwirkung wird. M. W. Eysenck (1977) ist auch hier detailliert auf die Frage der kausalen Erklärungen bei experimentellen Arbeiten dieser Art eingegangen.

Ein anderes Beispiel (vgl. Abb. 13.2) zeigt die operante Konditionierung bei Extravertierten und Introvertierten, wobei Geräusche und Licht als Verstärker eingesetzt werden. Beide Gruppen haben zunächst das gleiche operante Niveau beim Drücken eines Knopfes erreicht, wenn aber die Verstärkung eingeführt wird, kann man erkennen, daß die Extravertierten ihre Frequenz steigern, um laute Jazzmusik aus einem Plattenspieler und helles Licht zu bekommen, während Introvertierte die Frequenz der Schalterbetätigung reduzieren, um in einer stillen und dunklen Umgebung zu verbleiben. Das entspricht sehr genau der Hypothese, daß Extravertierte wegen ihres niedrigen Aktivierungsniveaus reizhungriger sind. Wären beide Gruppen zusammengeworfen worden, hätten die Ergebnisse wiederum gezeigt, daß die Verstärkung weder eine positive noch eine negative Wirkung hat, und der hauptsächliche Anteil der Varianz wäre in den Meßfehler eingegangen.

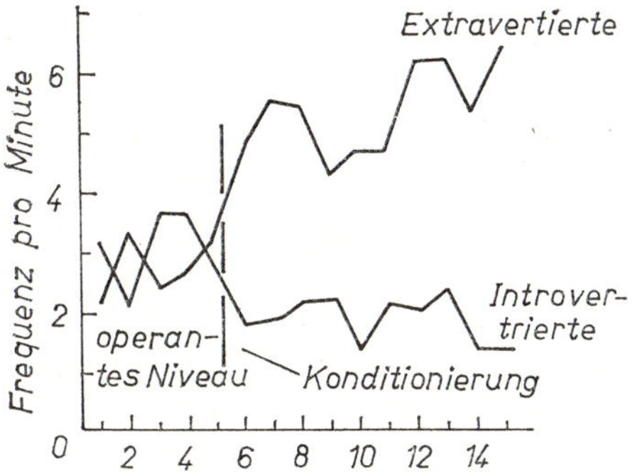

Abb. 13.2: Häufigkeit des Knopfdrückens, um eine intensive Stimulierung zu erhalten, bei Extravertierten und Introvertierten (aus Weisen 1965).

Als drittes und letztes Beispiel wollen wir die Arbeit von Shigehisa und Symons (1973 a, 1973 b) betrachten. Sie beschäftigt sich mit den Wirkungen der Intensität visueller Reize auf die Sensitivität beim Hören in Beziehung zur Persönlichkeit. Vielfach ist die Hypothese geprüft worden, daß durch Intensitätssteigerung der Stimulation in einem sensorischen Feld infolge der damit ausgelösten Aktivierung die Schwelle in einem anderen sinken müßte. Aber die Ergebnisse blieben widersprüchlich und unentschieden. Shigehisa und Symons vermuteten, daß dieses Ergebnis auf differentielle Wechselwirkungen der Effekte mit der Persönlichkeit zurückgeführt werden könnte. Sie demonstrierten tatsächlich überzeugend, daß Introvertierte und Extravertierte ganz unterschiedliche Effekte aufweisen. Introvertierte zeigen dabei etwas, was Pawlow als „transmarginale" Hemmung bezeichnete, die sogar bei relativ schwachem sensorischem Input eintritt und somit den erwarteten Ergebnistrend umkehrt. Extravertierte hingegen zeigen diese Umkehrung nicht. Die Autoren wiederholten das Experiment und drehten dabei die Bedingungen um, d. h., sie konnten zeigen, daß eine akustische Stimulation einen ähnlichen Effekt auf die visuelle Schwelle ausübt, was wiederum durch Persönlichkeitsvariablen moduliert wird. Auch hier sehen wir wiederum deutlich, daß das altmodische Paradigma unter Ausklammerung der Persönlichkeit ungeeignet ist, eine eindeutige Prädiktion zu gewährleisten. Nur durch Integration von Persönlichkeitsvariablen in das Experiment können die Ergebnisse replizierbar und sinnvoll gemacht werden.

Als nächstes wollen wir ein Experiment aus der Pädagogischen Psychologie betrachten (Eysenck 1978). Hier hat sich oft gezeigt, daß der experimentelle Vergleich zwischen verschiedenen Unterrichtsmethoden lediglich die Nullhypothese stützt, mit anderen Worten: Beide Methoden wirken gleich gut (oder gleich schlecht!). Bei Berücksichtigung der Persönlichkeitsvariablen läßt sich deutlich demonstrieren, daß zwei scheinbar gleich wirksame Unterrichtsmethoden sich sehr wohl unterscheiden, wobei die eine für Introvertierte, die andere für Extravertierte geeigneter ist. Abbildung 13.3 zeigt die Ergebnisse eines solchen Experiments (Leith 1974), das die Reaktionen von Introvertierten und Extravertierten auf zwei verschiedene Unterrichtsmethoden, auf entdeckendes Lernen und auf rezipierendes Lernen, verglich. Es wird deutlich, daß sowohl im Posttest (nach einer Woche) als auch in der verzögerten Prüfung (nach fünf Wochen) die Introvertierten

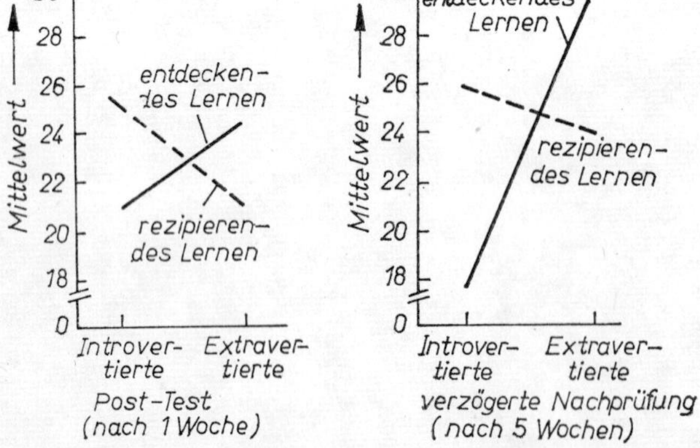

Abb. 13.3: Effekte des entdeckten und rezipierenden Lernens bei Introvertierten und Extravertierten (aus Leith 1974).

mit der traditionellen Methode des rezipierenden Lernens viel besser abschneiden, während Extravertierte durch das entdeckende Lernen (d. h. die neue Unterrichtsmethode, durch die sie veranlaßt werden, Prinzipien und Ergebnisse selbst herauszufinden) stärker profitieren. Ohne Unterteilung der Probanden in zwei Gruppen mit unterschiedlichen Persönlichkeitsmerkmalen hätten beide Unterrichtsmethoden identische oder ähnliche Ergebnisse erbracht.

In einer neueren Arbeit berichteten McCord und Wakefield (1981) über die Ergebnisse einer experimentellen Untersuchung der Wirkung von Lob und Tadel auf extravertierte und introvertierte Schüler. Faßt man beide Gruppen zusammen, zeigten sich nur geringe Unterschiede; jedoch reagierten erwartungsgemäß die extravertierten Schüler viel stärker auf Belobigungen, introvertierte hingegen mehr auf Tadel. Diese Prädiktion leitet sich aus dem von Gray aufgestellten Prinzip ab, wonach Introvertierte stärker auf Schmerzreize reagieren, Extravertierte mehr auf Reize, welche die Lustzentren aktivieren. Auch hier gelingt es nur durch Beachtung der Persönlichkeitsfaktoren, den Hauptanteil der Varianz vom Meßfehler zu trennen und dadurch zu Informationen zu gelangen, die für die Praxis des Unterrichts nützlich sein können.

Extraversion und Introversion sind selbstverständlich nicht die einzigen Persönlichkeitsvariablen, die für die Bewertung der Unterrichtsmethodik bedeutsam sein könnten. Leith und Trown (1975) führten eine experimentelle Untersuchung mit fast 500 Jungen und Mädchen in 4 Grundschulen durch, wobei sie die Effekte von „unterstützenden" und „explorativen" Strategien im Mathematikunterricht verglichen. (Das Durchschnittsalter der Kinder betrug 10 Jahre und 6 Monate.)

Im Falle der unterstützenden Strategie vermittelte der Lehrer den Schülern eine Folge von Erklärungen über die Vorgehensweise bei der Bearbeitung von 12 Abschnitten des Lernstoffes. Danach arbeiteten die Schüler mit mathematischen Modellen, und der Lehrer wiederholte anschließend noch einmal die Erläuterung des Prinzips. Solche Erklärungen gab er sowohl mündlich als auch in schriftlicher Form an der Tafel. Die gleiche Arbeit mit mathematischen Modellen war während der explorativen Strategie erforderlich, die dieses Mal aber bereits am Anfang eines Lernabschnittes stattfand. Der Lehrer wartete hier mit Erklärungen des Prinzips ab, bis jeder Schüler die Gelegenheit bekommen hatte, die mathematischen Beziehungen selbst zu erkennen und zu einer entsprechenden Verallgemeinerung ermutigt worden war.

Tab. 13.1: *Wechselwirkung von Strategie und Ängstlichkeit unter Berücksichtigung des Geschlechts, Mittelwerte für Behaltenslernen (aus Leith und Trown 1975 [N pro Zelle = 40])*

	Jungen		Mädchen		Zusammen	
	Niedrige Angst	Hohe Angst	Niedrige Angst	Hohe Angst	Niedrige Angst	Hohe Angst
Unterstützende Strategie	15.98	15.26	16.63	17.73	16.30	16.49
Exploratorische Strategie	20.30	12.35	18.30	14.25	19.30	13.29

Tabelle 13.1 zeigt die Ergebnisse: „Das Niveau der Ängstlichkeit unterschied zwischen solchen, die in hohem Maße von der schülerzentrierten exploratorischen Vorgehensweise

profitierten und solchen, die dadurch deutlich benachteiligt waren, ... Andererseits war die lehrerzentrierte unterstützende Strategie bei jedem Niveau der Ängstlichkeit in fast gleicher Weise wirksam.“ (Leith und Trown 1975, S. 18). Die Beschränkung auf eine Analyse der Gesamtunterschiede (d. h. die Vernachlässigung der interagierenden Persönlichkeitsdimension) hätte zu der falschen Schlußfolgerung geführt, daß die Strategien zu identischen Effekten führen. Wir möchten darauf hinweisen, daß in diesem Experiment ein Effekt der Befähigung (in der erwarteten Richtung) vorlag, jedoch keine Fähigkeits-Maßnahme-Interaktion. Die Ergebnisse dieses Experiments, so betonen die Verfasser, sind für eine Bewertung des Mathematikunterrichtsplans von Nuffield fruchtbar. Sie lassen vermuten, daß auf diese Weise die Leistungen einiger (nichtängstlicher) Schüler verbessert und einiger anderer (ängstlicher) Schüler verschlechtert werden. Diese Schlußfolgerung läßt sich natürlich nicht aus einem einzigen Experiment ziehen, und sie ist nicht auf andere Vpn zu extrapolieren. Aber die Bedeutung einer planmäßigen experimentellen Untersuchung von Effekten der Wechselwirkung wird damit offenkundig.

Als nächstes wollen wir uns dem Gebiet der Sozialpsychologie zuwenden. Hier ist eine Untersuchung von Leith (1974) interessant, die sich mit dem Einfluß der Persönlichkeit beim Lernen in einer Situation der Wechselbeziehung zwischen zwei Personen beschäftigt (d. h., der Lernvorgang findet in einer Situation statt, in der zwei Vpn kooperieren). In diesem Experiment wurde die Zusammenstellung des Paares auf der Basis des Merkmals Ängstlichkeit/Neurotizismus vorgenommen, wobei die Paare in dieser Variable entweder ähnliche oder entgegengesetzte Testwerte hatten (d. h., der eine Teilnehmer war ängstlich, der andere stabil). Tabelle 13.2 zeigt die Hauptergebnisse: Man erkennt, daß „ungleiche“ Paare außerordentlich hohe Verbesserungen gegenüber „gleichen“ Paaren aufweisen. Gegensätzliche Paare waren im Transfertest den „gleichen“ Paaren fast 100%ig überlegen! (Die Paare wurden noch einmal bezüglich ihrer Gleichwertigkeit

Tab. 13.2: *Vergleich von Leistung und Verhalten bei Paaren gleicher und verschiedener Ängstlichkeit (nach Leith 1974; Paare mit verschiedenartiger Fähigkeit in Klammern, Paare mit gleichartiger Fähigkeit ohne Klammern)*

Paare mit gegensätzlichem Angstniveau	erreichten 74 % (32 %)	mehr im Posttest als gleiche Paare
Paare mit gegensätzlichem Angstniveau	erreichten 98 % (113 %)	mehr im Transfertest als gleiche Paare
Paare mit gegensätzlichem Angstniveau	verbrachten 59 % (36 %)	mehr Zeit, um sich mit dem Partner zu solidarisieren, ihm zu helfen, ihn zu belobigen als gleiche Paare
Paare mit gegensätzlichem Angstniveau	verbrachten 121 % (132 %)	mehr Zeit mit Orientierungs- und Informations- oder Bestätigungsfragen als gleiche Paare
Paare mit gegensätzlichem Angstniveau	verbrachten 11 % (20 %)	weniger Zeit mit Meinungsverschiedenheiten, passiver Ablehnung, Hilfeverweigerung als gleiche Paare
Paare mit gegensätzlichem Angstniveau	verbrachten 49 % (25 %)	weniger Zeit, den Partner herabzusetzen und sich selbst aufzuwerten als gleiche Paare

oder Verschiedenartigkeit in den Fähigkeiten unterteilt. Die Zahlen in Klammern beziehen sich auf Paare mit verschiedenartigen Fähigkeiten.) Tabelle 13.3 zeigt die Ergebnisse eines ähnlichen Experiments, in dem anstelle von Ängstlichkeit/Neurotizismus die Variablen Extraversion/Introversion eingeführt wurden. Man kann erkennen, daß einzeln arbeitende Introvertierte deutlich überlegen waren. Diese Überlegenheit verschwand, wenn die Schüler paarweise arbeiteten. Homogene Paare arbeiteten hier besser als hete-

Tab. 13.3: *Lernleistungen von Schülern in homogenen oder heterogenen Persönlichkeitspaaren oder von Einzelpersonen (nach Leith 1974)*

	Methoden		
Persönlichkeit	Homogene Paare	Heterogene Paare	Einzelpersonen
Introvertierte	32.2	27.3	30.0
Extravertierte	30.6	27.7	25.4

Signifikanz der Unterschiede (einseitige Fragestellung)
Homogene ./. heterogene Paare $p < .01$
Homogene Paare ./. Einzelpersonen $p < .025$

rogene Paare; dabei spielte es keine Rolle, ob sich die Paare aus zwei extravertierten oder zwei introvertierten Probanden zusammensetzten. Diese Ergebnisse eröffnen faszinierende Ausblicke sowohl für die Forschung als auch für die pädagogische Praxis.

Auf dem Gebiet der Klinischen Psychologie kann die Untersuchung von Di Loreto (1971) als Beleg angeführt werden, daß verschiedene Behandlungsmethoden bei unterschiedlichen Persönlichkeitstypen zu unterschiedlichen Effekten führen. Di Loreto verglich dabei die Effekte der Gesprächspsychotherapie nach Rogers, der Rational-Emotiven Therapie nach Ellis und die Technik der systematischen Desensibilisierung nach Wolpe mit einer unbehandelten Kontrollgruppe. Die Effektivität der Behandlung wurde mit verschiedenen Fragebogenskalen beurteilt, wobei sich in allen ähnliche Ergebnisse zeigten. Abb. 13.4 stellt die Reduktion neurotischer und angstinduzierter Verhaltensweisen

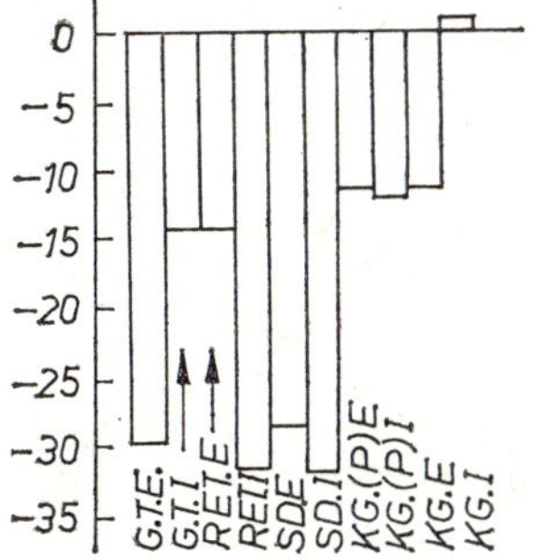

Abb. 13.4: Extraversion und Introversion von Patienten als Determinanten von Erfolg und Mißerfolg bei unterschiedlichen Therapieformen (aus Di Loreto 1971).

in der Nacherhebung dar. Es ist zu erkennen, daß die Gesprächstherapie sehr effektiv für Extravertierte, aber völlig ineffektiv bei Introvertierten war, umgekehrt war die Rational-Emotive Therapie bei Introvertierten sehr wirksam, aber bei Extravertierten ziemlich unwirksam. Die Behandlung mittels systematischer Desensibilisierung war für beide Gruppen gleichermaßen effektiv, und in der Kontrollgruppe zeigten sich weder für Extravertierte noch für Introvertierte irgendwelche Veränderungen. Somit interagieren die Persönlichkeitsmerkmale sehr stark mit der Gesprächspsychotherapie und der Rational-Emotiven Psychotherapie. Diese Interaktion wäre nicht deutlich geworden, hätte man die Persönlichkeitsmerkmale nicht in den Versuchsplan einbezogen.

In einem weiteren Gebiet, nämlich dem der Psychopharmakologie (Eysenck 1981 d), wurde die Wirkung des Rauchens einer Zigarette mittels der KNV (kontingente negative Variation) als Maß der kortikalen Aktivierung geprüft. Die Hypothese wurde im Sinne einer Theorie aufgestellt, in der die Nikotinzufuhr durch Zigarettenrauchen auf die kortikale Aktivierung eine kurvilineare Beziehung wegen der Wirkungen der „transmarginalen" Hemmung hat. Wie Abb. 13.5 verdeutlicht, erreichen Extravertierte unter der

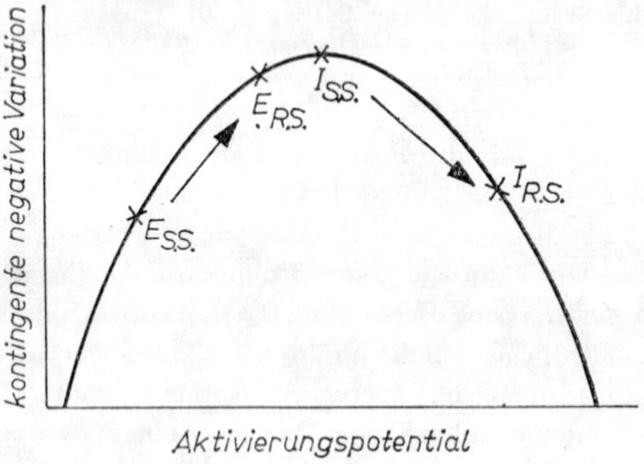

Abb. 13.5: Effekte von „Scheinrauchen" und richtigem Rauchen auf die KNV bei Extravertierten und Introvertierten (aus O'Connor 1980).

Bedingung eines „scheinbaren" Rauchens (S. R.) (d. h. Handhabung einer nicht angezündeten Zigarette) ein niedrigeres Aktivierungsniveau, als wenn sie die Zigarette richtig rauchen (R. R.), und dementsprechend steigerte das Rauchen ihre KNV. Introvertierte dagegen befinden sich bei „scheinbarem" Rauchen in einem höheren Aktivierungszustand, und der wirkliche Zigarettengenuß senkt ihre KNV. O'Connor (1980) konnte diese Hypothese experimentell bestätigen. Wiederum wird deutlich, daß die Vernachlässigung der Persönlichkeitsvariable keine Effekte im Hinblick auf die unabhängige Variable (das Rauchen einer Zigarette) erbracht hätte, und alle aus dem Experiment gewonnenen wichtigen Informationen in den Meßfehler eingegangen wären.

Es wäre möglich, ad infinitum mit der Aufzählung von Experimenten in den verschiedenen psychologischen Forschungsgebieten fortzufahren, um die Allgemeingültigkeit dieser Schlußfolgerung zu belegen. Entsprechende Sammeldarstellungen finden sich bei Eysenck (1967, 1976, 1981 a).

Um unseren Standpunkt in allgemeiner Form zum Ausdruck zu bringen und auf Ähn-

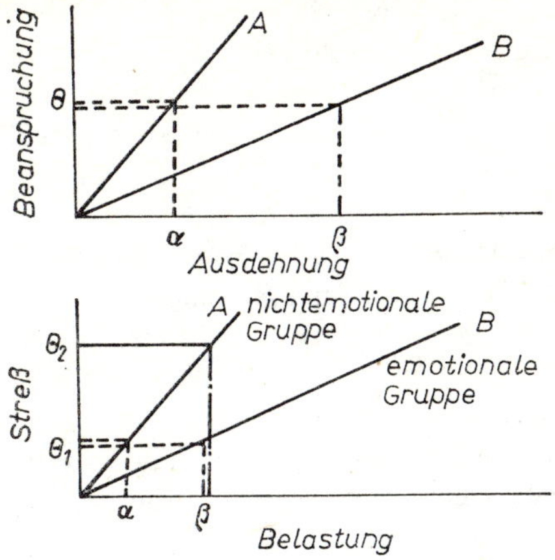

Abb. 13.6: Effekte individueller Unterschiede in physikalischen (oben) und psychologischen (unten) Experimenten.

lichkeiten mit der Forschung in der Physik hinzuweisen, betrachte man Abb. 13.6 (Eysenck 1964).

Der obere Teil der Abbildung zeigt die Wirkung einer Belastung auf einen Draht und die entsprechende Ausdehnung (abhängige Variable) dieses Drahtes. Bei zwei unterschiedlichen Materialien oder Legierungen A und B sind die Wirkungen der gleichen Belastung recht verschieden und führen zu den Ausdehnungen α oder β je nach Art der verwendeten Substanz. Das fragliche Gesetz ist das Gesetz der Elastizität von Hooke: Druckbeanspruchung $= k \times$ Zugbeanspruchung, wobei k eine Konstante ist (das Modul der Elastizität), die von der Natur des Materials und der Art der Druckbeanspruchung abhängt, um die Zugbeanspruchung hervorzurufen. Die Konstante k (d. h. das Verhältnis von Druckbeanspruchung/Zugbeanspruchung) wird als das Youngsche Modul bezeichnet, das den individuellen Unterschieden der Persönlichkeit in der Psychologie entspricht.

Der untere Teil der Abb. 13.6 illustriert dieses Prinzip bei zwei Versuchspersonengruppen, die sich in der Ausprägung des Merkmals Neurotizismus unterscheiden: eine nicht emotionale Gruppe (A) und eine emotionale Gruppe (B). Identische Stressoren führen zu unterschiedlichen Belastungen. Wenn man eine identische Beanspruchung erzeugen will, müssen verschiedene Stressoren auf die beiden Gruppen einwirken. Hiermit wird deutlich illustriert, daß auch auf dem Gebiet von Emotion und Streß individuelle Differenzen berücksichtigt werden müssen, um Fehler bei der Versuchsplanung und bei der Interpretation der Ergebnisse zu vermeiden.

Bis jetzt haben wir uns mit Persönlichkeitsfaktoren beschäftigt; das gleiche gilt aber auch für die Intelligenz. Auch hier sind individuelle Unterschiede von allergrößter Bedeutung, und auch hier gewinnen jetzt physiologische Theorien an Gewicht. Diese Untersuchungen konzentrieren sich zum großen Teil auf Anwendungen des EEG. Bei dem Versuch einer Bezugsetzung des EEG zum Intelligenzniveau waren Ableitungen des Ruheniveaus im ganzen nicht sehr erfolgreich (Cattell 1971, Lindsley 1961, Vogel und Broverman 1966), weshalb man sich mehr der Technik der evozierten Potentiale bediente.

Ertl (1968) war der erste, der diese Reaktionen im Hinblick einer Beziehung zum IQ untersuchte, und der zeigen konnte, daß die Latenzen für Vpn mit niedrigem IQ länger waren als für solche mit hohem IQ. Diese Untersuchungen wurden vielfach wiederholt, einige waren erfolgreich, andere nicht (Barry und Ertl 1965, Chalke und Ertl 1965, Ertl 1971, Ertl und Schafer 1969, Osborne 1969, Plum 1972, Rhodes, Dustman und Beck 1969, Shucard und Horn 1972). Sie lassen wenig Zweifel, daß Korrelationen zwischen .2 und .4 auf diese Weise erreicht werden können, und daß auch einige höhere Korrelationen bei Verwendung der Amplitude zu erzielen sind. Evozierte Potentiale korrelieren ebenfalls mit verschiedenen Dimensionen der Intelligenz (z. B. verbaler und räumlicher Faktor), und das legt nahe,daß wir es mit einem richtigen Korrelat der allgemeinen geistigen Fähigkeit zu tun haben.

Diese älteren Untersuchungen sind kritisch bewertet worden, obgleich sie interessant und wichtig sind. In erster Linie waren die Korrelationen zu gering, um praktisch oder theoretisch bedeutsam zu sein. Ferner fehlten den Ergebnissen die theoretische Begründung, so daß sie sich schwer interpretieren ließen. Diese Lage hat sich durch die in unserem Institut von Alan und Elaine Hendrickson durchgeführte Untersuchung neuerdings geändert. Ursprünglich hatte Alan Hendrickson (1972) eine Theorie ausgearbeitet, um verschiedene Gedächtnisfunktionen im Sinne der kortikalen Informationsverarbeitung zu erklären. Diese Theorie hat dann zu einem neuen Maß evozierter Potentiale geführt, das eine angemessene theoretische Grundlage hat und weit höhere Korrelationen zwischen den evozierten Potentialen und dem Intelligenzniveau ergibt (Hendrickson und Hendrickson 1980). Diese Theorie berücksichtigt detailliert die Synapsenfunktion auf dem biochemischen Niveau und auch die Neurotransmission auf der physiologischen Ebene. Wir können hier nicht einmal den Versuch machen, diese Theorie zusammenfassend darzustellen. Statt dessen wollen wir einfach ihre Hauptmerkmale nennen, von denen es zwei gibt. In erster Linie spiegelt das beobachtete mittlere evozierte Potential in bestimmtem Grade die Nachricht wider, die durch die Neuronen und Synapsen des Kortex geleitet wird. Zweitens treten während dieser Informationsverarbeitung Fehler auf, wobei verschiedene Menschen eine unterschiedliche Fehlerneigung aufweisen. Personen, die wenig Fehler machen, werden eine hohe Intelligenz und die mit vielen Fehlern eine niedrige Intelligenz haben, was auf Störungen bei der Informationsverarbeitung und einer genauen Informationswiedergabe zurückzuführen ist. Die Erkennung der Fehlerfrequenz ist möglich, da das evozierte Potential bekanntlich in der Regel als das Mittel über eine bestimmte Anzahl (in unserem Falle 90) zeitgetriggerter Ereignisse aufgezeichnet wird. Fehler rufen deshalb verschiedene zu mittelnde Kurven hervor und vereinfachen damit die Komplexität der endgültigen Wellenform und auch die Variabilität eines jeden Punktes auf der über die 90 Versuche gemittelten Kurve. Diese Werte haben eine solide theoretische Grundlage, sie sind reliabel, und sie bieten ebenfalls eine solide physiologische Basis für den Versuch, die Intelligenz zu messen.

Die Abbildungen 13.7 und 13.8 zeigen typische gemittelte evozierte Potentiale für Vpn mit hohem und niedrigem IQ; in einem Fall wurden akustische und im anderen optische Stimuli verwendet. Die optischen Reize erwiesen sich dabei als erfolgreicher und ergaben höhere Korrelationen mit dem IQ. Auf diese werden wir uns deshalb auch im nächsten Abschnitt beziehen. Man beachte in beiden Abbildungen die weitaus komplexere Wellenform für die intelligenteren Kinder und die einfachere und weniger komplexe Form, die für weniger intelligente Kinder charakteristisch ist. Diese Unterschiede sind so offensichtlich, daß sie sich mit bloßem Auge und ohne genaue Messungen erkennen

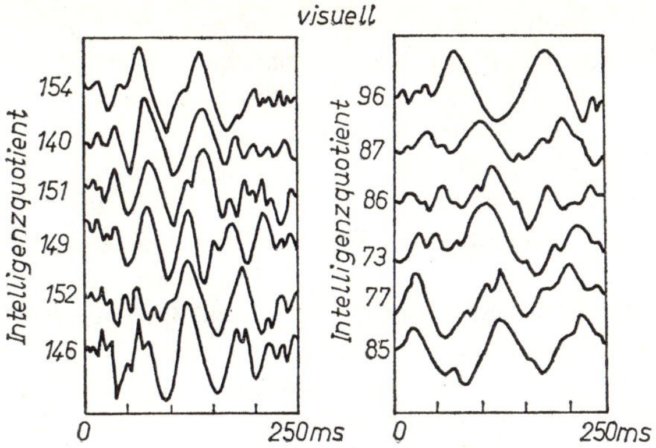

Abb. 13.7: Durchschnittliche evozierte Potentiale bei intelligenten und wenig intelligenten Kindern (aus Eysenck 1981 c).

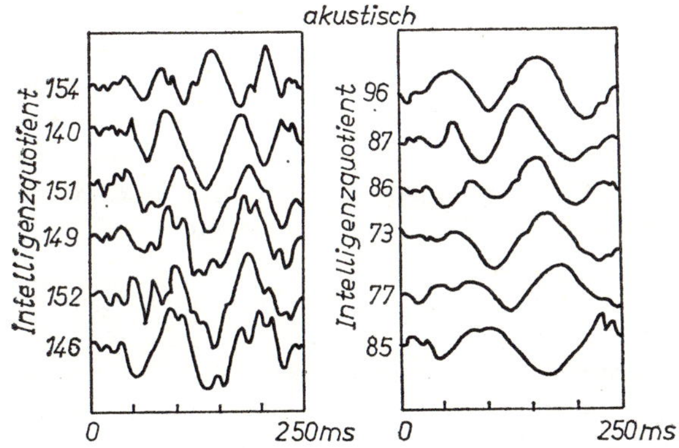

Abb. 13.8: Durchschnittliche evozierte Potentiale bei intelligenten und wenig intelligenten Kindern (aus Eysenck 1981 c).

lassen. Die Wiederholungsreliabilität dieser Maße ist sehr hoch, und das gilt auch für die Intraklassen-Korrelationen von eineiigen Zwillingen.

Zahlreiche Experimente haben die hohe Validität bei der Verwendung dieses Maßes der Intelligenz nachgewiesen (Eysenck 1981 a). Es wurden dabei verschiedene mittelgroße Gruppen erwachsener Vpn und auch eine Stichprobe von etwa 220 Schulkindern untersucht. Das Kriterium für die Erwachsenen war der Test von Raven und für die Kinder der Intelligenztest nach Wechsler. Wenn wir nur die Ergebnisse der Kindergruppe nehmen, da sie umfangreicher und repräsentativer ist als die anderen, dann zeigt sich eine Korrelation von .83 zwischen dem Gesamt-IQ der Testbatterie nach Wechsler und dem Maß des evozierten Potentials; diese ist höher als die Korrelation zwischen dem Wechsler-IQ und dem Binet-IQ oder irgendeinem anderen üblichen Intelligenztest-Wert. Die Faktorenanalyse der 11 Untertests der Wechsler-Skala unter Einschluß des Meßwertes der evozierten Potentiale ergab einen sehr starken allgemeinen Faktor, auf dem das Maß des evozierten Potentials eine Ladung von .91 hatte; diese war bedeutend höher als die nächsthohe Ladung von .80 des Wortschatztests. Somit mißt das evozierte Potential das, was immer auch die Wechsler-Skala selbst messen mag, mit größerer Reliabilität und Validität als die übrigen Untertests, die den Gesamt-IQ ausmachen. Ein zusätzlicher Vorteil besteht darin, daß die evozierten Potentiale in keiner Weise von Bildung und Schulung abhängig sind, auch kulturelle und motivationale Faktoren spielen keine Rolle, da die Vp weiter nichts zu tun braucht als passiv zu hören.

Wiederum ist unser Blick in die Zukunft einfach eine Projektion der Vergangenheit und der Gegenwart. Wie im Falle der Persönlichkeitsforschung, so können wir auch hier vertrauensvoll erwarten, daß eine Aufklärung der physiologischen Grundlagen der Intelligenz stattfinden wird, daß viele Probleme der Intelligenzforschung bei Verwendung dieser neuen Methodik gelöst werden. Wir können auch erwarten, daß diese neue Methode als ein viel reineres Maß der genotypischen Intelligenz gegenüber der bisherigen durch Kultur- und Bildungsfaktoren beeinflußten und somit erschwerten phänotypischen IQ-Messung Anerkennung finden wird. Zu den künftigen experimentellen Forschungsthemen können nunmehr gehören: die Entwicklung der Intelligenz sehr junger Kinder (EEG-Aufzeichnungen können fast unmittelbar nach der Geburt vorgenommen werden), das Absinken der Intelligenz mit dem Alter (wobei sich bisher wegen der Kontamination der IQ-Tests mit kulturellen Faktoren Schwierigkeiten ergaben) und die Beziehung zwischen verbalen und nicht-verbalen Fähigkeiten und den beiden Hemisphären des Gehirns (wobei evozierte Potentiale vermutlich von beiden Hirnhälften getrennt abgeleitet und die Unterschiede mit den differentiellen Leistungen in den Tests verglichen werden können). Somit ist zu erwarten, daß auf dem Gebiet der Intelligenzunterschiede, ihrer Ursachen und Folgen in den nächsten 20 Jahren große Fortschritte erreicht werden.

Im ganzen bin ich deshalb wegen des zu erwartenden Fortschritts der Erforschung individueller Unterschiede optimistisch. Ich erwarte, daß sie viel stärker experimentell orientiert sein wird als bisher, daß Theorien bezüglich der kausalen Faktoren mit viel größerem Vertrauen entwickelt werden können, daß die Bindeglieder zwischen Verhalten, Physiologie und Biochemie stärker als bislang herausgearbeitet werden, daß genetische Faktoren in einer viel eindeutigeren Weise untersucht werden können, und daß sich auch die intellektuellen Fähigkeiten der gleichen Forschungsstrategie und Erklärung unterziehen lassen. Vor über 2000 Jahren schrieb der griechische Philosoph Theophrast in seinem 99. Lebensjahr ein Buch über die Persönlichkeit, in dem er die immerwährende Frage auf diesem Gebiet der Psychologie aufwarf: „Warum ist es so, daß, während ganz Griechenland unter demselben Himmel liegt, und alle Griechen gleichermaßen erzogen sind, es uns zufällt, vielfältig konstituierte Charaktere zu haben?" Diese Frage hat die Menschheit lange Zeit bewegt. Es sieht so aus, als ob wir damit anfangen, darauf eine Antwort zu finden. Um die Jahrhundertwende werden wir genügend Fortschritte erreicht haben, um eine einigermaßen zuverlässige Antwort zu geben.

Literatur

Barry, W. M., and J. P. Ertl: Brain waves and human intelligence. In: F. B. Davis (Ed.), Modern educational developments: another Look. New York: Educational Records Bureau, 1965

Cattell, R. B.: Abilities: their structure, growth and action, Boston: Houghton Mifflin, 1971

Chalke, F. C. R., and J. P. Ertl: Evoked potentials and intelligence. Life Sciences, 4, 1319–1322, 1965

Cronbach, L. J.: The two disciplines of scientific psychology. American Psychologist, 12, 671–684, 1957

Di Loreto, A. O.: Comparative psychotherapy: an experimental analysis. New York: Aldine-Atherton, 1971

Ertl, J. P.: Evokes potentials, neural efficiency and I. Q. Paper presented at the international Symposium for Biocybernetics, Washington, D. C., 1968

Ertl, J. P.: Fourier analysis of evoked potentials and human intelligence. Nature, 230, 525–526, 1971

Ertl, J. P., and E. W. P. Schafer: Brain response correlates of psychometric intelligence. Nature, 223, 421–422, 1969

Eysenck, H. J. (Ed.): Experiments in motivation. London: Pergamon, 1964

Eysenck, H. J.: The biological basis of personality. Springfield: C. C. Thomas, 1967

Eysenck, H. J.: The measurement of personality. Lancaster: Medical and Technical Publishers, 1976 a

Eysenck, H. J.: Sex and personality. London: Open Books, 1976

Eysenck, H. J.: You and neurosis. London: Temple Smith 1977 a

Eysenck, H. J.: Crime and personality. London: Routledge and Kegan Paul, 1977[3] b

Eysenck, H. J.: The development of personality and its relation to learning. In: S. Murray-Smith (Ed.), Melbourne Studies in education. 134–181. Melbourne: University Press, 1978

Eysenck, H. J.: The structure and measurement of intelligence. New York: Springer, 1979

Eysenck, H. J.: The bio-social model of man and the unification of psychology. In: A. J. Chapman and D. M. Jones (Eds.), Models of man. 49–62, Leicester: British Psychological Society, 1980 a

Eysenck, H. J.: The biosocial nature of man. Journal of Social and Biological Structures, 3, 125–134, 1980 b

Eysenck, H. J.: Man as a biosocial animal. Political Psychology, 2, 43–51, 1980 c

Eysenck, H. J.: A Model for personality. New York: Springer, 1981 a

Eysenck, H. J.: Arousal, intrinsic motivation, and personality. In: H. I. Day (Ed.), Advances in intrinsic motivation and aesthetics. 131–147. New York: Plenum, 1981 b

Eysenck, H. J.: The psychophysiology of intelligence. In: C. D. Spielberger and J. N. Butcher (Eds.) Advances in personality assessment. Hillsdale: Lawrence Erlbaum, 1981 c

Eysenck, H. J.: Psychopharmacology and personality. In: W. Janke (Ed.), Symposium on personality and response variability to psychotropic drugs (Provisional Title). London: Pergamon press, 1981 d

Eysenck, H. J.: Pavlovian concepts and personality dimensions: the nature of modern typology. In: G. Mangan (Ed.), Essays in honour of V. D. Nebylitsyn. London: Pergamon Press, 1981 e

Eysenck, H. J., and C. Frith: Reminiscence, motivation and personality. New York: Plenum, 1977

Eysenck, H. J., and K. O'Connor: Smoking, arousal and personality. In: A. Remond and C. Izard (Eds.), Electro-physiological effects of nicotine. Amsterdam: Elsevier/North Holland, 1979

Eysenck, H. J., and G. D. Wilson: The psychological basis of ideology. Lancaster: Medical and Technical Publishers, 1978

Eysenck, M. W.: Human memory: theory, research and individual differences. London: Pergamon Press, 1977

Fulker, D. W.: The genetic and environmental architecture of psychoticism, extraversion and neuroticism. In: H. J. Eysenck (Ed.), A model for personality. New York: Springer, 1981

Hendrickson, A. E.: An integrated molar/molecular model for the brain. Psychological Reports, 30, 343–368, 1972

Hendrickson, D. E., and A. E. Hendrickson: The biological basis of individual differences in intelligence. Personality and Individual Differences. 1, 3–33, 1980

Leith, G. O.: Individual differences in learning: interactions of personality and teaching methods. In: Personality and Academic Progress Proceedings. 14–25. London: Association of Educational Psychologists, 1974

Leith, G. O., and E. A. Trown: The influence of personality and task conditions on learning and transfer. Programmed Learning, 7, 181–188, 1975

Lindsley, D. B.: The reticular motivating system and perceptual integration. In: D. E. Sheer (Ed.), Electrical stimulation of the brain. Austin: University of Texas Press, 1961

McCord, R. R., and J. A. Wakefield: Arithmetic achievement as a function of introversion-extraversion and teacher-presented reward and punishment. Personality and Individual Differences, 1981

McLean, P. D.: A triune concept of the brain and behavior. Toronto: University of Toronto Hincks Memorial Lecture, 1969

Mangan, G. L.: Temperament and personality: the psychophysiology of individual differences. London: Pergamon Press, 1981

O'Connor, K.: The contingent negative variation and individual differences in smoking behavior. Personality and Individual Differences, 1, 57–72, 1980

Osborne, R. T.: Psychometric correlates of the visual evoked potential. Acta Psychologica, 29, 303 to 308, 1969

Plum, A.: Visual evokes responses: their relationship to intelligence. Miami: Unpublished doctoral dissertation. University of Florida, 1968. Quoted by Shucard and Horn, 1972

Rhodes, I. E., R. E. Dustman, and E. C. Beck: The visual evoked response: a comparision of bright and dull children. Electroencephalography and Clinical Neurophysiology, 27, 364–372, 1969

Savage, R. D., and H. J. Eysenck: The definition and measurement of emotionality. In: H. J. Eysenck (Ed.), Experiments in motivation. 292–314. London: Pergamon Press, 1964

Shigehisa, T., and J. R. Symons: Effect of intensity of visual stimulation on auditory sensitivity in relation to personality. British Journal of Psychology, 64, 205–213, 1973 a

Shigehisa, T., and J. R. Symons: Reliability of auditory responses under increasing intensity of visual stimulation in relation to personality. British Journal of Psychology, 64, 375–381, 1973 b

Shucard, D. W., and J. L. Horn: Evoked cortical potentials and measurement of human abilities. Journal of Comparative and Physiological Psychology, 78, 59–68, 1972

Stelmack, R. M.: The psychophysiology of extraversion and neuroticism. In: H. J. Eysenck (Ed.), A model of personality. New York: Springer, 1981

Vogel, W., and D. M. Broverman: Relationship between EEG and test intelligence: a commentary. Psychological Bulletin, 65, 99–109, 1966

Weisen, A.: Differential reinforcing effects of onset and offset of stimulation on the operant behavior of normals, neurotics and psychopaths. University of Florida: Unpublished Ph. D. thesis, 1965

14. Zur biologischen Determination von Persönlichkeitsdimensionen

Jan Strelau
Universität Warschau, Polen

Vorbemerkung

Bereits seit vielen Hunderten von Jahren unterscheidet man zwischen endogenen und exogenen Determinanten der Persönlichkeit. Der große Beitrag, den Kant und insbesondere Wundt geleistet haben, besteht in ihrer Auffassung, daß biologisch (d. h. intern) bestimmte Persönlichkeitsmerkmale (Temperament) den formalen Aspekt des Verhaltens bilden.

Das gleichfalls in Deutschland stark entwickelte konstitutionelle Persönlichkeitskonzept (Kretschmer, Conrad) leitete Inhalt und Richtung des Verhaltens direkt vom menschlichen Organismus ab, wobei die grundlegende Rolle der sozialen Umwelt vernachlässigt wurde.

Pawlows Auffassung von Typen des Nervensystems, die seiner experimentellen Forschung zu bedingten Reflexen bei Tieren entsprang, stellte ein neues Herangehen an die Suche nach biologischen Grundlagen der Persönlichkeit dar. Der von Teplow, Nebylizin, Merlin und anderen entwickelte neo-Pawlowsche Ansatz der Untersuchung der Eigenschaften des menschlichen Nervensystems ist ein Beispiel für die experimentelle Forschung auf dem Gebiet der Persönlichkeitsgrundlagen.

Der interaktionale Ansatz der Persönlichkeitspsychologie, der unterstreicht, daß der Mensch ein biosoziales Wesen ist, betont, abhängig von dem jeweils bezogenen Standpunkt, die biologischen oder sozialen Persönlichkeitsdeterminanten.

Unsere eigene Konzeption von der biologisch determinierten Reaktivität und Aktivität des Verhaltens ist ein Beispiel für die regulative Temperamentstheorie. Diese nimmt an, daß die biologische Grundlage der Persönlichkeit (Temperament) ein Produkt der biologischen Evolution ist, wohingegen Persönlichkeit (Inhalt und Zielrichtung des Verhaltens) ein auf der Grundlage der psycho-physiologischen Mechanismen geformtes Produkt der sozialen Umwelt ist.

Unserer Überzeugung nach werden zukünftige Forschungen die Hypothese untermauern, daß die psycho-physiologischen Mechanismen als nichtspezifische Faktoren der Persönlichkeitsformung die Entwicklung der Persönlichkeit nicht determinieren, da diese primär ein Produkt der gesellschaftlich-historischen Bedingungen ist.

Zur biologischen Determination von Persönlichkeitsdimensionen

Einige erste Vorstellungen zur biologischen Determination der Persönlichkeit

Das Interesse an der Aufklärung individueller Unterschiede im menschlichen Verhalten reicht bis in die Anfänge der Geschichte der Wissenschaft zurück. Von Anfang an verlief die Suche nach der Antwort auf die Frage, was die Hauptdeterminanten der Persönlichkeit sind, in zwei ganz unterschiedliche Richtungen. Die eine betonte die äußere Welt als den Hauptfaktor der Persönlichkeitsentwicklung, während die andere die „Kräfte" innerhalb des Individuums als die wichtigsten Determinanten der Individualität eines Menschen betrachtete. Die hippokratisch-galenische Konzeption von den Temperamenten mag hier als Beispiel für eine Auffassung von der internen Bestimmtheit der Persönlichkeit, das Charakterkonzept des Theophrastus dagegen als Illustration eines Konzepts von der extremen Bestimmtheit der Persönlichkeit dienen.

Um die Sache etwas zu vereinfachen, könnte man sagen, daß die endogenen Persönlichkeitskonzeptionen, die die Bedeutung biologischer Mechanismen für deren Herausbildung betonen, in vielen Fällen innerhalb der Kategorie des Temperaments behandelt werden, während die Konzeptionen von einer exogen bestimmten Persönlichkeit, die an erster Stelle die Bedeutung der sozialen Umwelt für deren Formung betonen, als Persönlichkeitstheorien im engeren Sinne behandelt werden, bei denen das Phänomen Persönlichkeit nur auf die menschliche Persönlichkeit beschränkt wird (Hjelle und Ziegler 1981, Leontjew 1975).

Unserem Interesse entsprechend, wird die erste Richtung der Persönlichkeitsforschung diskutiert. Man muß dabei jedoch beachten, daß eine Beschränkung der Persönlichkeitsentwicklung auf die biologischen oder sozialen Determinanten einen Reduktionismus bedeutet, der in solchen Fällen stets zu falschen oder gar schädlichen Schlüssen führt.

In der deutschen Philosophie und in der ersten Periode der experimentellen Psychologie wurden Versuche unternommen, eine Verbindung zwischen den biologisch bestimmten Persönlichkeitseigenschaften (Temperament) und den formalen Charakteristika des Verhaltens herzustellen. Dies kann man als den Anfang eines richtigen Verständnisses der Rolle der biologischen Mechanismen bei der Bestimmung von Persönlichkeitseigenschaften ansehen.

So führte z. B. Kant unter Berücksichtigung der Lebenskraft, die man als eine zwischen den Polen Erregbarkeit und Schläfrigkeit gelagerte Dimension charakterisieren kann, sowie der Relationen zwischen Emotionen und Aktivität in seiner „Anthropologie" analog zu seinen vier Syllogismen ein Modell der vier Temperamente ein. In der Tat muß man hier anführen, daß der Begriff „Lebenskraft" an den von Duffy eingeführten modernen Begriff der Dimension „Verhaltensintensität" erinnert und der von der McGillschen Schule entwickelten Arousal-Aktivierungs-Theorie sehr nahesteht.

Wundt (1911), für den das Phänomen der individuellen Unterschiede eher eine Fehlerquelle von psychologischen Messungen darstellte, konnte die Tatsache nicht übersehen, daß sich die Menschen nach der Intensität und Geschwindigkeit ihres Emotionswechsels unterscheiden, und diese beiden Dimensionen der Emotion (stark – schwach, langsam – schnell), die rein formale Charakteristika menschlicher Reaktionsweisen darstellen, bildeten die Grundlage seiner Typologie, die er auf die vier klassischen Temperamente beschränkte.

Das Revolutionäre an Wundts Verständnis des Temperaments war der Gedanke, daß sich Temperamentseigenschaften von Situation zu Situation verändern können. Dieses Konzept, das von der Mehrheit der mit biologischen Persönlichkeitsdeterminanten befaßten Forscher abgelehnt wird, die die Stabilität dieser Mechanismen betonen, ist von einem meiner Schüler innerhalb des neueren Transaktionsmodells entwickelt worden.

Eliasz (1981) führt einige empirische Beweise dafür an, die den Gedanken der Veränderung von Temperamentseigenschaften in unterschiedlichen Situationen erhärten. Es gibt in Wundts Temperamentstheorie einen weiteren wichtigen Gedanken, nämlich die Behauptung, es gebe weder gute noch schlechte Temperamente. Jedes Temperament hat, abhängig von der Situation des Individuums, seine Vor- und Nachteile. Diese moderne „interaktionistische" Denkweise, wie sie sich in Wundts Temperamentskonzept niederschlägt, entging der Aufmerksamkeit selbst von Teplow (1961) und Nebylizin (1972), die der Bewertung des Temperaments, genauer gesagt, der Eigenschaften des Nervensystems, einen beträchtlichen Platz in ihren Veröffentlichungen eingeräumt haben, wobei ihr Standpunkt dem Wundts ähnelte.

Außer dieser Richtung der Auffassung der biologisch determinierten Persönlichkeitsdimensionen, die den Energieaspekt des Verhaltens oder die Intensität und Schnelligkeit von Reaktionen ohne direkte Verbindung zum Inhalt des Verhaltens beleuchtete, entwickelte sich in Deutschland eine weitere Forschungsrichtung, die als *konstitutionelle Psychologie* bekannt geworden ist und deren Hauptvertreter Kretschmer (1944) und einer seiner Schüler, Conrad (1963), sind. Die extrem konstitutionelle Position Conrads ist in der psychologischen Literatur weniger bekannt, gibt jedoch besser als jede andere das Wesen der konstitutionellen Denkweise wieder. Nach Conrad lassen sich die Vielfalt der Körperstrukturen und die Relation zwischen Körperstruktur und Temperament beim Menschen nur durch den Bezug auf die den Typ der Körperstruktur bestimmenden spezifischen dominanten Gene und die entsprechenden Temperamentseigenschaften erklären. Bei der Beschreibung einer seiner Typen, des sogenannten hypoplastischen Körpertyps (der Kretschmers asthenischem Typ entspricht), der mit dem „spiritualistischen" Temperament korrespondiert, charakterisiert Conrad diesen Typ unter anderem als dem Kosmopolitismus, Internationalismus und Intellektualismus zuneigend (S. 172).

Nach dieser Position sind wie bei allen anderen konstitutionellen Typologien einschließlich Sheldons bekannter Typologie der Temperamente Inhalt und Zielrichtung des Verhaltens von biologischen Mechanismen (Genen, dem endokrinen System) oder von der Körperstruktur des Individuums bestimmt. Diese Denkweise, die unabhängig von der Absicht des Forschers rassistischen oder faschistischen Ideologien eine „wissenschaftliche" Rechtfertigung liefert, war für Psychologen, insbesondere für solche, die sich mit der Erforschung der Persönlichkeit befaßten, nicht annehmbar. Eine Reaktion auf diese Tatsache war, daß der von den Konstitutionspsychologen in Mißkredit gebrachte Terminus *Temperament* fast vollständig aus psychologischen Lehrbüchern und Monografien zur Persönlichkeit verbannt worden ist.

Der Pawlowsche Ansatz der physiologischen Grundlagen der Persönlichkeit

In eben der Periode, in der in Deutschland die Konstitutionstypologie an Popularität gewann, entwickelte Pawlow auf der Grundlage seiner Forschungen zu den bedingten Reflexen bei Hunden den Gedanken von den Typen des Nervensystems, die seiner Ansicht nach die physiologischen Grundlagen der Persönlichkeit darstellen, die er als „Temperament" bezeichnete. Entsprechend seinem Paradigma des „Nervismus", nach dem jedes Verhalten vom Nervensystem gesteuert wird, nahm er an, daß von ihm beobachtete Unterschiede in der Reflexaktivität wie etwa Wirksamkeit und Geschwindigkeit bei der Bildung sowie Ausmaß und Dauerhaftigkeit der bedingten Reflexe von gewissen Eigenschaften des Zentralnervensystems (ZNS), d. h. Stärke der Erregung und Hemmung, Balance und Beweglichkeit nervlicher Prozesse determiniert werden. Kombinationen dieser Eigenschaften ergeben den Typ des Nervensystems. Es erübrigt sich an dieser Stelle, seine Typologie des Nervensystems zu beschreiben, die in den westlichen Ländern besonders in den vergangenen zwei Jahrzehnten sehr bekannt geworden ist (Gray 1964, Mangan 1982, Nebylizin 1972, Strelau 1975, 1983).

Ich möchte lediglich ein paar Tatsachen betonen, die besonders wichtig für ein besseres Verständnis der neuen Ideen sind, die Pawlow bei der Behandlung der biologischen Determination von Persönlichkeitsdimensionen entwickelte.

Erstens entdeckte Pawlow, daß die physiologische Basis der Persönlichkeit in einigen Eigenschaften der Erregung und Hemmung des ZNS liegt. Dieser Gedanke, den seine russischen Schüler später weiter ausarbeiteten, wurde im Westen von Eysenck (1970) in seiner Diskussion zu den physiologischen Grundlagen von Extraversion und Introversion stark weiterentwickelt.

Zweitens verband Pawlow als erster biologisch determinierte individuelle Unterschiede beim Konditionieren mit einigen Aspekten der Persönlichkeit, speziell mit dem Temperament. Diese Forschungslinie wurde von einigen seiner Schüler weiterentwickelt (Iwanow-Smolenski 1953, Krasnogorski 1958). Jedoch sind Spences Theorie der Angst (1969) und Eysencks Konzept der Extraversion und Introversion (1970) die bekanntesten Theorien, die sich ausführlich mit der Verbindung zwischen bestimmten Persönlichkeitsdimensionen und individuellen Unterschieden beim Konditionieren beschäftigen.

Drittens wandte Pawlow bei der Behandlung des Typs des Nervensystems als der physiologischen Basis des Temperaments sein Hauptaugenmerk der funktionellen Bedeutung der grundlegenden Eigenschaften des Nervensystems zu, wobei er deren Rolle bei der Regulierung der Beziehungen zwischen dem Organismus und den Erfordernissen der Umwelt herausarbeitete. Nicht zufällig benutzte er die Begriffe „Typ des Nervensystems" und „Typ der höheren Nerventätigkeit" als miteinander austauschbar. Dieser Ansatz wird von der Schule von Teplow – Nebylizin vertreten (Nebylizin 1972, Teplow 1961) und bildet die Hauptrichtung der Forschungen der ursprünglich von Merlin (1973) geleiteten Uralgruppe. Er wird ebenfalls stark von unserer Forschungsgruppe weiterentwickelt (Strelau 1974, 1981, 1983).

Pawlow, der von der Temperamentstheorie von Hippokrates und Galen beeinflußt wurde, wich gleichfalls Einflüssen der Denkweise der konstitutionellen Typologen nicht aus. Er betrachtete den Typ des Nervensystems als Genotyp, der ziemlich resistent gegen Veränderungen durch Umwelteinflüsse ist. Bei der Einschätzung seiner vier Typen des Nervensystems klassifizierte er den schwachen Typ (schwache Erregungs- und Hemmungsprozesse) als begrenzten Typ mit einem eingeengten Lebensbereich. Individuen, die diesen Typ verkörpern, können nur unter besonderen Bedingungen, d. h., wenn sie in einer Gewächshausatmosphäre herangewachsen sind, als nützlich eingeschätzt werden (Pawlow 1951–1952). Bei dieser Art der Beschreibung der Typen des Nervensystems reduzierte Pawlow Inhalt und Zielrichtung des Verhaltens eines Individuums in hohem Maße auf dessen Genotyp.

Die Fixierung auf Typen und nicht in erster Linie auf Eigenschaften, deren Kombination verschiedene Konstellationen ergeben, stellte einen der Gründe dar, warum Pawlow kein übermäßiges Interesse an der Erklärung der physiologischen Natur gesonderter Eigenschaften des Nervensystems an den Tag legte und diese nahezu gänzlich auf einige allgemeine Merkmale der oberen Segmente des ZNS, hauptsächlich auf den Kortex begrenzte.

Ein neuer Ansatz zu den biologischen Grundlagen der Persönlichkeit wurde von den Neo-Pawlowianern, hauptsächlich von der Schule um Teplow und Nebylizin (der sog. Moskauer Gruppe) und von Merlin und seinen Schülern (der Uralgruppe) entwickelt, wobei beide Forschungszentren ihre Untersuchungen am Menschen durchführen.

Das Interesse von Teplows Forschungsgruppe konzentrierte sich anstatt auf Typen des Nervensystems auf gesonderte Eigenschaften des Nervensystems. Er und die Mehrzahl seiner Schüler nahmen an, daß solche Eigenschaften nicht nur als physiologische Mechanismen des Temperaments behandelt werden sollten, sondern ebenfalls als physiologischer Ausdruck von Fähigkeiten (Golubewa 1980, Russalow 1979). Einer der wesentlichen Beiträge der Schule um Teplow besteht darin, daß ihre Forschung Zusammenhänge zwischen der Erregungsstärke und dem biologisch determinierten Phänomen der sensorischen Sensibilität aufgezeigt hat (Teplow 1961, Nebylizin 1972). Das hat unter anderem dazu geführt, daß gemeinsame Elemente zwischen den Pawlowschen Eigenschaften des Nervensystems und Konzepten wie Extraversion – Introversion (Eysenck 1981, Eysenck und Levey 1972) und der Arousaltheorie (Gray 1964) entdeckt worden sind.

Die Mehrzahl der Forschungsarbeiten der vergangenen 15 Jahre konzentrierte sich auf EEG-Methoden der Diagnose von Eigenschaften des Nervensystems. Unter Verwendung zahlreicher Indikatoren, die sich auf Amplitude, Frequenz und energetische Charakteristika der bioelektrischen Aktivität bezogen, einschließlich der Aufzeichnung der Grundaktivität, Photodriving-Reaktionen und EP, versuchten Nebylizin und seine Schüler die individuellen Differenzen in den EEG-Charakteristika innerhalb des Konzepts der Eigenschaften des Nervensystems zu interpretieren, wobei sie einige neue Züge wie Dynamik nervlicher Prozesse (Nebylizin 1972) und „Aktivierbarkeit“ (Golubewa 1980) einführten, was dem von Gray (1964) eingeführten Begriff der Erregbarkeit entspricht. Ohne auf die in den Originalstudien zu findenden Details einzugehen (Golubewa 1980, Russalow 1979), läßt sich sagen, daß die Forschungsergebnisse nachweisen, daß die meisten Eigenschaften des Nervensystems nicht so stark voneinander abhängig sind wie früher angenommen. Ginge man von den bestätigten EEG-Kennwerten des Aktivierungsniveaus aus, so müßte man feststellen, daß zumindest solche Eigenschaften des Nervensystems wie Stärke und Dynamik der Erregung sowie das Gleichgewicht der Dynamik einen Teil ihrer Varianz mit den physiologischen Aktivierungsmechanismen gemeinsam haben. Vielleicht wird die EEG-Methode einmal das Gebiet sein, auf dem die nach den physiologischen Grundlagen der Persönlichkeit suchenden Forscher eine gemeinsame Sprache finden, ob sie nun nach den physiologischen Mechanismen von Extraversion und Introversion, nach Stärke oder Dynamik des Nervensystems suchen oder sich mit dem sog. Reizhunger „sensation seeking“, der Modulation der Reizintensität oder auch irgendwelchen anderen biologisch determinierten Persönlichkeitsdimensionen befassen. Während sich Teplow und Nebylizin speziell für die Untersuchung der grundlegenden Natur physiologischer Mechanismen der Eigenschaften des Nervensystems interessierten, konzentrierten sich Merlin und seine Schüler hauptsächlich auf die psychologischen Aspekte dieser Eigenschaften. Sie sammelten Beweise, um ihre Hypothese zu stützen, daß die gleichen Konstellationen von Eigenschaften des Nervensystems die physiologischen Grundlagen verschiedener Temperamentseigenschaften, wozu sie Extraversion – Introversion, Starrheit, Angst, Impulsivität, emotionale Stabilität und emotionale Erregbarkeit zählten, bilden können und umgekehrt, (d. h., die gleichen Temperamentseigenschaften können durch mehrere Kombinationen von Eigenschaften des Nervensystems erzeugt werden, Belous 1976). Diese Feststellung scheint von beträchtlicher Bedeutung für das Verständnis der physiologischen Determination von Persönlichkeitsdimensionen zu sein, da sie unterstreicht, daß es keine eindeutige Subordination unter physiologische Mechanismen gibt.

Einen der Regulationsmechanismen, der die Effizienz von Tätigkeiten bei Individuen mit unterschiedlichen Nervensystemeigenschaften gewährleistet hat man als Handlungs-(Arbeits-)stil bezeichnet, der nach Merlin (1973) durch den Typ des Nervensystems kodeterminiert wird. Ihrem besonderen Interesse an vorbereitenden und ausführenden Handlungen nachgehend, wies die Gruppe um Merlin nach, daß bei langsamen und schwachen Typen des Nervensystems die vorbereitenden Handlungen über die ausführenden dominieren, was das korrekte Handeln von Individuen in stark stimulierenden oder schnell veränderlichen Situationen sichert. Die entgegengesetzte Gesetzmäßigkeit kann man an starken oder beweglichen Individuen beobachten, bei denen entweder ein Gleichgewicht zwischen beiden Handlungsarten oder ein Überwiegen der ausführenden über die vorbereitenden Handlungen besteht. Wenn man annimmt, daß Individuen die Möglichkeit haben, einen geeigneten Arbeitsstil zu entwickeln (d. h. einen, der ihrem Typ des Nervensystems entspricht), spielen die Eigenschaften des Nervensystems angesichts der Tatsache, daß die Schwäche oder Trägheit der Eigenschaften eines Individuums durch einen gegebenen Handlungsstil kompensiert werden kann, bei der Effizienz der Funktion eine untergeordnete Rolle. Das bedeutet u. a., daß zwischen den Eigenschaften des Nervensystems eines Individuums und dessen Handlungsergebnissen keine direkte Relation besteht.

Allgemein kann man sagen, daß nach Auffassung der russischen Forscher, die sich mit Pawlows Typologie befassen, der Typ des Nervensystems oder besondere Eigenschaften von nervlichen Prozessen, die hauptsächlich als die physiologischen Grundlagen des Temperaments angesehen werden, Inhalt oder Zielrichtung des Verhaltens nicht direkt beeinflussen. Ebensowenig besteht eine direkte Relation zwischen Temperament und Persönlichkeit. Beim Erörtern dieser beiden Erscheinungen betonte Leontjew (1975), daß Temperamentseigenschaften, die das Ergebnis der biologischen Evolution sind, nicht die Richtung der Persönlichkeit bestimmen, sondern daß diese primär von der sozialen Umwelt determiniert wird.

Der Mensch als biosoziales Wesen: Unterschiede im Verständnis des Anteils des biologischen Faktors in der Interaktion mit der Umwelt

Bei der Behandlung der biologischen Grundlagen der Persönlichkeitsdimensionen habe ich mich hauptsächlich auf die im Sinne Pawlowscher Tradition auf diesem Gebiet durchgeführten Forschungen beschränkt. Es wäre jedoch nicht gerechtfertigt, wollte man Konzeptionen wie Eysencks bekannte Persönlichkeitstheorie und ihre interessante Abwandlung durch Gray, Zuckermans Konzept des sog. Reizhungers, Petries Gedanken von der Modulation der Reizintensität mit physiologischen, der Interpretation von Buchsbaum, durch die dreidimensionale Theorie des Temperaments von Buss und Polomin oder das interaktionale Konzept des Temperaments von Thomas und Chess, das zunehmende Verbreitung erfährt, und ein paar andere, die ich hier nicht erwähnen will, vernachlässigen.

Alle diese Konzeptionen legen größeres Augenmerk auf die biologische Determination der Persönlichkeit oder einiger Dimensionen, die man als zur Persönlichkeit gehörend betrachtet. Die Antworten auf die Frage, was die physiologischen Grundlagen gegenüber Persönlichkeitsdimensionen umfaßt, sind so unterschiedlich wie die Dimensionen selbst. Eysenck (1981) betont z. B. in seiner Diskussion zur biologischen Natur von Extraversion und Introversion die Bedeutung der Schleife zwischen dem Kortex und der formatio reticularis für die Determination dieser Dimensionen; Zuckerman (1979) betont die Wichtigkeit einiger Neuro-Transmitter, Norepinephrin und Dopamin, bei der Entwicklung der „Reizhunger"-Dimension; Thomas und Chess (1977), die die Bedeutung der biologischen Determination des Temperaments unterstreichen, geben überhaupt keine Antwort auf die Frage nach dem realen physiologischen Mechanismus des Temperaments; desgleichen Buss und Polomin (1975), deren Temperamentstheorie deskriptiv ist.

Alle angeführten Autoren akzeptieren allgemein den Gedanken, daß der Mensch ein biosoziales Wesen ist, was besagt, daß die menschliche Entwicklung eine Resultante der Interaktion biologischer und sozialer Faktoren ist. Sie unterscheiden sich jedoch durch das Maß der Aufmerksamkeit, die sie der Bedeutung des biologischen Faktors in dieser Interaktion beimessen. So weisen z. B. nach Eysenck extravertierte Menschen mit einem herabgesetzten Niveau kortikal-retikulärer Aktivität (d. h. mit niedriger Erregbarkeit) bei der Konditionierbarkeit und ebenfalls bei der Sozialisation eine geringe Ausprägung auf. Dies sind zwei Faktoren, die die Entwicklung einer ganzen Reihe von Persönlichkeitseigenschaften und Einstellungen stark beeinflussen. Wenn wir Eysencks Hypothese – für die er überzeugende Beweise anführt – akzeptieren, so sind wir gezwungen, gleichzeitig die Voraussetzung zu unterstützen, daß Inhalt und Zielrichtung des menschlichen Verhaltens zum großen Teil ererbt sind, was jedoch große Zweifel hervorruft und selbst von biologisch orientierten Psychologen schwerlich akzeptiert werden kann.

Ich möchte die unterschiedlichen Auffassungen von der Bedeutung des biologischen Faktors bei der Persönlichkeitsentwicklung im Rahmen der oben angeführten Theorien an Hand eines Beispiels veranschaulichen. Thomas und Chess, die die Vorstellung von neuen, biologisch bestimmten Temperamentsdimensionen entwickelt haben, zeigen, daß Individuen in Abhängigkeit von ihrer Umwelt, insbesondere von den familiären Bedingungen, ziemlich unterschiedliche Persönlichkeitsmuster entwickeln können. Temperamentsdimensionen umfassen nur einen der vielen Faktoren, die bis zu einem bestimmten Grad die Persönlichkeitsentwicklung mitbestimmen. Ihre Bedeutung erlangt jedoch in solchen Fällen besonderes Gewicht, in denen Eltern oder Erzieher die biologisch determinierten Persönlichkeitseigenschaften eines Kindes (d. h. sein Temperament) ignorieren.

Temperament als biologisch determinierte Persönlichkeitsdimensionen

Ausgehend von der Pawlowschen Typologie, insbesondere von dem Forschungstrend, den Teplow entwickelt hat und mit dem ich seit Mitte der 50er Jahre befaßt bin, haben meine Schüler und ich eine Theorie des Temperaments entwickelt, das man als biologisch determinierte Persönlichkeitsdimensionen auffassen könnte. Mit Blick auf die wesentlichen Züge dieser Konzeption haben wir vorgeschlagen, diese als *regulative Temperamentstheorie* zu bezeichnen (Strelau, 1983). Unter Temperament verstehe ich eine Reihe formaler, relativ stabiler Verhaltenseigenschaften, die sich in der energetischen Ebene des Verhaltens und in der Zeitcharakteristik der Reaktionen niederschlagen. Temperament, ein Produkt der biologischen Evolution, ist zum großen Teil genetisch determiniert, kann sich jedoch unter dauerhaften Umweltbedingungen (z. B. Temperatur, Ernährung, Lärm) verändern. Wir betonen die Tatsache, daß Temperament an sich die Möglichkeit indirekter Einflüsse nicht ausschließt. Als einer der regulativen Verhaltensmechanismen offenbart sich Temperament in allen Aktivitätsarten, unabhängig von deren Richtung und Inhalt. Wir haben uns in erster Linie auf die energetische Ebene des Verhaltens konzentriert, womit wir alle diejenigen Merkmale erfassen, die durch relativ stabile individuelle Unterschiede in den psychologischen Mechanismen bestimmt werden, die für die Akkumulation und Freisetzung von Energie im Organismus verantwortlich sind.

Unsere Untersuchungen haben uns dazu geführt, zwei grundlegende Verhaltenseigenschaften herauszustellen: Reaktivität und Aktivität. Unter Reaktivität verstehe ich eine Eigenschaft, die die Intensität das Ausmaß der für ein gegebenes Individuum charakteristischen Reaktion determiniert und relativ stabil ist. Reaktivität stellt eine Dimension dar, die von (sensorischer oder emotionaler) Sensibilität an dem einen Pol bis zu extremer Beständigkeit bei starker Stimulation am anderen Pol reicht. So verstanden, entspricht Reaktivität der Stärke des Nervensystems.

Aus einer Reihe von Gründen haben wir uns dafür entschieden, den Begriff der Stärke des Nervensystems aufzugeben (Strelau 1974, 1983). Einer der wichtigsten davon war, daß „Stärke des Nervensystems“ seinem Wesen nach ein erklärender Begriff mit ziemlich begrenztem Spielraum ist, der zudem von der gegebenen Tradition belastet ist. Pawlow und seine Schüler pflegten diese Eigenschaft fast ausschließlich kortikalen Prozessen zuzuschreiben. In neuerer Zeit ist, insbesondere von den Forschern um Nebylizin, auch subkortikalen Prozessen etwas Aufmerksamkeit geschenkt worden. Unserer Ansicht nach ist der physiologische Mechanismus der Reaktivität noch komplexer und bildet einen Block aus mehreren Systemen: dem endokrinen System, dem autonomen Nervensystem, gewissen neutralen Zentren im Hirnstamm und einige Eigenschaften des Kortex – ein Block mit Strukturen, die innerhalb eines gegebenen Individuums relativ stabil sind.

Ein weiterer Grund, weshalb wir den Begriff „Stärke des Nervensystems“ aufgaben, resultiert aus unserem Bestreben, unser Interesse am Verhaltensaspekt des Temperaments zu unterstreichen. Letztlich ist der Begriff „Stärke des Nervensystems“ wie alle anderen Eigenschaften des Nervensystems mit einer bestimmten typologischen Tradition belastet. Ein Nachteil dieser Tradition ist, daß sie das Angeborensein oder sogar die Immutabilität der Eigenschaften (Pawlow 1951–1952, Teplow 1961) betont, d. h. eine Behauptung, die im Licht neuester Beweise einschließlich der in unserem Forschungszentrum gefundenen (Eliasz 1981) zweifelhaft erscheint.

Was die Reaktivität betrifft, nehmen wir an, daß sie u. a. experimentell meßbar ist, wenn man das Verhältnis der Reaktionsstärke zur Intensität der agierenden Stimuli betrachtet. Die Reaktivität ist um so höher, je weniger intensiv der Reiz ist, der eine eben erkennbare Reaktion hervorruft (je niedriger die Schwelle ist), und auch, je schwächer der Reiz ist, der benötigt wird, um eine wirksame Reaktion zu unterbrechen (je niedriger die Beständigkeit ist), und umgekehrt: Ein Individuum mit niedriger Reaktivität zeigt niedrige Sensibilität und hohe Beständigkeit.

Ohne im einzelnen auf den psychologischen Mechanismus der Reaktivität einzugehen, nehmen wir einfach an, daß dieser Mechanismus bei Personen mit hoher Reaktivität zu einer Reizverstärkung tendiert. Sowohl externe als auch interne Stimuli evozieren in solchen Personen stärkere Reaktionen als bei schwach reaktiven. Eine hochreaktive Person besitzt daher einen hohen Reizverarbeitungskoeffizienten (RVK). Personen mit schwacher

Reaktivität zeichnen sich durch einen physiologischen Mechanismus aus, der zu einer Dämpfung der Reizung tendiert: Ein Reiz mit gegebener Intensität ruft bei ihnen eine schwächere Reaktion hervor als bei hochreaktiven Individuen. Daher haben erstere einen niedrigen RVK (Matysiak 1980).

Neben der Reaktivität haben wir eine andere Eigenschaft isoliert, die etwas über die energetische Ebene des Verhaltens einer Person aussagt, nähmlich die Aktivität, aufgefaßt als eine Eigenschaft, in der sich Individuen hinsichtlich der Intensität oder Häufigkeit unterscheiden, mit der sie Handlungen ausführen oder Aufgaben in Angriff nehmen. Unabhängig von ihrem spezifischen Charakter oder ihrer Richtung (die von den Aufgaben oder Zielen einer Person bedingt werden), wirkt die Aktivität ebenfalls als Regulator des Wertes der Stimulation, der vom Reaktivitätsgrad eines Individuums bestimmt wird. Hochreaktive Personen (mit hohem RVK) kommen mit einer schwächeren Stimulation aus, um ein für sie optimales Aktivationsniveau zu erreichen (Hebb 1955). Daher ist ihr Bedarf an Stimulation und natürlich auch ihre Aktivität bei der Suche nach dieser Stimulation geringer als bei schwach reaktiven Personen. Letztere brauchen entsprechend dem Bestreben, auf einem optimalen Aktivationsniveau zu handeln, eine starke Stimulation. Daher haben Personen mit schwacher Reaktivität (niedrigem RVK) einen hohen Bedarf an Stimulation und ebenso an Aktivität als dem Regulator dieses Bedarfs.

Aktivität kann entweder als direkte oder als indirekte Stimulationsquelle dienen. Eine direkte Quelle ist sie in dem Sinne, daß die motorische Aktivität einer Person eine Aktivierung der Rezeptoren ergibt, welche ihrerseits diese Aktivierung an höhere Nervenzentren weiterleiten (Fiske und Maddi 1961). Dieser Stimulationstyp entsteht auf der Grundlage des bekannten Mechanismus der Afferenzrückkopplung. Weiterhin besitzt ein Verhalten, das gewisse Emotionen für die ausgeführte Handlung hervorruft, selbst ein besonderes Stimulationsvermögen insofern, als der die Erregung erzeugende Faktor der die gegebene Handlung begleitende emotionale Prozeß ist. Aktivitäten können daher hauptsächlich deswegen eine Stimulationsquelle sein, weil sie gewisse Emotionen erzeugen, die ihrerseits einen besonderen Aktivierungszustand hervorrufen.

Aktivität ist auch eine indirekte Stimulationsquelle, vor allem, weil sie dem Individuum bei der Wahl der Situationen, Randbedingungen und Aufgaben hilft, die den erwünschten Stimulationsgrad liefern. Ergebnisse, die unsere Forschungsgruppe in Versuchen mit Ratten erbracht hat (Matysiak 1980), deuten darauf hin, daß das erwähnte Verhältnis von Aktivität und Reaktivität nur auf solche Aktivitäten zutrifft, die auf direkte Art (durch Feedbock- oder durch Emotionserzeugung) Stimulation hervorrufen. Hochreaktive Individuen können in ihrem Verhalten ein hohes Maß an Aktivität an den Tag legen, vorausgesetzt, daß ihre Aktivität darauf ausgerichtet ist, eine Stimulation herabzusetzen oder zu vermeiden. In dem einen Fall haben wir es mit positiv orientierter (stimulationssuchender) Aktivität, im anderen Fall mit negativ orientierter (stimulationsmeidender) Aktivität zu tun, wie von Matysiak (1980) gezeigt worden ist.

Bei der Arbeit mit einer Temperamentskonzeption, die sich auf die Reaktivität als vorherrschende Dimension konzentriert, haben wir eine Reihe von Untersuchungen zu regulativen Funktionen des Temperaments in menschlichen Aktivitäten ausgeführt. Unter anderem ist gezeigt worden, daß die Reaktivität entscheidend für die Herausbildung des Handlungsstils einer Person ist, daß die Reaktivität die Toleranz gegenüber Streß mitbestimmt, daß sie die Bevorzugung von Handlungen, die die erforderlichen Stimulationsmengen liefern, beeinflußt und daß sie in einem definitiven Verhältnis zur Persönlichkeit des Individuums steht, in dem sie einer der Faktoren bei der Entwicklung dieser Persönlichkeit ist, ohne jedoch deren Entwicklung direkt zu verursachen.

Es fehlt hier der Raum, die Ergebnisse unserer Forschungen dazulegen; ich möchte jedoch einige der von uns in den vergangenen zehn Jahren in unserer Forschungsgruppe entdeckten Gesetzmäßigkeiten erwähnen. Zum Beispiel ist unter Berücksichtigung des als eine dem Individuum eigene Ausführungsweise aufgefaßten Handlungsstils festgestellt worden, daß die Anzahl der verschiedenen Stile und die für ihre Realisierung aufgewendete Zeit vom Reaktivitätsgrad eines Individuums abhängt. Einige unserer Daten sind in Tab. 14.1 enthalten, die Auskunft darüber gibt, ob ein einzelner Handlungsstil bei hoch- oder schwachreaktiven Personen dominiert. Es muß jedoch erwähnt werden, daß dann, wenn Personen mit hoher oder schwacher Reaktivität die Möglichkeit haben, ihren eigenen Handlungsstil zu realisieren und nicht durch natürliche oder Laborbedingungen in seiner Ausübung eingeschränkt sind, zwischen beiden Gruppen kein Unterschied in der Effizienz der Ausübung besteht. Ähnliche Fakten sind von der Pawlowschen Typologieforschung bestätigt worden (s. S. 198).

Tab. 14.1: *Bevorzugung unterschiedlicher Handlungsstile bei Individuen mit hoher vs. schwacher Reaktivität*

Aktionsstil	Reaktivität Hoch Niedrig
Vorherrschen von Handlungen, die direkt zum Ziel führen (primäre Handlungen	<
Vorbereitende Handlungen	>
Korrektivhandlungen während der Aufgabenausführung	>
Korrektivhandlungen nach der Aufgabenausführung	=
Kontrollhandlungen	>
Kontinuierliche Handlungen	<
Intermittierende Handlungen	>
Homogene Handlungen bei kontinuierlicher Aktivität	<
Heterogene Handlungen bei kontinuierlicher Aktivität	>

Tab. 14.2: *Effizienz und Bewegung von Verhalten in Situationen mit unterschiedlicher Stimulationseinwirkung bei hoch- vs. schwachreaktiven Individuen*

Situationen und Aktivitäten	Reaktivität Hoch Niedrig
Risikobetontes Verhalten bei Entscheidungsspielen	<
Entscheidungsfindung in zeitlich begrenzten Situationen: einfache Aufgaben	=
Entscheidungsfindung in zeitlich begrenzten Situationen: schwierige Aufgaben	<
Bevorzugung von Berufen und Aktivitäten mit niedrigem Stimulationswert (Bibliothekar, Meiden sportlicher Aktivität)	>
Bevorzugung von Berufen und Aktivitäten mit hohem Stimulationswert (Jurist, Bergsteiger, Fallschirmspringer)	<
Sportliche Aktivitäten in starken Konkurrenzsituationen	<
Sportliche Aktivitäten im Training	=

Nehmen wir als weiteres Beispiel die Bevorzugung von Handlungen oder Situationen mit unterschiedlicher Stimulationseinwirkung, so verfügen wir über Angaben, die beweisen, daß hochreaktive Personen einen geringen Bedarf an Stimulation aufweisen, schwachreaktive Personen hingegen durch einen hohen Stimulationsbedarf gekennzeichnet werden können. Tabelle 14.2 verdeutlicht einige der bei unseren Versuchen festgestellten allgemeinen Trends, die Unterschiede zwischen hoch- und schwachreaktiven Personen in ihrer Ebene der Handlungsausführung oder der Tendenz zur Ausführung einer gegebenen Tätigkeit in Situationen mit unterschiedlicher Stimulationseinwirkung berücksichtigen. Wenn hochreaktive Personen die Möglichkeit haben, den Stimulationswert der Situation, in der die Tätigkeit vollzogen wird, herabzusetzen, indem sie z. B. ihren eigenen Handlungsstil realisieren (durch die Ausführung einer gegebenen Anzahl an vorbereitenden, kontrollierenden oder korrigierenden Handlungen), so kann dies die Möglichkeit der Ausführung von primären Handlungen erhöhen, und die Unterschiede zwischen hoch- und schwachreaktiven Individuen können verschwinden.

Der Hauptteil der von uns z. Z. durchgeführten bzw. für die nächsten Jahre geplanten Forschungsarbeiten konzentriert sich auf Laborversuche und Feldforschung zur empirischen Verifikation unserer Hypothesen über die regulative Funktion der grundlegenden Eigenschaften des Temperaments.

Wenn ich unsere Überlegungen zusammenfassen soll und gleichzeitig auf die Zukunft unserer Forschung zu den Persönlichkeitsdimensionen, die ich Temperament nennen möchte, blicke, so glaube ich fest, daß wir in der Lage sein werden, immer mehr Daten zu sammeln, die uns bestätigen, daß die physiologischen Persönlichkeitsgrundlagen die Persönlichkeitsentwicklung weder derterminieren noch direkt beeinflussen. Sie sind vielmehr nichtspezifischer Natur und können die Entwicklung der Persönlichkeit in eine bestimmte Richtung nur in Interaktion mit der Umwelt, besonders der sozialen, kodeterminieren. Allein von den physiologischen Mechanismen der Persönlichkeit her kann man die Entwicklungsrichtung eines Individuums nicht voraussagen. Je höher das Individuum auf der (onto- und phylogenetischen) Stufenleiter steht, desto geringer ist der spezifische Einfluß dieses Mechanismus. Dieses vom Standpunkt des biologisch orientierten Persönlichkeitsforschers aus gesehen ziemlich pessimistische Bild ist in Wirklichkeit für das menschliche Individuum sehr hoffungsvoll, da nicht von der Natur prädeterminiert ist, was aus seiner Persönlichkeit wird. Jedoch hilft die Kenntnis der gegebenen Persönlichkeitsdimensionen zugrunde liegenden physiologischen Mechanismen dem Verständnis ihres Wesens und liefert uns Informationen über eine der wichtigsten Kodeterminanten der Persönlichkeitsentwicklung, eine, die wie andere Faktoren, die die Entwicklung der Persönlichkeit eines Individuums beeinflussen, nicht übersehen werden darf.

Literatur

Belous, V. V.: Mathematical models of temperament from the point of view of systems theory. In: V. S. Merlin (Ed.) Temperament. Perm: Ministerstvo Prosvesheniya RSFSR, Permski Gosudarstvenny Pedagogicheski Institut, 16–44. 1976 (in Russian)

Buss, A. H., and R. Polomin: A temperament theory of personality development. New York: J. Wiley, 1975

Conrad, K.: Der Konstitutionstypus. Theoretische Grundlegung und praktische Bestimmung. Berlin: Springer Verlag, 1963[2]

Eliasz, A.: Temperament a system regulacij stymulacij. Warszawa: Pañstowe Wydawnictwo Naukowe, 1981

Eysenck, H. J.: The structure of human personality. London: Methuen, 1970
Eysenck, H. J. (Ed.): A model for personality. Berlin/New York: Springer Verlag, 1981
Eysenck, H. J., and A. Levey: Conditioning, introversion-extraversion and the strength of the nervous system. In: V. D. Nebylitsyn and J. A. Gray (Eds.), Biological bases of individual behavior. New York and London: Academic Press, 206–221, 1972
Fiske, D. W., and S. R. Maddi: A conceptual framework. In: D. W. Fiske and S. R. Maddi (Eds.), Functions of varied experience. Homewood: Dorsey Press, 11–56, 1961
Golubewa, E. A.: Individual properties of human memory (psychophysiological investigation). Moskva: Pedagogika, 1980 (in Russian)
Gray, J. A.: Pavlov's typology. Oxford/Frankfurt: Pergamon Press, 1964
Hebb, D. O.: Drives and the CNS (conceptual nervous system). Psychological Review, 62, 243–254, 1955
Hjelle, L. A., and D. J. Ziegler: Personality theories. New York: McGraw Hill, 1981
Iwanow-Smolensky, A. G.: On the investigation of types of higher nervous activity in animals and man. Zhurnal vysshei nervnoi deyatelnosti, 3, 1, 36–54, 1953 (in Russian)
Krasnogorski, N. P.: Higher nervous activity in children. Leningrad: Medgiz, 1958 (in Russian)
Kretschmer, E.: Körperbau und Charakter. Berlin: Springer Verlag 1944[17/18]
Leontjew, A. N.: Activity, consciousness, personality. Moskva: Izdatelstvo politicheskoy literatury, 1975 (in Russian)
Mangan, G. L.: Temperament and personality: the psychophysiology of individual differences. London: Pergamon Press
Matysiak, J.: Róznice indiwidualne w zachowaniu zwierzat w świetle koncepcji zapotrzebowania na stymulacje. Wrocław/Warszawa: Ossolineum, 1980
Merlin, V. S. (Ed.): Outline of the theory of temperament. Perm: Permskye knizhnoye izdatelstvo, 1973[2]
Nebylizin, F. D.: Fundamental properties of the human nervous system. New York–London: Plenum Press, 1972
Pawlow, I. P.: Complete works. Moskva–Leningrad: Akademia Nauk SSSR, 1951–1952[2] (in Russian)
Russalow, V. D.: Biological bases of individual-psychological differences. Moskva: Nauka, 1979 (in Russian)
Spence, K. W.: Behavior theory and learning. Selected papers. Englewood: Prentice Hall, 1960
Strelau, J.: Temperament as an expression of energy level and temporal features of behavior. Polish Psychological Bulletin, 5, 119–127, 1974
Strelau, J.: Pavlov's typology and current investigations in this area. Netherlands Tijdschrift voor Psychologie, 30, 177–200, 1975
Strelau, J. (Ed.): Regulacyjne funkcje temperamentu. Wrocław/Warszawa: Ossolineum, 1981
Strelau, J.: Temperament – Personality – Activity. London: Academie Press, 1983.
Teplow, B. M.: Problems of individual differences. Moskva: Izdatelstvo APN RSFSR, 1961 (in Russian)
Thomas, A., and S. Chess: Temperament and development. New York: Brunner/Mazel Publishers, 1977
Wundt, W.: Grundzüge der physiologischen Psychologie Vol. III. Leipzig: Verlag von W. Engelmann, 1911[6]
Zuckerman, M.: Sensation seeking: beyond the optimal livel of arousal. Hillsdale: Lawrence Erlbaum Assoc. Publishers, 1979

15. Die „Situation" in einem interaktionalen Modell der Persönlichkeitsforschung

David Magnusson
Universität Stockholm, Schweden

Der Gedanke, daß Verhalten nicht per se begriffen und erklärt werden kann, sondern nur in bezug auf die Situationsbedingungen, in denen es auftritt und beobachtet werden kann, beschäftigt mit molarem Sozialverhalten befaßte Psychologen bereits seit den zwanziger Jahren unseres Jahrhunderts. Er ist von Behavioristen, Feldtheoretikern, Persönlichkeitstheoretikern, Eigenschaftspsychologen, Psychodynamikern sowie von den Verfechtern eines interaktionalen Ansatzes bei der Untersuchung menschlichen Verhaltens aus verschiedenen Perspektiven präzisiert worden (Allport 1966, Barker 1965, Cattell 1963, Kantor 1924, 1926, Lewin 1951, Murphy 1947, Murray 1938, Sells 1963, Stagner 1976, Tolman 1951, Wachtel 1977). Mitunter ist den Eigenschaftstheoretikern vorgeworfen worden, sie hätten die Rolle der Situationsbedingungen beim Verständnis und bei der Erklärung von Verhalten vernachlässigt oder zumindest unterschätzt. Da ist es besonders interessant zu hören, wie stark einer der engagiertesten Eigenschaftstheoretiker, nämlich Raymond B. Cattell (1963), die Wichtigkeit der Berücksichtigung des Situationskontextes unterstreicht. Er schreibt: „Die mangelnde Berücksichtigung der Situation ist eine der Hauptursachen für die Fehleinschätzung der Persönlichkeit" (S. 27). Seine Einstellung zu diesem Problem erhellt ebenfalls aus seiner Formulierung von der „Spezifizierung" oder „Verhaltensgleichung".

Wichtigkeit des Situationskontextes für das Verhalten

Das Einbeziehen von Situationsfaktoren in das Verständnis des Verhaltens beschränkt sich nicht auf die psychologische Forschung. Für die Ethologen ist es seit jeher eine Selbstverständlichkeit, sich auf den Situationskontext, beispielsweise auf wahrgenommene Territorien, in erklärenden Modellen *tierischer* Verhaltensweisen zu beziehen. Von ihren jeweiligen Standpunkten aus haben Anthropologen und Soziologen ebenfalls einen gewichtigen Beitrag zur theoretischen Diskussion der Rolle von Situationsbedingungen für menschliche Verhaltensweisen geleistet – der in der theoretischen Debatte in der Psychologie viel zu häufig übersehen wird.

Situationen und Situationsbedingungen sind also keineswegs ein vernachlässigtes Thema in der *theoretischen* Auseinandersetzung in der Psychologie und ihren Nachbardisziplinen, und es ist nichts besonders neues daran, wenn man herausstellt, daß bei Persönlichkeitsmodellen der Situationszusammenhang berücksichtigt werden muß. Diejenigen, die die Meinung vertreten, daß Situationen eine wichtige Rolle in den dem menschlichen Verhalten zugrunde liegenden Prozessen spielen, haben in dieser Hinsicht ganz gewiß die Redeschlacht für sich entschieden.

Ernst genommen, haben die theoretischen Formulierungen wichtige und in mancher Hinsicht weitreichende Konsequenzen für Forschungsstrategien, Meßmodelle, für den geeigneten Datentyp und für die Datengewinnungs- und Datenauswertungsmethoden. Das gilt für viele Forschungsgebiete: nicht nur für die Erforschung von molarem Sozialverhalten, sondern auch für Untersuchungen zu Perzeption, Kognition und Informationsverarbeitung allgemein; zu Streß und Angst, Emotionen und psychophysiologischen Prozessen. Die Schlußfolgerungen sind sowohl für Forschungen zum aktuellen Verhalten als auch für die zur Entwicklung wichtig (Magnusson 1981).

Wenn man betrachtet, wie lange sich die Theoretiker schon nahezu gänzlich über die Wichtigkeit einig sind, den Situationskontext in Persönlichkeitsmodelle einzubeziehen, und wenn man von den ernsten Folgerungen dieser theoretischen Formulierungen ausgeht, so ist es überraschend und gleichzeitig peinlich zu erkennen, wie wenig diese Formulierungen die empirische Forschung beeinflußt haben. Erst neuerlich und überdies auch nur zögernd haben diese Formulierungen die Forschung in zwei Richtungen geführt: 1. zu systematischen Analysen der Gesetzmäßigkeit von Interaktionen zwischen Personen und Situationen und 2. zu systematischen Analysen der Situationen, in denen Verhaltensweisen beobachtet werden, als Grundlage für die Erforschung gesetzmäßiger Interaktionen. Bezeichnend für die geringe Anzahl einschlägiger Forschungsarbeiten ist die Tatsache, daß uns adäquate Begriffsbildungen, Unterscheidungsmerkmale und eine geeignete Terminologie für Situationen und für Interaktionen zwischen Person und Situation fast gänzlich fehlen.

Dieses Kapitel soll darauf aufmerksam machen, wie wesentlich es ist, dem Situationskontext, in dem Verhaltensweisen auftreten, systematisch und wohlinformiert bei der Planung, Durchführung und Interpretation von empirischen Forschungen über die Persönlichkeit Rechnung zu tragen. Ich möchte damit nicht sagen, daß wir all unsere Mittel auf Forschungen dieser Art verwenden sollten oder daß diese die wichtigste Aufgabe der Psychologie seien. Was ich glaube ist lediglich, daß die Beherzigung der Konsequenzen der theoretischen Postulate über die Rolle des Situationskontextes für das menschliche Handeln *eine* der Richtung ist, der wir nachgehen müssen, um das oberste Ziel von Theorie und empirischer Forschung in der Psychologie zu erreichen, d. h. zu verstehen, warum Individuen so denken, fühlen, reagieren und handeln, wie sie es in realen Lebenssituationen tun.

In der Analyse und Diskussion der Gesetzmäßigkeiten des individuellen Handelns muß zwischen Gesetzmäßigkeit hinsichtlich des beobachtbaren Verhaltens und Gesetzmäßigkeit hinsichtlich Wahrnehmungen, Denken und Gefühlen unterschieden werden. Zwischen beiden Funktionsebenen gibt es kein Eins-zu-eins-Verhältnis. Beispielsweise kann sich bei ein und derselben Person dieselbe Intention in verschiedenen Situationen auf verschiedene Weise manifestieren und bei verschiedenen Personen in der gleichen Situation auf verschiedene Weise (Hammonds 1955 und seine Diskussion der Äquipotentialität). Eine wichtige Aufgabe für Theorie und Praxis ist es, die Art und Weise zu untersuchen, in der diese beiden Systeme sich in einem kontinuierlichen, bidirektionalen Prozeß wechselseitig beeinflussen.

Die Berücksichtigung des Situationskontextes ist wesentlich bei der Analyse auf beiden Ebenen der individuellen Funktion (beobachtbares Verhalten und Wahrnehmung – Kognition). Ein Eingehen auf alle diese Probleme würde uns zu weit führen; daher beschränke ich mich auf die Diskussion der situativen Bedingungen und deren Einfluß auf das *beobachtbare Verhalten*. Ich verwirkliche meine Absicht, indem ich grundlegende Unterscheidungen in bezug auf situative Effekte, in bezug auf Verhaltensmodelle und in bezug auf Datentypen mache sowie drei empirische Untersuchungen vorstelle. Die theoretischen Unterscheidungen und die empirischen Untersuchungen dienen mir dabei als Hintergrund für einige Vorschläge hinsichtlich der Richtungen künftiger Forschungen.

Es versteht sich von selbst, daß ich, wenn ich mich auf die beobachtbare Verhaltensebene konzentriere, nicht sagen will, daß die Frage der situativen Wirkungen auf perzeptiv-kognitive Prozesse weniger wichtig sei. Ich glaube beispielsweise, wir würden zu Modellen für perzeptive und kognitive Prozesse, für Informationsverarbeitung und Entscheidungsfindung kommen, welche die Funktion dieser Prozesse besser erfassen, wenn wir nachdrücklicher als bisher von zwei vernünftigen Hypothesen ausgingen, die differentielle situative Wirkungen berücksichtigen: 1., daß ein und dieselbe Art situativer Information bei verschiedenen Individuen unterschiedliche Arten von kognitiven Prozessen und kognitiven Strategien hervorrufen kann, und 2., daß unterschiedliche situative Informationen bei demselben Individuum unterschiedliche kognitive Prozesse und kognitive Strategien hervorrufen können.

Theoretische Modelle und ihre Folgerungen

Zwei Typen von situativen Wirkungen[1]

In den siebziger Jahren wurde die Rolle von Situationen besonders von den Befürwortern eines interaktionalen Forschungsmodells unterstrichen, in dem Verhalten als ein Aspekt des kontinuierlichen Prozesses der wechselseitigen Interaktion zwischen Person und situativen Faktoren betrachtet wird (Magnusson und Endler 1977). In diesem Prozeß lassen sich zwei Arten von situativen Wirkungen auf des Verhalten unterscheiden, nämlich allgemeine und differentielle Wirkungen.[2]

Wenn situative Wirkungen *allgemein* sind, so ist die Rangordnung von Individuen für ein bestimmtes Verhalten in verschiedenen Situationen gleich, unabhängig von deren Charakter. Nur die Intensität des betrachteten spezifischen Verhaltens ändert sich mit Variation der situativen Bedingungen, und zwar monoton in bezug auf die Individuen. Allgemeine situative Wirkungen kommen in den mittleren Reaktionen für unterschiedliche Situationen zum Ausdruck und werden in der Varianz bezüglich der Situationen für Person × Situations-Datenmatrizen für einen bestimmten Wert widergespiegelt.

Die Folge von *differentiellen* situativen Wirkungen ist, daß die Rangordnungen von Individuen für eine bestimmte Verhaltensweise gegenüber den Situationen variieren. Das Vorhandensein von differentiellen situativen Wirkungen offenbart sich in der Wechselwirkungsvarianz in einer Person-Situations-Datenmatrix.

[1] Der Terminus Situation wird hier benutzt, um situationsgebundene, aus dem Kontext erwachsende Quellen von Einflüssen auf Verhalten in einem weiten Sinne zu beschreiben. Für eine systematischere Diskussion der Definitionen und Unterscheidungen wird der Leser auf Magnusson 1978, 1981 und auf Pervin 1978 u. a. verwiesen.

[2] In der Diskussion über Person × Situation-Interaktionen wird betont, daß eine Person-Situation-Interaktion ein bidirektionaler reziproker *Prozeß* ist, innerhalb dessen die traditionelle Unterscheidung zwischen abhängigen und unabhängigen Variablen nicht immer offensichtlich ist. Trotzdem wird hier die Relation zwischen situativen Faktoren und Verhalten der Einfachheit halber in diesem Termini diskutiert.

Verhaltensmodelle

Die Qualität der aus der empirischen Forschung gezogenen Schlußfolgerungen hängt von den Eigenschaften und der Qualität der gewonnenen Daten ab. Keine ausgeklügelte Methode der Datenaufbereitung kann ungenügende oder ungeeignete Daten aufwerten. Wie geeignet Daten für das Verständnis eines psychologischen Problems sind, hängt jedoch unter anderem davon ab, welches Verhaltensmodell angenommen wurde. Viel zu oft wendet man Datenerhebungsmethoden und Methoden der Datenaufbereitung an, ohne explizit die wichtige Verbindung zu einem zugrunde liegenden Verhaltensmodell herzustellen.

Die Mehrzahl der Persönlichkeitstheorien hat sich hauptsächlich auf die Gesetzmäßigkeit der vermittelnden kognitiven Prozesse konzentriert, wobei zur Erklärung von Verhalten unterschiedliche intervenierende Variable und hypothetische Konstrukte benutzt wurden. Weniger theoretisches Interesse ist der Gesetzmäßigkeit des eigentlichen Verhaltens entgegengebracht worden. Dieses wurde als gegeben hingenommen und zur Überprüfung von Hypothesen verwendet, die von Theorien und Modellen von Vermittlungsprozessen abgeleitet waren. Der Bedarf an zusammenhängenden und präzisen Modellen der Gesetzmäßigkeit des Verhaltens ist jedoch ebenso offensichtlich wie der an Modellen der Gesetzmäßigkeit von Vermittlungsprozessen. Das trifft natürlich zu, wenn Verhalten per se das Forschungsobjekt ist, gilt aber auch, wenn sich das Interesse auf Modelle kognitiver Prozesse konzentriert und Verhaltenskriterien benutzt werden, um die Gültigkeit solcher Modelle zu prüfen (Magnusson 1980).

Ein entscheidender Aspekt jedes Verhaltensmodells ist seine Annahme über die Konsistenz von Verhalten (d. h. die Art der angenommenen Gesetzmäßigkeit des Verhaltens). In bezug auf situative Auswirkungen kann man zwei verschiedene Modelle unterscheiden (Abb. 15.1).

Ein Verhaltensmodell zur Messung von Eigenschaften. Das vorherrschende Verhaltensmodell in der empirischen Forschung kann von einem Modell zur Eigenschaftsmessung abgeleitet werden (Magnusson 1976). (Das Modell zur Eigenschaftsmessung sollte klar von der auf Eigenschaften beruhenden Persönlichkeits*theorie* unterschieden werden.) Theoretisch basiert dieses Modell auf zwei Thesen: 1. Jedes Individuum hat auf jeder von einer Anzahl latenter Dimensionen grundlegender Persönlichkeitsfaktoren, sagen wir Selbständigkeit, Angst usw., eine bestimmte Position, sein „wirklicher Skalenwert". 2. Es

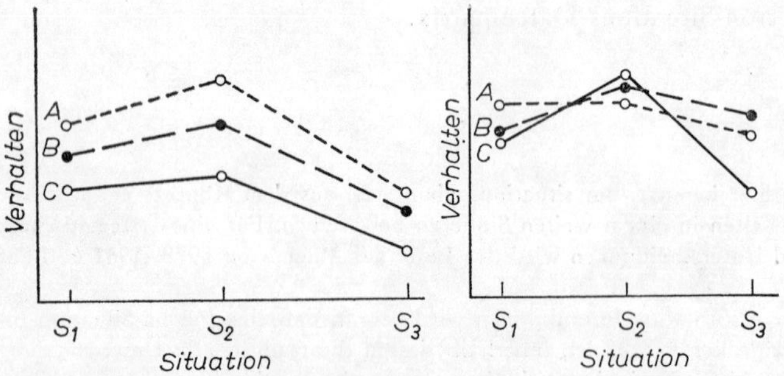

Abb. 15.1: Intersituative Profile für einen bestimmten Verhaltenstyp für drei Individuen (A, B, C) entsprechend a) Eigenschaftsmessung und b) einem interaktionalen Verhaltensmodell.

besteht eine monotone Beziehung zwischen den Positionen der Individuen auf diesen Dimensionen und ihren Positionen in den entsprechenden beobachtbaren Verhaltensweisen. Diese Thesen spiegeln sich in der in der klassischen Testtheorie bekannten Formel ($t_j = T_j + e$) wider, in der ein erhaltenes Versuchsergebnis als Summe aus einer wahren Komponente (T) und einer Fehlerkomponente (e) betrachtet wird. Zusammengenommen führen beide Thesen zu dem Schluß, daß die Rangordnung von Individuen für einen bestimmten Verhaltenstyp in verschiedenen Situationen stabil ist. Die Gesetzmäßigkeit von Verhalten wird in den stabilen Rangordnungen von Verhaltensweisen (d. h. in der relativen Konsistenz) gesucht.

Die Annahme hinsichtlich stabiler Rangordnungen von Individuen in verschiedenen Situationen hat zur Folge, daß mögliche differentielle situative Wirkungen in Daten über das tatsächliche Verhalten *nicht* berücksichtigt werden oder sich in ihnen nicht niederschlagen sollten. Über eine Reihe von Situationen hinweg unterscheiden sich Individuen hinsichtlich eines bestimmten Verhaltens dann nur in bezug auf den allgemeinen Intensitätsgrad (ausgedrückt im Mittelwert oder der Summe über die Situationen), was die Varianz hinsichtlich der Personen in einer Person $\times$ Situation-Datenmatrix ausmacht.

Der größte Teil der empirischen Forschung auf dem Gebiet der Persönlichkeitspsychologie in den vergangenen vier Jahrzehnten stützte sich implizit oder explizit auf die Hypothese von der relativen Konsistenz. Jedoch wurden deren Allgemeingültigkeit und Triftigkeit schon früh von Hartshorne und May (1928) angezweifelt und in der Folgezeit zum Gegenstand vieler Untersuchungen gemacht (vgl. Bowers 1973, Ekehammar 1974, Endler 1982, Endler und Magnusson 1976, Epstein 1979, Magnusson und Endler 1977, Mischel 1968, für einen Überblick). Dies ist eines der zentralen Themen der mit der Debatte der siebziger Jahre über die Interaktion von Person und Situation verbundenen Forschung gewesen. Empirische Untersuchungen über intersituative Konsistenz sind mit verschiedenen Arten von Daten (Testdaten, Fragebogendaten, Schätzdaten etc.) für unterschiedliche Stichproben von Individuen und Situationen durchgeführt worden. Für die vorliegende Diskussion sind folgende Schlußfolgerungen, die aus diesen Studien gezogen werden können, von besonderem Interesse:

1. Der Grad relativer Verhaltenskonsistenz, ausgedrückt in der Stabilität der Rangordnungen von Individuen, verändert sich systematisch mit der Ähnlichkeit der Situationen, in denen das Verhalten beobachtet wurde. Dies ist sehr deutlich in einer Untersuchung von Magnusson, Gerzén und Nyman (1968) demonstriert worden. Unter Verwendung von Schätzwerten als Rohdaten erhielten sie Koeffizienten für die relative Konsistenz, die bei etwa .70 lagen, wenn die situativen Bedingungen zwischen den Beobachtungen nicht verändert wurden, wohingegen die Stabilitätskoeffizienten sich um Null verteilten, wenn die Situationen sowohl hinsichtlich der Gruppenzusammensetzung als auch der Aufgabe verändert wurden.

2. Der Konsistenzgrad verändert sich sowohl mit dem Typ des Verhaltens als auch dem der Daten. Der Grad der Gültigkeit der Hypothese von der relativen Konsistenz eine stabilen Rangordnung kann also nicht ein für allemal festgelegt werden. Wann und in welchem Maße sie zutrifft – dies herauszufinden ist eine wichtige Aufgabe der empirischen Forschung. Jedenfalls ist die Varianz bezüglich der Personen über Variable, Datentypen und Situationen hinweg beträchtlich. Das allgemeine Niveau von Reaktionen, ausgedrückt in Mittelwerten über verschiedene Situationen, ist ein wichtiges Merkmal von Individuen und wird für die Beschreibung und Klassifizierung benötigt.

Ein interaktionales Verhaltensmodell. Die grundlegende Annahme, von der ein interaktionales Verhaltensmodell ausgeht, ist, daß die Gesetzmäßigkeit in den z. T. spezifischen *Mustern* von stabilen und sich verändernden Verhaltensweisen von Individuen in verschiedenen Situationen zu suchen ist, die sich ihrer Natur nach unterscheiden (d. h., die Gesetzmäßigkeit des Verhaltens beruht eher auf kohärenten, intersituativen Mustern als auf stabilen Rangordnungen). In Daten ausgedrückt, werden Individuen somit am besten durch intersituative Profile mit zwei Charakteristika beschrieben: 1. ein allgemeines Intensitätsniveau und 2. ein individuell spezifischer Teil. (In den zugrunde liegenden vermittelnden Prozessen ausgedrückt, werden interindividuelle Unterschiede in Verhaltensmustern durch interindividuelle Unterschiede in der Wahrnehmung und Interpretation der Situationen gedeutet, in denen die Individuen beobachtet werden.) Dies schließt einen wichtigen Unterschied zum Verhaltensmodell der Eigenschaftsmessung ein: Es wird angenommen, daß Variationen in Rangordnungspositionen innerhalb verschiedener Situationen bei einem bestimmten Verhaltenstyp valide und wichtige Informationen über die Individuen widerspiegeln, und diese werden als nichtzufällige Varianzquelle betrachtet (Magnusson 1976). Die klassische Formel für einen erhaltenen Testwert eines Individuums *j* sollte also um die situationsgebundene Komponente T_s erweitert werden und dann $t_j = T_j + T_{j_s} + e$ lauten. Um eine adäquate und effektive Beschreibung zu erhalten, müssen wir zu dem im Eigenschaftsmeßmodell berücksichtigten allgemeinen Eigenschaftsniveau einen weiteren Parameter hinzufügen, nämlich den individuell spezifischen Teil der intersituativen Profile (d. h. den Teil der Profile, der übrigbleibt, wenn man die in den mittleren Profilen von Individuen reflektierte Varianz ausgeschieden hat). Zusammenfassend sei gesagt, daß ein interaktionales Verhaltensmodell zwei Persönlichkeitsparameter enthält: 1. das allgemeine Eigenschaftsniveau, das sich in der Varianz hinsichtlich der Personen widerspiegelt, und 2. das spezifische intersituative Profil, das für jeden Verhaltenstyp in der Varianz der Interaktion in einer Person $\times$ Situation-Datenmatrix reflektiert wird.

Die relative Bedeutung der zwei Quellen der interindividuellen Varianz hängt vom spezifischen Charakter der Situationen, in denen das Verhalten beobachtet wird, von der untersuchten Stichprobe von Individuen und den untersuchten Personenvariablen ab (Endler 1975, Magnusson 1976, Mischel 1973, Sarason, Smith und Diener 1975). Daß der idiografische Anteil der intersituativen Profile gegenüber der Zeit signifikant stabil bleibt, wurde in einer künzlich angestellten empirischen Arbeit von Magnusson und Stattin (1981) demonstriert, in der die Stabilität von Fragebogendaten über eine Periode von sechs Monaten untersucht wurde.

Zwei Typen von Daten

In der empirischen Persönlichkeitsforschung werden zwei Arten von Daten, die unterschiedliche situative Wirkungen auf Verhalten reflektieren, als Grundlage für die Beschreibung und Klassifizierung von Individuen verwendet. Sie können als *eigenschaftsgebundene* bzw. *situationsgebundene* Daten gekennzeichnet werden (Goldfried und D'Zurilla 1969, Goldfried und Kent 1972).

Eigenschaftsgebundene Daten. Ein eigenschaftsgebundener Meßwert stellt das allgemeine Eigenschaftsniveau eines Individuums (seinen „wahren Skalenwert") für einen bestimmten Verhaltenstyp dar. Es wird als Mittel oder Summe von Reaktionen in verschiedenen Situationen gewonnen (letzte Spalte von Abb. 15.1). Daher sind eigenschaftsgebundene Daten nicht repräsentativ für die Reaktionen eines Individuums in einer spezifischen Situation oder einem spezifischen Situationstyp und geben diese Reaktionen auch nicht wieder. Sie sind an sich ein Aggregat von Beobachtungen, die über verschiedene Situationen und Zeiträume hinweg gemacht werden und zwar oft in einer wenig spezifizierten und kontrollierten Art und Weise.

Die zu berücksichtigenden Situationen werden im allgemeinen nicht oder zumindestens nicht sehr klar definiert. Der Situationsbereich kann definiert sein als, sagen wir, Berufsleben, Familie etc., jedoch werden im allgemeinen keine Versuche unternommen, die Situationen auf der Grundlage ihrer Ähnlichkeit bei der Hervorrufung oder Förderung eines bestimmten Verhaltenstyps oder auf der Grundlage ihrer wahrgenommenen Ähnlichkeit zu gruppieren. Diese Arten von Daten widerspiegeln die grundlegende Annahme, daß sich jedes Individuum am besten durch einen wahren Skalenwert für jede grundlegende Dimension beschreiben läßt, und daß der Zweck der Benutzung dieser Daten die Einschätzung dieses wahren Skalenwertes ist. Abweichungen in der Rangordnung der Individuen gegenüber Situationen werden als *Fehlervarianz* betrachtet.

Eigenschaftsgebundene Daten erhält man auf zwei Hauptwegen:

1. Indem man das Indviduum selbst gegenüber einer umschriebenen Auswahl oder einer unbegrenzten, nicht definierten Population von Situationen verallgemeinern läßt („Zeigen Sie oft . . .?", „Empfinden Sie im allgemeinen . . .?"). Dies ist die Art von Rohdaten, die gewöhnlich aus Antworten auf einzelne Items in traditionellen *Fragebögen*typen gewonnen wird. Offensichtlich hat dieser Datentyp einige Nachteile, die sich aus der Tatsache ableiten, daß die situativen Bedingungen, auf die sich die selbstgebildeten Einschätzungen beziehen, nicht bekannt sind.

2. Indem man Beurteiler entweder *direkt* (wie in der *Einschätzung* von Schülern durch ihre Lehrer) oder *indirekt* (wie in einem Interview) ein Urteil abgeben läßt, das sich auf die Beobachtung des Individuums gegenüber Situationen unterschiedlichen Charakters stützt. Die Varianz in den Einschätzungen als Rohdaten hängt von den Bedingungen der Beobachtungen ab, die die Grundlage der Einschätzung der Beurteiler bilden, sowie von der Breite der situativen Bedingungen, der Anzahl der Situationen, der Länge der Beobachtungsperiode etc.

Eigenschaftsgebundene Daten, die aus Fragebögen und Einschätzungen gewonnen wurden, herrschen in der empirischen Persönlichkeitsforschung vor, und ihre Merkmale sind von fundamentaler Bedeutung für die Einschätzung ihrer Effektivität als Grundlage für die Beschreibung und Klassifizierung von Individuen. Eine Folgerung ist, daß auf eigenschaftsgebundenen Daten beruhende Persönlichkeitsfaktoren nur auf Verhaltensweisen bezogen und nur im Hinblick auf diese homogen sind, und daß die situativen Faktoren unkontrolliert bleiben. Daten, die so gewonnen werden, widerspiegeln zwar individuelle Differenzen auf einem mittleren Verhaltensniveau, berücksichtigen jedoch keine spezifischen situativen Unterschiede in den Verhaltensmustern. Auf diese Weise bleiben differentielle situative Wirkungen unberücksichtigt.

Situationsgebundene Daten. Das charakteristische Merkmal situationsgebundener Daten ist, daß sich jeder Meßwert auf Verhalten in einer Situation mit bekannten Eigenschaften oder auf Situationen, die sich in einem oder mehreren relevanten Aspekten ähneln, bezieht. Jede Zelle von Abb. 15.1 stellt einen situationsgebundenen Meßwert dar. Ein besonderer, aber sehr anschaulicher Fall ist die Intelligenzforschung. In ihr sind situationsgebundene Daten häufig und haben ihre Wirksamkeit für die Persönlichkeitsbeschreibung und -klassifizierung bewiesen.

Ein Testitem kann als eine klar umrissene Situation betrachtet werden, die an jedes Individuum eine spezifische Anforderung stellt. Bei einer zufälligen Auswahl von Items aus einer verschiedene Intelligenzgebiete umfassenden Population schwanken die Korrelationen zwischen sehr hoch für ähnliche Items und sehr niedrig für ungleiche Items. Durch Faktorenanalyse werden Daten für spezifische Items (Situationen) auf der Grundlage des Grades der Ähnlichkeit zwischen den einzelnen Items (Situationen) gruppiert.

Ein Intelligenzfaktor läßt sich durch die ihn definierenden Aufgaben (Situationen), z. B. logische Probleme, sowie durch das geeignete Verhalten (die logische Fähigkeit) beschreiben und diskutieren. Ein sogenannter *Intelligenzfaktor* ist daher homogen sowohl in bezug auf die Verhaltensart als auch auf die Art der Situationen. Ein Faktorenwert wird durch eine Zusammenfassung von Daten über eine Reihe gleicher Situationsarten für einen bestimmten Verhaltenstyp gewonnen. Auf diese Weise bleiben die wichtigen Situationsfaktoren unter Kontrolle.

In dieser Sichtweise können individuelle Profile von Faktorenwerten für eine Reihe auf situationsgebundene Daten gestützter homogener Faktoren als intersituative Verhaltensprofile betrachtet werden. Jedes Profil reflektiert sowohl das allgemeine Intelligenzniveau eines Individuums als auch den spezifischen Teil eines Intelligenzprofils. In dieser Tradition steht die Intelligenzforschung im Einklang mit einem mechanistischen interaktionalen Verhaltensmodell.

Bemerkungen. Bei der Verwendung von Daten und der Interpretation der Ergebnisse in der empirischen Forschung müssen die Charakteristika situationsgebundener und eigenschaftsgebundener Daten berücksichtigt werden, sowohl wenn Rohdaten direkt benutzt werden als auch wenn sie (z. B. durch Faktorenanalyse) aggregiert worden sind. Wenn Rohdaten verwendet werden, sind die Folgen ziemlich offensichtlich, wobei die klarste Folge die ist, daß eigenschaftsgebundene Daten an sich schon zusammengefaßte Daten sind. Wenn die Daten für Faktorenanalyse benutzt werden, bleiben die Unterschiede im Charakter der eigentlich für die Schlußfolgerungen (z. B. für Faktorenwerte) benutzten Daten so weit verborgen, daß sie ziemlich schwierig zu erkennen sind.

Die Faktorenanalyse wurde ursprünglich innerhalb der Intelligenzforschung unter Benutzung situationsgebundener Daten entwickelt. Die Aufgaben werden für die jeweilige Stichprobe von Individuen auf der Grundlage intersituativer Ähnlichkeit in homogene Faktoren gruppiert. Auf diese Weise wird also die gesamte Varianz in der Person × Reaktion × Situation-Datenmatrix verwendet, um die relevante Menge von Faktoren zu ermitteln, und folglich erklärt die sich ergebende Menge von Faktoren die reliable gemeinsame Varianz in der gesamten Person × Situation × Reaktion-Datenmatrix. Der Faktorenwert eines bestimmten Individuums widerspiegelt die Leistung des Individuums in einem bestimmten Situationstyp, der durch einen bestimmten Aufgabentyp, der diese Art Leistung erfordert, definiert wird. Dies impliziert unter anderem, daß solch ein Faktorenergebnis einen hohen Prognosewert in bezug auf diese Leistungsart in entsprechenden Situationstypen hat.

Später wurde die Verwendung der Faktorenanalyse auf andere Gebiete der Persönlichkeitsforschung ausgedehnt, in denen häufig eigenschaftsgebundene Daten benutzt wurden. Freilich war die Verwendung dieser Daten für die Faktorenanalyse technisch korrekt. Jedoch erkannten die Forscher nicht immer (oder sogar ziemlich selten) die Tatsache, daß die Verwendung eigenschaftsgebundener Daten in den Analysen zu Faktoren führt, die sich etwas von den aus situationsgebundenen Daten gewonnenen Faktoren unterscheiden. Eine Faktorenanalyse, die sich auf eigenschaftsgebundene Daten stützt, benutzt nur die gemeinsame Varianz in der Person $\times$ Reaktion-Matrix, und folglich reflektieren die Faktoren nur die gemeinsame Varianz in der Person $\times$ Reaktion-Matrix unter Vernachlässigung der auf die Situation entfallenden Varianz. Ein Faktor wird durch Aufgaben definiert, die die Individuen in gleicher Weise in eine Rangordnung stellen, ohne sich auf situative Bedingungen zu beziehen. Das bedeutet, das auf eigenschaftsgebundenen Daten beruhende Faktorenwerte in bezug auf eine bestimmte Art von Verhalten in einer bestimmten Situation einen niedrigeren Voraussagewert haben als Faktorenwerte, die sich auf situationsgebundene Daten stützen.

Die unterschiedlichen Charakteristika von situationsgebundenen und eigenschaftsgebundenen Daten erfordern die Berücksichtigung des Typs der Daten, der in der empirischen Forschung verwendet wird. Mit Hilfe der zwei Datentypen gewonnene Ergebnisse sind nur mit Einschränkungen vergleichbar und können bei Forschungen z. B. zur intersituativen und Längsschnittstabilität nicht als untereinander austauschbar verwendet werden.

Es gibt Meinungen, daß manche Arten von Personenvariablen (beispielsweise Intelligenz) stabilere Personencharakteristiken darstellen als andere (z. B. Temperamentsvariable) (Mischel 1973). In bezug auf die vorausgegangene Diskussion möchte ich bemerken, daß die Forschung auf diesen beiden Gebieten durch unterschiedliche Datentypen bestimmt wird. Die Mehrzahl der Forschungen über die Stabilität von Intelligenz verwendet situationsgebundene Daten, während die Forschung auf dem Gebiet der Stabilität von Temperamentsvariablen sich auf den traditionellen Typ von Fragebogendaten stützt. Dieser Umstand mag zumindest teilweise zu den angeführten Differenzen der Stabilitätsdaten bei diesen beiden Arten von Personenvariablen (Intelligenz gegenüber Temperament) geführt haben.

Empirische Illustrationen zur Rolle von Situationen

Der systematische und gesetzmäßige Charakter der Beziehung zwischen situativen Bedingungen und der Wahrnehmung von Situationen durch Individuen und ihre Reaktion auf sie wird hier durch drei in meiner Forschungsgruppe angestellte empirische Untersuchungen illustriert. Sie sind aus einer Reihe von Arbeiten ausgewählt worden, in denen die Rolle situativer Bedingungen im Bereich von angstauslösenden Situationen untersucht wird. Diese Studien werden hier nicht vorgestellt, um entscheidende Resultate zu zeigen. Der Zweck ist mehr illustrativer als substantieller Art, und meine Bemerkungen beschränken sich daher auf Implikationen der Ergebnisse für die Methodik und Forschungsstrategie, die hier im Brennpunkt unseres Interesses stehen. (Betreffs weiterer Diskussion der Resultate wird der Leser auf die Originalberichte verwiesen.)

Altersunterschiede in der Erfassung von Situationen

Der Ausgangspunkt dieser Untersuchung war der Einfluß von Alter, Geschlecht und kulturellen Unterschieden bei der Wahrnehmung und Interpretation von angsteinflößenden Situationen. Das Problem wurde unter Verwendung von Daten für die Altersstufen 12, 15 und 18 Jahre von Jugendlichen aus Ungarn, Japan, Schweden und Jemen untersucht. Daten aus Ungarn werden hier benutzt, um einen Weg der Analyse von Situationen und der Untersuchung interindividueller Reaktionen auf angstauslösende Situationen zu illustrieren (Magnusson und Oláh 1981).

Die im Mittelpunkt stehenden Probleme erfordern grundsätzlich zwei Hauptschritte des Verfahrens. Als erstes benötigen wir eine empirische Bestimmung der Population von angstauslösenden Situationen, und zweitens müssen wir die Struktur der Situationen hinsichtlich ihrer Kategorien oder Dimensionen untersuchen. Um dieses Ziel zu erreichen, wurde folgendes Verfahren gewählt:

Über Geschlechts- und Altersgruppen (12, 15 und 18 Jahre) hinweg wurde eine Stichprobe von 130 Versuchspersonen zusammengestellt. Die Ausgangsdaten für Vergleiche zwischen Geschlechts- und Altersgruppen waren freie Beschreibungen von Angstsituationen durch jedes Individuum. Die Instruktionen forderten jede Vp auf, die am stärksten angstauslösende Situation, die sie erlebt habe oder sich vorstellen könne, so sorgfältig und konkret als möglich zu beschreiben. Dann wurden die Vpn gefragt, welches spezifische Element jener Situation mit ihrem Angsterlebnis assoziiert sei, und *warum* ihnen dieses spezifische Element Angst einflöße. Die Anweisungen wurden dreimal wiederholt, so daß jedes Individuum drei Angstsituationen wiedergeben konnte.

Nach modernen sozialen Lerntheorien entwickelt sich Verhalten in einem Prozeß, in dem sich zwei Arten von Erwartungen bilden: *Kontingenzen von Situation und Ergebnis* (was bedeutet, daß bestimmte situative Bedingungen gewisse Ergebnisse zur Folge haben) und *Kontingenzen von Verhalten und Ergebnis* (was bedeutet, daß bestimmte Verhaltensweisen des Individuums zu bestimmten Ergebnissen führen). Auf diese Theorien bezogen, wurden zwei Schemata für die Klassifizierung von Situationen entwickelt (Magnusson und Stattin 1981). Die in jedem der Schemata enthaltenen Kategorien werden in Tab. 15.1 aufgeführt.

Tab. 15.1: *Kategorisierende Schemata für situative Charakteristika und Charakteristika von Erwartungen*

Situationscharakteristika	*Erwartete Folgen*
Person	*Physisch-körperlich*
1. Eigene Person	1. Physischer Schmerz
2. Eltern	2. Physischer Schaden
3. Andere eng verwandte Erwachsene	3. Unbehagen
4. Geschwister	4. Unrealistisches
5. Autoritäten außerhalb der Familie	
6. Gleichgestellte	*Persönlich-interpersonal*
7. „Gefährliche" Leute	5. Persönliche Unzulänglichkeit
8. Leute im allgemeinen	6. Verlust der Selbstbeherrschung
	7. Tod
Situation	8. Strafe
9. Forderung nach Leistungen	9. Schuld
10. Medizinische Situationen	10. Scham
11. Unfälle	11. Ablehnung
12. Gewöhnliche Phobien	12. Trennung
13. Tiere	
14. Archaische Situationen	*global*
15. Übernatürliche Furcht	13. Gesellschaftsbezogenes
16. Makrosoziales	

Unter Benutzung des Teilschemas „situatives Charakteristikum" werden Situationen auf der Grundlage der Beschreibungen, *welches* Element der Situationen mit Angsterlebnissen assoziiert ist, klassifiziert. Mittels des Teilschemas „erwartete Folgen" werden die Situationen auf der Grundlage der Beschreibungen, *warum* diese situativen Elemente angstauslösend seien, klassifiziert. Die psychometrischen Eigenschaften der Daten, die aus den Teilschemata erhalten wurden, wurden auf die Reliabilität der durch sie gewonnenen Daten hin untersucht. Die Analysen ergaben, daß das Verfahren in hinreichendem Maße reliabel ist.

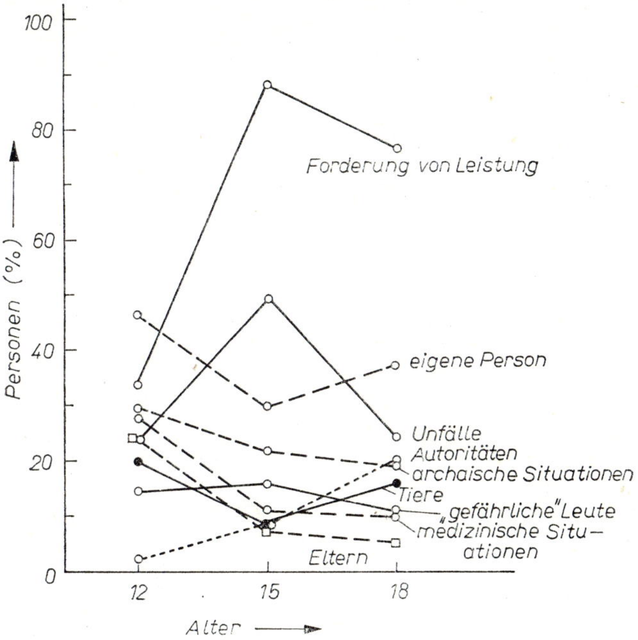

Abb. 15.2: Alterskurven für die Prozentsätze der Jungen, die über verschiedene Kategorien von situativen Charakteristika berichteten.

Abb. 15.2 stellt die Alterstrends für die am häufigsten von Jungen angeführten situativen Charakteristiken dar. Für jede Altersgruppe werden die prozentualen Anteile der Jungen angegeben, die die spezifische Kategorie angaben. Abb. 15.3 stellt Unterschiede zwischen den Geschlechtern bei den Alterstrends für die Kategorien Unfälle und archaische Situationen vor. Abb. 15.4 zeigt die Alterstrends für erwartete Folgen bei Jungen an Hand des Prozentsatzes von Jungen, die die verschiedenen Situationstypen angaben. Abb. 15.5 zeigt Unterschiede bei den Geschlechtern in den Alterstrends für die beiden Kategorien von erwarteten Folgen für persönliche Unzulänglichkeit und Trennung.

Die fruchtbarste Art der Benutzung der Teilschemata ist ihre Benutzung in Verbindung miteinander. Die beiden Gruppen von Kategorien werden dann in einer Kontingenztabelle zusammengefaßt, die *m*-Reihen (Anzahl der Kategorien für aktivierende Bedingungen) und *n*-Spalten (Anzahl der Kategorien für erwartete Folgen) enthält.

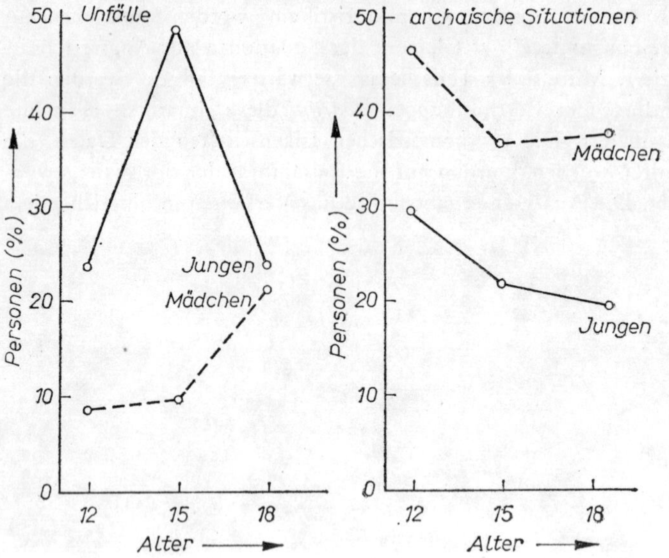

Abb. 15.3: Geschlechtsunterschiede in den Alterstrends bei Berichten über Unfälle und archaische Situationen als situative Charakteristika.

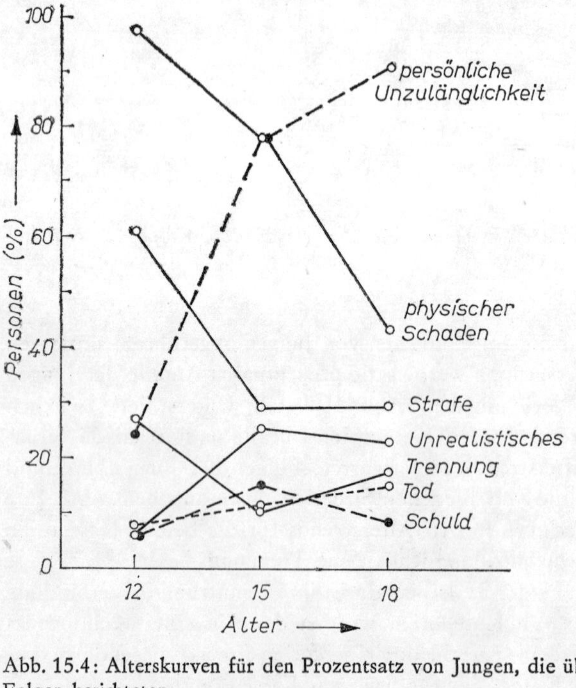

Abb. 15.4: Alterskurven für den Prozentsatz von Jungen, die über verschiedene Kategorien erwarteter Folgen berichteten.

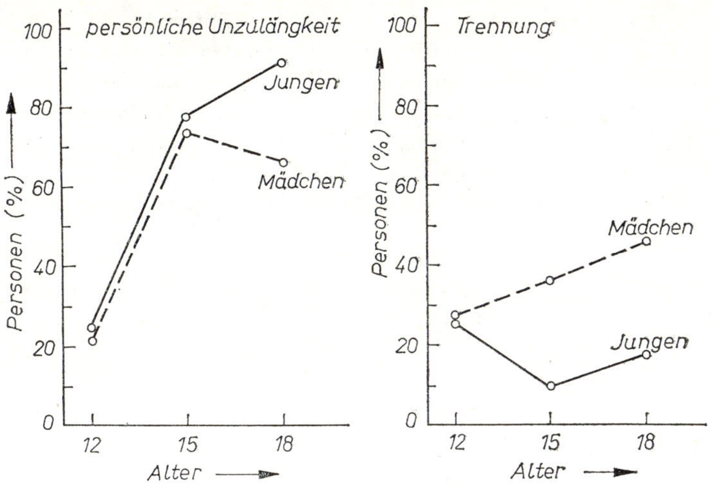

Abb. 15.5: Unterschiede der Geschlechter in den Alterstrends für erwartete Folgen, a) Persönliche Unzulänglichkeit, b) Trennung.

Bemerkungen.
Eine statistische Analyse zeigte stark signifikante Geschlechts- und Altersunterschiede für spezifische Kategorien und starke Interaktionen von Geschlecht × Alter × Kategorie sowohl bei situativen Charakteristika als auch bei den erwarteten Folgen. Dies demonstriert die Notwendigkeit der Berücksichtigung der situativen Bedingungen, unter denen Beobachtungen bei Forschungen zu Alters- und Geschlechtsunterschieden unternommen werden. Dieses Ergebnis schließt u. a. ein, daß wir eine adäquate Auswahl von Situationen für bestimmte Stichproben von Individuen brauchen.

Interindividuelle Verhaltensunterschiede

Wie wichtig es ist, sowohl allgemeine als auch differentielle situative Wirkungen auf individuelle Reaktionen zu berücksichtigen, wie sie in teilweise spezifischen intersituativen Profilen reflektiert werden, kann an Hand der Ergebnisse einer Studie illustriert werden, über die Magnusson und Ekehammar (1975) berichteten.

Männliche und weibliche Teenager beantworteten einen S-R-Fragebogen, der 17 Situationen und 18 Reaktionsweisen enthielt. Jede Vp gab für jede Situation den Grad der erlebten Intensität jeder Reaktionsweise an. Die Situationen stellten drei Hauptsituationstypen dar, die als drohende Strafe, Erwartungsangst und unbestimmte Bedrohung bezeichnet wurden. Die Reaktionsmodelle zeigten zwei Arten von Angstreaktionen, somatische und psychische Angst.

Zwei Hauptanalysearten wurden durchgeführt. Als erstes wurden die Individuen (jedes Geschlecht für sich) auf der Grundlage von intersituativer Profilähnlichkeit durch Latente Profilanalyse (LPA) in homogene Gruppen von Individuen geordnet. Für Jungen sowie für Mädchen wurden drei unterschiedliche Gruppen erzielt. Zweitens wurde eine fünffache Varianzanalyse mit partiell verschachtelten Gruppen, die die folgenden Faktoren umfaßten, angestellt: Geschlechtsprofile (LPA), in „Geschlecht“ verschachtelt,

Individuen, in „Profile" und „Geschlecht" verschachtelt, sowie Geschlecht, Reaktionen und Situationen. Abb. 15.6 zeigt die Ergebnisse der Datenanalyse für Mädchen und Tab. 15.2 die Ergebnisse in bezug auf intersituative Profilcharakteristika. Für Mädchen wurde Profil I (das 59 % der Mädchen umfaßte) durch (1) niedriges Angstniveau, (2) hohe intersituative Konsistenz und (3) hohe Reaktionskonsistenz charakterisiert. (Niedrige Reaktionskonsistenz bedeutet, daß der Unterschied zwischen psychischen und somatischen Reaktionen groß ist.) Profil II (17 %) wurde durch (1) hohes Angstniveau, (2)

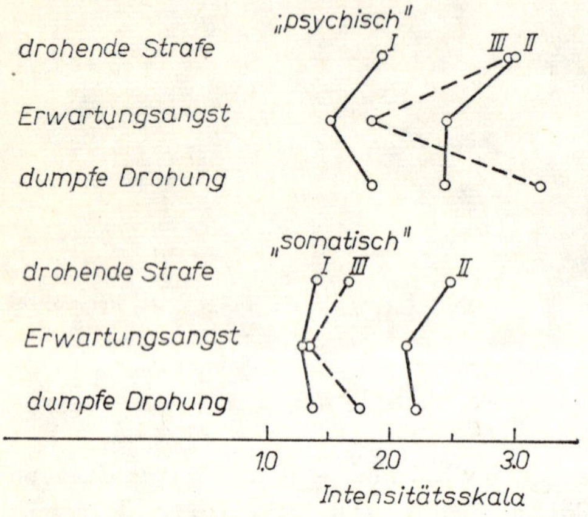

Abb. 15.6: Mittlere intersituative Angstprofile für drei homogene Gruppen von Mädchen, erhalten durch latente Profilanalyse.

Tab. 15.2: *Profilcharakteristika von LPA-Gruppen (aus Magnusson und Ekehammar 1975)*

	Mädchen			Jungen		
Profilcharakteristikum	Profil I	Profil II	Profil III	Profil I	Profil II	Profil III
Intersituative Inkonsistenz (MS_S)	.05	.10	.44	.03	.05	.39
Reaktions-inkonsistenz (MS_R)	.27	.32	1.76	.13	.58	.33
Gesamtmittel der Angst	1.56	2.50	2.12	1.29	1.68	2.01

vergleichsweise hohe intersituative Konsistenz und (3) hohe Reaktionskonsistenz charakterisiert, während Profil III (24 %) durch (1) mäßiges Angstniveau, (2) niedrige intersituative Konsistenz und (3) niedrige Konsistenz der Reaktionen charakterisiert wurde.

Bei den Jungen wurde Profil I (53 %) durch (1) niedriges Angstniveau, (2) hohe intersituative Konsistenz und (3) hohe Reaktionskonsistenz charakterisiert. Profil II (36 %) wies folgende Charakteristika auf: (1) mäßiges Angstniveau, (2) relativ hohe intersituative Konsistenz und (3) niedrige Reaktionskonsistenz. Profil III (11 %) wurde durch (1) hohes Angstniveau, (2) niedrige intersituative Konsistenz und (3) mäßige Reaktionskonsistenz charakterisiert.

Bemerkung.
Diese Studie illustriert die Zweckmäßigkeit eines interaktionalen Verhaltensmodells, in dem die Individuen Unterschiede im Hinblick auf sowohl den allgemeinen Intensitätsgrad *als auch* im Hinblick auf teilweise spezifische intersituative Profile des untersuchten Verhaltens aufweisen. Die Untersuchung zeigt die Möglichkeit, daß Informationen über intersituative Profile, bei denen Individuen in homogene Gruppen eingeteilt werden, als Grundlage für Verallgemeinerungen benutzt werden können.

Interkulturelle Verhaltensunterschiede

In einer interkulturellen Studie über Reaktionen auf angstauslösende Situationen schätzten Jugendliche aus Ungarn, Japan und Schweden ihre eigenen Reaktionen auf eine Anzahl hypothetischer Situationen ein (Magnusson und Stattin 1978). Abb. 15.8 zeigt Reaktionsprofile Jugendlicher in den drei Ländern in drei Situationen.

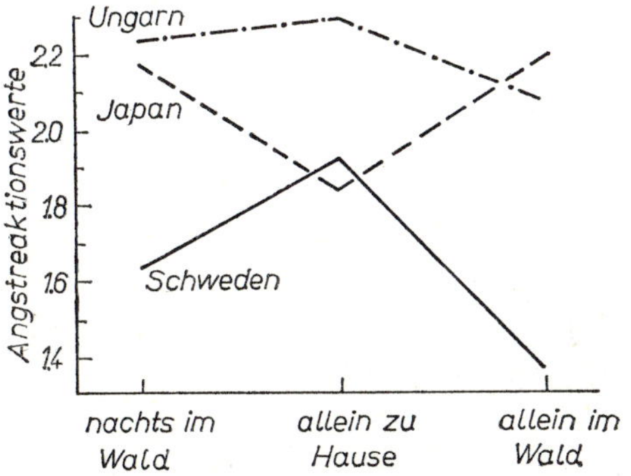

Abb. 15.7: Intersituative Angstreaktionsprofile für Jugendliche in Ungarn, Japan und Schweden.

Abb. 15.7 zeigt deutlich, daß die Jugendlichen in den drei Ländern Unterschiede aufweisen, nicht nur, was das mittlere Niveau der Angstreaktionen in den verschiedenen Situationen betrifft, sondern auch (und das ist nicht weniger interessant), was ihre charakteristischen Reaktionsprofile über Situationen hinweg angeht.
Bemerkungen. Man hat zur Unterstützung eines Eigenschafts-Persönlichkeitsmodells angeführt, daß in verschiedenen Kulturen die gleiche Art Personalitätsfaktoren festgestellt worden sind, wobei man sich auf Daten aus dem traditionellen Typ von Persönlichkeitsfragebögen stützte. In einer Analyse von Daten über Angstzustände, die unter Jugendlichen in Ungarn, Japan und Schweden gewonnen worden waren, waren die gleichen Faktoren (psychische und somatische Angstreaktionen) in allen drei Kulturen in der gleichen Weise definiert worden. Ergebnisse dieser Art widerlegen weder das oben dargestellte Ergebnis noch die Schlußfolgerung, daß es bei der Interpretation von empirischen Ergebnissen bei interkulturellen Forschungen wesentlich ist, den situativen Kontext zu berücksichtigen. Die Resultate zeigen nur, daß Individuen aus unterschiedlichen Kulturen Angst durch die gleiche Art von Reaktion ausdrücken. Das jedoch, was verschiedene Typen von Verhalten weckt, fördert und verhindert, unterscheidet sich in gewissem Grade bei den verschiedenen Kulturen.

Schlußfolgerungen

Die in bezug auf situative Wirkungen auf das Verhalten, Verhaltensmodelle und Datenarten diskutierten Unterschiede und die vorgestellten empirischen Illustrationen zeigen, daß interindividuelle Unterschiede sowie alters- und geschlechtsbedingte Unterschiede und Unterschiede zwischen kulturellen Gruppen und Teilgruppen nicht ohne den Bezug auf die spezifischen Merkmale der Situationen, in denen das Verhalten beobachtet wird, sinnvoll und effektiv untersucht und verstanden werden können. Dies schließt die Notwendigkeit ein, daß die empirische Forschung die situativen Bedingungen, unter denen die Verhaltensdaten gewonnen werden, systematisch bei der Planung, Ausführung und Interpretation empirischer Studien berücksichtigt. Die Unterschiede und Begriffsbildungen, die wir in diesem Kapitel diskutiert haben, und die Resultate der vorgelegten empirischen Untersuchungen können den Hintergrund für ein paar Anregungen für die zukünftigen Forschungen in der vorgeschlagenen Richtung bilden.

Konsequenzen aus einem interaktionalen Paradigma

Wie oben gesagt, geht ein interaktionales Verhaltensmodell davon aus, daß man eine Person am besten durch ihr teilweise spezifisches *Muster* von stabilen und veränderlichen Verhaltensweisen über mehrere Situationen hinweg charakterisieren kann. Aus diesem Modell ergeben sich mehrere offensichtliche Folgen.

Situationsgebundene Daten

Erstens folgt aus diesem Standpunkt die Notwendigkeit, mehr situationsgebundene Daten (d. h. Daten, die für individuelle Funktionen in spezifischen Situationen mit bekannten Eigenschaften stehen und diese widerspiegeln) zu gewinnen. Die charakteristischen Merkmale dieser Daten und der Grund, warum ihre Benutzung von Vorteil ist, wurden auf S. 213 diskutiert. Unter anderem sind situationsgebundene Daten eine notwendige Voraussetzung für die sinnvolle und nützliche Zusammenfassung von Daten. In vielen Zusammenhängen müssen Daten zusammengefaßt werden, um die Nutzung reliabler Maße zu gewährleisten. Um jedoch die wesentlichen Eigenschaften zusammengefaßter Daten zu kennen und die Daten effektiv zu benutzen, müssen sie auf situationsgebundene Daten mit bekannten Eigenschaften gegründet sein.

Der Bedarf an situationsgebundenen Daten stellt eine Herausforderung an die weitere Entwicklung von Datenerhebungsmethoden dar, die die von traditionellen Faktoren-Intelligenztests gelieferten methodischen Prototypen nutzen. Auf dem Gebiet der Angstforschung sind solche Methoden von Endler, Hunt und Rosenstein (1962) in ihrem S-R-Format und von Spielberger (1972) in seinem STAI zur Untersuchung von Eigenschafts- und Zustandsangst eingeführt worden (vgl. auch Magnusson, Duner und Zetterblom 1975, die eine Methode zur Untersuchung von Normen durch situationsgebundene Daten vorlegten).

Idiografischer Ansatz

Zweitens begünstigt eine interaktionale Sichtweise die Anwendung eines idiografischen Ansatzes der Persönlichkeitsforschung. In den letzten Jahren haben mehrere Forscher das neuerliche Interesse am idiografischen Ansatz der Persönlichkeitsforschung ausgedrückt. Eine ausführliche Analyse und Diskussion des idiografischen Ansatzes wird von Pervin unternommen (im Druck).

Ein häufig gegen einen idiografischen Ansatz der Persönlichkeitsforschung vorgebrachtes Argument ist, daß er sich für Fallstudien eignet, jedoch nicht den gleichen Grad der Verallgemeinerung wie sein nomothetisches Gegenstück gestattet. Es mußt betont werden, daß der idiografische Ansatz nicht auf Fallstudien beschränkt ist und durchaus Verallgemeinerungen erlaubt, die im Prinzip und in der Praxis von keineswegs geringerer Qualität sind als die von der nomothetischen Forschung erlangbaren. Individuen können auf der Grundlage der Ähnlichkeit von Mustern in homogene Kategorien geordnet werden, und dies kann für Vergleiche und Verallgemeinerungen benutzt werden (vgl. die zweite der hier angeführten Studien). Der Vorteil dieses Ansatzes ist unter anderem, daß sich die Verallgemeinerungen mehr auf Personen als auf Variable beziehen. Methoden der Datenanalyse durch solche Clusterbildung von Individuen sind gegenwärtig in rascher Entwicklung (Krauth und Lienert 1973, Lienert 1978, Mårdberg 1973).

Auswahl von Situationen

Weitere Implikationen eines interaktionalen Ansatzes können angeführt werden. Die oben vorgelegten Resultate verdeutlichen die Wichtigkeit von Brunswiks These, daß man in der empirischen Forschung ebenso sorgfältig bei der Auswahl von Situationen, die repräsentativ in dem Sinne sind, daß sie für das betrachtete Problem relevant sind, vorgehen muß wie bei der Auswahl von Individuen (Magnusson und Heffler 1969). Obwohl diese These sehr überzeugend vorgebracht wurde, und trotz ihrer Bedeutung für die empirische Forschung, hat sie erstaunlich wenig Einfluß erlangt. Insgesamt ist die empirische Forschung von dieser These unbeeinflußt geblieben, mit wenigen Ausnahmen wie z. B. die Untersuchungen von Barker (1965) und seinen Mitarbeitern über Verhaltensanordnungen. Ich möchte ein Beispiel für diese Vernachlässigung und ihre Folgen anführen.

Auf dem rapide anwachsenden Gebiet von Streß und Angst sind sich die meisten Forscher der Rolle von Situationen wohl bewußt und haben in ihre Modelle den Bezug zu situativen Bedingungen einbezogen. Andererseits erstaunt einen, wie wenig Beachtung im allgemeinen auf diesem Forschungsgebiet der systematischen Variation von situativen Bedingungen geschenkt worden ist. Auf der Grundlage vieler psycho-physiologischer Laboruntersuchungen ist man zu dem Schluß gekommen, daß Männer physiologisch viel stärker auf Streßsituationen reagieren als Frauen. Und viel Diskussionszeit ist auf die Frage verwandt worden, ob diese Unterschiede genetisch determiniert oder das Resultat eines Lernprozesses sind. Eine Analyse der Situationen, in denen die empirischen Ergebnisse erzielt wurden, zeigt, daß sehr häufig ein spezifischer Situationstyp verwendet wurde, nämlich solche Situationen, die die Forderung nach Leistung irgendeiner Art implizieren. Es mag vielleicht ein bedeutsamer Unterschied zwischen den Geschlechtern in der Interpretation solcher Situationen bestehen, so daß Männer sie streßbetonter interpretieren als Frauen. Wenn man auf die Resultate der oben dargelegten ersten empirischen Untersuchung (daß Frauen viel häufiger als Männer Situationen, die die Erwartung von Trennung einschließen, angeben) verweist, erscheint die Frage natürlich, was geschehen würde, untersuchten wir physiologische Reaktionen in Situationen, die drohende Trennung implizieren.

Systematische Beobachtung und Beschreibung

Die oben angeführte erste empirische Untersuchung zeigte die Nützlichkeit und Wichtigkeit der systematischen Beobachtung und Beschreibung der in der empirischen psychologischen Forschung untersuchten Phänomene. Ich glaube, wir unterschätzen den Nutzen und die Bedeutung der systematischen Beobachtung und Beschreibung der grundlegenden Erscheinungen, noch ehe wir mit dem Experimentieren und dem Testen von Hypothesen beginnen, und ehe wir unsere Arsenale von technisch ausgeklügelten Methoden der Analyse von Daten (von denen wir nicht immer wissen, was sie wirklich darstellen) ins Feld führen. In anderen Bereichen der Verhaltensforschung, beispielsweise der Biologie, Anthropologie und Ethologie, ist die systematische Beobachtung und Beschreibung der untersuchten Phänomene ein selbstverständliches und erwartetes Verfahren, das keiner Rechtfertigung bedarf. Obgleich systematische Beobachtung und Beschreibung niemals ein Ersatz für das Experimentieren sein kann, sind sie eine notwendige und wichtige Ergänzung.

Die Resultate sorgfältiger Beobachtung und Beschreibung bilden die wesentliche Grundlage für die Entwicklung adäquater und effektiver Theorien. Viele sinnlose Experimente hätten vermieden werden können, wäre ihnen sorgfältige und systematische Beobachtung vorausgegangen.

Situationsanalysen

Eine notwendige Voraussetzung für die systematische Berücksichtigung situativer Bedingungen in der Planung, Ausführung und Auswertung empirischer Forschungen ist die in relevanten Termini ausgedrückte Kenntnis der situativen Charakteristika, die das Verhalten beeinflussen können, und die überwacht werden müssen. Diese Feststellung wirft die Frage auf, die mitunter in Gestalt der Taxonomie von Situationen diskutiert worden ist. Bei der Diskussion dieser Frage haben einige Forscher die Frage gestellt, ob man zu sinnvollen Taxonomien von Situationen gelangen kann, und einige haben dies bezweifelt (Block und Block 1981, Pervin 1981). Wenn man die Diskussion über eine Taxonomie von Situationen auf die Feststellung einengt, daß es eine statische und endgültige Lösung für die Kategorisierung und Dimensionalisierung von Situationen und situativen Bedingungen gibt, dann stimme ich dem zu. Im weiteren Sinne ist jedoch eine Taxonomie von Situationen und situativen Bedingungen sowohl möglich als auch sinnvoll, und sie ist sehr nützlich für den weiteren Fortschritt in der Psychologie.

Der Ausgangspunkt für diesen Vorschlag ist die Annahme, daß in der Umwelt Ordnung und Regelmäßigkeit herrschen können. Reize, Reizmuster und Ereignisse treten nicht in anarchischer Unordnung auf. Die Existenz von Ordnung und Regelmäßigkeit in der Umwelt ist eine Voraussetzung für das zweckgerichtete und gesetzmäßige Verhalten des Individuums.

Soweit in der Umwelt Ordnung und Regelmäßigkeit herrschen, können Reize, Reizmuster und Ereignisse nach Dimensionen geordnet und auf der Grundlage gemeinsamer Charakteristika (wie in der oben dargelegten ersten Studie erläutert) in homogene Kategorien gruppiert werden. Ordnung und Regelmäßigkeit herrschen auf verschiedenen Stufen der Verallgemeinerung in der Mikro-Makro-Dimension der Umwelt. Beispielsweise können Kulturen im Hinblick auf die Art des Weges, den Individuen zur Erreichung ihres Ziels gehen, systematisch kategorisiert werden. Zum Beispiel können Situationen in bezug auf die Art Belohnung, die sie für eine bestimmte Verhaltensart bieten, geordnet werden, und Objekte danach, wie furchterregend sie sind.

Die Feststellung, daß Ordnung und Regularität in der Umwelt auf verschiedenen Ebenen existieren, bedeutet nicht unbedingt, daß ein einziges hierarchisches System von Dimensionen und Kategorien für immer und ewig aufgestellt werden kann. Welche Art Ordnung beobachtet und sinnvoll in den gesamten Umweltraum eingetragen werden kann, hängt von der Stufe der Allgemeinheit der Mikro-Makro-Dimension und der günstigen Ebene ab, von der aus sie beobachtet wird (d. h. vom betrachteten Problem).

Ordnung und Regelmäßigkeit bestehen in der Umwelt selbst und lassen sich direkt in physikalischen Eigenschaften, sozialen und kulturellen Normen, Regeln, Rollen etc., die zu spezifischen Umgebungen gehören, sowie in biologischer Bedeutung ausdrücken. Ordnung und Regelmäßigkeit bestehen ebenfalls in den Wahrnehmungen und kognitiven Vorstellungen von der Umwelt, die die Individuen haben, und können daher mittels der Wahrnehmungen der Individuen von ihrer Umwelt und ihren Reaktionen auf sie beschrieben und analysiert werden.

Die Schlußfolgerung ist, daß es möglich ist, die Umwelt systematisch zu erforschen und zu beschreiben. Es ist eine wichtige Aufgabe, die Ordnung der Umwelt auf der Stufe der jeweils für die untersuchten Probleme relevanten Verallgemeinerung zu entdecken und aufzuzeichnen. Das ist schon an sich ein Ziel, ist jedoch gleichfalls eine wesentliche Voraussetzung für die Formulierung effektiverer Fragen, für die Planung und Durchführung von Forschungsarbeiten, die akkumulierbare Daten erbringen, und für die Formulierung effektiverer Persönlichkeitstheorien.

Die obigen Feststellungen implizieren, daß man keine einzelne, definitive Lösung des Problems der Kategorisierung und Dimensionalisierung auf diesem Gebiet erwarten kann. Die wesentliche Grundlage für Situationsanalysen ist die psychologische Problemstellung, die untersucht und aufgeklärt werden soll. Die zweckentsprechende Methode der Datenanalyse wird in Abhängigkeit von dem Problem, den situativen Charakteristika, die untersucht werden sollen, und von der Art der erhobenen Daten (quantitative oder qualitative) variieren.

Für eine fruchtbare Forschung auf dem Gebiet der Situationen sollten wir die Irrtümer der differentiellen Psychologie vermeiden, die in der Forschung und auch Theorie in hohem Grade von den *Methoden* der Datenerhebung und -analyse gelenkt wird. Es ist wesentlich, daß Forschung zu Situationen auf sorgfältiger systematischer Beobachtung und Beschreibung beruht und von theoretischen Analysen und der Formulierung der psychologischen Probleme innerhalb eines theoretischen Rahmens gelenkt wird. Wenn wir nach dieser Strategie verfahren, wird die systematische Forschung zu Situationen Wissen von grundlegender Wichtigkeit hervorbringen, das zum besseren Verständnis vieler psychologischer Probleme beitragen wird.

Abschließende Empfehlungen

Dieses Kapitel konzentrierte sich auf die Wichtigkeit der Beachtung des Situationskontexts bei der theoretischen und empirischen Persönlichkeitsforschung. Um jedes Mißverständnis meines Standpunktes auszuschließen, möchte ich die hier vertretene Ansicht in einen breiteren Zusammenhang stellen. Wenn wir den dem aktuellen Verhalten zugrunde liegenden Prozeß mittels der Interaktionsprozesse zwischen Person und Situation beschreiben, und wenn wir die Individualentwicklung in dem gleichen Rahmen diskutieren, besteht das Problem nicht darin, wie Person und Situation als zwei getrennte Teile von gleicher Wichtigkeit miteinander in Wechselbeziehung treten, sondern, und das ist wesentlich, wie Individuen durch ihre Wahrnehmungen, Gedanken und Gefühle im Verhältnis zu ihrer Umwelt handeln. Auf diese Weise spielt in dem Prozeß der Auseinandersetzung eines Individuums mit der äußeren Welt sein integriertes Vermittlungssystem eine fundamentale Rolle. Die Hauptaspekte dieses Systems sind 1. die Kognitionen und Konzeptionen des Individuums von der äußeren Welt einschließlich seiner Selbstauffassungen, 2. seine Art der Informationsverarbeitung, 3. seine Emotionen und 4. seine physiologischen Prozesse.

Die Struktur und Funktionsweise des Vermittlersystems eines Individuums bildet und verändert sich langsam in einem Lern- und Reifungsprozeß, der im Laufe der kontinuierlichen bidirektionalen Interakion zwischen Individuum und Umwelt vor sich geht. Eben dieses System determiniert, welche Situationen ein Individuum sucht, und welche es meidet (soweit es die Wahl hat), welche situativen Bedingungen es beachtet, wie es einzelne Reize, Reizmuster und Ereignisse deutet, und wie es die Informationen über die Umwelt in interne und externe Aktionen umwandelt. Eine zentrale Aufgabe für die Erklärung menschlichen Verhaltens ist es, die Gesetzmäßigkeit der Funktionsweise des Teilsystems der Wahrnehmungen, Kognitionen, Emotionen und physiologischen Prozesse in ihrer Interaktion miteinander und als ein einheitliches Gesamtsystem in aktuellen Situationen zu begreifen und zu verstehen, wie sie sich im Laufe des Reife- und Lernprozesses entwickeln.

Wenn wir zu realistischeren Modellen individueller Funktionsweisen kommen wollen, können wir jedoch die Modelle nicht auf das Erfassen allein von Wahrnehmungen, Gedanken, Gefühlen und physiologischen Prozessen und deren Interrelation mit dem erkennbaren Verhalten beschränken. Wie oben gezeigt, hängen diese Aspekte des Funktionierens in aktuellen Situationen vom Charakter des Situationskontextes ab. Bei unserem Fortschreiten zu integrierteren Modellen müssen wir systematischer und informierter als bisher den Situationskontext, in dem die Individuen leben und sich entwickeln, einbeziehen. Solche integrierten Modelle werden unter anderem als Grundlage für präzisere empirische Arbeiten benötigt, die wirklich wissenschaftlich sind in dem Sinne, daß sie Daten erbringen, die akkumuliert werden können und in einem allgemeinen und gemeinsamen Bezugsrahmen interpretierbar sind. Integrierte Modelle, die den Situationskontext in sich einschließen, werden uns dabei helfen, das zweifache Ziel der Psychologie zu erreichen, nämlich zu erklären und zu begreifen, warum Individuen so fühlen, denken und handeln, wie sie es im wirklichen Leben tun, *und* zur Bildung einer physikalischen und sozialen Umwelt beizutragen, die den Bedürfnissen und Potenzen der Individuen angepaßt ist.

Danksagung
Den Bemerkungen von V. L. Allen, A. Dunér, H. Stattin und Bertil Törestad zu einer früheren Version dieses Manuskriptes habe ich viel zu verdanken.

Literatur

Allport, G. W.: Traits revisited. American Psychologist, 21, 1–10, 1966

Barker, R. G.: Explorations in ecological psychology. American Psychologist, 20, 1–14, 1965

Block, J., and J. H. Block: Studying situational dimensions: A grand perspective and some limited empiricism. In: D. Magnusson (Ed.), Toward a Psychology of Situations: An Interactional Perspective, Hillsdale, N. J.: Erlbaum, 1981

Bowers, K. S.: Situationism in psychology: An analysis and a critique. Psychological Revies, 80, 307 to 336, 1973

Cattell, R. B.: Personality, role, mood, and situation perception: A unifying theory of modulators. Psychological Review, 70, 1–18, 1963

Ekehammar, B.: Interactionism in personality from a historical perspective. Psychological Bulletin, 81, 1026–1048, 1974

Endler, N. S.: A person-situation interaction model for anxiety. In: C. D. Spielberger and I. G. Sarason (Eds.), Stress and Anxiety (vol. 1). Washington, D. C.: Hemisphere (Wiley), 1975, 145–164

Endler, N. S.: Whence interactional psychology. In: A. Furnham and M. Argyle (Eds.), Social Behavior in Context. Boston: Allyn and Bacon

Endler, N. S., J. Mc V. Hunt and A. J. Rosenstein: An S-R inventory of anxiousness. Psychological Monographs, 76, 1–33, 1962

Endler, N. S., and D. Magnusson: Toward an interactional psychology of personality. Psychological Bulletin, 83, 956–974, 1976

Epstein, S.: The stability of behavior: I. On predicting most of the people much of the time. Journal of Personality and Social Psychology, 37, 1097–1126, 1979

Goldfried, M. R., and T. J. D'Zurilla: A behavioral-analytic model for assessing competence. In: C. D. Spielberger (Ed.), Current Topics in Clinical and Community Psychology, (vol. 1). New York: Academic Press, 1969, 150–196

Goldfried, M. R., and R. N. Kent: Traditional versus behavioral personality assessment: A comparison of methodological and theoretical assumptions. Psychological Bulletin, 77, 409–420, 1972

Hammond, K. R.: Probalistic functioning and the clinical method. Psychological Review, 62, 255–262, 1955

Hartshorne, H., and M. A. May: Studies in the nature of character: Studies in deceit (vol 1). New York: Macmillan, 1928

Kantor, J. R.: Principles of psychology (vol. 1). Bloomington: Principia Press, 1924

Kantor, J. R.: Principles of psychology (vol. 2). Bloomington: Principia Press, 1926

Krauth, J., and G. A. Lienert: Die Konfigurationsfrequenzanalyse und ihre Anwendung in Psychologie und Medizin, München: Verlag Karl Alber, 1973

Lewin, K.: Field theory in social science. Selected theoretical papers. New York: Harper, 1951

Lienert, G. A.: Verteilungsfreie Methoden in der Biostatistik: Band II. Meisenheim am Glan: Verlag Anton Hain, 1978

Pervin, L. A.: Idiographic approaches to personality. In: N. S. Endler and J. Mc V. Hunt (Eds.), Personality and the Behavioral Disorders. (2nd Ed.). New York: Wiley

Magnusson, D.: The person and the situation in an interactional model of behavior. Scandinavian Journal of Psychology, 17, 253–271, 1976

Magnusson, D.: On the psychological situation. Reports from the Department of Psychology, the University of Stockholm, 544, 1978

Magnusson, D.: Personality in an interactional paradigm of research. Zeitschrift für Differentielle und Diagnostische Psychologie, 1, 17–34, 1980

Magnusson, D.: Wanted: A psychology of situations. In: D. Magnusson (Ed.), Toward a Psychology of Situations: An Interactional Perspective, Hillsdale, N. J.: Erlbaum, 9–32, 1981

Magnusson, D.: Persons in situations: Some comments on a current issue. Invited address at the First European Conference on Personality, Tilburg, May 1982

Magnusson, D., A. Dunér and G. Zetterblom: Adjustment: A longitudinal study. Stockholm: Almqwist and Wiksell, 1975

Magnusson, D., and B. Ekehammar: Anxiety profieles based on both situational and response factors. Multivariate Behavioral Research, 10, 27–44, 1975

Magnusson, D., and N. S. Endler: Personality at the crossroads: Current issues in interactional psychology. Hillsdale, N. J.: Erlbaum, 1977

Magnusson, D., M. Gerzén and B. Nyman: The generality of behavioral data I: Generalization from observations on one occasion. Multivariate Behavioral Research, 3, 295–320, 1968

Magnusson, D., and B. Heffler: The generality of behavioral data III: Generalization potential as a function of the number of observation instances. Multivariate Behavioral Research, 4, 29–42, 1969

Magnusson, D., and A. Oláh: Situation-outcome contingencies: A study of anxiety-provoking situations in a developmental perspective. Reports from the Department of Psychology, the University of Stockholm, 574, 1981

Magnusson, D., and H. Stattin: A cross-cultural comparison of anxiety responses in an interactional frame of reference. International Journal of Psychology, 13, 317–332, 1978

Magnusson, D., and H. Stattin: Stability of cross-situational patterns of behavior. Journal of Research in Personality, 15, 488–496, 1981

Magnusson, D., and H. Stattin: Situation-outcome contingencies: A conceptual and empirical analysis of threatening situations. Reports from the Department of Psychology, the University of Stockholm, 571, 1981

Mischel, W.: Personality and assessment. New York: Wiley, 1968

Mischel, W.: Toward a cognitive social learning reconceptualization of personality. Psychological Review, 80, 252–283, 1973

Murphy, G.: Personality: A biosocial approach to origins and structure. New York: Harper, 1947

Murray, H. A.: Explorations in personality. New York: Oxford Univ. Press, 1938

Murray, H. A.: Studies of stressful interpersonal disputations. American Psychologist, 18, 28–36, 1963

Mårdberg, B.: A model for selection and classification in industrial psychology. Reports from the Department of Psychology, the University of Stockholm, 19, 1973

Pervin, L. A.: Definitions, measurements, and classification of stimuli, situations and environments. Human Ecology, 6, 71–105, 1978

Pervin, L. A.: The relations of situations to behavior. In: D. Magnusson (Ed.), Toward a Psychology of Situations: An Interactional Perspective. Hillsdale, N. J.: Erlbaum, 1981

Sarason, I. G., R. E. Smith and E. Diener: Personality research: Components of variance attributable to the person and the situation. Journal of Personality and Social Psychology, 32, 199–204, 1975

Sells, S. B.: An interactionist looks at the enviroment. American Psychologist, 18, 696–702, 1963

Spielberger, C. D.: Anxiety as an emotional state. In: Anxiety: Current trends in theory and research (vol. 1). New York: Academic Press, 1972

Stagner, R.: Traits are relevant: Theoretical analysis and empirical evidence. In: N. S. Endler and D. Magnusson (Eds.), Interactional psychology and personality. Washington: Hemisphere, 109–124, 1976

Tolman, E. C.: Psychology versus immediate experience. In: E. C. Tolman: Collected papers in psychology. Berkeley: University of California Press, 1951

Wachtel, P.: Interaction cycles, unconcious processes and the person-situation issue. In: D. Magnusson and N. S. Endler (Eds.), Personality at the Crossroads: Current issues in interactional psychology, 317–332, 1977

16. Perspektiven der Motivationspsychologie des Menschen: ein neues experimentelles Paradigma

Julius Kuhl
Max-Planck-Institut für Psychologische Forschung, München, BRD

John W. Atkinson
University of Michigan, USA

Ein unaufhörlich klingelndes Telefon kann ein sehr unangenehmes Erlebnis darstellen. Stellen Sie sich vor, Sie sind gerade dabei, Ihr Büro zu verlassen, aus Gründen, die wichtig genug erscheinen, daß Sie sich entscheiden, den Hörer nicht abzunehmen, falls das Telefon klingeln sollte. Und natürlich klingelt es gerade in dem Moment, als Sie dabei sind, zur Tür zu laufen. Sie erreichen die Tür, als das zweite Läuten ertönt, und während Sie öffnen, holt das dritte Klingeln Sie zurück. Sie antworten, vielleicht mit dem überaus freundlichen Ton in Ihrer Stimme, der nur schwach Ihren unterdrückten Ärger verdeckt.

Dieses kleine Beispiel illustriert den Unterschied zwischen den beiden motivationstheoretischen Positionen, die in diesem Kapitel diskutiert werden. Es handelt sich um (1) die traditionellen kognitiv-episodischen Theorien der Motivaton und (2) eine neuere kognitiv-dynamische Theorie (Atkinson und Birch 1970, 1974, 1978). Traditionelle kognitiv-episodische Theorien sind durch verschiedene Formen von Erwartung-mal-Wert-Theorien charakterisiert (Atkinson und Feather 1966, Edwards 1954, Heckhausen 1977). Sie sind *episodisch* genannt worden (Atkinson und Birch 1970), da sie die zeitliche Kontinuität der für das Alltagshandeln charakteristischen Verhaltenssequenzen und der ihnen zugrundeliegenden motivationalen Determinanten vernachlässigen. Kognitiv-episodische Theorien konzentrieren sich auf isolierte zeitliche Episoden und versuchen, zukünftiges Verhalten auf der Basis der kognitiven Repräsentation dieser Situation in Form von Erwartungen und Anreizen vorherzusagen. In unserem Beispiel würde ein kognitiver Ansatz vorhersagen, daß der Handelnde sein Büro verläßt, *wenn* die kognitive Bewertung der zwei fraglichen Handlungsalternativen einen größeren erwarteten Wert für das Verlassen des Büros als für das Beantworten des Telefons ergibt. Dieser Ansatz ignoriert aber die dynamischen Veränderungen der motivationalen Tendenzen, die auftreten können, selbst wenn die subjektiven Gegebenheiten, beschrieben durch Erwartungs- und Bewertungsparameter, sich nicht verändern. In unserem konkreten Beispiel kann man das Verhalten der Person auf die in der Dynamischen Theorie postulierte Trägheitstendenz zurückführen. Entsprechend diesem Postulat regt das erste Klingeln des Telefons die Tendenz an, zum Telefon zu gehen und zu antworten (s. Abb. 16.1 b). Diese Tendenz bleibt gemäß dem Trägheitspostulat *bestehen*, auch wenn ihre Anregungsquelle (d. h. das Klingeln) ausbleibt. Beim Auftreten des zweiten Klingelns wird die Tendenz zum Beantworten des Telefons weiter verstärkt, bis sie beim dritten Klingeln die anfänglich dominante Tendenz zum Verlassen des Büros übertrifft, was zu einer entsprechenden Verhaltensänderung führt. Durch die einseitige Eingrenzung auf einzelne Verhaltensepisoden vernachlässigen kognitive Theoretiker die Auswirkungen der unmittelbaren motivationalen Vergangenheit des Organismus. Entsprechend eines episodisch-kognitiven Ansatzes könnte jedes Klingeln als eine seperate zeitliche Episode gelten, während welcher der

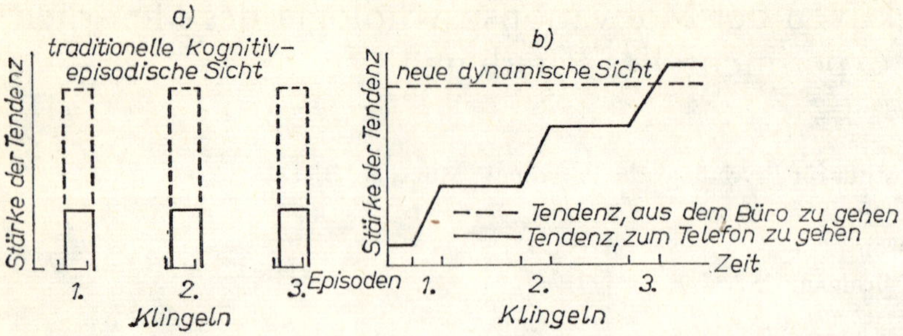

Abb. 16.1: Traditionelle kognitiv-episodische und neue dynamische Interpretation des Telefonbeispiels (Einzelheiten s. Text).

Handelnde Entscheidungen zwischen den möglichen Handlungsalternativen zu treffen hat. Wenn der erwartete Wert einer Antwort auf den Anruf geringer ist als der des Fortgehens, kann der kognitive Ansatz durch Abb. 16.1 a illustriert werden. In jeder Episode ist die Tendenz zu gehen größer als die Tendenz, den Anruf zu beantworten, denn die kognitive Bewertung der beiden Alternativen wird während der Beobachtungszeit als konstant angenommen. Offensichtlich ignoriert die kognitive Sichtweise das Fortbestehen von motivationalen Tendenzen, das in Freuds und Lewins Theorie postuliert wird und das in den experimentellen Ergebnissen von Lewins Schülern empirisch dokumentiert ist (Ovsiankina 1928, Zeigarnik 1927). Kognitive Theorien ignorieren die kumulativen Effekte wiederholter Anregung derselben Handlungstendenz.

Der Leser mag Vorbehalte gegen die dynamische Interpretation des Telefonbeispiels haben, da die Rückkehr zum Telefon hervorgerufen sein könnte nicht durch den kumulativen Effekt der wiederholten Anregung derselben Handlungstendenz, sondern durch eine kognitive Umstrukturierung der Situation, die durch das dritte Läuten eingeleitet wurde. Beim dritten Klingeln könnte der Handelnde an einen Grund denken, aus dem der Anruf wichtig sein könnte. Diese Kritik würde den wesentlichen Punkt unserer Theorie verfehlen. Wir bezweifeln nicht, daß eine Änderung in der kognitiven Bewertung von Handlungsalternativen eine Änderung des Verhaltens hervorrufen kann, noch bezweifeln wir, daß eine solche Bewertungsänderung in der beschriebenen Situation auftreten könnte. Dieses Beispiel dient nur zur Illustrierung der Unterschiede zwischen zwei theoretischen Positionen. Kognitiv-episodische Theorien sagen keine Änderung voraus, *wenn* die kognitive Bewertung sich nicht ändert. Die dynamische Theorie sagt eine Änderung voraus, auch wenn keine kognitive Änderung erfolgt. Die letztere Theorie sagt nicht, wann dieser Fall auftreten kann, sie erklärt lediglich, was passiert, wenn er auftritt. Im Alltag können kumulative dynamische Effekte und kognitive Effekte im Sinne von Bewertungsänderungen gleichzeitig auftreten, was es schwierig macht, den Einfluß jedes einzelnen dieser beiden Faktoren auf die Verhaltensänderung zu beurteilen. Die beiden Faktoren können sogar voneinander abhängig sein. Die oben erwähnte kognitive Umstrukturierung könnte z. B. ein *Resultat* der kumulativen Zunahme der Tendenz sein, zum Telefon zu gehen. Die Person kann die aufgrund des kumulativen Motivationseffekts (Abb. 16.1 a) verstärkte Neigung verspüren, zum Telefon zu gehen und als Ergebnis nach einem „Grund" suchen, der die Absichtsänderung rechtfertigt. Die dynamische Theorie ignoriert die motivationalen Effekte von kognitiven Mediatoren nicht. Sie führt lediglich ein Prinzip der Motivation wieder ein, das in den traditionellen kognitiven Motivationstheorien ignoriert worden ist.

Einige der weitreichenden Konsequenzen dieser Ignoranz werden später diskutiert, besonders diejenigen, welche auf Mängel in den Theorien psychologischer Messung aufmerksam machen und welche zu dem Fehlschluß geführt haben, man könne von den allgemein beobachteten Verhaltensinkonsistenzen in verschiedenen Situationen auf entsprechend inkonsistente Persönlichkeitsmerkmale schließen.

Das Kapitel hat vier Schwerpunkte. Erstens sollen drei Entwicklungsrichtungen der Motivationstheorie diskutiert werden (d. h. der klassische kognitiv-interaktionale Ansatz, der neuere kognitiv-episodische Ansatz und der dynamische Ansatz), sowie ein kürzlich erfolgter Versuch einer Integration des kognitiven und des dynamischen Ansatzes. Zweitens werden zwei experimentelle Paradigmen vorgestellt, mit denen gegenwärtig kritische Unterschiede zwischen dem kognitiv-episodischen und dem dynamischen Ansatz untersucht werden. Das dritte Ziel dieses Kapitels ist es, ein neues experimentelles Paradigma für die zukünftige Forschung vorzuschlagen, das eine zukünftige Vereinheitlichung der Motivationspsychologie fördern kann, indem es eine gemeinsame Datenbasis für alle drei Ansätze schafft.

Die Vergangenheit: drei theoretische Entwicklungslinien

Wenn wir die Aufgaben für die Zukunft festlegen wollen, sollten wir zunächst betrachten, welche Ansätze aus der Vergangenheit vorliegen. Seit 1950 gibt es drei wichtige Entwicklungsrichtungen in der Motivationspsychologie. Das Ziel für die Zukunft ist es, eine konzeptuelle Integration dieser neueren Entwicklungen zu erreichen.

Der klassische kognitiv-interaktionale Ansatz

Die erste Entwicklungslinie erreichte eine Integration dessen, was Cronbach (1957) als die beiden wissenschaftlichen Disziplinen der Psychologie bezeichnete – die Untersuchung individueller Unterschiede und die experimentelle Analyse grundlegender Motivationsprozesse. Ein Beispiel für den kognitiv-interaktionalen Ansatz ist Atkinsons (1957) Modell der Leistungsmotivation, welches die resultierende Tendenz (T_r), eine Aufgabe zu lösen, als algebraisches Produkt von drei Faktoren auffaßt: (1) die Differenz zwischen dem Motiv, Erfolg zu haben (M_E) und dem Motiv, Mißerfolge zu vermeiden (M_M); (2) die subjektive Wahrscheinlichkeit des Erfolgs (P_e) und (3) der Anreiz des Erfolgs (A_e,) der als mit anwachsendem P_e abnehmend angenommen wird (d. h.,

$$A_e = (1 - P_e); T_r = (M_E - M_M) \times P_e \times (1 - P_e)).$$

Entsprechend Lewins programmatischer Konzeption des grundlegenden Problems der Motivationstheorie, welche Verhalten (V) als eine Funktion von personseitigen (P) und situationsseitigen Determinanten (S) ausdrückt, $V = f(P, S)$, erfordert der interaktionale Ansatz gleichzeitiges Interesse an den Verhaltenseffekten individueller Unterschiede (P), die aus diagnostischen Tests erschlossen werden, sowie aus systematischen Manipulationen der Situation (S), wie sie in Forschungen zu leistungsbezogenen Aktivitäten erfolgen (Atkinson 1958, Heckhausen 1967). Die Theorie der Leistungsmotivation illustriert diese erste wichtige konzeptionelle Entwicklungslinie (Atkinson und Feather 1966, Kuhl 1978, Raynor 1969).

Der erweiterte kognitiv-episodische Ansatz

Die zweite Linie der Theorieentwicklung ist auf die Rolle kognitiver Einflüsse auf Motivation und Handeln gerichtet (Heckhausen 1977, Weiner 1980). Heckhausens Modell basiert auf einigen konzeptuellen Unterscheidungen von Erwartungsvariablen, die vorher unberücksichtigt waren. Sein Modell enthält drei verschiedene Erwartungskonzepte, welche die Stärke der Handlungstendenz bestimmen, nämlich die Erwartung E_{se}, daß die Situation ohne persönliche Intervention zu einem bestimmten Ergebnis führt (Situations–Ergebnis–Erwartung), die Erwartung E_{he}, daß eine Handlung zu einem bestimmten Ergebnis führt (Handlungs–Ergebnis–Erwartung) und die Erwartung E_{ek}, daß ein Ergebnis zu verschiedenen Konsequenzen führt (Ergebnis–Folge–Erwartung oder Instrumentalität), welche wiederum verbunden sein können mit verschiedenen Anreizen. Die resultierende Tendenz (T_r), eine bestimmte Handlung auszuführen, wird gleichgesetzt mit der Differenz zwischen Handlungs–Ergebnis–Erwartung und der Situations–Ergebnis–Erwartung, wobei jeder dieser Erwartungsterme gewichtet wird mit der algebraischen Summe der Produkte der Anreize (A_j) aller vorweggenommenen Handlungsfolgen und der *Eekj*-Erwartung, daß das Handlungsergebnis zu der betreffenden Folge führt (bzw. sie verhindert):

$$T_r = (E_{he} \times \sum_{j=1}^{n} A_j \times E_{ekj}) - (E_{se} \times \sum_{j=1}^{n} A_j \times E_{ekj}).$$

Neben der Berücksichtigung einer Vielzahl erwarteter Handlungsfolgen, die auch als Glieder einer Handlungskette zur Realisierung eines zukünftigen Ziels angesehen werden können wie bei Raynor (1969), führt Heckhausens Modell ein *Sparsamkeitsprinzip* in die Motivationstheorie ein, demzufolge die resultierende Handlungstendenz in dem Maße reduziert wird, in dem die Person glaubt, daß gewünschte Folgen auch ohne persönliche Handlung erreicht werden können (oder unerwünschte vermieden).

Die Dynamische Handlungstheorie

Atkinson und Birch (1970, 1974, 1978) formulierten eine mathematische Handlungstheorie, welche kontinuierliche zeitliche Änderungen der Stärke von konkurrierenden Handlungstendenzen beschreibt, wie sie bereits durch Lewins programmatische Differentialgleichungen vorgeschlagen wurde (1943). Im Gegensatz zu der traditionellen Ansicht, die Verhalten in Form isolierter Ereignisse im Leben eines Individuums behandelt (Fig. 16.1) und als kognitiv vermittelte Reaktionen auf eine unmittelbare Reizsituation auffaßt, betont die neue Konzeption die zeitliche Kontinuität des Verhaltens und der zugrundeliegenden motivationalen Struktur des Individuums. Das zu erklärende Verhalten (*V*) wird gesehen als Handlungsstrom, der durch den Wechsel von einer Aktivität zu einer anderen charakterisiert wird, selbst dann, wenn die Umgebung *(S)* und Eigenschaften der Person *(P)* konstant bleiben. Eine Änderung des Verhaltens setzt eine Änderung der relativen Stärke der Tendenzen voraus, die das Verhalten motivieren (s. Fig. 16.2). Welches sind nun gemäß der Dynamischen Theorie die Determinanten der Verhaltensänderung?

Die antreibende Kraft. Die erste Determinante der Änderungsrate von Handlungstendenzen, die in der Dynamischen Handlungstheorie (Atkinson und Birch 1970) diskutiert wird, wurde schon im Zusammenhang mit unserem einführenden Beispiel erwähnt. Be-

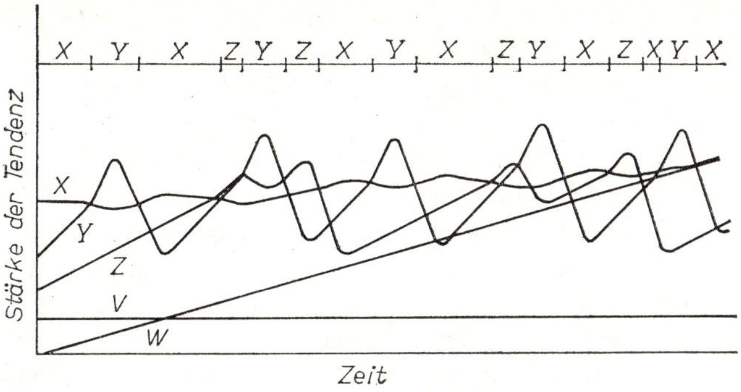

Abb. 16.2: Ein Beispiel für einen Aktivitätsstrom (X, Y, Z) und den wechselnden Motivationsstatus, der ihm Rechnung trägt, sogar wenn die Persönlichkeit und die unmittelbare Umgebung unverändert sind.

trachten wir den ersten Wechsel von der Handlung *X* zur Handlung *Y* in Abb. 16.2. Die Tendenz zur Handlung *Y* wird rascher angeregt als die Tendenzen, die die Handlungen *X* oder *Z* unterstützen. Die Dynamische Theorie unterscheidet sich von kognitiven Theorien durch die Annahme, daß jede Motivationsquelle, ganz gleich, ob es sich um einen externen Reiz oder eine *interne* kognitive Aktivität handelt, die *Wachstumsrate* einer Handlungstendenz bestimmt, welche durch den Begriff der antreibenden Kraft *(a)* beschrieben wird, statt durch die absolute Tendenzstärke (s. Abb. 16.1). Diese Annahme basiert auf dem oben erwähnten Postulat über das Fortbestehen motivationaler Tendenzen. Wiederholte oder kontinuierliche Anregung einer Handlungstendenz kann einen kumulativen Effekt nur dann haben, wenn die in einem bestimmten Zeitpunkt angeregte Tendenz erhalten bleibt bis zu einem späteren Zeitpunkt. Dieser kumulative Aspekt der Motivationsanregung erklärt, warum auch relativ schwach angeregte Handlungstendenzen – wie die Tendenz zum Beantworten des Telefons in unserem einführenden Beispiel – dominant werden können und sich in Verhalten äußern. Entsprechend den gegenwärtigen kognitiven Modellen würde eine Aktivität, mit der der Handelnde einen geringeren erwarteten Wert als mit einer anderen verknüpft, niemals ausgeübt werden (Heckhausen 1977). Frühere Theorien konnten diesen Fall nur einbeziehen durch das Hinzufügen eines statistischen Postulats über eine zufällige Oszillation der Handlungstendenzen (Cartwright und Festinger 1943, Hull 1943). Die Dynamische Theorie führt die gelegentliche Ausführung einer relativ schwach angeregten Aktivität auf einen systematischen motivationalen Prozeß zurück statt auf statistische Zufallsschwankungen. Dieser Prozeß dürfte einen hohen Anpassungswert besitzen, da er den Organismus vor dem Zwang zur ausschließlichen Ausführung der Aktivität bewahrt, die jeweils am stärksten angeregt wird. Die ausschließliche Fixierung auf die am stärksten angeregte Handlungstendenz würde die Frustrierung von wichtigen, aber weniger stark angeregten Bedürfnissen zu Folge haben.

Konsummatorische Kraft. Kehren wir zurück zu dem Handlungsstrom, der in Abb. 16.2 dargestellt ist. Wenn Handlungstendenzen nur durch antreibende Kräfte beeinflußt würden, könnte man nicht erklären, warum der Organismus eine vorherige Aktivität *X* wieder aufnimmt, nachdem er eine andere *(Y)* eine Zeitlang ausgeübt hat, wenn sich die Umgebung (repräsentiert z. B. durch die kognitive Bewertung der verfügbaren Handlungsalternativen) nicht ändert. Die Dynamische Theorie nimmt einen zusätzlichen Faktor an, der die Handlungstendenz reduziert, sobald sie sich im Verhalten äußert. Wenn eine Handlung ausgeführt wird, wird die konsummatorische Kraft *(k)* als Funktion von zwei Faktoren beschrieben, nämlich von der Art der Aktivität und von der Stärke der Tendenz, die ihr zugrunde liegt. Der Konsummatorische Wert *(k)* einer Aktivität beschreibt das Ausmaß, in dem eine Tendenz durch ihre Ausführung reduziert wird. Einige Aktivitäten (z. B. Torte essen, Erfolg haben bei einer Aufgabe) haben einen größeren konsummatorischen Wert als andre (z. B. Erdnüsse essen oder Versagen bei einer Aufgabe). Die Stärke der Tendenz *(T)*, die im Verhalten zum Ausdruck kommt, gilt als zweite Determinannte der konsummatorischen Kraft (k) (d. h., $k = B \times T$). Obwohl die neurobiologische Forschung deutlich auf zwei getrennte motivationale Prozesse hinweist – einen, der Motivation entstehen läßt und einen, der sie vermindert – (Pribram 1971), beschreiben kognitive Theorien der menschlichen Motivation nur die anregenden Quellen der Motivation. Es ist eine große Herausforderung für die zukünftige Forschung, die Prozesse detaillierter zu untersuchen, welche die (konsummatorische) Reduktion von Handlungstendenzen vermitteln. Ein erster Schritt in dieser Richtung wurde in dem paradigmatischen Experiment von Blankenship (1979) unternommen, welches weiter unten diskutiert wird.

Die neue Konzeption der Änderungen in der Stärke von Verhaltenstendenzen kann in einer einfachen Differentialgleichung ausgedrückt werden: $dT/dt = a - k$ (Atkinson und Birch 1970, S. 12). Diese Gleichung hat die folgenden Implikationen. Wenn die antreibende Kraft a größer ist als die konsummatorische Kraft k, steigt die Stärke der Tendenz. Wenn $k > a$, sinkt die Stärke der Tendenz. Wenn $k = a$, stabilisiert sich die Stärke der Tendenz auf einem bestimmten Niveau: nämlich $T = a/B$. Mit anderen Worten, in einer gegebenen Situation wird eine in der Ausführung befindliche Tendenz in ihrer Stärke steigen oder fallen, bis sie sich schließlich auf einem Niveau stabilisiert, das durch den Wert a/B gekennzeichnet ist. Dies garantiert Variabilität des Verhaltens sogar in einer konstanten Umgebung, in der a und k völlig invariant bleiben.

Das Prinzip der Zeitverteilung. Eine einfache Verallgemeinerung aus der Dynamischen Theorie illustriert diesen Punkt. Die Dynamische Theorie sagt voraus, daß die Zeit, die ein Individuum für eine gegebene Aktivität A aufbringt, proportional dem Verhältnis zwischen dem F_A/B_A-Wert (der der Aktivität entspricht) und der Summe der a/B-Werte aller konkurrierenden Aktivitäten ist (Atkinson und Birch 1970, S. 160, 1978, S. 145 bis 148);

% der Zeit, die für A aufgebracht wird:

$$= \frac{a_A/B_A}{a_A/B_A + a_B/B_B + \ldots + a_Z/B_Z}$$

Es sollte beachtet werden, daß dieses Prinzip der Zeitverteilung in Widerspruch steht zu dem Maximierungsprinzip, welches in den gegenwärtigen kognitiven Theorien impliziert wird. Entsprechend diesen Theorien würde ein Individuum seine gesamte Zeit damit verbringen, diejenige Aktivität auszuführen, die den höchsten erwarteten Wert hat, bis die Hierarchie der verschiedenen Valenzen, die den konkurrierenden Handlungstendenzen entsprechen, sich ändert.

Während die Forscher in Michigan an der *deduktiven* Ableitung des Prinzips der Zeitverteilung aus der Dynamischen Theorie arbeiteten, gelangte eine Forschungsgruppe in

Harvard zu einem im wesentlichen identischen Prinzip auf dem Wege der *Induktion* über viele empirische Beobachtungen in Tierexperimenten (de Villiers und Herrnstein 1976). Ihr empirisches „Gesetz des relativen Effekts" stellt in seiner einfachsten Form fest, daß das Verhältnis aus der relativen Auftretenshäufigkeit zweier Reaktionen gleich ist dem Verhältnis der Häufigkeiten von Bekräftigungen für die beiden alternativen Reaktionen. Interessanterweise hatten auch Atkinson und Birch (1970) antreibende Kräfte, die auf die rechte Seite der Zeitverteilungsgleichung stehen, als Funktion der Anzahl von früheren Bekräftigungen in der Lerngeschichte des Individuums definiert. Bereits in einer älteren Untersuchung (Atkinson 1964, S. 291) hatte sich gezeigt, daß das Zeitverteilungsprinzip auch für menschliches Verhalten zutrifft. Die Versuchspersonen paßten die Häufigkeit des Zeigens verschiedener Karten mit bestimmten Farben den relativen Belohnungshäufigkeiten für die Farben an. Das Ergebnis zeigt, daß auch Menschen nicht immer die Ausführungshäufigkeit der Handlungsalternative mit dem höchsten erwarteten Wert maximieren. Die wichtigen Konsequenzen dieses Unterschieds zwischen kognitiven und dynamischen Ansätzen sind an anderer Stelle dargestellt (Atkinson 1981).

Aus dem Prinzip der Zeitverteilung folgt, daß die traditionelle Art der Bestimmung der Testreliabilität auf der Grundlage der internen Konsistenz von sukzessiven Verhaltensakten unangemessen ist, wenn das Testverhalten als Handlungsstrom aufzufassen ist. Das traditionelle Instrument zur Messung individueller Unterschiede in der Motivstärke (TAT) ist solch eine Methode. Das Prinzip der Zeitverteilung zeigt, daß der Wechsel von einer Aktivität zu einer anderen über einen weiten Zeitraum eher zu erwarten ist als Verhaltenskonsistenz. Gleichzeitig erfordert dieses Prinzip, daß valide Einschätzungen von individuellen Unterschieden der Motivstärke, die in der Dynamischen Theorie durch den Parameter a beschrieben werden, von Zeitverteilungsmaßen abgeleitet werden können. Diese beiden Vermutungen wurden durch Computer-Simulationen einer typischen TAT-Messung mit Hilfe der Dynamischen Theorie belegt. Es bestätigte sich, daß valide Inferenzen über Motivparameter auf der Basis der Zeit-%-Werte berechnet werden können, auch wenn die zeitliche Konsistenz des Verhaltens (eingeschätzt durch Cronbachs alpha) sehr niedrig war (Atkinson, Bongort und Price 1977).

Das Prinzip der Zeitverteilung ist auch bedeutsam für die kürzlich wiederbelebten Debatten über die Konsistenz von Persönlichkeitsmerkmalen über verschiedene Situationen hinweg (Endler und Magnusson 1976, Mischel 1968). Es nimmt an, daß eine Person in verschiedenen Situationen selbst dann ganz verschiedene Aktivitäten ausführt, wenn die latenten Persönlichkeitsparameter (z. B. Motivstärke, reflektiert in a) konstant bleiben. Eine neuere Serie von Computer-Simulationen (Reuman, Atkinson und Gallop 1981) bestätigte diese Erwartung. Es konnte aus der Dynamischen Theorie abgeleitet werden, daß die Korrelationen zwischen in verschiedenen Situationen ermittelten Verhaltenskennwerten (die ganz verschiedene Motive ausdrücken) niedrig oder nur mäßig hoch waren, obwohl die latenten Motivparameter völlig konstant gehalten wurden. Aus dem Simulationsergebnis kann abgeleitet werden, daß man aus der beobachteten Instabilität des Verhaltens nicht auf einen Mangel an über verschiedene Situationen hinweg stabilen Persönlichkeitsmerkmalen schließen kann (Atkinson 1981). Schlußfolgerungen dieser Art resultieren aus einer Vernachlässigung von grundlegenden motivationalen Prinzipien, die zu einer Konfundierung des manifesten Verhaltens und seiner latenten Determinanten führt.

Die Vermittlung der Handlungsausführung. Die Dynamische Theorie enthält eine zusätzliche Reihe von Parametern, die für die Erklärung des Wechsels von einer Aktivität zu einer anderen notwendig erscheinen. Ohne diese Parameter würde das Einsetzen der Konsummation bei Beginn einer Handlung unmittelbar die zugrunde liegende Tendenz reduzieren und das Aufhören der Konsummation einer Tendenz, die nicht mehr ausgeführt wird, würde ihre Stärke vergrößern. Dadurch würden die Dominanzrelationen der betreffenden Handlungstendenzen immer rascher wechseln (Verhaltensflimmern) bis zu einem Punkt, wo keine der Tendenzen mehr hinreichend lange dominant ist, um ausgeführt werden zu können. Es gibt mindestens drei verschiedene Arten, wie eine Person die Wahrscheinlichkeit des erfolgreichen Wechsels von einer Aktivität zur anderen erhöhen kann: (1) die Person kann die Aufmerksamkeit schnell von Reizen, die die Ausführung der alten Aktivität anregen, auf Reize, die die Ausführung der neuen anregen, lenken; (2) das Einsetzen der vollen konsummatorischen Kraft der neuen Aktivität kann verzögert werden; (3) die Beendigung der konsummatorischen Kraft der alten Aktivität kann verzögert werden (Atkinson und Birch 1970). Der Prozeß, der der Kontrolle der Durchführung einer beabsichtigten Handlung zugrundeliegt und einen Handlungswechsel erfordert, hat in den konitiven Motivationstheorien wenig Aufmerksamkeit erhalten. Gewöhnlich wird implizit angenommen, daß es eine eins-zu-eins-Beziehung zwischen Motivation (oder Absicht) und Handlung gibt.

Kürzlich wurde ein Modell der Handlungskontrolle vorgestellt, welches verschiedene kognitive (personale und situationale) Prozesse der Handlungskontrolle spezifiziert (Kuhl, im Druck a, b). Es wurde ein Fragebogen zur Erfassung individueller Differenzen in der Handlungskontrolle konstruiert. Die Validität der Handlungskontroll-Skala konnte z. B. in einer Untersuchung demonstriert werden, in welcher die Korrelationen zwischen der berichteten Motivation, verschiedene Aktivitäten zu verwirklichen, und der tatsächlichen Zeit, die für solche Aktivitäten aufgewandt wurde, beträchtlich höher waren bei Versuchspersonen mit hohen Werten für Handlungsorientierung als mit niedrigen. Die langandauernde Induktion von unkontrollierbaren Mißerfolgen wird als der stärkste situative Faktor angesehen, der Handlungskontrolle reduziert.

Bislang haben experimentelle Befunde die postulierte Beziehung zwischen den Determinanten der Handlungskontrolle und einem der dynamischen Parameter, die Verhaltensänderung anregen, nämlich die selektive Aufmerksamkeit, bestätigt. Speziell konnte gezeigt werden, daß Versuchspersonen, die niedrige Handlungskontrollwerte haben („Lageorientierte" Vpn) weniger Aufmerksamkeit den Reizen zuwandten, die für die Ausführung einer anstehenden Handlung relevant waren als Vpn mit hohen Kontrollwerten („Handlungsorientierte") (Kuhl, im Druck, b). In einem anderen Experiment zeigten die verbalen Berichte über die Denkinhalte bei der Arbeit an einer Aufgabe in einer Bedingung mit wiederholtem Mißerfolg eine größere Häufigkeit von aufgaben-irrelevanten Gedanken bei Lageorientierten als bei Handlungsorientierten (Kuhl und Weiß 1984). Außerdem hatten lageorientierte Vpn unter Mißerfolgsbedingungen ein signifikantes Leistungsdefizit in einer nachfolgenden Aufgabe, die sich von der im Vorversuch deutlich unterschied. Dieser Effekt, der gewöhnlich als „gelernte Hilflosigkeit" bezeichnet wird, kann nicht einem motivationalen Defizit oder einem verallgemeinerten Glauben an die Unkontrollierbarkeit der Ergebnisse zugeordnet werden, wie durch die Theorie der gelernten Hilflosigkeit angenommen wird (Abramson, Seligman und Teasdale 1978). Stattdessen legen die experimentellen Ergebnisse nahe, daß die allgemeinen Leistungsdefizite, die bei lageorientierten Vpn nach Induktion von unkontrollierbarem Mißerfolg gefunden wurden, auf ihre Unfähigkeit zurückgeführt werden können, ihre Aufmerksamkeit auf Gedanken zu lenken, die die Durchführung der beabsichtigten Handlung ermöglichen (d. h. die Aufgabenlösung, Kuhl 1981).

Ungelöste Probleme. Es besteht kein Zweifel, daß jeder der drei diskutierten Ansätze wertvolle Beiträge für die Motivationstheorie geleistet hat. Der interaktionale Ansatz führte zu einer fortschrittlichen Konzeption von interaktiven Prozessen (Endler und Magnusson 1976), der kognitive Ansatz führte zu einer sehr detaillierten Theorie der kognitiven Prozesse, die Motivation beeinflussen können (Heckhausen 1980, Weiner 1980) und der dynamische Ansatz führte zur Entwicklung und Durchführung von geeigneteren Experimenten zur Analyse des Handlungsstroms. (Blankenship 1979, Kuhl und Blankenship 1979). Die große Herausforderung für die Zukunft liegt in der Überwindung der existierenden Trennung zwischen diesen drei Ansätzen und in der Entwicklung eines allgemeinen theoretischen Rahmens. Ein Schritt zu einer konzeptuellen Vereinheitlichung des kognitiven und dynamischen Ansatzes wurde kürzlich in einer Arbeit unternommen, die die Stärken und Schwächen der beiden Ansätze diskutiert, die Parameter aus neueren kognitiven Modellen in Beziehung setzt zu dynamischen Parametern und zusätzlich kognitive Parameter zur Formulierung von Hypothesen über kognitive Determinanten von dynamischen Parametern diskutiert.

Speziell sollte sich die experimentelle Forschung auf folgende Probleme konzentrieren, um eine Integration der drei Ansätze zu erreichen:

1. Wir werden die Verhaltenseffekte der unmittelbaren Motivationsvergangenheit detaillierter untersuchen müssen als bisher. Wie interagieren die Handlungen zugrunde liegenden Prozesse mit *Trägheits*effekten und *kumulativen* Auswirkungen der Häufigkeit und Dauer vergangener Anregungseffekte? Situationen, in denen kognitive und dynamische Prozesse gegensätzliche motivationale Effekte haben wie in unserem einführenden Beispiel, erfordern besondere Aufmerksamkeit. Es besteht die Hoffnung, daß die zukünftige Forschung situative und personale Faktoren spezifiziert, die das Ausmaß determinieren, in dem dynamische und/oder kognitive Prozesse Verhalten beeinflussen.

2. Die Forschung sollte sich auf kognitive und dynamische Prozesse konzentrieren, welche die *Handlungskontrolle* vermitteln. Neben der selektiven Aufmerksamkeit, die in den letzten Jahren verstärkt untersucht wurde (Kuhl, im Druck, a), sind eine Anzahl zusätzlicher Prozesse zu untersuchen, die die Umsetzung einer gerade entstandenen Absicht in Verhalten vermitteln. Die Parameter, die das verzögerte Ein- und Aussetzen der konsummatorischen Kraft in der Dynamischen Theorie kontrollieren, können in Beziehung stehen zu kognitiven Plänen, die die Abfolge von Schritten in einer Handlung festlegen. Eine Person, die gelernt hat, eine Handlungsfolge – sagen wir, eine Mahlzeit einzunehmen – mit den stark konsummatorischen Handlungsschritten zu beginnen (z. B. den Nachtisch zuerst zu essen), wird mehr Schwierigkeiten haben, tatsächlich alle Schritte der beabsichtigten Handlungsfolge durchzuführen als eine Person, die mit einer Teilaktivität beginnt, die einen relativ geringen konsummatorischen Wert besitzt (z. B. die Suppe).

3. Schließlich möchten wir anregen, die zukünftige Forschung auch auf Prozesse zu richten, die der *Konsummation* zugrundeliegen. Die bisherige Forschung war fast gänzlich mit kognitiven Prozessen befaßt, die Motivation anregen (Heckhausen 1980, Weiner 1980). Wir wissen sehr wenig über die Prozesse, die dazu führen, daß eine in der Ausführung befindliche Aktivität eingestellt wird.

Bevor wir zu einer Diskussion eines experimentellen Paradigmas für die zukünftige Forschung kommen, das vielleicht helfen kann, die ungelösten Probleme zu klären, würden wir gerne zwei experimentelle Paradigmen diskutieren, mit denen *gegenwärtig* die drei genannten Probleme untersucht werden.

Die Gegenwart: zwei experimentelle Paradigmen

Die beiden Experimente, die in diesem Abschnitt beschrieben werden, können die Unterschiede zwischen den dynamischen Prinzipien der Trägheitsmotivation und der konsummatorischen Kraft auf der einen Seite und der kognitiv-episodischen Konzeption der Motivation andererseits illustrieren.

Eine Untersuchung zur Trägheitstendenz

Kürzlich wurde ein Experiment entwickelt, das einen Unterschied zwischen dem traditionellen kognitiven Ansatz und der dynamischen Theorie deutlich macht. Entsprechend den episodisch-kognitiven Theorien müßten Personen immer diejenige Handlungsalternative ausführen, die den höchsten erwarteten Wert hat. Die dynamische Theorie stellt die motivierende Funktion von Denkinhalten nicht in Frage (Birch, Atkinson und Bongort 1974). Sie schließt jedoch den Fall ein, in dem die Auswirkung der kognitiven Bewertung von Handlungsalternativen durch die Auswirkung eines dynamischen Prozesses wie der Trägheitstendenz überlagert werden können. Wenn eine Person zur Ausführung einer Aktivität mit einem niedrigen Handlungsanreiz veranlaßt wird, können wir zuweilen die paradoxe Beobachtung machen, daß die Person nicht in der Lage ist, zu einer Handlungsalternative überzuwechseln, die subjektiv beträchtlich attraktiver als die in der Ausführung befindliche ist, auch wenn die Person zwischen den beiden Handlungen frei wählen kann.

Der Verfremdungseffekt. In einem neueren Experiment wurden Vpn zuerst gebeten, eine ziemlich langweilige Abfolge von Routine-Aktivitäten zu vollführen (z. B. Karten sortieren), etwa 45 Minuten lang (Kuhl und Eisenbeiser 1981). Gegen Ende dieser Zeit sagte der Versuchsleiter, daß es nicht mehr nötig wäre, die Aufgabe fortzuführen, „denn Sie haben alles geschafft, was wir brauchen", aber daß die Vp frei wählen könne, weiterzumachen oder zu einer anderen Tätigkeit überzugehen (eine Zeitschrift oder Comics zu lesen), bis die vorgeschriebene Zeit für das Experiment vorbei ist. Attraktivitäts-Einschätzungen, die von einer unabhängigen Gruppe gegeben wurden, zeigten, daß die Leseaktivität weit attraktiver beurteilt wurde als die Sortieraufgaben von allen außer einer (von 25) Vp. Trotzdem wechselten zwei Drittel der Vpn des Experiments nicht zu der attraktiveren Aufgabe über, sondern führten die Sortieraufgabe weiter aus. Dieses Ergebnis legt nahe, daß Verhalten zeitweise oder sogar chronisch entfremdet werden kann von der latenten Wertstruktur einer Person. Dieser „Verfremdungseffekt" illustriert die Verhaltens-„Inkonsistenz", die, wie vorher erwähnt wurde, aus der Dynamischen Theorie abgeleitet werden kann, selbst wenn die kognitiven Verhaltensdeterminanten als völlig konstant angenommen werden.

Die Auswirkung der Handlungskontrolle. Im eben erwähnten Experiment wurden die Vpn entsprechend ihrem Kennwert (Median) in der Handlungs-Kontroll-Skala in zwei Gruppen aufgeteilt. Wie aus Tab. 16.1 ersichtlich ist, waren die meisten Vpn, die zur attraktiveren Aktivität übergingen handlungsorientiert (hohe Kontrolle), wogegen nur zwei Lageorientierte (niedrige Kontrolle) zur attraktiveren Aktivität übergingen. Dieses Resultat stimmt mit der Hypothese überein, daß eine Disposition zu hoher Handlungskontrolle den Wechsel von einer Handlung mit geringerem Anreiz zu einer mit höherem Anreiz ermöglicht, oder – in phänomenologischen Begriffen – hohe Handlungskontrolle hilft Menschen tatsächlich das zu tun, was sie entsprechend ihrer eigenen Werthierarchie auch tun möchten. Obwohl die gelegentliche Durchführung einer wenig geschätzten Aktivität zur Erfüllung der Bedürfnisse einer Person nötig erscheint, kann eine starke und chronische Entfremdung des Verhaltens einer Person von ihrer latenten Wertstruktur zu ernsthaften Störungen wie Depression führen (Kuhl und Eisenbeiser 1981).

Tab. 16.1: *Zahl der Vpn, die zur attraktiveren Aktivität übergingen, und Zahl der Vpn, die bei der weniger attraktiven Aktivität verblieben (aus Kuhl und Eisenbeiser 1981)*

Verhalten:	Aktivität mit höherer Attraktivität	Aktivität mit geringerer Attraktivität
Lageorientierte Vpn	2	34
Handlungsorientierte Vpn	10	26

Eine experimentelle Untersuchung von konsummatorischen Effekten

In den Daten zum Präferenzverhalten oder zur Zeitaufteilung sind die Auswirkungen von antreibenden und konsummatorischen Quellen der Motivation gewöhnlich konfundiert. Blankenship (1979) hat ein Experiment entworfen, das einen paradigmatischen Status als eine Methode hat, welche die antreibenden und die konsummatorischen Effekte zu trennen vermag. Das Experiment wurde entwickelt für die Untersuchung der kognitiven Grundlagen der konsummatorischen Kraft (*k*), die in der Motivationsforschung weitgehend unberücksichtigt blieben. Das Experiment wurde speziell durchgeführt, um die Beziehung zwischen der Aufgabenschwierigkeit und dem konsummatorischen Wert des Erfolgs zu klären. Besondere Aufmerksamkeit wurde aufgewandt, um zu sichern, daß die antreibenden Kräfte für die Tendenz zum Erfolg gleich waren in beiden Versuchsgruppen, die auf unterschiedlichem Schwierigkeitsniveau einer Leistungsaufgabe arbeiten. Bei Gleichheit der antreibenden Kräfte bezüglich der Tendenz, Erfolg zu haben, in den beiden Gruppen, können Unterschiede zwischen den Gruppen in der für die Leistungsaufgabe aufgewandten Zeit auf Unterschiede in der konsummatorischen Kraft zurückgeführt werden. Frühere und neuere Befunde legen nahe, daß die antreibenden Kräfte für zwei Aufgaben, die sich in der Schwierigkeit unterscheiden, gleich sind, wenn sie den gleichen Abstand vom Mittelpunkt ($P_e = .50$) der Skala der subjektiven Erfolgswahrscheinlichkeit haben (Atkinson und Feather 1966, Schneider 1978).

In Blankenships Experiment wurden männliche Vpn vor die Wahl gestellt, eine Leistungsaufgabe (Zielwerfen) oder die Einschätzung von Witzen auf dem Bildschirm eines Mikro-Computers durchzuführen. Nach einer Trainingsperiode, in der P_e-Niveaus von .30, .50, .70 induziert wurden (zur Realisierung der drei Schwierigkeitsstufen), wurde die Vp gebeten, mit dem der Beurteilung der Witze zu beginnen und zur leichten oder schwierigen Aufgabe zu wechseln (je nach experimenteller Bedingung, der die jeweilige Vp zugeordnet war), wann immer es ihr beliebte. Während der Versuchsleiter den Raum verlassen hatte, konnte die Vp nach Belieben hin und her wechseln zwischen den Witzen und der einfachen (oder schwierigen) Aufgabe.

Da motivationale Tendenzen nur dann von der konsummatorischen Kraft abhängen, wenn sie in Verhalten umgesetzt sind, kann die Latenz der ersten Wahl der Leistungsaufgabe als ein reines Maß für die antreibende Kraft (a), Erfolg zu haben, betrachtet werden. Deshalb können die Latenz-Maße zur Prüfung der Annahme verwendet werden, daß die antreibenden Kräfte für einen Erfolg bei der leichten und schwierigen Gruppe gleich sind. Die mittlere Latenz für das Beginnen mit der Leistungsaufgabe war tatsächlich in beiden Schwierigkeitsgruppen fast identisch. Abb. 16.3 zeigt die theoretisch erwartete erste Dauer der Leistungsaktivität bei Aufgaben, die sich im konsummatorischen Wert unterscheiden, wie sie auf der Basis der Dynamischen Theorie (Blankenship 1979) berechnet wurde. Die empirischen Befunde zeigten eine signifikant längere Zeitdauer der leistungsbezogenen Aktivität für die schwierige als für die leichte Aufgabe. Die Schlußfolgerung, die aus diesem Ergebnis gezogen werden kann, legt nahe, daß der konsummatorische Wert des Erfolgs größer ist für leichte als für schwierige Aufgaben. Der theoretisch neue Aspekt an Blankenships Untersuchung liegt in der Demonstration,

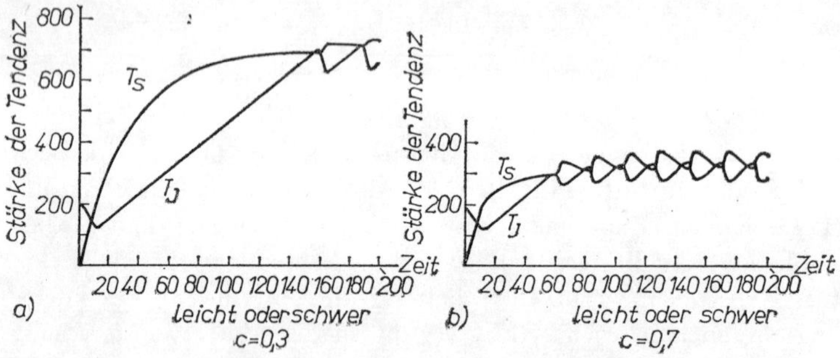

Abb. 16.3: Erste Dauer einer leistungsbezogenen Aktivität als Funktion eines niedrigen (a) und hohen (b) konsumatorischen Wertes des Erfolges.

daß die Beobachtung der Bevorzugung einer bestimmten Aktivität kein Zeichen für eine hohe antreibende Kraft (*a*) sein muß, diese Aktivität durchzuführen. Stattdessen kann diese Beobachtung auch auf einer geringen konsummatorischen Kraft für die betreffende Aktivität beruhen. Die Erforschung der Fettleibigkeit erbrachte in der Tat Befunde, die nahelegen, daß in vielen Fällen eine hohe Bevorzugung von Nahrung nicht auf überstarkem Appetit beruht, sondern auf einer geringen Fähigkeit, mit dem Essen aufzuhören, wenn man einmal damit begonnen hat (Pribram 1971, Schachter und Gross 1968).

Die Zukunft: ein neues experimentelles Paradigma

Die bisherige Forschung über menschliche Motivation basierte auf einem experimentellen Paradigma, das weit hinter den theoretischen Entwicklungen zurückblieb, die oben skizziert wurden. Experimentelle Forschung über menschliche Motivation hat nicht einmal den Übergang erreicht, der in der Tierforschung mit dem Ablösen des Labyrinths durch die Skinner-Box vollzogen wurde. Experimente über menschliche Motivation basieren immer noch auf dem episodischen Reiz-Reaktions-Paradigma, welches dem Labyrinth-Experiment der Tierforschung zugrunde liegt. Der Versuchsleiter konfrontiert die Vpn mit Reizmaterial und beobachtet ihre Reaktion darauf. Den Vpn ist gewöhnlich nicht erlaubt, sich in freiem operanten Verhalten zu bewegen wie in vielen Situationen des alltäglichen Lebens. Wenn wir unsere Aufmerksamkeit auf die Reaktionen der Vpn auf isoliert dargebotene Informationen beschränken, sind wir unfähig, die Effekte der dynamischen Determinanten der Motivation zu untersuchen (z. B. Trägheitstendenzen und kumulative Effekte, konsummatorische Effekte und das Zusammenspiel zwischen der latenten motivationalen Struktur des Subjekts und der Verteilung der eigenen Zeit auf verschiedene Aktivitäten). Diese Phänomene können nur untersucht werden, wenn wir Vpn längere Zeit in einer experimentellen Umgebung beobachten, die die Vpn ermutigt, verschiedene Handlungsalternativen frei zu wählen. Wir brauchen ein weiterentwickeltes menschliches Analogon zur Skinner-Box.

Messen des Handlungsstromes. Unser Vorschlag für ein experimentelles Paradigma für

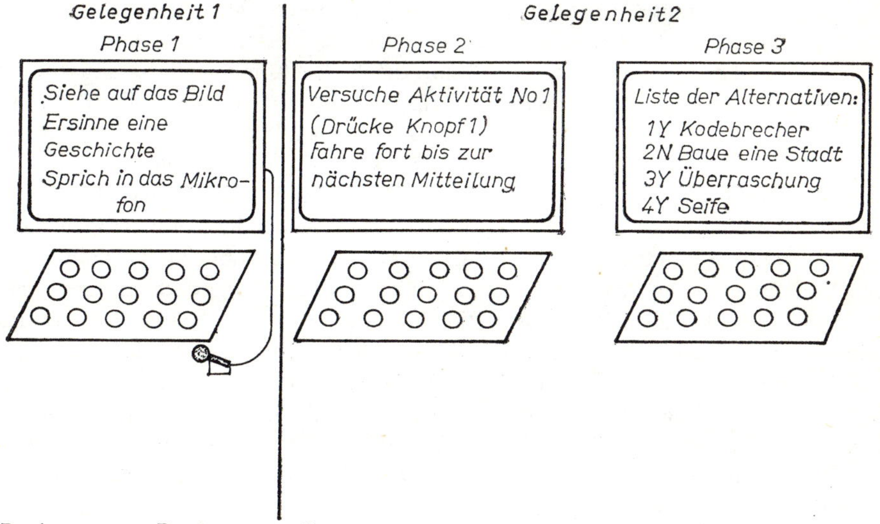

Bestimmung von Persönlichkeitsunterschieden:
d. h. Bedarf an
— Leistung
— Kraft
— Erkundung
— Angliederung

Vertraut machen mit
— erreichbaren Aktivitäten
— Möglichkeiten des Aktivitätswechsels usw.
Manipulation der
— Erwartungen
— Anreize
— Eigenschaftszuordnungen usw.

Kontrolle der
— Zahl der Aktivitäten erreichbar (Y) oder unerreichbar (N)
— Erwartungen
— Anreize
Messung der
— Latenz
— Dauer
— Häufigkeit
— Zeitaufteilung für jede Aktivität des Verhaltensstromes

X	Y	X	Z	Y	Z	usw.
		↑				

Abb. 16.4: Darstellung eines vorgeschlagenen experimentellen Paradigmas zur Untersuchung dynamischer und kognitiver Aspekte des Verhaltensstromes.

die zukünftige Erforschung der menschlichen Motivation ist in Abb. 16.4 dargestellt. Es repräsentiert eine Erweiterung des experimentellen Paradigmas, das durch Blankenship (1979) verwendet wurde, um konsummatorische Effekte beim Arbeiten an Aufgaben verschiedener Schwierigkeitsniveaus zu studieren. Das Experiment besteht aus drei Teilen, die mit den drei oben genannten Entwicklungslinien der Motivationspsychologie korrespondieren. In der ersten Phase des Experiments werden Persönlichkeitsunterschiede abgeschätzt, die die motivationalen Tendenzen, die im Experiment hervorgerufen werden, beeinflussen können. In der zweiten Phase, die bei einer anderen Gelegenheit stattfinden sollte, wird die Vp mit allen verfügbaren Handlungsalternativen vertraut gemacht. Aufgabenrelevante Kognitionen und der motivationale Zustand werden eingeschätzt oder kontrolliert, und ausgewählte Aspekte der kognitiven Konstruktion der Situation können manipuliert werden. In Phase 3 wird die Vp mit den möglichen Handlungsalternativen konfrontiert und kann zwischen ihnen frei wählen. Erwartungen und Anreiz der Handlungsfolgen der verschiedenen Handlungsalternativen können durch eine entsprechende Steuerung der Rückmeldung durch den Computer kontrolliert werden. Auch die Anzahl der verfügbaren Handlungsalternativen wird kontrolliert. Zu beachten ist, daß das Zeitverteilungsprinzip der Dynamischen Theorie bedeutet, daß ein Anwachsen der Anzahl der Aktivitäten – ceteris paribus – eine Verringerung des Zeitanteils mit sich bringt, der für einzelne Aktivitäten aufgewandt wird. Gemäß den kognitiven Theorien sollte die Anzahl der verfügbaren Aktivitäten die Zeitverteilung nicht beeinflussen, wenn die am meisten bevorzugte Aktivität ihren dominanten Status beibehält. Die Zeitpunkte, zu denen von einer Aktivität zur anderen gewechselt wird, werden in Phase 3 festgehalten. Aus diesem Protokoll werden alle meßbaren Aspekte des Verhaltensstromes hergeleitet (das sind Latenz, Durchschnittsdauer jeder Aktivität, Häufigkeit und Prozent der Zeit, die für jede Aktivität aufgewandt wird).

Die letzten beiden Phasen des Experiments sollten durch einen Computer kontrolliert werden. Der Computer kontrolliert die experimentellen Bedingungen effektiver, und er protokolliert die meßbaren Aspekte des Verhaltensstromes präziser als ein menschlicher Versuchsleiter. Ein anderer wichtiger Vorteil des Gebrauchs eines Computers ist die Tatsache, daß er das Experiment kontrollieren kann ohne die Anwesenheit eines menschlichen Versuchsleiters. Die motivationalen Effekte der Anwesenheit eines Versuchsleiters können die Effekte der Variablen verdecken, die untersucht werden. Im typischen Experiment über menschliche Motivation sind die Effekte der unabhängigen Variablen konfundiert mit den Effekten der Anwesenheit des Versuchsleiters. Experimente, die eine Kontrollbedingung ohne Versuchsleiter enthalten, legen nahe, daß die Anzahl von experimentellen Befunden, die den motivationalen Effekten der Anwesenheit des Experimentators zugeordnet werden können, immens sind (z. B. Sacco und Hokanson 1978). Obwohl die Anwendung eines Computers auch einige unbeabsichtigte Verhaltenseffekte haben kann, bedeutet das computer-kontrollierte Experiment eine wichtige Alternative zum versuchsleiter-kontrollierten Experiment, welches in der bisherigen Forschung vorherrschte.

Trennen von antreibenden und konsummatorischen Effekten. Ein Beispiel für ein Problem, welches auf der Grundlage des vorgeschlagenen Paradigmas untersucht werden kann, betrifft die Trennung von antreibenden und konsummatorischen Effekten. Wie in Blankenships Experiment (1979) gezeigt wurde, kann diese Trennung erreicht werden durch den Vergleich der Latenz und der ersten Dauer. Die Trennung von antreibenden und konsummatorischen Effekten ist sehr wichtig, denn sie ermöglicht uns, den relativen Beitrag der beiden unterschiedlichen motivationalen Prozesse einzuschätzen, die in den meisten Verhaltensmaßen konfundiert sind. Sowohl für ein besseres Verständnis der motivationalen Prozesse als auch für die Entwicklung von wirksameren Interventionsmethoden ist es wichtig, in der zukünftigen Forschung Antworten auf Fragen wie diese zu finden: Essen manche Personen zuviel, weil sie einen unmäßigen Appetit haben, auch in Abwesenheit von Speisen, oder weil es schwierig für sie ist, aufzuhören, wenn sie erst einmal angefangen haben zu essen? Leisten einige Studenten weniger als sie könnten, weil sie von Anfang an wenig Leistungsinteresse haben, oder weil sie ihr (anfänglich hohes) Interesse zu schnell verlieren, wenn sie eine leistungsbezogene Aktivität begonnen haben? Sind einige Delinquenten gewalttätig, weil sie ein starkes Bedürfnis haben, sich aggressiv gegen andere zu verhalten (selbst wenn niemand in der Nähe ist), oder weil sie ihre aggressiven Tendenzen nicht beherrschen können, wenn sie in einer gegebenen Situation erst einmal entstanden sind? Zu beachten ist, daß die Antworten auf diese Fragen verschieden ausfallen können für verschiedene Personen in der gleichen Situation und verschieden für gleiche Personen in verschiedenen Situationen. Um die Antworten zu finden, müssen wir den Übergang vollziehen von dem Typ von Experiment, der durch das episodische Paradigma nahegelegt wird zu dem Typ des Experiments, der durch das dynamische Paradigma nahegelegt wird.

Schlußfolgerung. Wir haben einen Versuch unternommen, einige theoretische Probleme zu beschreiben, die in der vergangenen Forschung ungelöst blieben. Wir haben einen Wechsel des experimentellen Paradigmas vorgeschlagen, der uns helfen kann, einige offene Fragen in der zukünftigen Forschung zu klären. Das experimentelle Paradigma integriert Informationen über drei Aspekte der Motivation, die in der Vergangenheit in separaten experimentellen Anordnungen studiert wurden, nämlich individuelle Unterschiede, kognitive Mediatoren und dynamische Prinzipien. Das konkrete experimentelle Paradigma, das hier vorgeschlagen wird (Abb. 16.4) kann sich in Abhängigkeit von Fortschritten in der Computer-Technologie ändern. Unser gewagtester Traum ist ein mobiler und unsichtbarer Computer, der unsere Vpn in ihrer natürlichen Lebensumwelt begleitet, welcher unbemerkt ausgewählte Aspekte ihrer Umgebung kontrolliert und unbemerkt die meßbaren Aspekte des Verhaltensstromes protokolliert.

Literatur

Abramson, L. Y., M. E. P. Seligman and J. D. Teasdale: Learned helplessness in humans: Critique and reformulation. Journal of Abnormal Psychology, 87, 49–74, 1978

Atkinson, J. W.: Motivational determinants of risk-taking behavior. Psychological Review, 64, 359 to 372, 1957

Atkinson, J. W.: Motives in fantasy, action, and society. Princeton, N. J.: Van Nostrand, 1958

Atkinson, J. W.: An introduction to motivation. New York: Van Nostrand, 1964

Atkinson, J. W.: Studying personality in the contex of an advanced motivational psychology. American Psychologist, 2, 117–128, 1981

Atkinson, J. W. and D. A. Birch: The dynamics of action. New York: Wiley, 1970

Atkinson, J. W., and D. A. Birch: The dynamics of achievementoriented activity. In: J. W. Atkinson and J. O. Raynor (Eds.), Motivation and achievement. Washington, D. C.: Winston, 1974

Atkinson, J. W., and D. A. Birch: Introduction to motivation. New York: Van Nostrand, 1978[2]

Atkinson, J. W., K. Bongort and L. H. Price: Explorations using computer simulation to comprehend TAT measurement of motivation. Motivation and Emotion, 1, 1–27, 1977

Atkinson, J. W., and N. T. Feather (Eds.): A theory of achievement motivation. New York: Wiley, 1966

Birch, D., J. W. Atkinson and K. Bongort: Cognitive control of action. In: B. Weiner (Ed.), Cognitive views on human motivation. New York: Academic Press, 1974

Blankenship, V.: Consummatory value of success, task difficultly, and substitution. Unpublished doctoral dissertation, University of Michigan, 1979

Cartwright, D., and L. Festinger: A quantitative theory of decision. Psychological Review, 50, 595 to 621, 1943

Cronbach, L. J.: The two disciplines of scientific psychology. American Psychologist, 12, 671–684, 1957

de Villiers, P. A., and R. J. Herrnstein: Toward a law of response strength. Psychological Bulletin, 83, 1131–1153, 1976

Edwards, W.: The theory of decision-making. Psychological Bulletin, 51, 380–417, 1954

Endler, N. S., and D. Magnusson: Interactional psychology and personality. Washington, D. C.: Hemisphere, 1976

Heckhausen, H.: The anatomy of achievement motivation. New York: Academic Press, 1967

Heckhausen, H.: Achievement motivation and its constructs. A cognitive model. Motivation and Emotion, 1, 283–329, 1977

Heckhausen, H.: Motivation und Handeln. Berlin/Heidelberg, Springer, 1980

Hull, C. L.: Principles of behavior. New York: Appleton-Century-Crofts, 1943

Kuhl, J.: Standard setting and risk preference: An elaboration of the theory of achievement motivation and an empirial test. Psychological Review, 85, 239–248, 1978

Kuhl, J.: Motivational and functional helplessness: The moderating effect of state versus action orientation. Journal of Personality and Social Psychology, 40, 155–170, 1981

Kuhl, J.: Action- vs. state-orientation as a mediator between motivation and action. In: W. Hacker, W. Volpert and M. von Cranach (Eds.), Cognitive and motivational aspects of action. Amsterdam: North-Holland, in press. (a)

Kuhl, J.: Volitional aspects of achievement motivation and learned helplessness: Toward a comprehensive model of action-control. In: B. A. Maher (Ed.), Progress in experimental personality research (Vol. 13), New York: Academic Press, in press. (b)

Kuhl, J.: Integrating cognitive and dynamic approaches: A prospectus for a unified motivational psychology. Prepared for J. W. Atkinson and J. Kuhl (Eds.), Motivation, thought, and action: Personal and situational determinants (in preparation)

Kuhl, J., and V. Blankenship: The dynamic theory of achievement motivation: From episodic to dynamic thinking. Psychological Review, 86, 141–151, 1979

Kuhl, J., and T. Eisenbeiser: Mediating versus mediating cognitions in human motivation: Action control, inertial motivation and the alienation effect. Manuscript submitted for publication, Ruhr-University Bochum, 1981

Kuhl, J., and M. Weiß: Motivationale und funktionale Hilflosigkeit: Prozeßanalytische Untersuchungen. Unpublished paper, Ruhr-University Bochum, 1981

Lewin, K.: Defining the „field at a given time". Psychological Review, 50, 292–310, 1943

Mischel, W.: Personality and assessment. New York: Wiley, 1968

Ovsiankina, M.: Die Wiederaufnahme unterbrochener Handlungen. Psychologische Forschung, 11, 302 bis 379, 1928

Pribram, H. H.: Languages of the brain: Experimental paradoxes and principles in neuropsychology. Englewood Cliffs, N. J.: Prentice-Hall, 1971

Raynor, J. O.: Future orientation and motivation of immediate activity: An elaboration of the theory of achievement motivation. Psychological Review, 76, 606–610, 1969

Reuman, D., J. W. Atkinson and G. Gallop: Computer simulation of behavioral expressions of four independent personality traits. Manuscript in preparation, University of Michigan, 1981

Sacco, W. P., an J. E. Hokanson: Expectations of success and anagram performance of depressives in a public and private setting. Journal of Abnormal Psychology, 87, 122–130, 1978

Schachter, S., and L. P. Gross: Manipulated time and eating behavior. Journal of Personality and Social Psychology, 10, 98–106, 1968

Schneider, K.: Atkinson's „risk preference" model. Should it be revised? Motivation and Emotion, 2, 333–343, 1978

Skinner, B. F.: Science and human behavior. New York: Macmillan, 1953
Weiner, B.: Human motivation. New York: Holt, Rinehart and Winston, 1980
Zeigarnik, B.: Über das Behalten von erledigten und unerledigten Handlungen. Psychologische Forschung, 9, 1–85, 1927

17. Sozialpsychologie: Was ist das, woher kommt sie, welche Richtung nimmt sie?

Philip G. Zimbardo
Stanford University, Stanford, California, USA

Sozialpsychologie ist die begriffliche Analyse und das empirische Studium von solchen Einflüssen auf Wahrnehmung, Gedanken, Motive, Gefühle, körperliche Prozesse und Handlungen eines Individuums, die von anderen Personen ausgehen, welche anwesend sein können oder symbolisch bzw. in der Vorstellung repräsentiert sind. Die Grundeinheit der Analyse ist das Individuum, obwohl das auch eine Anzahl von Individuen einer Gruppe sein kann. Die primär unabhängigen Variablen sind Personen, die aber nicht mit anderen zusammenwirken müssen. Die Reizvariablen der Personen können auch im Gedächtnis aufbewahrt sein, in kognitiven Schemata, in normativen Erwartungen und in partieller oder indirekter Weise durch ihre Worte, visuellen Erscheinungen oder andere vermittelnde sensorische Qualitäten gegeben sein. Die abhängigen Variablen des Sozialpsychologen schließen eigentlich alle diejenigen Variablen ein, die in jedem anderen Gebiet der psychologischen Forschung untersucht wurden – von Reaktionszeiten und Pulsfrequenz bis zu Angst, Einstellungen und Massenbewegungen.

In dieser weiten Auffassung von dem, was Sozialpsychologie ist, verliert sich etwas von ihrer Spezifik infolge der Erweiterung ihrer Grenzen. Es handelt sich nicht mehr nur um das Studium des sozialen Verhaltens von Menschen in Reaktion auf soziale Reize. Sie mag soziales Verhalten einschließen, wie den Anschluß an oder die Ausbreitung von Unruhen in Reaktion auf nichtsoziale Reize wie Furcht oder situative Ungewißheit. Sie mag auch soziale Reize einschließen wie Beurteilungen anderer Leute, aber die Reaktion kann nichtsozial sein wie die Veränderung des Hautwiderstandes.

In meiner Auffassung von Sozialpsychologie ist der zentrale Prozeß die Konstruktion einer subjektiven Realität des Handelnden, in der er in Mustern von bedeutungsvollen Beziehungen zu anderen Handelnden und Beobachtern über Zeit und Kontext hinweg existiert. Das Drama als Metapher anwendend, könnten wir sagen, der Sozialpsychologe betrachtet die Rollen, die die Akteure einnehmen, wenn sie in neue oder bekannte Situationen geraten, alltägliche oder ungewöhnliche Verwicklungen in Monologen oder Dialogen lösen. In einigen Fällen ist der Akteur auch der Dramatiker, der die Rolle nach dem Diktat des Augenblicks improvisiert. In anderen Fällen folgt der Akteur pflichtgemäß den Rollen, die von anderen Autoritäten vorbereitet wurden.

In diesem Kapitel will ich in diskursiver, informeller Art darlegen, warum ich annehme, daß sich die Sozialpsychologie von einer ziemlich peripheren Randposition innerhalb der allgemeinen Psychologie zu einem Platz im Hauptstrom der gegenwärtigen Psychologie hinbewegt hat. Danach will ich zukünftige Richtungen aufzeigen, von denen ich annehme, daß sozialpsychologische Forschung sie in den nächsten Dekaden bis ins 21. Jahrhundert einschlagen wird. Meine Analyse ist weder enzyklopädisch in der Behandlung von Themen noch umfassend in der Bezugnahme auf Arbeiten meiner Kollegen. Sie leidet unter einer egozentrischen Abweichung durch Überrepräsentation meiner eigenen Forschung, einfach da sie mir am nächsten liegt und so am ehesten herangezogen werden kann, wenn ein Argument gestützt werden muß.

Meiner Meinung nach ist das letztendliche Ziel jeder Untersuchung der menschlichen Natur, die Bedingungen aufzudecken, unter denen die individuellen Freiheitsgrade anwachsen, und das Potential zur Persönlichkeitsentwicklung und Selbständigkeit zu optimieren. Eine Folge dieses ersten Zieles ist der Gebrauch unseres psychologischen Wissens zur Verbesserung der allgemeinen Qualität unseres sozialen Lebens, sei es in Zweierbeziehungen, Familien, Arbeitsgruppen, Gemeinschaften, Nationen oder im internationalen Rahmen. Zur Realisierung dieser Ziele müssen wir studieren, wie Menschen sich selbst in Beziehung zu ihrer physikalischen, sozialen und geistigen Umwelt sehen.

Beim Versuch, gegebene Realität in erwünschte Realität zu transformieren, müssen die Individuen lernen, wie nichtakzeptierbare Formen von äußerer Kontrolle, die ihre Selbständigkeit einengen, zu minimieren sind. Es wird eine Aufgabe für die Psychologie sein, besonders für die Sozialpsychologie, herauszufinden, wie sich die Person von freiheitsbegrenzenden Kontrollen emanzipieren kann (Holzkamp 1970). Manchmal werden diese Kontrollen durch die offensichtliche Tyrannei von Diktatoren aufgebürdet, aber es gibt auch die sanfte Tyrannei von Regeln und Rollen, die unbewußte Willfähigkeit von uns erzwingen, oder die „Untergrund"-Tyrannei unserer eigenen Schuld, Angst und inadäquaten Selbsteinschätzung.

Die „kognitive Revolution" der amerikanischen Psychologie hat neues Licht in die Black-box gebracht, die die Behavioristen über die geistigen Prozesse gestülpt hatten. Die Rettung des Geistes, der durch das behavioristische Manifest ins Exil geschickt wurde, konnte dank den „Informationsverarbeitern", Psycholinguisten und Computerwissenschaftlern vollzogen werden. Jedenfalls sollten die Sozialpsychologen Anerkennung erfahren, die einer kognitiven Psychologie auch unter dem dunkelsten Regime eines radikalen Behaviorismus gegenüber loyal blieben. Tatsächlich ist einiges des „new look" der kognitiven Psychologie lediglich eine neue Sicht dessen, was Sozialpsychologen in den letzten 50 Jahren gesagt und untersucht haben.

Kurt Lewin (1947) lieferte die intellektuelle Kraft, das Feld der Sozialpsychologie zu beleben. Ihm gelang dies in Theorie und in empirischen Arbeiten, welche die Bedeutung einer Anzahl interagierender Prozesse herausstellten, darunter die Rolle von Kontexteinflüssen auf Wahrnehmung und Beurteilung, die phänomenologische Sichtweise des Handelnden von der Situation und den Antrieb zur Handlung, der aus Aufgabenmotivation und interpersonaler Dynamik entsteht.

Obwohl sich viel vom Lewinschen Gedankengut auf intraindividuelle Prozesse bezieht, erbrachten die von ihm bearbeiteten Themen einen Zuwachs zur Tradition der Gruppendynamik. Trotz der Bedeutung der Gruppendynamik für unser Verständnis von unterschiedlichen sozialen Erscheinungen hatte dieser Ansatz den Nachteil, die Sozialpsychologie von den anderen psychologischen Disziplinen zu trennen, sie erschien eher als Soziologie, anstatt sich in die Psychologie einzuordnen. „Kohäsion" zum Beispiel ist ein Prozeß, der nur zwischen den Menschen existiert und nicht so einfach in andere Bereiche von auf das Individuum bezogenem psychologischem Denken übertragen werden kann.

Es blieb Lewins Schüler Leon Festinger vorbehalten, die Diskrepanz als zentrales Konzept innerhalb der Lewinschen Theorie aufzuweisen. Er nutzte Varianten der Theorie, um die Sozialpsychologie von den Gruppenprozessen zu lösen und zu dynamischen, individuellen, kognitiven Prozessen zu führen. Für Lewin war es die „Diskrepanz" zwischen dem Standpunkt eines Individuums zu einem Sachverhalt und seiner Wahrnehmung der Gruppennorm, welche ein Verhalten in Einwilligung auslösenden Gruppensituationen begünstigt. Diese wahrgenommene Diskrepanz zwischen einem Individuum und der Gruppe ist sukzessive in Festingers Theorien herausgearbeitet worden, erstens als Differenzen auf einer bestimmten Dimension, auf der sich eine Person mit anderen relevanten Individuen vergleicht (1954), und dann als Dissonanz, hervorgerufen durch zwei oder mehrere widersprüchliche Kognitionen im Kopf einer einzelnen Person (1957). Die Kraft von Festingers Theorie der kognitiven Dissonanz aus den 60er Jahren entsprang teilweise den Demonstrationen von irrationalem Verhalten des Menschen. Der Mensch sei kein rationales Lebewesen, sondern ein rationalisierendes, behauptet Festingers Schüler Elliot Aronson. Den möglicherweise gegenteiligen Konsequenzen einer auf fehlenden Informationen beruhenden Entscheidung gegenübergestellt, ändern Menschen bei dem Versuch, ein günstiges Selbstbild zu bewahren, ihre subjektive Realität oft in sehr beachtlichem Ausmaß.

Meine Forschungen, die in „The cognitive control of motivation" (Zimbardo 1969) zusammengefaßt wurden, ergaben, daß Versuche zur Dissonanzauflösung die Reaktionen nicht nur auf einem subjektiven oder Verhaltensniveau, sondern auch auf einem physiologischen Niveau ändern können. Wie Versuchspersonen die Situationszwänge in ihren Entscheidungen interpretieren (das Ausmaß der erlebten Rechtfertigungen für eine unerwünschte Handlung oder dafür, eine gewünschte zu unterlassen), wird neben ihrer wahrgenommenen Freiheit zu eigenen Entscheidungen davon bestimmt, wieviel Dissonanz sie erleben. Unter Bedingungen hoher Dissonanz war der aktivierte kognitive Mechanismus in der Lage, eine Unzahl starker grundlegender Motive, wie Hunger, Durst, Schmerz u. a., zu verringern oder zu unterdrücken.

Einen zweiten starken Anstoß innerhalb der Sozialpsychologie, der dieses Gebiet zu seiner derzeitigen kognitiven Orientierung veranlaßte, gab die Arbeit des Yale Attitude Change Program und seines Leiters Carl Hovland. Hovland, der von dem lerntheoretischen Ansatz Hulls ausging, legte eine Konzeption vor, in der der Empfänger von Mitteilungen zum Zwecke der Überzeugung als rationaler Verarbeiter der in den Mitteilungen enthaltenen Informationen angesehen wird. So wurden die Variablen, die beim verbalen Lernen bedeutungsvoll sind, auf das Lernen der Nachrichten in persuasiven Kommunikationen übertragen, darunter Aufmerksamkeit, Wiederholung, Ablenkung, Verständnis und Antrieb.

Im Gegensatz zu den dynamischen Modellen von Lewin und Festinger war Hovlands Ansatz im höheren Grad strukturell und „kühl kognitiv". Die Komplexität des Überzeugungsprozesses konnte auf seine einzelnen Elemente zurückgeführt werden (Kommunikation, Sender, Empfänger, Kommunikationskanal usw.). Aber im Brennpunkt der Analyse stand ganz klar das Denken des Individuums, das die Aufgabe hat, die neue Nachricht zu verarbeiten, sie zu dem in Beziehung zu setzen, was schon bekannt ist, die Konsequenzen abzuschätzen, die mit dem Akzeptieren oder Ablehnen der dargestellten Position verbunden sind, und dann eine Handlung auszuführen, seine Einstellung zu ändern oder beizubehalten (s. Hovland, Janis und Kelley 1953).

Ein oft vernachlässigter Beitrag zur Entwicklung einer kognitiv orientierten Sozialpsychologie ist der klassische Text „Die Psychologie der Gerüchte" (1947) von Gordon Allport und Leo Postman. Sie zeigten, was viele kognitive Psychologen erst kürzlich entdeckten, nämlich, daß das, was eine Person versteht, und woran sie sich von einem zurückliegenden Erlebnis erinnert, in beträchtlichem Maße abhängt von der Wissensstruktur, die die Person in dieses Erlebnis einbringt. Die Effekte von früheren Wertungen, Bedürfnissen und Vorurteilen für die Entstellung bei der Weitergabe von Gerüchten sind lediglich Momente des allgemeinen Phänomens der verfälschenden Effekte dessen, was wir wissen, auf das, was wir wahrnehmen. So wird beim psychologischen Studium des menschlichen Gedächtnisses jetzt die bedeutsame Rolle von „rekonstruktiven Prozessen" bei der Gedächtnisbildung betont. Altmodische „kognitive Schemata" helfen Gedächtnisforschern zu verstehen, in welcher Richtung das Gedächtnis für Geschichten, Szenen und Menschen verzerrt wird, wie es nicht möglich wäre, wenn solche „Vermengungen" ausgeschlossen wären wie in der älteren Gedächtnisforschung, die auf die Wiederholung von sinnlosen Silben beschränkt blieb.

Wenn Lewin, Festinger, Hovland, Allport und Postman halfen, die kognitive Sozialpsychologie während der Jahre zu fördern, in denen der Behaviorismus dominierte, dann ist die Attributionsforschung verantwortlich für ihre volle Entwicklung. Harold Kelley (1967) benutzte das Paradigma der Varianzanalyse zur Systematisierung von Fritz Heiders (1958) Gedanken über die Art und Weise des Schlußfolgerns aus der Beobachtung von Handlungen der anderen über die Umstände, die zu diesen Handlungen führen. Daryl Bem (1972) steuerte die bedeutsame Idee bei, daß Verhalten nicht einfach das Ergebnis reflexiven Denkens oder von Haltungen oder motivationaler Dynamik ist. Durch die Beobachtung eigenen Verhaltens und seiner Determinanten begründet der Handelnde im Nachhinein, was sein subjektiver Zustand gewesen sein muß, um die beobachtete Konsequenz hervorzubringen.

Die Attributionsanalyse handelt von Erklärungsversuchen, warum bestimmte Personen bestimmte Handlungen in bestimmten Situationen ausführen, andere aber nicht. Sie wirft Fragen auf, die einst die Domäne der Persönlichkeitspsychologen waren: Warum verschiedene Personen verschieden in derselben Situation reagieren, oder warum sich dieselbe Person unterschiedlich in verschiedenen Situationen verhält. Die Attributionsanalyse des Verhaltens ist auf all die Situationen begrenzt, in denen Organismen versuchen, Sinn in ihre eigenen Handlungen oder die der anderen zu bringen. Selbst theoretische Erklärungen des wohlbekannten Phänomens der gelernten Hilflosigkeit (Seligman 1975) haben von der kognitiven, phänomenologischen Perspektive der Attributionstherapie profitiert (Abramson, Seligman und Teasdale 1978).

Die Attributionstheorie bietet eine rationale Analyse der Art und Weise an, wie eine Durchschnittsperson Schlußfolgerungen über die Kausalität von Verhaltensweisen zieht. Sie setzt ein fundamentales Bedürfnis für das Verstehen von vorhersagbaren Beziehungen voraus, um Stabilität und Bedeutsamkeit von Ereignissen in unserem Leben zu erreichen. Dies führt zu einer Realitätsorientierung in der Umwelt. Zusätzlich setzt die Theorie voraus, daß wir das Bedürfnis haben, wichtige Ereignisse vorauszusagen und in einer gewünschten Richtung zu beeinflussen. Dies führt zu einer Kontrollorientierung.

Im Prozeß der aktiven Suche nach Information über „die Bedeutung" eines gegebenen Ereignisses werden rational gelenkte Suchstrategien eingesetzt. Nichtsdestoweniger drängen sich systematische Fehler in den Prozeß, in dem man spezifische kausale Attributionen und allgemeine soziale Schlußfolgerungen bildet. Zeitweise werden wir blind gemacht von unseren Theorien, wie es sein müßte, oder wir werden von der Berücksichtigung aller verfügbaren Informationen durch unsere Bewertungen oder die Verteidigung unseres Selbstwertgefühls abgehalten. Manchmal sind unsere Schlußfolgerungen „datengeleitet", aber wir sind zu stark beeindruckt durch die „harten Daten" unserer eigenen Wahrnehmungen und persönlichen Erfahrungen, und dadurch verzerren wir die oft weniger auffälligen, valideren Daten aus der Grundgesamtheit der Population.

An die Aufgabe der Reduzierung von komplexen Inferenzen auf einfache Urteilsoperationen („gehen"/„nicht gehen") wird mittels Heuristiken oft herangegangen. Heuristiken sind kognitive Strategien oder „Daumen"-Regeln, die Urteilsbildungen ermöglichen. Bei der Untersuchung von Urteilsheuristiken und Inferenzstrategien werden die neue Sozialpsychologie und die neue kognitive Psychologie miteinander verknüpft. Die kreative Arbeit von Amos Tversky und Daniel Kahneman (1980) illustriert, wie scheinbar rational abgeleitete Urteile durch den falschen Gebrauch von zwei Heuristiken einseitig verzerrt werden, die der Verfügbarkeit und der Repräsentativität. (Siehe auch ihre fruchtbare Arbeit über die Urteilstendenzen durch die Verankerung von Entscheidungen, 1981.) Richard Nisbett und Lee Ross (1980) erweitern diese Analyse des Ge- und Mißbrauchs von höheren Wissensstrukturen, um zu zeigen, wie systematische Fehler im Urteil auftreten, wenn die Schlußfolgerungen einer Person entweder durch verzerrte Theorien oder durch verzerrte Daten gestört werden. Nisbett und Ross zeigen, daß Studenten, Wissenschaftler und Laien sich in der Tendenz zu solchen grundlegenden Urteilsfehlern ähneln. Dabei berühren sie ein häufiges Thema der Sozialpsychologie, nämlich, daß die Suche nach dem Verstehen, Vorhersagen und der Kontrolle, die den akademischen Forscher leitet, sich nur in der Intellektualität, aber nicht in der grundlegenden Qualität von derjenigen unterscheidet, die das Leben aller „intuitiven Psychologen" – aller denkenden Männer und Frauen – leitet. Meiner Ansicht nach können die konzeptionellen Beiträge, die die Sozialpsychologie für das Verständnis der menschlichen Natur leistete, wie folgt zusammengefaßt werden:

1. Situative Kontrolle – betont und illustriert experimentell das subtile, aber beherrschende Ausmaß, in welchem soziale Situationen Kontrolle über das Verhalten von Individuen und Gruppen ausüben können.
2. Verbale Kontrolle – betont und demonstriert das Ausmaß verbaler Hinweise, Instruktionen, Regeln und Symbole im Einfluß auf das Verhalten.
3. Kognitive Kontrolle – betont und zeigt, daß die biologische, die umgebende oder physikalische Realität weniger entscheidende Determinanten des Verhaltens einer Person sind als vielmehr die kognitive Repräsentation, die ihre subjektive Realität darstellt.

Eine lebhafte Demonstration des machtvollen Druckes, den ein sozialer Kontext in Richtung der Änderung dieser Dimensionen der subjektiven Realität ausüben kann, wird durch das simulierte Gefängnisexperiment, das an der Stanford-Universität durchgeführt wurde, gegeben (Zimbardo 1975). In weniger als einer Woche überwältigte und transformierte eine mächtige „üble" Regierung die Persönlichkeit und die Moral der „guten" Menschen. College-Studenten, die in einer Vorauswahl (auf der Basis von klinischen Befragungen und Persönlichkeitstests) normal und psychologisch gesund waren, wurden nach einer Zufallsauswahl entweder als Gefangene oder als Wache innerhalb einer funktionell lebendigen Simulation eines amerikanischen Gefängnisses mit maximalen Sicherheitsvorkehrungen bestimmt. Das Spielen dieser Rollen differenzierte das Verhalten dieser Gruppe junger Männer so, daß zum Ende des Experiments tatsächlich keine Ähnlichkeiten zwischen ihnen bestanden. Die autoritäre Kontrolle der Scheinwachen wurde oft sadistisch, „kreativ gewalttätig“ und unmenschlich. Die Passivität und Unterordnung der Scheingefangenen, mit dem totalen Verlust der Kontrolle konfrontiert, entwickelte sich zu ernsten (wenn auch vorübergehenden) emotionalen und Verhaltensstörungen. Das Muster der Interaktion zwischen diesen rollenspielenden Gegnern ist in der Abbildung dargestellt.

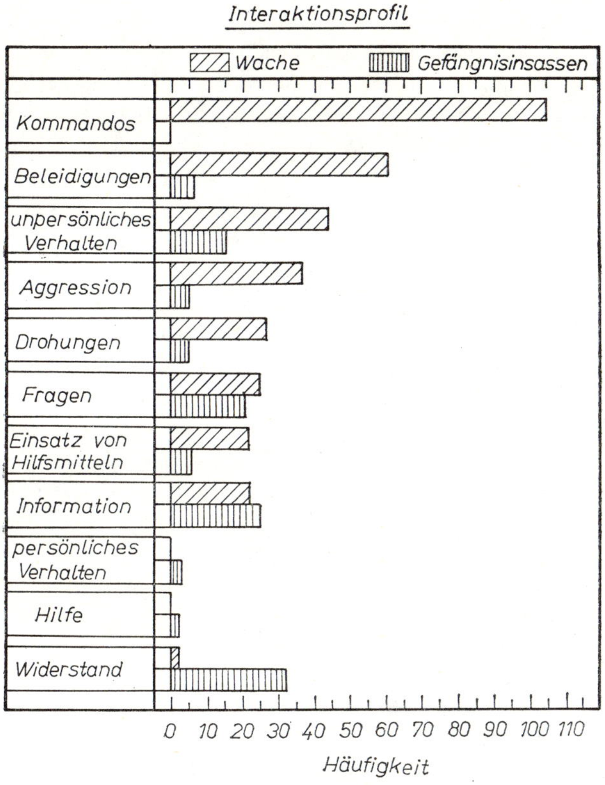

Abb. 17.1: Interaktionsprofil vom Verhalten der Wachen und Gefangenen aus Videobandanalysen von 25 Begebenheiten an 6 Tagen der simulierten Gefängnisumgebung.

Gegenwärtige und zukünftige Richtungen

Einer der Hauptgründe dafür, daß ich Sozialpsychologe bin, ist die Offenheit der Disziplin für das Studium aller Ideen und Phänomene, die sich auf Menschen in demselben sozialen Kontext beziehen. Es gibt eine Toleranz für verschiedene methodologische Ansätze, verschiedene Analyseebenen und Ebenen der Grundlagenforschung und angewandten Forschung. Diese Großzügigkeit erlaubt Flexibilität in der Auswahl des Untersuchungsobjekts, in der Art seiner Analyse und der Anwendung ihrer Resultate.

Sozialpsychologie ist die letzte Bastion für Universalisten in der Psychologie – es gibt nichts Fremdes für den Sozialpsychologen, weder beim Mann noch bei der Frau. Es ist kein Wunder, daß es die Sozialpsychologen waren, die sich bereitwillig auf Gebiete begaben, die viele ihrer Brüder sich scheuten zu behandeln: Psychologie und Gesetzgebung, ökologische Psychologie, Psychologie der Religion, Organisationsverhalten, Verhaltensmedizin, um nur einige der bekanntesten neuen Forschungsgebiete zu nennen. Genauso bemerkenswert ist das Bemühen des Sozialpsychologen, das schon Bekannte anzuwenden, um soziale Probleme zu lösen oder die allgemeine Qualität des menschlichen Lebens zu verbessern. Es soll daran erinnert werden, daß das Oberste Gericht der USA in seiner markanten Entscheidung zum Zivilrecht (Brown gegen die Erziehungsbehörde, 1953), die die rassistisch orientierten Schulen zwang, sich aufzulösen, sich hauptsächlich auf sozialpsychologische Daten bezog. Sozialpsychologen arbeiten jetzt in Kliniken oder psychiatrischen Krankenhäusern und vermitteln psychiatrischen Patienten und Klienten, die es schwer haben, effektive Beziehungen zu anderen aufzunehmen, grundlegende soziale Fähigkeiten. Andere nehmen an Gefängnisprozessen teil, um die oft „kriminellen und ungewöhnlichen" Lebensbedingungen in vielen Gefängnissen zu verbessern.

In Reaktion auf die gegenwärtige und zukünftige weltweite Energiekrise begannen Sozialpsychologen, Quellen des psychologischen Widerstandes gegen das Energiesparen zu erkunden und Strategien zu suchen, diesen auf der individuellen und gemeinschaftlichen Ebene zu überwinden. Der Anteil der Diät, der Gymnastik und des Lebensstils, um Menschen resistent gegen Herz-Kreislauf-Attacken zu machen, wurden von Arbeitsgruppen aus Sozialpsychologen untersucht. Geplante kommunale Einflüsse, um den Verbrauch von Lebensmitteln zu ändern, die Herzanfälle begünstigen, wurden als effektiv herausgearbeitet (Farquhar, Maccoby und Wood 1977). Der Arbeitsstress bei der Tätigkeit in Sozialberufen (Krankenschwestern, Polizisten, Sozialarbeiter u. a.), wo häufige emotionale Überbelastung auftritt, kann zu einem „Ausbrennen" führen, einem Phänomen, das durch Empfehlungen der Sozialpsychologin Christina Maslach (1982) gemildert werden konnte.

Meine Untersuchung zur Schüchternheit erforschte dieses bedeutsame menschliche Problem nicht als persönliche Eigenschaft, sondern als einen interpersonalen Reaktionsstil. Nach der Durchführung von Tausenden Erkundungen in den USA und acht anderen Ländern haben meine Forschungsgruppe und ich Hunderte von Tiefeninterviews sowie eine Anzahl von Labor- und Feldexperimenten durchgeführt und dann eine neuartige Schüchternheitsklinik errichtet. In diesem experimentellen Behandlungszentrum tauschten wir unser Wissen und unsere Leistungen aus, um die Möglichkeit zu haben, die tiefergreifenden Effekte dieser sozialen Phobie auf das Leben der chronisch Schüchternen zu verstehen. Zusätzlich zur direkten Hilfe für die schüchternen Klienten zur Verringerung oder Überwindung ihrer sozialen Hemmungen konnte ich die Behandlungsstrategien kodifizieren, die wir brauchbar fanden, um dieses Wissen einem Laienpublikum in populären Büchern zu vermitteln (Zimbardo 1977, Zimbardo und Radl 1981).

Eine Übersicht der interkulturellen Dimensionen der Schüchternheit bei Studenten zeigt Tab. 17.1. Sie offenbart das Vorherrschen und die Ernsthaftigkeit dieses sozialemotionalen Problems in vielen unähnlichen Kulturen.

Was mag die Zukunft in der sozialpsychologischen Forschung bringen? Die profitable Allianz mit anderen Disziplinen der Psychologie wird weiterhin florieren. So wie bisher werden vorher nichtsoziale Gebiete der Psychologie die Übernahme vom Reichtum der sozialpsychologischen Perspektive der menschlichen Entwicklung und Interaktion nützen. Die Sozialpsychologie wird durch das Ausborgen einiger präziser abgestimmter abhängiger Maße, standardisierter Forschungsparadigmen und durch die Kenntnisnahme von grundlegenden Prozessen des Gehirns und Verhaltens gewinnen.

Tab. 17.1: *Interkulturelle Dimensionen der Schüchternheit bei 18- bis 21jährigen Studenten*

	USA	Israel	Mexiko	BRD	Neu-fundland	Indien	Taiwan	Japan
Verbreitung der Schüchternheit	44	31	39	43	44	47	55	57
Schüchternheit ist ein Problem	63	42	79	85	76	83	60	75
Negative Konsequenzen (ja)	97	92	97	100	100	80	93	97
verursacht soziale Probleme	76	53	70	84	86	45	64	86
schafft negative Emotionen	61	33	55	72	47	40	43	47
Schwierigkeiten bei der Selbstbehauptung	68	30	45	74	90	53	52	90
negative Bewertung durch andere	53	20	22	61	57	33	29	55
exzessive Selbstbewußtheit	53	15	21	61	45	30	32	40
kognitive und Ausdrucksprobleme	41	29	50	63	43	27	58	39
verhindert positive Bewertungen	36	20	25	56	39	20	38	39

Auf jeden Fall wird in einigen Bereichen mehr als ein Amalgam entstehen. Zum Beispiel war das Studium von geistigen Störungen die Domäne der Psychiatrie und der Klinischen Psychologie. Aber die Methodologie, die sie benutzen, ist größtenteils die einer „historischen Rekonstruktion", einer Faktenanalyse der möglichen Ätiologie einer gegebenen Störung. Was gebraucht wird, sind prospektive Longitudinalstudien normaler Menschen, um den Weg der Transformation ihres Verhaltens in dysfunktionale Reaktionsmuster zu verfolgen. Darüber hinaus wird eine bessere experimentelle Psychopathologieforschung benötigt, um unter kontrollierten Bedingungen akute Variable zu testen, von denen angenommen wird, daß sie die Herausbildung emotionaler Störungen beeinflussen.

Ich habe ein Modell entworfen, das versucht, individuelle Formen der Psychopathologie mit sozialen Formen von Pathologie (wie Massenhysterie, obskure Kults, Gruppenparanoia) zu integrieren. Mein Modell borgt das Konzept der „Normalität" von der sozialen Vergleichstheorie (Individuen versuchen, die Normalität ihrer Handlungen durch den Bezug auf ähnliche andere Personen zu gewährleisten). Es ist mit dem Konzept der „Rationalität" der Dissonanztheorie kombiniert (Individuen versuchen, die kausale Angemessenheit ihrer Handlungen aufrecht zu erhalten). Normalität und Rationalität sind innerhalb des Rahmens einer Attributionsanalyse integriert (Individuen versuchen, wahrgenommene Diskontinuitäten ihres Wirkens zu erklären, aber ihre Suche nach Erklärung kann von der wahren Erklärung zu einer falschen fehlgeleitet werden). Verrücktheit wird als das Ergebnis eines im wesentlichen rationalen Prozesses beim Versuch, eine wahrgenommene bedeutsame Verletzung einer Erwartung bezüglich des persönlichen Wirkens oder des Status zu erklären, angesehen. Wenn mit Tendenzen behaftete Suchprozesse zu Erklärungen führen, die für wirksamere andere Personen wahrscheinlich nicht akzeptierbar sind, so wird das Individuum als irrational angenommen. Das Suchen von anderen, die ähnlich aufgeregt oder bedrängt sind, würde dann zumindest das Ausmaß der Abnormität der Person verkleinern. Oder, wenn sie eine Gabe zur Überzeugung hat, wird die bedrängte Person bei anderen Angst erzeugen, damit auch sie normaler erscheint im Vergleich mit ihnen. In diesem Modell sind die Erklärungen die Symptome der Verrücktheit. Verrücktheit ist das Urteil, das Personen oder die Gesellschaft abgeben über die Unakzeptierbarkeit von Erklärungen und die soziale Unangepaßtheit von Verhalten, das durch diese Erklärungen ausgelöst wird.

Wie in Tab. 17.2 gesehen werden kann, nimmt dieses Modell an, daß einige Menschen, entsprechend ihren Bekräftigungen, ihrer Erziehung oder kulturellen Geschichte, in Richtung der Überbeanspruchung von bestimmten Klassen von Erklärungen (biologische, soziale, umgebungsbezogene, zeitbezogene, geistige) fehlgeleitet sind. Die Art der Pathologie ist zum größten Teil durch den Typ der verwendeten fehlerhaften Erklärungen für wahrgenommene Diskontinuitäten determiniert. Zum Beispiel ist Paranoia ein pathologisches Ergebnis nur für denjenigen Menschen, der vorwiegend sozial begründete Erklärungen für Diskontinuitäten annimmt, dagegen treten Phobien nur bei Menschen auf, die sich meistens auf die physikalische Umwelt als die modale Erklärung für eine Anzahl Diskontinuitäten beziehen.

Tab. 17.2: *Hauptklassen von Erklärungsfehlern mit ihren institutionalisierten und idiosynkratischen Formen*

Schwerpunkt	sozial beeinflußt (Ideologie, Disziplin)	ideosynkratisch (Pathologie)
1. Körper, Gesundheit, internes Funktionieren	Medizin, Physiologie, (Schamanentum, öffentliche Gesundheit, Mesmerismus)	Hypochondrie, psychomatische Phänomene, Hysterie, Anorexie, Impotenz, Masochismus, Tic
2. Physikalische Umgebung (aktuell/symbolisch)	Physik, Ökologie, Astrologie	Phobien, Zwänge, Vandalismus
3. Soziale Umgebung (Individuen, Gruppen)	Sozialwissenschaft	Paranoia, Halluzinationen, Wahn, Rationalisierungen, Vorurteile, Gewalttätigkeit
	(Psychoanalyse)	
4. eigene Vergangenheit	Geschichte Nostalgie	Schuld, Verweigerung, Amnesie
5. Nichtempirische „Realität“	Religion (Sünde) Parapsychologie Zauberei, Hexerei	Geist, Besessenheit, Zwänge, Schuldgefühle
6. Strukturell, ideologisch	Politik/ökonomische Systeme	Paranoia, Vorurteile, Fanatismus

Was aus dieser Analyse ebenfalls hervorgeht, ist, daß dieselben Fehler, wenn sie institutionalisiert werden, sich in ganze Disziplinen verwandeln, die sich auf eine fehlerhafte Forschung über die Grundlagen der menschlichen Natur konzentrieren.

In einer neueren experimentellen Prüfung eines Teils dieses Ansatzes wurden normale, gesunde College-Studenten in eine Laborsituation gebracht, die der von vielen älteren psychiatrischen Patienten ähnelte, die wegen paranoiden Störungen in der Klinik untergebracht waren (Zimbardo, Andersen und Kabat 1981). Sie waren teilweise taub, ohne sich bewußt zu sein, daß ihre Unfähigkeit zu hören, was andere sagten, auf einem sensorischen Mangel beruht. (Die Taubheit und der Mangel an Bewußtheit war hypnotisch durch eine posthypnotische Suggestion mit Amnesie induziert worden.) Als ein Experimentatorenpaar miteinander sprach und in Gegenwart der Person lachte, glaubte diese, sie flüsterten, „tricksten" sie aus, oder intrigierten gegen sie. Die Fehlinterpretation dessen, was sie als Feindseligkeit gegen sich empfanden, führte in signifikanter Richtung bei den MMPI-Skalen der Paranoia und Grandiosität zu Veränderungen. Andere Änderungen in der Selbsteinschätzung sowie in Beurteilungen durch andere bestätigen das entstehende Porträt der vorher normalen Person als eines „gemachten" Paranoikers. Extensive Rücknahmen der Schwerhörigkeit und andere Maßnahmen der Studie sicherten, daß alle Versuchspersonen ihren ursprünglich gesunden Status zurückgewannen.

Tab. 17.3: *Mittlere Punktwerte bei abhängigen Messungen, die zwischen Untersuchungs- und Kontrollgruppenpersonen unterscheiden*

	Behandlung				
	Kontrolle				
Abhängige Messungen	Taubheit ohne Bewußtheit (N = 6)	Taubheit mit Bewußtheit (N = 6)	posthypnotische Suggestion (N = 6)	t (15)	P
Paranoia Messungen					
MMPI-Paranoia	1.50	.33	—.17	1.838	.05
MMPI-Grandiosität	1.33	—.83	—1.00	1.922	.05
Paranoia-klinische Interviewform	.30	—.09	—.28	3.667	.005
TAT					
Affektbewertung	83.35	16.65	33.50	2.858	.01
selbst geschätzte Kreativität	42.83	68.33	73.33	3.436	.005
Selbst geschätzte Gefühle					
kreativ	34.17	55.83	65.83	2.493	.05
konfus	73.33	39.17	35.00	2.521	.05
entspannt	43.33	81.67	78.33	2.855	.001
aufgeregt	73.33	14.17	15.33	6.586	.001
irritiert	70.00	25.00	7.00	6.000	.001
freundlich	26.67	53.33	56.67	2.195	.05
feindlich	38.33	13.33	13.33	2.047	.05
Experteneinschätzung					
konfus	40.83	27.08	17.67	1.470	.10
entspannt	34.17	54.59	65.42	2.839	.01
aufgeregt	51.25	24.59	13.75	3.107	.005
irritiert	45.85	18.92	11.25	3.299	.005
freundlich	23.34	48.34	65.00	3.385	.005
feindlich	18.75	5.00	1.67	2.200	.05

Diese Messungen erfolgten vor und nach der experimentellen Sitzung; die mitgeteilten Mittelwerte repräsentieren Differenzpunktwerte (nachher minus vorher).

Die dramatischen Veränderungen der kognitiven Funktionen in Richtung der experimentell induzierten Psychopathologie werden in Tab. 17.3 dargestellt.
Der Wert dieses Ansatzes (welcher, wie ich hoffe, durch andere Forscher in Zukunft genutzt wird) liegt in der Möglichkeit, Psychopathologie innerhalb eines experimentellen Programmes zu untersuchen, was uns erlaubt, die kognitiven und sozialen Prozesse zu beobachten, durch welche normale, rationale Menschen verrückt werden, d. h. dazu gebracht werden, auf unnormale und irrationale Art zu fühlen, denken und sich zu verhalten.

Beim Streben der zukünftigen Forschung nach Aufklärung von subtileren und mehr molekularen Prozessen als in der Vergangenheit wird sie auf die Analyse von molaren Systemen, Analysen auf der Ebene von Institutionen und breitere ökologische Themen erweitert werden (mit ihren Gefügen von interdependenten Variablen).

Lange vor dem Jahr 2000 wird unser Leben durch das Aufkommen von Mikrocomputern und Makrocomputern verändert. Da Computer in unsere Geschäfte, Schulen, Heime eindringen und Teil unseres täglichen Lebens werden, muß mehr Forschung zur Mensch-Maschine-Interaktion, über Computer-Wissen, -Phobie und -Manie erfolgen.

Neue Studien werden in vitro durchgeführt werden durch den Gebrauch der Speicherkapazität und den Komfort eines Heim-Computers für das Sammeln täglicher Daten zu einer Vielzahl persönlicher Informationen, Gewohnheiten, Bevorzugungen, Glauben, Sorgen, erwogene Entscheidungen usw. Diese elektronische Kommunikationsära macht die Interaktion zwischen Menschen möglich, die sich noch nie gesehen haben. Die „symbolische“ Dimension von Menschen in einem sozialen Kontext wird so eine größere Bedeutung erlangen, da Telekommunikation entfernte Verbindungen zwischen Individuen einschließt (auch von Gruppen und Nationen), deren Entscheidungen und Interaktionen in die programmierten Eingaben des Computers gedrängt werden. Neue Studien werden in meinem Laboratorium (und in anderen) durchgeführt, um die Effekte der verschiedenen Algorithmen des an-die-Reihe-Kommens von Teilnehmern eines Problemlösungsteams zu erforschen, deren Interaktion durch Computervermittlung geleitet wird (Zimbardo, Linsenmeier, Kabat und Smith 1981).

Im Jahr 2000 werden Sozialpsychologen universeller sein müssen, um die Beiträge sowohl der Neurowissenschaftler, Systematiker und Kognitiven Psychologen als auch ihrer Kollegen aus der Persönlichkeits-, Entwicklungs- und Klinischen Psychologie nutzen zu können.

Aber diese kühne neue Welt wird nicht nach jedermanns Geschmack sein. Noch mehr Menschen werden in einen noch größeren Abstand vom Hauptstrom ihrer Gesellschaft geraten. Verbesserte Technik und Automation werden eine oder zwei Generationen ohne Arbeit lassen – sogar ohne die vorhersehbaren ökonomischen Rezessionen. Für viele Menschen in der Welt werden Kriminalität und andere gegen die Gesellschaft gerichtete Handlungen zunehmen sowie Erscheinungen von persönlicher und sozialer Pathologie. Jugendorientierte Kults können erwartungsweise noch anziehender werden.

Der Sozialpsychologe muß nicht nur sein Wissen anwenden beim Versuch, solche ungünstigen Bedingungen zu mindern, sondern muß auch herausfinden, wie politische und ökonomische Mittel anzuwenden sind, um Schulenverständnis in pragmatische Programme zur Verhinderung oder Lösung dieser schwierigen sozialen Probleme umzusetzen. Aber in diesem Zeitalter der Unsicherheit gibt es zumindest eine Sicherheit für den Sozialpsychologen: Es wird mehr als genug Herausforderungen sowohl für den Sozialforscher als auch für den Anwender dieser Forschung geben. Ich nehme an, daß in Zukunft mehr Akademiker den dualen Status des Sozialwissenschaftlers und des Anwalts für soziale Änderungen annehmen werden (s. Maslach 1975, Zimbardo 1975).

Abschließend möchte ich die Botschaften solcher großer Denker an alle Forscher zitieren:

Das Schönste, was wir erleben können, ist das Geheimnisvolle. Es ist das Grundgefühl, das an der Wiege von wahrer Kunst und Wissenschaft steht.

A. Einstein

Lernt eure Theorien so gut ihr könnt, aber legt sie beiseite, wenn ihr das Wunder des Lebens berührt.

C. Jung

Sozialpsychologische Forschung wird durch das Bedürfnis angeregt, das Geheimnisvolle im Leben zu verstehen, aber sie sollte nicht den Geburtstag von Herrn und Frau Jedermann vergessen.

Literatur

Abramson, L. Y., M. E. P. Seligman and J. D. Teasdale: Learned helplessness in humans: Critique and reformulation. Journal of Abnormal Psychology, 87, 49–74, 1978

Allport, G. W., and L. J. Postman: The psychology of rumor. New York: Holt, Rinehart and Winston, 1947

Bem, D. J.: Self-perception theory. In: L. Berkowitz (Ed.), Advances in experimental social psychology. (Vol. 6). New York: Academic Press, 1972

Farquhar, J., N. Maccoby and P. Wood: Community education for cardiovascular health. Lancet, 1, 1192–1195, 1977

Festinger, L.: A theory of social comparison processes. Human Relations, 7, 117–140, 1954

Festinger, L.: A theory of cognitive dissonance. Stanford, Calif.: Stanford University Press, 1957

Heider, F.: The psychology of interpersonal relations. New York: Wiley, 1958

Holzkamp, K.: Wissenschaftstheoretische Voraussetzungen kritisch-emanzipatorischer Psychologie (Teil 1 and Teil 2), Zeitschrift für Sozialpsychologie, 1, 5–21 und 109–141, 1970

Hovland, C. I., I. L. Janis and H. H. Kelley: Communication and persuasion. New Haven: Yale University Press, 1953

Kelley, H. H.: Attribution theory in social psychology. In: D. Levine (Ed.), Nebraska symposium on motivation, (Vol. 15). Lincoln: University of Nebraska Press, 1967

Lewin, K.: Group decision and social change. In: T. M. Newcomb and F. L. Hartley (Eds.), Readings in social psychology. New York: Holt, Rinehart and Winston, 1947

Maslach, C.: The social psychologist as an agent of change: An identity crisis. In: M. Deutsch and H. Hornstein (Eds.), Applying social psychology: Implications for research, practice, and training. Hillsdale, N. J.: Lawrence Erlbaum Associates, 1975

Maslach, C.: Burnout: The cost of caring. Englewood Cliffs, N. J.: Prentice-Hall, 1982

Nisbett, R. E., and L. Ross: Human inference: Strategies and shortcomings in social judgment. Englewood Cliffs, N. J.: Prentice-Hall, 1980

Seligman, M. F. P.: Helplessness: On depression, development and death. San Francisco: W. H. Freeman, 1975

Tversky, A., and D. Kahneman: Causal schemata in judgments under uncertainty. In: M. Fishbein (Ed.), Progress in social psychology. Hillsdale, N. J.: Lawrence Erlbaum Associates, 1980

Tversky, A., and D. Kahneman: The framing of decisions and the psychology of choice. Science, 211, 453–458, 1981

Zimbardo, P. G.: The cognitive control of motivation. Glenview, Ill.: Scott, Foresman, 1969

Zimbardo, P.: On transforming experimental research into advocacy for social change. In: M. Deutsch and H. Hornstein (Eds.), Applying social psychology: Implications for research, practice, and training. Hillsdale, N. J.: Lawrence Erlbaum Associates, 1975

Zimbardo, P. G.: Shyness: What it is, What to do about it. Reading, Mass.: Addison-Wesley, 1977

Zimbardo, P. G., S. M. Andersen and L. G. Kabat: Induced hearing deficit generates experimental paranoia. Science 212, 1529–1531, 26 June 1981
Zimbardo, P. G., et al.: Improving team performance and participation via computer-mediated turn-taking and informational prompts. Office of Naval Research Technical Report, (Z–81–01), 1981
Zimbardo, P. G., and S. Radl: The shy child. New York: McGraw-Hill, 1981

18. Von der traditionellen Faktoranalyse zur strukturell-kausalen Modellierung in der entwicklungspsychologischen Forschung

John R. Nesselroade[1]
The Pennsylvania State University, University Park, USA
Paul B. Baltes
Max-Planck-Institut für Bildungsforschung, Berlin (West)

Die Erklärung von Entwicklungsphänomenen stützt sich sowohl auf das traditionelle Experiment als auch auf alternative methodische Zugänge, Datenquellen und Analysetechniken. Planung und Analyse müssen entsprechend dem Niveau der Theorieentwicklung und der Operationalisierbarkeit der verwendeten Konstrukte aufeinander abgestimmt sein. Deshalb erfordert die optimale Wahl der Analyseverfahren eine Abstimmung beider in Beziehung zu den Zielen der Datenexplorierung und der Hypothesenprüfung. Unter Betonung multivariater Korrelationsanalysen werden ausgewählte Aspekte der Konvergenz und Divergenz von Theorie und Methodik bei besonderer Beachtung der Hypothesenbildung und -überprüfung vom Standpunkt der Entwicklungspsychologie diskutiert. Im Vergleich zu bisher üblichen Methodiken versprechen Techniken der Strukturmodellierung einen systematischen Zugang für den Entwicklungspsychologen, um seine multivariaten Korrelationsdaten im Hinblick auf die Formierung und Überprüfung theoretischer Ansätze zu ordnen und zu explorieren. Es werden Techniken beschrieben und einige Beispiele dargestellt, welche sowohl die Messung als auch die kausalen Erklärungen auf der Grundlage der Strukturmodellierung verdeutlichen. Diese Diskussion erfolgt bezogen auf entwicklungspsychologische Problemstellungen.

Einführung

Vom Standpunkt einer multivariaten Betrachtungsweise haben eine Reihe von Autoren Fragen der Konzeptualisierung und Analyse von Entwicklungsphänomenen diskutiert (Baltes, Cornelius und Nesselroade 1979, Baltes und Nesselroade 1970, 1973, Bentler 1973, 1974, Cattell 1970, Coan 1966, Dixon und Nesselroade 1983, Horn und McArdle 1980, Labouvie 1974, 1975, Lerner, Skinner und Sorrell 1980, Nesselroade 1970, 1977, Wohlwill 1973). Vielleicht besteht ein innerer Zusammenhang zwischen Schlüsselbegriffen einer Entwicklungstheorie (z. B. Struktur) und einem multivariaten Zugang, welcher diese Kombination aus der Sicht der Frage nach der Konvergenz zwischen Theorie und Methodik so bedeutsam macht. In jedem Falle scheinen viele Entwicklungspsychologen den Standpunkt zu teilen, daß neben dem Experiment Zugänge auf der Basis multivariater Korrelationsanalysen wichtige Eigenschaften haben, die für ein besseres Verständnis von Phänomenen der psychischen Entwicklung genutzt werden können und sollten.

In diesem Kapitel betrachten wir im Rahmen entwicklungspsychologischer Forschung und Theoriebildung einige Fragen der Herausbildung und Anwendung multivariater

[1] Der Autor dankt dem Max-Planck-Institut für die großzügige Unterstützung während seines Aufenthaltes 1981 bis 1982, bei dem dieses Kapitel geschrieben wurde.

Korrelationsmethoden. Die Diskussion konzentriert sich auf die Gegenüberstellung von *Beschreibung (informatorische Analyse)* und *Hypothesenprüfung*. Dies erfolgt sowohl im Hinblick auf die Datenanalyse als auch im Hinblick auf theoretische Ziele. Wie viele Dichotomien ignoriert auch diese eine Reihe methodologischer und inhaltlicher Details. Trotzdem ist sie ein brauchbares Instrument für unser Ziel. Bezüglich der Verfahren konzentrieren wir uns anfangs auf faktoranalytische Zugänge multivariater Korrelationsmethoden. Später rücken wir dann die strukturelle Modellierung in den Mittelpunkt.

Zur Geschichte der Faktoranalyse: Analyseverfahren versus Forschungsziele

Multivariate Korrelationsmethoden, speziell Varianten der Faktoranalyse, sind zu verschiedenen Zwecken eingesetzt worden. Hier charakterisieren und diskutieren wir zwei grundlegende Entwicklungslinien der Vergangenheit. In den folgenden Abschnitten betrachten wir aktuelle und in der Entwicklung befindliche Zugänge. In Tab. 18.1 ist eine Vierfeldertafel durch Kombination von *Datenanalysemethoden* und *Forschungszielen* gebildet worden. Beide sind danach eingeteilt, inwieweit sie *explorierender* Natur sind oder die *Hypothesenprüfung* zum Inhalt haben. Auf die resultierenden Zellen der Tafel wird im weiteren mit I, II, III und IV verwiesen. Wir möchten betonen, daß Tab. 18.1 nur ein heuristisches Mittel ist, mit dem die Beziehung zwischen Methode und Theorie veranschaulicht werden soll.

Tab. 18.1: *Ein heuristisches Schema zur Klassifikation der Kombinationen von Forschungszielen und Datenanalyseverfahren*

		Forschungsabsichten (theoretische Orientierung)	
		Explorierung	Hypothesenprüfung
Analyseverfahren (Methode)	Explorierung	I	II
	Hypothesenprüfung	III	IV

Das Forschungsziel wird vorrangig in Verbindung mit dem theoretischen Hintergrund und dem Stand in einem Gegenstandsbereich gesehen. In Abhängigkeit von der sich ergebenden Situation wird das Ziel der Forschung die Beschreibung oder die Hypothesenprüfung sein. Datenanalyseverfahren stehen in Beziehung zu der tatsächlichen Bearbeitung der Daten. Die Dichotomie drückt aus, daß es Unterschiede darin gibt, inwieweit eine statistische Repräsentation aus den Daten selbst hervorgeht oder inwieweit die Daten in eine solche Repräsentation gebracht werden, für welche dann die Anpassungsgüte überprüft wird. Die Tabelle gibt eine Vorstellung von Konvergenz und Divergenz zwischen Datenanalyseverfahren und den aus theoretischen Überlegungen begründeten Forschungszielen.

Eine klare Formulierung und Beibehaltung des Forschungsziels ist wichtig, um die verschiedenen Datenanalyseverfahren richtig einsetzen zu können. Wie später noch gezeigt wird, gibt es eine Reihe von Beispielen dafür, daß eine Nichtbeachtung des Unterschiedes zwischen der Kennzeichnung eines Verfahrens und der Verwendung dieses Verfahrens zu einer unerwünschten Verwischung des Forschungsziels führt. Bevor dies nun umfassender – bezogen auf die vier Zellen der Tabelle – diskutiert wird, werden die zwei Dimensionen genauer analysiert. Danach betrachten wir einige Anwendungen, die mittels dieser Dimensionen eingeordnet werden können.

Verfahren der Faktoranalyse: Beschreibung versus Hypothesenprüfung

Die Entwicklung und Nutzung von Verfahren der Faktoranalyse von Korrelationsmatrizen geht bis zur Jahrhundertwende zurück und reicht bis in die Gegenwart hinein. Dies belegen Arbeiten von Burt, Cattell, Eysenck, Guilford, Pearson, Spearman, Thomson, Thurstone und vielen anderen. Das sich in der Literatur zeigende Interesse für Zugänge, welche die Information in einer Korrelationsmatrix zur Analyse ausnutzen (z. B. Bestimmung der Faktoranzahl, Schätzung der Kommunalitäten, Erzeugung einfacher Strukturen durch Rotation), unterstreicht den explorierenden Charakter der entwickelten Verfahren.

Aber selbst in der Blütezeit der Entwicklung und Anwendung von explorierenden Faktorenanalysetechniken tauchten auch Verfahren auf, welche die Faktoranalyse zur Hpothesenprüfung einsetzten. Mosier (1939) beschrieb z. B. einen Weg für die Bestimmung einer Einfachstruktur, wenn die Faktorladungen für gewisse Tests bekannt sind. Diese Entwicklung gab eine Vorahnung von den verschiedenen Verfahren der „Prokustesrotationen“ (Hurley und Cattell 1962, Jöreskog 1966, Schoenemann 1966). Diese Verfahren ermöglichen die Rotation im Hinblick auf eine hypothetische Struktur, so daß die sich ergebende approximative Lösung eine „beste Anpassung“ darstellt. Eysenck (1950) entwickelte ein Verfahren der Kriterienrotation, um A-priori-Information in die Extraktion der Faktoren einzubeziehen und so Hypothesen über Strukturdifferenzen zwischen Personengruppen überprüfen zu können. Guttman (1952) beschrieb eine multiple Gruppenfaktoranalyse zur Extraktion von Faktoren im Hinblick auf Hypothesen, bei der ein expliziter Rotationsschritt nicht notwendig ist. Tucker (1955) schlug eine objektive Definition des Begriffs der Rotation zur Einfachstruktur vor. Er benutzte dabei die Begriffe *explorierende* und *konfirmatorische Faktoranalyse*. Tucker und andere zeigten Wege der Transformation von Faktoren auf, um Hypothesen über Faktorinvarianzen verschiedener Subpopulationen prüfen zu können. In jüngster Zeit wurde das konfirmatorische Faktoranalyseverfahren Cofamm (Sörbom und Jöreskog 1976) entwikkelt. Aus der Sicht der Statistik stellt dieses Verfahren einen sehr eleganten Weg dar, um eine hypothetische Faktorstruktur an Daten anzupassen und die Güte dieser Anpassung zu bewerten. Acito, Anderson und Engledow (1980) haben einen Vergleich von Methoden vorgenommen, die zur Hypothesenprüfung im Rahmen der Faktoranalyse eingesetzt werden.

Kurz gesagt, in den vergangenen 80 Jahren sind eine Reihe Neuerungen im Rahmen der Faktoranalyse entwickelt worden, die sowohl explorierende Verfahren als auch Verfahren zur Hypothesenprüfung betreffen. Natürlich sind es zwei verschiedene Dinge, Verfahren zur Hypothesenprüfung zu haben und diese in geeigneter Weise für die weitere Vervollkommnung der Theoriebildung einzusetzen. Wir wenden uns jetzt kurz dem letzteren in Verbindung mit der zweiten Dimension der Tab. 18.1, dem Forschungsziel, zu.

Beschreibung versus Hypothesenprüfung als Ziele

In der Anfangsphase beruhte ein Großteil der Forschung, die eine Faktoranalyse einschloß, auf der Annahme, daß eine beschreibende, explorierende Analyse eine wesentliche Voraussetzung für die Konstruktion einer nützlichen Verhaltenstheorie sei. Eine

Hauptaufgabe war die Beschreibung und Klassifikation von Verhaltensbereichen durch entsprechende Stichproben. Die Faktoranalyse wurde dann benutzt, um eine dimensionale Struktur zu ermitteln. Aber zur gleichen Zeit gibt es Belege für eine Forschung auf der Basis der Faktoranalyse, deren Ziel die Hypothesenprüfung war. Vom Grundsätzlichen her könnte einfach argumentiert werden, daß die Benutzung des linearen Ansatzes der Faktoranalyse (Cattell 1976) und die Verwendung solcher Begriffe wie Einfachstruktur zur Repräsentation der Realität Hypothesenprüfung ist. Aber Diskussionen darüber, ob auf diesem allgemeinen Niveau nun Hypothesen geprüft werden oder nicht, sind doch eher Diskussionen über die Prämissen eines Zugangs als Diskussionen über Aussagen, die aus einer Menge von angenommenen Prämissen abgeleitet wurden. Jedoch liefert z. B. schon eine kleine Verschiebung in der Konzeption von Spearmans Zwei-Faktorenmodell der Fähigkeiten die Grundlage für die Verwendung der Faktoranalyse als Mittel der Hypothesenprüfung im Dienste der Theorieentwicklung. In diesem Beispiel wird innerhalb des allgemeinen Ansatzes die Adäquatheit spezifischer Submodelle überprüft.

Es gibt verschiedene Beispiele für die Hypothesenprüfung in Verbindung mit der Faktoranalyse, die weit über die Überprüfung des linearen Modells hinausgehen. Z. B. hat die Benutzung von *Markierungsvariablen* (Cattell 1966 a) einen klaren Bezug zur Hypothesenprüfung. In diesen Studien werden die Variablen zur Identifizierung oder Kennzeichnung früher extrahierter Faktoren benutzt, wobei die Studien dafür geplant sind, die Faktorenbeziehungen auf andere Variablenbereiche zu erweitern.

Eysencks Untersuchung von Persönlichkeitsdimensionen, in der er die *Rotation* im Hinblick auf ein bestimmtes *Kriterium* vornahm (Eysenck 1950), ist eine Anwendung des Faktormodells zur Hypothesenprüfung. Guilfords (1967) Arbeiten zur Strukturtheorie der Intelligenz beruhen auf einer Reihe von Faktoranalysen zur Hypothesenprüfung. Dies sind einige wenige gut bekannte Beispiele, zu denen noch weitere hinzugefügt werden könnten. Diese wenigen Beispiele reichen aber aus, um eine ganze Forschungsrichtung zu kennzeichnen, die faktoranalytische Mittel zur Hypothesenprüfung im Sinne einer Weiterentwicklung der Theorie einsetzt.

Kombinationen von Datenanalyseverfahren und Forschungszielen

Es ist offensichtlich, daß Forschungsprogramme nicht entweder Explorierung oder Hypothesenprüfung zum Ziel haben. Häufiger stehen Beschreibung und Hypothesenprüfung in einem bestimmten Verhältnis zueinander, wobei sich beide Wege ergänzen. Cattell (1966) stellt dies in seiner Diskussion der Spirale der Forschung und Theorieentwicklung dar, die sich aus induktiven und hypothetisch-deduktiven Phasen ergibt. Eine Zunahme der hypothesenprüfenden Forschungsaktivität gegenüber explorierenden Analysen beruht auf einer erweiterten theoretischen Basis. Diese Zunahme hängt allerdings auch vom Entwicklungsniveau der verfügbaren Hypothesenprüfungsmethodiken ab. Wittmann (1981) bemerkt dazu, daß historisch gesehen eine Asymmetrie existiert, da die Verfügbarkeit geeigneter Verfahren zur Hypothesenprüfung nicht notwendig mit den Anforderungen zusammenfällt, die aus dem Streben nach Hypothesenprüfung erwachsen. Besonders wichtig ist vielleicht, daß die methodologische Orientierung so weit als möglich durch theoretische Ziele bestimmt wird.

Die Kombinationen von Kategorien der Verfahren und der theoretischen Absichten in Tab. 18.1 lassen sich in solche der Konvergenz und solche der Divergenz einordnen. Zuerst werden die beiden der vier Kombinationen betrachtet, in welchen die Datenanalyseverfahren und die Forschungsziele der Explorierung (Zelle I) und der Hypothesenprüfung (Zelle IV) zusammenfallen. Die divergenten Fälle (Zellen II und III) werden danach bewertet.

Konvergenz zwischen theoretischem Ziel und Verfahren der Datenanalyse

Die Benutzung explorierender Verfahren im Rahmen von Beschreibungsabsichten (Zelle I) ist eine kongruente Abbildung der Techniken auf die Ziele. Ein Großteil faktoranalytischer Forschung der Vergangenheit ist dadurch charakterisiert. Diese Forschung hat z. B. zur Identifikation des begrifflichen Inventars zur Erfassung individueller Differenzen sowie zur Konstruktion entsprechender Meßverfahren geführt. In den Programmen einiger Wissenschaftler ist diese Kombination auch als Startpunkt für die Identifizierung und Strukturierung kausaler Beziehungen benutzt worden (Cattell 1965).

Der zweite konvergente Fall ist das Zusammenfallen analytischer Techniken der Hypothesenprüfung mit dem theoretischen Ziel der Hypothesenprüfung (Zelle IV). Im zweiten Teil dieses Kapitels wird ausführlich darauf eingegangen. Hier verweisen wir nur darauf, daß Forschungsprogramme wie die von Cattell, Eysenck, Guilford, Thurstone und anderen die Notwendigkeit einer Konvergenz hypothesenprüfender Datenanalyseverfahren und der Hypothesenprüfung innerhalb der entsprechenden persönlichkeits- und fähigkeitstheoretischen Konzeptionen deutlich gemacht haben. Hauptsächlich sind jedoch, von wenigen Ausnahmen abgesehen, Methoden aus der allgemeinen Klasse der „Prokustesrotationen“ verwendet worden. Leistungsfähige Tests zur Hypothesenprüfung standen diesen Wissenschaftlern nicht zur Verfügung. Die jüngsten Fortschritte bei den Hypothesenprüfungsverfahren, z. B. die für die Modellierung kausaler Beziehungen über multivariate Korrelationsdaten, stellen ein höheres Niveau in der Datenanalyse und der statistischen Bearbeitung dar. Die Möglichkeiten dieser Verfahren werden aber auch nur dann ausgeschöpft, wenn sie theoriegeleitet eingesetzt werden. Die Notwendigkeit, bei ihrer Verwendung von einer explizit ausgewiesenen theoretischen Basis auszugehen, ergibt sich aus den Verfahren selbst.

Die Divergenz zwischen theoretischen Zielen und Datenanalyseverfahren

Die Fälle II und III in Tab. 18.1 repräsentieren eine mangelnde Kongruenz zwischen Absicht und Datenanalyse. Wie wir aber schon gesagt haben, entsprechen sich die Verfügbarkeit der Verfahren und die anstehenden theoretischen Zielstellungen nicht mit Notwendigkeit. Daraus ergibt sich, daß bestimmte Adaptionen beider vorgenommen werden müssen. Eine dieser Adaptionen von besonderer historischer Bedeutung stellte die Anwendung explorierender Datenanalysetechniken (z. B. die explorierende Faktoranalyse) zur Überprüfung theoretisch fundierter Hypothesen dar (Zelle II). Ein beispielhaftes Gebiet der Anwendung sind faktoranalytische Untersuchungen der Altersdifferenzierungshypothese der Fähigkeitsentwicklung (Burt 1954, Garrett 1946, Reinert 1970). In diesem Bereich hat der Jubilar unseres Kongresses schon sehr früh wichtige Beiträge geleistet (Lienert und Crott 1964). Die entsprechende Praxis bestand z. B. darin, Fähigkeitsmaße auf verschiedenen Altersstufen einer Faktoranalyse zu unterziehen. Für die Anzahl der Faktoren, die Ladungsmuster, die Größe der Kommunalitäten, die Interkorrelationen zwischen den Faktoren und für andere Indizes, in welchen sich nach der Theorie Differenzierungsmuster zeigen sollten, wurde das Ausmaß bestimmt, in dem diese Muster auftraten. Obwohl die statistische Strenge in den Analysen noch etwas fehlte, führte die Kombination von explorierenden Verfahren mit einem theoretischen Konzept zu einer produktiven Phase in der Forschung zur Persönlichkeits- und Fähigkeitsentwicklung. Voraussetzung für diesen Erfolg war eine ausreichende Spezifizierung des theoretischen Konzepts, um prüfbare Hypothesen ableiten zu können.

Der andere divergente Fall (Zelle III), der hypothesenprüfende Verfahren mit einer auf Explorierung gerichteten theoretischen Orientierung kombiniert, muß unbedingt betrachtet werden, obwohl in dieser Kombination ein innerer Widerspruch enthalten zu sein scheint. Darunter fallen Forschungsaktivitäten, die als Achillesferse der konfirmatorischen Analyse erkannt werden müssen. Sie gehören dann zu dieser Klasse, wenn eine Verschiebung des Ziels von der Hypothesenprüfung zur Explorierung eintritt. Beim Prüfen einer Hypothese über ein Ladungsmuster durch Anpassung des Modells an die Daten könnte zum Beispiel der Schluß gezogen werden, daß das Modell keine vernünftige Repräsentation der Daten ist. Das Modell könnte dann durch die Hinzunahme eines weiteren Faktors oder von einigen wichtigen Ladungen modifiziert und damit die Anpassung verbessert werden. Diese Modifikationen sind aber nicht durch das theoretische Konzept begründet, von dem die ursprüngliche Hypothese abgeleitet worden war. Sie sind nicht unabhängig von der Datenmatrix, die zur Prüfung des Modells verwendet wurde. Früher oder später ist das ursprüngliche Modell soweit verändert, daß sich eine akzeptierbare Anpassungsgüte ergibt. Es ist klar, daß einige Modellmodifikationen begründet sind, wenn an der Ausarbeitung eines theoretischen Konzepts gearbeitet wird. Aber bei einer sukzessiven Modifikation zur Erreichung einer akzeptablen Anpassungsgüte an einen bestimmten Datensatz wird irgendwann ein Punkt erreicht, an dem das hypothesenprüfende Vorgehen in eine mehr explorierende Analyse umschlägt. Was als hypothesenprüfende Untersuchung begann, ist dann zu einer explorierenden Studie geworden. Das sich ergebende Modell sollte deshalb als eine neue Hypothese angesehen werden. Daraus ergibt sich dann die Notwendigkeit einer strengen Kreuzvalidierung mit neuen Daten.

Die bisherige Diskussion hat die Notwendigkeit einer Koordinierung von Datenanalyseverfahren und Zielstellungen in bezug auf die Theorieentwicklung unterstrichen. Im folgenden Teil dieses Kapitels haben wir zum Ziel, die Konvergenz zwischen Analyseverfahren und theoretischer Absicht am Beispiel der strukturell-kausalen Modellierung zu betrachten. Dabei richten wir unsere Aufmerksamkeit auf die Anwendbarkeit dieses besonderen Falles methodischer und theoretischer Konvergenz. Die Anwendbarkeit wird an einer Reihe entwicklungspsychologischer Forschungsprobleme überprüft, die sowohl mit der Messung als auch mit der Erklärung zu tun haben.

Kausale Modellierung und Strukturanalyse: auf dem Wege zur Konvergenz von Zielstellung und Datenanalyse in der multivariaten Erklärung von Entwicklungsphänomenen

Die Unterscheidung deskriptiver versus hypothesenprüfender Forschungsaktivitäten ist in etwa gleichzusetzen mit den Strategien des Überganges von der Beschreibung eines Phänomens zu seiner kausalanalytischen Erklärung (Baltes, Reese und Nesselroade 1977). Natürlich kann *Kausalität* auf verschiedene Art und Weise definiert werden. Die Begründung dessen, was Kausalität sein soll, ist immer Gegenstand sukzessiver Approximation. Es gibt jedoch eine Reihe allgemein anerkannter Aspekte, die uns bei der Diskussion helfen (Kenny 1979). Gewöhnlich umfaßt die typisch empirische Studie von kausalen Beziehungen vier Schritte: 1. Der erste Schritt ist die Analyse der *Kovariation*, die mit der Entwicklung einer statischen Vorstellung von einem kausalen Zusammenhang beginnen kann. Dieser Zusammenhang wird aus der beobachteten Kovariation von Variablen abgeleitet. 2. Eine kausale Interpretation von Beziehungen (Kovariationen) kann weiter dadurch gestützt werden, daß der Nachweis einer *zeitlichen Abfolge* zwischen der vermeintlichen Ursache und dem angenommenen Effekt erfolgt. 3. Wenn es die Art des Problems erlaubt, wird eine kausale Interpretation eines Zusammenhanges durch die *Variation* des kausalen Faktors im Sinne des klassischen experimentellen Zuganges belegt. 4. Dieser Zugang beinhaltet auch die *Replikation* als weitere Stützung für den kausalen Zusammenhang.

Für einen Entwicklungspsychologen ist das natürlich eine etwas idealisierte Sequenz von Schritten. Bei einigen Problemen können alle diese Bedingungen überprüft werden, die für einen Kausalzusammenhang sprechen. Bei anderen Problemen kann versucht werden, experimentelle Analysen an Problemen durchzuführen, die zu den interessierenden in einer begründbaren Beziehung stehen. Es gibt dann noch Probleme, die einen experimentellen Zugang überhaupt nicht zulassen. So ist z. B. die Reifung ein ganz allgemeines Entwicklungsproblem, dem aber vom Standpunkt des strengen experimentellen Zugangs kaum zu kontrollierende Variablenkonfundierungen zugrunde liegen (Baltes, Reese und Nesselroade 1977). Daraus wird ersichtlich, daß entwicklungspsychologische Konzeptionen ein breites Spektrum auf dieser Dimension Korrelation – Experiment umfassen. Dieses Spektrum spiegelt sich in den benötigten konvergenten Methodiken wider. Einige sind nicht experimenteller Natur, aber sie sollten in dem Maße genutzt werden, wie sie der Theorieentwicklung dienen können (Baltes, Reese und Nesselroade 1977).

In Problembereichen, in denen mit dem experimentellen Zugang nicht gearbeitet werden kann, ist es jedoch möglich, die Kovariation von Variablen zu erfassen und in einigen Fällen auch die zeitliche Abfolge der beobachteten Sequenz zu bestimmen. Solche Korrelationsdaten können zur Bewertung hypothetischer Systeme kausaler Zusammenhänge zwischen Variablen und Konstrukten mit Hilfe von *Verfahren der Strukturmodellierung* benutzt werden. Diese Verfahren sind speziell für diesen Fall entwickelt worden. Unsere Aufmerksamkeit wenden wir nun der Zelle IV zu. Hier kommen eine Theorie, deren Entwicklungsstand die Ableitung überprüfbarer Hypothesen erlaubt, und hypothesenprüfende Analysemethodiken zusammen. Eine neuere Entwicklung in diesem Bereich abgestimmter methodischer und theoretischer Niveaus wird von uns zur Veranschaulichung betrachtet.

Der Hauptgrund, warum die Strukturmodellierung zu einer Konvergenz zwischen Theorie und Methodik in Bezug auf die Hypothesenprüfung führt, liegt in der Notwendigkeit, daß für die Anwendung der Verfahren in einem ersten Schritt ein Modell der kausalen Beziehungen zwischen Variablen, Konstrukten u. a. zu erstellen ist. Dieses Modell muß im Hinblick auf die Richtung und Stärke der Beziehungen in einem Spezifizierungsgrad vorliegen, der nur auf der Basis entsprechender theoretischer Analysen des zu untersuchenden Phänomens erreicht werden kann. Wenn theoriegeleitet ein solches

Netzwerk von Beziehungen spezifiziert werden kann, bieten die Strukturanalyseverfahren die Möglichkeit, eine statistische Anpassung an die empirischen Daten vorzunehmen und die Anpassungsgüte des Modells zu bewerten (Bentler 1980, Horn und McArdle 1980, McArdle 1980, Rogosa 1980, Sörbom und Jöreskog 1976).

In einer frühen Phase der Entwicklung von Verfahren der Strukturmodellierung gehörte dazu die Pfadanalyse. Spätere Arbeiten, insbesondere von Ökonomen und Soziologen, haben zu sehr hoch entwickelten Analyseverfahren und Computerprogrammen geführt. Eine allgemeine Gruppe von Verfahren, die sich besonders gegenwärtig für verschiedene psychologische Anwendungen als nützlich erweist, ist die *Kausalmodellierung mit latenten Variablen* (Bentler 1980, Jöreskog 1973; Wold 1978). Unter diesem Gesichtspunkt besteht die Strukturanalyse aus zwei Komponenten. Eine Komponente wird das Meßmodell genannt und die andere wird als *Strukturmodell* bezeichnet (Jöreskog 1973, Jöreskog und Sörbom 1977, 1982). Wold (1978) benutzte die Begriffe *inneres* und *äußeres* Modell für die entsprechenden Komponenten. Zumindest in der Psychologie sind die Bezeichnungen *Meß- und Struktur*modell gebräuchlicher. Daher werden diese Begriffe von uns beibehalten. Die Charakteristiken des Meßmodells und des Strukturmodells sowie die Beziehung zwischen beiden sind in Abb. 18.1 veranschaulicht.

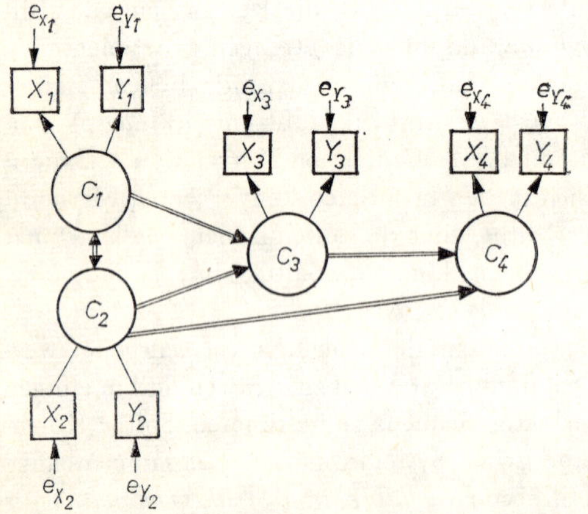

Abb. 18.1: Eine hypothetische Strukturanalyse bestehend aus Meßmodell und Strukturmodell. Das Meßmodell umfaßt Konstrukte C, manifeste Variable X und Y, Fehlerquellen e und die kausalen Zusammenhänge in Form einfacher Pfeile. Das Strukturmodell besteht aus den Konstrukten C und den Zusammenhängen in Form von Doppelpfeilen. Kanten mit einer Pfeilspitze an einem Ende drücken eine kausale Beziehung aus. Kanten mit Pfeilspitzen an beiden Enden repräsentieren eine Kovariation, die nicht kausal interpretiert wird.

Das *Meßmodell* ist das Netzwerk von Beziehungen zwischen latenten oder nichtbeobachteten Variablen oder Konstrukten und den beobachteten oder manifesten Variablen. In der Abbildung werden latente Variable mit Kreisen und manifeste Variable mit Rechtecken symbolisiert. Die Pfeile, die an den Rechtecken enden, kennzeichnen die Einflüsse auf die beobachteten Variablen. Einbezogen sind sowohl ein oder mehrere Konstrukte und auch eine mögliche, wenig differenzierte Quelle, welche sich aus Meßfehlern und unspezifizierten anderen Einflüssen ergibt.

Das *Strukturmodell* erfaßt die latenten Variablen oder Konstrukte und die kausalen wie auch die zufälligen Verbindungen, welche der Theorie nach bestehen. Sowohl das Meßmodell als auch das Strukturmodell sind wichtige Kristallisationspunkte für entwicklungspsychologische Forschungsprobleme. Da das Meßmodell direkt mit dem allgemeinen Modell der Faktoranalyse aus dem ersten Teil des Kapitels in Beziehung steht, betrachten wir dieses Modell zuerst und wenden uns dann dem Strukturmodell zu.

Das Meßmodell: ausgewählte Anwendungen in der Entwicklungspsychologie

Das Meßmodell erfaßt die Zusammenhänge zwischen der empirischen Umgebung und dem theoretischen Modell. Diese Zusammenhänge können aus den empirischen Daten geschätzt werden. Die entsprechenden numerischen Werte drücken die Stücke des Zusammenhanges aus. Spezifizierungen des Meßmodells können sowohl Beziehungen zwischen manifesten und latenten Variablen als auch Meßfehler betreffen. Wenn das Meßmodell die Meßfehler berücksichtigt, kann das Strukturmodell (das kausale System) mit „fehlerfreien" latenten Variablen angepaßt werden. Eine Übersicht zu diesen und damit in Verbindung stehenden Punkten ist in Bentler (1980), Jöreskog (1973, 1979) und Rogosa (1979) zu finden.

Es besteht ein beträchtliches Ausmaß an Konvergenz zwischen Aspekten des Meßmodells und dem üblichen Faktormodell (Bentler 1980). Die Faktoren entsprechen den latenten Variablen in einigen Meßmodellen ebenso wie die beobachteten Variablen der Faktoranalyse den manifesten Variablen im Meßmodell entsprechen. Die Faktorladungen und die daraus abgeleiteten Größen repräsentieren die Beziehungen zwischen den zwei Arten von Variablen. Im wesentlichen wird der Standpunkt einer konfirmatorischen Faktoranalyse zur Anpassung des Meßmodells eingenommen. Die Auswahl der manifesten Variablen, die als Indikatoren der Konstrukte in Erscheinung treten, repräsentiert somit eine Menge von Hypothesen, wie diese Konstrukte zu messen sind. Im allgemeinen finden diese Hypothesen einen unterschiedlichen Grad an Stützung. Dies hängt auch sehr vom Entwicklungsniveau der entsprechenden Theorie ab. Aber die Orientierung auf diese Hypothesenprüfung unterstreicht die Notwendigkeit, die Wahl der manifesten Variablen soweit als möglich von dem theoretischen Konzept her zu begründen.

Meßprobleme haben für den Entwicklungspsychologen einen hohen Stellenwert. Die Identifikation und Einschätzung von intraindividuellen Differenzen, interindividuellen Differenzen in intraindividuellen Veränderungen, altersbezogenen Veränderungen in der Variabilität, die Mehrfachausrichtung von Veränderungsfunktionen usw. führen zu beträchtlichen Anforderungen an die Meßverfahren und -instrumente (Baltes, Reese und Nesselroade 1977; Labouvie 1980, Nesselroade und Harkins 1980). Die Formulierung des Meßmodells bietet einen Rahmen, um die Probleme explizit zu formulieren und systematisch an ihre Lösung zu gehen. Wir gehen kurz auf drei ausgewählte Probleme ein. Damit soll die Rolle veranschaulicht werden, die das Meßmodell bei der Lösung einiger einschlägiger Meßprobleme in der entwicklungspsychologischen Forschung und Theoriebildung spielen kann.

Bereichsrepräsentativität

Eine der zentralen Ideen des multivariaten Zugangs besteht darin, daß Begriffe von ausreichender theoretischer Breite, um theoretisch interessant zu sein, wahrscheinlich nicht adäquat durch eine beobachtete Variable gekennzeichnet werden können (Cattell 1946, Cronbach 1957). Dies gilt auch trotz des Konzepts einer „faktorreinen" Meßgröße. Die Definition eines Gegenstandsbereiches und die Spezifizierung einer Anzahl von Variablen und der Verfahren für die Auswahl von Variablen zur Messung der wichtigsten Konstrukte stellen einen kritischen Punkt bei der Planung multivariater Studien dar (Cattell 1952, Humphreys 1962). Wenn Variable Meßgrößen eines Konstrukts sind, wird erwartet, daß sie eine gewisse gemeinsame Varianz manifestieren. Diese Varianz darf aber nicht zu groß sein, weil die Variablen sonst in einem unerwünschten Ausmaß redundant sind. Wenn das Konstrukt relativ breit angelegt ist und zu seiner Charakterisierung nur eine kleine Anzahl von Variablen verwendet wird, kann bei adäquater Wahl der Variablen eine solche Verschiedenartigkeit zwischen den Variablen bestehen, daß sich nur geringe Interkorrelationen zwischen ihnen ergeben. Probleme der externen Validität (Campbell und Stanley 1963) ergeben sich sowohl für die Planung als auch für die Messung. Die beste Garantie für die Verallgemeinerbarkeit besteht darin, diese als Fragen der Spezifizierung des Gegenstandsbereiches und der repräsentativen Stichprobenauswahl (Aufgaben, Settings, Personen, Wiederholungen) zu sehen. Die Bewertung der Repräsentativität von Variablen für Konstrukte ist ein Ge-

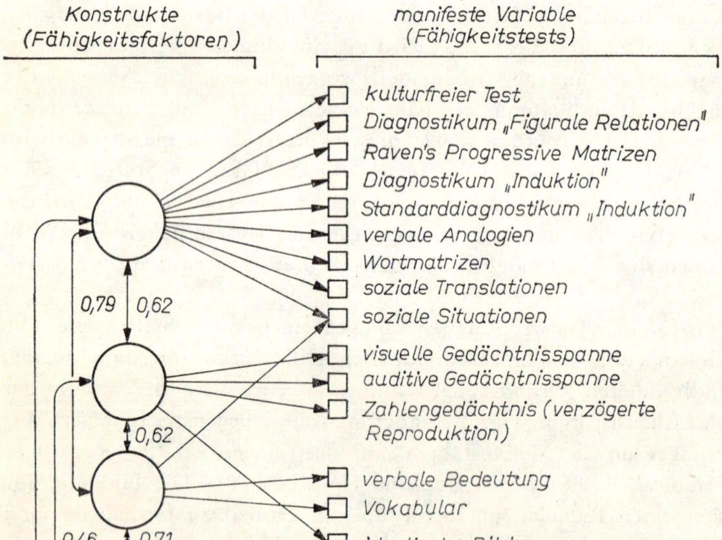

Abb. 18.2: Ein Meßmodell zur Darstellung der Beziehungen (wichtige Faktorladungen) zwischen 17 Fähigkeitstests und 4 Faktoren oder Konstrukten. Die Relationen zwischen den Konstrukten sind Korrelationskoeffizienten und stellen keine kausalen Zusammenhänge dar (nach BALTES, CORNELIUS, SPIRO, NESSELROADE und WILLIS 1980. Copyright bei American Psychological Association. Der Nachdruck erfolgt mit freundlicher Genehmigung).

winn, der sich aus der Verwendung des Meßmodells ergibt. Allerdings nur, wenn eine ausreichende theoretische Basis zur Abgrenzung des Gegenstandsbereiches existiert. Abbildung 18.2 veranschaulicht dies am Beispiel einer größeren entwicklungspsychologischen Untersuchung (Baltes, Cornelius, Spiro, Nesselroade und Willis 1980).

Das Ziel der in Abb. 18.2 dargestellten Analyse war die Entwicklung eines stabilen Meßsystems für die spätere Kontrolle der Effekte von verschiedenen Trainingsprogrammen (experimentelle Bedingung) für ältere Personen. Die Auswahl der 17 Tests erfolgte auf der Grundlage der Theorie der flüssigen und kristallisierten Intelligenz von Horn und Cattell.

Die Tests wurden bei einer Stichprobe älterer Personen eingesetzt, die jene Population repräsentiert, aus der die Trainingsgruppen gebildet wurden. Ausgehend von der Differenzierungshypothese (Burt 1954, Garrett 1946, Lienert und Crott 1964, Reinert 1970) wurden verschiedene Entwicklungsmodelle für die Struktur dieser Maße begründet. Diese Modelle repräsentieren die unterschiedlichen Niveaus auf dem Kontinum Differenzierung-Integration. Sie wurden dann über die Anpassungsgüte mit den empirischen Daten verglichen. Eines der besten Modelle ist in Abb. 18.2 dargestellt. Es wurden dabei keine kausalen Beziehungen zwischen den Konstrukten (Faktoren) getestet. Das Forschungsziel bestand darin, die hypothesenprüfenden Eigenschaften des Meßmodells zur Validierung des Meßsystems zu nutzen.

Äquivalenz von Messungen

Antworten auf viele entwicklungspsychologische Fragen beruhen auf Vergleichen der einen oder anderen Art (z. B. altersorientiert, zeitorientiert). Der Sinn solcher Vergleiche hängt davon ab, in welchem Grade dasselbe Konstrukt in den verschiedenen Fällen gemessen worden ist (Cattell 1969, Eckensberger 1973). Daraus folgt, daß die Begründung eines Äquivalenzkriteriums und dessen Anwendung einen wichtigen Aspekt bei Messungen im Rahmen entwicklungspsychologischer Forschungen darstellt. Bei der Diskussion des Begriffs der Äquivalenz von Messungen, wie das bei der Analyse entwicklungsbedingter Veränderungen notwendig ist, stieß Labouvie (1980) auf vier bedeutsame Fragen. Er fragte: 1. Messen die Meßinstrumente identische Konstrukte in verschiedenen Gruppen? 2. Sind die Metriken oder Einheiten der Messung identisch? 3. Sind Differenzen zwischen den beobachteten Mittelwerten Ausdruck von mittleren Unterschieden in den zugrunde liegenden Konstrukten? 4. Ist eine vergleichbare Reliabilität der Maße bei Anwendung in verschiedenen Gruppen gegeben? Labouvie (1980) wies darauf hin, daß im allgemeinen die Analyse von Mustern divergenter und konvergenter Beziehungen der empirische Zugang zur Aufstellung wichtiger Eigenschaften der psychologischen Meßinstrumente ist.

Das Meßmodell ermöglicht die Spezifizierung und Überprüfung von Beziehungen, die sich aus Konzeptionen über die Äquivalenz von Messungen ergeben. Es ist sogar möglich, Modelle nur mit dem Ziel anzupassen, die psychometrischen Eigenschaften von Meßinstrumenten wie in Abb. 18.2 einzuschätzen. Das Meßmodell kann aber auch in einen größeren Kontext der Strukturanalysen eingebettet sein. In jedem Falle können Fragen der Äquivalenz von Messungen in eine Form der Hypothesenprüfung übersetzt werden. Die Parameter eines Meßmodells können z. B. analog zu Faktorladungen oder

Meßwiederholungen geprüft werden. Ähnlich lassen sich die theoriegeleiteten Prädiktionen in bezug auf die Konstanz oder Veränderung von Varianzen, Mittelwerten usw. der Konstrukte testen.

Entwicklung und Anwendung veränderungssensitiver Maße

Forscher, die psychische Veränderungen messen wollen, stoßen zumindest in zwei Ebenen auf Schwierigkeiten. Auf dem einen Niveau sind Veränderungsmaße wiederholt als zweifelhaft charakterisiert worden (Cronbach und Furby 1970). Dies trifft auch auf jene zu, die auf der Grundlage von Beobachtungen ermittelt worden sind, welche auf die Anwendung psychometrisch abgesicherter Meßinstrumente zurückgehen. Auf einem anderen Niveau ist bei der Einschätzung der psychometrischen Eigenschaften eines Meßinstruments nicht immer eine direkte Beziehung zu der psychologischen Dimension gezeigt worden, für welche das Meßinstrument per Annahme eigentlich ein Maß liefern sollte. Maße von Kurzzeitänderungen (z. B. Stimmung und Zustand) beruhen z. B. auf Items, die eigentlich eine sehr geringe Test-Retest-Stabilität zeigen. Eine geringe Stabilität dieser Art wird aber traditionell als Beleg für eine geringe Reliabilität angesehen.

Es ist gezeigt worden, daß einer der prinzipiellen Gründe für Mißverständnisse die fehlende Unterscheidung zwischen der Reliabilität als einer Charakteristik des Meßinstruments und der Stabilität als einer Charakteristik des beobachteten psychischen Prozesses ist (Baltes und Nesselroade 1973, Nesselroade und Bartsch 1977, Nesselroade, Jacobs und Pruchno 1981). Die Strukturmodellierung hat zu verbesserten Techniken für die Einschätzung solcher Eigenschaften wie Reliabilität und Stabilität in empirischen Datenmengen geführt (Nesselroade u. a. 1981, Wheaton, Muthen, Alwin und Summers 1977). Um dies konkret zu veranschaulichen, sind in Abb. 18.3 die Ergebnisse einer Überprüfung der Reliabilität und Stabilität von Messungen der zustandsabhängigen Angst durch Nesselroade u. a. (1981) zusammengefaßt worden. Selbsteinschätzungen der Probanden, die mit zwei Parallelformen einer Skala der zustandsabhängigen Angst durchgeführt wurden, sind viermal im Abstand von jeweils zwei Wochen wiederholt worden.

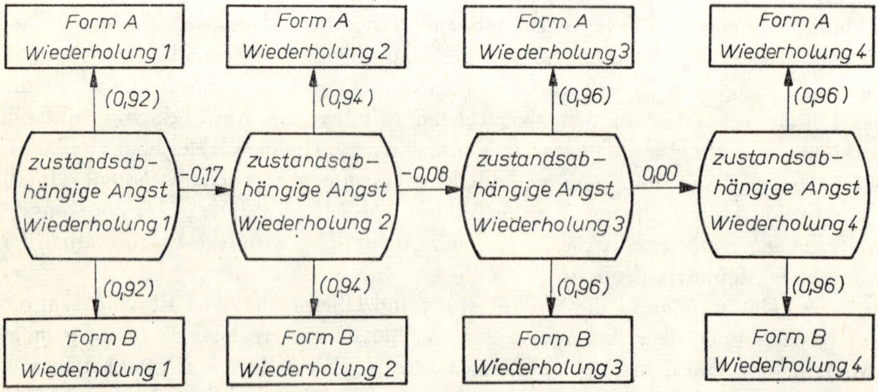

Abb. 18.3: Schätzung der Testreliabilität und der Konstruktstabilität auf der Basis von vier Wiederholungen der Messung mit zwei Parallelformen für die Erfassung der zustandsabhängigen Angst. Die Reliabilitätsschätzungen stehen in Klammern. Die Anpassungsgüte beträgt $\chi^2 = 23{,}87$, $df = 21$, $p = 0.30$.

Die Analyse hatte den Charakter einer Hypothesenprüfung. Sie wurde mit Reliabilitätsindizes (Faktorladungen in dem dargestellten Modell) durchgeführt, die sowohl zwischen als auch innerhalb von Wiederholungen gleich bleiben sollten. Die Stabilitätskoeffizienten wurden aus den Daten geschätzt, obwohl es möglich gewesen wäre, für sie bestimmte Werte als Teil des Modells zu spezifizieren. Dazu wäre aber eine hypothetische Begründung solcher Werte Voraussetzung gewesen. Die Anpassung des Modells an die Daten war recht gut. Dies belegt auch Abb. 18.3. Die Resultate zeigen deutlich das gemeinsame Auftreten einer sehr *geringen* Konstruktstabilität der zustandsabhängigen Angst über die Wiederholungen und einer *hohen* Reliabilität der Messungen innerhalb der Wiederholungen.

Überlegungen wie die zur Trennung der Stabilität von der Reliabilität sollten in die Entwicklung und Bewertung von Meßinstrumenten eingehen. Für den Entwicklungspsychologen sollte insbesondere die Empfindlichkeit des Meßinstruments für Veränderungen ein wertvolles Merkmal sein (siehe auch Nesselroade, Stigler und Baltes 1980). Formulierungen des Meßmodells liefern nicht nur einen systematischen Zugang als Unterstützung bei der Identifizierung und Isolierung solcher Parameter, denn die Einbeziehung von veränderungssensitiven Parametern in die experimentelle Forschung oder die Strukturmodellierung erweitert wiederum die Möglichkeiten dieser Zugänge, Mechanismen und Prozesse entwicklungsbedingter Veränderungen zu erfassen.

Das Strukturmodell: Ausgewählte Anwendungen in der entwicklungspsychologischen Forschung

Das Strukturmodell erfaßt, wie schon erwähnt, die latenten Variablen und Konstrukte, die über das Meßmodell identifiziert werden, und die kausalen Verbindungen oder Wege, welche die angenommenen Beziehungen der latenten Variablen repräsentieren. Innerhalb dieses Modells werden die hypothetischen kausalen Verbindungen zwischen den Konstrukten geschätzt und getestet. Die Strukturmodellierung sollte als Teil eines Erkenntnisprozesses gesehen werden, der eine schrittweise Annäherung an die Erklärung und an Inferenzen über die Kausalität darstellt. Im Grunde gibt uns die Strukturmodellierung Belege über „hinreichende" (nicht notwendige) Bedingungen, die für die Kausalzusammenhänge in einer empirischen Datenmenge stehen. Strukturmodelle können statische Konzeptionen repräsentieren. Sie können aber auch explizit eine zeitliche Komponente enthalten. Je stärker die Versuchsplanung den Bedingungen gerecht wird, die eine kausale Interpretation möglich machen (z. B. Variablenmanipulation, zeitliche Abhängigkeiten), um so wahrscheinlicher ist es, daß die Ergebnisse einer Strukturmodellierung kausale Zusammenhänge anzeigen.

Wenn ein theoretisches System bis zu dem Punkt entwickelt ist, daß Hypothesen abgeleitet und ein Netzwerk kausaler Beziehungen spezifiziert werden kann, ist durch Anwendung geeigneter analytischer Verfahren (Bentler 1980, Horn und McArdle 1980, Jöreskog 1973, 1979, McArdle 1980, Rogosa 1979) die Schätzung der Parameter des Modells und ein Test der Anpassungsgüte an eine spezifische Datenmenge möglich. Eine Alternative dazu ist die Einschätzung der relativen Anpassungsgüte von konkurrierenden Erklärungsmodellen. Ein wichtiger Aspekt besteht darin, daß die Strukturmodellierung einen Weg darstellt, um Korrelationsdaten für die Prüfung hypothetischer kausaler Beziehungen auszuwerten. In einem gewissen Sinne ist die Strukturmodellierung eine multivariat-korrelationale Ergänzung, wenn nicht gar ein Gegenstück zu dem traditionellen Experiment.

Arbeiten zur Anwendung der Modellierungsverfahren auf verschiedene kausalanalytische Probleme beginnen in der entwicklungspsychologischen Literatur zu erscheinen. Zu solchen Anwendungen zählt die Bewertung des Einflusses der „großen Depression", die Frauen im Alter um dreißig erfahren, auf ihre Gesundheit und ihr Wohlbefinden im fortgeschrittenen Alter (Elder und Liker 1980). Dazu gehört auch die Prüfung des Einflusses des Verhaltens der Mutter auf die kognitive Entwicklung in der Kindheit (Kohn und Schooler 1978) und die Überprüfung theoriegeleiteter Deduktionen, welche die Richtung des Einflusses bei Veränderungen der Fähigkeitsmuster betreffen (Cornelius 1980). Exemplarisch ist damit der Kreis der Probleme umrissen, der mit dieser neuen Methodik bisher bearbeitet worden ist. Wir stellen einige Beispiele der Anwendung dieser Modellierungsverfahren auf entwicklungspsychologische Probleme im Überblick dar, um sowohl das allgemeine Vorgehen zu illustrieren als auch einige der möglichen Varianten zu charakterisieren. Solche Varianten der Verfahren der Kausalanalyse ergeben sich z. B. durch einen Zeitabschnitt zwischen der hypothetischen Ursache und dem Effekt.

Der Einfluß des Verhaltens der Mutter auf die kognitive Entwicklung. Das erste Beispiel der kausal-strukturellen Modellierung beinhaltet eine Prüfung der kausalen Zusammenhänge zwischen dem Verhalten der Mutter, der Motivation und Variablen der kognitiven Entwicklung in der Kindheit (Rogosa 1979). Das kausale Zusammenhangsmuster, das bewertet werden sollte, war durch einen direkten Einfluß des mütterlichen Verhaltens auf die kognitive Leistungsfähigkeit des Kindes (Stanford-Binet-Intelligenz-Skala und Peabody Picture Vocabulary Test) und einem indirekten Einfluß über das motivationale Entwicklungsniveau (Pubils Behavioral Inventory und Rating der Motivation während der Anwendung des Stanford-Binet) gekennzeichnet. Das Meßmodell und das Strukturmodell sind in Abb. 18.4 dargestellt.

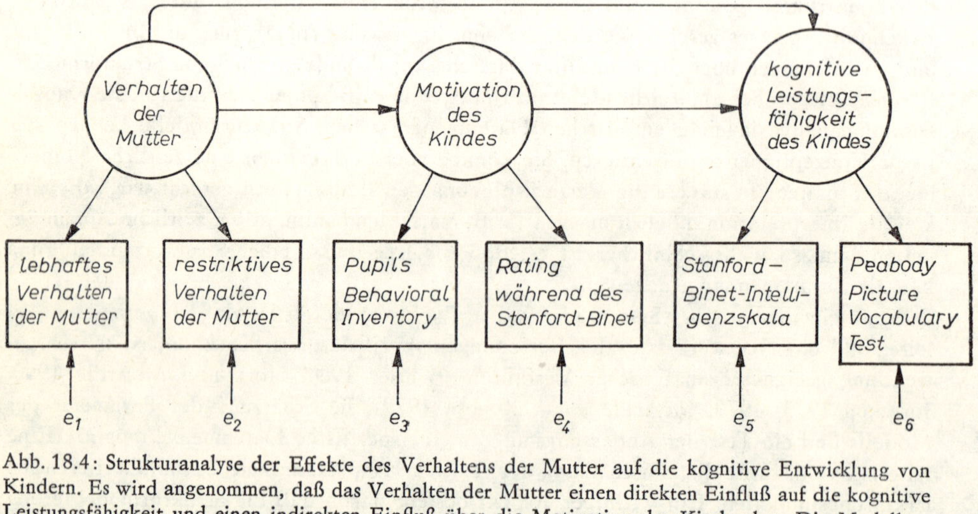

Abb. 18.4: Strukturanalyse der Effekte des Verhaltens der Mutter auf die kognitive Entwicklung von Kindern. Es wird angenommen, daß das Verhalten der Mutter einen direkten Einfluß auf die kognitive Leistungsfähigkeit und einen indirekten Einfluß über die Motivation des Kindes hat. Die Modellanpassung stützte den direkten Einfluß nicht (nach ROGOSA 1979. Der Abdruck erfolgt mit freundlicher Genehmigung von Academic Press).

Bemerkenswert an diesem Beispiel einer strukturell-kausalen Modellierung nach Abb. 18.4 ist die fehlende Zeitspanne zwischen der Erfassung des Verhaltens der Mutter und der Erfassung der Variablen beim Kind, obwohl explizit eine Kennzeichnung der mutmaßlichen Ursache-Effekt-Bedingungen vorgenommen wurde. Die strukturell-kausale Analyse kann trotzdem angewendet werden, um die Wahrscheinlichkeit zu prüfen, daß die erhaltenen Daten tatsächlich durch das in Abb. 18.4 veranschaulichte Erklärungssystem erzeugt sein könnten. In Übereinstimmung mit der Unterscheidung zwischen hinreichenden und notwendigen Bedingungen kann aber so nicht gezeigt werden, daß ein gegebenes Modell das einzige ist, welches diese Datenmenge erzeugt. Man kann jedoch zeigen, daß ein gegebenes Modell wahrscheinlich diese Datenmenge nicht erzeugen kann. Diese Betonung der Falsifikationsmöglichkeit unterstreicht die Notwendigkeit, das Kausalmodell auf der Grundlage der Theorie so explizit und so sorgfältig wie möglich abzuleiten.

In diesem speziellen Beispiel stellen die Ergebnisse der Modellanpassung Belege für die vermittelnde Rolle der Motivation des Kindes dar. Sie stützen aber nicht den angenommenen direkten Effekt des Verhaltens der Mutter auf die kognitive Leistungsfähigkeit des Kindes. Die Analyse dieser Daten kann eingebettet werden in eine allgemeine Bewertung des theoretischen Rahmens, aus dem diese hypothetische kausale Sequenz abgeleitet worden war. Die Resultate können somit auch als Anstoß für weitere Analysen der potentiellen Rolle der Motivation auf die kognitive Entwicklung dienen.

Effekte der Leistung auf die Fähigkeiten in einer Longitudionalstudie. Das zweite Beispiel der Strukturmodellierung kommt aus der Gerontologie. Ein Kausalmodell wurde an Daten getestet, wobei zwischen der Messung der angenommenen Ursachen und deren Effekten eine Zeitspanne von zwei Jahren lag. Die Untersuchung von Cornelius (1980) konzentrierte sich auf kausale Zusammenhänge zwischen geschwindigkeitsbezogenen Leistungsbereichen und den allgemeinen Fähigkeitsdimensionen der flüssigen und kristalli-

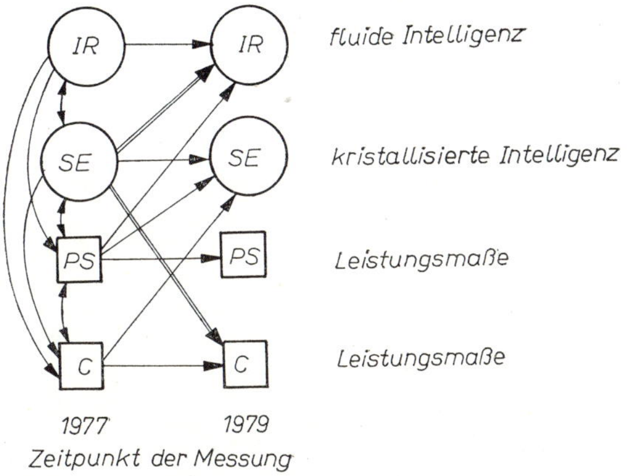

Abb. 18.5: Pfadanalytische Untersuchungen von Beziehungen zwischen Fähigkeiten und Leistungen über einem Intervall von zwei Jahren. Die Einfachpfeile repräsentieren die Richtungen kausaler Zusammenhänge, die durch Hypothesen gegeben sind. Die Doppelpfeile stehen für statistisch signifikante Zusammenhänge, die in den Hypothesen nicht enthalten waren (nach CORNELIUS 1980, der Abdruck erfolgt mit freundlicher Erlaubnis des Autors): IR = Induktive Schlüsse; SE = Soziale Bewertung; PS = Perzeptive Geschwindigkeit; C = Sorgfalt.

sierten Intelligenz bei älteren Personen. Cornelius paßte das Meßmodell getrennt an und erzeugte zusammengesetzte Maße, um die Konstrukte im Strukturmodell zu repräsentieren.

Das Modell ist in Abb. 18.5 dargestellt. Die zentrale Hypothese, die getestet werden sollte, war der Einfluß geschwindigkeitsbezogener Leistungsmaße, erhoben zum ersten Meßzeitpunkt, auf die Fähigkeitsbereiche der flüssigen und kristallisierten Intelligenz zum zweiten Meßzeitpunkt. Das Ergebnis stützte in breitem Maße die Hypothese. Die Einfachpfeile in der Abbildung zeigen dies. Die Doppelpfeile repräsentieren einige signifikante Beziehungen, die im strukturell-kausalen Modell nicht enthalten waren, die aber zur Erreichung einer ausreichenden Anpassungsgüte hinzugefügt worden waren. Einer dieser Doppelpfeile, der Einfluß des kristallisierten Fähigkeitsniveaus im Jahre 1977 auf das nachfolgende Niveau der flüssigen Intelligenz im Jahre 1979, stellt eine überraschende und theoretisch interessante Umkehrung eines kausalen Zusammenhanges dar, wie er in Diskussionen von Horn und Cattell beschrieben worden war. Die Theorie von Horn und Cattell weist die Umkehrung aus: einen kausalen Zusammenhang in der Entwicklung von der fluiden zur kristallisierten Intelligenz. Natürlich muß der von Cornelius gefundene Zusammenhang einer Kreuzvalidierung unterzogen werden, um breitere Aufmerksamkeit erfahren zu können.

Die Analyse von Cornelius illustriert eine Überprüfung von Folgerungen über kausale Zusammenhänge, wie sie aus der Rahmentheorie über die fluide und kristallisierte Intelligenz gezogen werden können. Solche Implikationen sind nicht Gegenstand rein experimenteller Untersuchungen. Überprüfungen der hier vorgestellten Art sind deshalb so wichtig für die Entwicklungspsychologie, weil sie helfen, bestimmte Aspekte der Theorie aufzuhellen und die Theorie zu erweitern. Gekoppelt mit der traditionellen experimentellen Methodik sollten uns Techniken der Kausalmodellierung bei der Auflösung der Rätsel der Entwicklung helfen.

Diese Beispiele illustrieren Anwendungen der Verfahren zur kausalen Modellierung in der entwicklungspsychologischen Forschung. Wie wertvoll diese Verfahren sich in Ergänzung zum experimentellen Vorgehen erweisen, ist eine Frage, die gegenwärtig noch nicht beantwortet werden kann. Bentler (1980) argumentiert, daß in der gesamten Psychologie die Notwendigkeit besteht, Studenten und wissenschaftliche Mitarbeiter in diesen Modellierungsverfahren mindestens ebenso auszubilden, wie diese für die Vielzahl von Varianzanalysen erfolgt. Dies führt uns auf Probleme, die vor uns stehen. Ihnen wenden wir uns jetzt zu.

Was liegt vor uns?

Wenn die Bedeutung der Modellierung kausaler Zusammenhänge tatsächlich mit dem traditionellen experimentellen Zugang und den damit verknüpften Varianzanalysen (ANOVA) konkurriert, und wenn die Frage nach der Art der Ausbildung der nächsten Generation von Verhaltenswissenschaftlern steht, dann hat allem Anschein nach die Strukturmodellierung eine große Zukunft. Wenn wir eine nicht ganz ernst gemeinte Analogie zur Geschichte der ANOVA in der Psychologie ziehen und den schlimmsten (oder besten vom Standpunkt des Lesers) Fall annehmen, dann könnte der Begriff *Strukturanalyse* synonym mit *Design* werden. Einige psychologische Einrichtungen könnten soweit gehen, alle anderen Arten der Datenanalyse nicht mehr zuzulassen. Es wird zu einer

Flut von methodischen Neuerungen und Verbesserungen sowohl in den allgemeinen als auch in sehr spezifischen Anwendungen kommen. Und schließlich wird vielleicht in merkwürdiger Umkehr der Ereignisse ein neuer Cohen (1968) des 21. Jahrhunderts kommen und sagen, daß die Strukturmodellierung ein Spezialfall der ANOVA sei.

Eine ernsthaftere Anmerkung bezieht sich darauf, daß zumindest für die nächste Zeit wahrscheinlich einige Entwicklungen vorhergesagt werden können. Die Kausalmodellierung bietet sich als eine der bedeutendsten Methodiken an, um multivariat-korrelationale Daten auszuwerten. Die Bedeutung der Kausalmodellierung liegt aber nicht nur in der Datenanalyse. Sie fördert das Denken (und bietet einen Weg dazu an) über Probleme und deren begriffliche Durchdringung, die vom Standpunkt des klassischen Experiments nicht betrachtet werden, weil diese Probleme dem klassischen Vorgehen nicht zugänglich sind. Diese Möglichkeit ist für den Entwicklungspsychologen von großem Interesse, da ein beträchtlicher Anteil der theoretischen Probleme direkt in eine Form multivariat-korrelationaler Daten überführt werden kann, wenn nicht gar alle. Viele der Variablen und Prozesse, die eine Schlüsselstellung in der entwicklungspsychologischen Theoriebildung einnehmen, können nicht manipuliert werden (Baltes, Reese und Nesselroade 1977). Ihre Analyse gehört vielmehr in den Bereich der Korrelationsanalysen und quasiexperimentellen Methodiken. In dem Maße, wie die strukturell-kausale Modellierung Erfolg hat, werden die multivariat-korrelationalen Methoden das Versprechen für die Analyse der Entwicklungsprozesse einlösen, über das wir am Anfang des Kapitels gesprochen haben. Ob uns diese Verfahren bis in das Jahr 2000 und darüber hinaus begleiten oder nicht, ist eine andere Frage. Ohne eine ziemlich radikale Änderung in der Art, wie Entwicklungspsychologen Wissenschaft betreiben, sind wir mißtrauisch, ob sie es wirklich wollen.

Literatur

Acito, F., R. D. Anderson and J. L. Engledow: A simulation study of methods for hypothesis testing in factor analysis. Journal of Consumer Research, I, 111–150, 1980

Baltes, P. B., S. W. Cornelius and J. R. Nesselroade: Cohort effects in developmental psychology. In: J. R. Nesselroade and P. B. Baltes (Eds.), Longitudinal research in the study of behavior and development. New York: Academic Press, 1979

Baltes, P. B., et al.: Integration versus differentiation of fluid/crystallized intelligence in old age. Developmenta psychology. In: J. R. Nesselroade and P. B. Baltes (Eds.), Longitudinal research in the study of behavior and development. New York: Academic Press, 1979

Baltes, P. B., et al. Integration versus differentition of fluid/crystallized intelligence in old age. Developmental Psychology, 16, 625–635, 1980

Baltes, P. B., and J. R. Nesselroade: Multivariate longitudinal and cross-sectional sequence for analyzing ontogenetic and generational change: A methodological note. Developmental Psychology, 2, 163–168, 1970

Baltes, P. B., and J. R. Nesselroade: The developmental analysis of individual differences on multiple measures. In: J. R. Nesselroade and H. W. Reese (Eds.), Life-span developmental psychology: Methodological issues. New York: Academic Press, 1973

Baltes, P. B., H. W. Reese and J. R. Nesselroade: Life-span developmental psychology: Introduction to research methods. Monterey, Calif.: Brooks/Cole, 1977

P. M. Bentler: Assessment of developmental factor change at the individual and group level. In: J. R. Nesselroade and H. W. Reese (Eds.), Life-span developmental psychology: Methodological issues. New York: Academic Press, 1973

P. M. Bentler: Multivariate analysis with latent variables: Causal modeling. In: M. R. Rosenzweig and L. W. Porter (Eds.), Annual Review of Psychology. Palo Alto, Calif.: Annual Reviews Inc., 1980

Burt, C. L.: The differentiation of intellectual abilities. British Journal of Educational Psychology, 24, 76–90, 1954

Buss, A. R.: An extension of developmental models that separate ontogenetic change and cohort differences. Psychological Bulletin, 80, 466–479, 1973

Buss, A. R.: A general developmental model for interindividual differences, intraindividual differences, and intraindividual changes. Developmental Psychology, 10, 70–78, 1974

Campbell, D. T., and J. C. Stanley: Experimental and quasi-experimental designs for research on teaching. In: N. L. Gage (Ed.), Handbook of research on teaching. Chicago: Rand McNally, 1963

Cattell, R. B.: The description and measurement of personality. New York: Harcourt Brace, 1946

Cattell, R. B.: Factor analysis. New York: Harper, 1952

Cattell, R. B.: Higher order factor structures and reticular vs. hierarchical formulae for their interpretation. In: C. Banks and P. L. Broadhurst (Eds.), Studies in psychology in honor of Cyril Burt. London: University of London Press, 1965

Cattell, R. B.: The meaning and strategic use of factor analysis. In: R. B. Cattell (Ed.), Handbook of multivariate experimental psychology. Chicago: Rand McNally, 1966 a

Cattell, R. B.: Psychological theory and scientific method. In: R. B. Cattell (Ed.), Handbook of multivariate experimental psychology. Chicago: Rand McNally, 1966 b

Cattell, R. B.: Comparing factor trait and state scores across ages and cultures. Journal of Gerontology, 24, 348–360, 1969

Cattell, R. B.: Separating endogenous, exogenous, ecogenic, and epogenic component curves in developmental data. Developmental Psychology, 3, 151–162, 1970

Coan, R. W.: Child personality and developmental psychology. In: R. B. Cattell (Ed.), Handbook of multivariate experimental psychology. Chicago: Rand McNally, 1966

Cohen, J.: Multiple regression as a general data analytic system. Psychological Bulletin, 70, 426–443, 1968

Corballis, M. C., and R. E. Traub: Longitudinal factor analysis. Psychometrika, 35, 79–98, 1970

Cornelius, S. W.: Fluid-chrystallized intelligence and differential aging: Longitudinal relations among primary abilities in late adulthood. Unpublished dissertation, the Pennsylvania State University, 1980

Cronbach, L. J.: The two disciplines of scientific psychology. American Psychologist, 12, 671–684, 1957

Cronbach, L. J., and L. Furby: How should we measure „change" – or should we? Psychological Bulletin, 74, 68–80, 1970

Dixon, R. A., and J. R. Nesselroade: Pluralism and correlational analysis in developmental psychology: Historical commonalities. In: R. M. Lerner (Ed.), Developmental psychology: History and philosophy. Hillsdale, N. J.: Lawrence Erlbaum Associates, 1982

Eckensberger, L. M.: Methodological issues of cross-cultural research in developmental psychology. In: J. R. Nesselroade and H. W. Reese (Eds.), Life-span developmental psychology: Methodological issues. New York: Academic Press, 1973

Elder, G. H., Jr., and J. K. Liker: Hard times in women's lives: Historical influences across 40 years: Unpublished manuscript, Cornell University, 1980

Eysenck, H. J.: Criterion analysis – an application of the hypothetic-deductive method to factor analysis. Psychological Review, 57, 38–53, 1950

Garrett, H. E.: A developmental theory of intelligence. American Psychologist, I, 372–378, 1946

Gorsuch, R. L.: Factor analysis. Philadelphia: Saunders, 1974

Guilford, J. P.: The nature of human intelligence. New York: McGraw-Hill, 1967

Guttman, L.: Multiple group methods for common factor analysis: Their basis, computation, and interpretation. Psychometrika, 17, 209–222, 1952

Horn, J. L., and J. J. McArdle: Perspectives on mathematical/statistical model building (MASMOB) in research on aging. In: L. W. Poon (Ed.), Aging in the 1980s: Psychological Issues. Washington, D. C.: American Psychological Association, 1980

Humphreys, L. G.: The organization of human abilities. American Psychologist, 17, 475–483, 1962

Hurley, J. R., and R. B. Cattell: The Procrustes program: Producing direct rotation to test a hypothesized factor structure. Behavioral Science, 7, 258–262, 1962

Jöreskog, K. G.: Testing a simple structure hypothesis in factor analysis. Psychometrika, 31, 165–178, 1966

Jöreskog, K. G.: A general method for estimating a linear structural equations system. In: A. S. Goldberger and O. D. Duncan (Eds.), Structural equation models in the social sciences. New York: Seminar Press, 1973

Jöreskog, K. G.: Statistical estimation of structural models in longitudinal-developmental investigations. In: J. R. Nesselroade and P. B. Baltes (Eds.), Longitudinal research in the study of behavior and development. New York: Academic Press, 1979

Jöreskog, K. G., and D. Sörbom: Statistical models and methods for analysis of longitudinal data. In: D. J. Aigner and A. S. Goldberger (Eds.), Latent variables in socio-economic models. Amsterdam: North Holland, 1977

Jöreskog, K. G., and D. Sörbom: EFAP-II Exploratory factor analysis program. A fortran IV program. Chicago: International Educational Services, 1978

Jöreskog, K. G., and D. Sörbom: The analysis of developmental data by structural equations. In: H. Winsborough, O. D. Duncan and P. B. Read (Eds.), Cohort analysis in social research. New York: Academic Press, 1982

Kenny, D. A.: Correlation and causality. New York: Wiley, 1979

Kohn, M. L., and C. Schooler: The reciprocal effects of the substantive complexity of work and intelligence flexibility: A longitudinal assessment. The American Journal of Sociology, 84, 24–52, 1978

Labouvie, E. W.: Developmental causal structures of organism-environment interactions. Human Development, 17, 444–452, 1974

Labouvie, E. W.: An extension of developmental models. A reply to Buss. Psychological Bulletin, 82, 165–169, 1975

Labouvie, E. W.: Identity versus equivalence of psychological measures and constructs. In: L. W. Poon (Ed.), Aging in the 1980s: Psychological Issues. Washington, D. C.: American Psychological Association, 1980

Lerner, R. M., E. A. Skinner and G. T. Sorrell: Methodological implications of contextual/dialectic theories of development. Human Development, 23, 225–235, 1980

Lienert, G. A., and H. W. Crott: Studies on the factor structure of intelligence in children, adolescents and adults. Vita Humana, I, 147–163, 1964

McArdle, J. J.: Causal modeling applied to psychonomic systems simulation. Behavior Research Methods and Instrumentation, 12, 193–209, 1980

Mosier, C. I.: Determining a simple structure when loadings for certain tests are known. Psychometrika, 4, 149–162, 1939

Nesselroade, J. R.: Application of multivariate strategies to problems of measuring and structuring long-term change. In: L. R. Goulet and P. B. Baltes (Eds.), Life-span developmental psychology: Theory and research. New York: Academic Press, 1970

Nesselroade, J. R.: Issues in studying developmental change in adults from a multivariate perspective. In: J. E. Birren and K. W. Schaie (Eds.), The handbook of the psychology of aging. New York: Van Nostrand Reinhold, 1977

Nesselroade, J. R., and T. W. Bartsch: Multivariate experimental perspectives on the construct validity of the trait-state distinction. In: R. B. Cattell and R. M. Dreger (Eds.), Handbook of modern personality theory. Washington, D. C.: Halstead Press, 1977

Nesselroade, J. R., and S. W. Harkins (Eds.): Methodological issues. In: L. W. Poon (Ed.), Aging in the 1980s: Psychological issues. Washington, D. C.: American Psychological Association, 1980

Nesselroade, J. R., A. Jacobs and R. Pruchno: Reliability vs. stability in the measurement of psychological states: An illustration with anxiety measures. Unpublished manuscript, Max-Planck-Institute für Bildungsforschung, Berlin, 1981

Nesselroade, J. R., S. Stigler and P. B. Baltes: Regression toward the mean and the study of change. Psychological Bulletin, 88, 622–637, 1980

Reinert, G.: Comparative factor analytic studies of intelligence throughout the human life-span. In: L. R. Goulet and P. B. Baltes (Eds.), Life-span developmental psychology: Theory and research. New York: Academic Press, 1970

Rogosa, D.: Causal models in longitudinal research: Rationale, formulation, and interpretation. In: J. R. Nesselroade and P. B. Baltes (Eds.), Longitudinal research in the study of behavior and development. New York: Academic Press, 1979

Schoenemann, P. H.: A generalized solution of the orthogonal procrustes problem. Psychometrika, 31, 1–10, 1966

Sörbom, D., and K. G. Jöreskog: COFAMM: Confirmatory factor analysis with model modification. Chicago: National Educational Resources, 1976

Tucker, L. R.: The objective definition of simple structure in linaer factor analysis. Psychometrika, 20, 209–225, 1955

Wheaton, B., et al.: Assessing reliability and stability in panel models. In: D. R. Heise (Ed.), Sociological Methodology, 1977. San Francisco, Calif.: Jossey-Bass, 1977

Wittmann, W.: The lack of multivariate approaches in psychological research with special consideration of the interactionism controversy. Unpublished manuscript. Psychology Department, University of Freiburg, FRG, 1981

Wohlwill, J. F.: The study of behavioral development. New York: Academic Press, 1973

Wold, H.: Ways and means of multidisciplinary studies. In: The search for absolute values in a changing world: Sixth International Conference on the Unity of the Science. New York: The International Cultural Foundation, 1978

Teil V: Klinische und angewandte Psychologie

Dieser Schlußteil umfaßt Kapitel, die eine repräsentative Auswahl herausragender, auf praktische Probleme orientierter Forschungsprojekte behandeln. Die Kapitel sind grob von weniger zu stark angewandten geordnet.

Als mit den am wenigsten anwendungsbezogenen beginnt Teil V mit dem Kapitel von Mitchell L. Kietzman, Joseph Zubin und Stuart Steinhauer, das sich mit der Forschung in der Psychopathologie befaßt, und mit dem von Downing und Rickels, das die Forschung in der klinischen Psychopharmakologie darstellt. Das letzte und am stärksten angewandte Kapitel ist Edwards Darstellung über Entscheidungsanalyse für große Organisationen. Brengelmanns Beitrag über Verhaltenstherapie anerkennt engere Bindungen zur Grundlagenforschung als der von Edwards, aber er ist auch mit praktischen Lösungen befaßt. Es ist bemerkenswert, daß die primäre berufliche Bindung der meisten dieser Autoren eher zu professionellen Schulen und Forschungsinstituten als zu traditionellen akademischen Abteilungen für Psychologie besteht. Kündigt das eine zunehmende institutionelle Separierung der angewandten von der traditionellen (Grundlagen-) Psychologie an?

Die Arbeitsgruppe um Kietzman legt innerhalb der wissenschaftlichen Tradition, wie sie mit Joseph Zubin verknüpft ist, Forschungen zur Informationsverarbeitung bei mentalen Erkrankungen dar. Diese Autoren verdeutlichen ihren sehr allgemeinen Bezug zur perzeptiven und kognitiven Psychophysik, die von einer grundlegenden biopsychologischen Perspektive aus sowohl normales als auch abweichendes Verhalten umfaßt. Sie hoffen, daß eine bessere Kenntnis der Ätiologie der Psychopathologie zu einer besseren Diagnose, Prognose und Behandlung führt.

Robert Downing und Karl Rickels beschreiben in ihrem Beitrag über „nichtspezifische" psychopharmakologische Effekte zwei Dekaden der Forschung zu solchen Faktoren wie dem psychophysiologischen Status des Individuums und der Geschichte seiner Erkrankung dar. Ihr wissenschaftlicher Traum scheint eine differentielle Psychopharmakologie zu sein. Dies bedingt Eysencks Befürwortung (Kapitel 13) eines experimentell-korrelativen Herangehens bei der biosozialen Persönlichkeitsforschung.

Johannes Brengelmann legt sein Forschungsprogramm dar, bei dem er die Effekte der Verhaltenstherapie bei verschiedenen Patiententypen experimentell analysiert. Man ist beeindruckt von der großen Zahl der untersuchten Probleme, einschließlich solcher unterschiedlichen Faktoren wie Alkohol- und Drogenabhängigkeit, hoher Blutdruck, Rauchen, Übergewicht, Streß und Angst. Es ist klar, daß die Verhaltenstherapie ein wichtiger Teil der klinisch-psychologischen Szene in der BRD ist. Brengelmann macht nicht nur mit seinem eigenen Anteil an dieser Entwicklung bekannt, sondern auch mit seiner Hoffnung für eine breitere Anwendung des experimentell-korrelationalen Herangehens in der zukünftigen Forschung.

Ward Edwards wirft in seinem Enthusiasmus für die angewandte Entscheidungsanalyse der mehr traditionellen Experimentalpsychologie den Fehdehandschuh hin: Was hat letztere zur Lösung von Problemen des realen Lebens beigetragen? Er glaubt, daß die traditionellen Experimentalpsychologen die interessantesten und wichtigsten Fragestellungen in ihrem Bemühen um den „allgemeinen normalen menschlichen Verstand" ignoriert haben. Skeptisch in bezug auf den Wissenschaftsbetrieb können Edwards Argumente z. B. mit denen von Gergen (Kapitel 3) über die Grenzen des Wissens und denen von Parducci (Kapitel 10) über die Gefahren, die den Versuchen zur Anwendung von Theorien anhaften, die Laboratoriumsphänomene erklären sollen, verglichen bzw. diesen gegenübergestellt werden.

19. Informationsverarbeitung in der Psychopathologie

Mitchell L. Kietzman
Queens College of the City University of New York
and
The New York State Psychiatric Institute
Joseph Zubin
Stuart Steinhauer
VA Medical Center, Highland Drive, Pittsburgh
and
The University of Pittsburgh Medical School, USA

Über Jahrhunderte hindurch haben klinische und phänomenologische Beobachtungen in der Psychopathologie eine Literatur hervorgebracht, die faszinierend, aber wissenschaftlich schwer zu quantifizieren ist. Da psychopathologische Abweichungen nicht notwendigerweise interindividuell und nicht einmal intraindividuell konsistent sind, können aus dieser Literatur nicht immer zuverlässige Schlüsse gezogen werden.

Beginnend mit der Arbeit von Kraepelin hat sich allmählich eine systematische psychologische und physiologische experimentelle Forschung in der Psychopathologie entwikkelt. Zunächst wurde dieser Ansatz von der Psychoanalyse überschattet, die nach dem 1. Weltkrieg dominierte. Die Psychoanalyse war jedoch nicht in der Lage, sich einer experimentellen und messenden Forschung zu stellen, obgleich es Versuche gab, sie experimentell zu untermauern (Sears 1944). Nach dem 2. Weltkrieg verlagerte sich das Interesse in der Klinischen Psychologie auf projektive und kognitive Techniken; experimentelle Ansätze in der Psychopathologie wurden aber in den USA am New York State Psychiatric Institute und am Worcester State Hospital in Massachusetts und in England am Institute of Psychiatry, London University, fortgesetzt. Die wenigen experimentell orientierten Psychopathologen griffen dabei bereitwillig Entwicklungen in der Experimentalpsychologie auf, wie z. B. Reaktionszeitmessungen, Bestimmung von Empfindungsschwellen, Konstanzphänomene, sensorische Verschmelzung (Flimmerverschmelzung), Ermüdungsmessungen und autokinetische Effekte. Die Klinik ihrerseits eröffnete den experimentellen Psychologen neue Untersuchungsbereiche wie die Hirnfunktion bei hirnverletzten Patienten, retrograde Amnesie, Gedächtnisleistungen, Verlust von Bekanntheitsgefühl (jamais vu) und irrtümliche Bekanntheitserlebnisse (déjà vu).

Durch die Wechselbeziehungen zwischen Klinik und Laboratorium wurden etliche klinische Auffassungen korrigiert oder verworfen. So hatten zum Beispiel frühere experimentelle Befunde über Wahrnehmungsverzerrungen bei Schizophrenen zu der Annahme geführt, daß sich deren sensorische Schwellen von denen bei Normalen unterscheiden. Neue Meßtechniken eröffneten das Schwellenproblem wieder. Eine verbesserte Diagnostik und die Einführung der Signal-Detektions-Methode führten zu einem neuen Verständnis der sensorischen, perzeptiven und kognitiven Funktionen bei psychisch Kranken. In den letzten Jahren ist eine der vielversprechendsten Entwicklungen in der experimentellen Psychopathologie der schnelle Zuwachs an Forschungen auf dem Gebiet der Informationsverarbeitung gewesen. Das Ziel der Informationsverarbeitung, angewandt auf das Verhalten im allgemeinen und auf die Psychopathologie im besonderen, ist es, ein Verständnis dafür zu gewinnen, auf welche Weise die Sinne äußere Reize in Reaktionen transformieren. Allen diesen Ansätzen ist explizit oder implizit die Betonung des *Zeitverlaufs* gemeinsam; Verarbeitung bedeutet im wesentlichen eine Veränderung in der Zeit. Deshalb bezieht sich der Begriff der *Verarbeitung*, wie er hier benutzt wird, auf Ereignisse, die im zeitlichen Verlauf gemessen werden. Durch eine Beschreibung der Verarbeitungsphasen zwischen Reiz und Reaktion können die Komponenten (Prozesse oder Ereignisse), die in verschiedenen Stadien ablaufen, untersucht werden. Andere *endogene* Komponenten laufen simultan (parallel) zu diesen Stadien ab. Diese parallelen Komponenten, bei denen es sich um Kontrollprozesse wie die der Aufmerksamkeit handelt, sind auf die verschiedenen Stadien bezogen oder beeinflussen diese. Abbildung 19.1 ist ein stark vereinfachter Versuch, einige Merkmale der visuellen Informationsverarbeitung zu veranschaulichen. Die meisten Untersuchungen konzentrieren sich auf eine oder auf eine begrenzte Zahl von Stadien oder Kontrollereignissen, um im Detail die Prozesse oder Ereignisse zu erforschen, die zwischen Reiz und Reaktion ablaufen. Man kann erwarten, daß eine solche systematische Beschreibung Fortschritte im Verständnis verschiedener Probleme im pädagogischen, psychologischen, psychopathologischen und sogar philosophischen Wissensgebiet hervorbringt.

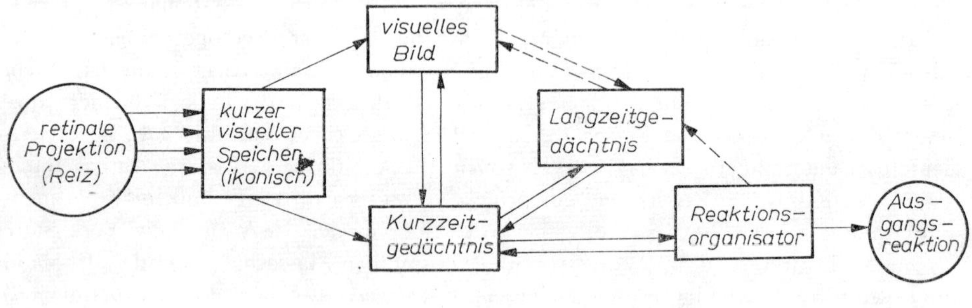

Abb. 19.1: Ein typisches Flußdiagramm der visuellen Informationsverarbeitung zur Verdeutlichung der Ereigniskette zwischen Reiz und Reaktion (aus Haber und Hershenson 1980).

Es sind viele wissenschaftliche Modelle vorgeschlagen worden, um die Ereigniskette zwischen Reiz und Reaktion zu erklären, doch gibt es gegenwärtig noch kein allumfassendes Modell der Informationsverarbeitung. Dieses Kapitel erörtert solche Fragen wie: Was sind oder was könnten die Beziehungen zwischen einer systematischen Beschreibung der Informationsverarbeitung im Verhalten und verschiedenen Arten der Psychopathologie sein? Und was sind die grundlegenden Erfordernisse und möglichen künftigen Forschungsrichtungen auf dem Gebiet der Informationsverarbeitung insbesondere hinsichtlich der Psychopathologie?

Vor über 30 Jahren sprach Norbert Wiener (1948), der Vater der Kybernetik, diese Probleme an, obgleich zu seiner Zeit der Begriff der *Informationsverarbeitung* noch nicht in Mode war. In einem bemerkenswerten Kapitel mit dem Titel „Kybernetik und Psychopathologie" erörterte Wiener die Möglichkeiten eines Verständnisses der Psychopathologie durch eine Bezugsetzung von Eigenschaften des Computers zu analogen menschlichen Qualitäten. Dabei sollte ein Verständnis für das Versagen von Computern zur Erklärung von Desorganisationen im menschlichen Verhalten dienen. Obgleich Wiener mit seinen Spekulationen über Analogien zwischen Mensch und Maschine vorsichtig war, glaubte er fest daran, daß die Prinzipien der Kybernetik potentiell eine wichtige Anwendung in der Psychopathologie gestatten. Erst neuerdings begannen Forscher, diesem Hinweis zu folgen.

Gegenwärtig ist die Beziehung zwischen Informationsverarbeitung und Psychopathologie fast ausschließlich eine empirische Angelegenheit. Es liegt eine große Zahl empirischer, datenorientierter Untersuchungen vor, in denen normale und im Verhalten abweichende Populationen verglichen werden. Solche Vergleiche sind von begrenztem Wert. Patienten zeigen im Vergleich zu Normalen meist Leistungsdefizite. Diese erklärt man als durch Motivationsmangel, fehlendes Instruktionsverständnis, Konzentrationsunfähigkeit usw. verursacht. Kurzum: die Leistung von Patienten kann schlechter sein, da sie generell weniger leisten und nicht wegen eines spezifischen Defizits, das erst in einer spezielleren Forschungsarbeit untersucht werden könnte. In den letzten Jahren ist dieses schlechtere Leistungsniveau als *generalisiertes Defizit* bekannt geworden (Chapman und Chapman 1973). Somit bringen uns diese Untersuchungen aber wenig mehr, als wir bereits wissen (vgl. die Diskussion in Kietzman, Spring und Zubin 1980).

Obgleich es keinen Mangel an Fakten oder Daten gibt, zwingt das Fehlen eines systematischen Rahmenkonzepts über die Beziehungen von Informationsverarbeitung und Psychopathologie zu wählen zwischen der Voreiligkeit einer noch vorläufigen Theorie und der Sterilität unerklärter Fakten. In einer neueren Einschätzung der Forschungen über ereignisbezogene Potentiale haben Sutton und Ruchkin (1981) kritisiert, daß zu viele Bemühungen auf die Zusammenstellung eines *Wörterbuches* statt auf die Entwicklung einer *Grammatik* der Ergebnisse gerichtet worden seien. Ähnlich ist es bei der Erforschung der Informationsverarbeitung auf dem Gebiet der Psychopathologie. Um ein solches Bezugssystem zu erarbeiten, müssen zuerst grundsätzliche Fragen in bezug auf die Informationsverarbeitung selbst gestellt werden; erst dann können Versuchspläne zur Beantwortung dieser Fragen aufgestellt und durchgeführt werden.

Während der letzten Jahre sind rasche und bedeutsame Fortschritte bei der Entwicklung systematischer Modelle der Informationsverarbeitung in der Anwendung auf normales Verhalten gemacht worden, und diese beginnen sich auf das Gebiet der Psychopathologie auszudehnen. Tatsächlich weisen die Kapitel über Informationsverarbeitung in zahlreichen neueren Büchern (Kietzman u. a. 1980, Magaro 1980, Neale und Oltmanns 1980, Schwartz 1978) diesen Trend auf. Im allgemeinen gewährleistet diese Vorgehensweise jedoch noch keine schrittweise systematische Analyse in der Psychopathologie.

Visuelle Persistenz

Um systematische Beziehungen zwischen Informationsverarbeitung und Psychopathologie zu illustrieren, haben wir das Phänomen der *visuellen* Persistenz ausgewählt, bei dem es sich um eine frühe sensorische Komponente der visuellen Wahrnehmung handelt. Bei der visuellen Wahrnehmung gibt es eine Ereigniskette, die mit dem eintreffenden Reiz beginnt und über verschiedene sequentielle Veränderungen bis zur abschließenden Reaktion führt. Eine der frühesten Komponenten in dieser Kette ist die visuelle Persistenz. Es gibt verschiedene Gründe, warum wir die visuelle Persistenz als Beispiel für die Informationsverarbeitung in der Psychopathologie auswählen. Erstens ist sie Gegenstand zahlreicher experimenteller Untersuchungen bei normalen Versuchspersonen (Vpn) (Coltheart 1980, Long 1980). Zweitens gibt es mehrere neuere Untersuchungen über die visuelle

Persistenz bei verschiedenen Patientenstichproben wie geistig Retardierten, psychiatrischen und hirngeschädigten Patienten. Bei der Untersuchung dieser Populationen wurden verschiedene Techniken benutzt. Trotz einiger Unterschiede waren die Ergebnisse im allgemeinen darin konsistent, daß einige Gruppen in der visuellen Persistenz von den Normalen und anderen Patienten abweichen. Diese Unterschiede lassen Abweichungen in den frühesten Stadien der Informationsverarbeitung vermuten.

Die visuelle Persistenz beruht auf der Tatsache, daß die Wirkung eines visuellen Reizes seinen physikalischen Anfang überdauert. In einem mehr technischen Sinne kann visuelle Persistenz als ein frühes (anfängliches) Stadium der Informationsverarbeitung definiert werden, das durch eine hohe Speicherkapazität und einen schnellen Zerfall gekennzeichnet ist.

Zur Demonstration der visuellen Persistenz sind zahlreiche Techniken benutzt worden. Zum Beispiel haben Eriksen und Collins kurzzeitig (1967) zwei Reize dargeboten, von denen jeder aus einem zufälligen Punktmuster bestand, die durch ein kurzes Dunkelintervall getrennt wurden. Wenn die Dunkelheit zwischen den Reizen kurz genug war (d. h. 20 ms), verschmolzen die beiden Reize zu einer sinnlosen Silbe. Verlängerte man das Dunkelintervall, wurde es zunehmend schwieriger, die Silbe zu identifizieren; und bei einem langen (d. h. über 100 ms) Dunkelintervall wurden die beiden Punktmuster niemals als verschmolzener, einziger Reiz wahrgenommen. Die Erklärung für dieses Wahrnehmungsphänomen ist, daß die visuelle Persistenz des ersten Reizes anhält und mit der Wahrnehmung des zweiten Reizes verschmilzt und eine sinnlose Silbe hervorruft, solange das Dunkelintervall innerhalb der kritischen Periode der Persistenz liegt.

Das Phänomen der visuellen Persistenz hat eine Reihe von Namen erhalten: visueller Informationsspeicher, ikonische Speicherung, sensorische Speicherung, zeitliche Integration oder Summation, Reizpersistenz, sofortiges (sensorisches) Gedächtnis, ikonische Persistenz, ikonisches Gedächtnis und sensorische Registrierung. Man kann sich nur fragen, ob diese Namen verschiedene Phänomene miteinander identifizieren. Es könnte sein, daß eine Gleichsetzung dieser Phänomene zu einer übermäßigen Vereinfachung führt. Neuere Übersichten (Coltheart 1980, Long 1980) erörtern die Möglichkeit, daß verschiedene Phänomene fälschlich als Maß einer einheitlichen visuellen Persistenz zusammengefaßt wurden. Coltheart (1980) unterscheidet die folgenden drei Arten von Persistenz: 1. *neurale Persistenz* (die neurale Aktivität im visuellen System, die durch den Reiz hervorgerufen wird, der nach dem Reizbeginn anhält); 2. *sichtbare oder phänomenale Persistenz* (der Reiz, der für eine bestimmte Zeit nach Beginn seines Auftretens sichtbar bleibt); und 3. *Informationspersistenz* (Informationen über visuelle Eigenschaften des Reizes, die für einen Beobachter eine bestimmte Zeit lang nach Reizbeginn verfügbar bleiben). Auf ähnliche Weise haben Hawkins und Shulman (1979) zwei Arten von Persistenz vorgeschlagen, die sie als Typ I und Typ II bezeichnen, während Long (1979 a) den Typ II von Hawkins und Shulman unterteilt und statt dessen drei Typen aufstellt.

Der Grund für diese begriffliche und typologische Vielfalt ist, daß Forschungsansätze in diesem Gebiet zahlreiche experimentelle Techniken und Prozeduren verwenden. Long (1980) hat fünf verschiedene Prozeduren identifiziert, während Coltheart (1980) sieben Vorgehensweisen gefunden hat, von denen sich einige mit denen von Long decken. Die ausgedehnte Forschung auf dem Gebiet der visuellen Persistenz während der letzten 20 Jahre (seit Sperlings Monographie aus dem Jahre 1960) hat sich auf alle diese Techniken und Prozeduren berufen, und die Schlußfolgerungen beruhten auf Ergebnissen, die man mit allen gewonnen hat. Deshalb überrascht es nicht, wenn einige der Schlußfolgerungen widersprüchlich gewesen sind. Es kam zu gegensätzlichen Auffassungen über die genaue Natur der visuellen Persistenz, über die Art, in der verschiedene Parameter von Reiz und Vp sie beeinflussen, über ihre physiologische Grundlage und ihre theoretische Begründung.

Klinisch-psychologische Fragestellungen. Die Untersuchungen der visuellen Persistenz, die im Laboratorium mit hoch motivierten und trainierten Vpn begannen, erreichten die Klinik auf zwei verschiedenen Wegen. In der Mitte der 70er Jahre begann man mit der Messung der visuellen Persistenz bei psychiatrischen Patienten, vorwiegend bei Schizophrenen. Untersuchungen wurden durchgeführt von Saccuzzo und Mitarbeitern (Brody, Saccuzzo und Braff 1979, Saccuzzo und Braff 1981, Saccuzzo, Hirt und Spencer 1974, Saccuzzo und Miller 1977, Saccuzzo und Schubert 1981) und von Knight und Mitarbeitern (Knight, Sherer, Putchat und Carter 1978, Knight, Sherer und Shapiro 1977). Saccuzzo konzentrierte sich auf die Technik der visuellen Maskierung, während Knight die Prozedur der partiellen Reproduktion und die Methodik des sukzessiven Feldes benutzte (Knight u. a. 1977, 1978). Beide Untersuchungsreihen ergeben, daß wenigstens einige psychiatrische Patienten sich in der visuellen Persistenz von anderen Patienten und von normalen Vpn unterscheiden. Ihre allgemeine Schlußfolgerung ist, daß solche Dysfunktionen eine Beeinträchtigung dieser Patienten im *frühesten* Stadium der Informationsverarbeitung bedeuten. Ob diese Beeinträchtigung mit der Dauer der Persistenz, mit einer langsameren Verarbeitung oder mit irgendeinem anderen Faktor zu tun hat, muß weiter untersucht werden.

Die zweite Untersuchungsrichtung konzentriert sich auf ältere Vpn. Diese Forschungen haben die Klinik noch nicht erreicht, aber sie eröffnen ein wichtiges potentielles Anwendungsgebiet für die Gerontologie und Geriatrie. Ferner gibt es nach der Auffassung von Saccuzzo (1977) in der Schizophrenie- und Geriatrieforschung viele Ähnlichkeiten, so daß sich die Probleme und Ergebnisse in beiden Gebieten gegenseitig ergänzen.

Walsh und Mitarbeiter haben unter Verwendung der visuellen Maskierung die visuelle Persistenz von älteren und jüngeren Vpn verglichen (Walsh 1976, Walsh und Thompson 1978, Walsh, Williams und Herzog 1979), ferner Kline und Mitarbeiter unter Benutzung der Techniken der Maskierung und des sukzessiven Feldes (Kline und Baffa 1976, Kline und Birren 1975, Kline und Orme-Rogers 1978, Kline und Schieber 1980, Kline und Szaftan 1975). Diese Forschungen führten zu der allgemeinen Schlußfolgerung, daß die visuelle Persistenz mit dem Alter *ansteigt*; und diese Tatsache mag eine Erklärungshilfe für einige typische Veränderungen sein, die man im Greisenalter beobachtet (vgl. die allgemeine Diskussion bei Botwinick 1978). Walsh und Thompson (1978) stellten bei älteren Probanden zwar eine kürzere Persistenz fest, aber Kline und Schieber fanden bei Verwendung der gleichen Methodik häufiger eine längere Persistenz für ältere Vpn und unterstützten damit die Schlußfolgerungen über eine gesteigerte Persistenz der Reize im Nervensystem während des Seniums.

Zusammenfassend kann festgestellt werden, daß die visuelle Persistenz als Beispielfall der Informationsverarbeitung extensiv bei normalen Populationen wie auch bei psychiatrischen und älteren Probandengruppen untersucht worden ist. Die potentiell weitreichenden Erklärungsmöglichkeiten dieses Ansatzes mögen jedoch durch seine Komplexität und andere Schwierigkeiten begrenzt sein. Diese Schwierigkeiten gelten nicht nur für die

Untersuchung der visuellen Persistenz, sie repräsentieren vielmehr die Probleme, denen man gewöhnlich bei allen Versuchen begegnet, Informationsverarbeitungstechniken in der Psychopathologie anzuwenden. Einige dieser komplexen Zusammenhänge werden wir im folgenden diskutieren.

Grundsätzliche Fragen

Nachdem wir die empirischen Beiträge der visuellen Persistenzforschung für die Psychopathologie zusammengefaßt haben, können wir nunmehr diese Ergebnisse genauer im Sinne der Informationsverarbeitung analysieren. Um das zu tun, müssen wir den Weg verfolgen, den die Informationsverarbeitung zwischen Reiz und Reaktion nimmt. Das ist vielleicht am besten möglich, indem man einige *grundsätzliche Fragen* stellt und zu beantworten versucht:

1. Um welches spezifische Untersuchungsphänomen handelt es sich genau (*Spezifität*)?

2. Welche Art von Verarbeitung findet statt – Energieverarbeitung oder Informationsverarbeitung (*Art*)?

3. Wann findet in der Sequenz zwischen Reiz und Reaktion die besondere Komponente statt (*zeitliche Position*)?

4. Wo findet im ZNS die besondere Komponente der Verarbeitung statt (*Lokalisation*)?

Wir wenden uns diesen Fragen im einzelnen zu.[1]

1. Spezifität der Komponente. Die Frage nach der Spezifität widerspiegelt die Tatsache, daß sich Untersuchungen der Informationsverarbeitung immer auf ein ausgewähltes Phänomen konzentrieren – auf ein besonderes Stadium, einen Prozeß oder einen Kontrollvorgang. Keine Einzeluntersuchung kann die gesamte Ereigniskette zwischen Reiz und Reaktion erfassen. Für unseren Bericht haben wir die visuelle Persistenz als spezifische Untersuchungskomponente ausgewählt.

Obwohl die Spezifitätsfrage einfach zu sein scheint, ist ihre Beantwortung nicht leicht. Wie bereits erwähnt, gibt es viele Begriffe zur Beschreibung der visuellen Persistenz und eine Vielfalt von Techniken zu ihrer Messung. Deshalb muß man viele Arten von Persistenz unterscheiden.

Ein anderer Aspekt der Spezifitätsfrage bezieht sich auf die unterschiedlichen Merkmale der untersuchten visuellen Persistenz. Die Vielfalt der möglichen Reaktionsmessungen macht es erforderlich, genau zu unterscheiden, was gemessen wird. Knight und Mitarbeiter (1978) haben zum Beispiel gefragt, was man unter einer defizitären ikonischen Speicherung bei schizophrenen Patienten zu verstehen habe. Ist das Bild inadäquat geformt? Ist seine Dauer abnorm, ist die Informationsspeicherkapazität geringer, oder trifft

[1] Es ist von Interesse, daß Titchener, als er sein System des Strukturalismus (Heidbreder 1933) aufstellte, die Frage nach den *Grundfragen* in ähnlicher Weise stellte, wie wir es in bezug auf die Informationsverarbeitung tun. Titcheners Grundfragen waren: Was? Wie? und Warum? Seine Fragen nach dem *Was* und *Wie* beschrieben Phänomene durch Analyse, wohingegen seine Frage nach dem *Warum* zur Erklärung durch Synthese führte. Obgleich die Inhalte seiner Fragen leicht von denen unserer differieren, ist der Gedanke, daß sein System auf der Grundlage ausgewählter Fragen aufgestellt wurde, die den unseren ähnlich sind, faszinierend. Wir setzen an die Stelle von Titcheners *Warum*-Frage zwei andere Fragen – *Wo?* und *Wann?* – und fügen aus Gründen, die noch auszuführen sind, als Zielfrage *Welche?* hinzu.

all dieses zu? Ist irgendein anderes, noch nicht benanntes Merkmal der Persistenz bei Patienten unterschiedlich ausgeprägt? Gegenwärtig ist die Forschung zur visuellen Persistenz bei psychiatrischen Patienten relativ undifferenziert. Hauptsächlich hat man sich einfach um die Feststellung bemüht, ob sich Patienten mit verschiedenen Diagnosen untereinander oder gegenüber Normalen unterscheiden.

2. *Die Art der Verarbeitung.* Was genau wird in jeder Untersuchung erfaßt, die Verarbeitung von Energie, Information oder beides? Wenn beides eine Rolle spielt (was gewöhnlich der Fall ist), welche relative Bedeutung hat dann jedes? Die Beantwortung dieser Fragen kann klären helfen, ob die Verarbeitung jeweils sensorisch, perzeptiv oder kognitiv ist (Kietzman u. a. 1980). Untersuchungen im sensorischen Bereich haben es vorwiegend mit Energieverarbeitung, solche im kognitiven Bereich vorwiegend mit Informationsverarbeitung zu tun, während Untersuchungen im perzeptiven Bereich in die eine oder andere Kategorie gehören können.

Um die Frage zu klären, *was* verarbeitet wird, Energie oder Information, beachte man die drei Typen der visuellen Persistenz, auf die wir weiter oben hingewiesen hatten: neural, phänomenal (sichtbar) und informational (Coltheart 1980). Jede Form unterscheidet sich von der anderen hinsichtlich des Ausmaßes, in dem sie von Energie abhängt. Tatsächlich ist ein Hauptunterscheidungsmerkmal zwischen phänomenaler und informationaler Persistenz nach Meinung von Coltheart, daß die erstere durch Energieveränderungen kontrolliert werden kann (d. h. durch Variation der Helligkeit und Reizdauer), während die letztere gegenüber Manipulationen der Energie invariant zu sein scheint. Somit erlaubt die Gruppierung der Persistenzphänomene entsprechend der Energiewirkungen eine operationale Definition (und damit Kategorisierung) der verschiedenen Arten der visuellen Persistenz.

Solche Unterscheidungen der Persistenzarten sind für den Vergleich von Patienten und Normalen wesentlich, denn Patienten könnten sich in einer Form der Persistenz (z. B. der phänomenalen) unterscheiden, nicht jedoch in einer anderen Art (z. B. der informationalen). Ein Forschungsansatz wäre, die Techniken der visuellen Persistenzmessung bei Patienten zu sichten und sie gemäß ihrer Ansprechbarkeit auf Energiemanipulationen zu klassifizieren. Das haben Coltheart (1980) und Long (1980) in ihren Untersuchungen bei normalen Personen bereits getan. In ähnlicher Weise hat Walsh (1976) bei den Untersuchungen mit älteren Probanden auf eine Unterscheidung von Turvey (1973) zwischen peripheren und zentralen Effekten der visuellen Maskierung zurückgegriffen. Diese Unterscheidung basiert zum Teil darauf, ob die Energie die Stärke der Maskierung beeinflußt (dieser Ansatz wird von uns später genauer in dem Abschnitt „Lokalisation" erörtert).

Schließlich kann uns der „Typ der Verarbeitung" bei der Klärung des Durcheinanders von Begriffen und Prozeduren helfen, dem wir in den Forschungen zur visuellen Persistenz begegnen.

Long (1980) stellt ernstlich die Verwendung der „Persistenz der Form"-Technik in Frage (von Coltheart [1980] wird sie als „phänomenale Kontinuität" bezeichnet), da bei dieser Methode eine Steigerung der Energie die Persistenz verkürzt statt zu verlängern.

Zwei Methoden, die in der Forschung mit Patienten häufig benutzt werden, die kritische „Flimmerverschmelzungs-Frequenz" (FVF) und die „Doppelblitz"-Schwellenmethode, werden von Long als Techniken der „Persistenz der Form" klassifiziert. Beide

Methoden erfordern eine Beurteilung, die von der Präsenz oder dem Fehlen der phänomenalen Kontinuität (d. h. der sichtbaren Persistenz) abhängig ist. Forschungsergebnisse konnten die Behauptung von Long belegen, daß es sich bei diesen Methoden nicht um Messungen der eigentlichen Persistenz handelt, da sie eine inverse Relation zu der Energie des Reizes haben. So haben beispielsweise Nicotera, Berenhaus, Goldberg, Herskovic und Kietzman (1977) sowohl die FVF als auch die Doppelblitz-Schwelle bei den gleichen Vpn unter vergleichbaren Bedingungen gemessen. Sie fanden, daß eine Steigerung der Reizintensität die temporale Auflösung der FVF verbesserte, was eine geringere Persistenz bedeutet; die FVF-Raten stiegen erwartungsgemäß nach dem Gesetz von Ferry und Porter an. Die Steigerung der Reizintensität hatte jedoch auf die Doppelblitz-Schwelle *keine* Wirkung. Diese Ergebnisse legen also nahe, daß beide Methoden unterschiedliche Phänomene messen und deshalb keine vergleichbaren Maße der visuellen Persistenz ergeben. Man kann weiterhin vermuten, daß trotz der engeren Definition der visuellen Persistenz durch Long die Doppelblitz-Schwellenmethode ein akzeptierbarer Weg ist, um sie zu messen. Somit kann man vielfältige Untersuchungen über die Doppelblitz-Schwelle bei psychiatrischen Patienten (Gruzelier und Venables 1975) als Teil der Literatur zur visuellen Persistenz ansehen.

3. *Zeitliche Lage der Komponente.* Die zeitliche Position der visuellen Persistenz in der Verarbeitungskette beinhaltet wenigstens zwei Aspekte – die ordinale Lokation in der Zeit und andere temporale Merkmale wie Latenz und Dauer. In diesem Bericht konzentrieren wir uns auf die ordinale Position der visuellen Persistenz.

Bei der Untersuchung von Patienten gibt es eine allgemeine Übereinstimmung darin, daß eine Dysfunktion der Persistenz eine sehr frühe Beeinträchtigung in der Verarbeitung andeutet (Kline und Orme-Rogers 1978, Saccuzzo und Braff 1981). Zahlreiche Untersucher haben danach gefragt, ob die Beeinträchtigung prä-ikonisch oder post-ikonisch ist, oder ob sie eine Schwierigkeit in der ikonischen Verarbeitung selbst widerspiegelt (Spaulding, Rosenzweig, Huntzinger, Cromwell, Briggs und Hayes 1980).

4. *Lokalisation der Komponente.* Diese Frage betrifft den neuropsychologischen oder psychophysiologischen Ort der untersuchten Komponente. Dieser Ansatz verwendet keine tatsächlichen psychophysiologischen Messungen, sondern ausgewählte Messungen auf der Verhaltensebene, die einen Hinweis auf die Lokalisation im Nervensystem ermöglichen.

Die Lokalisation kann auf wenigstens zwei Wegen untersucht werden: entweder im Sinne des *Niveaus* oder im Sinne der *Lateralität.* Da Verhaltensvorgänge psychophysiologische Korrelate im gesamten Nervensystem besitzen, ist es bei der ausschließlichen Verwendung von Verhaltenstechniken nicht möglich, genaue und abgegrenzte Antworten hinsichtlich der Lokalisationsfrage zu erhalten. Die vorgeschlagenen Strategien erlauben statt dessen nur globalere Antworten. Zum Beispiel unterscheidet der Ansatz einer *Niveau*betrachtung zwischen peripheren und zentralen Funktionsebenen. Das periphere Niveau bezieht sich auf psychophysiologische Korrelate des Verhaltens, die sich relativ früh entwickeln und mit einer kollateralen statt einer zentralen (kortikalen) Verarbeitung einhergehen. Beim Sehen z. B. können Prozesse, die sich durch retinale Phänomene (photochemischer oder neuroretinaler Art) erklären lassen, als peripher angesehen werden. Im Vergleich dazu kann man Phänomene, die offensichtlich höhere kortikale Verarbeitungszentren erfordern, als zentral betrachten.

Es gibt zwei Wege, einen methodologischen und einen theoretischen, auf denen diese Unterscheidung zwischen peripheren und zentralen Niveaus überprüft werden kann. Der methodologische und direkteste Weg besteht in der dioptischen Stimulationstechnik, durch die korrespondierende retinale Gebiete der beiden Augen durch räumlich getrennte, sonst aber physikalisch identische Reize stimuliert werden. Durch die Verwendung von Prismen werden die beiden Reize (von denen jeder nur von einem Auge gesehen wird) verschmolzen, so daß die Vp nur einen zusammengesetzten Reiz sieht und keinen Anhaltspunkt hat, welcher Teil dieses Reizes mit jedem Auge verbunden ist. Wegen der Anatomie des visuellen Systems resultieren aus der dioptischen Stimulation notwendigerweise retrochiasmale Effekte (d. h. wenigstens auf dem Niveau des lateralen Geniculatums); sie sind deshalb relativ mehr zentraler Natur. Wenn man feststellen will, ob ein Phänomen zentral oder peripher ist, sind Experimente erforderlich, die das Ergebnis einer dioptischen Stimulation mit einer binocularen (oder monocularen) Stimulation vergleichen. Wenn sich die Effekte unter den beiden (oder drei) Bedingungen weitgehend gleichen, nimmt man an, daß sie primär zentral sind. Unterscheiden sich hingegen die Effekte einer dioptischen von einer binokularen Stimulation beträchtlich, besonders wenn das Phänomen (z. B. die Maskierung) beträchtlich reduziert oder eliminiert wird, nimmt man eine mehr periphere Lokalisation des Phänomens an. Es sei jedoch darauf hingewiesen, daß Long (1979 b) kürzlich diese Interpretation dioptisch gewonnener Daten in Zweifel gezogen hat.

Turvey (1973) hat ein theoretisches Modell der visuellen Informationsverarbeitung entwickelt, das für die Identifikation des Niveaus einer Komponente nützlich ist. Das Modell sagt verschiedene quantitative Ergebnisse für eine zentrale oder eine periphere visuelle Maskierung voraus. Die beiden Arten der quantitativen Resultate werden dadurch geprüft, daß man das Intervall zwischen den Reizen auf die Energie oder die Dauer des Reizes bezieht. Bei der peripheren Maskierung ist das Produkt aus Reizenergie (E) und dem kritischen Inter-Stimulus-Intervall (ISI, d. i. das zur Vermeidung der Maskierung erforderliche minimale Intervall) eine Konstante ($E \times ISI = K_1$). Bei der zentralen Maskierung ist die Dauer des Reizes (T) *plus* dem kritischen Inter-Stimulus-Intervall (ISI) eine Konstante ($T + ISI = K_2$). Will man feststellen, ob eine visuelle Maskierung zentral oder peripher ist, braucht man einfach nur zu entscheiden, welche quantitative Relation, die additive oder multiplikative, am besten mit den Daten übereinstimmt. Wieder einmal illustriert diese Technik, wie wichtig es ist, die Reizenergie zu berücksichtigen, will man ein besseres Verständnis der visuellen Persistenz erreichen.

Walsh (1976) verwendete Turveys (1973) dioptisches Maskierungsparadigma, um den Einfluß des Alters auf die visuelle Maskierung zu untersuchen. Er fand, daß bei älteren Vpn die Verarbeitung langsamer ist als bei jüngeren. Die Daten entsprechen der additiven Beziehung und verweisen damit auf eine zentrale Maskierung. Walsh (1976) vertritt die Auffassung, die unterschiedlichen Ergebnisse anderer Autoren könnten bedeuten, daß sie die periphere statt die zentrale Maskierung untersuchten. Bei ihren Untersuchungen an Schizophrenen interpretierten Saccuzzo und Mitarbeiter (1974, 1977) ihre Daten als Hinweis auf eine periphere Maskierung, aber es ist nicht bekannt, ob sie tatsächlich eine periphere oder eine zentrale Maskierung untersuchten. Es wäre interessant zu überprüfen, ob ihre Daten sich der mit der peripheren Maskierung verbundenen multiplikativen Beziehung des Modells von Turvey zuordnen lassen.

Man kann sich auch der Lokalisationsfrage durch Verwendung der *Lateralitäts*methode nähern, die eine andere Strategie beinhaltet. Neuere Forschungen weisen auf das wiedererwachte Interesse an den Möglichkeiten der asymmetrischen Funktionen der beiden

Hirnhemisphären hin (Kinsbourne 1978, Milner 1975). Klinische Untersuchungen mit neurologisch lädierten oder hemisphärektomierten Patienten lassen vermuten, daß die linke Hemisphäre primär für analytische, sequentielle und verbale Verarbeitung, die rechte Hemisphäre hingegen für ganzheitliche, räumliche und nicht-verbale Verarbeitung spezialisiert ist. Die Asymmetrie der Hemisphären spielt in der Psychopathologie eine zunehmend wichtigere Rolle (Walker und McGuire 1982). Bei normalen Personen und bei psychiatrischen Patienten ohne Hirnläsionen funktionieren beide Hemisphären bis zu einem bestimmten Grade simultan und ihre Spezialisierung wirkt sich mehr relativ als absolut aus. Normalerweise werden Reize auf beide Hemisphären projiziert und von beiden verarbeitet.

Die Untersuchung der Lateralität ist eine komplexe Angelegenheit. Es sind eine Reihe organischer und experimenteller Faktoren bekannt, welche die eben offensichtlich vereinfachte Beschreibung der Funktionsasymmetrien modifizieren. In Visualitätsuntersuchungen besteht die übliche Technik in einer kurzzeitigen Darbietung visueller Reize links oder rechts von einem Fixationsziel. Rechts vom Fixationspunkt (rechtes visuelles Feld) dargebotene Reize gelangen direkt in die linke Hemisphäre, links vom Fixationspunkt (linkes visuelles Feld) dargebotene werden direkt in die rechte Hemisphäre projiziert.

Eine Lateralitätsstudie zur visuellen Persistenz (ikonisches Wiedererkennen) bei Korsakoff-Patienten, Alkoholikern und normalen Vpn wurde von Oskar-Bermann, Goodglass und Cherlow (1973) durchgeführt. Worte und gemusterte Zielreize wurden monokular den lateralen visuellen Feldern dargeboten. Die Vpn wurden dann in einem rückwärtsgerichteten visuellen Maskierungsparadigma getestet, in dem dieselben Reize verwendet wurden, um das kritische Reizintervall zu bestimmen, das zur Überwindung des Maskierungseffekts in jedem lateralen Feld erforderlich ist. Das kritische Inter-Stimulus-Intervall war im rechten visuellen Feld sowohl für die Wörter als auch für die Muster kürzer. Die Untersucher schließen daraus, daß die dominante Hemisphäre (die linke Hemisphäre) für das frühe (ikonische) Stadium der Verarbeitung wirksamer ist.

Visuelle Persistenz und Psychopathologie: illustrierende Daten

Die Diskussion von Anwendungsproblemen der Informationsverarbeitung in der Psychopathologie beschränken wir auf die Schizophrenie, da bei dieser klinischen Gruppe die meisten Persistenzforschungen durchgeführt wurden. Unsere Vorbehalte gegenüber aus solchen Untersuchungen gezogenen Schlußfolgerungen wollen wir durch die Betrachtung einer neueren Studie von Spaulding u. a. (1980) verdeutlichen.

In dieser Untersuchung der visuellen Persistenz (von Spaulding u. a. als *visuelle Musterintegration* bezeichnet) wurde das von Eriksen und Collins (1967) entwickelte Verfahren des sukzessiven Feldes benutzt. Spaulding und Mitarbeiter verglichen die Leistungen von Schizophrenen, nichtschizophrenen Patientengruppen und zwei normalen Kontrollgruppen. Der einzige signifikante Unterschied war, daß schizophrene Patienten schlechtere Leistungen hatten als die Studentengruppe – ein typisches Ergebnis von der Art eines allgemeinen Defizits. Der beobachtete Unterschied wurde deshalb von den Untersuchern nicht als Widerspiegelung einer grundlegenden Differenz von Schizophrenen und Normalen in der ikonischen Verarbeitung interpretiert, wenigstens soweit sie durch das Verfahren des sukzessiven Feldes gemessen wird. Die Autoren (Spaulding

u. a. 1980) schlußfolgern: „Gegenwärtig kann die Literatur der abnormen Psychologie nur auf die post-ikonische Verarbeitung als dem ersten Niveau der Kognition verweisen, auf dem Defizite entdeckt werden können, die einen deutlichen Einfluß auf die späteren Verarbeitungsstadien haben."

Aus diesem Zitat könnte man die Folgerung ableiten, daß die visuelle Persistenz bei Schizophrenen nicht beeinträchtigt ist. Es gibt jedoch verschiedene Gründe, warum wir eine solche Folgerung für voreilig halten. Erstens haben zahlreiche andere Studien unter Verwendung von Techniken und Prozeduren zur Messung der visuellen Persistenz gezeigt, daß Schizophrene sich tatsächlich von anderen Patienten und Normalen unterscheiden. Zum Beispiel fanden Knight u. a. (1977) bei Verwendung einer modifizierten Methode der partiellen Reproduktion, daß mittelgradig inklusive und unterinklusive Schizophrene im ikonischen Gedächtnis einer überinklusiven Schizophrenengruppe und einer normalen Kontrollgruppe unterlegen waren. In zahlreichen Untersuchungen fanden Saccuzzo und Mitarbeiter bei Anwendung der visuellen Maskierungstechnik eine beeinträchtigte Maskierung bei verschiedenen Patientengruppen einschließlich zahlreicher Gruppen von Schizophrenen. Saccuzzo und seine Kollegen folgerten daraus (Miller u. a. 1979), es gäbe „wachsende Belege für eine frühe Störung der Informationsverarbeitung bei Schizophrenen, die merkmalsabhängig ist und nicht ein Artefakt unspezifischer pathologischer Störung darstellt."

Andere Autoren haben über Unterschiede in der visuellen Maskierung berichtet, die sich auf die Schizophrenie beziehen. Steronko und Woods (1978) teilten signifikante Unterschiede zwischen nichtpsychotischen schizoiden Personen (Studenten, deren MMPI-Profile schizophrene Tendenzen erkennen ließen) und anderen Kontrollgruppen mit, wobei sie eine rückwärtsgerichtete visuelle Maskierungsaufgabe benutzten. Erwähnt wurden auch Studien mit der Doppelblitz-Schwellenbestimmung, einem anderen Verfahren zur Messung eines Aspekts der visuellen Persistenz (Gruselier und Venables 1975). In diesen Untersuchungen zeigten bestimmte Arten von schizophrenen Patienten Korrelationsmuster zwischen der Doppelblitz-Schwelle und gewählten elektrodermalen autonomen Reaktionsmessungen, die sich von denen anderer schizophrener Patienten und von normalen Vpn unterschieden.

Weitere Forschungsergebnisse belegen ebenfalls, daß die frühe sensorische Verarbeitung bei einigen psychiatrischen Patienten unterschiedlich verläuft. Collins, Kietzman, Sutton und Shapiro (1978) berichteten über Unterschiede in der temporalen Integration (einer Form der Persistenz), wie sie durch einfache Reaktionszeiten bei Schizophrenen und nichtschizophrenen Patienten gemessen werden kann.

Schizophrene zeigten eine kürzere Dauer der vollständigen Integration und damit eine geringere Persistenz. Das Ergebnis dieser Studie war insofern neuartig, weil sie zeigte, daß die schizophrenen Patienten etwas taten, was die Normalen auch unter optimalen Bedingungen nicht fertig bringen. Das „bessere Leistungsergebnis" erlaubt die stärkste Zurückweisung des ubiquitären Problems eines allgemeinen Defizits, denn es ist unmöglich, die Überlegenheit von Patienten (verglichen mit Normalen) auf ein allgemeines Defizit zurückzuführen.

Obgleich wiederholte Experimente unter offenbar vergleichbaren Bedingungen die ursprünglichen Ergebnisse von Collins u. a. (1978) nicht replizieren konnten (Berenhaus, Gottlieb, Mannuzza und Kietzman, unveröffentlicht), sind die Daten aus einer neuen Untersuchung der akustischen temporalen Integration bei Patienten für das Problem der temporalen Integration in der Psychopathologie bedeutsam. Bei Verwendung eines Detektions-Schwellenmaßes und einem Vergleich von Schizophrenen, Depressiven und Normalen stellten Babkoff, Sutton, Zubin und Har-Even (1980) fest, daß sich der Kurvenanstieg der akustischen temporalen Integration für alle drei Gruppen unterschied; halluzinierende Schizophrene zeigten dabei den steilsten Anstieg. Dieser akustische Befund wurde von Babkoff u. a. (1980) zu dem visuellen temporalen Integrationsexperiment in Beziehung gesetzt, indem die Autoren eine vorher nicht ausgewertete Datenmenge von Reaktionszeiten aus den Untersuchungen von Collins analysierten. Zusammengefaßt lassen die Ergebnisse beider Untersuchungen die Möglichkeit offen, daß sich Schizophrene von Normalen wenigstens in einigen Aspekten der temporalen Integration unterscheiden.

Dieser kurze Überblick der visuellen Persistenz läßt erkennen, daß einige psychiatrische Patienten Unterschiede in der Persistenz aufweisen. Deshalb ist es notwendig, zwei Studien sorgfältig zu bewerten, die keine Unterschiede zwischen Normalen und Patienten erbrachten (Knight u. a. 1978, Spaulding u. a. 1980). In beiden Untersuchungen wurde eine Abwandlung der Methode sukzessiver Felder von Eriksen und Collins (1967) verwendet. Es fanden sich keine Unterschiede zwischen den verschiedenen Patientengruppen und den normalen Kontrollfällen, was die Untersucher zu der Schlußfolgerung führte, die ikonische Verarbeitung bei Schizophrenen sei ungestört.

Um diese Diskrepanzen gegenüber den anderen Befunden zu klären, wollen wir zuerst kurz die visuelle Persistenz bei älteren Personen betrachten. Forscher auf diesem Gebiet haben eine Zeit lang behauptet, daß ältere Menschen eine gesteigerte Persistenz haben (Botwinick 1978). Bei Untersuchungen älterer Probanden verwendete man viele der bekannten Persistenzmethoden wie die Maskierung (Kline und Birren 1975, Kline und Szaftan 1975, Walsh 1976, Walsh und Thompson 1978, Walsh u. a. 1979) und die Methode sukzessiver Felder (Kline und Baffa 1976, Kline und Orme-Rogers 1978). Vermutlich könnten diese Forschungen mit ähnlichen Untersuchungen an Schizophrenen verglichen werden (Saccuzzo 1977), aber das ist offenbar nicht geschehen. So wird in einer Untersuchung an schizophrenen Patienten (Spaulding u. a. 1980) nicht auf eine frühere Persistenzuntersuchung an älteren Vpn hingewiesen (Kline und Baffa 1976), obgleich beide ähnliche Punktreize mit der Methode des sukzessiven Feldes verwendeten. Wie wichtig es ist, in beiden Forschungsgebieten den Überblick zu behalten, läßt sich an der Studie von Kline und Baffa erkennen, in der keine Persistenzunterschiede zwischen jungen und alten Vpn gefunden wurden. Die Autoren vermuteten, das läge an der Schwierigkeit, die ältere Vpn mit der Organisation der Punktreize hätten, was mit dem Bemühen um eine Beurteilung der Persistenz interferiere. Jedoch konnten Kline und Orme-Rogers in einem folgenden Experiment unter Verwendung von Linienreizen statt der Punktreize eine signifikant größere Persistenz und daraus folgend bessere visuelle Leistungen für ältere im Vergleich zu jüngeren Vpn feststellen. Diese letztere Studie enthält zwei wichtige Gesichtspunkte für die Schizophrenieforschung: 1. Sie zeigt, daß Messungen von Unterschieden in der Persistenz passende Techniken erforderlich machen und 2. sie illustriert, daß in einigen Experimenten die Patienten bessere Leistungen zeigen. Dieses Ergebnis widerlegt die Behauptung eines generalisierten Defizits und unterstützt damit die abschließenden Schlußfolgerungen.

Hinsichtlich der vorliegenden Persistenzforschungen an Schizophrenen wirft die kombinierte Untersuchung älterer Personen von Kline und Baffa (1976) sowie von Kline und

Orme-Rogers (1978) erneut die Frage auf, ob Schizophrene sich in der Persistenz unterscheiden, wenn angemessene Methoden eingesetzt werden. Hier könnte man die Experimente von Spaulding u. a. (1980) an Schizophrenen wiederholen, indem man Linienreize statt der Punktreize verwendet.

Offenbar haben Knight u. a. (1978) die notwendigen Untersuchungen durchgeführt. In ihren Experimenten benutzten sie Linienreize, und dennoch fanden sie keine Persistenzunterschiede zwischen Normalen und Schizophrenen. Jedoch ist gerade die Tatsache, daß sich keine Unterschiede feststellen ließen, einer Überlegung wert. Der erwartete und gewöhnlich bestätigte Befund in solchen Untersuchungen ist, daß Schizophrene schlechtere Leistungsergebnisse haben als Normale, was sich leicht auf das ubiquitäre generalisierte Defizit zurückführen läßt. Warum fand sich im Experiment von Knight und Mitarbeitern dieses generalisierte Defizit nicht? Waren diese Patienten nur milde erkrankt? Unterschieden sich diese Patienten tatsächlich in der visuellen Persistenz (sie zeigten überlegenere Leistungen wegen ihrer längeren Persistenz, wie sie die älteren Probanden in der Untersuchung von Kline und Orme-Rogers aufwiesen), doch wurden die Unterschiede durch ein allgemeines Leistungsdefizit neutralisiert? Zugegebenermaßen ist diese Möglichkeit weitgehend spekulativ. Und doch legt die Tatsache, daß zahlreiche andere Studien mit verschiedenen Techniken die Beeinträchtigung der visuellen Persistenz von Patienten belegen konnten, nahe, die Methode des sukzessiven Feldes als Werkzeug zur Untersuchung der visuellen Persistenz in der Psychopathologie nicht aufzugeben. Es wäre interessant, ein Experiment durchzuführen, das verschiedene Aufgaben umfaßt, darunter einige, mit denen die Persistenz gemessen wird. Wenn der Mißerfolg des Nachweises von visuellen Persistenzunterschieden (wie bei Knight u. a.) auf ein Gleichgewicht zwischen einem tatsächlich vorhandenen Persistenzunterschied mit einem allgemeinen Leistungsdefizit bei den Patienten beruht, dann könnte man erwarten, daß die Persistenzaufgaben geringfügige oder keine Unterschiede zwischen den Gruppen ergeben, während die anderen Aufgaben schlechtere Leistungen bei den Patienten wegen des allgemeinen Leistungsdefizits erkennen lassen müßten.

Zusammenfassung und Schlußfolgerungen

Wir wollten mit diesem Bericht einen Überblick über das Gebiet der Informationsverarbeitung im Hinblick auf die Anwendung ihrer Methoden, Modelle und Daten in der Psychopathologie geben. Genau wie im Bereich der normalen Informationsverarbeitung ist noch kein umfassendes Bezugssystem zur Analyse von Ergebnissen der Informationsverarbeitung in der Psychopathologie entwickelt worden. Ein solches Bezugssystem wird dringend benötigt.

Die Analyse der Informationsverarbeitung birgt große Möglichkeiten zum Verständnis der Psychopathologie, denn sie beseitigt viele Hindernisse, die einen Fortschritt auf diesem Gebiet hemmen. Zu diesen Hindernissen gehören solche Faktoren wie das Problem des generalisierten Defizits, das für die meisten Patienten charakteristisch ist; ferner gehört dazu das bekannte Prinzip, daß die gleiche Reaktion auf einen gegebenen Reiz und eine Reizsituation auf unterschiedlichem Wege zustandekommt. Der letztgenannte Sachverhalt kann das Erkennen von Unterschieden verhindern, oder er kann zu Unterschieden führen, selbst wenn die zugrunde liegenden Prozesse nicht gestört sind. Die Informationsverarbeitung ermöglicht durch den Versuch, die tatsächlichen Prozesse bis zur Reaktion zu verfolgen und alle Komponenten der verschiedenen Prozesse zu analysieren, die Entwicklung eines Überwachungssystems, das in der Lage ist, Abweichungen auf dem Wege vom Rezeptor zum Effektor aufzuspüren, die bislang unentdeckt blieben.

Eine andere Schwierigkeit ist, daß sich die Lebenserfahrungen einiger Patienten von denen der normalen Kontrollfläche wesentlich unterscheiden, so daß die Charakteristika ihrer Informationsverarbeitung auf eine Weise modifiziert wurden, wie es bei Normalen nicht vorkommt. (Das könnte dann ein auf die Lebenserfahrungen zurückzuführendes *Artefakt* sein und wäre nicht ein tatsächliches Merkmal der Schizophrenie.)

Die durch verschiedene Lebenserfahrungen hervorgerufenen Unterschiede lassen sich bei schizophrenen Patienten durch außerordentlich einfache Untersuchungsmethoden reduzieren. Deshalb haben wir uns auf Methoden konzentriert, mit denen die Reaktionen innerhalb der ersten 1000 ms nach Reizbeginn gemessen werden. Solche unmittelbaren Reaktionen sind weniger von sprachlichen und kommunikativen Fähigkeiten abhängig, die beide bestimmte Umstände der Lebenserfahrung und nicht etwa eine spezifische Störung widerspiegeln könnten.

Solche Nutzung der Informationsverarbeitung erbringt, daß sich die Patienten homogener klassifizieren lassen, indem man sie entsprechend den Charakteristika ihrer Informationsverarbeitung gruppiert. Diese Strategie gewährleistet objektivere Kriterien für die Diagnostik und für die Selektion günstigerer Vergleichsgruppen bei künftigen Forschungen. Sie liefert außerdem Ansatzpunkte für eine therapeutische Intervention. Solche Interventionen könnten darin bestehen, Abweichungen in der Informationsverarbeitung zu korrigieren oder zu überbrücken. Außerdem kann die Rehabilitation behinderter Menschen auf rationalem Wege erfolgen, wenn die tatsächlichen „Ursachen" ihrer Schwierigkeiten (Abweichungen in der Informationsverarbeitung) identifiziert worden sind.

Nicht alle Abweichungen in der Informationsverarbeitung führen mit Notwendigkeit zu einem gestörten Verhalten. Aber einige dieser Abweichungen können zur Markierung bei der Identifikation von Menschen dienen, bei denen unter bestimmten Umständen ein höheres Risiko für eine psychopathologische Entgleisung besteht. Diese Fragen haben wir an anderer Stelle erörtert (Zubin und Steinhauer 1981).

Die Zukunft des Informationsverarbeitungsansatzes als Forschungsparadigma in der Psychopathologie hängt von den Entwicklungslinien in beiden Gebieten ab. Klar ist, daß die Informationsverarbeitung selbst seit 1980 die Aufmerksamkeit und Vorstellungskraft der kognitiven Psychologie gewonnen hat. Die meisten Forschungen liegen dabei auf dem Gebiet des Gedächtnisses, aber sie beginnen sich auf verschiedene andere Bereiche wie dem der Kognition, der Psychomotorik, der Wahrnehmung, der Sensorik und der Physiologie auszudehnen. Gegenwärtig ist dabei der physiologische Forschungsansatz am wenigsten entwickelt. Im 21. Jahrhundert werden die Analysen der physiologischen Reaktion wesentliche Erkenntnisgewinne mit sich bringen. Statt von einer Vorstellung zu sprechen, werden wir uns dann wahrscheinlich auf ein Reizmuster beziehen, das aus einem spezifischen Neuronenmuster entsteht, das sich direkt beeinflussen läßt, um seine Dauer zu verlängern, zu verkürzen oder seine Wechselbeziehungen zu anderen neurologischen Mechanismen zu verbessern. Begriffe wie *Bewußtsein*, *Wille* und *Gedächtnis* werden uns immer noch beschäftigen; aber ihnen werden sich vorwiegend Philosophen, Pädagogen und Therapeuten zuwenden, während sich die wissenschaftliche Psychologie den physiologischen Mustern widmen wird, die diesen Begriffen zugrunde liegen.

Dieser Fortschritt kann jedoch nur stattfinden, wenn man Methoden zur Beobachtung der inneren Hirnfunktionen ohne einen direkten Eingriff findet. Das wird sich im 21. Jahrhundert wahrscheinlich erreichen lassen; denn wir können schon jetzt die physiologischen Prozesse zwischen Rezeptor und Effektor mit elektrophysiologischen Methoden wie denen der Registrierung ereignisbezogener Potentiale beobachten. Die gegenwärtigen Schwierigkeiten bestehen darin, daß diese elektrophysiologischen Spuren eine Überlagerung von mehr als einem Prozeß abbilden, und sich diese Prozesse nicht voneinander unterscheiden lassen. Neuere Techniken wie die Computertomographie, Positionen-Emissionstomographie, Registrierung des zerebralen Durchblutungsflusses, Registrierung des magnetischen Feldes u. a. eröffnen weitere Beobachtungen der Hirnprozesse ohne einen direkten Eingriff.

Dieses reduktionistische Vorgehen bedeutet nicht, daß die *Psyche* dabei ausgeklammert werden sollte. Im Gegenteil, auf dem Gebiet der Psychologie der Informationsverarbeitung sollte soweit wie nur möglich der Versuch gemacht werden, Psychisches zu objektivieren. Der Rest, der immer noch einer Objektivierung trotzt, wird zu warten haben, bis entsprechende Methoden verfügbar sind.

Es ist zu debattieren, ob die Psychologie in eine humanistische Richtung streben wird, die eine engere Beziehung zwischen wissenschaftlicher Forschung und Problemen des täglichen Lebens herstellt, oder ob sie sich vom Alltag entfernt, wie die physikalischen Wissenschaften es tun. Wir vermuten, daß die Psychologie, wie die anderen Naturwissenschaften, sich immer weiter vom Marktplatz und vom Denken des Laien ablösen und immer abstrakter werden wird, indem sie dem Vorbild der Physik und der Chemie folgt. Genau wie das *Gewicht* schließlich von seiner konkreten Einbettung in das tägliche Leben in eine *Masse* abstrahiert wurde, die durch das Verhältnis von Kraft und Beschleunigung gemessen wird, so werden auch *Intelligenz* und *Gedächtnis* durch ihre physiologischen Substrate gemessen werden, die keine offenkundigen Beziehungen zu diesen Begriffen haben, wie wir sie heute benutzen. Man vergleiche den Versuch Eysencks, elektrophysiologische Messungen zur Erfassung der Intelligenz zu nutzen (Kapitel 13).

Auch in der Psychopathologie haben wir eine überwältigende Revolution zu erwarten. Statt die Menschen entsprechend den Kategorien ihrer Störung zu klassifizieren, werden sie künftig gemäß ihrer Anfälligkeit für eine Störung gruppiert werden können. Durch die Identifizierung der speziellen Anfälligkeiten eines Menschen und durch Beobachtung der spezifischen Umweltereignisse, die solche Störungen auslösen, werden erzieherische Maßnahmepläne möglich, die ihre Auslösung selbst im Anfangsstadium verhindern. Auch hier werden die grundlegenden wissenschaftlichen Erkenntnisse für eine Identifikation der Anfälligkeit aus dem gesamten Gebiet wissenschaftlicher Modelle der Ätiologie auf dem Wege über ökologische, entwicklungspsychologische, lernpsychologische, genetische und neurophysiologische Modelle abzuleiten sein. Im 21. Jahrhundert wird die Hauptaufgabe darin bestehen, die Wechselwirkungen zwischen den Komponenten jedes dieser Modelle und ihre Beziehungen zu den physiologischen Korrelaten des Verhaltens zu beschreiben. Die präventive Arbeit liegt dabei vorwiegend in den Händen von Humanisten und Therapeuten, die Seite an Seite mit den Wissenschaftlern arbeiten. Das 21. Jahrhundert wird eine neue Ära einleiten, in der die wissenschaftliche Psychologie, obgleich sie abstrakter ist und sich vom täglichen Leben entfernt, die Grundlagen für eine Verhinderung oder Besserung von psychopathologischen Störungen legt.

Danksagung

Wir möchten hiermit K. Salzinger und P. J. Collins für ihre kritischen Bemerkungen, B. Bienstock für ihre hilfreiche Unterstützung bei der Vorbereitung dieses Manuskripts und T. Wicker für die Hilfe beim Schreiben unseren Dank sagen. Dieses Projekt wurde zu einem Teil unterstützt durch PSC/BHE Grent No. 130 12, Dr. Kietzman, und durch die U. S. Veteranen Administration (Dr. Zubin und Dr. Steinhauer).

Literatur

Babkoff, H., S. Sutton, J. Zubin and D. Har-Even: A comparison of psychiatric patients and normal controls on the integration of auditory stimuli. Psychiatrie Research, 3, 163–178, 1980

Berenhaus, I., M. D. Gottlieb, S. Mannuzza and M. L. Kietzman: Unpublished observations

Botwinick, J.: Aging and behavior. New York: Springer, 1978[2]

Brody, D., D. P. Saccuzzo and D. L. Braff: Information processing for masked and unmasked stimuli in schizophrenia and old age. Journal of Abnormal Psychology, 89, 617–622, 1980

Chapman, L. J., and J. P. Chapman: Disordered thought in schizophrenia Englewood Cliffs, N. J.: Prentice-Hall, 1973

Collins, P. J., M. L. Kietzman, S. Sutton and E. Shapiro: Visual temporal integration in psychiatric patients. Journal of Psychiatric Research, 14, 203–213, 1978

Coltheart, M.: Iconic memory and visible persistence. Perception and Psychophysics, 27, 183–228, 1980

Eriksen, C. W., and J. F. Collins: Some temporal characteristics of visual pattern perception. Journal of Experimental Psychology, 74, 476–484, 1967

Gruzelier, J. H., and P. H. Venables: Relations between two-flash discrimination and electrodermal activity re-examined in schizophrenics and normals. J. Psychiatr. Res., 12, 73–85, 1975

Haber, R. N., and M. Hershenson: The psychology of visual perception. New York: Holt, Rinehart and Winston, 1980[2]

Hawkins, H. L., and G. L. Shulman: Two definitions of persistence in visual perception. Perception and Psychophysics, 25, 348–350, 1979

Heidbreder, E.: Seven psychologies. New York: D. Appleton-Century, 1933

Kietzman, M. L., B. Spring and J. Zubin: Perception, cognition and attention. In: H. I. Kaplan, A. M. Freedman and B. W. Sadock (Eds.), Comprehensive textbook of psychiatry/III. Baltimore/Williams/Wilkins 1980

Kinsbourne, M. (Ed.): Asymmetrical function of the brain. New York 1978

Kline, D. W., and G. Baffa: Differences in the sequential integration of form as a function of age and interstimulus interval. Experimental Aging Research, 2, 333–343, 1976

Kline, D. W., and S. E. Birren: Age differences in backward dichoptic masking. Experimental Aging Research, 1, 17–25, 1975

Kline, D. W., and C. Orme-Rogers: Examination of stimulus persistence as the basis for superior visual identification performance among older adults. Journal of Gerontology, 33, 76–81, 1978

Kline, D. W., and F. J. Schieber: Visual persistence and temporal resolution. Paper presented at Symposium on aging and human visual function. Sponsored by Commitee on Vision, National Research Council. National Acedemy of Sciences, Washington: D. C. March, 1980

Kline, D. W., and F. Schieber: What are the age differences in visual sensory memory. Journal of Gerontology, 36, 86–89, 1981

Kline, D. W., and J. Szaftan: Age differences in backward monoptic visual noise masking. Journal of Gerontology, 30, 307–311, 1975

Knight, R., M. Sherer, C. Putchat and G. Carter: A picture integration task for measuring iconic memory in schizophrenics. Journal of Abnormal Psychology, 87, 314–321, 1978

Knight, R., M. Sherer and J. Shapiro: Iconic imagery in overinclusive and nonoverinclusive schizophrenics. Journal of Abnormal Psychology, 86, 242–255, 1977

Long, G. M.: Comment on Hawkins and Shulman's Type I and Type II visual persistence. Perception and Psychophysics, 26, 412–414, 1979 (a)

Long, G. M.: The dichoptic viewing paradigm: Do the eyes have it? Psychological Bulletin, 86, 391–403, 1979 (b)

Long, G. M.: Iconic memory: A review and critique of the study of short-term visual storage. Psychological Bulletin, 785–820, 88, 1980

Magaro, P. A.: Cognition in schizophrenia and paranoia: The integration of cognitive processes. Hillsdale, N. J.: Lawrence Erlbaum Associates, 1980

Miller, S., D. Saccuzzo and D. L. Braff: Information processing deficits in remitted schizophrenics. Journal of Abnormal Psychology, 88, 446–449, 1979

Milner, B. (Ed.): Hemispheric specialization and interaction. Cambridge, Mass.: M.I.T. Press, 1975

Neale, J. F., and T. F. Oltmanns: Schizophrenia. New York: Wiley, 1980

Nicotera, N., I. Berenhaus, S. Goldberg, J. Herskovic and M. L. Kietzman: Foveal two-flash and flicker-fusion thresholds as a function of pulse-luminance. Bulletin of the Psychonomic Society, 9, 260, 1977

Oscar-Berman, M., H. Goodglass and D. G. Cherlow: Perceptual laterality and iconic recognition of visual materials by Korsakoff patients and normal adults. Journal of Comparative and Physiological Psychology, 82, 316–321, 1973

Saccuzzo, D. P.: Bridges between schizophrenia and gerontology: Generalized or specific deficits? Psychological Bulletin, 84, 595–600, 1977

Saccuzzo, D. P., and D. L. Braff: Early information processing deficit in schizophrenia. Archives of General Psychiatry, 38, 175–179, 1981

Saccuzzo, D. P., M. Hirt and T. J. Spencer: Backward masking as a measure of attention in schizophrenia. Journal of Abnormal Psychology, 83, 512–522, 1974

Saccuzzo, D. P., and S. Miller: Critical interstimulus interval in delusional schizophrenics and normals. Journal of Abnormal Psychology, 86, 261–266, 1977

Saccuzzo, D. P., and D. L. Schubert: Backward masking as a measure of slow processing in schizophrenia and spectrum disorders. Journal of Abnormal Psychology, 90, 305–312, 1981

Schwartz, S.: Language and cognition in schizophrenia: A review and synthesis. In: S. Schwartz (Ed.), Language and cognition in schizophrenia. Hillsdale, N. J.: Lawrence Erlbaum Associates, 1978

Sears, R. R.: Experimental analysis of psychoanalytic phenomena. In: J. McV. Hunt (Ed.), Personality and the behavior disorders. New York: Ronald Press, 1944

Spaulding, W., L. Rosenzweig, R. Huntzinger, R. L. Cromwell, D. Briggs and T. Hayes: Visual pattern integration in psychiatric patients. Journal of Abnormal Psychology, 89, 635–643, 1980

Sperling, G.: The information avaible in brief visual presentations. Psychological Monographs, 74, (11, Whole No. 498), 1960

Steronko, R. J., and D. J. Woods: Impairment in early stages of visual information processing in nonpsychiotic schizotypic individuals. Journal of Abnormal Psychology, 87, 481–490, 1978

Sutton, S., and D. S. Ruchkin: The late positive complex: Advances and new problems. Paper presented at the Sixth Annual Conference on Event Related Slow Potentials of the Brain. Lake Forest, III., June 1981

Turvey, M. T.: On peripheral and central processes in vision: Inferences from a information processing analysis of masking with patterned stimuli. Psychological Review, 80, 1–52, 1973

Walker, E., and M. McGuire: Intra-and interhemispheric information-processing in schizophrenia. Psychological Bulletin, 92, 701–725, 1982

Walsh, D. A.: Age differences in central perceptual processing: A dichoptic backward masking investigation. Journal of Gerontology, 31, 178–185, 1976

Walsh, D. A., and L. W. Thompson: Age differences in visual sensory memory. Journal of Gerontology, 33, 383–387, 1978

Walsh, D. A., M. V. Williams and C. K. Herzog: Age-related differences in two stages of central perceptual processes: The effects of short duration targets and criterion differences. Journal of Gerontology, 34, 234–241, 1979

Wiener, N.: Cybernetics. New York: Wiley, 1948

Zubin, J., and M. L. Kietzman: A cross-cultural approach to classification and other mental disorders. In: P. Hoch and J. Zubin (Eds.), Psychopathology of schizophrenia. New York: Grune and Stratton, 1966

Zubin, J., and S. Steinhauer: How to break the logjam in schizophrenia: A look beyond genetics. Journal of Nervous and Mental Disease, 169, 477–492, 1981

20. Nichtspezifische Faktoren sowie Pharmaka- und Placeboreaktionen in der Psychiatrie

Robert W. Downing
Karl Rickels
University of Pennsylvania, Philadelphia, USA

Einführung

Für diejenigen, die sich mit klinischen Versuchen zur Bestimmung der Wirksamkeit psychotroper Pharmaka beschäftigen, wird deutlich, daß noch manche andere Momente als nur die pharmakologischen Eigenschaften der Drogen die Behandlung beeinflussen. Ein placebokontrollierter pharmakologischer Doppelblind-Versuch kann leicht zeigen, daß ein Anxiolytikum mit der Wirksamkeit von Chlordiazepoxid oder Diazepam bei einer Gruppe mit entsprechender Zielsymptomatik eine signifikant größere Symptomverbesserung hervorruft als ein Placebo. Der Grad der Symptomverbesserung variiert jedoch beträchtlich sowohl in der Gruppe, die mit einem aktiven Pharmakon behandelt wurde, als auch in der Placebogruppe. Nebeneffekte treten häufiger in der Behandlungs- als in der Kontrollgruppe auf. Das Ausmaß der Nebenwirkungen, die mit Pharmaka behandelte Patienten ertragen müssen, ist beachtlich, und der Grad, in dem Patienten fähig sind, Nebenwirkungen von einem bestimmten Schweregrad zu tolerieren oder zu akzeptieren, streut sehr weit.

Ein nicht geringer Teil von Patienten, die ein inaktives Placebo erhalten, erlebt eine Besserung; eine signifikante Minderheit klagt über medikations-induzierte negative Wirkungen. Schließlich unterscheiden sich die Patienten auch stark bezüglich der Zeitdauer, in der sie ein Behandlungsregime mit aktiven Pharmaka oder einem Placebo fortzusetzen willens sind und im Hinblick auf die Disziplin, mit der sie eine vorgeschriebene Dosierung beachten. Auf diese Weise muß sogar in einem streng kontrollierten klinischen Versuch und, *in noch stärkerem Maße*, in der täglichen klinischen Praxis ein beträchtlicher Teil der Varianz des Behandlungsergebnisses abgerechnet werden.

Ein Großteil der Forschungsergebnisse der letzten Dekaden zeigt, daß ein bescheidener, aber signifikanter Anteil dieser Varianz auf die heute so genannten „nichtspezifischen Faktoren" zurückgeführt werden kann (Downing und Rickels 1978 b, Rickels 1968 a, 1968 b, 1978, S. 1419–1428). Solche Faktoren wurden treffend definiert als jene potentiellen Einflüsse auf eine Reaktion nach Behandlung mit Pharmaka, die nichts mit den pharmakologischen Eigenarten der Präparate zu tun haben. Die inhaltliche Palette der nichtspezifischen Faktoren ist traditionell sehr breit gewesen. Sie umfaßt solche Forschungsbereiche wie die Psychologie und Physiologie des individuellen Patienten, die Natur seiner sozialen oder materiellen Umwelt, die Geschichte seiner Krankheit, frühere Behandlungen und die Charakteristika des behandelnden Arztes in Verbindung mit vielen anderen Details der gegenwärtigen Behandlungssituation. Eine schematische Darstellung solcher Faktoren wird in Abb. 20.1 dargeboten.

Wir glauben, daß unter den Faktoren, die die Forschungsbemühungen auf dem Gebiet der nichtspezifischen Effekte motiviert haben, hauptsächlich drei hervortreten. Der erste stammt von der klinischen Forschung. Er könnte als die Notwendigkeit beschrieben wer-

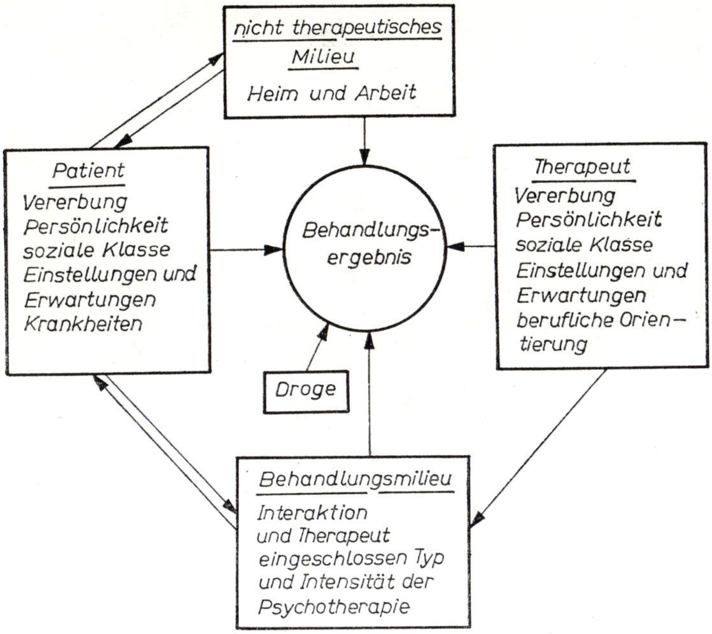

Abb. 20.1: Nichtspezifische Variable bei der Pharmakotherapie.

den, nichtspezifische Faktoren durch eine angemessene experimentelle Anordnung und genaue statistische Analyse in Betracht zu ziehen, um die Leistungsfähigkeit, Genauigkeit und Präzision von klinisch-pharmakologischen Versuchen zu optimieren. Der zweite Faktor – nicht völlig verschieden vom ersten – betont ein großes Ziel der klinischen Praxis: das Finden „des richtigen Präparates für den richtigen Patienten" (Klett und Mosely 1965). Der letzte Faktor kann als Stimulans für die Psychopharmakologie und Psychiatrie als wissenschaftliche Disziplinen betrachtet werden. Er hat mit der Förderung des Verständnisses für die zugrunde liegende Natur des Behandlungsprozesses mit Pharmaka und vielleicht mit dem Wesen der Psychopathologie zu tun. Die folgende Diskussion befaßt sich in erster Linie mit der Arbeit, die durch diesen letzten Faktor angeregt wurde.

Klinische versus Forschungsorientierung in der Psychopharmakologie

Die Forschung, die sich eng mit dem Ergebnis der klinischen Praxis befaßt, bietet reichlich Gelegenheit für eine aktive Wechselwirkung zwischen den Bedürfnissen und der Orientierung des Praktikers und des Forschers. Diese Gelegenheit wird allerdings zur Notwendigkeit für diejenigen, die sowohl Praktiker als auch Forscher sind. Betrachten wir nun einige wichtige kontrastierende Gesichtspunkte zwischen der klinischen und der Forschungsorientierung, weil sie ein fortgesetztes Dilemma für die psychopharmakologische und die klinische Forschung im allgemeinen darstellen.

Ein wichtiger Teil des Zugangs des Klinikers zu seinem Patienten besteht in dem Versuch, den Patienten in all seinen Einzelheiten zu verstehen. Obwohl die dabei zugrunde liegenden Prozesse intuitiv und implizit sind, hat der Kliniker eine große Fülle von im

Kontext enthaltener Information über den gegenwärtigen Zustand des Patienten potentiell verfügbar, wodurch er einen Zugang zur Behandlung entwerfen kann. Darüber hinaus ist er in der Lage, sich primär mit der Variabilität und der Wechselwirkung der Faktoren innerhalb des einzelnen Patienten zu befassen, mit dem er sich wegen einer besonderen Frage beschäftigt.

Die Voraussetzungen für den Forscher sind von ganz anderer Art. Der Umfang an Information, mit dem er arbeiten muß, ist mit Notwendigkeit viel mehr eingeschränkt und in vielerlei Hinsicht selektiv. Er sucht nach einer begrenzten Anzahl von grundlegenden Prinzipien, die sich mit hinreichender Genauigkeit auf alle Mitglieder einer Bezugsgruppe anwenden lassen, unter Einschluß des Kriteriums, das er als seine Aufgabe identifizieren will. Da er zunehmend heterogene Patientengruppen behandelt, wird er mit einer zunehmend größeren Menge von potentieller interindividueller Variabilität konfrontiert. Diese Variabilität tendiert dazu, die Effekte, die von einer umschriebenen Gruppe von Variablen hervorgebracht wurden, und denen er seine Aufmerksamkeit widmete, zu verwischen, zu verbergen oder einzuschränken.

Dieser Gegensatz zwischen den beiden Typen des Verständnisses ist natürlich weder neu noch auf Psychiatrie oder Psychopharmakologie beschränkt (Windelband 1894). Er scheint von besonderer Bedeutung im vorliegenden Zusammenhang nicht nur deshalb, weil die nichtspezifischen Faktoren, die die Reaktion auf psychotrope Substanzen modifizieren können, so zahlreich sind, sondern weil es so schwierig ist zu wissen, welcher der vielen potentiellen nichtspezifischen Einflüsse auf die Behandlung sich aktuell als der wichtigste erweist bei einem gegebenen Patienten in einem bestimmten kritischen Zeitpunkt seines Lebens und in einer gegebenen Behandlungssituation. Selbst wenn die Faktoren als valide erkannt wurden, die die Reaktion auf eine Behandlung eines Individuums oder einer begrenzten homogenen Patientengruppe beeinflussen, müßten solche Befunde nicht sofort auf andere Personen oder Gruppen generalisierbar sein.

Faktoren, die eine statistisch signifikante Wirkung auf die Reaktionen einer großen heterogenen Gruppe ausüben, beziehen sich wahrscheinlich nur auf einen kleinen Teil der Varianz, gemessen an der vorhandenen Totalvarianz. Die Identifikation solcher Faktoren hinterläßt nicht nur vieles vom Gruppenverhalten noch als erklärungsbedürftig, sondern ist auch von geringer Bedeutung für die Durchführung der Behandlung eines individuellen Patienten. Es sei denn, man ist in der Lage, solche Umstände zu identifizieren, unter denen diese Befunde die Reaktionen von einzelnen Individuen modifizieren, dann durchkreuzen solche Befunde die anfänglichen Ziele sowohl des Klinikers als auch des Forschers.

Wir kommen nun zu einer Betrachtung der Art und Weise, in der sich solche Ergebnisse in der Erforschung nichtspezifischer Effekte widerspiegelten. Die Beispiele mit substantiellen Befunden werden auf Untersuchungen begrenzt, die die Behandlung mit anxiolytischen Agenzien mit sich bringt. Obwohl nichtspezifische Faktoren eine besonders große Rolle in den Behandlungsreaktionen von ängstlichen Patienten spielen, sollte betont werden, daß solche Effekte auch die Reaktion auf alle psychotropen Agenzien mit größerem Wirkungsbereich modifizieren.

Die Arbeit mit kleinen homogenen Gruppen

Chassans (1979) Fürsprache für ein „intensives Versuchsdesign“, ein Ansatz, in dem der einzelne Patient alternierend zwei Behandlungen erfährt oder eine Behandlung mit einer Kontrolle, hat viel dazu beigetragen, die Aufmerksamkeit auf diese Art Forschung zu lenken. Obwohl eine statistische Bearbeitung der Ergebnisse möglich ist, ist die Information, die man im Laufe dieser Prozedur über die Rolle nichtspezifischer Faktoren erhält, nützlich zum Verständnis des individuellen Falles, aber sie ist schwer auf eine damit gleichzusetzende Referenzpopulation zu generalisieren.

Das Werk von McNair, Fisher und ihren Mitarbeitern liefert ein eindrucksvolles Beispiel der intensiven Wirkungen, die in kleinen homogenen Gruppen bemerkt wurden, und von der Beschäftigung mit einem modifizierten „intensiven Versuchsdesign“ zur Klärung des Wesens dieser Effekte. Nachdem Fisher und Fisher (1963) festgestellt hatten, daß Individuen mit hohen Werten auf der Bass-Skala (damals noch als Maß der Aquieszenz [der sozialen Erwünschtheit, d. Ü.] angesehen) stark auf Placebo reagieren, fuhren sie fort, die differentielle Auswirkung dieser Variablen auf die Reaktion von Diazepam und Placebo auf einer post-hoc-Basis zu erkunden (McNair, Kahn, Droppleman und Fisher 1966, S. 336–342, 1968, S. 59–72). Sie fanden heraus, daß am Ende einer 2-Wochen-Periode Patienten mit niedrigen Werten auf der Bass-Skala (LA) signifikant besser auf Diazepam reagierten als auf Placebo, während Patienten mit hohen Werten auf der Bass-Skala (HA) – heute als möglicherweise gedankenlose, unkritische Individuen angesehen – sehr gut auf Placebo, aber kaum auf Diazepam reagierten. Eine Kontrollstudie ergab, daß die Pharmakon-Aquieszenz-Wechselwirkung mindestens 4 Monate anhielt (McNair, Fisher, Sussman, Droppleman und Kahn 1970). Ein intensives Versuchsdesign wurde dann angewendet, indem nur vier HA-LA-Paare von weiblichen Patienten benutzt wurden, die von einem einzigen Therapeuten gesehen wurden, um die Natur dieser Wechselwirkung näher zu ergründen. Diese Versuchsanordnung ergab, daß die HA-, im Gegensatz zu den LA-Patientinnen, keine monotone Dosis-Wirkungs-Beziehung für Chlordiazepoxid zeigten, extrem intolerant in bezug auf die Nebenwirkungen des Präparates und immer verspannter wurden, solange sie es erhielten (McNair, Fisher, Kahn und Droppleman 1970). Die ursprünglich gefundene Wechselwirkung wurde von Rickels (1968 b) unter Patienten einer Allgemeinpraxis wiederum festgestellt, nicht aber unter privaten psychiatrischen Patienten.

Die Wirkung dieser Aquieszenz-Variablen scheint sowohl dramatisch als auch wiederholbar aufzutreten. Man wird jedoch neben den Ergebnissen, die sich mit den Grenzen ihrer Generalisierbarkeit befassen, mit dem Problem der Spezifizierung ihrer genauen Eigenart konfrontiert. Ist sie ihrem Wesen nach eine Tendenz zur unkritischen Übereinstimmung, ein mehr allgemeiner, oberflächlicher, gedankenloser kognitiver Stil oder vielleicht eine Neigung zu unqualifizierter Generalisation? Weitere Forschung ist notwendig, bei der eine Reihe von Markiervariablen benutzt wird, um das relevante, zugrunde liegende Konstrukt einzugrenzen.

Wir studierten die Auswirkung verschiedener Persönlichkeits- und Arztfaktoren in einer Gruppe von vorwiegend schwarzen weiblichen Patienten einer durchweg unteren sozioökonomischen Klasse. Die selbst eingeschätzte Feindseligkeit (und besonders die direkte Feindseligkeit) war bei den Personen mit Nebenwirkungen niedriger als bei den Patienten, die nicht mit Nebenwirkungen reagierten (Downing und Rickels 1967 a). Dieser Effekt war sowohl bei den mit Tranquilizern als auch den mit Placebo behandelten Patienten vorhanden, aber er war eindeutiger in der Placebogruppe. Das Niveau der Feindseligkeit war enger an Maße gekoppelt, die eine Symptomatologie anzeigten (Downing, Rickels und Horn 1970 a) und an ein inhaltliches Maß der Direktheit des Verhaltensausdrucks von Affekten bei Personen, die aus dem Versuch ausschieden im Vergleich zu denen, die ihn beendeten. Die erstgenannte Gruppe zeigte ein besseres Befolgeverhalten (Compliance, d. Ü.) als die letztgenannte Gruppe (Downing, Rickels und Horn 1970 b). Es wurde auch festgestellt, daß die Abbrecher die Klinik mit kritischeren Haltungen aufsuchten als diejenigen, die durchhielten (Rickels und Anderson 1967), und daß sie mit größerer Wahrscheinlichkeit in einer unbeschwerten, unpersönlichen Art von ihren Ärzten behandelt wurden (Howard, Rickels, Mock, Lipman, Covi und Baumm 1970). Dieser Hauptteil der Ergebnisse schien mit der Beobachtung übereinzustimmen, daß in der Gruppe mit niedrigem sozio-ökonomischem Status das Abbrechen des Versuchs und das Berichten von Nebenwirkungen einen indirekten Ausdruck von Ärger bei Patienten im Konflikt über den Ausdruck der Feindseligkeit darstellen.

Die neuere Forschung hat Befunde dafür geliefert (Downing und Rickels 1980), daß eine ähnliche Dynamik dem Ausdruck von Beschwerden im Sinne von Nebenwirkungen bei Mittelklassen-Patienten zugrunde liegt. Eine nähere Analyse der Art der konfliktbewirkenden Feindseligkeit hat die Genauigkeit verbessert, mit der Patienten, die an Nebenwirkungen leiden, festgestellt werden können. Der Konflikt zeigte sich mit Tendenzen verbunden, sich gereizt zu verhalten und den inneren aggressiven Tendenzen offen Ausdruck zu geben, anstatt mit Verstimmung auf eine Welt zu reagieren, die als unfair wahrgenommen wird.

Arbeit mit großen heterogenen Gruppen

Die Eigenart oder der Charakter der Resultate, die durch die Untersuchung an großen Gruppen von Patienten gewonnen wurden ($N \geq 100$), die im Hinblick auf solche Faktoren wie Alter, sozioökonomischer Status, Versuchsaufbau, Chronizität und sekundärer Symptomatologie heterogen sind, wird vielleicht am besten deutlich durch eine Reihe von Untersuchungen mit der multiplen Regressionstechnik, um so die Beziehungen zwischen nichtspezifischen Faktoren und den Behandlungsergebnissen zu untersuchen. Die multiple Regression als eine Technik der Datenanalyse wurde von Psychopharmakologen als eine mögliche Technik der Datenanalyse in den späten sechziger Jahren unseres Jahrhunderts „entdeckt". In wenigen Jahren folgte eine kleine Flut von Untersuchungen, die versuchten, Charakteristika des Patienten herauszufinden, Merkmale seiner Krankheit und Krankheitsgeschichte sowie Einzelheiten des Behandlungsprozesses, die auf das Konto des großen Varianzanteils innerhalb der Behandlung kamen, der für Versuche mit psychotropen Pharmaka typisch ist (s. dazu z. B. Downing und Rickels 1978 b, Rickels 1968 a, 1968 b, Uhlenhuth, Lipman, Rickels, Fisher, Covi und Park 1968).

Typischerweise haben diese Untersuchungen nichtspezifische Prädiktoren identifiziert, die im Prinzip auf Behandlungspopulationen generalisierbar, aber bezüglich ihres Nutzens und ihres Erklärungswertes begrenzt sind durch den geringen Varianzanteil, den sie aufklären (im allgemeinen weniger als 10 % pro Prädiktor und weniger als 30 % pro Prädiktorsatz). Das war enttäuschend, aber es gab andere Aspekte der Situation, die die Enttäuschung mit Frustration koppelten. Die Prädiktoren, die einer Interpretation trotzten, werden oft auf einem hohen Niveau der statistischen Signifikanz identifiziert. Dieses könnte meist als ein Ergebnis multipler Partialeffekte (Kollinearität) vorkommen, wenn das vorausgesagte Zusammentreffen entgegengesetzt zur erwarteten Richtung auftrat. Oder: Es kann vorkommen, wenn die spezifische Basisdimension oder Dimensionen eines „umfassenden" Oberflächenattributes (zum Beispiel: Alter des Patienten oder Geschlecht) nicht identifiziert werden konnten. Wenn sich Frauen in höherem Maße als Männer verbessern oder sich Männer mehr als Frauen, kommt das zustande wegen bestimmter kultureller Erfahrungen, wegen biologischer Faktoren, besonderer Therapiebeziehungen oder wegen irgendeiner aus einer Menge potentiell relevanter Variablen, bezüglich derer die Geschlechtsgruppen nicht sorgfältig genug parallelisiert waren? Aber am meisten frustrierend war der oft erfahrene Umstand, daß eine Regressionsgleichung, die von den Daten einer Patientenstichprobe stammte, nichts zur Bestimmung eines multiplen *R*-Koeffizienten beitrug, wenn sie auf eine offenbar äquivalente Stichprobe angewendet wurde. Ergebnisse dieser Art haben dazu beigetragen, die Begeisterung zu dämpfen, und sie sind zweifellos ein Faktor gegen die Flut von Forschungsarbeiten, die die multiple Regression verwenden.

Wir haben in unserer eigenen Forschung multiple Regressionsprozeduren nur eingeschränkt verwendet und sind Problemen der oben beschriebenen Art begegnet. Wir möchten gern einen Ausschnitt aus kürzlich erzielten Ergebnissen vorstellen (Downing und Rickels 1978 a). Damit werden Strategien angedeutet, die die Ergebnisse früherer Forschungsarbeiten nutzen, um eine Kette zu schmieden, bei der Erkunden und das Prüfen der Hypothesen alternierende Reihen von Gliedern bilden.

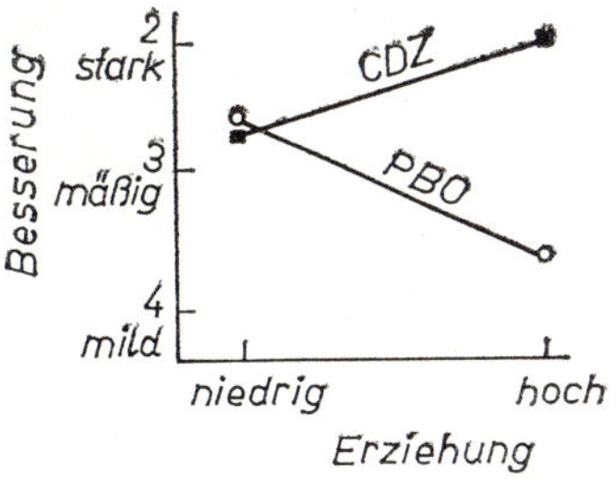

Abb. 20.2: Die Theoriereaktion als eine Funktion der Bildung.

Es wurde an 205 primär angstneurotischen Patienten außerhalb der Klinik nach Gabe von Chlordiazepoxid (CDZ) und an 242 Patienten nach Placebomedikation ((PBO) eine Untersuchung durchgeführt, um die Reproduzierbarkeit einer Reihe von Prädiktoren nichtspezifischer Faktoren zu demonstrieren. Die Patientenstichprobe ging aus drei verschiedenen Behandlungsarrangements hervor und war im Hinblick auf demographische Charakteristika, Krankheitsgeschichte, sekundäre Symptomatologie und Einzelheiten der gegenwärtigen Behandlungssituation heterogen. Es wurde eine Batterie von 18 Regressionsvariablen benutzt, die verschiedene relevante nichtspezifische Faktorenbereiche abdeckten. Sowohl die Pharmakon- als auch die Placebostichprobe wurden in zwei äquivalente Hälften geteilt, so daß eine Kreuzproben-Wiederholbarkeit erwartet werden konnte. Obwohl die Verminderung der multiplen *R*-Koeffizienten beachtlich war, ergab sich eine signifikante Voraussagbarkeit bei der Kreuzvalidierung der Stichproben. Wir sollten unsere Aufmerksamkeit auf verschiedene Prädiktoren lenken, die über verschiedene Stichproben repliziert wurden, die frühere Ergebnisse ausweiteten und die Formulierung künftiger Untersuchungen stimulierten.

Die Pharmakon-Placebo-Unterschiede wurden größer bei Patienten mit höherer Bildung (Hochschulabschluß). Bei Patienten mit einer weniger hohen Bildung (Grundschulbesuch, teilweiser Hochschulbesuch) differierten Pharmakon- und Placebowirkung nicht, die Verbesserung beider Behandlungsgruppen fiel in den mittleren Bereich der Besserung zwischen den mit dem Pharmakon und mit dem Placebo behandelten Gruppen mit höherer Bildung (Abb. 20.2). Diese Befunde widerspiegeln frühere Ergebnisse, die wir mit einem Wortschatztest erzielten (Rickels und Downing 1965), und mit „Machtfaktor"-Werten an Hand von Schätzskalen mit dem semantischen Differential (Downing und Rickels 1967 b). Diese Ergebnisse führen zu der Annahme, daß ein Tranquilizer von besonderem, ein Placebo von geringerem Vorteil bei Individuen mit größerer intellektueller und persönlicher Angepaßtheit sein könnte.

Patienten mit schwerer *Angst* und *Somatisierung* reagieren am angemessensten auf CDZ, während die Placebowirkung von der Ausprägung dieser Symptome nicht beeinflußt wird. Patienten mit ernsteren *interpersonalen Problemen* (Verstimmungen, empfun-

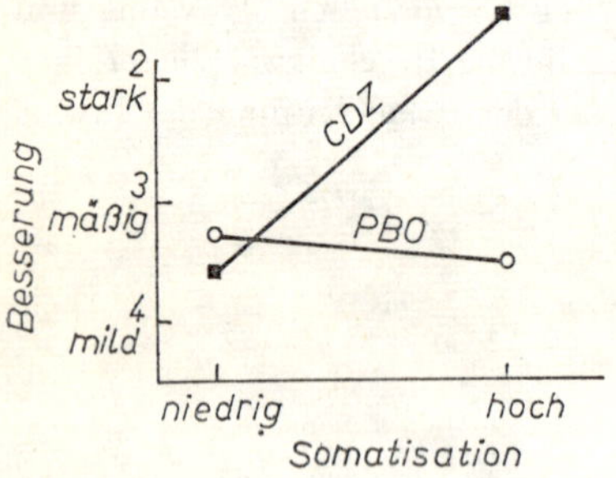

Abb. 20.3: Die Behandlungswirkung als eine Funktion der anfänglichen Somatisierung.

dener Unzulänglichkeit) und Patienten mit größeren funktionalen Beeinträchtigungen im Sinne von *zwanghaften Störungen* reagieren auf das Pharmakon und das Placebo kaum. Die *Depression* hat einen gegenteiligen Effekt bezüglich der Reaktion auf CDZ, aber ihre Auswirkung auf die Placebowirkung ist noch deutlich gegensinnig. Es scheint somit, daß die deutlichste „Netto"-Verbesserung bei den Patienten mit schwerer Angst und Somatisierung erwartet werden kann, bei denen eine Zwangssymptomatologie, Depression und soziale Unangepaßtheit eine untergeordnete Rolle spielen. Da einsichtsorientierte Therapien den Anspruch erheben, bei der Behandlung von Anpassungsproblemen effektiv zu sein, die kognitive Therapie als effektiver Begleiter von antidepressiven Pharmaka betrachtet wird, und da schließlich die Verhaltenstherapie als effektiv bei zwanghaften Störungen angesehen wird, läßt die Möglichkeit von entsprechenden Symptomprofilen an eine Therapie der Wahl denken.

Projekte zur Formulierung von „Mini-Strukturen" oder Modellen der Behandlungswirkung mit erklärender und/oder praktischer Relevanz deuten sich nun von selbst für die hier vorgestellten verschiedenen Vorhersagebereiche an. Es wird jedoch auch eine „Mesostruktur" benötigt, um die Modelle über die verschiedenen Vorhersagebereiche hinweg zu integrieren. Das benutzte Regressionsmodell ist natürlich linear zu dem gewichteten Beitrag von jedem Regressor, der seinen additiven Beitrag zum „Netto"-Verbesserungswert leistet, der für einen gegebenen Patienten vorausgesagt wird. Aber einige Datenkonfigurationen der Variablen, die als Regressoren dienen, sind häufiger als andere. Die Somatisierung ist anscheinend unter den höher gebildeten häufiger als unter den weniger hoch gebildeten Personen. Die Anwendung eines Clusteralgorithmus auf einen Satz von replizierbaren Regressoren kann als ein nützliches Instrument dazu dienen, eine heterogene Stichprobe in homogene Subgruppen einzuteilen. Die Subgruppenzugehörigkeit könnte dann einen neuen Prädiktorsatz liefern und Veranlassung geben, zusätzliche Prädiktoren in den Subgruppen aufzuspüren.

Zukünftige Entwicklungen

Es ist vielleicht einfacher, spezifische Entwicklungen in der Psychiatrie, Psychologie, verwandten sozialen oder biologischen Wissenschaften und der Statistik festzustellen, die wahrscheinlich die Veränderungsrichtungen auf dem Gebiet der Psychopharmakologie beeinflussen – mit dem wir uns beschäftigt haben – als spezifische Aussagen über die Veränderungen selbst zu treffen. Wir erwähnen einige Entwicklungen dieser Art.

Das Erscheinen eines neuen diagnostischen Systems in den Vereinigten Staaten (DSM III) (Amerikanische Psychiatrische Gesellschaft 1980) hat zu einem erneuerten Bewußtsein der Bedeutung von objektiven, zuverlässig anwendbaren und für die Therapie bedeutsamen diagnostischen Kriterien geführt. Obwohl die meisten der ungefähr 230 diagnostischen Kategorien, die es enthält, auf rein deskriptiven Kriterien basieren (Schulsinger 1980), unterstützen die strukturierten Interview-Tafeln (SADS und SADS/L) von Spitzer, Endicott und ihren Mitarbeitern (Endicott und Spitzer 1978) die Sammlung von verläßlich bestimmten Daten bezüglich der Symptomatologie und Krankheitsgeschichte von großen Patientengruppen in einem weiten Bereich von Forschungskontexten.

Gleichzeitig haben die Neurochemie und die Neurophysiologie Entdeckungen gemacht, die mithelfen könnten, das biologische Substrat der Angst und der neuronalen Mechanismen zu klären, über die die Benzodiazepine die Angst vermindern. Die neuen Beobachtungen, wonach bestimmte Benzodiazepinrezeptoren in bestimmten Hirnabschnitten existieren, sind Aufsehen erregend (Haefely 1978, Tallman, Paul, Skolnick und Gallagher 1980), da dieser Befund impliziert, daß endogene Liganden existieren, die nach Bindung an diese Rezeptoren Beruhigung und der Angst entgegengerichtete Effekte bewirken. Man kann daher spekulieren, daß die Neigung eines Patienten, Angst zu haben, auf die Anzahl endogener Liganden zurückgeführt werden kann, über die dieser Patient verfügt.

In einem ähnlichen Zusammenhang erlauben Methoden der Bestimmung des Plasmaspiegels bei einer Anzahl psychotroper Pharmaka und ihrer größten Metabolite eine genauere Bestimmung der effektiven Dosierungen, die einzelne Patienten erhalten haben. Individuelle Unterschiede zwischen der angewandten Dosierung und dem Plasmaspiegel sowie auch zwischen dem Plasmaspiegel und der therapeutischen Wirkung können nützlich sein bezüglich der Behandlungsvarianz unter stationären Bedingungen und um die Mechanismen der Pharmakonwirkung herauszuarbeiten.

In der Psychologie scheint die stärkere Betonung solcher Themen wie der folgenden die Richtung zukünftiger Forschung zu beeinflussen: 1. Der Bedarf nach einem repräsentativen Forschungsansatz, der eine Generalisierbarkeit sichert, nicht nur durch das Ausprobieren von Patientenstichproben, sondern auch durch die Situationseinheiten, die deren ökologische Umwelt mit enthalten (Brunswik 1955; Tyler 1981), und 2. die Beschäftigung mit einem Forschungsansatz, der die Zentralität der vor sich gehenden reziproken Transaktionen unter den zusammengesetzten Entitäten integrierter Systeme anerkennt (Bronfenbrenner 1977, Pervin und Lewis 1977). Die durchgeführte Forschung in Übereinstimmung mit solchen Orientierungen wird erleichtert durch die Verfügbarkeit solcher Techniken wie die der multivariaten Analyse, die latente Variable benutzt (Kausales „Modeling", Bentler 1980). Die zunehmende Nachfrage nach analytischen Instrumenten zur Untersuchung struktureller Modelle, die Rechenschaft ablegen über die Muster, die in multivariaten Datensätzen gefunden werden, kann als begünstigend für die Entwicklung quantitativer Techniken von größerer Flexibilität und Anwendbarkeit angesehen werden.

Ein letzter Trend, der wegen der tiefgreifenden Einwirkung genannt werden soll, die auf die Forschung in den sozialen und Verhaltenswissenschaften zu erwarten ist, betrifft die wachsende Deutlichkeit, mit der die Forschungsdatenanalyse anerkannt wird (Leamer 1978) und die Entwicklung von Techniken und prozeduralen Handbüchern für ihre Durchführung (Belsley, Kuh und Welsch 1980, Tukey 1977, Wainer und Thissen 1981). Obwohl die wissenschaftliche Begründung von Daten erfordert, daß Hypothesen durch wiederholtes Experimentieren bekräftigt werden, gibt es viele Situationen in den Verhaltens- und Sozialwissenschaften, bei denen 1. ein Experiment nicht möglich ist, 2. Hypothesen nicht gesichert, aber Daten verfügbar sind, die den Mißerfolg der Hypothese begründen oder alternative Hypothesen nahelegen könnten, und 3. es dem Untersucher an Hypothesen mangelt, die er mit einem beliebigen Konfidenzmaß aufrechterhalten kann. Die meisten Untersucher würden Leamer (1978) zustimmen, daß die sorgfältige Datenprüfung in solchen Situationen für die Bildung neuer Hypothesen geboten ist, die der weiteren Prüfung unterworfen werden. Viele werden jedoch nicht so schnell den Glauben daran aufgeben, daß diese eine Wissenschaft „zweiter Klasse" begründet, und widerwillig zustimmen, daß solche Prozeduren als „Grubenexpeditionen" anstelle von „Fischfang-Expeditionen" angesehen werden könnten (Leamer 1978). Besonders bei der Anwendung von komplexen multivariaten Datensätzen können Techniken, die die Identifikation von Mustern unterstützen, oder die die Erkennung von atypischen oder krankhaften Variablen von Personen erlauben, von vitaler Bedeutung sein, um Interpretationen in Richtung überprüfbarer Hypothesen neu zu formulieren.

Anmerkung

Die Vorbereitung dieses Kapitels wurde unterstützt von der USPHS Forschungsstiftung MH 08957 (Dr. Rickels) und der USPHS Forschungsstiftung MH 30366 (Dr. Downing).

Literatur

American Psychiatric Association: Diagnostic and statistical manual of mental disorders. DSM-III Taskforce on nomenclature and statistics, American Psychiatric Association, Washington, D. C., 1980

Belsley, D. A., E. Kuh and R. E. Welsch: Regression diagnostics: identifying influential data and sources of collinearity: Wiley, New York, 1980
Bentler, F. M.: Multivariate analysis with latent variables: causal modeling. Annual Review of Psychology, 32, 1–20, 1980
Bronfenbrenner, U.: Towards an experimental ecology of human development. American Psychologist, 32, 513–531, 1977
Brunswik, E.: Representative design and probabilistic aheory in a functional Psychology, Psychological Review, 62, 193–217, 1955
Chassan, J. B.: Research design in clinical psychology and Psychiatry. Irvington Publishers, Inc., New York, 1979
Downing, R. W., and K. Rickels: Self-Report of hostility and the incidence of side reactions in neurotic outpatients treated with tranquilizing drugs and placebo. Journal of Consulting and Clinical Psychology, 31, 71–76, 1967 a
Downing, R. W., and K. Rickels: Pre-Treatment self estimates and clinical improvement with tranquilizer therapy. Diseases of the Nervous System, 28, 671–674, 1967 b
Downing, R. W., K. Rickels and N. L. Horn: Hostility conflict in neurotic patients who prematurely terminate drug treatment. Journal of Nervous and Mental Disease, 15, 211–218, 1970 a
Downing, R. W., K. Rickels and N. L. Horn: The role of compliance in the premature termination of neurotic outpatients in psychotropic drug treatments. International Pharmacopsychiatry, 4, 53–58, 1970 b
Downing, R. W., and K. Rickels: Prediction of response to chlordiazepoxide and placebo in anxious outpatients: An attempt at replication. Pharmakopsychiatrie, Neuro-Psychopharmakologie, 11, 207 to 219, 1978 a
Downing, R. W., and K. Rickels: Nonspecific factors and their interaction with psychological treatment in pharmacotherapy. In: Psychopharmacology: A Generation of Progress, M. A., Lipton, A. DiMascio and K. F. Killam (Eds.), Raven Press, New York, 1419–1428, 1978
Downing, R. W., and K. Rickels: Hostility conflict and reporting of side effects by psychiatric outpatients. Psychological Reports, 47, 310–324, 1980
Endicott and Spitzer: A diagnostic interview: The schedule for effective disorders and schizophrenia. Archives of General Psychiatry, 35, 837–844, 1978
Fisher, S., and R. L. Fisher: Placebo response and acquiescence. Psychopharmacologia (Berlin), 4, 298 to 301, 1963
Haefely, W. E.: Central actions of benzodiazepines: General introduction, British Journal of Psychiatry, 133, 231–238, 1978
Howard, K., et al.: Therapeutic style and attrition rate from psychiatric drug treatment. Journal of Nervous and Mental Disease, 150, 102–110, 1970
Klett, C. J., and E. C. Moseley: The right drug for the right patient. Journal of Consulting and Clinical Psychology, 29, 546–551, 1965
Leamer, E. E.: Specification searches: Ad hoc inference with non-experimental data. Wiley, New York, 1978
McNair, D. M., et al.: Compatibility, acquiescence and drug effects. In: H. Brill et al. (Eds.), Neuropsychopharmacology. Excerpta Medica Foundation, Amsterdam, 336–342, 1966
McNair, D. M., et al.: Patient acquiescence and drug effects. In: K. Rickels (Ed.): Non-Specific Factors in Drug Therapy. Charles C. Thomas, Springfield, Illinois, 59–72, 1968
McNair, D. M., et al.: Persistance of a drug-personality interaction in psychiatric outpatients. Journal of Psychiatric Research, 7, 299–305, 1970 a
McNair, D. M., et al.: Drug-personality interaction in intensive outpatient treatment. Archives of General Psychiatry, 22, 128–135, 1970 b
Pervin, L. A., and M. Lewis (Eds.): Perspectives in interactional psychology, Plenum Press, New York, 1977
Rickels, K. (Ed.): Non-specific factors in drug therapy. Charles C. Thomas, Inc., Springfield, Illinois, 1968 a
Rickels, K.: Antineurotic agents: Specific and non-specific effects. In: D. H. Efron, J. O. Cole, J. Levine, J. R. Wittenborn (Eds.), Psychopharmacology: A Review of Progress, 1957–1967. Public Health Service Publication No. 1836, 231–247, 1968 b
Rickels, K.: Use of antianxiety agents in anxious outpatients. Psychopharmacology, 58, 1–17, 1978

Rickels, K., and F. L. Anderson: Attrited and completed lower socioeconomic class clinica patients in psychiatric drug therapy. Comprehensive Psychiatry, 8, 90–99, 1967

Rickels, K., and R. Downing: Verbal ability (intelligence) and improvement in drug therapy of neurotic patients. Journal of New Drugs, 5, 303–307, 1965

Schulsinger, F.: Biological psychiatry. Annual Review of Psychology, 31, 583–606, 1980

Tallman, J. F., et al.: Receptors for the age of anxiety: Pharmacology of the Benzodiazepines. science, 207, 274–281, 1980

Tukey, J. W.: Exploratory data analysis: Addison-Wesley, Reading, Massachusetts, 1977

Tyler, L. E.: More stately mansions, psychology extends its boundaries. Annual Review of Psychology, 32, 1–20, 1981

Uhlenhuth, E. H., et al.: Predicting the relief of anxiety with meprobamate. Archives of General Psychiatry, 19, 619–630, 1968

Wainer, H., and D. Thissen: Graphical data analysis. Annual Review of Psychology, 32, 191–241, 1981

Windelband, W.: Geschichte und Naturwissenschaft. Heitz, Strassburg, 1894

21. Neue Ansätze in der Verhaltenstherapieforschung

Johannes C. Brengelmann
Max-Planck-Institut für Psychiatrie, Psychologische Abteilung, München, BRD

Einleitung

Die Klinische Psychologie in Deutschland hat eine lange Geschichte und eine kurze Vergangenheit. Vor fünfzehn Jahren gab es für die Klinische Psychologie noch keine systematische Ausbildung und Anwendung, jedenfalls nicht auf einer wissenschaftlichen Grundlage. Die Szene in der Psychologie war überwiegend beeinflußt durch tiefenpsychologische Spekulationen, antiwissenschaftlich humanistische Strömungen, durch biologischen Reduktionismus, ganzheitliche Präzisionsmängel, geteilte gestalttheoretische Auffassungen und durch den Mangel an kontrollierter klinischer Forschung. Selbst heute noch sind die Universitäten in der BRD kaum in der Lage, Klinische Psychologen so auszubilden, daß sie die diagnostischen und therapeutischen Verfahren hinreichend beherrschen, um auf die allgemeine Praxis vorbereitet zu sein. Andererseits fordert die Gesellschaft wirksame Programme zur Behandlung und Vorbeugung sowohl bei Alkohol- und Drogenabhängigkeit, als auch für das Verhalten bei chronischen Erkrankungen, bei psychiatrischen Problemen und Erziehungsschwierigkeiten, von denen alle in hohem Maße zu einem Kostenanstieg im Gesundheitswesen beitragen.

Diese Situation wird durch eine Reihe von Schwachpunkten unterstrichen, welche die Schwierigkeiten der Klinischen Psychologie kennzeichnen. Die Psychologen in der BRD sind in akademische und berufsständische Organisationen mit unterschiedlichen Interessen geteilt. Die Berufsorganisationen sind wegen politischer Auseinandersetzungen tief gespalten. Es mangelt an einer kontinuierlichen Aus- und Weiterbildung; die Klinischen Psychologen finden keine staatliche Anerkennung, und ihre Arbeit wird von den Medizinern beherrscht. Die Klinischen Psychologen waren nicht fähig, sich über wichtige berufliche Probleme zu einigen. Sie sind dementsprechend machtlos in ihren Verhandlungen mit der Regierung und mit öffentlichen und privaten Organisationen.

Trotzdem erwarte ich eine positive Zukunft für die Klinische Psychologie in diesem Lande, insbesondere im Hinblick auf die Verhaltensanalyse und Verhaltenstherapie. Diese Erwartungen basieren auf den Entwicklungen im Max-Planck-Institut für Psychiatrie als auch in einigen anderen Institutionen während der letzten 12 bis 15 Jahre. Um diese Entwicklungen verständlich zu machen, sind einige Vorbemerkungen notwendig.

Erstens werden die Begriffe *experimentelle Behandlung, Verhaltenstherapie* und *Verhaltensmodifikation* synonym verwendet. Wir umgehen auch die hitzig debattierten Probleme der Beziehungen zwischen den Psychotherapierichtungen. Zuverlässige Ergebnisse aus jeder Therapieform (z. B. Psychoanalyse oder Gesprächspsychotherapie) werden akzeptiert und im Rahmen des von uns entwickelten experimentellen Bezugssystems interpretiert. Somit ist der Begriff *experimentell* für alle psychologischen Analysen und Behandlungen richtungweisend.

Zweitens ist unser Vorgehen eindeutig induktiv und empirisch, d. h., wir analysieren die Effektivität therapeutischer Prozeduren an anerkannten klinischen Kriterien, und wir überprüfen sie nicht an „theoretischen Grundproblemen".

Drittens ist psychologische Forschung unserer Auffassung nach sozialer Natur, und sie hat ihre soziale und sozialwirksame Bedeutsamkeit unter Beweis zu stellen. Das bedeutet Variation der Aufgabenstellung, Untersuchungen zur Übertragung aus dem Laboratorium in die Praxis, Feldforschung, Evaluation und Kosten-/Nutzen-Analysen. Dazu gehört auch der Wille Therapeuten und Mediatoren auszubilden und, wo es notwendig ist, die Öffentlichkeit zu informieren.

Viertens hat die Berücksichtigung von Determinanten der Verhaltensstörungen und von Therapieeffekten unsere Forschung fast von Anfang an begleitet. Da wir in der Persönlichkeitsforschung aufgewachsen sind, haben wir Parameter der Persönlichkeit als unabhängige Variablen in der Therapieforschung benutzt, und das ist für Deutschland typischer als für anglo-amerikanische Länder.

Kurzum: Unsere Forschung ist methodenorientiert, empirisch, von komplexer Natur, um praktische Anwendung bemüht und entsprechend breit gefächert. Ein sorgfältiger Überblick über ungefähr 500 aus unserem Institut hervorgegangene Untersuchungen zeigt, daß wir therapeutisch und präventiv in einer Reihe von Gebieten wie Übergewicht, Alkoholismus, Drogensucht, Erwachsenenpsychiatrie, Kinderpsychiatrie, Neurologie, Kinderpsychologie, Psychophysiologie und Verhaltensmedizin gearbeitet haben. Diese Forschungsstrategie hat ihre Vor- und Nachteile, aber sie widerspiegelt ungefähr die Stellung der Klinischen Psychologie in diesem Lande. Wir stellen nunmehr vier ausgewählte Aspekte dieser Arbeit vor, die sich mit der Breitbandtherapie, der Multikomponentenanalyse und der weiträumigen Anwendung in der Vorbeugung und der Verhaltensmedizin beschäftigen.

Breitbandtherapie

Gegen Ende der 60er Jahre erbrachte unsere erste kontrollierte verhaltenstherapeutische Forschung unter Anwendung von Varianten der elektrischen Aversion bei schweren Alkoholikern eine bescheidene Erfolgsrate von 30 % Abstinenz nach einem Jahr, wenn man sie mit den 7 % vergleicht, die eine geeignete Kontrollgruppe erreichte (Vogler u. a. 1971, Vogler u. a. 1975). Infolgedessen kamen wir zu der Auffassung, daß die Aversionstherapie nicht die schweren Verhaltensdefizite korrigieren kann, die bei chronischen Alkoholikern vorhanden sind. Wir gingen dementsprechend zu Methoden des Verhaltenstrainings und der Selbstkontrolle über. Es wurden detaillierte Behandlungsprogramme erarbeitet, die die folgenden Hauptkomponenten enthielten: Verhaltensanalyse, Training sozialer Fertigkeiten, Verhaltenstraining bei der Arbeit und in der Freizeit, Entspannung, Selbstkontrolle, Kontraktmanagement und Kooperation mit Selbsthilfe-Organisationen.

Ein solches Breitband-Therapieprogramm wurde mit bescheidenem Erfolg bei 58 jungen Alkoholikern angewendet. Den Patienten wurde gestattet, als Behandlungsziel zwischen Abstinenz und kontrolliertem Trinken zu wählen. Die gesetzten Behandlungsziele wurden in 81 % der Fälle nach Ende der Therapie und in 41 % der Fälle 12 Monate später erreicht (Vollmer und Kraemer 1981).

Ein anderes Breitbandprogramm von 3- bis 4monatiger Dauer mit dem Therapieziel der Abstinenz wurde bei 89 stationär aufgenommenen weiblichen Patienten durchgeführt.

Die Katamnese nach einem Jahr zeigte, daß 48,3 % der Patienten abstinent waren, 16,9 % kontrolliertes Trinken praktizierten und 34,8 % als rückfällig angesehen werden mußten. Die entsprechenden Daten einer geeigneten Kontrollgruppe, die im gleichen staatlichen Krankenhaus erhoben wurden, waren jeweils 26,7 %, 11,6 % und 61,6 % (Bräuninger und Hartung 1983). Dieses Ergebnis widerspiegelt eine sehr signifikante Überlegenheit der Verhaltenstherapie gegenüber der üblichen Behandlung, wie sie im gleichen Krankenhaus oder anderen Ortes durchgeführt wird.

Diese Experimente wurden in den frühen 70er Jahren durchgeführt. Die Erkenntnis, daß Kontrollgruppen eine *conditio sine qua non* ausmachen, wurde in diesem Lande keineswegs allgemein akzeptiert; es bestand vielmehr ein weitverbreiteter Unglaube und Widerstand auf seiten der traditionellen Therapeuten und Behandlungseinrichtungen gegenüber den neuen „mechanistischen“ Vorgehensweisen. Jedoch haben weitere sorgfältig dokumentierte und erfolgreiche Experimente die Krankenversicherungen vom ökonomischen Wert der Verhaltenstherapie überzeugt. Das führte dazu, daß ein Hospital mit 175 Betten und ein Ambulatorium, beide in Bayern gelegen, von den Krankenversicherungen unter der Bedingung unterstützt werden, daß Verhaltenstherapie durchgeführt wird. Es dauerte etwa 8 Jahre vom ersten Tag der experimentellen Untersuchungen an über den Nachweis positiver Ergebnisse bis zur Akzeptierung und praktischen Überführung der verhaltenstherapeutischen Behandlung bei Alkoholismus.

Vom experimentellen Standpunkt aus ist der Ansatz einer Breitbandtherapie unzureichend, da mit ihm nur der Gesamterfolg der Behandlung kontrolliert werden kann. Diese Methode hat jedoch zur Entwicklung praktikabler Behandlungsverfahren geführt und die intuitive Abschätzung des Behandlungserfolges durch kontrollierte Messungen des Ergebnisses abgelöst. Dieser Trend wird sich künftig nur schwer umkehren lassen.

Eine ähnliche Entwicklung hat sich hinsichtlich der Behandlung des Drogenmißbrauchs bei jungen Menschen ergeben. Das erste Behandlungsprogramm enthielt ein Entzugs- und ein Rehabilitationsprogramm von 8monatiger Dauer mit einer anschließenden 5monatigen Nachbetreuung und einer Katamnese nach 2 Jahren (De Jong und Bühringer 1978).

Das Zielverhalten und die damit verbundenen Behandlungen zeigt Tab. 21.1.

Tab. 21.1: *Zielverhalten und entsprechende Behandlungsformen für Drogensüchtige (De Jong und Bühringer 1978)*

Zielverhalten	Behandlungsform
1. Drogenverhalten	Verdeckte Kontrolle Gedankenstop Ablehnungstraining bei Drogenangebot (Rollenspiel) Reaktionsverhinderung Organisation und Strukturierung des Rehabilitationszentrums
2. Freizeitverhalten	Hierarchisch organisiertes Verstärkerprogramm
3. Arbeitsverhalten	Münz-Verstärkerprogramm
4. Soziales Verhalten	Selbstsicherheits-Trainingsprogramm
5. Selbstorganisation	Training kommunikativer Fertigkeiten
6. Problemlösen und Entscheidungsverhalten	Anweisungen und Übungen zur Durchführung einer Verhaltensanalyse an sich selbst Training über das Treffen von Entscheidungen

Der Breitbandcharakter dieses Programms ist leicht zu erkennen. Die wichtigsten drogenbedingten und alternativen Verhaltensweisen wurden ausgewählt, und für jede wurde eine Behandlungsform spezifiziert. Für die Entziehungs-, Rehabilitations- und Nachsorgephasen wurden Therapiemanuale erarbeitet, außerdem wurde eine Handanweisung für Selbsthilfe-Prozeduren verfaßt, die den Therapeuten, Patienten, Kotherapeuten oder den Mediatoren in der natürlichen Umgebung zur Verfügung standen. Nach den Ergebnissen der 2jährigen Katamnese wurden 32 % aller 89 Patienten einschließlich der Therapieabbrecher erfolgreich behandelt, wobei als Erfolgskriterien die Abstinenz von Drogeneinnahme, die soziale Integration mit drogenunabhängigen Bezugspersonen und eine überdauernde Eingliederung in den Arbeitsprozeß und/oder eine Berufsausbildung galten. Bei Patienten, die das gesamte Therapieprogramm durchmachten, stieg die Erfolgsrate auf 80 %. Diese Ergebnisse sind in Tab. 21.2 dargestellt.

Tab. 21.2: *Erfolgsraten der Verhaltenstherapie bei jungen Drogensüchtigen (De Jong und Bühringer 1978)*

	Gesamtgruppe		Therapievollender		Therapieabbrecher	
Nacherhebung	1 Jahr	2 Jahre	1 Jahr	2 Jahre	1 Jahr	2 Jahre
Frei von Drogen	37 %	32 %	80 %	80 %	25 %	19 %
Rückfall	28 %	21 %	5 %	10 %	33 %	21 %
Andere Behandlung oder inhaftiert	21 %	23 %	10 %	5 %	23 %	28 %
Nicht auffindbar	11 %	18 %	0 %	0 %	17 %	26 %
Verstorben	2 %	4 %	5 %	5 %	1 %	4 %
N	89 %	89 %	21 %	21 %	68 %	68 %

Die vollständige Beendigung der Behandlung und die Befolgung der Behandlungsanweisungen scheinen die wirksamsten Faktoren für die Aufrechterhaltung des therapeutischen Erfolges während der Nacherhebung zu sein. Das beobachteten wir bei einer Vielzahl verschiedenartiger Behandlungsexperimente. Darüber hinaus sind die Befolgung der Behandlungsanweisungen und ein guter Fortschritt in der Anfangsphase der Behandlung günstige Prädiktoren für den abschließenden Erfolg in einem Therapieprogramm. Es wurden auch eine Anzahl weiterer Faktoren untersucht, sowohl auf der kognitiven Ebene als auch auf der Verhaltensebene. Einige von ihnen scheinen sich auf verschiedene Behandlungsmodalitäten verallgemeinern zu lassen, aber die meisten anderen nicht. Die Kenntnis dieser Faktoren wird für künftige Behandlungen förderlich sein.

Angesichts der steigenden Zahlen von Drogensüchtigen, des steigenden Anteils von behandelten Suchtkranken und der Verurteilung zu Gefängnisstrafen als Behandlungsersatz wächst das Bedürfnis nach psychologischen Interventionsmaßnahmen. Deshalb wurde ein ambulantes Behandlungsprogramm entwickelt, das einen ähnlichen Erfolg erreichte.

Die Bereitschaft, das soziale Feld und gesellschaftliche Anforderungen in die klinische Forschung mit aufzunehmen, läßt sich an der Tatsache zeigen, daß 1 Jahr nach Beginn des ersten Experiments im Jahre 1972 ein staatlich unterstütztes Programm zur Dokumentation, Evaluation und Verbesserung stationärer und ambulanter Drogenbehandlungsprogramme eingerichtet wurde. Zwischen 1973 und 1978 kooperierten etwa 60 solcher Zentren in diesem Projekt, das von einer Forschungsgruppe über Drogensucht durchgeführt wurde. Heute gibt es immer noch 30 kooperierende Zentren. Eine kontinuierliche Ausbildung in Drogensuchtbehandlung ist seit 1975 etwa 80 Therapeuten an 50 verschiedenen Einrichtungen vermittelt worden. Das mag als Beweis für die Tatsache dienen, daß das vielfach diskutierte Konzept, den Klinischen Psychologen als Forscher und zugleich als klinischen Praktiker einzusetzen, praktikabel ist, und daß die Gesellschaft bereit ist, psychologische Dienstleistungen unter Forschungsbedingungen zu akzeptieren.

Multikomponentenanalyse in ihrer Anwendung auf die Behandlung von Rauchern

Im vorhergehenden Abschnitt haben wir erörtert, daß der Ansatz der Breitbandtherapie relativ schnell die Erfolgsrate der Behandlung verbessert. Das gilt jedoch nur für Programme, die auf wirksamen Komponenten basieren, die für den Patienten einsichtig sind und ihn nicht überfordern. Der bekannte 5-Tage-Plan gegen das Rauchen stellt beispielsweise ein hochgradig komplexes Programm dar, dessen Gesichtspunkte keinen Nutzen auf wissenschaftlicher Grundlage erwarten lassen. Seine Effektivität im Hinblick auf das Rauchen ist tatsächlich mit der einer Plazeboreaktion vergleichbar.

Schon immer bestand ein dringender Bedarf nach einer Multikomponentenanalyse, aber die experimentelle Literatur in dieser Richtung ist wahrscheinlich wegen des damit verbundenen Aufwandes nur spärlich. Als uns die Bundesregierung im Jahre 1970 damit beauftragte, ein effektives und breit anwendbares Antiraucherprogramm zu entwickeln, behauptete die Literatur, daß alle praktizierten Behandlungsformen gleichermaßen wirkungsvoll wären. Dieser Aberglaube ist immer noch weit verbreitet und bildet ein wesentliches Hindernis für die wissenschaftliche Entwicklung von Therapien. Wir entschlossen

Tab. 21.3: *Neun Bedingungen für die Behandlung des Rauchens (N = 355, 256 Männer und 99 Frauen)*

Behandlung	*N* Patienten	Nacherhebung nach 59 Wochen Reduktion der gerauchten Zigaretten (%)
Kontrollgruppe	30	16,8
Plazebo	26	
Medikament (Lobelin)	27	20,8
Psychotherapie (nicht-direktiv)	40	
Verdeckte Sensibilisierung	45	
Negative Praxis	48	29,3
Elektrische Aversion	41	
Selbstkontrolle	46	
Selbstkontrolle plus elektrische Aversion	52	35,6
Gesamt *N*	355	

uns deshalb, die neun in Tab. 21.3 aufgeführten Behandlungsformen zu untersuchen. Außerdem wurden drei weitere Experimente durchgeführt, auf die wir im Text verweisen (Brengelmann 1979 a, 1979 b).

Erstens sind während der ersten Hälfte des sechswöchigen Trainingskurses bei der Reduzierung des Rauchens die drei Bedingungen Plazebo, Lobelinmedikation und Psychotherapie wirksam. Im Anschluß daran läßt sich trotz fortgesetzter Behandlung ein stetig steigender Rückfall beobachten. Aus diesem Grunde bezeichnen wir diese Behandlungsformen als *unspezifisch*. Alle anderen Verfahren sind verhaltenstherapeutisch orientiert, und diese zeigen eine ständige Verbesserung, solange die Behandlung andauert, obgleich es danach auch hier zu einem Rückfall kommt. Zwischen den 3 Aversionstherapien und zwischen den beiden Selbstkontrollmethoden gibt es keine signifikanten Unterschiede. Jedoch schneidet die Selbstkontrolle erheblich besser ab als die Aversionstherapie; und alle verhaltenstherapeutischen Verfahren sind den unspezifischen Therapien überlegen. Diese Ergebnisse zeigen, daß es zwischen den Therapieformen erhebliche Unterschiede gibt, und daß die meisten Unterschiede nicht beobachtet worden wären, hätte man den üblichen Prä-Post-Versuchsplan verwendet. Deshalb ist zu beachten, daß die Behandlungsformen spezifische Einflüsse ausüben, und es ist notwendig, ihre Prozeßcharakteristika zu untersuchen.

Unser *zweiter* Gesichtspunkt betrifft die Wirkungen der Komplexität oder der Intensität der Behandlung. In dem hier beschriebenen Experiment verlangte die Selbstkontrollmethode nichts weiter als eine allmählich ansteigende Stimuluskontrolle durch eine Reihe von Verhaltensvorschriften und eine tägliche Beobachtung und Registrierung (Überwachung) der Zahl der gerauchten Zigaretten. In zwei anschließenden Experimenten wurde das Verfahren eines Therapiekontraktes und eine positive Verstärkung in Form der Rückzahlung eines vor Therapiebeginn hinterlegten Geldbetrages eingeführt, um ein mäßig komplexes und hochgradig transparentes Selbstkontrollprogramm zu realisieren. Die Effektivität der Behandlung stieg beträchtlich an. Somit ist die Behandlungsintensität ein wichtiges Problem, zumindest, wenn verhaltenstherapeutische Verfahren verwendet werden.

Der *dritte* Gesichtspunkt betrifft die Rolle des Therapeuten, die in diesem Lande als sehr wichtig eingeschätzt wird. Im ersten Versuch wurden die auf den Therapeuten zurückzuführenden Effekte experimentell kontrolliert, da die Therapeuten in den Behandlungsgruppen systematisch wechselten, nachdem die Probanden diesen Gruppen zufällig zugeordnet worden waren. Im zweiten Experiment erzielten zwei Psychologen und ein Psychologiestudent mit sehr verschiedenen therapeutischen Vorerfahrungen mit dem verwendeten Selbstkontrollverfahren keine signifikant verschiedenen Behandlungsergebnisse. Im dritten Experiment wurden die gleichen Behandlungsanweisungen, die wir in den Gruppensitzungen verwendeten, an Probanden postalisch verschickt, mit denen niemals ein persönlicher Kontakt hergestellt wurde. Ob postalische Unterweisung oder Behandlung durch einen Therapeuten, die Ergebnisse waren vergleichbar. Wir schließen daraus, daß die erzielten signifikanten Behandlungsergebnisse durch die Spezifikation der Prozeduren und nicht durch den Therapeuten bedingt sind. Wir glauben, daß die Qualität dieser Spezifikationen und nicht die Eigenschaften des Therapeuten die Ergebnisse bewirkt hat.

Der *vierte* und letzte Gesichtspunkt bezieht sich auf das noch ungelöste Problem des Rückfalls. Jahrelang ist die Effektivität von Antiraucherprozeduren in verschiedenen

Gebieten verbessert worden, aber die Rückfallrate ist noch immer hoch. Die vier Ursachenklassen des Rückfalls dürften die folgenden sein:

1. Es ist bekannt, daß die Rate des Rauchens gemäß den Umweltbedingungen variiert. Die Rate sinkt bei beständiger Konfrontation mit den negativen Folgen für die Gesundheit durch die Ärzte. Sie steigt unter anderen Bedingungen wie denen der sozialen Billigung.

2. Unterschiedliche Persönlichkeitsfaktoren weisen keine signifikante Korrelation mit dem Rauchen auf.

Es gibt jedoch eine Anzahl spezifischer Faktoren, die mit der Häufigkeit des Rauchens auf dem 0.1-%-Niveau ($N = 355$) während einer langfristigen Nacherhebung (59 Wochen nach Behandlung) korrelieren. Es handelt sich um folgende:

Entspannung während des Rauchens	(0.51),
Bedürfnis, unter Belastung zu rauchen	(0.49),
situationsbedingtes Rauchen (z. B. im Bett)	(0.46),
Bevorzugung einer Zigarettensorte	(0.43),
vielfältiger Gebrauch von Tabak	(0.31),
Kenntnis der Gesundheitsgefährdung	(0.29).

Die beiden ersten Faktoren beziehen sich auf situationsbedingten Streß, die nächsten beiden auf Situationsfaktoren ohne emotionale Beteiligung. Da die Korrelationskoeffizienten groß genug sind, müßten differentielle Behandlungsformen den Rauchertypen angepaßt werden. Die Beobachtung, daß „Kenntnis der Gesundheitsgefährdung" positiv mit dem Rauchen korreliert, ist auf die sogenannte kognitive Dissonanz zurückzuführen. Je stärker Menschen rauchen, desto mehr wissen sie, daß das Rauchen für sie gefährlich ist. Ein anderer Faktor, der sich auf die Kenntnis der Gefahr einer Krebserkrankung durch das Rauchen bezieht, korreliert gleichfalls auf dem 1-%-Niveau mit dem Rauchen. Das unterstützt die Auffassung vieler Wissenschaftler, daß Gesundheitserziehung für eine Änderung der Rauchergewohnheiten nicht wirkungsvoll ist. Wir fordern auf der Grundlage dieser Beweise den Einsatz von verhaltenstherapeutischen Verfahren in der Gesundheitserziehung.

3. Zwei motivationale Zustandsmeßwerte korrelierten wie folgt hoch mit dem Rauchen:

Erwartung eines Behandlungserfolges	(— 0.69),
Stimulation durch das Rauchen (gieriges Verlangen)	(0.48).

Der erste Faktor kennzeichnet die Zufriedenheit mit dem Behandlungserfolg und, was noch wichtiger sein mag, die Befolgung der Behandlungsvorschriften, die einen Erfolg garantieren. Die positive Verstärkung der Befolgung und die aversive Therapie bei gierigem Verlangen scheinen bei der Bekämpfung von Rückfällen die Therapieformen der Wahl zu sein.

4. In noch einem anderen, über Postzustellung organisierten Behandlungsprogramm haben wir die wirksamsten Selbstkontrollmethoden dreimal mit 4wöchigen Intervallen zwischen der 1. und 2. Behandlung und zwischen der 2. und 3. Behandlung wiederholt, so daß ein „Überlernen" stattfand. Dieses Überlernen erscheint für eine lang andauernde Aufrechterhaltung der Behandlungsergebnisse besonders wirksam zu sein (Abb. 21.1, Brengelmann 1979 b). Es ist seltsam genug, daß das Überlernen und das verteilte Lernen, wie wir es hier praktiziert haben, anderswo kaum angewendet wird.

Schließlich möchte ich auf die Tatsache hinweisen, daß die Bundesregierung das Selbstkontrollprogramm gegen Rauchen gebilligt hat. Es wird jetzt in den Volkshochschulen im ganzen Lande eingesetzt. Die Regierung hat die Wirkung des Programms nach Überführung in diese Schulen mit befriedigenden Ergebnissen überprüft. Gleichermaßen befriedigend ist der Gedanke, daß eine öffentliche Körperschaft um die kritische Analyse ihrer eigenen Kreationen bemüht ist.

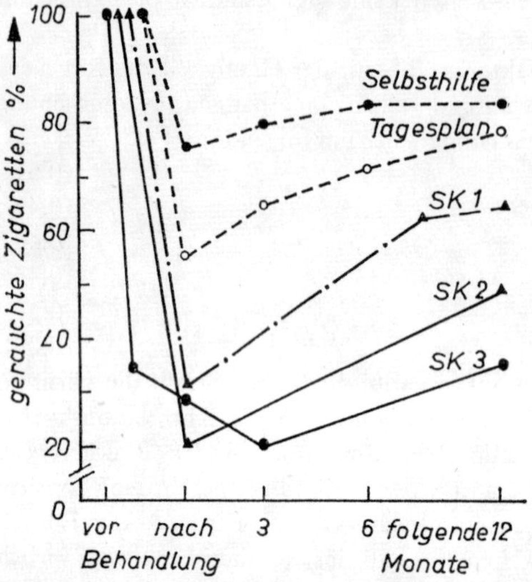

Abb. 21.1: Reduktion der Zahl gerauchter Zigaretten in Prozent. Selbstkontrolle (SK) ist am wirkungsvollsten. Intensivierung der Behandlung (SK 1 nach SK 2) und Wiederholung der Behandlung (SK 3) verbessert kurzfristige und langfristige Behandlungseffekte.

Weiträumige Anwendungen in der Vorbeugung

Im Bereich des Verhaltens liegen viele gesundheitliche Risikofaktoren. Da diese in der allgemeinen Bevölkerung stark verbreitet sind, besteht ein Bedürfnis nach einer weiträumigen Anwendung psychologischer Interventionen. Wir haben bereits über die Raucherbehandlung durch Postversand berichtet. Ein ähnlicher Versuch wurde bei der Reduktion von Übergewichtigkeit gemacht.

Im ersten Experiment konnte gezeigt werden, daß eine Behandlung über Postversand mittels der gleichen Selbstkontrollmethoden genauso effektiv ist wie eine Gruppentherapie (Ferstl, Jockusch und Brengelmann 1975). Beide Gruppen reduzierten ihr Gewicht um etwa $7^1/_2$ kg innerhalb der 12wöchigen Intervention; und 52 % der Probanden behielten ihr reduziertes Gewicht in einem Zeitraum von 2 Jahren. In einem zweiten Experiment wurde die Behandlungsdauer auf 24 Wochen verlängert, und der durchschnittliche Gewichtsverlust betrug 10 kg (Richter 1975). Das kann bedeuten, daß die Behandlungsdauer die Effektivität erhöht, aber auch, daß die verteilte Praxis zu besseren Ergebnissen geführt haben mag.

Wir wollten dann die Nützlichkeit des Fernsehens für eine Gewichtsabnahme überprüfen. Auch dieses Programm wurde von der Bundesregierung unterstützt. Vier Gruppen mit je 300 Probanden nahmen an einer Behandlung durch Postversand oder über

Fernsehen teil, oder sie gehörten einer Kontrollgruppe an. Innerhalb eines halben Jahres wurden 7 Folgen von Behandlungsmaßnahmen über das Fernsehen ausgestrahlt. Die Behandlung über Postversand und über Fernsehen folgten dem gleichen Konzept. Unter den Probanden waren 36 % Männer und 64 % Frauen. Das Übergewicht lag 12,5 kg über dem Normalgewicht und 22,5 kg über dem Idealgewicht. Die Ergebnisse, ausgedrückt in Form des Gewichtsverlustes, sahen wie folgt aus (Ferstl u. a. 1977):

Kontrollgruppe	1,1 kg,
Fernsehgruppe	2,5 kg,
Postversand-Gruppe	7,5 kg,
Fernseh- und Postversand-Gruppen kombiniert	8,6 kg.

Die Behandlung durch Postversand erwies sich als genauso wirksam wie in früheren Versuchen. Die Behandlung über das Fernsehen erbrachte keinen zusätzlichen Gewichtsverlust, weder gegenüber der Postversand-Gruppe noch gegenüber der Kontrollgruppe. Interessant war aber die Beobachtung, daß 10 Probanden, die sich freiwillig für einen Auftritt in der Fernsehsendung meldeten, mehr als das Doppelte an Gewicht im Vergleich zu der Postversand-Gruppe verloren. Das ist sicher ein Resultat der sozialen Verstärkung, und man kann vermuten, daß die Möglichkeiten einer Behandlung mittels Fernsehen noch nicht erschöpft sind. Das Interesse der Öffentlichkeit war sicher groß. Das Programm wurde von 12 Millionen Menschen gesehen. 32 000 meldeten sich freiwillig für die Behandlung durch Postversand und 100 000 für die kombinierte Postversand-/Fernseh-Behandlung. Es ist offenbar leichter, ein Interesse zu erwecken, als das Eßverhalten auf Dauer zu verändern.

Von der Verhaltenspsychiatrie zur Verhaltensmedizin

Wie auch in anderen Ländern begann sich die Verhaltenstherapie zuerst in der Psychiatrie zu etablieren. Die hauptsächlichen Behandlungsziele betrafen Probleme in der Kinderpsychiatrie, einschließlich Autismus, und in der Erwachsenenpsychiatrie Phobien, Ängste und Zwänge. Neuerdings haben sich verschiedene Gruppen auf die Behandlung der Anorexia nervosa und auf reaktive Depressionen konzentriert. Außerdem gibt es viele Beratungszentren, in denen Verhaltenstherapie bei einer Vielfalt von Problemen in Einzel- oder Gruppenbehandlung durchgeführt wird. Trotzdem ist der Fortschritt für die an dieser Entwicklung beteiligten Psychologen recht langsam.

Seit mehreren Jahren haben die Psychologen Interesse daran gezeigt, ihre Fähigkeiten und Kenntnisse auf medizinische Probleme anzuwenden. Zwei experimentelle Beispiele mögen hier angeführt werden; das eine betrifft die Breitbandtherapie bei der Behandlung der essentiellen Hypertonie, das andere ist eine mehr analytische Vorgehensweise bei der Behandlung chronischer innerer Erkrankungen.

Das Experiment über die Hypertoniebehandlung wurde von meinem Mitarbeiter Maas durchgeführt, der die folgenden drei Behandlungsgruppen zusammenstellte (Brengelmann 1979 a):

1. Standardgruppe: Reduktion der Nahrungsaufnahme auf 1 200 Kalorien plus täglich einem Diureticum (Moduretic) ($N = 22$);
2. Beta-Blocker: Standardbehandlung plus Medikation durch Beta-Blocker nach Verschreibung des Arztes ($N = 13$);
3. Verhaltenstherapie: Standardbehandlung und Verhaltenstherapie gegen Rauchen,

Übergewicht, Mangel an Bewegung, Angst, Streß und Compliance ($N = 33$).

Alle Patienten wurden stationär behandelt und nach dem Zufall den genannten Gruppen zugeordnet. Während der 5wöchigen Krankenhausbehandlung sank der systolische Blutdruck signifikant von etwa 170 auf unter 140 und der diastolische Druck von über 100 auf etwas über 85. Zwischen den Gruppen gab es während dieser Behandlungsphase keine signifikanten Unterschiede. Nach der Entlassung erhielten wir von den Hausärzten Berichte über Blutdruck und Medikation. Nach jedem 3monatigen Abschnitt der Nacherhebung begannen sich signifikante Unterschiede zu zeigen, die mit der Zeit immer größer wurden. Bei allen Gruppen stiegen die Blutdruckwerte langsam, aber stetig an. Dieser Anstieg war jedoch bei der Standardgruppe am höchsten und für die Verhaltens-

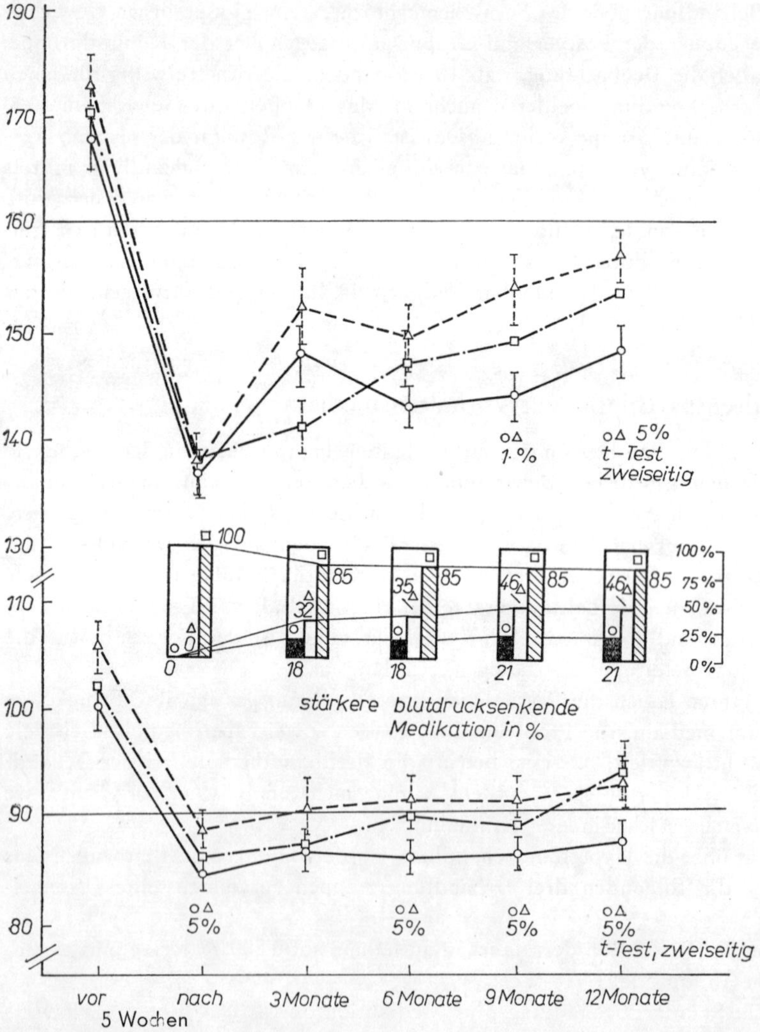

Abb. 21.2: Verhaltenstherapie (experimentelle Gruppe) hilft bei der Kontrolle von Bluthochdruck und bei der Reduzierung blutdrucksenkender Medikamente.

therapie-Gruppe am geringsten, während die Beta-Blocker-Gruppe dazwischen lag. Die Ergebnisse sind in Abb. 21.2 dargestellt.
Die von den Hausärzten durchgeführte medikamentöse Behandlung ist ebenfalls interessant. Nach einem Jahr verblieb die Beta-Blocker-Gruppe auf einem hohen Niveau der Behandlung mit blutdrucksenkenden Mitteln. Diese mußten bei 85 % der Fälle verordnet werden. Die entsprechenden Zahlen betragen 46 % für die Standardgruppe und 21 % für die Verhaltenstherapie-Gruppe. Daraus läßt sich schlußfolgern, daß die Verhaltenstherapie sowohl den Blutdruck als auch die Einnahmen von Medikamenten relativ günstig reduziert. Obgleich wir gegenwärtig noch nichts darüber sagen können, welche Behandlungskomponente dafür verantwortlich ist, lösten diese Ergebnisse wenigstens bei einigen Herzspezialisten ein ernsthaftes Interesse aus.

Das zweite Experiment wurde von meinen Mitarbeitern Niebel, Saalfeld und Sonderegger durchgeführt. Es handelt sich um Patienten mit chronischen inneren Erkrankungen, bei denen gleichzeitig ernsthafte psychologische Probleme vorliegen (Brengelmann 1980). In einem ersten Schritt wurden diese Probleme mittels Tiefeninterviews gesammelt. Die aus 1000 Items bestehende Liste wurde dann nochmals in standardisierter Form dargeboten und faktoranalysiert. Nach einer weiteren Kreuzvalidierung wurden die resultierenden 12 stabilen Faktoren als Erfolgskriterien der Behandlung benutzt und viermal angewendet: vor und nach der Behandlung sowie bei zwei Punkten in der Nacherhebung (1 und 4 Monate nach der Entlassung). 4 dieser Faktoren repräsentieren internale psychische Reaktionen auf Streß, während weitere 5 sich auf das manifeste Verhalten beziehen. Die Behandlung fand in 9 Sitzungen statt, die sich auf 3 Wochen verteilten; jede Gruppensitzung dauerte $1^1/_2$ Stunden. Es gab folgende 4 Behandlungsgruppen:

1. Asymptomatische Therapie (AST): Dieses Programm konzentriert sich ausschließlich auf das Gruppentraining positiver alternativer Verhaltensweisen. Es wurden keine Probleme mit den Patienten diskutiert ($N = 23$).
2. Angstmanagement-Training (AMT): Das Programm war formal der AST ähnlich, konzentrierte sich aber auf die Reduktion negativer Gedanken, Gefühle oder Verhaltensweisen ($N = 23$).
3. Autogenes Training (Au Tr); Die Patienten erhielten eine intensive somatische Behandlung plus eine Entspannungsbehandlung ($N = 13$).
4. Klinische Routinebehandlung (Kli R): Die Patienten erhielten nur eine somatische Behandlung Balneologie, Massage, physiotherapeutische Behandlung, Medikamente ($N = 13$).

Die Ergebnisse sind in Tab. 21.4 dargestellt. Sie sind so eindeutig, wie wir es öfter zu sehen wünschten. Die AST ruft die meisten positiven Veränderungen hervor, danach folgt das AMT, und zwar im Hinblick auf beide Reaktionsklassen, die internale und die behaviorale. Die AST ist relativ erfolgreicher bei den Verhaltensaspekten und das AMT bei den internalen Reaktionen. Die Schlußfolgerungen aus diesen Ergebnissen sind die folgenden: 1. Die positive Verstärkung alternativer, individuell zugeschnittener Verhaltensweisen im Gruppentraining ist im allgemeinen die Behandlungsform der Wahl. 2. Wie zu erwarten, ist das AMT besonders bei internalen Streßreaktionen von Nutzen. 3. Die traditionellen Behandlungsmethoden zeigen keine erkennbare Wirkung, weder unmittelbar nach der 4wöchigen stationären Behandlung noch während der folgenden Monate.

Ähnliche Ergebnisse wurden im Hinblick auf allgemeine Kriterien des Lebens im

Tab. 21.4: *Positive psychologische Veränderungen durch vier Therapien; AST: Asymptomatische Therapie, AMT: Angstmanagement-Training, Au Tr: Autogenes Training, Kli R: Klinische Routine, Post: Veränderung von prä nach post, K 1: Katamnese 1 (1 Monat), K 2: Katamnese 2 (4 Monate), +: 5 %, ++: 1 %, +++: 0.1 %, —: keine spezifischen Änderungen*

	ASB			AMT			Au Tr		KliR	
	Post	K 1	K 2	Post	K 1	K 2	Post	K 2	Post	K 2
Internale Reaktionen auf Streß										
1. Schlaf und körperliche Reaktionen	+	+++	+++	+	++	+	—	+	—	—
2. Angst im Hinblick auf Altern und Tod	+	++	++	+	++	+++	—	—	—	—
3. Negative Selbstbewertung	+	+++	+++	—	+	+	—	—	—	—
4. Depressivität	—	+++	+++	—	+	+	—	—	—	—
Streßverhalten										
5. Sozialer Streß bei der Arbeit	++	+++	+++	—	—	+	—	—	—	—
6. Selbstsicherheit	+++	+++	++	—	—	—	—	—	—	—
7. Freude an der Natur	++	+++	++	—	—	—	—	—	—	—
8. Soziale Vergnügen	+++	+++	—	++	—	++	—	—	—	—
9. Arbeitsbelastung	+	+++	+++	+	+	—	—	—	—	—

Sinne von positiven und negativen Gefühlszuständen als auch bei Einschränkungen der täglichen Aktivitäten erreicht. Darüber hinaus wurde durch die Verhaltenstherapie der Medikamentenverbrauch eingeschränkt. Der Verbrauch an Beruhigungsmitteln wurde stark durch das AMT gesenkt; die AST reduzierte signifikant die Einnahme von Schlafmitteln.

Da jährlich schätzungsweise 5 Millionen Patienten sich in Kliniken dieser Art aufhalten, und 30 bis 50 % unter ihnen von einer Verhaltenstherapie profitieren würden, stellt sich das Problem für die Psychologen von selbst: eine stärkere Teilnahme an der medizinischen Therapie.

Erwartungen für die Zukunft

Die Klinische Psychologie hat eine lange Tradition in dem Sinne, daß Grundlagenforscher, wie etwa Ebbinghaus, an Problemen gearbeitet haben, die man heute als klinische Fragestellungen ansehen würde. An den Universitäten konnte man insbesondere nach dem Ende des 2. Weltkrieges beobachten, daß dort spärliche klinische Forschungsarbeiten und eine unsystematische Ausbildung vorhanden waren. Aber die frühen experimentellen Wurzeln sind in der Nachkriegsentwicklung in keinem größeren Ausmaß erkennbar. Einige Entwicklungslinien seit dieser Zeit sollen unter dem Gesichtspunkt beschrieben werden, welche kurz- und längerfristigen Voraussagen für die nächsten 5 und 20 Jahre gemacht werden können.

Die Verhaltenstherapie repräsentiert *die* wissenschaftliche Entwicklung in der klinischen Arbeit. Sicherlich gibt es auch Veränderungen im spekulativen Denken der vorwissenschaftlichen Klinischen Psychologie, aber es handelt sich dabei eben nur um Gedanken. Sie kehren immer wieder zu denselben Quellen zurück, während sie nach neuen Anwendungen suchen, und sie machen keine ernsthaften Versuche, die Wahrheit ihrer

Behauptungen zu überprüfen. Die Verhaltenstherapie verwendet andererseits die modernste wissenschaftliche Methodologie, die gegenwärtig zur Verfügung steht, und sie akzeptiert zweckgerichtete Veränderungen auf der Grundlage anerkannter Erfolgskriterien. Diese methodologische Basis, kombiniert mit einem stetigen technologischen Fortschritt in der Forschungsplanung und in der Datenanalyse, ist die Stärke der modernen Klinischen Psychologie. Wenn man eine langfristige Veränderung erwarten kann, dann wird es die kontinuierliche Entwicklung der wissenschaftlichen Vorgehensweise sein, die sich nicht wieder umkehren lassen wird.

Eine Entwicklung, die bereits begonnen hat und anhalten wird, ist die wachsende Differenzierung der verhaltensanalytischen und therapeutischen Technologie, die zu einer mehr spezifischen Anpassung der Behandlung an vorhandene Probleme führt. Das ist evident durch die Zunahme der Multikomponentenanalyse und der Vergleichsuntersuchungen; das bedeutet den Vergleich zwischen den als effektiv bekannten Behandlungskomponenten und nicht den zwischen so groben Klassen wie Psychoanalyse und Verhaltenstherapie. Diese Verbesserung der Behandlungstechnologie birgt in sich einen sehr positiven Aspekt, der häufig übersehen und dessen man sich nicht so leicht bewußt wird. Es ist die nachgewiesene Tatsache, daß die Therapieforschung zu sofort praktisch einsatzfähigen Verfahren führt. Wie wir zeigten, bedeutet das oft die Notwendigkeit einer völligen Neuorganisation der Behandlung und der gesamten Verwaltung bis hin zu einer Veränderung der Architektur der Behandlungseinrichtungen.

Seit dem Beginn der wissenschaftlichen Ära der Klinischen Psychologie in Deutschland haben Therapeuten der verschiedenen Richtungen sofort erkannt, daß die Spekulation die Stärke der Psychoanalyse und die praktische Technologie die der Verhaltenstherapie ist.

Daraus ergibt sich ein eindeutiger Trend, den eine kürzlich vom Max-Planck-Institut für Psychiatrie durchgeführte Untersuchung nachgewiesen hat (Wittchen und Fichter 1980). Nach 15jährigem Bestehen, zählt man die Jahre großzügig, wird Verhaltenstherapie von 44 % der Therapeuten angewendet, Gesprächstherapie (eine sehr unglückliche Bezeichnung) von 37 % und Psychoanalyse von 19 %. Gesprächstherapeuten bekunden jedoch zu 88 % das Bedürfnis nach einer fortlaufenden Ausbildung in Verhaltenstherapie. Dieser Trend wird in der näheren und ferneren Zukunft anhalten. Wie wir wissen, entspricht er einer Entwicklung, die auch in den USA stattfindet. Als Forscher könnte ich über diesen eklektizistischen Trend des Verlangens nach irgendetwas Besserem glücklich sein, aber die damit verbundene therapeutische Polypragmasie bereitet mir Unbehagen. Wie wir schon früher gesagt haben, kann eine Behandlung nicht dadurch verbessert werden, daß man einen guten natürlichen Wein mit Zuckerwasser mischt. Aus diesem Grunde sollte die vielbeschworene Integration zwischen traditionellen und modernen Psychotherapien nicht stattfinden, bevor die traditionellen Techniken überprüft und adaptiert worden sind. Das wird für den Rest dieses Jahrhunderts ein großes Problem darstellen. Einerseits kann man von den Psychologen, die bisher nach traditionellen Denkweisen diagnostiziert und behandelt haben, kaum eine Aufgabe ihrer festgefahrenen Gewohnheiten zugunsten eines damit unvereinbaren neuen Ansatzes erwarten. Andererseits läßt die gegenwärtige Ausbildung an den Universitäten in wissenschaftlicher Klinischer Psychologie zu wünschen übrig. Um die Jahrhundertwende wird es noch keine wissenschaftlich begründete Klinische Psychologie auf breiter Basis geben.

Wir haben uns bemüht zu zeigen, daß Forschung in der täglichen Praxis nicht nur möglich, sondern tatsächlich sehr wünschenswert ist. Dabei beziehe ich mich nicht nur auf die Feldforschung, sondern auch auf die Verbundforschung, in der sich Psychologen sowohl aus staatlichen Einrichtungen als auch aus Privatpraxen mit Wissenschaftlern vereinigen, um die in der täglichen Arbeit verwendeten Therapien zu überprüfen und zu verbessern. Die erste Verbundforschung dieser Art wird bereits konzipiert, und die nächsten 5 Jahre werden einen Fortschritt zeigen. Es ist schwer zu sagen, wie es damit langfristig weitergehen wird. Das hängt allein davon ab, wie viele Psychologen kontinuierlich verfügbar, willens und fähig sind, eine solche Forschung zu organisieren und durchzuführen. Leider ist die Psychologie nicht sehr aktiv gewesen, solche Organisatoren heranzubilden.

Das Berufsbild des praktisch tätigen Klinischen Psychologen hat sich während der letzten Jahrzehnte in zwei Punkten erheblich geändert: 1. Früher war das hauptsächliche Tätigkeitsfeld der Psychologen die Psychodiagnostik, die aber für die Behandlung wenig Konsequenzen hatte. Das hat sich bereits durch eine viel größere Erweiterung des therapeutischen Aufgabenfeldes geändert. Die diagnostische Arbeit mittels traditioneller Tests wird sich weiterhin in dem Maße verringern, in dem sich Verhaltensanalyse und Verhaltenstherapie während des Restes dieses Jahrhunderts ausdehnen. Es wird zunehmend erkannt werden, daß die Therapie die Hauptaufgabe des praktisch arbeitenden Klinischen Psychologen ist. 2. Die Einzeltherapie wird auch weiterhin bei schwer gestörten Patienten und in den Anfangsphasen der Behandlung angewendet werden, jedoch wird Gruppenbehandlung sowohl aus ökonomischen Gründen als auch ihrer therapeutischen Effektivität wegen ständig an Bedeutung gewinnen.

Eine Reihe neuer Anfänge wird bereits in den nächsten 5 Jahren gemacht werden, was von der Geschwindigkeit abhängt, mit der sich die wissenschaftliche Klinische Psychologie entwickelt und behauptet. Dafür ist bereits die Saat gesät. Die Psychologen werden im großen Umfang auf dem Gebiet der Verhaltensmedizin vorankommen, besonders in klinischen Einrichtungen. Die gegenwärtig an den Universitäten praktizierte Medizinische Psychologie wird durch diese Bewegung stark beeinflußt werden. Dieser neue Zweig der Medizin kränkelte seit seiner Einführung an seiner konservativen und zersplitterten Vorgehensweise. Es mangelt ihm an der einheitlichen theoretischen und praktischen Grundlegung, welche die Verhaltenspsychologie anbietet. Ferner werden die in der klinischen Praxis arbeitenden Psychologen erkennen, daß es Aufgaben im allgemeinen Gebiet des öffentlichen Gesundheitswesens zu erfüllen gibt, um die sich bisher Mediziner, Soziologen und Sozialpädagogen kümmern. Ich erwarte auch, daß die Klinischen Psychologen sich in den kommenden 5 Jahren für das Gebiet der Betriebspsychologie zu interessieren beginnen. Sie werden bereits entwickelte Gesundheitsmaßnahmen einführen, Verhaltenstrainings-Kurse für Leiter abhalten, Verhaltensprinzipien für das Management industrieller Organisationen anwenden. Dieses Gebiet ist unter Anwendung von Verhaltensprinzipien mit großen Erfolgsaussichten zu bearbeiten, aber die Klinischen Psychologen haben sich noch nicht mit diesen Aufgaben in der Industrie genügend identifiziert. Schließlich wäre ich auch nicht überrascht, wenn in der näheren Zukunft der Begriff der Verhaltenstheologie und deren Anwendungen in der Seelsorge erörtert werden würde. Ich könnte mir vorstellen, daß die Kirchen eng mit verhaltensorientierten Psychologen zusammenarbeiten, da sie sich zunehmend, besonders auf sozialem Gebiet, um das tägliche Leben der Menschen kümmern werden. Die Geistlichkeit weiß seit langem, daß die Verwirklichung metaphysischer Ziele in der menschlichen Seele über die Verschiedenheit der Verhaltensweisen und ihrer Deviationen abläuft. Eine genaue Kenntnis der Verhaltensprinzipien ist deshalb notwendig, um diese Betreuung effektiv zu gestalten. Es ist tatsächlich überraschend, daß die Theologen, nachdem sie die Notwendigkeit einer psychologischen Betreuung erkannt haben, sich der Psychoanalyse und nicht der Verhaltenspsychologie zugewendet haben.

Zum Abschluß möchte ich noch auf die Forschungen in der Gesundheitsfürsorge verweisen. Auf dem Gebiet der Suchterkrankungen sind Programme zur Behandlung oder Prävention entwickelt und in vielen Beratungszentren des Landes überprüft worden. In einem anderen Fall ist mit kommunaler Unterstützung ein Programm im Hinblick auf gesundheitliche Risikofaktoren für kardiovaskuläre Erkrankungen in fünf Orten in der Nähe einer norddeutschen Großstadt errichtet worden. Vorbeugende Maßnahmen gegenüber Suchtgefahren werden in einem zentralen Land der BRD vorbereitet. Diese Programme sind von umfassender Natur: Sie enthalten Planung, Spezifizierung, Dokumentation, Aufstellung, Überwachung und Ausbildung. Das ist ein gutes Beispiel, wie man die Verhaltenstechnologie auch auf Probleme in der Gemeinde vom Gesichtspunkt der Organisation aus anwenden kann.

Weitere Entwicklungen können auch in diesem Gebiet und auch in theoretischer Hinsicht erwartet werden. Kosten-/Nutzen-Analysen, Entscheidungstheorie und Systemtheorie müssen in der Zukunft weiter ausgearbeitet und angewendet werden. Um 1985 wird ein umfassendes System für Trendindikatoren von Suchterkrankungen zur Verfügung stehen und für die Gesamtplanung von gesundheitlichen Maßnahmen hilfreich sein. Eine ähnliche Entwicklung wird sich, wenn auch etwas langsamer, für die Prävention von Herz-Kreislauferkrankungen vollziehen. Die Planung, Überwachung und Evaluation gesundheitlicher Vorsorgemaßnahmen wird von einer verstärkten kontinuierlichen Ausbildung der Psychologen begleitet sein, und es werden mehr Stellen für Psychologen auf diesem Gebiet verfügbar werden.

Literatur

Bräuninger, H., and O. Hartung: Planung, Organisation und Durchführung eines verhaltenstherapeutisch orientierten stationären Behandlungsprogramms für suchtkranke Frauen. In: Brengelmann, J. C. (Ed.) Neue Therapien des Alkoholismus. München: G. Röttger, 1983

Brengelmann, J. C.: La médecine comportementale. Psychologie Médicale 11, 1979 a, 2335–2349

Brengelmann, J. C.: Selbstkontrolle als wirksamste und wirtschaftlichste Methode der Raucherentwöhnung. Suchtgefahren 5, 1979 b, 194–204

Brengelmann, J. C. (Ed.): Entwicklung der Verhaltenstherapie in der Praxis. München: G. Röttger, 1980

Brengelmann, J. C., and E. Sedlmayr: (mit I. Terfloth und U. Schwarze-Bindhardt) Experimente zur Behandlung des Rauchens. Schriftenreihe des Bundesministeriums für Jugend, Familie und Gesundheit, Bd. 35. Stuttgart: Kohlhammer, 1973

BZgA: Wirksamkeitskontrolle von Raucherentwöhnungskursen in Volkshochschulen und anderen Einrichtungen der Erwachsenenbildung. Köln: Bundeszentrale für gesundheitliche Aufklärung, 1981

De Jong, R., and G. Bühringer (Eds.): Ein verhaltenstherapeutisches Stufenprogramm zur stationären Behandlung von Drogenabhängigen. München: G. Röttger, 1978

Ferstl, R., U. Jockusch and J. C. Brengelmann: Die verhaltenstherapeutische Behandlung des Übergewichts. Internationales Journal für Gesundheitserziehung, 18, 1975, 119–136

Ferstl, R., et al.: Die Beeinflussung des Übergewichtes: Bericht über das Projekt zur begleitenden Untersuchung über die Wirksamkeit der ZDF-Sendereihe gegen das Übergewicht. München: G. Röttger, 1977

Richter, M.: Die Behandlung des Übergewichts mit Hilfe der Selbstkontrollmethode. München: Bericht des Instituts für Therapieforschung (IFT) an die Bundeszentrale für gesundheitliche Aufklärung in Köln, 1975

Vogler, R. E., et al.: Aversion conditioning with severe alcoholics. Proceedings of the Third Annual Congress of the European Behavior Therapy Association, 1971, 227–232

Vogler, R. E., et al.: Electrical aversion conditioning of alcoholics: One year follow-up. Journal of Behavior Therapy and Experimental Psychiatry, 6, 1975, 171–173

Vollmer, H., and S. Kraemer (Eds.): Ambulante Behandlung des Alkoholismus: Erfahrungen aus der verhaltenstherapeutischen Arbeit mit jungen Alkoholabhängigen. München: G. Röttger, 1981

Wittchen, H. U., and M. Fichter: Psychotherapie in der Bundesrepublik. Materialien und Analysen zur psychosozialen und psychotherapeutischen Versorgung. Weinheim, Basel: Beltz, 1980

22. Entscheidungsanalyse: eine nichtpsychologische Psychotechnologie

Ward Edwards
University of Southern California, Los Angeles, USA

Die reiche Tradition der wissenschaftlichen Psychologie in Deutschland, die sehr gut durch Professor Lienert vertreten wird, weist sowohl Grundlagenrichtungen als auch angewandte Richtungen auf. Da wir hier die Grundlagen- bzw. Basisforschung diskutieren, beabsichtige ich, mich auf eine bestimmte Klasse von Anwendungen zu konzentrieren.

Der geistige Ursprung dieser Anwendungen wäre mit *Psychophysik* benannt worden, wenn die Urheber Psychologen gewesen wären. Aber die meisten von ihnen waren dies nicht, und ich vermute, daß der Mehrheit der Väter auf diesem Gebiet das Wort „Psychophysik" unvertraut und anomal vorkommen würde.

Das Gebiet, das ich zu erörtern beabsichtige, ist das der *Entscheidungsanalyse*. Ihre Geschichte liegt auf den Gebieten der Statistik und dort insbesondere der statistischen Entscheidungstheorie, der Ökonomie und vielleicht ein wenig der Psychologie in den letzten Jahren. Ich habe diese Geschichte in verschiedenen Publikationen im Überblick dargestellt (Edwards 1954, 1961) und will dies hier nicht nochmals tun. Die eigentliche Entwicklung der Ideen, welche den in den sechziger Jahren zu verzeichnenden Anwendungen zugrunde liegen (Raiffa 1968), und die Akkumulation erfolgreicher Anwendungsbeispiele ließ bis in die siebziger Jahre auf sich warten. Jetzt in den achtziger Jahren halte ich die Nachfrage nach Entscheidungsanalytikern für größer als die nach Psychometrikern – und ich glaube, daß ihr potentieller Einfluß in der Gesellschaft ebenfalls viel größer ist.

Was ist eine Entscheidungsanalyse?

Eine Entscheidungsanalyse umfaßt eine Menge von Prozeduren, die im wesentlichen klinischer Natur, und von denen viele in gewissem Ausmaße mathematischen Inhalts sind. Alle beruhen jedoch auf menschlichen Urteilen verschiedener Art. Die Entscheidungsanalyse kann für Individuen oder Gruppen hilfreich sein, die mit einer Situation konfrontiert sind, in welcher auf gewisse Weise gehandelt werden muß, die angemessene Handlung aber entweder unklar oder widersprüchlich oder beides zugleich ist. Ihr wichtigster Konsument war bisher die US-amerikanische Regierung, dicht gefolgt von der Regierung der Bundesrepublik Deutschland und verschiedenen Firmen in den USA, in der Bundesrepublik Deutschland, Großbritannien und anderen Ländern. Ich erwarte eine schnelle Verbreitung ihrer Nutzung durch andere Regierungen und Firmen.

Wie läuft eine Entscheidungsanalyse ab? Sie besteht aus einer ziemlich gut definierten Menge von Schritten, die im allgemeinen durch eine Gruppe höherer Beamter der zu beratenden Organisation ausgeführt werden müssen (manchmal, aber nicht immer, gehört ihr der Präsident, ein Minister oder ein anderer benannter Entscheider an). Dies geschieht in einer über Tage oder Wochen andauernden Zusammenarbeit mit einem oder mehreren Experten, welche von Konsultationsfirmen oder Universitätsfakultäten kommen. In folgendem nehmen wir an, daß die Gesamtheit der Bemühungen aller Teilnehmer ganz frei von Unterbrechungen ist. Ist das nicht der Fall, sollte man meine Zeitschätzungen mit einem Faktor zwischen 10 und 100 multiplizieren – abhängig davon, wieviel Aufmerksamkeit der Entscheidungsanalytiker von seinem Klienten erhalten kann.

Der erste Schritt besteht einfach darin, daß das Entscheidungsproblem so diskutiert wird, wie die Klientenrepräsentanten es sehen. Dies dient sowohl dazu, daß sie mit Sicherheit die unausweichlichen Unterschiede zwischen ihren verschiedenen Standpunkten erkennen, als auch zur Informative der (des) Analytiker(s) über die Natur des Problems und die dafür relevante Sprache. Dieser Schritt benötigt gewöhnlich nicht weniger als vier und nicht mehr als acht Stunden.

Der nächste Schritt besteht darin, daß das Problem etwas formalisiert wird. In diesem Stadium umfaßt die Formalisierung zwei Aufgaben. Erstens sind die verfügbaren Entscheidungsalternativen in angemessener Detailliertheit zu spezifizieren, d. h. das, was die Entscheidergruppe tun kann. Zweitens ist – ebenfalls in sinnvoller Detailliertheit – zu spezifizieren, worin die möglichen Konsequenzen jeder dieser Entscheidungsalternativen bestehen können, und von welchen Ereignissen diejenigen Konsequenzen abhängen, die nicht unter Kontrolle des Entscheidungsgremiums stehen. Da die Diskussion beider Fragen zum großen Teil bereits stattgefunden hat, kann dieser Schritt gewöhnlich ebenfalls während des ersten vollen Arbeitstages abgeschlossen werden.

Nach einer harten Tagesarbeit, einem abendlichen Umtrunk und einem guten Nachtschlaf versammeln sich alle am folgenden Morgen, geben eine zusammenfassende Übersicht über die Struktur des Entscheidungsproblems, zu der sie gekommen waren, und sind gewöhnlich darüber entsetzt, was sie vorfinden. Dieses Unbefriedigtsein führt zu einem ernsthaften und gewöhnlich effektiven Versuch, die Entscheidungsalternativen so zu redefinieren oder zu restrukturieren, daß sie sinnvoller werden. Es kann passieren, daß im Verlaufe dieses kreativen Prozesses jemandem eine neue Alternative auffällt, die so offensichtlich das Problem löst, daß keine weitere Arbeit mehr nötig ist. Häufiger ist es aber, daß das Problem ungebrochen weiter bestehenbleibt; die neuen Entscheidungsalternativen wirken nicht magisch auf das Problem; sie haben lediglich mehr Sinn als die alten.

An diesem Punkt beginnt der Analytiker eine viel aktivere Rolle als bisher zu spielen. Ab jetzt weiß er ziemlich gut, worin das Problem besteht, welche Entscheidungsalternativen es gibt, und welche Werte mit diesen Alternativen verbunden sind. Letzteres ist jetzt von hauptsächlichem Interesse. Um die Alternativen zu bewerten, oder genauer gesagt, um die verschiedenen Konsequenzen zu bewerten, zu denen die Alternativen führen können, ist es nötig zu wissen, welche Werte für die Entscheidergruppe wichtig sind, und wie bedeutsam jener Wert relativ zu den anderen Werten ist. Das technische Mittel, das gewöhnlich zur Behandlung solcher Fragen benutzt wird, ist die sogenannte *multiattributive Nutzenmessung* (Edwards 1971, 1977, Keeney und Raiffa 1968, Raiffa 1968). Ihr erster Schritt besteht in der Entwicklung eines Wertebaumes – einer Hierarchie, die ausdrückt, welche Werte für dieses spezielle Problem wichtig sind, und die diese Werte in eine Struktur organisiert, welche im typischen Falle die Spannweite von allgemeinen und nicht meßbaren Werten bis hin zu spezifischen und meßbaren Werten umfaßt. Die Entwicklung eines Wertebaumes ist gewöhnlich ein rekursiver Prozeß, weil die Diskussion die Ansichten der Beteiligten darüber ändert, wie er strukturiert werden sollte, und weil die in ihm enthaltenen Werte 1. bedeutsam für die Entscheider sein und 2. zwischen den Alternativen unterscheiden können sollten. Ein Wert, der nicht diese beiden Prüfungen besteht, ist ein Kandidat für den letztlichen Ausschluß aus dem Wertebaum. Ein Wert, der am Anfang nicht auftauchte und später zur Aufnahme vorgeschlagen wurde und diese zwei Prüfungen besteht, ist ein Kandidat für die Hinzufügung zum Wertebaum – was nur zu oft eine gewisse Reorganisation seiner Struktur erforderlich macht. Dieser Prozeß wird noch komplizierter, wenn man versucht – wie ich das überall in meiner eigenen Forschung mache –, Wertebäume als Mittel zur Förderung von Konfliktlösungen in höchst politisierten sozialen Konflikten zu benutzen; so z. B. bei der Schulbusfrage in Los Angeles, dem Problem der Bauplätze für Staudämme in Arizona oder der Frage Nuklearenergie vs. Nutzung anderer Energiequellen.

Formal gesehen, ist es Aufgabe der multiattributiven Nutzenmessung, die Konsequenzen zu bewerten. Diese Konsequenzen werden gewöhnlich nicht allein von der gewählten Alternative abhängen, sondern auch von Ereignissen, die nicht unter Kontrolle des Entscheiders stehen. Auch wenn solche Ereignisse von einem feindlich gesinnten Opponenten kontrolliert werden, werden sie oft *Zufallsereignisse* genannt und üblicherweise durch Eintrittswahrscheinlichkeit repräsentiert. Ein Entscheidungsbaum besteht aus einer Menge verfügbarer Alternativen, denen jeweils eine Menge von Zufallsereignissen folgt, zu welchen die Alternativen führen können. Diesen Zufallsereignissen folgen dann neue (oder alte) Alternativen, welche durch die so weit abgelaufene Sequenz verfügbar gemacht werden, usw. im Wechsel von Wahlen und Zufallsereignissen. Entscheidungsbäume haben ein Problem: sie neigen dazu, sehr schnell unhandlich groß zu werden (ein „buschiges Durcheinander" im Slang der Entscheidungsanalyse). Um solche Büsche handhabbar zu machen, hackt man jeden Zweig irgendwo ab. Das Ende des Zeiges an dem Punkt, an dem er abgehackt wurde, wird Konsequenz genannt. Der Nutzen einer Konsequenz ist einfach eine Repräsentation der Attraktivität der unvorstellbar komplexen Folge zukünftiger Handlungen und Ereignisse, die man betrachten müßte, wenn man den Baum nicht an dieser Stelle beschnitten hätte. Eine besonders geeignete und allgemein übliche Stelle zum Beschneiden des Baumes ist die Stelle unmittelbar nach der Entscheidung, die gerade betrachtet wird. Dies bedeutet, die Entscheidung so zu behandeln, als ob ihre Konsequenz gewiß wäre. Ist dies der Fall, so ist der Nutzen der Handlung identisch mit dem Nutzen ihrer Konsequenz. Die üblichsten Fälle, in denen man nicht so vorgeht, sind gegeben, wenn eine betrachtete Entscheidungsalternative über mehr Information verfügt als eines ihrer Elemente. Damit sind meine Ausführungen zur Strukturierung komplett, und ich wende mich jetzt den Meßproblemen zu.

Hat man erst einmal einen Wertebaum, so besteht der nächste Schritt der multiattributiven Nutzenanalyse darin, seine Werte explizit zu gewichten. Ich benutze stets additive Aggregationsregeln und bestehe konsequenterweise darauf, daß innerhalb jeder Menge von Werten, die untereinander verglichen werden, die Werte sich zu eins aufsumieren sollten. Abbildung 22.1 zeigt einen typischen Wertebaum, der in einem gewissen Stadium der Bewertung der Arizona-Dammbauplätze erhalten wurde, woran ich kürzlich gearbeitet habe. Es sei angemerkt, daß die Gewichte von einem Teilnehmer stammen. Ferner muß ich betonen, daß dies nicht die Endversion des Wertebaumes ist, mit der wir gearbeitet haben, und daß diese Gewichte nicht die Ansichten der wirklichen Entscheider repräsentieren.

Die nächste Frage ist: Wie gut dient das Bewertungsobjekt jedem der Werte niedrigsten Niveaus in dem Baum? Diese Frage kann oft mittels Messung, eines Modells oder einer sonstigen leidlich objektiven Informationsquelle beantwortet werden. Wenn objektive Information nicht verfügbar ist, oder wenn (was oft der Fall ist) die Entscheidergruppe zu dem Schluß kommt, daß Schätzurteile ebenso gut und viel schneller, billiger und relevanter sind, so werden Schätzurteile benutzt.

Der letzte Schritt besteht in der Nutzung der Baumstruktur zur im Baum aufwärts gerichteten Aggregation der Nutzenwerte der Einzeldimensionen, für die ich die Be-

- *A* Umgebungseinflüsse (.55)
  - *AA* kulturell (.07)
    - *AAA* historische Plätze, die überflutet werden (.40)
    - *AAB* prähistorische Plätze, die überflutet werden (.60)
  - *AB* biologisch (.34)
    - *ABA* bedrohte und gefährdete Arten (.32)
    - *ABB* terrestrischer Lebensraum (.33)
    - *ABC* aqualischer Lebensraum (.32)
    - *ABD* Gebiete spezieller Nutzung und des Managements (.04)
  - *AC* geologisch (.08)
    - *ACA* vorzügliches Farmland (.50)
    - *ACB* Mineral-Ressourcen (.50)
  - *AD* visuelle Qualität (.08)
  - *AE* Lärm (.03)
  - *AF* Luftqualität (.06)
  - *AG* Wasserqualität (.34)
- *B* soziale Einflüsse (.27)
  - *BA* Umsiedlung von Indianern (.69)
  - *BB* Umsiedlung von Nicht-Indianern (.14)
  - *BC* individuelle Flutprobleme (.00)
  - *BD* Erholung (.17)
    - *BDA* Seen (.29)
    - *BDB* Wasserläufe (.71)
- *C* ökonomische Einflüsse (.18)
  - *CA* Vorteile (.25)
    - *CAA* Regulierung der Wasserversorgung (.22)
    - *CAB* Vorteile der Flutkontrolle (.56)
    - *CAC* Entwicklungsmöglichkeiten (.22)
  - *CB* Kosten (.75)
    - *CBA* rückzahlbare Kosten (.50)
    - *CBB* nicht-rückzahlbare Kosten (.50)

Abb. 22.1 Beispiel eines Werte-Baumes

zeichnung Lokationsmaße bevorzuge, und der Gewichte. Wenn der Aggregationswert der Konsequenzen oder – wenn wir Gewißheit annehmen – der Entscheidungsalternative als einzelne Zahl gewünscht ist, wird die Aggregation stets bis zur Spitze des Baumes gehen. Wenn eine weniger umfassende Aggregation vorzuziehen ist, und das ist gewöhnlich der Fall, kann die Aggregation bis zu einem Niveau ausgeführt werden, das unterhalb der Spitze liegt, aber noch abstrakt ist. Das für das Problem angemessene Aggregationsniveau liegt im Ermessen der Entscheidungsgruppe.

Der letzte Schritt in einer Entscheidungsanalyse ist voraussichtlich eine Entscheidung. Manchmal ergibt es sich, daß eine Entscheidung im Verlaufe der Prozedur gefällt worden ist, vielleicht sogar ohne Anerkennung dieser Tatsache durch die Entscheidergruppe. Wenn nicht, so ist die mit der Entscheidung zusammenhängende Information jetzt für solch eine Gruppe auf höchst übersichtliche Weise zusammengetragen. Nun ist die offensichtliche Empfehlung, die Handlung mit dem höchsten Nutzen bzw. erwarteten Nutzen auszuwählen. Wenn die Entscheidergruppen dies auch nicht immer tun, so müssen sie natürlich in der Lage sein, ihre Wahl im Falle der Abweichung von der Empfehlung zu rechtfertigen.

Für diesen Prozeß kann Computerhandware und -software sehr hilfreich sein, wenn das auch kein rechentechnisches Erfordernis ist, und notfalls die Rückseite eines (ziemlich großen) Briefumschlages ausreichen würde. Eine der nützlichsten Funktionen der Computerentscheidungshilfen besteht darin, daß sie für die Entscheidung einen durchgerechneten Versuch liefern, d. h., sie markieren im einzelnen die Details, die im Verlaufe des Entscheidungsfindungsprozesses betrachtet werden, die ihnen zugeordneten angewandten Gewichte und die Begründung für die letztlich gewählte Handlung. Anspruchsvolle Programme zur Entscheidungsanalyse erleichtern sowohl die Ausführung der verschiedenen von mir angeführten Schritte als auch die Entwicklung dieses durchgerechneten Versuchs.

Damit dies nicht zu abschreckend klingt, sollte ich klarstellen, daß die von mir hier beschriebenen Methoden Teil einer Prozedur sind, die *Entscheidungskonferenz* genannt wird, und die von verschiedenen Organisationen und Einzelpersonen ausgeführt werden. Sie ist wahrscheinlich von der Washingtoner Konsultationsfirma „Entscheidungen und Planung, Inc.“ ins Leben gerufen worden. Eine Sitzung der Entscheidungskonferenz dauert gewöhnlich zwei Tage und kostet um die 5000 Dollar, den Aufwand an Zeit und Mühe für den Entscheider selbst nicht mitgerechnet. Sie wird meistens für kommerzielle Entscheidungen in Millionenhöhe benutzt.

Für andere Problemarten sind andere Anpassungen derselben Ideen dienlich. Die meisten Entscheidungsanalysen in den Ministerien dauern länger und haben es mit viel stärkeren Wertkonflikten zu tun. Unter anderem folgt hieraus die Wichtigkeit von mehr Teilnehmern und von umfangreicherer Dokumentation.

Die Probleme der Erforschung und Entwicklung der Entscheidungsanalyse

Als eine Technologie ist die Entscheidungsanalyse angesehen und leistungsfähig. Es sind einige sehr anspruchsvolle Bücher über sie geschrieben worden (Keeney und Raiffa 1976, Raiffa und Schlaifer 1961, Schlaifer 1969). Und was noch wichtiger ist: Ihre Anwendung ist weit verbreitet und erfolgreich. Aber sie bedarf noch weiterer Forschungen und Entwicklungen verschiedener Art.

Wie auch die meisten klinischen Techniken benötigt die Entscheidungsanalyse am dringendsten Untersuchungen zur Validierung. Entscheidungsanalytiker sind es ebenso wie Klinische Psychologen und Psychiater gewohnt, ihre Handlungen (und Honorare) auf der Grundlage der völlig korrekten Feststellung zu rechtfertigen, daß der Kunde 1. zufrieden mit dem Resultat war, und daß er 2. wiederkam. Diese zwei Kriterien sind offensichtlich notwendige Erfolgskriterien in jeder klinischen Disziplin. Ich habe aber große Schwierigkeiten bei der Unterscheidung ihres Gebrauchs zur Rechtfertigung solcher klinischen Disziplinen, die ich anerkenne, und solchen, die ich ablehne. Die kompromißlos mathematisch orientierten Entscheidungsanalytiker, zu denen ich mich nicht zähle, werden ihre Vorgehensweisen auf der Basis der Axiome rechtfertigen, von denen sie abgeleitet sind. Man möchte doch kohärent sein sowohl in seinen Ansichten als auch in den Beziehungen zwischen seinen Ansichten, seinen Werten und Handlungen. Aber nur Konformität mit der axiomatischen Struktur der Entscheidungsanalyse kann solch eine Kohärenz garantieren.

Ich finde das Kohärenzargument nicht viel befriedigender als das Argument der Kundenzufriedenheit. Wenn ich auch Kohärenz als einen geistigen Wert bewundere, so möchte ich doch lieber auf spontane und inkohärente Art weise sein wollen als in konsistenter Weise dumm.

Wenn die Mehrheit der Entscheidungsanalytiker in Psychophysik und Psychometrie trainierte Psychologen wären, ergäbe sich ein ganz anderes Bild. Erstens würden sie sehen, daß die von mir beschriebene klinische Prozedur eine ganze Anzahl verschiedener Schritte enthält, und daß die Reliabilität und Validität jedes dieser Schritte ein eigener Untersuchungsgegenstand ist. Zweitens würden sie erkennen, daß das zu Validierende die Methode ist und nicht das Resultat. Und drittens würden sie das Problem ernst genug nehmen, um sowohl Validierungsuntersuchungen als auch Nachfolgeuntersuchungen in ihre Programme der beruflichen Tätigkeiten aufzunehmen.

Unser Laboratorium an der Universität von Südkarolina hat sich in letzter Zeit viel mit einem Aspekt des Validierungsproblems beschäftigt: mit dem Problem der Validierung der Gewichte, die in multiattributiven Nutzenbewertungsprozeduren erhalten wurden. Wir haben drei Studien dieser Art abgeschlossen, von denen ich hier zwei kurz zusammengefaßt wiedergeben will. Die eine benutzte die Laborprozedur des multiple-cue-Wahrscheinlichkeitslernens. Wir unterzogen die Probanden einer Trainingssitzung, in der sie eine Menge von Gewichten auf der Basis der Resultatsrückmeldung zu lernen hatten. Sie waren auch ganz gut in der Lage, anschließend mit angemessener Genauigkeit die Gewichte wiederzugeben. Ferner lieferten die zur Erzeugung der Gewichte verwendeten Techniken ziemlich gut vergleichbare Resultate, obwohl sie im Schwierigkeitsgrad sehr verschieden waren.

Bei einer viel interessanteren Studie wurden erfahrene Kreditbeamte einer größeren kalifornischen Bank als Versuchspersonen eingesetzt. Die meisten Banken der Vereinigten Staaten, einschließlich dieser, gründen ihre Entscheidungen darüber, ob jemand eine Kreditkarte erhalten kann und, falls ja, wie hoch das Kreditlimit sein sollte, auf ein Kredit-Registriermodell, welches mittels einer Diskriminanzanalyse erstellt worden ist. Die Form solch eines Modells ist natürlich genau die des gewogenen Mittels einer multiattributiven additiven Nutzenfunktion. Die Bankkreditbeamten sind außerordentlich gut vertraut mit dem Modell, denn sie benutzen es täglich. Wir beschlossen daher, die Parameter mit Hilfe verschiedener Erhebungstechniken von diesen Beamten zu gewinnen.

Unsere zwei Hauptbefunde waren: 1. Die Bankbeamten leisteten ausgezeichnete Arbeit bei der Reproduktion der Resultate des Diskriminanzanalyse-Modells. 2. Zur Gewinnung der notwendigen Gewichtsschätzungen waren alle Methoden nahezu gleich gut geeignet, solange sie nicht ganzheitlich waren. Methoden, die ganzheitliche Urteile über den Gebrauch erhoben und dann versuchten, die Gewichte durch Rechenprozeduren, wie z. B. Regressionsrechnung zu erhalten, waren klar den Methoden unterlegen, in denen die Befragten die Gewichte mehr oder weniger direkt beurteilten.

Ein offensichtlicher Kritikpunkt dieser Studie ist, daß die Beamten, die das Modell ja gut kannten, dieses für uns einfach reproduziert haben könnten. Die naheliegende Lösung für dieses Problem besteht darin, daß man ein Modell benutzt, mit dem die Probanden nicht vertraut sind, also ein neues. In diesem Zusammenhang kam uns ein günstiger Umstand zu Hilfe. Es ergab sich, daß die Bank entschied, ein neues Kreditregistriermodell für viel größere Anleihen zu entwickeln. Wir wollen während der nächsten Monate untersuchen, wie gut ihre Anleihebeamten bei der Reproduktion der Parameter dieses Modells sind, welches sie nicht kennen. Wir erwarten in erster Linie, daß sich das Bild nicht sehr von den Befunden der vorigen Untersuchung unterscheiden wird.

Diese drei Studien haben lediglich an der Oberfläche des Validierungsproblems gekratzt. Es sind viel mehr Studien nötig. Speziell müssen – besser, als es durch mich geschehen ist – zwei Fragen beantwortet werden: Was bedeutet es zu sagen, daß solch eine Entscheidungsstruktur wie ein Wertebaum valide ist? Und wie kann man feststellen, ob eine spezielle Erzeugungsmethode für Wertebäume valide ist oder nicht?

Eine zweite Art benötigter Forschung bezieht sich auf die Anfangsphase der Entscheidungsanalyse. Kennen wir erst einmal die relevanten Strukturen, so ist der weitere Prozeßablauf ziemlich zwingend. Aber die Erarbeitung der Wahlmöglichkeiten, der Wertebäume und der Entscheidungsbäume läuft keineswegs zwangsläufig ab, und es gibt gewichtige Gründe anzunehmen, daß verschiedene Analytiker verschiedene Resultate bei der Lösung dieser speziellen Erarbeitungsaufgabe erhalten könnten. Wie kann die Strukturierungsphase der Entscheidungsanalyse aus einer Kunst in eine Wissenschaft umgewandelt werden? Ich denke, daß man trotz der verschiedenen neueren Arbeiten zu diesem Problem ehrlicherweise sagen muß, daß noch niemand sehr gute Ideen dazu hatte.

Ich könnte noch eine Weile fortfahren, verschiedene Forschungsfragen anzuführen, doch sind die hier angegebenen grundlegend technologischen Fragen für meinen hier verfolgten Zweck ausreichend.

Inkompatibilitäten zwischen wissenschaftlicher Psychologie und Entscheidungsanalyse

Der Titel dieses Kapitels impliziert, daß meiner Meinung nach die Entscheidungsanalyse eine Psychotechnologie ist, die aus der Psychophysik hervorgegangen sein sollte. Der Grund dafür ist offensichtlich. Entscheidungsanalyse hängt von vier Arten von Aktivitäten ab. Die erste, Strukturierung des Problems, ist bei den meisten menschlichen Unternehmungen üblich und wird gewiß häufig in der Praxis der Klinischen Psychologie angetroffen. Die zweite Aktivität, die Erarbeitung der Werte, ist in Wirklichkeit ein Teil der Strukturierung. Die dritte, Erarbeitung der Zahlen für Gewichte, Lokationsmaße und Wahrscheinlichkeiten, ist offensichtlich reine Psychophysik, die auf nichtsensorische Quantitäten angewendet wird. Die vierte, Aggregation und Entscheidung, ist ein mathematischer Prozeß, den jeder Beliebige ausführen kann.

Warum ist denn nun aber die Entscheidungsanalyse nicht aus der Psychophysik hervorgegangen? Ich glaube dafür gibt es zwei Gründe, die beide fest in der Natur der wissenschaftlichen Psychologie verwurzelt sind, wie diese allgemein üblich verstanden wird.

Die erste dieser Wurzeln ist die Bestimmung des Gegenstandes psychologischer Untersuchung als „verallgemeinerter normaler erwachsener menschlicher Geist". Meines Erachtens stammt diese Definition von Wundt und wurde durch verschiedene Wundt-Schüler auf den amerikanischen Boden verpflanzt, besonders durch Titchener. Wir halten sie bis heute in Ehren, wie man mit einem Blick in einen beliebigen der aktuellen Beiträge im *Journal of Experimental Psychology* feststellen kann.

Ich habe noch niemals einen verallgemeinerten normalen erwachsenen menschlichen Geist angetroffen und bezweifle, daß ich das jemals werde. Die einzelnen normalen erwachsenen Menschen, denen ich begegnet bin, unterscheiden sich beträchtlich voneinander sowohl in ihren Fähigkeiten als auch in ihren Interessen. Diese Variabilität ist natürlich ein anderer zur Zeit hoch angesehener Gegenstand psychologischer Untersuchungen. Aber die Verbindung zwischen der Untersuchung individueller Differenzen und der Untersuchung von verallgemeinerten Prozessen ist von jeher schwach gewesen. Die Forscher, die sich mit individuellen Differenzen befaßten, verfolgten gewöhnlich praktische Ziele – insbesondere das der Personenauslese. Sie fanden manchmal, daß als Basis für die Selektion die Aufgaben sehr nützlich sind, die prozeßorientierte Psychologen in ihren Experimenten benutzen. Aber nur einige Pioniere haben versucht, beim Studium jeder Variabilität Prozeßtheorien aufzustellen. Und während ich das Unternehmen begrüße, habe ich nur wenig von seinen Resultaten gelernt. J. P. Guilford fand vor vielen Jahren, daß die menschliche Intelligenzleistung mehr als 60 Dimensionen hat. Hätte Guilford seine Untersuchung fortsetzen können, so wäre meines Erachtens die Zahl der von ihm gefundenen und benannten Dimensionen mittlerweile noch viel größer geworden. Wenn die menschliche Intelligenzleistung 60 oder vielleicht 600 Dimensionen aufweist, brauche ich diese praktisch nicht zu kennen, weil ich keine Idee dazu hätte, was ich mit dieser Kenntnis anfangen könnte. Wir übersehen nur zu oft die Tatsache, daß der Zweck einer Theorie erst in zweiter Linie ist, richtig zu sein. Ihr primärer Zweck ist es, uns zu helfen, über die Fakten nachzudenken, auf welche sie sich bezieht.

Für die meisten prozeßorientierten Theoretiker stellen individuelle Differenzen ein Ärgernis dar, das man nach Möglichkeit durch Mittelung der Daten eleminieren sollte.

Solange der zentrale Untersuchungsgegenstand für die prozeßorientierten Psychologen sensorische oder perzeptive Prozesse waren, war die Vernachlässigung der individuellen Differenzen relativ belanglos, weil das in der Regel Bereiche menschlicher Leistungen betrifft, in denen die individuellen Differenzen nicht groß sind. Aber die individuellen Differenzen in der Fähigkeit zur Bewältigung von Aufgaben des mechanischen Auswendiglernens sind ziemlich groß, und die Geschichte der psychologischen Untersuchung des mechanischen Gedächtnisses ist ebenso umfangreich geworden wie die der psychologischen Untersuchung von Empfindung und Wahrnehmung. Ich habe immer über die Fähigkeit der Forscher auf diesem Gebiet gestaunt, sich nachmittags dem Korrekturlesen ihrer neuesten Veröffentlichung über die starke Begrenztheit der menschlichen Fähigkeit zur Verarbeitung und Wiedergabe von Information zu widmen und am Abend desselben

Tages drei Stunden lang Schauspielern zuzuhören, die ein Stück von Shakespeare aufführen, ohne irgendeinen Widerspruch zu bemerken. Aber diese Ungereimtheit hat die Psychologie schon länger, als ich zurückdenken kann, charakterisiert.

Heutzutage betreffen natürlich alle intensiv untersuchten Themen die menschliche Intelligenzleistung oder die Informationsverarbeitung, wie wir es lieber nennen. Und die Untersuchung der menschlichen Informationsverarbeitung bringt ein zweites kritisches Problem zusätzlich zu dem der großen individuellen Variabilität mit sich. Das ist natürlich das Problem der Benutzung der Werkzeuge. Das Thema der intuitiven Fähigkeit zur Ausführung arithmetischer Operationen ist in der psychologischen Literatur nicht sonderlich breit vertreten. Ich bin ziemlich sicher, daß durch solch ein Forschungsprogramm eine Anzahl konsistenter und reproduzierbarer Abweichungen von der optimalen arithmetischen Leistung leicht zu finden wäre. Aber niemand würde sich um diese Ergebnisse kümmern, und daher ist diese Untersuchung nicht durchgeführt worden. Der Grund dafür ist einfach. Das Instrumentarium zur korrekten Ausführung arithmetischer Operationen ist so weitgehend bekannt und verfügbar, daß der intuitive Prozeß, der zu Fehlern in arithmetischen Leistungen führen könnte, eben nicht interessant ist. Als Kontrast hierzu möchte ich die sehr extensive neuere Literatur über menschliche Fehler verschiedener Art beim Umgang mit Wahrscheinlichkeiten anführen. Das Instrumentarium zur korrekten Ausführung probabilistischer Rechnungen ist ebenso gut definiert, aber es ist dem Nichtexperten in viel geringerem Maße bekannt. Folgerichtig sind die intuitiven Fehler dieser Nichtexperten extensiv untersucht worden, und Bezeichnungen wie z. B. Repräsentationsfehler, Gebrauchsfehler, Konservatismus und dergleichen mit der Intention zur Erklärung der gefundenen systematischen Fehler sind Bestandteil der begrifflichen Ausrüstung jedes Prozeßtheoretikers. Wenn an den Oberschulen die Wahrscheinlichkeitsrechnung routinemäßig ebenso gelehrt würde wie jetzt die Algebra, würden diese Begriffe meines Erachtens aus unserem theoretischen Vokabular verschwinden. Inzwischen hat uns unser mangelhaftes Interesse daran, was Menschen durch die Benutzung von Werkzeugen zustande bringen können, weniger als wir es sonst sein könnten, tüchtig gemacht für die Entwicklung von Psychotechnologien, von denen die Effektivität bei der Benutzung solcher intellektueller Werkzeuge abhängt, wie sie die Entscheidungsanalyse einsetzt.

Ich sollte einen Moment innehalten, um das Gebiet der Ingenieurpsychologie oder der Ergonomie aus dieser Diskussion über die geistigen Werkzeuge auszusparen. Dieses Gebiet hat sich natürlich in konsistenter Weise mit der Gestaltung von Werkzeugen beschäftigt, so daß Männer wie Frauen dieselben effektiv benutzen können. Aber bis in die jüngste Zeit hinein ist nicht viel Aufwand in die Gestaltung geistiger Werkzeuge investiert worden. Heute, wo die Person-Computer-Schnittstelle immer bedeutsamer wird, ist zu erwarten, daß die ingenieurpsychologische Bearbeitung dieser Schnittstelle sich entwickeln wird. Aber diese Bearbeitung ist so überraschend langsam in Erscheinung getreten, daß jemand, der einmal einen Computer-Ferndatenendplatz benutzt hat, nur zu begierig sein dürfte, dafür Propaganda zu machen.

Der zweite Grund dafür, daß die Entscheidungsanalyse nicht aus der Psychophysik oder eben aus der Psychologie hervorgegangen ist, ist eine Gewohnheit psychologischen Denkens. Psychologen halten an der Bedeutung der Unterscheidung zwischen normativen und deskriptiven Verhaltensmodellen fest und bestehen darauf, daß es die eigentliche Aufgabe des Psychologen ist, mit deskriptiven und nicht mit normativen Modellen zu arbeiten. Diese Denkweise steht in enger Beziehung zu meiner obigen Diskussion der Werkzeuge. Die meisten geistigen Werkzeuge (wenn auch nicht alle) sind entwickelt worden, um die Arbeit mit normativen Modellen zu erleichtern, wie z. B. die Arithmetik, die Grammatik und die Syntax der Sprache und solch komplexe Modelle wie die dynamische Programmierung. Tatsächlich können die vertrauteren normativen Modelle kaum ohne Werkzeuge benutzt werden, und daher genießen sie auch Ansehen als normative Modelle für menschliche geistige Leistungen. Dies ist einigermaßen überraschend. Planen ist eine häufige und wichtige menschliche geistige Tätigkeit – aber über den Grad der Ähnlichkeit zwischen den Resultaten menschlicher intuitiver Planung und dem Output eines optimalen Planungsalgorithmus gibt es nur wenige Untersuchungen.

Meiner Meinung nach ist ein normatives Modell einfach ein Modell darüber, wie das Denken verlaufen sollte, wenn es wichtig ist, daß es gut verlaufen sollte – was oft der Fall ist. Und wann immer normative Modelle benutzt werden, sind sie folglich auch Modelle dafür, wie gedacht wird. Wenn wir uns als Psychologen wünschen, daß unsere Modelle auf wichtige wie auf unwichtige Aktivitäten anwendbar und eben auch für wichtige wie für unwichtige Personen gültig sein sollen, so sollten wir bereit sein, die Vorstellung zu akzeptieren, daß diese Modelle wenigstens in minimalem Maße in der Lage sein müssen, sowohl Korrektheit als auch Fehler, Geschick als auch Verfälschung, mit Hilfsmitteln gestützte als auch ungestützte geistige Prozesse zu umfassen.

Wie mag die Psychologie in 20 Jahren aussehen?

Von dem in diesem Kapitel eingenommenen Standpunkt aus sind viele Psychologen, insbesondere Kognitive Psychologen, bei der Aufgabe, der sie tragenden Gesellschaft zu dienen, durch veraltete und nicht länger nützliche Definitionen dessen, was Psychologie ist, behindert worden. Nehmen wir einmal – offenbar entgegen den Tatsachen – an, daß 1. dieses Argument Sie tatsächlich überzeugt hätte, so überzeugt, daß Sie in missionarischem Geiste anfangen würden, die nächste Generation Kognitiver Psychologen zu überzeugen, ihre Aufgaben und die Aufgaben der psychologischen Theorie im allgemeinen in einem anderen Lichte zu sehen; und daß 2. Sie so viele Ihrer Kollegen überzeugen würden, daß die Veränderungen in der Definition, für die ich eintrete, tatsächlich zustande kämen. Was könnte dann in etwa 20 Jahren das Ergebnis sein?

Erstens würden wir eine neue Definition unserer Rolle brauchen. Ich halte das Nachdenken über den Arbeitsplatz und die Aufgaben, die Menschen an ihm zu erfüllen haben, für den am meisten stimulierenden Zugang zu solch einer Definition. In zunehmendem Maße sind dies geistige Aufgaben. In ihrem Wesen unverändert, werden sie mit Hilfe von Werkzeugen ausgeführt. Dieses Manuskript ist in ein Bildschirmgerät eingetippt worden, welches mit einem Wortprozessor im USC-Zentralcomputer verbunden ist. Das macht das Manuskript nicht irgendwie anders oder irgendwie besser, als wenn ich es unter Benutzung eines Federhalters produziert hätte – aber das verlangt von mir eine beachtliche Menge von Fertigkeiten zur Benutzung dieser leistungsfähigen und bequemen Werkzeuge, von denen Maschineschreiben bei weitem die trivialste ist.

Betrachten wir eine Definition der Kognitiven Psychologie, welche als ihre grundlegende Aufgabe spezifiziert, die Menschen, die kognitive Aufgaben zu erfüllen haben, mit den zu ihrer Bewältigung benötigten Kenntnissen und Fertigkeiten zu versorgen. Zuerst ist anzumerken, daß diese Definition nicht direkt mit der heute von uns verwendeten in Konflikt steht. In dem Maße, in dem wir kognitive Aufgaben lösende Menschen erfolgreich mit den dazu benötigten Kenntnissen und Fertigkeiten versorgen, können wir voraussagen, wie sie bei der Lösung ihrer Aufgaben vorgehen werden, und wie erfolgreich diese Arbeit sein wird.

Wozu werden wir als Kognitive Psychologen in der Lage sein müssen, um unsere Arbeit tun zu können? Erstens müssen wir die kognitiven Aufgaben verstehen, die am Arbeitsplatz vorkommen. Weil es deren eine Unzahl gibt, und weil wir nicht hoffen können, uns mit allen im Detail zu befassen, müssen wir sie auf einem höheren Allgemeinheitsniveau verstehen. Dies ist natürlich für geistige Aktivitäten vieler Art eine vertraute Forderung. Die Arithmetik befaßt sich mit einer Vielzahl von Aufgaben mittels einer Vierfelder-Aufgabentaxonomie: die Zellenbezeichnungen sind Addition, Subtraktion, Multiplikation und Division. Weil diese Taxonomie für manche komplexen arithmetischen Aufgaben ein bißchen zu simpel ist, haben wir sie etwas erweitert; der Name für die Erweiterung ist *Algebra*.

Wir haben ein relativ ähnliches Beispiel in der Aufgabentaxonomie vor uns, die der Entscheidungsanalyse zugrunde liegt. Es ist ganz einfach; ich werde es etwas später detaillierter darstellen. Es ist auch unvollständig wie die Arithmetik und die Algebra. Es ist aber erweiterungsfähig und erweitert sich in der Tat fast täglich in dem Maße, in dem wir für diejenigen seiner Elemente ein besseres formales Verständnis entwickeln, die jetzt noch eher künstlerischer als prozeduraler Natur zu sein scheinen. Ich biete das als ein Beispiel für die wichtigste Funktion an, die Kognitive Psychologen in Zukunft zu erfüllen haben werden. Es ist keineswegs das einzige Beispiel. An der Sprache interessierte Wissenschaftler haben vor einiger Zeit mit beträchtlichem Erfolg eine relativ ähnliche taxonomische Aufgabe gelöst. Viele andere Gebiete geistiger Bemühungen sind wahrscheinlich reif für ähnliche Angriffe. Mir hat es besonders die Idee angetan, daß Aufgaben, die Interaktionen zwischen Menschen erfordern, für taxonomisches Denken zugänglich sein können. Können wir z. B. eine gute taxonomische Arbeit bei der Beschreibung der Teilaufgaben leisten, die in der Aufgabe der Überzeugungsbildung enthalten sind? Ich kann es nicht – und sogar der offensichtliche Erfolg, den Werbefachleute bei der Überredung von Menschen haben, impliziert einen großen Anteil an Kenntnissen über den Prozeß, die in relativ unsystematischer Form existieren. Ein leichter zugängliches, aber noch unberührtes Teilgebiet, das für taxonomisches Denken reif ist, ist das, was wir oft *kreatives Denken* nennen. Ich kenne zumindest zwei Teilgebiete innerhalb dieser Sammelbezeichnung, die offenbar reif für eine systematische Analyse und Untersuchung sind, weil eine solche bereits im Gange ist. Das eine ist die Hypothesenfindung – die Aufgabe des Findens relativ einfacher Erklärungen für komplexe Symptommengen oder Phänomene. Das andere ist die Handlungsfindung – die Aufgabe, in einer bestimmten Aufgabensituation ausfindig zu machen, welche verfügbaren Handlungsweisen die Bewältigung der Aufgabe leisten können.

Wenn die Taxonomie auch ein notwendiger erster Schritt ist, reicht sie doch nicht aus. Der offensichtlich nächste Schritt besteht darin, ausfindig zu machen, wie die in der Taxonomie identifizierten Aufgaben gelöst werden sollten. Im Normalfalle wird dies die Entwicklung von Algorithmen zur Lösung dieser Aufgaben bedeuten. Von der Tradition ausgehend, haben wir nicht an Algorithmenentwicklung als Aufgabe für den Psychologen gedacht. Aber offensichtlich ist sie das. Wie die Erforscher der künstlichen Intelligenz uns in Erinnerung gerufen haben, wird eine Denkregel, die nicht in algorithmischer Form ausgedrückt werden kann, als zu vage oder zu unvollständig verdächtigt, um als eine Regel des Denkens betrachtet zu werden. Der bei weitem beste Weg zu zeigen, daß eine Regel in algorithmischer Form ausgedrückt werden kann, besteht im Aufschreiben des Algorithmus. Und die neuesten Entwicklungen in der Computertechnologie machen uns ziemlich sicher, daß wir die meisten Algorithmen, die aufzuschreiben wir in der Lage sind, auch ausführen können.

Angenommen, wir können die Taxonomie der zu lösenden Aufgaben ausreichend abstrakt und ökonomisch spezifizieren, so daß sie nicht endlos lang ist, und angenommen, wir können Algorithmen für die Lösung dieser Aufgaben spezifizieren und auch ausführen, welche Rolle kommt dann den Menschen zu? Bei der Entscheidungsanalyse oder der Arithmetik, die unsere Modelle für die Antwort auf diese Frage sind, haben die Menschen mehrere Rollen. Erstens müssen sie die Ziele der geistigen Arbeit spezifizieren. Zweitens müssen sie die Inputs spezifizieren, und in vielen Fällen muß dies wirklich mittels direkter Schätzung geleistet werden. Und drittens müssen sie den Output bewerten. Damit gibt es auch sogar in einer voll algorithmisierten geistigen Umwelt viel Arbeit für die Menschen. Aber ich erwarte nicht, daß eine voll algorithmisierte geistige Umwelt um das Jahr 2000 oder 2050 existieren wird. So werden wir weiterhin Menschen vorfinden, die geistige Aufgaben zu erfüllen haben, welche sich zäh der formalen Analyse widersetzen – ebenso wie sie das heute tun. Um nur ein Beispiel zu nennen: Ich wage die Spekulation, daß wir Algorithmen entwickeln werden, die einfache Prosa ebenso wie etwa Instruktionen dafür produzieren können, wie man in einer Stadt unter Benutzung öffentlicher Verkehrsmittel von hier nach dort gelangen kann, lange bevor wir Algorithmen entwickeln werden, die in der Lage sind, diese Prosa in gefälliger Form, hoher grammatischer Qualität und Einfachheit herauszubringen. Ich möchte spekulativ annehmen, daß ein Algorithmus wirklich noch lange nicht in Sicht kommen wird, der zur Bewältigung der einfachen Aufgabe des Korrekturlesens in der Lage ist. Was wir statt dessen ziemlich leicht finden können, ist die partielle Algorithmisierung – eben das, was wir in den Autopiloten unserer heutigen Flugzeuge antreffen. Hochentwickelte Autopiloten können unter den meisten Bedingungen Flugzeuge viel besser als Piloten steuern. Aber das stimmt nicht mehr bei manchen Arten von unerwarteten Ereignissen und eben auch nicht für manche Routineoperationen. Bei solch einer partiellen Automation geistiger Arbeit ändern sich ständig die Grenzen zwischen dem, was am besten automatisiert werden kann, und dem, was für den Menschen zu tun übrig bleiben sollte, in dem Maße, in dem wir immer höhere Niveaus in der Fertigkeit bei der Automatisierung von Elementen unserer Gesamtaufgabe entwickeln. Ich möchte erwarten, daß dieselbe Entwicklung ebenfalls bei der Bewältigung geistiger Aufgaben eintritt. Wenn wir als Kognitive Psychologen an diesem Prozeß teilhaben wollen, werden wir eine stetige Folge von neuen Aufgaben zu bewältigen haben in dem Maße, in dem neue partielle Automatisierungen zu neuen Anforderungen an die Schnittstellen zwischen Menschen, Algorithmen und den diese abarbeitenden Computern führen.

Bruchstückhafte Versionen all dieser Aufgaben, die ich dem Verantwortungsbereich der kognitiven Psychologen zugeschrieben habe, sind bereits anzutreffen. Das Flugwesen, speziell die Raumfahrt, liefert die besten und einige der zauberhaftesten Beispiele. Das Programm der bemannten Raumfahrt hat insofern in der möglichst guten Verschmelzung von Algorithmen mit menschlichen Fertigkeiten in zweifachem Sinne unsere höchste Leistung repräsentiert. Ich nehme an, daß vieles aus diesem Kapitel als Beweisgrund dafür betrachtet werden kann, daß die Strategie, die so leistungsfähig in diesem glänzenden Unternehmen war, allgemeiner angewendet werden kann bei der Definition der Rolle der Kognitiven Psychologie in ihrer Beziehung zu Menschen, die an geistigen Aufgaben arbeiten.

Ich kann in der hier von mir in Betracht gezogenen Vision von der Zukunft der Kognitiven Psychologie nur drei Schwierigkeiten finden. Die erste ist, daß unsere Forschung viel weniger bequem sein wird, primär weil wir uns mit realen Aufgaben befassen werden müssen, die oft schwer in psychologischen Laboratorien zu simulieren sind, und für die Ausführung dieser Aufgaben werden versierte Experten benötigt, die sowohl schwer zu bekommen als auch teuer sind. Zu dumm; niemand hat jemals versprochen, daß wir mit wachsender Kenntnis und komplexer werdenden Untersuchungsgegenständen immer leicht handhabbare Experimente mit College-Studenten als Versuchspersonen durchführen könnten, ohne die Trivialität zu fürchten beginnen zu müssen. Die zweite Schwierigkeit ist, daß Verallgemeinerungen von großer Tiefe und Einsicht wahrscheinlich nur selten aus solch einem Programm erwachsen. Obwohl dies wirklich zu ärgerlich ist, scheint es mir nicht sehr verschieden von dem zu sein, was ein außenstehender Beobachter über die heutige Psychologie sagen würde. Drittens würde das Konzept des verallgemeinerten normalen erwachsenen menschlichen Geistes in dem von mir befürworteten Programm als Definition unseres Gegenstandes von der Bildfläche verschwinden. Wenn das beklagenswert ist, dann ist das von irgend jemand anderem zu beklagen; für mich ist das Ende dieses Konzepts ein Anlaß zur Freude.

Anmerkung

Die Vorbereitung dieses Kapitels wurde unterstützt durch die Defense Advanced Projects Agency (DoD), ARPA Order No. 4089, unter Kontrakt-No. MDA 903–81–C–0203, erlassen durch die Armeeverwaltung, Defense Supply Service – Washington, Washington D. C. 20310.

Edwards, W.: The theory of decision making. Psychological Bulletin, 51, 1954, 380–417

Edwards, W.: Behavioral decision theory. In: P. R. Farnsworth (Ed.), Annual Review of Psychology, Vol. 12, Palo Alto, Calif.: Annual Reviews, Inc., 473–498, 1961

Edwards, W.: Social utilities. The Engineering Economist, 6, 1971, 119–129

Edwards, W.: How to use multiattribute utility measurement for social decision making. IEEE Transactions on Systems, Man and Cybernetics, 7, 326–340, 1977

Keeney, R. L., and H. Raiffa: Decisions with multiple objectives: Preferences and value tradeoffs. New York: Wiley, 1976

Raiffa, H.: Decision analysis: Introductory lectures on cholces under uncertainty. Reading, Massii Addison-Wesley, 1968

Raiffa, H., and R. Schlaifer: Applied statistical decision theory. Boston: Harvard University, 1961

Schlaifer, R.: Analysis of decision under uncertainty. New York: McGraw-Hill, 1969

Epilog: Die Zukunft der Experimentalpsychologie – dem Jahr 2000 entgegen

Viktor Sarris
Universität Frankfurt/M., Bundesrepublik Deutschland
Allen Parducci
Universität Californien (UCLA), Los Angeles, USA

Jeder der Autoren war dazu aufgefordert worden, seine Vorstellungen über die Entwicklung der Psychologie darzulegen, insbesondere über die innerhalb der nächsten zwanzig Jahre zu erwartenden Veränderungen. Der dabei zu Tage getretene geringe Grad der Gewißheit der Vorhersagen mag Ausdruck der unserer Zeit innewohnenden Gefährdung sowie der für die Psychologie der Gegenwart charakteristischen Zweifel an sich selbst sein. In ihren Beiträgen beschäftigten sich die Autoren vorwiegend mit Veränderungen, die sie sich *erhoffen*. Viele dieser Hoffnungen beziehen sich dabei auf mehr oder weniger spezielle Forschungsprojekte, die der Leser in den einzelnen Kapiteln finden kann. Worum wir uns im *Epilog* bemühen, ist eine Zusammenfassung all der großen Hoffnungen und Träume, welche die Autoren für die Psychologie im allgemeinen hegen.

Von einigen bemerkenswerten Ausnahmen abgesehen, befürworten die Autoren dieses Bandes die Entwicklung streng experimentell orientierter Ansätze:

Die Psychologie bedarf einer streng wissenschaftlichen Untermauerung. – Jedoch sind innerhalb dieser auf „strenge Wissenschaftlichkeit" bedachten Richtung unterschiedliche Strömungen erkennbar. Eine führt zu einer stärker biologisch ausgerichteten Psychologie mit engerer Verbindung zu den Neurowissenschaften. Aber selbst innerhalb der in diese Richtung weisenden Strömung bestehen deutliche Unterschiede hinsichtlich des einzuschlagenden Weges. Während einige Vertreter der Entwicklung der Pharmakologie entgegensehen, drängen andere auf eine intensivere Beschäftigung mit genetischen Faktoren. Bio-psychologisch orientierte Hoffnungen werden oftmals in Zusammenhang mit klinischen Problemen, mit Persönlichkeits- und mit differentieller (und z. T. auch sozialer) Psychologie gebracht.

Eine weitere Richtung schreibt hinsichtlich ihrer künftigen Entwicklung dem traditionellen experimentellen Ansatz eine bedeutende Rolle auf Teilgebieten der Psychologie zu, die von diesem bisher weniger beeinflußt waren.

Das Streben nach einer strengeren Wissenschaft bedeutet nicht, daß ausschließlich die Entwicklung der „weichen" Bereiche gesehen wird. Die zunehmende Anwendung quasiexperimenteller Verfahren stellt einen Weg dar. Einige Autoren schlagen neue „härtere" („tough-minded") Ansätze vor. Beispielsweise werden kausale Modelle nachdrücklich als Mittel für die Eliminierung alternativer Interpretationen von korrelativen Daten vorgeschlagen.

Im Rahmen dieses experimentell orientierten Bandes wurde den humanistisch orientierten Anliegen der Psychologie wenig Platz eingeräumt, wenngleich eine Reihe von Autoren ihrer Hoffnung auf Annäherung von wissenschaftlicher und humanistischer Psychologie Ausdruck gab. Einige derer, die eine entsprechende Richtung mit Nachdruck fordern, wünschen zwar die Beibehaltung traditioneller experimenteller Methoden, im

Interesse höherer ökologischer Validität jedoch deren Modifizierung. Das soll durch eine eindeutigere repräsentative Auswahl der Umweltbedingungen, auf die die Forscher ihre Ergebnisse verallgemeinernd zu beziehen beabsichtigen, erreicht werden. Andere betonen die vorrangige Beschäftigung mit interindividuellen Unterschieden, desgleichen mit den Wechselwirkungen zwischen organismischen und Umweltfaktoren. Mehrere Autoren sprechen sich für die unmittelbarere Entwicklung praktischer Anwendungsmöglichkeiten aus. Hierin ist vielleicht einer der zentraleren Punkte der Auseinandersetzung zu sehen, da andere Verfasser Skepsis in bezug auf die Wahrscheinlichkeit zeigen, praktische Lösungen für wichtige Probleme zu finden. Einige Autoren argumentieren sogar, daß Anwendungsversuche wahrscheinlich mißlingen würden, bzw. daß – wie auch immer – die Anwendung der Psychologie nicht das eigentliche Anliegen experimentell arbeitender Wissenschaftler darstellt.

Einerseits ist der Verzicht auf vordergründige Anpreisungen potentieller Wunder, die die angewandte Psychologie zu vollbringen in der Lage sei, wohltuend. Andererseits ist entsprechend das Ausbleiben von Erwartungen in bezug auf eine bevorstehende theoretische Integration zu verzeichnen. Es werden sogar Zweifel hinsichtlich der Entdeckung allgemeiner kognitiver Prinzipien zum Ausdruck gebracht. Von vielen Autoren werden eine weitere Spezialisierung sowie die Zunahme professioneller Arbeiten vorausgesagt, wenn nicht sogar angestrebt.

Auch findet sich die Überzeugung, daß künftige Forschungen die Entwicklung neuer Methoden und Techniken reflektieren werden. Das kann als Eingeständnis interpretiert werden, daß die gegenwärtig zur Verfügung stehenden Forschungsmethoden im Hinblick auf die zu lösenden Probleme unzureichend sind. Mit etwas mehr Optimismus läßt sich von diesen Überzeugungen ausgehend auch auf die Auffassung schließen, daß, angesichts der bisherigen Entwicklung, neue, deutlich verbesserte Methoden zu erwarten seien.

Der vielleicht größte gemeinsame Nenner, auf den sich die verschiedenen Beiträge bringen lassen, ist das Fehlen jeglicher schrillen Töne, verbunden mit allgemeiner Zurückhaltung, wo sonst selbst in den am stärksten experimentell orientierten Bereichen allzu häufig die Neigung vorherrscht, ungehemmt von Künftigem zu künden und übertriebene Versprechungen zu machen. Als Fachgebiet scheint die Psychologie zu einer bescheideneren Einschätzung des Erreichten und des aller Voraussicht nach zu Erreichenden gelangt zu sein. Die Psychologen haben erkannt, daß viele ihrer großartigsten „Theorien" *nicht einmal falsch* sind, daß die Isoliertheit einer großen Anzahl der wichtigsten Konzepte der Psychologie substantielle Voraussagen, die für die Überprüfung einer für die Praxis wesentlichen Theorie geeignet wären, von vornherein ausschließt. Die Psychologen scheinen nunmehr auch der Schwierigkeiten ihrer Wissenschaft gewahr zu sein, der überaus großen, durch die natürliche Verflechtung relevanter Bedingungen verursachten Probleme. Auch werden die sich jeglichem Versuch, die unterschiedlichen Bereiche der Psychologie zu vereinen, entgegenstellenden Schwierigkeiten im allgemeinen erkannt. Als junge Wissenschaft kann die Psychologie auf die Geschichte älterer Wissenschaften, wie Physik und Chemie, blicken, deren Integration sich ebenfalls nicht problemlos vollzog.

Der Grundsatz des radikalen Behaviorismus und die Annahme, daß ein „Black-box"-Ansatz in bezug auf die Beziehung zwischen *Reiz* und *Reaktion* zu einem echten Verständnis führen würde, finden kaum noch Unterstützung. Viele der zeitgenössischen Psychologen, ebenso wie die meisten Autoren dieses Bandes, beschäftigen sich vielmehr mit

Problemen, die sich nicht auf eine so einfache Formel reduzieren lassen. Trotz der Befreiung von alten Einschränkungen dieser Art bietet die neu gewonnene Freiheit keine Garantie für neue Erfolge – ein Sachverhalt, der wohl allgemein anerkannt wird. Sind die Probleme der Psychologie zu kompliziert (komplex)?

Der Leser dieses Buches wird im übrigen kaum Anzeichen für Verzweiflung oder enttäuschte Abkehr von der Psychologie als Wissenschaft gefunden haben. Entsprechen ihre Erfolge auch nicht den großen Erwartungen vergangener Zeiten, so scheint der gegenwärtige Stand der experimentellen Psychologie doch einem niedrigeren Erwartungsniveau, verbunden mit realistischeren Bemühungen um die Kunst des Möglichen, zu entsprechen. Hand in Hand damit gehen der fortbestehende Glaube an die Wissenschaft und das Engagement dafür, daß dieser Glaube dem Anti-Intellektualismus unserer Zeit entgegenzuwirken vermag.

„Wenn wir die Wissenschaft für etwas Hohes und Ehrenwürdiges erachten, und die eine mehr als die andere entweder nach ihrer Strenge, oder weil ihr Gegenstand vorzüglich oder erstaunlicher ist, müssen wir aus den beiden Gründen die Erforschung der Seele füglich obenan stellen. Aber auch zum Blick in das gesamte Sein scheint ihre Kenntnis Wichtiges beizutragen, am meisten zum Blick in die Natur. Denn die Seele ist gewissermaßen der Grund der Lebewesen ... Ganz im allgemeinen gehört es zum Schwierigsten, eine feste Meinung über sie zu gewinnen.“[1]

[1] Aristoteles: Über die Seele, Berlin 1959, S. 5

Personenregister

kursiv kennzeichnet Seiten mit bibliographischen Angaben

Sachwortregister